JN296181

福田陸太郎⋯⋯⋯⋯⋯【監修】
東京成徳英語研究会⋯⋯⋯⋯⋯【編著】

OEDの日本語378
378 Japanese Words in the Oxford English Dictionary

論創社

監修のことば

福田陸太郎

　他人が自分のことをどう思っているかは気になることである。範囲をひろげて、他の国の人々が自分の国——今の場合は日本とする——をどのように知っているかということも興味をひく。そしてその〈日本のこと〉は、言語としての日本語に凝縮されていると言ってもいいだろう。

　外国の人たちの間で、日本語を話したり、文章に入れたりする人が出てきて、日本語が外国でいわば市民権を得て、国際化することになる。日本語は日本文化を背負っているから、そのことは日本文化の進出に役立っていると考えられよう。

　どの程度に、日本語を通して日本文化が国際化しているかを調べるのにきわめて有効な手段の一つは、国際語である英語の最も権威のある辞典OEDを精査することであろう。この『オックスフォード英語辞典』に収められた日本語を調べてみると、いろんなことがわかるのではないだろうか。

　OEDは永年にわたり、語の意味の変遷を歴史的に、具体例によって示す大辞典である。平たく言えば、ある単語の意味がどのように変化し、いつ、だれが、どのような文章でそれを用いたかを述べたもので、その中には英語化した日本語も含まれている。

　もちろんそれは外国の辞典であるから、時にはまちがいや、ピント外れの叙述があったとしても、それなりに面白く、考えさせられる場合もある。とにかく世界的に使われているOEDに見られる日本語は、日本文化の尖兵みたいなもので、大切な役目をになっているのである。

　さて、結論的に言えば、私たちが用いたOED第2版（1989）は収録語数約60万語をもち、そのうち日本語の見出しが378語であることがわかった。そのおのおのについて、分析し、考察を加える仕事をした共同研究者たちの労

を多としたい。

　東京成徳英語研究会に所属していた私たちは、「*OED*に見られる日本語」というテーマに向かって仕事を始めたとき、まず各自の好む項目をえらんでとりあげ、*OED*による定義や例文についての解説を試みた。その書き方は、必ずしもきびしい統一はせず、個性的なエッセイ風になった所もある。最終段階では、自分の専門でない項目をも分担することになったが、とにかく最善の努力を払ったつもりである。

　その成果を逐次刊行していったのだが、1995年9月刊の第1集から始めて、きちんと半年ごとに1冊のペースで進み、1998年9月刊の第7集で全項目の執筆を終了した。各集が出るたびに、外部の読者からも反響があり、励ましもいただいた。紙面の制約などのため、書き足りない点や、読みにくい所や、まちがいもあるかと思うが、時には原辞典の誤りを発見して、オックスフォード出版部あてに注意を喚起したこともある。

　このたびこれらの全冊が、出版社の熱意により、一巻にまとめられることになったのは、まことに嬉しいことである。今度は、既刊の7冊を解体して、全体の見出し語をABC順に並べて、検索しやすくし、新しく編集代表者による「はしがき」を巻頭に置いた。言わば洋装した日本語が、国際舞台に登場してどんな働きをしてきたかについて、興味ある方々は、この本のどの項目からお読みになってもよく、また気楽に通読されてもいいかと思う。

　*OED*は、その後、追補版を数冊出していて、その中に新しく加わった日本語もかなりあるが、それらについての考察は、他日を期したいと思う。ともあれ、今回刊行されるこの一巻は、「西洋の日本発見」がどのような過程をたどってきたかを概観するのに役立つだろうし、さらに読者の方々からのご教示を得られれば幸いだと思っている。

はしがき

橋本禮子

　本書は、*OED*(『オックスフォード英語辞典』)第2版に載った日本語に関する共同研究の成果として発行した、東京成徳英語研究会編『西洋の日本発見──OEDに見られる日本語』全7集(1995-1998)を再編成し一冊にまとめたものである。

　『オックスフォード英語辞典』は世界最大規模の辞典であり、言葉の歴史的変遷を例文によって具体的に示すという編集方針によって知られている。1928年の初版(*OED 1*)以来、1933年(*SUP 1*)、1972〜86年(*SUP 2*)と2度にわたって補遺版が出され、それらをまとめて1989年に、総収録語数29万、小見出しその他も含めると61万5千語の第2版(*OED 2*)全20巻が刊行された。私ども東京成徳英語研究会の調査によると、ここには378にものぼる日本語が含まれている。

　それらはどんな言葉なのだろうか、また、この辞典のどの段階で、どんな文脈から拾われたのだろうか。収められたすべての日本語についてこのような考察を積み上げていくと、西洋世界に日本の文化が紹介されていった模様をかなり具体的に跡づけることができるのではないか。──これが私どもの共同研究と冊子執筆の眼目である。

　オックスフォード出版局は、私どもの研究対象である第2版を出版してから、続く8年間にさらに3巻の追補版(*Additions Series*)を出した。そこには新たに約9000語が収められたが、このなかにもさらに74の日本語が見られる。追補版第3巻が出た1997年夏には日本の新聞もこのことをとりあげ、どのような日本語が採択されたかを話題にした。財テク、かんばん(方式)、改善など、日本経済の発展が世界の注目をあびた事実を物語る語が多く含まれ、それらは内裏、腹切り、掛け物、きもの、根付、大君など、初版に見ら

れる日本語とは大きく性質を異にしている。各版にどのような語がとりあげられているかを見るだけでも、日本が西洋世界に紹介されていった概略を知ることができるだろう。しかしOEDは、このような関心を満たしてくれるための、もう1つの扉をもっている。それぞれの語が一般の文書や文学作品のなかで用いられたありのままを、年号、出典、引用文によって示している部分で、これはこの辞典の生命ともいうべき特質である。この扉を開けることによって、日本の文化、制度、風習などが紹介されていった模様を、さらに具体的に、立体的にたどることができるのである。そして用例の数は、そのままその語の英語文化への浸透度を物語ってくれる。

OEDとは

　OEDの誕生と生い立ちについては、各版の冒頭につけられた「序」にくわしい。1857年、ジョンソン博士の英語辞典（1755）などのそれまでの辞書に漏れた語をすべて網羅した一巻の補遺版をつくってはどうかという案が持ち上がり、英国言語学会のメンバーであり、ウェストミンスター首席司祭のR. C. トレンチが当学会で、「わが国の英語辞書の欠陥について」という題で講演を行なった。すでにこの時、後のOED最大の特徴である、語の歴史的変遷を記述するという基本方針についての言及があり、まったく新しい辞典を編纂するという意図も示されていたという。翌1858年に作業が開始された。ボランティアによって、未採収の語を記録していく方法で行なわれた。1250年から1858年に至るまでの文献を時代順に3段階に分けて作業を進め、同時に対象となった書物のリストも作成された。これらは発案当初からかかわったH. コールリジとF. J. ファーニバルの手によって進められたが、1870年代末になって、言語学者H. スウィートやJ. A. H. マレーなどが参画することになり、やがて後者が編集責任者となり、オックスフォード出版局との折衝の末、出版が決まった。

　資料集めの作業は、リーダーズと呼ばれるボランティアたちから①単語、②出典の時期、著者、タイトル、ページ、③引用文、の3項目を記入したカ

ードを送ってもらう、という方法で進められた。語を採取するにあたってのガイドラインとしては、①稀語、廃語、古風、目新しい、用い方が奇妙だ、などというものはすべて拾う、②ある語の導入時期や使用廃止時期を明らかにするような文にはとくに注意を払う、③一般の語については、注目すべき用い方であったり、語そのものの意味を解説したり示唆するような文脈にある場合には、できるだけ多く用例としてあげる、といったことが強調された。これらいわゆるリーダーズのなかには、アメリカからの応援も多くあった。第1巻の巻頭には、これらの人々の名がずらりと記載されている。最終的にはマレー、H. ブラッドレイ、W. A. クレーギー、C. T. オニオンズの4人が編集を担当し、前2者はそれぞれ1915年、1923年に没し、第一次大戦の苦難を経て1928年（昭和3年）、ちょうど発足から70年目に完成した。当初は英国言語学会の会報誌に付して128冊にもおよぶ分冊の形で出されていったものが、ここに10巻本として装いを新たにし、*The New English Dictionary* と呼ばれて、しばらくはこれが通称となっていた。完成版は、2つの英語国の長として、時のイギリス国王とアメリカ大統領に献呈されたという。

　編集の作業は、1928年の出版直後も続行された。44年にわたって刊行されたので、アルファベットのはじめの部分には新しい語や意味が漏れていたり、後の巻にも欠落が見られたりしたためで、続く5年は補遺版の作成に費やされ、1933年に10巻本が12巻本となり、さらにオニオンズ編集になる最初の補遺版（*SUP 1*）がついて、装いを新たにして出版された。初版で偶然に、あるいは意図的に省略されたもの、近年になって発生した語や意味、とくにアメリカにおける用法はさかのぼって考慮に入れること、一時的と見られる用法も、過去50年の思想、慣習、風習の変化の歴史を物語るようなものであれば含める、というのが編集方針であった。自然科学の用語、とくにアメリカにおける口語や俗語、その他外国語などが新しく加えられた。この巻が完成した時点でプロジェクトチームは解散し、使用されなかった資料は、当時米国ミシガン大学で準備中であった中世英語辞典の編集などに役立てるため、まわされた。

第2の補遺版（*SIP 2*）の着手は第二次世界大戦後に再編成されたチームによって行なわれた。しかしわずかな修正からはじまった作業は、結果としてさらに30年を要する大事業となった。編集者はニュージーランド出身のR. W. バーチフィールドで、1957年に任に就いた。とりあえず*OED 1*の改訂は将来に預けることとし、新造語や新語句の収集に集中することを基本方針とした。ところが1960年代初頭に至って、世界における英語の伸展模様が予想以上に急速かつ広範囲に及んでいることが実感されるようになった。また1961年のウェブスター新インターナショナル英語辞典第3版の刊行は、20世紀前半のアメリカやイギリスにおける英語の旺盛な生命力、繁殖力を如実に物語ってみせた。結果として編集方針の変更が迫られ、北米大陸、西インド諸島、オーストラリアなど、いわゆる英語圏諸国の英語も広く考慮することになったのである。また同時にやはりウェブスターの辞典に触発され、広範にわたる科学用語の収録も行われた。

　結果として*SUP 2*には、*SUP 1*にないコンピュータ、宇宙工学、ポピュラー音楽など、20世紀の第2、第3四半期を特徴づける文化に関する語が多く収録された。文学においては、それまですでに多く扱われていたチョーサーやシェイクスピアなど古典的作家にたいし、近代の作家をより幅広く視野にいれることになった。また従来タブー視されていた性に関する言葉とか差別用語なども、辞典編集の基本方針として検討された結果、記載することになった。

　1982年、*SUP 2*の第3、第4巻出版の目途がついたころ、*OED*のその後の対応が論じられ、補遺版4巻を本体に合体させることが決定した。同時に編集作業にコンピュータを導入し、辞典そのもののテキストもコンピュータ化することになった。この作業にあたっては、イギリス、アメリカ、カナダの企業が協力の手を差し延べたが、このこと自体、*OED*そのものが国際的な色彩と存在意義を帯びていた事実を象徴していたのである。

　やがてここにもう一つの重要な企画が導入されることになった。*SUP 1*が完成した時点で編集担当グループが解散してしまっていたために、*SUP 2*の

ための作業を立ち上げるのに大変苦労した教訓から、*SUP 2*第4巻の編集団の一部は、アルファベットのはじめに戻って、新たに追加する項目などを検討しはじめていた。この作業の結果、約5000語が追加されることになった。*OED 2*は、初版に*SUP 1*、*SUP 2*とこの5000語を加え、全20巻、主要見出し語、複合語や派生語、成句を含めると総語数約61万余りという、壮大な規模の辞書として完成したのである。ちなみに最も多くの紙面が割かれているのはsetで、約430の定義や解説が書き込まれているという。宇宙の星の観測と記録にも似て、この辞典の編集には終わるところがなく、時代の文化文明のさまざまな面を反映しながら成長してきたし、これからもそうし続けるだろう。しかも最終版はコンピュータ化され、英語という言語が今後さらに発展していく過程で、辞書としての対応が格段にたやすくなった。

執筆の経緯

　このような規模と歴史をもつ英語辞典の中に収められた日本語に早くから注目され、これによって日本文化が西欧に紹介されていった模様を解き明かすことができるのではないかと考えられたのが、日本における比較文学の先達であり、国外で広く日本文学を学術的に紹介してこられた福田陸太郎先生であった。先生は、大部なこの事典に取り組むための適当なグループを探していられたご様子で、1993年に東京成徳短期大学の英文科科長に就任されると間もなく、科の専任スタッフ15名に対し共同研究のご提案があった。さっそく東京成徳英語研究会が発足し、それまで行なってきた授業研究とならんで、*OED*に載せられた日本語の研究をその活動のもう一つの柱とした。

　まず*OED 1* 12巻、*SUP 1* 1巻、*SUP 2* 4巻、*OED 2* 20巻すべてに目を通し、日本語を語源とする言葉を拾うことからはじめた。*OED 2*についてはCD-ROM（1992）の助けを借りることができたが、他はすべて手作業で、語源欄にJap.とかJapaneseという記載のある語を1語ずつ拾い、各語ごとにカードを作成して、初出の版、定義、用例の年代、出典などを記載していった。定義や用例は、語によっては改版の際に書替えや入替えが行なわれてい

る場合がある。これらを明らかにするのも作業の1つであった。この結果、当初は373語を拾うことができたが、その後さらに検討を加え、最終的には378語と判定するに至り、これが私どもの研究対象となった。

　定例研究会では、これらの語が*OED*のどの段階で載るようになったか、どのような分野（カテゴリー）の語が多いのか、変形語や派生語の状態、用例の数とその出典、そして引用文の内容や背景などについて、発表が行なわれた。しかしやがて再び福田先生から、これら項目を1つ1つとりあげ、*OED*における扱いを検討した上で、各自エッセイ風な文にまとめてみてはどうか、という提案があり、冊子の発行がはじまった。

　執筆項目は、めいめいの興味に従って名乗り上げることにしたが、主立った項目については鉢合わせすることもなく、スムーズに分担が決まった。メンバーのうちで誰ひとりとして通じていない分野の語もあり、これらは当然後回しにされがちだったが、最後の集に近づくにつれ、それらの割り振りも順調に運んだ。冊子の発行は半年に1冊ずつ、7集で完成することとしたが、これも予定通りに進み、ちょうど3年で完了した。

　冊子の内容については、途中からエッセイというより辞典的な性格を強めてはどうかという意見も出て、書式など次第に統一していったが、最終的には寛容を旨とした編集方針を貫き、項目ごとにスタイルにかなりの違いが残った。今回まとめるに際しても、この点はいささか見苦しい点もあることと思うが、お目こぼしを願い、興味の赴くままに拾い読みしていただければ幸いである。そして日本が英語世界に紹介されていった経緯を語る絵巻物としてご覧いただき、英語をとりまく世界状況、ならびに世界をとりまく英語そのものの姿についても、私どもといっしょにお考えいただければと願っている。

　巻末には、「日本語リスト」と、引用文献の「略記表」を掲載した。あわせてご参照いただきたい。「日本語リスト」には、*OED*に載った語形、該当する日本語、引用された最も古い用例の出典年、用例数、*OED*に初めて載った版の順に記してある。

収録語の形

　リストをご覧になっていただくと、はたしてこれが日本語なのかかどうかと思われるようなものもあるのではないだろうか。比較的よく知られたtycoon（大君）、ginkgo（いちょう）、soy（醤油）ならまだしも、aucuba（アオキ）、bonze（坊主）、honcho（班長）、hoochie（日本語の「うち」から来たのではないか、とされる軍の俗語）、mebos（梅干から来たのではないか、とされる乾燥果実）、mokum（木目）、moose（娘）、moxa（もぐさ）などが日本語に由来するといわれても、綴りを見ただけではなかなか該当する日本語が思い浮かばない。現在日本語のなかに氾濫している外来語を引き合いに出すまでもなく、言葉は生き物であり、渡航し定住した先で、思わぬ装いを身につけ、活路を見出していく。tycoonなどはそのよい例だが、西欧の言葉に最も古くから入った日本語の1つといわれるmoxa（もぐさ）の場合は、スペイン語を経由してこんな姿になったらしい。mebosは梅干が語源ではないかとOEDは記しているが、用例の1つによると、大航海時代にウメボシという言葉あるいは梅干そのものがアフリカのケープあたりに運ばれていき、アフリカーンス語を経由して英語の辞書に籍を得ることになったという。わが民族がはるばる極東の果てから、人類発祥の地アフリカに送ったメッセージではないか、などと幻想の世界に遊ばせてくれる言葉である。

OED各版に登場した日本語

　さてOEDは第2版に至るまでに、上述のような歴史を歩んだのだが、ではこれら378語の日本語は、そのどの段階ではじめて登場したのだろうか。

　まずOED 1（1928）では45語、たとえば坊主、大名、腹切り、人力車、駕籠、掛け物、柿、神、きもの、琴、黒潮、松、帝、もぐさ、根付、酒、侍、三味線、薩摩、神道、将軍、醤油、足袋、大君、脇差し、円といった語が取り入れられた。

　そして続く1冊本のSUP 1（1933）では、ほぼ同数の41語が加えられた。全12巻の本体にたいし、たった1巻の補遺版であることを考えると、急激な

増加である。一部を拾ってみると、万歳、襖、蒲団、元老、下駄、いちょう、羽二重、羽織、法被、平民、火鉢、ひらがな、肥前焼、いろは、柔道、柔術、脚気、かな、かたかな、桐、鯉、昆布、公家、尺、障子、鯛、畳、豆腐、鳥居など、比較的なつかしい日本の風物を表す語が多いが、昭和8年の版だから無理もない。

そして次の*SUP 2*　4巻（1972−86）では、279語が加わった。前にもまして大量な収録で、*OED 2*に至るまでのすべての版に収められた日本語の約3分の2がこの4巻に集中していることになる。恣意的に拾ってみると、梅雨、道場、俳句、花見、埴輪、平安・鎌倉・江戸などの時代区分、いけばな、伊万里、浄土、浄瑠璃、歌舞伎、漢字、空手、菊池線、憲兵隊、車、狂言、巻物、万葉がな、水俣病、味噌、餅、南画、梨子地、能、沖縄人、置物、ローマ字、浪人、悟り、桜、刺身、さようなら、先生、ショック、蕎麦、すきやき、相撲、寿司、短歌、天ぷら、点呼、床の間、津波、恙虫病、浮世絵、大和（絵）、幽玄、浴衣、湯川、油症、友禅、財閥、禅、全学連といった具合である。

さらに*OED 2*の段階で新たに拾われた約5000語のなかには、日本語が8語みられる。小豆、合気道、海女、雨戸、有田焼、大小、だし（汁）、碁など、アルファベット順のはじめの方に位置する語ばかりであるのは、前に述べたように、*SUP 2*の作業が終わりに近づいた頃、前に戻って、第1巻に落ちたものが拾われたからである。

収録された日本語の種類

ではどのような種類の言葉が多いのだろうか。私どもグループは、まず拾った語をカテゴリーに分類し、英語への導入経緯や用例の出典、そして時には項目そのものについての検討や研究発表を行なっていった。この過程で、mebosのみならず、ほかにも思わぬ発見が数多くあり、次から次へと興味をそそられて道草を楽しんだ者もいた。

全体としてみると、「食」に関する語が最も多く、動物や植物の分野にま

たがるものも含めると、40語ばかりになる。*OED 1*の段階では、醤油、薩摩（みかん）、柿の3語ほどだが、次の*SUP 1*では、昆布や豆腐が加わった。すきやき、寿司、天ぷら、照り焼きなど、今日世界的によく知られている料理は、1972年以降に出た*SUP 2*でどっと増えた語の一部である。食とくに料理は民族文化の根源的なところにあるだけに、受け入れ側も用心深く、たとえば着物や法被など衣に関する語にくらべて、外国語のなかに浸透し籍を得るには少々時間がかかるようだ。しかし近年の日本経済の進展と先進諸国における健康志向の高まりから、かなりの食材や料理法が欧米諸国に知られ、言葉として浸透した。

世界各地に領土をもち博物学に精魂を傾けた英国人だからだろうか、動植物・鉱物に関する語も多い。とりわけ植物は多く、葛、蕎麦、山葵、海苔など食の分野にもまたがるものも含めると、30語にのぼる。動物はさほどではなく、鰹、鯛、鯉などの魚類のほか、鳥は鶯のみで、あとは日本鹿とハブ、観賞用の朱文金などで、10語に満たない。意外に多いのは鉱物・鉱石の名称で、生野鉱、石川石、河辺石、上八洞石、須藤石、手稲石、轟石、湯河原沸石など、日本の地名や日本人発見者の名に由来して名づけられている。これらの多くは、日本語の辞書にも英和辞典にも載っていないから、*OED*はこの点では多分に百科事典的な性格をもっている辞書だと言えるのかもしれない。

植物に続いて多いのが美術・工芸の分野である。浮世絵が西洋近代絵画に大きな影響を与えたことはよく知られているが、このブームは、刷物という語まで*OED*に登場させた。そのほか絵画関係では、墨絵、大和絵、南画、春画といった言葉が収められている。これら絵画とならんで、その陰にジャポニスムやオリエンタリズムの風潮、そして熱心な収集家たちの存在を感じさせるものに、工芸に関する一群の言葉があって、かなりの数にのぼる。有田焼、平戸焼、肥前焼、伊万里焼、柿右衛門、九谷焼、民芸、鍋島焼、楽、薩摩、瀬戸焼など焼物が多いが、このほかに、大小、脇差し、鍔、そして印籠、根付、緒締めなどがある。これらは美術品やインテリアとして人気を集

め、大量に海を渡ったと言われるが、室内装飾品としてとくに誂えられたものもあったらしく、置物と根付けは別物である、などということが熱心に説かれた文が引用されていたりする（本文「置物」の項参照）。つまりアルコーヴなどに、根付けあるいは根付けまがいの物が、「オキモノ」として飾られたらしいことがうかがわれるのである。この分野の語彙や数多くの引用文に目を通すと、芸術性や完成度の高い日本の美術工芸が、世界に誇る文化であることを改めて実感させられる。そしてまた英語辞典に、研出し、梨子地、緒締めなど、日本人にすでに馴染みが薄くなっている言葉が並んでいるのにも驚かされる。

　スポーツに関する言葉も 26 ほどにのぼる。国技の相撲はもとより、剣道、柔道・柔術、空手、合気道などで、空手は I karated him. といった具合に、動詞として使われている例もあげられている。種類としてはやはり柔道に関するものが多く、大外刈りや抑え込みなど、さまざまな技が載っており、先に触れた追補版（1993〜1997）ではさらに多くが加わることになる。オリンピック競技種目になっている柔道は、日本古来の柔術を嘉納治五郎が近代スポーツとして改良したものだが、長い歴史をもつ OED では、柔術と柔道はそれぞれ独立した項目をなしている。相手の力をもって相手を制するという機微や精神性が格別な注目を集めた事実が、例文からも読み取れる。

　やはりその精神性から西欧人の関心を引き現在に至っている禅をはじめ、宗教に関する語もほぼ同数が項目となっている。アメリカでヒッピー世代の心をとらえ、西海岸を中心に広まった禅も大きな扱いを受けているが、神道もそれに劣らず、日本古来の宗教として、あるいは仏教との共存について、さらには明治以降、戦時下に至るまでの天皇制との関連において、さまざまな言及が引用されている。宗教関係ではこのほかに真宗、真言、天台といった宗派が載っていて、やはり OED が事典的な性格を強くもっていることを物語っている。

　歴史的な言葉といえば、縄文から始まり江戸・明治にいたる主な各時代区分がほとんどすべて載っているし、将軍、侍、公家、平民など身分の名称、

武士道、腹切りはもちろんのこと、氏、姓、臣、連といった語まで並んでいる。このうちとくにサムライは、概念だけが抽出されて、純粋な英語のコンテクストのなかで用いられているから、かなり帰化の度合いの進んだ語といえる。

歌舞伎や能などの芸能や、盆栽、いけばな、濃茶、そして侘び、寂、渋いなど、日本の伝統文化に関する言葉も20語あまり見られる。茶の湯とか茶道という言葉が見当たらないのは、英語のtea ceremonyという一般的な言葉のなかに集約されているためである。

先述の鉱物学のほかにも、医学、化学、物理学、生物学などの分野で先駆的な活躍をした日本人学者が多くこの辞書に貢献している。橋本病、石原式色盲検査法、菊池線、岡崎フラグメント、志賀菌、下瀬火薬、タカジアスターゼ、高安病、湯川など、貢献者の名を冠した言葉のほかに、麹、ロテノン、ウルシオールといった言葉の引用文のなかにも、日本人学者の名が示されている。これら医学、自然科学にわたる語は、やはり20数語におよぶ。

火鉢、算盤、座布団、団扇など日用品、きもの、羽織、浴衣、下駄など衣に関する語、そして雨戸、倉、障子など住に関する語などが、それぞれ10数個ずつ載っている。昨今柔道と同様、世界各地で人気を呼び実践されているものに、折紙、俳句、碁などがあるが、むろんこれらもそれぞれ項目をなしている。文学に関連した語では、俳句のほかに、連歌、川柳、短歌、和歌、ひらがな、かたかな、漢字、ローマ字にはじまり、万葉がなまで載っている。自然科学の分野のみならず、こういった言葉が外国語の辞書に載るようになるには、受け入れ側の姿勢や状況もさることながら、陰には日本人関係者の多大な貢献があったことを忘れてはならない。用例を読むと、そんなことも再確認させられる。

用例とその語るもの

OEDは引くと同時に読む辞書でもある、と言われるのは、やはり各語ごとに集められた用例集があるからである。これを読むことによって、ある日

本語がどんなコンテクストで使われているのか、どの程度英語のなかに定着しているかなど、いろんなことを知ることができる。なかには事典的な解説に留まっているものもあれば、日本や日本文化とはまったくかけ離れた環境で使われている場合もある。あるいは日本語のそれとは微妙に、あるいは極端に違った意味で用いられている語もある。そこでこんどは収録された日本語について、*OED*があげている用例に注目したい。

用例の出典は、著書、文学作品、新聞、一般雑誌、学術誌など多岐にわたるが、なかでも最も多くの資料を提供しているのが、17世紀末、五代将軍綱吉の時代に来日したドイツ生まれの医師エンゲルベルト・ケンペル(1651-1716)の『日本誌』である。遺稿をスイス人医師 J. G. シュイヒツァーが英訳し、1727年にロンドンで出版された。ここからの引用数はのべ57にもおよぶ(大和田栄「OEDに見られる日本語——資料と分析」『東京成德短期大学紀要』第28号、1995年。以下データに関してはこれを参照されたい)。復刻版(雄松堂)のおかげで比較的手軽に見ることができるが、膨大な資料を収めたイラスト入りのこの一巻が、帝国繁栄のさなかにあったイギリス人にどのような感興を呼び覚ましたか、容易に想像できる。

続いて引用度の高いものに、ブリタニカ百科事典(50例)、タイムズ紙(47例)、日本アジア協会紀要(42例)がある。日本アジア協会は、1872年(明治5年)、日本および周辺アジア地域についての学術的研究と紹介を目的として、ヘボン式ローマ字のヘボン、英国公使パークス、アーネスト・サトウ等によって設立され、現在にいたっている学会である。この紀要には明治初期以来さまざまな分野にわたる講演記録や論文が載せられていて、興味深い。

ケンペルのほか、個人の著書としては、40年近く日本に滞在して日本文化を紹介したイギリス人言語学者B. H. チェンバレンの『日本の事物誌』(1890)が多く引用され、26例、そしてバーナード・リーチの『日本の陶工』(1960)と、幕末に公使パークスに随行してアーネスト・サトウとともに来日したA. M. ミットフォードの『古い日本の物語』(1871)がそれぞれ24、23例で、これに続く。以下多い順にあげると、G. B Swaan, *The Japanese*

Lantern (1965), James Kirkup, *Japan behind the Fan* (1970), G. B. Sansom, *Japan* (1931-46), J. J. Rein's *Japan* (1884), R. Kirkbride *Tamiko* (1959), *Richard Cock's, Diary* (1615-20), I. L. Bird, *The Unbeaten Tracks in Japan* (1880), A. B. Bacon, *Japanese Girls and Women* (1891), D. T. Suzuki, *Zen Buddhism and its Influence on Japanese Culture* (1938), Lafcadio Hearn, *Kokoro* (1896), Audsley and Bowes, *The Keramic Art of Japan* (1875)となる。この中で、慶長年間に来日してイギリスの平戸商館長をつとめたリチャード・コックスの『日記』(1615-20)は、古くかつ貴重な資料を提供しているが、これを一般英国人が読むことができるようになったのは1823年のハックルート協会からの出版以降であるから、コックスが書いたものとはいえ、英語社会に入ったのは19世紀になってからである。

　出典数は全部で2165冊にものぼる。古いものも多いが、コックスやケンペルを除けばせいぜい維新以降だから、*OED*が視野に入れた12世紀以降というスパンからすると、さほどでもない。むしろ現在のように情報が即時に世界をめぐる時代とは異なり、かろうじて得た小さな窓から極東の異国に興味の目を注いでいた多くの人々の熱い思いが切実に感じられる。

　ではどんな語に多くの用例が寄せられているのだろうか。多い順にあげると、大君、神風、醬油 (soy)、侍、畳、禅、神道、着物、柔術、柔道、酒、柿、沖縄人、薩摩、将軍、芸者、空手、帝、もぐさ、三味線、相撲などとなる。

　筆頭の大君には27用例があるが、この語の意味を正確に知る人は日本人でも少ないのではないだろうか。むしろ日本人にとっても、タイクーンとかな書きにしたほうがわかりやすいかもしれない。もとは江戸幕府が、将軍の尊称として外国に示した言葉である。幕末に和親条約の締結を迫って来日したアメリカ人が帰国する際に持ち帰ったところ、時の大統領リンカーンのあだ名となってしまったのである。その後この語は原義を離れて英語に定着し、アメリカン・ドリームの体現者すなわち実業界の成功者、大立者を指すようになり、今日に至っている。用例としてあげられているものをみると、アメリカ英語にすっかり同化してからのものが多い。英語への浸透度は用例の数によって測ることができるが、もう一つ、派生語が生まれているかどうかに

よっても、ある程度推し測ることができる。大君はこの点でも群を抜き、tycoonate, tycoonery, tycooness, tycoonism, tycoonshipなどがあげられ、それぞれに定義と用例が示されている。

　2番目に引用例数の多いのは神風である。‖という印がついて、いわば英語における市民権獲得にはいまだ至っていない、とされているが、用例数は合計25例にものぼる。tycoonは初版からだが、kamikazeは*SUP 2*になって登場する。元寇にまつわる天佑としての言い伝えを示したあと、太平洋戦争時のいわゆる神風特攻隊について、主としてジャーナリズム関係の紙面に現れた文がいくつか引用されている。用例は1945年から1971年におよぶ。だが最後に、サーフィン関連の用法として、捨て身の転覆妙技のようなものを指す、とされているのは注目される。この語から未帰化の印が取り外される時がやがて来ることを予感させるからである。用例が多いだけに、やはり形容詞として、あるいは比喩的な意味を担って使われる場合が多いらしい。「カミカゼ虫どもが、ガラス窓に体当たりしてきた」（1966）といった具合である。

　三番目は醤油を意味するsoyである。*OED*はほかにshoyuという項目も立てているから、合計すると用例の数はさらに多くなる。醤油そのものはアメリカなどでは現地製造されているくらいだから、soy-sauceは日常的によく耳にする言葉となっている。しかしそもそもこのsoyという言葉の身元ははたして日本語だろうか、と不審に思う向きもあるかもしれない。*OED*は一応日本語源の言葉で、これがマレー語やオランダ語のこれに当たる言葉の元になった、と記している。*OED*でsoyのすぐあとに項目をなしているsoyaのほうは、オランダ語のsoyaとかsojaからきている、とされていて、初出の用例はsoyと同じく古く、17世紀末だが、soyaburger、soya flour、soya meal、soya milk、soya oilというように修飾語として用いた例が多くあげられていて、大豆あるいは大豆粉のことである。

　侍も使用例が多くあげられている語の1つである。シュイビツァー訳ケンペルから始まって、1977年の三島由紀夫の切腹にいたるまで、時に映画など

にも触発され、さまざまな形で話題にされているのが読み取れる。20世紀初頭のイギリス社会改革論の一翼を担ったH. G. ウェルズからは、2用例が示されている。「サムライ、すなわちユートピア国家構想には不可欠のvoluntary nobility」(1905)と、「フェビアン協会をサムライ的組織にしようとした、」(1934) という文である。イギリスの社会改革史上、日露戦争直後からしばらく火のともった日本熱を反映したものとして、歴史的に重要であると同時に、言葉として、英語に入ったサムライのイメージを伝える効果的な引用ではないだろうか。日本語で「あの人は侍だから」などという場合とは微妙な違いがあるようにも思われるのである。

　これらに続いて、畳、禅、神道、着物、柔術、柔道、酒も多くの用例が示されている。このうちきものは、*OED*のすべての段階に登場し、なんらかの加筆がなされている点で、すべての語のなかでも特異な存在である。きものという言葉が英語にはじめて紹介されたのは、実は*OED*が示しているより古いはずだという指摘もあるが、いずれにしても当初は、日本の風土から生まれた固有な衣装として言及されたはずである。ところが用例を読むと、実はきものが19世紀末から20世紀初頭にかけて、西欧人女性をコルセットの窮屈から開放するのに一役買っていたことがわかる。そして前世紀後半以降の日本人ファッションデザイナーの国際舞台での活躍があり、すっかりこの方面で定着することになる。Kimonoの欄には、kimonaという変形や、kimono blouse, coat, gown, shirt, sleeveといった限定用法、そして kimonoedという修飾用法も指摘されている。

　私ども研究会のメンバーの一人が、主だった語について、用例の最も古いものと新しいものとの年代の差を比較することを試みた。(大和田栄「OEDにみられる日本語——資料と分析」参照)。開きが大きいほど長きにわたって英語のなかに住み着いたといえるわけである。これによると、1614年から1982年にわたって21用例が見られるtatamiが最も長く、次いで1616年から1972年で12用例のsamisen、1677年から1974年で用例数やはり12用例のmoxa、1615年から1904年で13用例のshogun、1696年から1978年で23用例のsoy、

1727年から1977年で20用例のZenなどとなっている。沖縄人を指すOkinawanは、用例の数では将軍と並ぶが、初出が太平洋戦争末期の1944年だから、最新の1973年との差は低い。

　以上、共同研究および冊子の編集の結果知ることができたことをかいつまんで記したが、つぶさに調べれば調べるほど、OEDそのものについても、さまざまな問題が明らかになってきた。辞典への語の収載は、基準をめぐって難しい問題がからんでくることは言うまでもない。リーダーといわれる人々に委託するにせよ、OEDが途中から加えるようになった世界中からの積極的な情報の寄与を受けるにせよ、たとえすべてを受け入れ検討しつくしたとしても、遺漏は残るはずである。OED 2が1989年に出版された直後、一般ジャーナリズムはもとより、専門誌にもきびしい批評が載った。なかには歴史的記述を旨とする基本方針が曲げられている、といったものもあった。tofuなどより、ある作家のunchallengingという言葉の使い方を載せるべきだ、といった議論もあったという。

　しかし所詮宇宙の星を記録するような気の遠くなるような作業である。そして星と同様、言葉も万物の有為転変の摂理のもとに存在する。長い年月にわたり使われ続け、派生語を生み、もとの日本語とは違った意味を帯びることもあれば、ある時期突然輝いて、また無限のかなたに消え去るものもある。shokku（ショック）は、英語から日本語に入り、また元気に英語の世界に出ていった言葉である。この研究からは実に多くのことを学ぶことができた。

　共同研究を進めるにあたっては、東京成徳学園、日本私学振興財団、学術振興資金（日本私立学校振興．共済事業団）から援助をいただき、また冊子の発行のたびに多くの方々からご指摘や励ましのお言葉をいただいた。冊子編集の段階では、特に川口昌男氏から多くの貴重なご助言を頂戴した。そしてこのたび一冊本として出版するに当たり、論創社の森下紀夫社長と赤塚成人氏に一方ならぬお世話になった。心から感謝申し上げる。

目　次

監修のことば（福田陸太郎）ⅰ
はしがき（橋本禮子）ⅲ

A
adzuki 小豆 3　aikido 合気道 4　Akita 秋田犬 6
ama 海女 7　amado 雨戸 9　Arita 有田焼 9
aucuba アオキ・アオキモザイク病 11　awabi 鮑 12

B
bai-u 梅雨 13　banzai 万歳 14　baren 馬連 15
bekko 鼈甲 15　bonsai 盆栽 16　bonze 坊主 18
bunraku 文楽 20　bushido 武士道 22

D
daimio 大名 22　dairi 内裏 23　daisho 大小 24
dan 段 25　dashi だし・だし汁 27　dojo 道場 28

E
Eta, eta エタ 29

F
fusuma 襖 30　futon 蒲団 31

G
gagaku 雅楽 32　geisha 芸者 34　Genro 元老 36
geta 下駄 38　ginkgo いちょう 40　go 碁 43
gobang 五目並べ 44

H

habu ハブ 45   habutai 羽二重 46   haiku 俳句 47
hakama 袴 49   hanami 花見 49   hanashika 噺家 50
haniwa 埴輪 51   haori 羽織 51   happi-coat 法被 54
harai goshi 払い腰 57   hara-kiri 腹切り 58
Hashimoto 橋本病 63   hatamoto 旗本 64
hechima ヘチマ 66   Heian 平安 66   heimin 平民 66
hibachi 火鉢 66   hinin 非人 68   hinoki 檜 69
Hirado 平戸焼 70   hiragana ひらがな 72
Hizen 肥前焼 73   honcho 班長 75   hoochie うち 77

I

ikebana いけばな 79   ikunolite 生野鉱 80
Imari 伊万里焼 81   inkyo 隠居 83   inro 印籠 84
iroha いろは 87   Ishihara 石原式色盲検査法 88
ishikawaite 石川石 90   itai-itai イタイイタイ病 90
itzebu, -boo 一部金・一分銀 91

J

janken じゃんけん 92   jigotai 自護体 92
jinricksha, jinrikisha 人力車 93   jito 地頭 95
Jōdo 浄土宗・浄土 95   johachidolite 上八洞石 97
Jomon 縄文 98   joro 女郎 98   Jōruri 浄瑠璃 102
judo 柔道 104   judoist 柔道家 107   ju-jitsu 柔術 107
junshi 殉死 109

K

kabane 姓 110   Kabuki 歌舞伎 112   kago 駕籠 115
kagura 神楽 117   kakemono 掛け物 119
kaki 柿 120   Kakiemon 柿右衛門 122   kakke 脚気 123
Kamakura 鎌倉 125   kami 上・神・守 125
kamikaze 神風・カミカゼ 128   kana かな 133
kanji 漢字 134   karate (n.) 空手 136
karate (v.) 空手を使う 137   kata 形 138
katakana かたかな 140   katana 刀 141   katsuo 鰹 142
katsura 鬘 143   katsuramono 鬘物 144   kaya 榧 146
Kempeitai 憲兵隊 147   ken 間 148   ken 県 149
ken 拳 151   kendo 剣道 151   kesa-gatame 袈裟固め 153

keyaki 欅 155　Kikuchi 菊池線 155　kikyo 桔梗 157
ki-mon 鬼門 157　kimono きもの 159　kiri 桐 163
kirin 麒麟 165　koan 公案 166　kobang 小判 168
kobeite 河辺石 169　kogai 公害 169　koi 鯉 172
koi-cha 濃茶 175　koji 麹 178　kojic 麹酸 179
kokeshi こけし 180　koku 石 180　kombu 昆布 182
koniak, koniaku こんにゃく 183　Kōrin 光琳 185
koro 香炉 186　kotatsu 炬燵 188　koto 箏 189
kudzu 葛 190　Kuge 公家 192　kura 倉 195
Kuroshiwo 黒潮 197　kuruma 車 198
Kurume 久留米つつじ 199　Kutani 九谷焼 201
kuzushi 崩し 202　kyogen 狂言 203　kyu 級 206

M

maiko 舞妓 207　makimono 巻物 209
mama-san ママさん 210　manyogana 万葉がな 212
matsu 松 214　matsuri 祭 216
mebos ミーボス（杏の干菓子）218　Meiji 明治 219
metake 雌竹 219　miai 見合い 220
Mikado 帝・ミカド 221　mikan みかん 224
Mikimoto ミキモト 224　Minamata disease 水俣病 225
mingei 民芸 226　miso 味噌 227　mitsumata 三椏 229
mochi 餅 231　mokum 木目 233　momme 匁 234
mompei, mompe もんぺ 235　mon 紋 236
mondo 問答 237　moose, mousmee 娘 237
moxa もぐさ 240　muraji 連 242

N

Nabeshima 鍋島焼 242　nakodo 仲人 244
Nanga 南画 245　Nara 奈良 246　narikin 成金 246
Nashiji 梨地・梨子地 247　netsuke 根付 250
ningyoite 人形石 251　Nip 日本人 252
Nippon 日本 252　Nipponese 日本人・日本語 255
Nipponian 日本の・日本人の 256　nisei 二世 257
nogaku 能楽 258　Noh, No 能 261　nori 海苔 263
norimon 乗物 264　noshi 熨斗 265
nunchaku ヌンチャク 266

O

obang 大判 267 obi 帯 268 o-goshi, ogoshi 大腰 268
oiran 花魁 269 ojime 緒締め 271
Okazaki 岡崎フラグメント 271 okimono 置物 272
Okinawan 沖縄人 274 omi 臣 276 on 恩 278
onnagata 女形 279 onsen 温泉 281 origami 折紙 282
orihon 折本 283 osaekomi waza 抑え込み技 284
oshibori お絞り 286 O-soto-gari 大外刈り 287
oyama 女形 288

P

pachinko パチンコ 288

R

raku 楽 290 ramanas ハマナス 291
randori 乱取り 292 renga 連歌 293 ri 里 293
rickshaw, ricksha (人)力車 296 rikka 立花 297
rin 厘 299 Ritsu 律宗 301 Rōjū 老中 303
romaji ローマ字 304 ronin 浪人 306 Roshi 老師 309
rotenone ロテノン 309 rumaki ルマーキ 310
ryo 両 311 ryokan 旅館 313

S

sabi 寂 314 saké 酒 316 sakura 桜 318
samisen 三味線 320 samurai 侍 323 san さん 328
sanpaku 三白眼 330 sansei 三世 331
sasanqua 山茶花 332 sashimi 刺身 332
satori 覚 334 Satsuma 薩摩 334
sayonara さようなら 341 sen 銭 343
Sendai 仙台（ウィルス）344 sennin 仙人 345
senryu 川柳 346 sensei 先生 348
sentoku 宣徳銅器 349 seppuku 切腹 350
Seto 瀬戸焼 350 shabu-shabu しゃぶしゃぶ 351
shaku 尺・勺 352 shakudo 赤銅 355
shakuhachi 尺八 356 shiatsu 指圧 357
Shibayama 芝山細工 359 shibui 渋い 359
shibuichi 四分一 361 Shiga 志賀菌 362
shiitake しいたけ 363 Shijō 四条派 365

shikimi 樒 365　shikimic シキミ酸・シキミ酸の 367
shimada 島田 368　shime-waza 締め技 368
shimose 下瀬火薬 370　Shin 真 371
Shingon 真言宗 373　Shinshū（浄土）真宗 375
Shinto 神道 375　shishi 獅子 379　sho 升 380
shō 笙 381　shochu 焼酎 382　shogi 将棋 383
shogun 将軍 384　shoji 障子 388
shokku ショック 389　shosagoto 所作事 391
shoyu 醬油 395　shubunkin 朱文金 398
shugo 守護 398　shunga 春画 399　sika シカ 400
skimmia 深山樒 401　soba 蕎麦 402　sodoku 鼠毒 405
Soka Gakkai 創価学会 406　soroban 算盤 407
soshi 壮士 408　Soto 曹洞宗 409　soy 醬油 411
soya 醬油 411　soya bean 大豆 413　soybean 大豆 414
sudoite 須藤石 416　sugi 杉 416　suiboku 水墨画 418
suiseki 水石 419　sukiyaki すきやき 420　sumi 墨 421
sumi-e 墨絵 422　sumo 相撲 423
sumotori 相撲取り 425　sun 寸 425
Suntory サントリー 426　surimono 刷物 426
sushi 寿司・鮨 427　suzuribako 硯箱 429

T

tabi 足袋 430　tai 鯛 433　tai-otoshi 体落とし 434
Taka-diastase タカジアスターゼ 436
Takayasu 高安病 437　tamari 溜り 438　tan 反^1 439
tan 反^2 440　tanka 短歌 441　tansu 箪笥 446
tatami 畳 447　teineite 手稲石 449　temmoku 天目 450
tempura 天ぷら 452　Tendai 天台宗 454
tenko 点呼 455　teppan-yaki 鉄板焼き 456
terakoya 寺子屋 457　teriyaki 照り焼き 459　to 斗 459
todorokite 轟石 460　tofu 豆腐 461
togidashi 研出し蒔絵 463　tokonoma 床の間 464
tonari gumi 隣組 465　torii 鳥居 466
Tosa 土佐派 467　Tosa 土佐犬 468　tsuba 鍔 469
tsubo 坪 470　tsukemono 漬物 470　tsukuri つくり 471
tsunami 津波 472　tsutsugamushi 恙虫病 473
tsutsumu 日本式包み方 475　tycoon 大君 475

U

uchiwa 団扇 481　udon うどん 481　uguisu 鶯 483
uji 氏 484　ujigami 氏神 486　uke 受け 487
ukemi 受け身 488　ukiyo-e 浮世絵 489　urushi 漆 491
urushiol ウルシオール 492　uta 歌 493

W

wabi 侘び 493　wacadash 脇差し 495　waka 和歌 495
wasabi 山葵 495

Y

Yagi 八木アンテナ 496　yakitori 焼鳥 497
yakuza やくざ 498　Yamato 大和絵・大和魂 499
yashiki 屋敷 501　Yayoi 弥生 504　Yeddo 江戸 504
yen 円 504　Yokohama 縮緬・尾長鶏 504
yokozuna 横綱 506　Yoshiwara 吉原 507
yugawaralite 湯河原沸石 509　yugen 幽玄 510
yukata 浴衣 512　Yukawa 湯川 513　yusho 油症 515
yūzen 友禅染 515

Z

zabuton 座布団 518　zaibatsu 財閥 519　zaikai 財界 521
zazen 座禅 523　Zen 禅 523　zendo 禅堂 534
Zengakuren 全学連 534　zori 草履 536

「時代」の項目 540

日本語リスト 552
略記表 566

OEDの日本語378

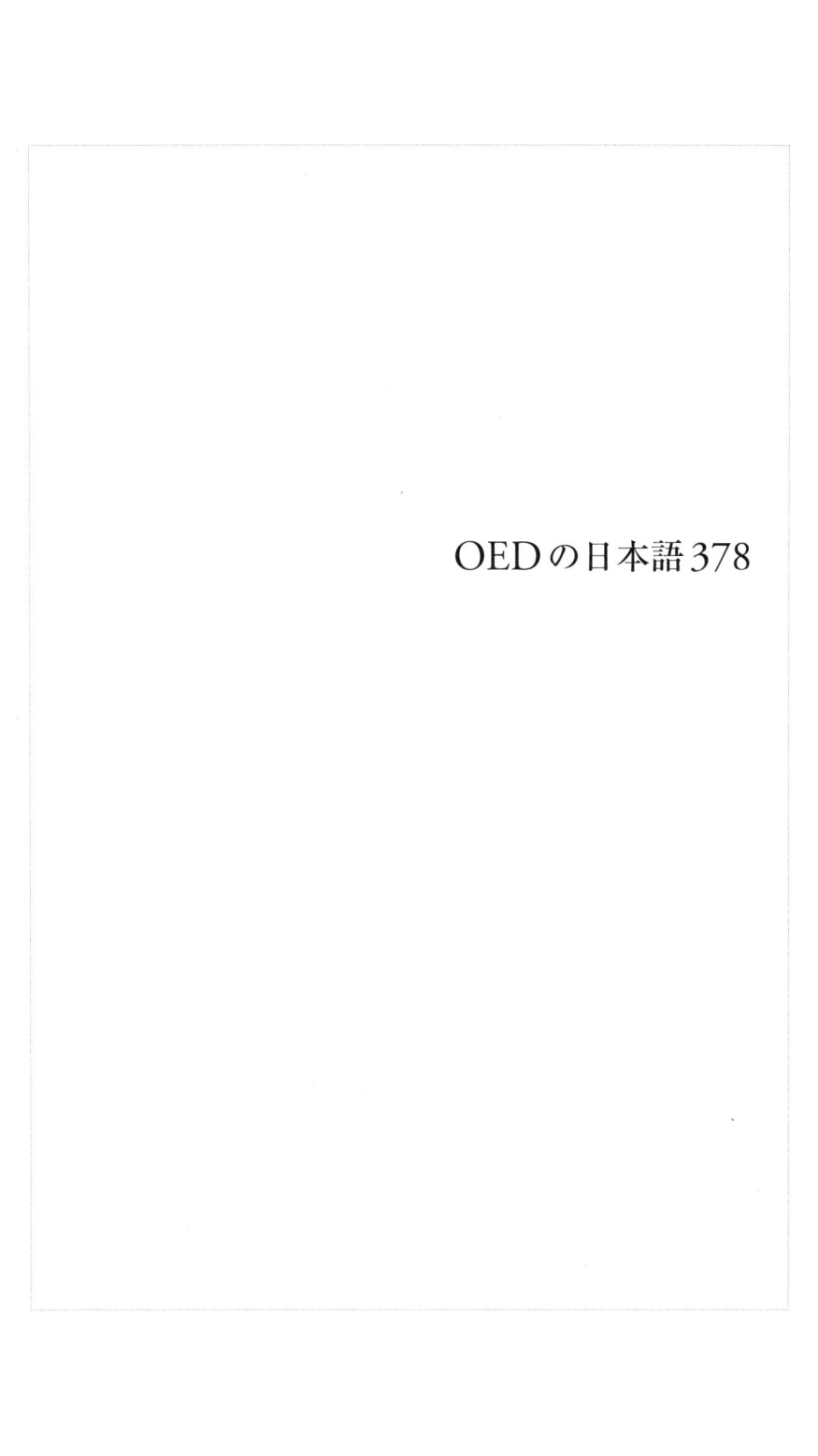

ブックデザイン

三谷良子

A

adzuki 小豆

　小豆は赤飯や料理に使われるが、餡などに加工され和菓子の重要な材料にもなる。日本人には特に好まれ、古くから吉凶にかかわらずその生活に深くとけ込んでいる。小豆が邪気を避けるという昔ながらの信仰があり、めでたい日に食べる習慣が古来からある。中国原産で古い時代に渡来し、すでに『古事記』にその名がでている。

　9つの用例を伴って*OED 2*に初めて載る。「中国や日本で栽培され、一年草の豆科の植物で学名はVigna angularis, 暗褐色の食用豆並びにその植物」と定義し、さらに「adzuki beanのように限定的にも使われる」とある。Atsuki, adzuki, azukiの異形があげられている。

　初出例は1727年に英訳が刊行されたケンペル『日本誌』からである。"Adsuki, or Sodsu, that is Sobeans"【アズキあるいは小豆すなわちSo（小）beans（豆）。】第2例は1795年のC. P. Thunbergの訳本 *Trav. Europe, Afr., & Asia* からである。"Atsuki Beans likewise (Phaseolus radiatus) are ground to meal."【小豆も同様に挽いて粗粉にする。】Phaseolus radiatusがインゲン豆だとすると、インゲン豆と同じく――という意味か。いずれにしても、現在のように煮た豆を練った餡で菓子を作る製法は18世紀末に始まったもので、それまでは小豆を挽いていたらしい。

　餡としての小豆についての用例が次に2例ある。1889年J. J. Reinの*Industries of Japan*から"A mixture of bean-meal (Adzuki) and sugar."【小豆の粉と砂糖を混ぜたもの。】引用はAme-no-mochiという一節からで、飴の餅に餡（小豆の粉と砂糖を混ぜたもの）が詰まっているとおいしい、といったことが書かれている。もう1例は1960年B. Leachによる*Potter in Japan*からで"We ate it first with shoyu sauce and then with sweet adzuki beans."【私たちは初めは醤油

で、次に小豆餡でそれを食べた。】作者たちが松本に旅し蕎麦屋で蕎麦がきを食べている時の描写である。蕎麦がきをporridge（水か牛乳でオートミールを粥状になるまで煮たもの）のようなものだと言い、今度は益子で牛乳と砂糖、蜂蜜をかけて食べてみようと記している。イギリス人のリーチにとっては、やはり小豆餡よりは牛乳の方が好ましいのであろうか。

　他の用例は植物としてのアズキに関するものである。1914年の*Bull. U. S. Dept. Agric.* 119号から"The adsuki is probably native either in Japan or in Chosen [=Korea], but the plant is not definitely known in a wild state."【アズキはおそらく日本か朝鮮の原産であろうが、野生の状態のものは確定されていない。】『牧野新日本植物図鑑』には中国が原産地であると記されている。『大百科事典』（平凡社）によると中国では2000年も前から栽培され、日本では農耕文化が始まった頃からの作物の1つだとある。したがって、日本や朝鮮は原産地ではなさそうである。同書からの用例が続く。"The adsuki bean is a summer annual."【アズキは夏の一年草である。】1968年のJ. W. Pursegloveによる*Tropical Crops: Dicotyledons*からの引用には"Adzuki bean is grown mainly in Japan and China."【小豆は主に日本と中国で栽培されている。】とある。　　　　　　（伊藤香代子）

aikido　合気道

　この語は1989年刊の*OED* 2に5例をもって登場するから、わりあい新しい項目である。定義としては「日本の自衛の術で、またスポーツとしても実践される。それは相手の力を利用して、倒すものである」。語源の説明は「*ai*はtogether, *ki*はspirit, *do*はjudoを見よ」とあり、文字通りには「精神を適応させる方法」という。柔道の技によく似た解釈である。

　初出例は1956年K. Tomiki *judo* 中の文章"Mr. Moritaka Ueshiba ... made many additions to the art 〔of jujutsu〕, and it is now known as *aikido.*"【植芝盛高氏…はこの〔柔術〕技に多くの補足をし、それは現在「合気道」として知られている。】別の記録によれば、創始者は植芝盛平（もりへい）（1883-1969）となっている。盛高（？）はその一族か。この武道は古くから会津藩に伝わった大東流柔術を源

流とするもので、同藩の武田惣角（そうかく）（1860-1943）に学んだのが和歌山県人の植芝盛平であった。

　1966年の第2例はKENDOの項参照とある。1975年の第3例は *New Yorker* 6月23日号中の文"The best aikido master in the United States—aikido being a martial-art form that involves spinning the body a great deal."【合衆国での最高の合気道の達人——合気道とは格闘技の1つで、身体を盛んに回転させることを含む。】

　第4例は1976年 *Milton Keynes Express* 7月2日付のもの。"Demonstrations of aikido, country dancing, and brass band playing followed the opening ceremony."【開会式のあと、合気道の演技、カントリー・ダンス、ブラス・バンドの演奏が続いた。】

　最後の第5例は1984年 *New Yorker* 5月号の"Fifty students of aikido ... are swirling, turning, twisting, depositing their partners on the shiny floor."【合気道の50人の学生が…パートナーを磨かれた床の上に立たせたまま、体を回したり、向きを変えたり、ねじったりしている。】

　上掲の例文だけでは、合気道の独自性が余りはっきり説明されていないように思われるので、少しつけ加えて述べよう。大東流柔術から始めて、諸流を修業した植芝は、創意工夫を加えて合気武道とし、大正末頃に上京してそれを広め、1944年合気道と改名した。

　やや専門的になるが、それは合理的な自然体の動きを基本として、入身技（いりみ）、関節技、当身技（あてみ）などを多方面に応用する。相手を倒し、投げ、抑え込むだけでなく、各種の武器にも対抗できる。

　練習方法としては、古流柔術がそうであったように「型」の反復練習を主とし、通例試合は行なわないが、一部では競技として実施されている。年齢性別を問わず、健康保持のためにも良く、日本だけでなく、諸外国にも急速に普及している現状である。アメリカでは現在6万人以上の人が合気道の修練をしているという。

（福田陸太郎）

Akita　秋田犬

　OEDに項目として採択されている日本の犬種名は、AkitaとTosaの2品種である。その他に、Japaneseの項にJapanese Spanielという犬種名が含まれているが、これは狆のことである。嘉永7年（1854）にペリー提督が将軍から贈られた狆のうち一対をヴィクトリア女王に贈り、残りを本国に持ち帰ったのが欧米での狆の飼育の始まりであるといわれ、海外でも長い歴史を誇っている。その狆ほどではないが、やはり広く外国で公認され、飼育されているのが秋田犬である。

　秋田犬は柴、北海道、四国などとともに文部省によって天然記念物に指定されている犬種で、原産地は秋田県大館、鹿角地方。クマやイノシシ狩りに使われた中型の獣猟犬、マタギ犬を祖先とする。1630年代、藩主の佐竹侯の命により闘犬として改良され、明治時代にはより大きく力強い犬を目指し土佐犬や洋犬と交配され、現在の秋田犬が誕生した。初めて世界に紹介された秋田犬は、おそらく「ハチ公」であろう。その忠犬ぶりは、「ハチ」が死んだ昭和9年（1934）に広く海外でも報道された。秋田犬が米国に最初に渡ったのは、公的にはヘレン・ケラー女史が秋田県を訪れた際に、文部省から贈られた仔犬を持ち帰った1937年のことである。しかし広く米国で知られるようになったのは第二次世界大戦後で、それは占領軍として日本に進駐したGIたちが帰国の際多くの秋田犬を故郷に連れ帰ったことに始まった。立ち耳、巻き尾の凛々しい姿と勇敢で忠誠心に厚く、穏やかな性格から、海外でも高い評価を受けている。

　1945年にKC（英国ケンネル・クラブ）の、また1972年にAKC（アメリカン・ケンネル・クラブ）の犬種簿への登録が認められた。1994年の登録件数は日本が441、英国が654、米国が11014で、洋犬に人気が集まっている国内よりも、むしろ英国・米国での登録件数がはるかに勝っているのは注目すべきことである。英国では警察犬にも使われて日本犬の優秀さを世界に証明している。OEDへの採択も当然といえるだろう。ただし、天然記念物の輸出が制限されているために、海外の秋田犬は独自の発展をとげ、被毛の色や質が

少々異なったものとなっている。

　Akitaは*SUP 2*から掲載され、語源は「北日本の地方の名前」、定義は「日本の中型の犬種」とされており、用例は3例。初出例は1928年F. T. Bartonの*Kennel Encycl.*で、"*Akita.* The title of this breed came from the name of the district, in the northern part of Japan."【秋田。この犬種の名称は北日本の地方の名前に由来する。】用例が目立つのはやはり戦後で、1945年C. L. B. Hubbardの*Observer Bk. Dogs*に、"*Akita* ... is a typical Spitz, with broad-pointed skull, stiff 'fur' on the back but softer hair elsewhere, and a curled ... and bushy tale."【「秋田」は尖った口と広い頭を持つ典型的なスピッツタイプの犬で、背は剛毛、その他の部分はそれより柔らかな毛で被われていて、ふさふさとした巻き尾を持つ。】と秋田の特徴を伝え、1948年発行、同著者による*Dogs in Britain*には、秋田が猟犬としては唯一日本から英国に輸入された犬種であることが紹介されている。

（坂上祐美子）

ama　海女

　海女という呼び名は古事記に登場するほど歴史の古い言葉であるが、その意味は時代とともに少しずつ変化し、今日では意味も文字も男女を区別して用いられている。このような歴史的経緯を持った言葉であるが、現代の日本人が連想するのは、戦後たいへん話題になった三島由紀夫の『潮騒』(1954)、あるいは真珠ブームに沸いた頃の観光海女ぐらいではないだろうか。amaが*OED*に収録されたのは*OED 2*になってからであるが、用例はすべて戦後のものになっているのでamaは比較的新しい発見なのかもしれない。

　*OED*と『大辞林』の定義は次のようになっている。

　OED 2 "A Japanese woman diver, who dives for shellfish and edible seaweed, usu. without breathing apparatus."【呼吸装置を身につけずに海に潜り貝や食用の海藻を採る日本の女性ダイバー。】

　『大辞林』「海女【あま［海人］と同源】海に潜って貝・海藻などをとることを職業とする女。かずきめ。【参考】海人　魚介をとったり、藻塩を焼いた

りするのを業とする者。漁師。古くは海部に属した。あまびと。いさりびと。」
　海女は水中めがねは別として、身に付ける道具は貝起こし金(がね)と桶ぐらいで他にはなにも身につけず素潜りするのが普通である。したがってOEDの定義の「呼吸装置を身につけずに」の説明は外国人には親切な解説であろう。
　『日本史大事典』(平凡社)によると、「古い文献に見られる『あま』という名称は海とかかわりをもって暮らしをたてている漁労者や製塩・航海等に従事する人々を含んでいたが、次第に『あま』という言葉は裸潜水漁労者だけに限定して用いられ、現代では『あま』のうち、男を海士、女を海女と表示するようになった」とある。
　引用文は全部で3例(1954、1962、1971)である。
　第1例は1954年 F. Haar *Mermaid of Japan* "Every living *ama* is the daughter of an *ama*, their mothers were daughters of *ama*, as were their mothers' mothers."【現在活躍している海女はいずれも海女の娘であり、彼女たちの母親は祖母がそうであったように海女の娘であった。】『大日本百科事典』(小学館)には「海女の間ではアワビの多い場所を発見すると採集の専用権を認め、母親はその権利を娘に継がせることがあった」とある。海女の娘が海女になるというのはこんなところにも理由があったのかもしれない。
　第2例は1962年 *New Scientist* 10 May "There have been Japanese women 'ama' who have dived for over $2\frac{1}{2}$ minutes and to depth of 30 metres."【日本の女性の海女の中には2分30秒以上、深さ30メートルまで潜れるものがいる。】通常、海女は水中9〜10mまで潜って作業をし、一回の作業は約2時間続くと言われているので、用例にあるような海女は別格の働き者ということになる。また、用例では「日本の」と限定詞がついているが、いわゆる海女は日本だけではなく、韓国の済州島にもいることが知られている。
　なお、真珠採りの海女については歴史が浅いためであろうか、国語辞典にもOEDにもその記述は見あたらない。
　　　　　　　　　　　　　　　　　　　　　　　　　　　　(西村幸三)

amado 雨戸

OED 2 から出現、用例は5例。「日本家屋の外側にある鎧戸一揃の中の1つ。しばしば集合名詞」と定義されている。初出例は1880年 Isabella L. Bird *Unbeaten Tracks in Japan* から。"They rise at daylight ... open the *amado* – wooden shutters which...box in the whole house at night."【かれらは夜明けに起床し、雨戸——木製の鎧戸——を開ける。これは夜間家全体を（いわば）箱詰めにする。】である。昔の日本家屋が雨戸を閉めることにより、1つの箱のようになるという印象は西洋人には極めて鮮烈だったようだ。

第2例は1890年 B. H. Chamberlain *Things Japanese* から。"The sides of the house, composed at night of wooden sliding doors, called *amado,* is stowed away in boxes during the day-time."【夜間、家屋の側面は雨戸と呼ばれる木製の引き戸で覆われるが、これは日中戸袋の中へ片付られる。】と日本家屋の合理性に注目している。第4例は1938年鈴木大拙の *Zen Buddhism* から。"The falling leaves striking shower-like against the roof and *amado.*"【俄雨のごとく屋根や雨戸を打ちすえる落葉。】とある。落葉が「自然を慈しむ日本人」たる西行法師の詩心を呼び覚まし、夜半に眠りから覚めた詩人は改めて季節のうつろいを儚む様子を叙述する。最終例は1959年 R. Kirkbride *Tamiko* から。"A cabin whose face was blind with locked amado."【雨戸を閉ざして正面に出口がなくなった小屋。】である。

（野呂有子）

Arita 有田焼

OED に採択されている377語の日本語のうち、*OED 2* から新たに登場する語はわずか8語で、Arita もその1つである。定義は「日本の南西、九州地方の町の名。17世紀初頭から、近隣で作られた磁器を称するのに限定的に使われる。また、この磁器でできている品物。一般に、暗青色や白の下地、または、多色のうわ薬で、非対称的な模様が特徴である」とある。17世紀初頭といえば、*OED* に採択されている Hirado【平戸焼】は、平戸の藩主松浦侯が慶長の役（1597-98）後、朝鮮から陶工巨関を連れ帰って焼かせたのが始

まりである。Satsuma【薩摩焼】は文禄の役（1592-1596）後、島津義弘が連れ帰った朝鮮の陶工によって創始された。そしてAritaも時期的には同じ頃になる。『大辞林』には「佐賀県有田地方で産する染め付け・赤絵の磁器。文禄慶長の役（1592-1598）後、鍋島侯にしたがって渡来した朝鮮の陶工李参平が有田泉山の土で焼いたのが最初とされる。伊万里港を積み出し港としたので、伊万里焼とも呼ばれる」とあり、有田も平戸や薩摩と同じような誕生の歴史をもつことになる。

用例は8例（1876、1878、1880、1881、1925、1954、1965、1970）、初出は1876年W. E. Griffisの*Mikado's Empire*から"Of the two platforms in the Japanese section, one was devoted to porcelain or Arita and Karatsŭ, in Hizen."【日本部門の2つの台のうち、1つは肥前の有田焼と唐津焼に当てられていた。】とある。これは、おそらくは1873年のウイーン万博で日本の展示コーナーにあった2つの陳列棚のうちの1つに有田焼と唐津焼の磁器が並べられていたことを述べたものであろう。1881年C. C. Harrisonの*Woman's Handiwork*は"An Arita bowl, gorgeous with stippled red, at $5."【点描した赤色のきらびやかな有田焼のボールは5ドル。】とある。このボールがどんぶり・茶碗・鉢のいずれなのかは不明であるが、色は『大辞林』にあった「赤絵」を指していると思われる。「赤絵」とは、陶磁器の赤を主調とした上絵付のことである。約100年前に5ドルとあるが、現在ではどのくらいの値段になるのだろう。1879年にウルワースが10セントストアを開店したことを考えれば、かなり高価な焼物であったように思われる。

1954年のH. Garnerの文献は、*Oriental Blue & White*と題し、染付を中心とする中国・朝鮮・日本などの東洋の陶磁器に関する書物であろう。"The square bottle and the ewer have border designs which are typical of the Arita wares, both blue and white and polychrome."【角型の瓶と広口水差しは、有田焼によくある縁取りが施され、色は染付と多色の両方。】とある。1965年のS. Jenyns *Jap. Porcelain*からの用例は古伊万里に関するもので"The decoration of the earliest blue and white Arita pieces is primitive; the most common decoration is a sketchy foliage scroll."【初期の染付の有田焼の絵柄は素朴なもので、最も一般的な絵柄は、スケッチ風の葉飾りがうず巻き状になっている模様である。】とある。

　最後の用例は1970年の *Oxf. Compan. Art* から"By c. 1650 the Dutch were already trading in Arita blue-and-white."【1650年頃までには、オランダ人はすでに染付の有田焼で商いをしていた。】とあり、李氏が日本に渡来し有田焼を作り始めてから50年もするとオランダ人が有田焼を商品として使用していたことが知れる。オランダは、1581年にハプスブルク王家の支配から脱し、17世紀に隆盛した国であり、1600年に初めて日本と通交。日本が1639年に鎖国に入ったため西洋文化の輸入はもっぱらオランダを経て行なわれた。そのため、舶来のものにオランダ語が使われ、コップ【kop】など、日本語としてオランダ語が残っている。また、商魂たくましいオランダ人の活躍からか、"go Dutch"【割勘にする】、"Dutch auction"【競り下げ競売】、"Dutch bargain"【酒を飲みながら結ぶ売買契約】、"Dutch courage"【酒でつけた元気、から元気】等、ダッチという語のついたいろいろな英語表現が今日まで残っている。このようなオランダ人が有田焼を商品として採択したことは、有田焼が商売になると判断されたことになり、逸品であることが認められていたといえよう。

　OED は有田を含む陶磁器に関する語を11語採択しているが、*New Shorter Oxford* 辞典（1993年、日本語収録数335）もこれらの語を採択している[1]。

（渡辺佳余子）

(1) 有田は「日本の南にある町」「有田やその周辺で作られる独特の日本の磁器。染付や、多色のうわ薬で非対称的な花のデザインが一般的」と定義している。陶磁器では、薩摩焼と楽焼と有田焼を採択している Concise Oxford 辞典（1995年、日本語収録数92）には「非対称的な模様が特徴の日本の磁器」「日本の有田」とある。また、*SUP 2* から採択されている"soba"【蕎麦】の用例7例のうち、1971年の用例は、*Ashmolean Mus. Rep. Of Visitors 1970* の"Soba cup, blue and white decoration of bamboos, probably Arita ware."【おそらくは有田焼の染付の竹模様の蕎麦猪口。】とあり、高級品ではない日用品としての有田焼の例が出ている。

aucuba　アオキ・アオキモザイク病

　OED 2 における「アオキ」の定義は2つ。用例は各々2例。定義1は「良く知られる雌雄異株の耐寒性の灌木で、通常月桂樹に似た黄緑斑入りの葉を

つけ、装飾用に栽培される」である。定義2は「アオキモザイク病、ナス科の植物の葉を侵すモザイク病」である。これは、モザイク病ウイルスに侵された植物の葉の状態が黄斑の入ったアオキの葉に似ていることから派生した。定義1は *OED 1* から登場、*SUP 2* で定義2が追加され、*OED 2* で両者が合体する。

　定義1の初出例は1819年 Rees *Cycl.* から。"*Aucuba*, a large Japanese tree ... introduced by Mr. John Grœfer in 1783."【1783年ジョン・グローファー氏により紹介された日本の大きな木、アオキ。】第2例は1862年 S. Partridge, *Eng. Months* から。"The aucuba shows in the shrubbery his broadening leaf Spotted with gold."【アオキは植え込みの中で黄金の斑のある葉を広げて見せる。】

　定義2の初出例は1922年 H. M. Quanjer in *Rep. Internat. Potato Conf.*から。"On account of its resemblance to the variegation of Aucuba japonica, I call it Aucuba-mosaic [of potato]."【アオキの斑に似ているので、［ジャガイモの］アオキモザイク病と呼ぶ。】第2例は1936年 *Nature* 3月21日号から。"It was not ... possible to distinguish serologically the viruses of tobacco mosaic, aucuba mosaic and tomato streak."【タバコモザイク病、アオキモザイク病、トマト条斑病のウイルスを血清学的に区別することは…不可能だった。】

（野呂有子）

awabi　鮑

　昔は貴人や祭神への献上品として尊重された熨斗鮑（のしあわび）も今では熨斗紙（のし）に変わってしまったが、干し鮑は現在でも中華料理の重要な食材である。*OED* では、*SUP 2* に初収録され、4用例ともそのままの形で *OED 2* に引き継がれている。

　語源として「日本語」、説明文として「日本産鮑またはセイヨウトコブシ、アワビ学名 *Haliotis gigantea*」とある。しかし、この学名はメカイアワビを指し、漁獲量の50％を占めるのはクロアワビ *Haliotis discus* である。

　初出は1889年 in *Century Dict.* とだけあり、第2例は1924年 *Glasgow Herald*（5月12日付）"Soochon awaibi, and a whole gamut of marvels taking days to concoct."【中国の蘇州鮑と、混ぜて仕込むのに何日も要する、ありとあらゆる驚嘆のパレード。】第3例は1934年E. Blunden *Choice or Chance* "And ice may marry well with beer, And-what, they serve *Awabi* here ?"【そして氷はビールとよく連れ添うかも。おまけに、なんと、ここではアワビを出すのか。】第4例は1962年 *Times Lit. Suppl.*（6月15日付）"Sensual figures of the almost naked awabi fishergirls in another famous triptych of Utamaro's."【歌麿の別の3枚続きの有名な版画に描かれた、全裸に近いアワビを取る海女たちの官能的な姿。】 （太田隆雄）

B

bai-u　梅雨

　bai-uが*OED*に登場したのは*SUP 2*で、*OED 2*にもそのまま記載されている。定義には、"(A season of) rainfall in Japan in early or midsummer"【日本の初夏あるいは真夏の雨（の季節）】とある。用例は1910年の初出を含めて3例だけである。

　第1例は1910年 *Bull. Central Meteor. Observ. Japan* "On the Bai-u or Rainy Season in Japan"【日本の梅雨、すなわち雨季について。】語源として［Jap., f. *bai* plum【梅】＋*u* rain【雨】］という記述があるが、これを補足する記述が第2例にある。また、梅雨の特徴が第3例によってわかる。

　第2例は1922年W. G. Kendrew *Climates of Cont.* "[In Japan] this rainy season is commonly called the 'Bai-u', meaning the plum-rains, as it comes when plums are getting ripe."【（日本では）この雨の季節は普通、梅の雨という意味の「梅雨」と呼ばれる。というのも梅が熟し始める時期と同じだからである。】

　第3例は1945年G. T. Trewartha *Japan*（1947）"Much cloudiness, abundant rain, high humidity, and high sensible temperatures make the so-called *bai-u* or plum rains a very ... gloomy season."【曇りばかりで雨も多く、高温多湿なせいでいわゆる梅雨は非常に憂鬱な季節になっている。】 （糸山昌己）

banzai　万歳

　*OED*において、banzaiは*SUP 1*から採録され、*SUP 2*で定義・用例が追加された。間投詞または名詞として「天皇を迎えるときや戦いのときに日本人が用いる叫びまたは歓呼」と定義されている。この定義は、英語としてのbanzaiの定義というよりも、日本語としての「万歳」の用法を説明したものと受け取れるが、現在においては不適切な記述である。戦後日本人が武器を持って「戦う」ことはなくなったので実際に戦わなければならない場面が生じたときに戦士たちがどのような行動をとるかは定かでないが、「万歳」と叫ぶ可能性は極めて低いだろう。

　用例としては1893年、1904年、1905年のものが1例ずつあげられている。1893年の用例は、E. Arnoldの*Adzuma*からであり"At the departure of the Imperial train, the citizens raise loyal cries of 'banzai ! banzai !'"【お召し列車の出発にあたって、人々は「万歳！万歳！」という忠誠の叫び声を上げる。】というものである。1904年の用例は*Daily Chron.*からであり、"The crowd sang national songs, and shouted 'Banzai' continuously."【群衆は軍歌を歌い、「万歳」を叫び続けた。】となっている。1905年の用例は*Times*からであり、"Enthusiastic banzais were given for King Edward and the Emperor of Japan."【熱狂的な万歳がエドワード王と日本の天皇に捧げられた。】というものである。

　*SUP 2*からは俗語として形容詞のbanzaiもあげられており、「『万歳』と叫ぶような、騒々しい、お祭り騒ぎのような」と定義されている。用例は1929年と32年の2例である。形容詞における第1例はF. C. Bowenの*Sea Slang*からであり、banzai partyの定義として"a party of naval men going ashore for a spree."【どんちゃん騒ぎをしに上陸する海軍兵士の一団。】があげられている。

　また、「日本の軍人による無謀な攻撃について使われる」例として、1945年の用例が2例あげられている。1つは、*Coast to Coast 1944*からで、"Out in the glaring sky a Zero started its Banzai run."【ぎらつく空のもと零戦が一機突撃を開始した。】とある。

　この意味での用法はbanzai attackという見出しで一般の英語辞書にも採録

されている。たとえば、*Webster's 3rd* による banzai attack の定義は、"A reckless desperate mass attack originated by Japanese soldiers and accompanied by yells of 'banzai' and insulting taunts."【日本の兵士たちによって始められた向こう見ずな決死の総攻撃であり、「万歳」の叫び声と侮辱的なあざけりの言葉を伴う。】である。この定義について、長谷川潔『日本語から見た英語』(サイマル出版会) は、「日本人として考えさせられてしまう」と述べ、誤解を招く恐れのある記述である趣旨の指摘をしている。しかし、日本語としての「万歳」でなく、英語としての banzai が一人歩きしてしまうことは致し方ないことかもしれない。

(馬場哲生)

baren 馬連

馬連(馬棟)は、*SUP 1* から登場する。この語の比較的早い登場は、欧州人たちの浮世絵に対する関心の深さと関連がある。定義は「木版画に使われるパッド」と、ごく簡単である。

用例は3例あり、*SUP 2* より追加されたものは下記の2例。1895年 W. Anderson *Jap. Wood Engr.* "Impressions are taken upon specially prepared paper by rubbing with a flat disc. (*baren*) worked by hand pressure."【手の力で加減して、平たい円盤状の「馬連」でこすると、特製の紙の上に版画が写し出される。】

1916年 F. M. Fletcher *Wood-block Printing* "Pressure is then applied to the back of the paper as it lies on the wet block. This is done by a round pad called the *baren* by the Japanese. It is made of a coil of cord covered by bamboo sheath."【次に、湿った版木の上に載せた紙の裏面から圧力を加える。これは日本人が馬連と呼ぶ丸いパッドでなされる。馬連は、丸く巻いた紐に竹の葉鞘を被せて作る。】この用例は、馬連というものの造りを良く説明している。

(吉江正雄)

bekko 鼈甲

鼈甲はインド洋、フィジー、カリブ海などの赤道直下にしか生息していないウミガメの一種タイマイの甲羅をいう。鼈甲細工は正倉院御物などにも残

されているほど歴史が古い日本の伝統工芸であるが、江戸時代に張り合わせの技法が伝えられて、複雑な造形ができるようになった。木工芸などの加飾材に用いられる一方、装身具としても櫛、髪飾、眼鏡枠などに加工される。ただし、ウミガメは全種にわたり絶滅の危険があり、ワシントン条約で保護される生物に含まれているため、原料確保が難しくなってきている。鼈甲は *SUP 2* から採択され、定義は Tortoise-shell【亀の甲羅】とある。

　用例は1例のみ。1889年 Rein *Industries Japan* "Bekkô, tortoise-shell, comes principally from *Chelonia imbricata,* L., the genuine loggerhead turtle."【鼈甲、亀の甲羅は、学名Chelonia imbricataの本物のアカウミガメから主に取れる。】とあるが、あまり正確ではない。タイマイとアカウミガメは同じウミガメ科ウミガメ類に属すが、別の種類であり、タイマイは英語でhawksbill、学名はEretmochelys imbricataという。ただしアカウミガメや他のウミガメもタイマイの代用品として鼈甲細工に使われることもある。　　　　（坂上祐美子）

bonsai　盆栽

　bonsaiの項目は、*SUP 2*に最初に収められている。定義は「日本の、意図的に矮小化した草や木を鉢植えにしたもの。そのような植物を栽培する方法」である。*SUP 2* の定義と用例はそのまま*OED 2*に受け継がれている。

　『広辞苑』に盆栽の項目をみると、「陶磁器の鉢などに植物を栽培し、樹姿を整えて自然の雅趣を表わし、観賞するもの。はちうえ」とある。

　盆栽は、鎌倉時代の絵巻物や、室町時代の「鉢の木」、江戸時代の錦絵や浮世絵にもみることができ、歴史は古い。盆栽は鉢に植えてあるが、鉢植えがすべて盆栽にはならない。dwarfed【矮小化】するのは、自然の景観から得た美的感動を鉢に表現する創作活動なのであり、芸術性の有無こそが「盆栽」と「鉢植え」を区別する。日本人特有の、自然に即しながら、自然の美を熟成させ、侘や寂の境地にまで作品をたかめていく芸術性は西欧人には理解しがたいかもしれない。*OED* の「盆栽」の定義にはそうした物足りなさを感じる。

用例は比較的最近のものばかりである。初出例は1950年 N. Kobayashi (title) *Bonsai-miniature potted trees*【小林憲雄『盆栽——矮化した鉢植えの木』】とタイトルをあげているだけである。小林憲雄は1921年に同好会誌『盆栽』を編集して、発刊した。1923年関東大震災があり、関東一円の盆栽愛好家は多数の盆栽を消失したり、損傷したために、同好会の組織は解散した。しかし、1925年には月刊『盆栽』を主宰して発刊するにいたった。そして、同年にパリ平和博覧会があり、盆栽を数多く出陳し、海外での盆栽への認識が高まった。1937年に開催されたフランス万国博覧会には80点の盆栽が出展され、金大賞を受賞し、西欧社会に盆栽が定着するかにみえたけれども、第二次大戦により沈滞してしまった。戦後、日本に駐留した将兵が美術工芸品や庭園、盆栽に興味を抱き、1950年頃から英文で書かれた盆栽書が多く出版されるようになり、bonsaiが世界に広く知られるようになった。(1) 小林憲雄のタイトルはその頃のものである。

　第2例は1960年 Koestler *Lotus & Robot* にある。"The cultivation of bon-sai, that is, trees planted in pots...and made to grow into genuine dwarfs."【盆栽の培養とは、すなわち、鉢に植えられた木が…自然そのものの縮図として育てられることである。】とある。盆栽について少しでも説明してある用例はこれだけである。第3例は1960年の *Times* "Sales of bonsai plants"【盆栽の販売】、第4例は1963年の同紙 "Bonsai is now attracting many admirers in Britain."【盆栽は今やイギリスで多くの愛好者をひきつけている。】という記事のみである。

　村田憲司の『盆栽』によると、1903年に津村東一が *Transactions and Proceedings of the Japan Society* Vol. 6 (『ロンドン日本協会雑誌』6号) に原稿を載せたのが、文字によって外国人に盆栽を紹介した最初の文献といわれている。1950年には小林憲雄著の英文で書かれた *Bonsai* (2) が単行本で発行されている。そして1961年には Japan Society of London の名称をもつ盆栽業者がイギリスで開業し、日本から輸入した盆栽を並べている。1964年の東京オリンピック開催を期に日本文化への関心が高まり、盆栽の愛好者が一躍急増し、イギリスに BONSAI KAI までが存在するようになった。(3) このような経緯を考

えると、*OED*に扱われている盆栽の用例はあまりにも貧弱に思われる。

(伊藤香代子)

(1) 村田憲司『盆栽：本質と鑑賞・仕立て方』保育社、1972年
(2) Norio Kobayasi, *Bonsai*, Japan Travel Bureau
(3) 岩佐亮二『盆栽文化史』八坂書房、1976年

bonze　坊主

　中国において坊（fang）とは主に街区であり、作業場であった。それが「へや・いえ」の意味を派生させ、僧坊に住む僧が、一坊のあるじとして、坊主といわれるようになるのは、日本特有の展開である。つまり禅宗にいう住持であり、俗にいう住職である。ところが、坊主なる語の普及度はその比でなくて、御坊主と言って室町・江戸幕府の職制に用いられるまでになる。茶坊主なる蔑称で想像されるごとく殿中の雑用をこなす陰の秘書であり、頭を剃った「方外」の者として大奥にも出入りした。

　日本には輸入されなかった宦官のある役割がこんなかたちで代行されていたとも言えるが、御坊主の上に立つ同朋衆となると、万人平等の念仏思想を背景に理念としては将軍とすら対座しえた。事実、別の系列ながら頭を丸めた儒官は将軍にも学を講じたし、僧形の奥御医師たちにいたっては並の幕臣など足元にも及ばない。彼らの荷担した教養の蓄積が日本文化にどれほど決定的な刻印となったことか。大航海時代の波に乗って南蛮人がこの国に到来したとき、その接する僧侶たちの坊主なる呼び名に果たしてどれほどの奥行きを彼らが感じとったであろうか。『日葡辞典』を繙けば、bonzoとは「凡僧」だとある。つまりCurainaqi iyaxiqi so【位なき卑しき僧】なのである。政治の裏舞台とはさらさら関わりのない単なる出家——葬式坊主[1]——であって、*OED 1*に登場するのもこうした坊主でしかないであろう。

　まず定義として「日本、また時としてシナやその隣接諸国の仏僧に対し用いられた呼び名」とあるのは、少なくともシナに関しては、上記から誤りであることが明らかだ。あるいは逆にそんな現実もなくはないとしたとすれば、日本における習慣を南蛮人がそのままシナ大陸に押しつけた結果であろう。

Bonzeの発音表記は16世紀bonso、17世紀boze、pl. bosses、17〜18世紀bonzee、18世紀bonzeと変遷をたどる。次に語源的注釈として、たぶんそれらがフランス語のbonze、ポルトガル語のbonsoに由来すること、ひいてはラテン語のbonzus、bonziusからの変形であろうと記す。

これはエディンバラ生まれの軍人、旅行家、東洋学の大御所、ハクルート協会の会頭、またインド参事会にも席を占めた技術大佐ヘンリー・ユール卿（1820-89）の蒐集した資料とその注釈に基づいている。*OED 1*が典拠としたものは、晩年の大作Hobson-Jobson: *A glossary of colloquial Anglo-Indian words and phrases ...* (1886)。この本によれば、bonzeの出所は日本語のbonzoまたはbonziで、シナ語でのfan seng（梵僧＝religious person）だという。発音的にも、無理はないと言えるであろう。だがまた別の可能性もあって今ひとつ日本語bo-ziがあげられ、これはシナ語のfa-szeからきたとする。その意味するところが、ユールの言うようにteacher of lawであるなら、「法師」だから、日中双方で発音的にもほぼ妥当である。以上、坊主をめぐり凡僧と梵僧と法師とが並び立つさまを意味のヴァラエティの豊かさと見るか、それとも焦点の定まらぬわけのわからなさと取るか、いずれにせよ「坊主」の出自が本来日本語にこそあった点だけは抑えていたことをうかがわしめる。

引用8例のうち3例はユール経由である。第1例の1552年Xavier *Epist.* (1667) "Erubescunt enim et confunduntur Bonzii."【坊主どもは、たしかに赤面して、しどろもどろになってしまった。】はラテン語の文章。日本を去った翌1552年宿願の唐土を目前に帰天した聖僧ザヴィエル没年の書簡というこの文例はいささか眉唾ながら原風景の叙述であろう。第2例は、1588年頃 Parke *Hist. China* "They haue amongst them [in Japan] many priests of their Idols whom they do call Bonsos, of the which there be great couents."【日本人の間には偶像を祭るためのボンゾと呼ぶ司祭が大勢おり、僧の大集団をなしているようだ。】このボンゾとは、坊主なのか、凡僧なのか。第3例はぶっきら棒に公正そのものだ。1590年頃 *Exct. Treat. China* in Hakluyt "In China called Cen, but with us at Japon are named Bonzi."【シナでは僧と呼ばれるが、日本における我々の間では、ボン

ズと名づけている。】

　第4例の1618年 Cocks *Diary* は周知のリチャード・コックス平戸イギリス商館長日記。"There is 300 boze (or pagon pristes)."【300人の坊主ども（ないしは異教の司祭たち）がいる。】とある。第5例は1688年 *New Hist. China* "In these Temples...Bonzes have their habitations."【これらの寺院には…ボンズたちが常住している。】舞台が日本なら躊躇なく住職と訳しているところだ。第6例は1713年 *Guardian* (1756) "The Bonzes of China have books written by the disciples of Fo-he."【シナのボンゾたちは、法護［546-643］の門弟らが著した書物を所持している。】ボンゾを坊主と断定するのは敢えて控える。シナの仏僧なら、坊主は誤用だから。さらに第7例は1756年 Burke *Vind. Nat. Soc.* "The absurd tricks, or destructive bigotry of the bonzees [of China]."【［シナの］ボンズどもの馬鹿げた詐術と身の破滅となるほどの頑迷ぶり。】上記諸例は日本に即すなら、ことごとくが豊臣秀吉による天下布武から徳川中期におよぶが、所々シナの情景が入るのはBonzeの混用からである。明治以降については、申し訳のように次の文意で一例のみ。第8例1878年 M. E. Herbert tr. *Hubner's Rambie*, "A bonze appears on the threshold of the temple."【寺院の上がり框に坊主が一人姿をあらわす。】

（西澤龍生）

(1) わが国に仏教式の葬送が定着したのは、10世紀前半からで、南都北嶺の官僧ではなく、鎌倉新仏教の遁世僧が従事したのは、個人救済と取り組む彼らが死穢に関わることを忌避する立場になかったからである。ちなみに檀家制度は江戸時代の寛永12（1635）年に始まるが、信徒（檀那）が切支丹にはあらざることを寺から身分保障される代わりに布施を以て寺院の財政維持に当たる仕組み。制度の形骸化が僧侶の営みのマンネリ化を生み、沈滞化して現状におよぶ。

bunraku　文楽

　室町時代に発生した語り物「浄瑠璃節」が、16世紀末に人形芝居に使われて始まったのが「人形浄瑠璃」である。もともと浄瑠璃は上方で起こったが、まもなく江戸にも移され、17世紀後半にさしかかる頃には数十におよぶ流派が生まれた。1684年には浄瑠璃の天才竹本義太夫が大阪に竹本座を設

立し、名作者近松門左衛門と組んで大阪中の人気を独占した。その後豊竹座ができ、両座が競いあって優れた作品を発表し、その人気は歌舞伎をしのぐほどだったという。その両座が1765年頃相次いで廃座した後に現れたのが「文楽」の語源になった植村文楽軒である。彼は人形浄瑠璃が盛んだった淡路出身で、1805年大阪に文楽座を創設した。明治から大正にかけて非文楽系の諸座が滅び、文楽座は唯一の座となり、芸術的に完成された点でも日本の人形浄瑠璃芝居を総称する呼称となり現在に至っている。文楽は大夫の語る浄瑠璃（義太夫節）とその伴奏をする三味線（太棹）とそれを舞台で演ずる人形（三人遣い）の総合芸術である。文楽人形の首（かしら）は男女・老若や境遇・性格によって約40種に分けられ、これに数種類の顔色や百種以上の鬘を組み合わせると数百種におよぶ人形ができる。

　OED 2 から採択されたbunrakuの定義は「文楽座でその一座によって興行された日本の伝統的な人形芝居、またこの一座の省略名。そこから、日本の人形芝居全体を指す」とある。

　初出例は1920年 B. Kure *Hist. Devel. Marionette Theatre Japan* "There are two schools in the marionette art: Yuki School, which manipulates the dolls by strings and Bunraku School, which makes the dolls act by holding them."【人形芝居には2つの流派がある。紐で操る結城派と人形を手で持って操る文楽派である。】日本の伝統的な人形芝居というと文楽がよく知られているが、糸操りの人形芝居一座である結城座は17世紀後半に江戸で設立された。今でも様々な場所で公演を行っている。第2例は1936年の *Travel in Japan* で、"Even on a stage of Bunraku's pretention, only puppets in important roles are handled by three manipulators."【文楽はどの大がかりな舞台においてさえ、三人遣いされるのは重要な役の人形だけである。】文楽人形の最大の特徴は、首（かしら）と右手を遣う「主遣い」、左手を遣う「左遣い」、足を使う「足遣い」の3人が一体の人形を操ることであり、これは世界にも類のない様式である。女性の人形には足がなく、着物の裾を動かして演技させる。この3人が息を合わせて人形を動かすと、人形がまるで生きているように見える。ただし、引用にもあるように、主な

登場人物以外の「大ぜい」とよばれる人形は、首(かしら)もごく簡単な作りで、男の人形でも足がなく、一人遣いである。第3例は1955年 A. C. Scott *Kabuki Theatre of Japan* からの引用。"If ever there was a case for State support it is that of the Bunraku."【もし国の援助があるとしたら、それは文楽に注がれる。】第4例も同じく Scott で "The title Bunraku has now come to mean the doll theatre as a whole."【文楽という名前はいまや人形芝居全体を表すようになった。】と説明している。

(坂上祐美子)

bushido　武士道 → samurai　侍

D

daimio　大名

[*dai*　great + *mio, myo*　name] という語源解は異とするに足りないが「日本の主たる土地貴族の称号。ミカドの臣下。現在廃止」といった定義ではいかにも物足りない。*OED 1* 以来の項目であるが、定義も用例も後につけ加えられたところはない。整理のため『大辞林』に則り語義を列挙してみよう。①平安から鎌倉時代にかけ荘園・公領の田地の大規模な請負耕作者、名主の称。②鎌倉時代、大きな所領をもち多数の家の子・郎党を従えた武士。③室町時代、管国内の武士を家臣化し、領国支配を強化した守護。④戦国時代、守護大名を倒して強力な支配を行なった新興豪族（戦国大名）。⑤江戸時代、将軍直臣で知行1万石以上の武士。ほぼ260〜270家あり、将軍への親近度により親藩、譜代、外様に区分された。武士諸法度などの統制を受け、参観交代や軍役等の義務を負担する。

単に大名というときには⑤を指すのが常識であるが、*OED* の定義は漠然としている上、「ミカドの臣下」とあっては誤りとも言える。用例は2例。第1例は、1839年 *Penny Cycl.* "The nobility or hereditary governors of the provinces and districts are called *Daimio,* or High-named, and *Siomio,* or Well-named."【諸々の地方とか地域の貴族ないしは世襲的な統治者が大名または小名と呼ばれる。】大名がHigh-namedで小名がWell-namedという区別は苦心のほどが偲ばれる。第2例はやがて迎える幕末・維新の動乱期に書かれたものである。1875年 *N. Amer. Rev.* "The writer ... has lived in a daimio's capital before, during, and after the abolition of feudalism."【筆者は…封建制度廃止の前後、及びその最中に、ある大名の首都で暮らした。】

類語として、大名領（daimiate, daimioate, daimiote）つまり大名の領地もしくは役所なるものが出てくるという補足がある。用例は3例。1870年 *Pall Mall G.*（8月26日付）"Japanese students...from all parts of the empire, from the inland daimiotes as well as from the sea-coasts."【内陸の大名領からも、沿海の大名領からも、帝国いたるところから日本の学生たちはやってくる。】には御一新のある雰囲気がうかがわれる。第2例は1882年 *Athenæum*（6月10日付）"The abolition of the Daimioates has elevated the masses of the people [of Japan] from a state of feudal servitude to the condition of free citizens."【大名領の廃止は［日本の］人民大衆を封建的隷属の状態から自由市民の地位へと引き上げた。】明治にいたるまで土地に緊縛された農民を封建領主が支配してきたとする思考パターンが、内外を問わずすでにまかり通っていたことの1つの証拠である。第3例は1889年の同紙（4月6日付）"Old Japanese tenures [of land]...no doubt differed considerably in the different daimiates."【古き日本の［土地］保有は…さまざまな大名領において、疑いもなく、かなり異なっていた。】　　　　　（西澤龍生）

dairi 内裏

　天皇の住居としての宮殿のことであり、都の中央北に位置する官衙区なる大内裏の中にある。*OED 1* と *2* には語源説明として [*dai* great + *ri* within] とある。「日本において本来ミカドの宮殿または宮廷」とまず定義するのは、間違いではないが、ミカドが御門から来るのを知るや知らずや。つづく後半部には、「またミカドもしくは天皇【emperor】について用いる尊称」とある

のみである。dairi-sama【内裏様】の出所もこれで、定義は「内裏または宮殿の君主。ミカドの通称」と補足されているのも、問題はないであろう。

　用例は2例。初出例は1662年 J. Davies tr. *Mandelslo's Trav. E. Ind.* "That great State hath always been govern'd by a Monarch, whom, in their Language they call *Dayro*."【かの大国は常に一人の君主により統べられてきたが、この君主を彼らのことばではDayroと呼ぶ。】このdayroが項目の冒頭に異形としてあげられている。四代将軍の治世であり、ケンペル来朝には一世代先立つが、そのケンペルではもっぱらDairiだったはずである。『日葡辞書』の例もあるから、当時の日本語発音の貴重な一資料とならぬとも限らぬが、誤伝の可能性もある。第2例は1780年 *Phil. Trans.* "We were not allowed to see the Dairi, or ecclesiastical emperor."【われわれは内裏、もしくは聖帝を拝することを許されなかった。】

（西澤龍生）

daisho 大小

　「大小」を『大百科事典』（平凡社）にあたってみると、「江戸時代の武士の指料として武家社会に定着したもので、大は2尺（60.6cm）以上の刀身を持つもので、小は大と同形の寸法の短いもの、すなわち脇差しを指して言う」とある。

　*OED 2*に初登場し、定義として、"A Japanese set of matched sword and dagger worn at the waist, esp. by a samurai."【特に侍によって腰に着けられた、日本の刀と匕首の揃い。】とある。そして末尾に「刀と比較せよ」となっている。初出例は1923年のH. C. Gunsaulusによる *Japanese Sword-Mounts* ii からである。"These two known as the *dai-shō* ('long and short') were the pride of the samurai, who alone were privileged to wear two swords."【大小（長短）として知られるこれら二本は侍の誇りであった。侍のみが二本の刀を指すことを許された。】とあって、種類については大小（長短）としか述べていないのに対して、第2例1957年の *Encycl. Brit.* XXIはその種類に触れていて面白い。"Among the various kinds of Japanese swords are the *daisho*, a pair of swords, the larger being called a *katana* and the smaller a *wakizashi*."【種々ある日本の刀の中に大小、即ち一対の刀があって、大きな方は刀と呼ばれ、小さな方は脇差しと呼ばれる。】定義文にはsword and dagger「刀と匕首」とあったのに対し、*Encycl. Brit.* では「刀と脇差し」としている。大刀の「刀」は良いとしても、小刀はやはり脇差しであって匕首ではない。daggerは大小の片割れとして腰に差すものではなく、懐中に忍び持つものであろうから。日本人が「大小」と聞いてまず頭に浮かべるのは「大刀」と「小刀」以外にはやはり刀と脇差しであろうから、その点では*Encycl. Brit.* からの用例の引用が当を得ていると言える。

最後の用例は、1973年の*Times*誌4月号からで、"A Seventeenth-century daisho, or pair of blades ... made £ 8,400."【17世紀の大小、つまり一対の刀に8,400ポンドの値がついた。】とある。短かい文ではあるが、江戸時代のいわゆる新刀であっても相当の価値のある品物であることが伝わる。　　　（吉江正雄）

dan　段

「柔道における熟達の度合、またはそのような資格の保持者」というのが*SUP 2*で採用されたこの語の定義で、それは*OED 2*にそのまま踏襲されている。用例は4例。初出例は1941年 M. Feldenkrais *Judo*から引かれた"All teachers...are of the first Dan in the beginning of their teaching career."【教員は皆…教職に入ったばかりの時は初段である。】である。

段位制度は、柔道、剣道、弓道など、日本の武道に幅広く採用されているが、実はこの制度は嘉納治五郎が柔道の修行者を奨励する目的で創設したものである。徳川時代の武術では初伝、中伝、奥伝、あるいは目録、免許、皆伝などの名称が使われてきたが、こうした段階制度では同一段階に相当年数留まって修行しないと次の段階に進めず、修行者の励みにならないと嘉納は考えて、明治16年にこの段位制度を設けた。これは後に大正11年5月に東京講道館有段者会として大きく発展した。

剣道も世界大会の回数を重ね、欧米にもその愛好者の広がりを見せている今日の状況からすると、定義文において「柔道における」という限定は時代

にそぐわない定義となっていることは否めない。イギリスでは合気道も行なわれている実態からすると、この感をなおさら深くする。

　嘉納は修行者を有段者と無段者とに分け、無段者は甲乙丙の3階級に分け、丙、乙、甲、それから初段へと順次昇進するようにした。今日ではこれを用いず、5級から1級の5段階の級分けをしている。この段級制度に触れたものが第2例である。1954年 E. Dominy *Teach Yourself Judo* "There are six *kyu* grades and ten *dan* grades. The word *kyu* means pupil and *dan* means degree or master."【6つの級と十段までの段位がある。級というのは弟子、段は位階ないし師を意味する。】級は講道館の規定では5段階だが、ここで6段階あると言っているのは、水色の帯で表される初心者を級の範囲に含めているのかもしれない。

　嘉納が組織した講道館有段者会は昭和初年から海外にも広がり、昭和13年、天津、上海、ホノルル、ロスアンゼルス、バンクーバー、シアトル、サンフランシスコ、テニアン島【南洋諸島】等に有段者会が設立された。推薦権は二段が多いが、第3例に1958年 G. Koizumi *Judo* から次のような例が出ている。"Two third Dans, members of the grading panel, are required to recommend to First Dan."【初段になるには昇段審査会会員である三段の有段者2名の推薦が必要である。】

　また dan には関連する語として dan-holder という語が示され、「有段者」という説明が付け加えられている。この語の用例が2例あげられ、その第1例が、1941年 M. Feldenkrais *Judo* からのもので、"It is too easy for a higher Dan holder to beat a single opponent so he is opposed to a group."【高段者がたったひとりの相手をやっつけるのは朝飯前のことであり、だから相手が集団でも立ち向かう。】である。第2例が、1956年 K. Tomiki *Judo* からの、"Of the dan-holders those from the 1st to the 5th wear a black belt or sash."【有段者のうち、初段から五段までは黒帯をつける】である。ちなみに六段から八段は紅白の斑で、九段と十段は紅色の帯である。

（伊藤勲）

dashi　だし・だし汁

　dashiが*OED*に採択されたのは新しく*OED 2*からである。語源はdashi-jiruを短くしたもので、語義は「dashi（引き出す、エキスを取り出すこと）＋jiru (shiru)（汁、煮出し汁）」であるとの説明がある。

　定義は「料理用の煮出し汁で、特に鰹節や海藻からとったフィッシュ・ストックである。すなわち干した鰹の身からとるスープ」であるとしている。

　用例は近年の文献が多く、初出例は1963年にH. Tanakaが書いた*Pleasures Jap. Cooking*からである。"Dashi, a light, clear fish stock ... is quite indispensable to Japanese cookery."【だし汁、すなわち薄く澄んだ魚のストックは、日本料理に絶対必要である。】日本航空で日本料理の料理長であった著者は「この本は英語に翻訳された日本の料理の本ではなく、日本人ではない読者のために特に書いた料理の本である」と冒頭で述べている。鰹節や昆布からとっただし汁は、私たち日本人は味も香りもすばらしいと思うけれども、欧米人にとっては想像するだけで恐るべきスープであるかもしれない。しかし、用例のように「薄く、澄んだフィッシュ・ストック」と知れば何の抵抗もないであろう。第2例も同書からの引用である。"Dashi is pale amber in color, crystal clear and delicate in flavor."【だし汁は薄い琥珀色で、よく澄んでいて、微妙な風味がある。】日本料理の料理長ならではの表現であり、この用例を読めば一度ならずともdashiなるものを口にしてみたいと思うのではなかろうか。

　次に雑誌からの用例が続く。1969年*Guardian* 16 July, "Dried bonito (Katsuobashi) ...[is] used to make...the simplest and lightest of stocks, dashi. You make it like tea."【干した鰹（かつおばし）…はストックのきわめてあっさりした薄いもの、…だし汁を作るのに使われる。お茶をいれるようにだし汁を作る。】沸騰したお湯に鰹節をパッといれて間もなくレンジからおろす様は、紅茶をいれるのと似ているかもしれない。

　一番新しい第4例である1980年の*Washington Post* 4 Dec. ではインスタントのだし汁に触れている。"He recommends, as an alternative to homemade dashi, the instant dashi, which I have never found without monosodium glutamate in the market."【家庭で作るだし汁に代わる物として、インスタントのだし汁を彼は勧めるが、化学調味料の入っていないインスタントだし汁を店で見かけたことがない。】インスタント流行りの今日ではあるが、本物を求める声である。鎌倉時代後期から「出汁」の文字がすでに文献にあるといわれている。しかしインスタントのものに慣れ過ぎて、鰹節や昆布のだし汁よりも化学調味料のだし汁を好む日本人が多数になった時には、「だし汁は化学調味料で…」と定義が変わるのであろうか。

(伊藤香代子)

dojo　道場

定義として「柔道が行なわれる部屋または広間」となっている。初出は1942年、*SUP 2* に5例をもって登場する。第1例は1942年刊の P. Longhurst *Jiu-Jitsu*（新版）中の次の文である。"The *dojos*, or Judo gymnasia, would be littered with casualities."【道場、または柔道ジムでは、事故が散らばっているだろう。】

第2例は1964年に出た J. Munro *Man who sold Death* 中の文章、"Hakagawa's dojo, the gymnasium which was his classroom."【彼のクラスルームだったジム、ハカガワの道場。】

その他に *dojo mat* という言い方でも使われる。例として1966年の P. O'Donnell の *Sabre-Tooth* の中の文章がある。この題目の意味は「犬歯」のことで、例文は "The *dojo*, the padded mat spread in the centre of the long combat room."【道場、すなわち細長い闘技場の中央に広げられた詰め物をしたマット。】

第4例としては、1967年の J. Munro *Money that Money can't Buy* の文章、"Their practice sessions on the dojo mat."【道場マットの上での練習授業。】第5例は同じ出所の文章、"In one corner ... was a dojo-a judo practice mat."【片隅には道場――柔道練習用マットがあった。】

柔道以外の剣道や弓道やその他さまざまな種類の道場に触れた例文がないのは、少し物足りない気がする。

(福田陸太郎)

E

Eta, eta　エタ

　この語は *SUP 2* から採録され、その後の変更はない。定義には「日本の社会から見捨てられた階級の者」とある。用例は8例。初出例から第3例までは1897年 A. M. Knapp *Feudal & Modern Japan* より採用されている。まず第1例"The cause of the intense repulsion and contempt with which the Japanese have regarded the *eta* class is unknown."【日本人が強い嫌悪と反感をもってエタという階級を見てきた理由は不明である。】続いて第2例"No pariah class of any nation has ever been under a greater ban of disdain and contempt than have the *eta* of Japan."【いかなる国の下層民といえども、日本のエタが受けてきた以上の軽蔑や侮辱の誹りを受けたことはない。】第3例"The spot where an *eta* has been standing must be sprinkled with salt if a Japanese would tread there without contamination."【もしエタの立っていた場所を、日本人が身を汚さずに歩きたければ、塩を撒かなければならない。】

　次の第4例に1906年 *Westm. Gaz.* "Hoshiko, eta though she be, full of the supreme devotion."【ホシコは、エタであるが、至高の信心に溢れている。】がある。短い文であり、その状況は定かではないが、ホシコというエタの女性に哀切と健気さとを感じる。

　次にタイムズ紙から2つの用例が続く。1955年 *Times*（7月14日付）"He visited the Ainu,.. the Etas (those mysterious out-castes), and strip-tease shows."【彼はアイヌ、エタ（あの不思議な閉め出された階層）、ストリップショウを訪れた。】1958年同紙（9月9日付）"The pitiable existence of many people of *eta* origin ... has hampered their emancipation."【多くのエタ出身者の哀れな暮らし向きが、彼らの解放を妨げてきた。】

　第7例は、1960年 Koestler *Lotus & Robot* "The eta—the sweepers, scavengers and tanners—ceased to be untouchables."【エタ——清掃夫、ゴミ収集人、なめし革業者——は不可触賤民ではなくなった。】この用例は、1871年（明治4年）に発布された太政官布告により、エタ・非人の呼称が廃止されたことに言及していると思われる。

　最後の第8例には次のようにある。1969年 *Daily Tel.*（3月6日付）"The continuation of a practice in Japan...which permits 3,000,000 people known as 'eta' or 'the untouchables' to live in 6,000 outcast hamlets isolated from the people by centuries-old discrimination."【日本では慣習が依然として続き、そのため「エタ」とか「不可触賤民」として知られる3百万の人々が、何世紀にもわたる差別により、一般の人々から隔絶され、見放された6千の部落に住まわされている。】とある。

（吉江正雄）

F

fusuma 襖

　fusumaは *SUP 1* に初登場する。定義は"A sliding screen, covered with paper on both sides, used to separate room from room in a Japanese house."【日本家屋で、間仕切りに使われた目隠し用引き戸で、両面に紙が貼られている。】である。古くは総称「障子」の中に襖も入っていたが、明障子（あかり）と相対する襖障子として分化したのが今の襖である。用例の初出は、1880年のI. L. Birdによる *Unbeaten Tracks Japan* Iからで"The large tea-houses contain the possibilities for a number of rooms which can be extemporised at once by sliding paper panels, called *fusuma*, along grooves in the floor and ceiling or cross-beams."【その大きな茶屋には沢山の部屋をつくる可能性がある。床と天井または大梁の溝に沿って、襖と呼ばれる紙の仕切りを引くと瞬時にできるのだ。】とある。茶屋ばかりではなく、昔は田舎の少し大きな家なら襖の取り外しで、部屋の大きさはどうにでもなった。全部取り外して20〜30人の冠婚葬祭は楽にできた。また逆にすべて

の襖を取り付けて即席に多くの部屋もできた。英米人には不思議と映るであろうか、それとも案外簡単にアコーディオンカーテンの様なものを想像するであろうか。

第2例は1886年のE. S. Morseの*Jap. Homes*からで、"The *fusuma* forming the movable partitions between the rooms are covered on both sides with thick paper."【部屋と部屋の間の移動可能な仕切りを形成している襖は、両面に厚い紙が貼られている。】とある。この用例は定義と酷似しており、相関関係を思わせる。第3例は1890年のB. H. Chamberlainの*Thing Japanese*からで"The rooms are divided from each other by opaque paper screens, called *fusuma* or *karakami*, which run in grooves at the top and bottom."【部屋は襖とか唐紙と呼ばれる不透明な紙の仕切りによって相互に分けられる。それは上下の溝を移動するのである。】と書かれている。opaque paper screensとは、「障子」の項に記したtranslucent paper【半透明の紙】との比較になっているようである。またこの例文には「唐紙」とあるが、唐紙の語源は襖用の紙が中国渡来の美しい刷物であったことに発しているらしい。

最後の用例は1905年の*Westm. Gaz.*誌からで"Sliding the fusuma, the screen of opaque paper separating the *living-* from the sleeping-room, Sada entered the chamber."【居間と寝室を隔てている不透明な紙の仕切りである襖を開けて、サダはその部屋に入った。】とある。障子と襖を通して、居間と寝室というように仕切っている場所を具体的に述べているのはここだけである。

このようにわずか4例のみの掲載ではあるが、襖が日本の家屋には欠かせない建具であって、部屋を大きくも小さくも使える極めて便利な仕切りであることだけは確実に伝わる。しかし障子との明確な相違や襖絵の美しさ、それに襖の持つあの独特の厚みは残念ながら伝わらない。

〈吉江正雄〉

futon 蒲団

　futonが*OED*に採録されたのは*SUP 1*からで、「日本のベッド・キルト」と定義されている。ベッド・キルトは「キルティングした上掛け」のことであ

るから、敷蒲団の部分が欠落し、蒲団の定義としては不十分である。用例は2つ。*SUP 1* の初出例は、1886年 E. S. Morse *Japanese Homes* の"The *futons*, or comforters, are ... hung over the balcony rail to air."【comforter ともいうべきフトンは、バルコニーの手すりに掛けて干す。】第2例もやはり古く、1891年 Chamberlain & Mason *Handbk. Japan* "Beds are still rare; but good quilts (*futon*) are laid down on the mats."【ベッドはまだ稀だが、たっぷりとしたキルト（フトン）が畳の上に敷かれる。】

SUP 2, OED 2 では新たに2例が追加され、もっとも古い用例は、*SUP 1* のものより10年さかのぼる1876年 *Trans. Asiatic Soc. Japan* "Those ... who ... are tired of tinned meats and live *futons*."【…は缶詰の肉や live な蒲団にうんざりしている。】live とは形状を指しているのか色のことか不明。以上3例はすべて19世紀のもので、どれも宿屋での体験に基づいている。欧米人といえど蒲団を利用せねばならない時代であった。最後の1959年 *Encounter* 1月号 "Their *futon*—the wadded quilt stuffed with cotton-wool which serves the Japanese for a bed."【フトン――日本人にとっては寝床となる綿を詰めたキルト。】は、京都の寺での見聞を記したもの。

（海老名洸子）

G

gagaku 雅楽

日本の宮廷音楽である「雅楽」は *SUP 2* と *OED 2* に採択されている。語源については [*ga* authentic, graceful, noble ＋ *gaku* music.]【雅＝正式な、優雅な、高貴な＋楽＝音楽】いう説明がなされている。ここにいう雅とは雅曲・正舞のことを指しており、中国における礼楽一致の思想を背景とした、「正しい音楽」の意味になる。この定義は古く大宝令に見えるもので、したがって本来の意味としては authentic という形容詞が最も近い。graceful や noble という意味合いは「雅び」という語のイメージによって後に付加されたもので

ある。定義に「宮中で主として儀式の際演奏される、日本の器楽音楽の1つ。唐の時代の中国の俗曲に非常に似ている」とあるが、事実、日本の雅楽は、中国の正楽（雅）のように、俗曲に対する祭祀楽のことではなく、外来音楽（中国においては俗曲とされていたもの）と、これにならってわが国で作られた楽舞を示すので、この定義に問題はない。雅楽は、舞楽（中国系の左方舞と朝鮮系の右方舞に分かれ、舞と楽人の伴奏を伴うもの）と管弦（ひちりき・笙などに箏・琵琶・太鼓・鉦が加わって合奏するもの）に二分されるが、特に舞楽において、大陸からの輸入の跡が顕著に認められ、現在では唐楽84曲・高麗楽25曲程が、宮内庁式部職楽部の楽師によって伝えられている。廃絶してしまった曲も多く、長い伝承の間に多くの有為転変を経た。

用例は3例あり、初出は1893年 F. T. Piggott の *Mus. Japan* である。"The new Musical Bureau was christened 'Gagaku Rio': Ga meaning 'tasteful', and therefore, in old days as in new, an equivalent to something but lately introduced from foreign parts."【新しい音楽局は「雅楽寮」と命名された。「雅」は「趣のある」という意味なので、今も昔も同じように、外国から入ってきたばかりのものというほどのことである。】「雅楽寮（うたまひのつかさ）」は律令時代からある音楽専門部局の名であるが、これはかなり早くに衰微し明治維新以後あらためて整備された。第2例は、1936年 K. Sunaga の *Jap. Mus.* から引用されている。"*Gagaku* is the special form of music performed in the ceremonies of the Imperial Court, as well as music and dancing performed on such other occasions as banquets and entertainments."【「雅楽」は宮中の儀式で演奏される特別な音楽であるが同時にそれ以外の晩餐会や余興などの機会にも披露される楽舞でもある。】と、雅楽の演奏が宮中の諸行事において行なわれることを紹介している。第3例は、*Daily Tel.* 1968年11月15日付の記事である。"During the 30-minute acceptance ceremony in Tokyo this morning, court musicians, wearing resplendent period costumes, played age-old instruments to produce ancient music known in Japan as 'gagaku'."【今朝東京で行なわれた30分におよぶ落成式典の間、きらびやかな古代装束を着けた宮中の楽師たちが古楽器を演奏し、日本で「雅楽」という名で知られている古曲を奏でた。】

これは太平洋戦争中の空襲で破壊された明治宮殿の跡に建てられた新宮殿の落成式の様子を伝える記事である。雅楽・舞楽の演奏される中、昭和天皇・皇后両陛下および皇族方ご出席のもと、佐藤首相や寄付をした国民の代表者ら約1500人が参列して行なわれ、外国人記者の目を引いたことがわかる。

(坂上祐美子)

geisha 芸者

geishaという語が*OED*に初めて登場するのは1928年（昭和3年）に発刊された*OED 1*である。*OED 1*には日本語はgeishaを含めて45語載っている。かつて日本のイメージとしてフジヤマ、サクラ、ゲイシャという言葉が外国人の間でよく口にされていたことを考えると、geishaがいち早く*OED 1*にとりあげられたのはごく自然なことかもしれない。

*OED 1*のgeishaの定義は僅か3語で、やや説明不足の感は否めない。その後に発刊された*SUP 2*ではSubstitute for def.【定義差し替え】の断りがついて、*OED 1*の定義が大幅に改訂されている。さらにその数年後に発刊された*OED 2*（1989）では、Substitute for def.は姿を消し、再び*SUP 2*の定義がそのまま載っている。

ここで*OED*に見られるgeishaの定義の変遷と『大辞林』の定義を考察してみる。

OED 1 "A Japanese dancing-girl"【日本の踊り子】

OED 2 "A Japanese girl whose profession is to entertain men by dancing and singing; loosely, a Japanese prostitute."【舞を見せたり、歌を聞かせたりして男性を楽しませることを職業とする日本の女性。ルース【俗】には日本の売春婦。】

『大辞林』「①歌、舞踊、三味線などにより、宴席に興を添えることを職業とする女性。芸妓、芸子②芸に巧みな人、芸達者③芸能を職業とする人、役者・能楽師など④たいこもち、幇間。」

こうして比べてみると、*OED 2*の定義の前段と『大辞林』の定義①は概ね同じ内容であることがわかる。しかし*OED 2*の定義の後段にある"loosely, a

Japanese prostitute"はいったいどのような資料をもとにして考えられたのであろうか。この点について『大日本百科事典』(小学館)、『日本史大事典』(平凡社) などを参照して調べてみたが、その大要は次のようになる。

「大阪では18世紀のはじめ、江戸では18世紀中頃に遊郭に廓芸者が生まれ、ほぼ同じ頃に市中には町芸者が誕生している。したがってそもそも芸者には2つの流れがあった。廓芸者は遊女の技芸不足を補うために生まれたといわれ、吉原では売春はせず、技芸を売る専門職としての見識を持っていたが、関西では、遊郭の芸子も売春をしていたといわれている。一方、市中に散在していた芸者は踊りを表芸とする私娼婦から発達したもので、宴席で興を添えるだけでなく、売春もなかば公然と行っていたといわれている。

しかし、そもそも2つの流れがあった芸者も、各地で芸者遊びが盛んになるにつれ性格、水準も混然とし、イメージも変わってしまった。」

こうしてみると *OED 2* の定義には特に問題はないようである。しかし『大辞林』はなぜloosely, a Japanese prostituteにあたる部分に触れなかったのであろうか。

次に用例に目を転じ、定義の改訂に伴う変化を見てみる。

*OED 1*には、5つの用例 (1891, 1892, 1896, *Ibid. attrib.* 1887) があるが、まず最初の用例をみてみる。1891年 Sir E. Arnold in *Contemp. Rev* Dec. 777 "All Kyôto's geishas will be there."【京都のすべての芸者はそこに集まるでしょう。】

*SUP 2*では、定義の後にAdd further examples【例文追加】のただし書きがついて7つの用例 (1910, 1922, 1939, *attrib* 1887, 1895, 1910, 1947) が追加されている。その最初の用例を見てみる。1910年 *Encycl. Brit.* XI. 553／2 "*Geisha* ..., strictly the name of the professional dancing and singing girls of Japan. The word is, however, often loosly used for the girls and women inhabiting Shin Yoshiwara, the prostitutes' quarters of Tokyo."【芸者というのは厳密には、舞を舞い、歌を歌うことを職業とする日本の女性の名称である。しかし俗には、芸者という語は、東京の色町である新吉原に寝起きしている少女や女性を指してよく用いられている。】

芸者は、西洋人にとってみれば、異国情緒たっぷり、美しく粋で、色気も

あり、上手に男性を楽しませてくれる可愛い存在であったかもしれない。しかしオペラや演劇や小説などにみられるように芸者上がりとはいえ、『蝶々夫人』や『婦系図』の主人公のように一途な思いをもって一生を終わっていったけなげな女性もいた。OEDの引用に不備を指摘するとすれば、その部分であろう。1988年発刊の *The New Encyclopaedia Britannica Ready Reference* によるとgeishaの定義は一新され、1910年版にあったloosly a Japanese prostituteは姿を消している。 （西村幸三）

Genro 元老

　元老という日本語が英語の辞書に載っていることに驚かれる方は多いと思う。私たちにとっては、日常めったにお目にかからない歴史用語だからである。ところがこの日本語はelder statesmanと英訳され、今日も便利に使われている。たとえば1994年9月26日の『タイム』誌はニカラグアの紛争をとりあげ、軍指導者たちを説得するために派遣されたカーター元大統領や湾岸戦争で名を馳せたパウエル元統合参謀本部議長らの一行が飛行機のタラップを降りる写真を載せ、「エルダー・ステイツマンの諸氏は抗戦せず退陣するよう軍指導者らを説得するためにハイチに赴いた」と解説している。

　Genroもelder statesmanも、ともに *SUP 1* にはじめて登場する。Genroの定義は、「日本の『エルダー・ステイツマン』すなわち非公式に随時天皇の諮詢に応じる引退した政治家の集団」、語源は日本語でold manの意、となっている。elder statesmanのほうは、形容詞elderの項目の追加としてあげられ、「日本において天皇の機密顧問として活動する引退した政治家や貴族の集団の一員」となっていて、元老の概念が紹介されるとほぼ同時にこの訳語が用いられはじめたのではないかと考えられる。

　双方とも用例は2例ずつで、1921年 *Contemporary Review* からの、"Prince Yamagata ... continues the most influential member of the *Genro*, or Elder Statesmen."【山縣公は引き続きもっとも有力な元老すなわちエルダー・ステイツマンの一員である。】は共通の用例で、もっとも古い。もう一方は、Genroの

ほうでは1922年の *Times Literary Supplement* の「維新以降元老が政界に揮ってきた権勢」。elder stateman のほうは、1923年 *The Nineteenth Century* から、"The exclusive powers of the *genro*, or elder statesmen, are passing with the men themselves."【元老すなわちエルダー・ステイツマンの独占権力は、その保有者らとともに消滅しつつある。】とあって、維新後50数年を経てこの集団が小さくなりつつあることが語られている。

　元老は明治中期から、1940年に西園寺公望が没するまで、天皇を補佐するという名目で政治の実権を握った超憲法的な最高機関であった。制度として法的な規定はなく、組閣などに際して天皇の下問に奉答するのがその主な役目であった。退任後も陰で采配を振るという風習は今日の日本の政界にもみられるが、訳語 elder statesman には黒幕といった響きはなさそうである。

　SUP 2 になると Genro には「歴史用語のほかは廃語」という注がつき、語源も *SUP 1* の［Jap. = old man］が改められ、［= principal elders］となり、E. M. サトウの訳書『近世史略』(1)（1876年）からの引用が時代をさかのぼってつけ加えられている。一方 elder statesman のほうは定義に重要な変化が加わり、「日本における元老の一員。［転義］熟年と経験のもち主で、したがってその助言が求められ尊重される人物」となって、引用例もにわかに9例に増えている。この転義の部分が現在よく使われる意味である。この妙を得た訳語は廃語ないしは歴史用語となってしまったもとの日本語と訣別し、英語の公道を一人歩きしはじめたようである。追加された用例は比較的最近のものにまでおよぶ。なかに1934年版ウェブスターは定義の1つとして、「日本における…非公式の機関（元老）」と述べ、これが法的な機関でないことを指摘し、さすがに正確である。第2の定義 "Any similar class or persons"【一般に類似した階層の者】は、この語が日本の特殊な現象を表すものとはかぎらない状態に達していることを語っている。T. S. Eliot には *Elder Statesman* (1959)(2) という作品があるが、ここからの引用は、"The difference between being an elder statesman And posing successfully as an elder statesman Is practically negligible."【元老であることと、うまく元老のふりをすることの違いは、実際はなきに等しい。】

である。

　Genro の *OED 2* の定義をみると、「日本のエルダー・ステイツマン、すなわち過去において、非公式に天皇の諮問に随時応じていた引退政治家の集団。またその一員」となっており、主客転倒の感がなきにしもあらずであるが、それだけ訳語のほうが定着していることを示すものでもあろう。ところでアメリカなど多くの近代国家における Senate【上院】という語の起源となるローマの元老院 Senatus も、もとは高齢者の集まりといった意味である。明治において元老という集団が発足したとき、そのどれほどが東洋的な伝統に基づいたものであり、どれほどが西欧文明の影響を受けたものであったかは、知るよしもないが、先達の経験や忠告に頼る習慣は、洋の東西を問わず存在する。1つの概念をめぐってさまざまな表現が、あるいはそのまま、あるいは訳語となって地球のあちこちを飛び交うさまを想像するのは楽しい。

（橋本禮子）

(1) *OED* の記述は E. M. Satow tr. *Shôzan Yashi's Kinsé Shiriaku*（正式には、Shôzan Yashi, *pseud.* [i. e. Yamaguchi Ken] *Kinsé shiriaku*. A history of Japan from the first visit of Commodore Perry in 1853 to the capture of Hakodate by the Mikado's forces in 1869 で、E. M. Satow による共訳である。)

(2) Webster, Noah, *New International Dictionary of the English Language*, 2nd ed., 1934

geta　下駄

　下駄はわが国の温暖多湿の気候に適する解放性の履物で、その歴史は古く、古墳時代（4〜6世紀頃）、ないしはそれ以前にまでさかのぼるという。2枚の歯を持つその形状、足指の間に鼻緒を挟むその履き方は西欧人の目には風変わりで特異なものと映るのではないだろうか。

　geta は *SUP 1* から登場する。定義は "Wooden shoes worn out of doors by the Japanese."【日本人が戸外で履く木製の履物。】と、何とも素っ気ない。鼻緒にも、また「雪の日や二の字二の字の下駄の跡」を持ち出すまでもなく、あの特徴的な2本の歯にも言及がないのである。shoes はここでは「履物」と解したが、この定義では下駄は木をくり抜いて作った靴（例えばフランス・オランダの農民などが履くサボ【sabot】と呼ばれる木靴）のような、実物とは異

なるものをイメージしても致し方ないだろう。では、*SUP 1*の3用例を検討しながら、この定義が導かれた過程を推し量ってみよう。

第1例 1897年 *Outing* (U. S.) "Their wooden geta clattering and slapping their soles as they go."【彼等の木製の下駄は彼等が歩いて行くと、その底がカラカラ、パタパタと音を立て…。】

第2例 1904年 *Daily Chron.* "Some of the 'geta' worn by little girls are painted in many colours."【小さな女の子用の下駄には、様々な色塗りのものがある。】

第3例 1905年 *Westminster Gaz.* "The Yorozu are artistic to the stilts of their wooden geta."【よろず屋（の職人たち）の巧みな腕の冴えは、その作る下駄の歯にまで及んでいる。】⑴

　第1例から、下駄とは「戸外で履く木製の履物」であろうということは読み取れるが、いずれの用例も下駄の形状に関するはっきりした情報は伝えていない。また、どれにも鼻緒への言及はない。「歯」を表わすstiltsという言葉が第3例の文中にあるが、これだけでは下駄を知らない者には具体的なイメージは浮かばないだろうし、第1例にある clattering and slapping their soles という句は、台木の底全体が直接地面と接触するという印象を与える。このことから考えられるのは、編者は下駄の形状についての正確なイメージが把めないままに、前述の定義を下したものと考えられる。この何とも物足りない定義も他に情報源がなかったとすれば、致し方ないものと言えよう。

　*SUP 2*では語源の説明に「日本語の*ge*（下の）と*ta*（履物）から合成された」とあり英語辞典としては申し分ない。参考までに付言すれば、『日本史大事典』（平凡社）等によると、「げた」は「桁（けた、げた）」に由来するという。2本の歯の上に差し渡された台木が橋桁などに似ていることからこの呼称が起こったというわけである。定義は*SUP 1*のものに大幅な修正がほどこされ、引用例は*SUP 1*から引き継いだ3用例の前後に新旧1例ずつが新しく加えられて、合計5例となっている。そして以上すべての用例が、*OED 2*に引き継がれている。まず、追加された2例から見てみよう。

第1例 1884年 tr. *Rein's Japan* "He leaves his geta or zôri at the door, so as not to soil the beautiful mats."【彼は美しい畳を汚さないように、玄関で下駄や草履を脱ぐ。】は履物に関わる我が国の生活様式を示す好用例。

第5例 1947年 J. Bertram *Shadow of War* "If the youngest tot stumbled in his *geta* he was bullied unmercifully."【一番年下のちびっこでも下駄を履いていてつまずくと、情け容赦なくいじめられた。】は戦争中の、子供を含む何らかの団体の行動に関する話らしいが、状況は不明である。

新たな定義は "Wooden shoes worn by the Japanese, with thongs between the big toe and the small toes."【足の親指と他の小さい指の間を通る鼻緒のついた、日本人が履く木製の履物。】であるが、*SUP 1* にあった out of doors【戸外で】が削除されたのは、むしろ改悪ではなかろうか。西欧人にとっては、下駄を日本人が屋内では履かないというのは、ゆるがせにできない大事な情報のはずだからである。だが鼻緒の説明が取り入れられたのは大きな改善である。

最後に、geta の英語の中における定着度に触れておきたい。この語は *SUP 1* に初登場した時から、「まだ英語に根付いていない【not naturalized, alien】」と判定する見出し語の頭につける記号 ‖ が付されていない。これを素直に受け取れば、geta は60年以上も前から一人前の英語になっているということになる。しかし、本稿で見てきたように、その定義には改善の余地が残っているし、5つの用例のいずれもが英語圏の生活に溶け込んだ内容ではなく、異国の習俗を紹介するという域を出ていない点などを考えれば信じがたいといわざるを得ない。

(尾造保高)

(1) 前後の文脈から切り離されているので解釈が難しいが、The Yorozu を立派な下駄を作る下駄屋と解した試訳である。

ginkgo　いちょう

いちょうをヨーロッパに初めて紹介したのは、1690年に来日した長崎出島のオランダ商館のドイツ人医師、ケンペルである。彼は日本で初めていちょうを見て、これをヨーロッパに送りユトレヒト植物園に植えた。ginkgo は語源が日本語とは思えないが、銀杏(ぎんきょう)の発音をローマ字化したものである。おそ

らくケンペルがローマ字綴りにしたものであり、初めはginkjoと綴っていたが、後にginkgoと書き違えたと言われている。いまでも、北ドイツのケンペルの出身地では、ginkgoでもギンキョウと発音するという。*SUP 2*, *OED 2* に日本語いちょうの源となる言葉は中国語のyinhsing【silver apricot　銀杏】であると説明されている。ところが「いちょう」という日本語は、中国語の「銀杏(インシン)」からではなく、葉の形に基づく「鴨脚」の宋代の音に由来する。

　ginkgoは*OED 1*に採録された45語の日本語のうちの1つである。*OED 1*では、見出し語がGingkoとなっている。「群葉が見事であるために栽培された日本の木（Gingko bilobaまたはSalisburia adiantifolia）」と定義され、gingko-tree, nutのように限定的修飾語としても用いられる。初出例は1808年 *Pict. London* "Gingo trees, three fine cedars, a cork-tree, a black walnut."【イチョウの木、見事な3本のヒマラヤ杉、コルクガシ、クログルミ。】。gingoはgingkoの異形である。第2例はアメリカ人の医者であり、詩人・エッセイストのO. W. Holmes *Aut. Breakf-t.*（1858年）からで、"One of the long granite blocks used as seats was hard by, — the one you may still see close by the Gingko-tree."【腰掛けとして使われている長い御影石のブロックの1つがすぐそばにあった——それはイチョウの木のすぐそばに今も見えるかもしれない。】とある。*OED 1*には1800年代の用例が更に3例あげられているが、最終例は1888年のDawson *Geol. Hist. Plants*の "Those elegant fan-shaped leaves characteristic of but one living species, the *Salisburia*, or gingko-tree of China."【唯一現存する種のSalisburia、つまり中国のイチョウの木の特徴を示すあの品のよい扇形の葉。】である。

　*SUP 2*では、1700年代の例が2例と1900年代のが3例加えられている。見出し語もginkgoと改められ、*OED 1*の見出し語であったgingkoは異形の1つとなった。定義も大幅に改訂され、次に示すように、生きている化石植物であるいちょうの特異性がよく説明されたものとなった。「中国と日本が原産地で、また他の所でも栽培されているmaidenhair tree（*Ginkgo biloba*）。楔形の葉をしており、黄色の花が咲く。中生代に栄えたイチョウ目の現存する唯一の種」maidenhair treeはginkgoの別名。いちょうの原産地は中国で、日本に

は化石としては出るが自生のものはない。日本への渡来は、室町以前と言われているが、正確にはわかっていない。*SUP 2*の初出は1727年に英訳された ケンペル『日本誌』からで、"Another sort of nuts, call'd Ginau ... grow very plentifully ... on a fine tall tree."【ギンナンという別種の実は…立派な高木に…豊かに実る。】である。『日本誌』はケンペルの生存中に世に出ることはなく、死後11年を経て、J. G. ショイヒツァーによる英訳本がロンドンで出版された。

20世紀に入ってからの最初の例は、英国の推理小説家A. Conan Doyleの *Lost World*（1912）からの用例 "One huge gingko tree, topping all the others, shot its great limbs and maidenhair foliage over the fort which we had constructed."【一本のイチョウの巨木が、他のすべての木々よりも高く聳え、大枝とクジャクシダのような扇状の葉の繁みを、我々の建てた城砦の上に伸ばしていた。】次の例は1955年3月26日の *Sci. News Let.* "There are a lot of young ginkgos growing in Battery Park, New York. China is the native home of the ginkgo tree."【ニューヨークのバッテリーパークに沢山のイチョウの若木が育っている。中国はイチョウの生まれ故郷である。】には、いちょうの原産地は中国であることが記されている。最後の例は1957年のR. Carrington *Mermaids & Mastodons* からのもので、"Ginkgos are exceptionally resistant to fire."【イチョウはことのほか火に強い。】である。いちょう並木は美しい景観と日陰を私たちに提供してくれるだけではなく、防火帯の役割も果たす。また最近注目されているのが、いちょうの葉のエキスで、血行をよくし、ボケ防止になるという。

*OED 2*の用例として、*OED 1*の5例と*SUP 2*の5例を合わせた10例が記載されている。定義は*SUP 2*のものをそのまま踏襲。個々の用例を見ていくと、いちょうが英米の風景の中に溶け込んだように、ginkgoという語も英語として同化し、しっかり根付いたように思える。まさに「英語になった日本語」の代表例と言えるだろう。 　　　　　　　　　　　　　　　（海老名洸子）

　(1)(2) 向坂道治『イチョウの研究』風間書房、1958年
　(3) 筑波大学教授の堀輝三氏よりご教示いただいた。
　(4) 大槻文彦『大言海』冨山房、1956年
　(5) この学名は1797年にスミスによって提案されたが、現在用いられていない。なおGinkgo

bilobaの命名は1772年（堀）
(6) 東京大学理学部附属植物園『イチョウ』、1996年

go 碁

　碁の起源は中国とするものと、インドに起こり中国を経て日本に伝わったとするものと2説あるらしいが、*OED*は*SUP 2*に載せて以来、一貫して「盤上で領域の獲得を競う日本のゲーム」と定義しているし、語源欄にも「日本語のゴ、小石」というあやしげな記述があるだけである。漢語辞典によると、碁と棋には意味上の違いはなく、整然と盤上に引かれた線を意味する「棋」がもとにあり、そのつくりに石をつけて、あとから出来上がったのが「碁」という文字だという。採録は*SUP 2*からだが、この段階では「日本語のゴ、五から」などという誤った記述があるが、もちろんこれは最新版では訂正されている。変形としてGo, Goh, I-goの3つがあげられている。

　碁は天平時代に唐からもたらされ、『源氏物語』にも見られる。戦国時代の武将たちに好まれ、江戸の泰平期にも将軍家の保護を受けて発展し、本因坊など四家に分かれて烈しく対立したが、明治になってから統合され、日本棋院の設立をみた。戦後ますます栄え、現在では国内のみか海外にも多くの愛好家がいる。

　用例は全部で4例で、最も古いものは、1890年 B. H. Chamberlain *Things Japanese* から、"Go, sometimes, but with little appropriateness, termed 'checkers' by European writers, is the most popular of the in-door pastimes of the Japanese."【ヨーロッパ人がとかく適正を欠きつつも「チェッカーズ」と呼ぶことのある碁は、日本人の屋内のすさび事のなかで最も一般的なものである。】西洋のチェスやチェッカーズはどちらかというと将棋に似ていて、獲得した領域や奪った相手方の石の数で勝敗を決する碁と比較するのは、たしかに適正を欠く。

　碁は江戸時代からとくに武家の男子の嗜みとされてきた歴史をもち、現在でも各界に活躍する人のなかに趣味として囲碁をあげる人が多い。1911年の用例としてH. F. Cheshire *Goh or Wei Chi* という書物から、"In the East proficiency in Goh is one of the best recommendations to high places."【東洋では碁の腕前は高い地位に推挙されるための最適のものの1つだ。】というのがある。この「東洋」は本のタイトルから判断すると、かならずしも日本に限っているわけではないように思われる。碁に寄せる同様の評価は、*OED*の「将棋」の項目にあげられた1905年の引用文にも見られる。

　チェスと比べて碁のほうが奥行きがある、と指摘した文もある。1958年 *Listener* "The game that does seem to me to be superior to chess, in that it has both depth and simplicity, is the Japanese game of Go."【深みと簡素をともに備え、チェスを凌ぐと思われるものに、碁という日本のゲームがある。】白黒の石の微妙な配置で領域を競う碁は、墨絵にも通じる幽遠の世界をもつといえるのだろうか。

　最後の例はやはりゲームについての書物からである。1960年 R. C. Bell *Board and Table Games* "This Japanese game [*sc.* Gobang] ... is a poor relation of the intellectual I-go."【この日本のゲーム［五目並べ］は、知的な囲碁の貧しい親戚筋にあたる。】「五目並べ」の項目に譲ってもよさそうに見える用例だが、*OED*の意図は、碁が高度に知的なゲームであることを際立たせることにあったのだろう。

（橋本禮子）

gobang　五目並べ

　gobangという奇妙な語が*OED*のもっとも古い版から載っている。碁よりも早い登場である。日本語にすれば碁盤だが、内容は五目並べないしは連珠で、「チェッカー盤風のものの上で興じる日本に起源をもつゲームで、相手よりも早く5コマ並べるよう競う」と定義されている。語源欄には「日本語の碁盤、すなわち中国語のチェス盤であるk'i panからきた語が訛ったもの」とあるが、日本語で「碁盤」を「五目並べ」に代えて用いる習慣が、少なくとも話し言葉のなかにあったためではないかと考えられる。

　五目並べは一般には女子供の遊びと思われがちだが、「連珠」となると碁と同じようにトーナメントや段の取得もあり、愛好家の組織すら存在するれっきとしたゲームである。起源はやはり中国にあり、碁に多少遅れて入って

きて民間に散って残存していたものを、1899年（明治32年）『万朝報』が連珠と呼んで紙面で勝負の模様などを解説したのがもとで、全国的に普及したと言われる。

　*OED*は初版以来用例を2例だけ載せているが、いずれもこれ以前のものである。1例は「純粋に日本のゲーム」とこれを解説し、"Go Bang"という綴りの誤りを指摘したもの、そしてもう1例は、1888年 *Pall Mall Gazette* の"These young persons ... played gobang and cat's cradle."【これら幼い人たちは…ゴバンやあやとりをした。】である。まだ子供の遊びとしてしか存在しなかった頃の名残だろうか。現在では五目並べに興じる子供の数は非常に少ない。（橋本禮子）

H

habu　ハブ

　habuが*OED*に登場したのは*SUP 2*で、*OED 2*にもそのまま記載されている。定義には"A venomous pit-viper, *Trimeresurus flavoviridis,* native to the Ryukyu Islands and neighbouring areas."【クサリヘビ科マムシ亜科ハブ属の毒ヘビで、琉球列島やその近隣の地域に生息する。】とある。クサリヘビ科のヘビは上顎骨が短く、よく発達した管牙を持っている。さらにマムシ亜科のヘビでは餌動物の体温を感知できるピット器官 pit organ（頬窩）を持ち、東南アジアではハブ属とマムシ属が知られている。

　初出例は1818年のB. Hallによる *Acc. Voy. Discovery to Great Loo-Choo Island* からの"Vocabulary of English and Loo-Choo Words ... Snake―Háboo."【英語と琉球語でできた語彙…ヘビ―ハブ。】である。第2例は1895年の *Geogr. Jrnl.* からの"The poisonous Trimeresurus ..., called *habu* by the natives, is 4 or 5 feet long by 2 inches in diameter, and is an object of universal fear."【そのクサリヘビ科の毒ヘビは地元ではハブと呼ばれており、全長は4～5フィートで直径は2インチあり、万人の恐怖の対象となっている。】である。第3例は1955年の *Sci. News Let.* 1月15

日付からの"The habu and mamushi, native to certain islands of the Pacific and parts of the Asiatic mainland."【太平洋の一部の島々やアジア本土の一部に生息するハブやマムシ。】である。

（糸山昌己）

habutai 羽二重

　数ある日本の織物の中で、羽二重が唯一 *OED* にとりあげられている。織物にまで西洋人の目が向くとは意外に思えるが、羽二重は第二次世界大戦前までは、重要な輸出商品であった。羽二重の一種に輸出羽二重というのがあり、裏地などに用いられたようである。

　habutai は「織目の細かい柔らかな日本の絹」と定義され、*SUP 1* から *OED* に登場する。*SUP 1* での用例は2例で、初出は1896年 Brinkley の *Jap. Engl. Dict.* と出典があげられているが、用例は省略されている。第2例は1902年の *Encycl. Brit.* からで、"Pictures so elaborate and ... accurate as those produced by the *yuzen* process on silk crape or *habutaye*."【縮緬やハブタエに友禅染の工程で描いた絵のように手の込んだ…正確な絵。】とある。habutaye は habutai の異形。なお、この用例は *Encycl. Brit.* の Japan の項目の中に出てくるものである。

　SUP 2、*OED 2* でも、定義は *SUP 1* をそのまま踏襲。用例は *SUP 1* の2例のうち、出典のみが示されていた初出 *Brinkley, Jap. Engl. Dict.* は削除され、新たに5例が追加され、合わせて6例となった。初出例は1822年の *Titsingh's Illustr. Japan* からのもの、"Tchouya followed, dressed in two robes of light blue, made of the stuff called *fabita*, with his hands tied behind him."【ファビタといわれる布でできた淡青色の2枚の着物を着たチューヤがその後に続いた。チューヤは後ろ手に縛られていた。】Tchouya は丸橋忠弥。四代将軍家綱の時代の由井正雪らとの謀反（慶安事件）についての記述からの一節。忠弥らが品川の刑場に引かれていく様が描写されている。ところで fabita は果して羽二重であろうか。沼田次郎の訳本『日本風俗図誌』(1970) では「帷子？　fabita」となっており、訳者は fabita が何であるかについて確信がないようである。しかし

当時書かれたものによると、忠弥は引き回しの当日、「とくに願って衣類も美しく」とある由、磔刑に処せられる罪人でも引き回しの場合は、羽二重のような上等な着物を着ることが可能であったようである。第2例は1895年 *Montgomery Ward Catal.* の"Habutai Silk … is a very soft, light weight of silk of Japanese make."【ハブタイは日本製のとても柔らかく軽い絹。】

20世紀に入ってからの例は *SUP 1* にも採録されていた1902年のものを含め4例。その中に日本英文学会発刊の『英文学研究』(1931) から、"*Habutae*, a kind of silk. This word is regularly used in newspaper advertisements in England."【ハブタエ、一種の絹。この語は英国の新聞広告に決まって使われている。】がある。これは"The influence of Japanese on English"と題する論文から採られたもので、主として *NED*（*OED*の旧称）に採録されている日本語起源の語をリストアップしているが、Habutaeは「今日英語でかなり一般的に使われているが、英国の辞書には載っていない語」の1つとして紹介されている。

(海老名洸子)

(1) 大塚末子他『きものの百科』小学館、1975年
(2) 児玉幸多『日本の歴史16　元禄時代』中央公論社、1974年

haiku　俳句

「16世紀中頃に発達した日本の詩の一形態、通常17音節からなり、本来は茶化しの性格を有する。その日本の詩の英語の模倣。発句は、元々一連の俳句の最初の句であったが、いまでは俳句や俳諧と同義として存する。俳諧、つまり俳諧の連歌（茶化しの連歌）という成句の縮約としての当初の意味は、全体として一つの詩を形成する俳句一連歌であった」というのが *SUP 2* におけるhaikuの定義である。これにより「俳諧の連歌」という長歌（句）があって、その縮約形として俳句という言葉ができたこと、発句とは連句における最初の句を意味するということ、また、厳密には俳句、俳諧、発句は異なった意味をもつが、現在では同義に使われていることが理解できる。そしてこの3語で最も基礎となるものは俳諧であることが分かる。そこで、俳諧を

『広辞苑』で引いてみると、「①おどけ。たわむれ。こっけい。②俳諧歌の略。③「俳諧の連歌」の略。俳句（発句）の総称。④狭義には、俳句に同じ」とある。つまり、この項に関する*OED*の記載はかなり正確なものであると言える。

しかしながら、発句の定義に"the opening hemistich of a linked series of *haiku* poems"【一連の俳句の最初の句】とある。hemistich という語をもってして、果して1つの詩を形成しているその1部分が、また独立した1つの完全な詩（句）となるという発（俳）句のもつ事実が、どれほど伝わるものかやや疑問は残る。英詩において、1つのまとまった詩のそのまた一部も完璧な1つの詩となることがあり得るのか疑問であるが故に。

この俳句、俳諧、発句の項目が*OED*に始めて登場するのは*SUP 2*においてである。この項目の初出例は1899年のW. G. Aston による *Hist. Jap. Lit.* の中の haikai であり、"In the sixteenth century a kind of poem known as Haikai, which consists of seventeen syllables only, made its appearance."【16世紀に、たった17音節から成る、俳諧として知られる一種の詩が現れた。】とある。『大百科事典』（平凡社）によれば「日本文学で俳諧という言葉が最初に用いられるようになったのは10世紀初頭の頃から」であり、「1499年には現存する最古の俳諧の連歌集が編まれ」た。したがって*OED*の記述には誤りがある。

俳句、俳諧、発句に関する用例は全部で6例であるが、1904年の *Westm. Gaz.* からのものが特に目を引く。"The perfect haikai is a Lilliputian lyric of but three unrhymed lines of five, seven, and five syllables respectively — seventeen in all — in which is deftly caught a thought-flash or swift impression ... An example ... is the following: The west wind whispered And touched the eyelids of Spring: Her eyes, Primroses."【理想的な俳諧は五・七・五（全部で17）の音節から成る無韻のたった3行の短い叙情詩なのである。その中に思想のひらめきやすばやい印象が器用にとらえられる。例えば、「西風が／ささやきて／春のまぶたに触る／彼女の目は桜草」といった具合に。】とある。「短い叙情詩」とは a Lilliputian lyric の意訳である。

　　　　　　　　　　　　　　　　　　　　　　　　　　（吉江正雄）

hakama 袴

　袴が採録されたのは *SUP 2* で、定義も用例もそのまま最新版に収められている。定義はごく簡単で、「日本で着用される、前に襞を多くとったズボン」で、用例は開国直後から1960年代におよぶ4例だけである。まず1859年 A. Steinmetz *Japan & her People* から、"A very peculiar sort of trousers called *hakkama*, which may be called an immensely full-plaited petticoat sewed up between the legs"【たっぷりと折り襞をとって股間を閉じたペティコートといった、ハカマという非常に特殊なズボン。】*OED* によればペティコートは、古い時代は別として一般には女性の着用物であるから、だぶだぶのズボンやハイランド地方のキルトなどを指してユーモラスに言うこともあるという。幕末に渡来して侍の袴姿を見た欧米人は、私たちが今日スコットランドで、髭をたくわえた男性がキルト姿で厳粛に振る舞っているのを見たときと似通った印象を受けたのかもしれない。

　平安時代に流行した女性の袴はいったん廃れたが、明治期に女学校の制服として復活した。この姿を語るのが、1893年 A. M. Bacon *Jap. Interior* で、"The Japanese costume of purple hakama, or kilt-plaited divided skirt, which forms the uniform of the little school-girls."【女生徒の制服の一部をなす紫の袴という日本の衣装、すなわち股間の分かれたキルト風襞つきスカート。】と、やはりキルトをもって説明している。英語圏の人々にとって、袴はハイランド・キルトと切り離しては語れないもののようだ。

　　　　　　　　　　　　　　　　　　　　　　　　　　　　（橋本禮子）

hanami 花見

　花見とは、ただ「花を見る」ことではない。ある意味で秋の紅葉狩りと対象をなすが、季節は春、満開の花のもとで、一種の戸外パーティーに興じることである。そしてこの花も一般には、*OED* も採択している「桜」を意味する場合が多く、野に咲く花では気分がでないだろう。決して静かに桜の花を観賞する場にあらず、敷物を敷いて席を設け、飲み食いをし、歌って踊って騒ぐのである。そしてこれは社会風習、行事として現在も行われているの

は言うまでもないことである。花見の歴史は古く、平安時代にも「花の宴」としての記録があり、また宗教儀礼的な意味合いを持っていた。江戸時代から一般庶民に伝わったと言われている。

さて、この日本的風習を*OED*も的確に捉え、3例の引用例中、初出の1891年のA. M. Bacon *Japanese Girls & Women* の例は定義がわりにうまく花見を表している。"The *hanami*, or picnic to famous places to view certain flowers as they bloom in their season."【花見、すなわち満開の花を見に有名な場所へ食事にでかけること。】また、1965年のWim Swaan *Japanese Lantern* の例では、その花が特に桜であることを示している（一部引用）。"*hanami*（flower -and more particularly cherry-blossom- viewing)"【花見とは花（特に桜）を眺めること。】さらにSwaanでは、色とりどりの着物が花見のような酒宴の場にふさわしいという印象を述べ、日本独特な「花見」を表している。　　　　（大和田栄）

hanashika　噺家

*SUP 2*から採択されているhanashikaは、定義を"A professional story-teller"【物語を話すことを職業とする人】としており、採用されている用例は2例である。初出例は1891 A. M. Baconの*Jap. Girls & Women*で、"Public halls, where professional story-tellers, the *hanashika*, night after night, relate long stories to crowded audiences."【噺家と呼ばれるプロの語り手が、毎夜毎夜、満員の観客に長い物語を話している寄席。】は、寄席を劇場と同じようなものであると紹介し、この引用部分に続いて著者は噺家の芸の巧みさにさかんに感心している。B. H. Chamberlainも1890年の*Things Japanese*の中でStory-tellersという項目を設け、hanashi-ka, yose, gun-dan, koushakuについて詳しく解説しており、それまでに噺家になった二人の英国人、初代快楽亭ブラックとジョン・ペイルについても触れている。BaconもChamberlainもhanashikaをいわゆる「落語家」よりもっと広い意味で解釈し、講談や軍談、講釈などの語り手を含めたものとして認識していたようである。第2の用例は1936 K. Noharaの*True Face of Japan*から引用されている。"A *hanashika,* or story teller, is telling innocent stories."【噺家あるいは語り手がたわいもない話をしている。】ここでいう噺家は今で言う「落語家」に近くなる。ちなみに*OED*はrakugo, rakugokaを項目として採択していない。 　　　　　　　　　　　　　　　　　　（坂上祐美子）

haniwa　埴輪

　埴輪は*SUP 2*から登場し、「土製の像または円筒型のもので、古代に日本の墳墓の外側に置かれた」と定義されている。初出例は1931年のG. B. Sansom *Japan*の"Outside the mounds, but evidently associated with them, are found clay figures (known as *haniwa*)."【古墳の外側ではあるが、明らかにそれと関連をもって、(ハニワとして知られる)土製の像が発見される。】である。2番目は、英国の陶芸家B. Leach *Potter in Japan*からの短い引用"Haniwa figures from A. D. 600."【6世紀のハニワ。】年代が明記されているのはこの例のみ。定義には ancientlyとしか記されていないが、4世紀から7世紀にかけて造られた。

　1970年の用例は、*Oxf. Compan. Art*のJapanese Artの項目から引いたもので、"'Tomb figures' or *haniwa*, clay cylinders some of which were decorated with human or other figures."【「墳墓像」つまり土製の円筒形のハニワ。なかには人物やその他の像の装飾を施したものもある。】とある。ここでは円筒埴輪と人物・動物・家などの形象埴輪が紹介されている。"Shards of cylindrical Haniwa had been found at the site."【円筒ハニワのかけらがその場所から見つかっていた。】は、1972年11月7日付の*Mainichi Daily News*の「ブルドーザーが古墳を破壊」という記事からの引用である。 　　　　　　　　　　　　（海老名洸子）

haori　羽織

　kimonoは初版から収録されているが、haoriは*SUP 1*からの登場である。その後*SUP 2*で補足改訂され、そのまま最新版に載せられている。定義をみると、*SUP 1*では"A short loose jacket worn in Japan"【日本人が着る短くてゆるやかなジャケット】だが、*SUP 2*以降では、"A short loose coat worn in Japan"

【日本人が着る短くてゆるやかなコート】となっていて、jacketがcoatに改められている。わずかな違いだが、OEDの執筆者がわざわざ書き改めたからには、なにか理由があるのではないかと考えられる。英語のcoatはスーツの上着に用いられることもあるが、ごく一般的に言えば防寒などのために衣服の上に羽織るものを指し、jacketはスーツの上着など、丈の短いものをいう。したがってこの変更は、羽織を上下に分かれた衣服の上着の部分ではなく、上から羽織るものと正しく認識し直した結果かと考えられる。

だが用例を見ると、jacketやcoatがそのまま用いられているのは比較的新しく（1922、1970）、ほかにmantle（1877、1880）、upper dress（1896）、overcoat（1897）、gown（1907）、outer jacket（1972）など、ほぼ用例ごとに異なった語が見られる。羽織の実体を描写する困難が察せられるが、同時に英国における服飾用語の変遷がかかわっているのではないかとも推測される。またOEDにはhappi-coatという項目があるが、ときにhappy-coatとも綴られるこの英製和語（？）が、jacketでなくcoatになった原因の1つかもしれない。最新の用例（1970、1972）がいずれもjacketなのに、定義だけはあえてcoatに修正されているのである。

用例は初出のSUP 1では2例であったが、最終版では8例に増えている。同類のhappi-coatと比較すると、haoriの場合は日本固有の民族衣装として言及したものばかりである。英語に置き換えた表現がすべてに見られるのも、無理からぬことと思われる。最も古い例は、SUP 2の段階で追加されたもので、1877年版日本アジア協会の会報誌から、"A haôri,——the upper mantle worn by the military class."【羽織——武士階層が着る上衣。】日本の紋に関する論文の一部で、封建君主が引き立てのしるしとして自身の紋をつけた羽織を臣下に授けることがあった、と述べている箇所である。ちなみにhaoriの項目には、紋との関連で引用されているものが目立ち、これを含めると3例ある。ほかに男子用の正装としての羽織に関するものが2例、女性の羽織姿への言及は1例、男女共通のものとして1例、そして千代紙細工の羽織が1例である。

羽織は塵よけや防寒、掃除のための茶人の十徳などから発達したと言われ、現在でも女性の正装には用いない。しかし明治以降は男女ともよく用いた。ラフカディオ・ハーンの『こころ』(1896) からの引用は、"Haori, a sort of upper dress, worn by men as well as women"【羽織、すなわち女はもとより男も着る、一種の上半身の衣服】で、完結した着物の上から羽織るものだという指摘は特にない。しかし続く 1897 年 J. La Farge *Artist's Lett. from Japan* は、"Women under their umbrellas wore the graceful short overcoat they call *haori*, and tottered over the wet ground on high wooden pattens."【女たちは傘をさして羽織とよぶ優雅な短いオーバーコートをまとい、高い木製のパッテン(2)を履いてぬれた地面をよろよろ歩いた。】と、この点ではより正確である。

男子の羽織袴を描写したものもある。1922 年、J. Street *Mysterious Japan* から、"One or two of them wore the graceful and dignified *hakama* and *haori*——the silk skirt and coat of formal native dress.【うち一人二人は、優雅にして威厳のある羽織袴——この土地の正装である絹のスカートと上衣——を着ていた。】coat of arms, coat armor などの連想もあり、coat はいかにも紋付きの羽織を表すにふさわしい。だが用例の最終例、1972 年 *National Geographic* は、"In a quiet way several of the men were equally impressive in somber-hued kimonos complete with haori, the elegant outer jacket of dark silk."【男たちは物静かに、それぞれ羽織という濃色のエレガントな上着と対をなす地味な色合いのきものを着て、そろって印象的であった。】と、いわゆる「そろい」の和服姿が jacket で表されている。大戦を挟む 50 年の空白のあとは、1970 年 J. カーカップの *Japan behind Fan* から、"There are even some small garments, jackets called *haori*, made from decorated paper."【羽織とよばれる上着など、千代紙で作った小さな衣服まである。】ここでは生身の人の姿ではなく、紙細工である。羽織も最近ではあまり見かけないなつかしい姿となってしまった。　　　　　　　　　　（橋本禮子）

(1) 英国領事館勤務 Thomas R. H. McClatchie の『日本の紋章』と題した口述論文を収録したものからの引用。
(2) patten: ぬかるみ用に鉄片を打ちつけた木底の靴台。

happi-coat　法被

　OED の haori と happi-coat の扱いは似ていて、いずれも *SUP 1* から収録され、最終的には用例が8例ずつで、初出の年も1877年と1880年とほぼ等しい。ただ haori が日本の風俗の域を出ることなく、すべての引用文にそれ自体の解説がつけ加えられているのにたいし、happi-coat ははじめから欧米の服飾用語として採録され、解説はない。語源は［Jap. *happi*］であるが、定義は *SUP 1* の段階では「女性が着る薄手の素材でできたゆったりとした軽いコート」である。

　服飾用語としての kimono の用例は19世紀末からみられるが、happi-coat の場合は1930年代のものが2例あるだけで、当初はこれがすべてであった。まず1931 *Studies Eng. Lit.*（Tokyo）で E. V. Gatenby が、"*Happi-Coat*, often misspelt 'happy' coat" と述べ、happy と綴るのは誤りだと指摘している。happi の発音が happy に通じるために親近感をよび、さらに紛らわしさを避けるためもあって -coat がつけられたものと推測される。tycoon と同様、移入先の言語の音韻的共鳴によってたやすく帰化の道が開かれた言葉である。もう1つは翌1932年のあるカタログから、"Japanese silk shantung happi-coat"【日本のシルク・シャンタンのハッピ・コート】絹のハッピとは日本人の常識からすると不思議な取り合わせだが、れっきとした婦人用外出着である。

　SUP 2 は服飾用語に限っていた前版の扱いを改め、まず日本の衣服として定義し、用例も上記の2例も含めて7例に増やした。ただし、"(ellipt.) happi"（happi は省略形）として、あくまで英語としては -coat を付けた形が本式だと断っている。語源は［Jap. *happi* a kind of coat］と補足し、定義は「さまざまな素材になる日本のゆるやかな外套。これに似たファッション着」となった。*OED 2* は定義としてはこれをそのまま踏襲したが、用例は1つ増やして8例とした。

　終戦間もない頃の風俗を記憶にたどると、「はんてん」は商店のおじさんなども着たが、「はっぴ」は鳶職・大工、そしてなにより消防団のおじさんたちが着るもので、お正月などに勢ぞろいしたときには一段と晴れがましい

雰囲気をかもした伊達な出で立ち、といった印象がある。調べてみるとほぼその通りで、法被は「江戸時代、武家の中間から大家の下僕・職人などが主家の紋や屋号を染め抜いたものを着たのに始まり」（大辞林）、半纏より格が高い（平凡社百科事典）。震災前の神戸の博物館で催された南蛮貿易展で、日本からの輸出品として非常に立派な法被が何点かあった。なかには鹿の革でできたシックな色合いのものもあり、法被とはこのようなものでもあったのかと驚かされた。一般に連想されるのは藍の厚地の木綿だが、むろん絹物も革製もあったのである。日本の辞書事典の解説によれば、だいたい羽織と半纏の中間に位置づけされていることになろうか。これら三者、いずれも長着の上に羽織るある種の上っぱりである。

ところが SUP 2 が追加した初期の用例からは、この語がまったく違ったものを指した可能性がうかがわれて興味深い。もっとも古い1880年日本アジア協会紀要からの、"Young men often wore a red *Happi* with large sleeves."【若い男たちはしばしば大きな袖のついた赤い「はっぴ」を着た。】はどのような様態のものか、前後を調べてみた。これは Josiah Conder という人が「日本の服装史」と題して行なった講演の記録で、王朝時代の貴族の衣装を解説した部分である。「Ho（袍）のすぐ下には Happi（法被）とよぶ袖なしの短い衣を着けたが、これは外からは見えないが、かたく糊づけされ、外衣をふくらませて形よくする効果があり、第五位以上の階層が用いた」に続く一節である。つまり「大きな袖のついた赤い法被」とは平安貴族の青年の衣装の下着らしい。図版入りのこの詳細な論文に目を通すと、維新後十数年にしてすでにこの極東の国の衣服史についてこれほど精通した英国人がいたのかと、改めて大英帝国の迫力に感嘆させられる。

追加されたもう1つの古い例は、B. H. チェンバレンの *Things Japanese* から、"But jinrikisha-men wear the *happi*."【しかし車夫たちははっぴを着る。】である。「クーリーなどのような」下層庶民は褌に腹がけ、脚絆、そして背中に雇い主の印のついた印半纏を着るが、人力車の車夫は印のついていない法被を着た、ただしなにか着るとすればだが——と続く。酷暑のもとではほとんど裸

だったのである。

　*SUP 2*以降にみられる最も新しい用例としては、1971年のものが2例あるが、いずれもファッションに関するものである。まず*Daily Telegraph*紙の"They want to trot around in tuxedo trouser outfits, Japanese happi coats, or pedal-pusher pants."【彼らはタキシードズボンのスタイル、日本風ハッピ・コート、あるいはペダルプッシャー・パンツなどで散策したがる。】そして*Catl. Exhib. C. Beaton's Fashion*【カタログ販売誌？】から"A beige suede 'happi coat'...worn with tapering suede trousers."【先細りのスエードのズボンと共に着る…ベージュのハッピ・コート。】である。ただし2つのうち後者は*SUP 2*から追加された5例の1つであるが、前者は*OED 2*で加筆された唯一の部分である。なぜ同年代のもので、しかも内容としてもさして違わないものが追加されたのだろう。いずれの例も女性の服装としての「ハッピ」のカジュアル性を強調している。もとが仕事着であった「ハッピ」は細身のパンツと合わせて活動的な女性の服装として根づいたようだ。ちなみにRandam House辞典は、"a Japanese lounging jacket with wide, loose sleeves and often an overlapping front closure usually tied with a sash"【幅広のゆったりした袖のついた日本風のくつろぎ着のジャケットで、多くは前で打合せにし、サッシュで結わえる】としている。法被という漢字は禅の高僧の椅子の背に掛けた布からきたようであるが、能装束にもこの語で表されるものがある。一方で武家の中間や職人のお仕着せ、あるいは仕事着となったものが近代になって定着し、法被となった。だがやがて時代の移り変わりとともにこれすら前時代的なものとして忘れられつつあった頃、解放された女性の身軽なファッションとして欧米で採用されたのである。2つの用例が重ねてあげられている1970年代初頭は、アメリカで女性運動が転機を迎えた時期であり、また世界的な意識変革とともにカジュアルな服装が定着しはじめた頃でもあった。kimonoが主として茶会服やイヴニングドレス、室内着などに適用され、どちらかというと女らしさを出すものであったのに対し、happiはあくまで軽快に、のびのびとファッションの世界に登場したようだ。

（橋本禮子）

harai goshi　払い腰

　この言葉が初めて収載された *SUP 2* での定義は「柔道の投げ技」である。これがそのまま *OED 2* にも引き継がれている。初出は1941年のM. Feldenkrais *Judo* における次の用例である。"Japanese experts are generally smaller than their foreign opponents, and still they find no difficulty in throwing them by Haraï-Goshi, for example."【日本の柔道家は一般的に外国人の相手よりも小さい。それでも、例えば払い腰で難なく彼らを倒せる。】

　用例は上記を含め全部で4例あるが、2番目の用例は1954年に出たE. Dominy *Teach Yourself Judo* の"Harai Goshi, ... Sweeping Loin Throw."【払い腰…腰を払う投げ技。】である。用例としてはつまらないが、1954年という年号に注目しないではいられない。初出の1941年（昭和16年）と第2例の1954年（昭和29年）との間には長い時間的空白がある。この言葉に限らず、*OED* にとりあげられた他の柔道用語でも1942年を区切りとして、その後は、1946年にR.ベネディクトが『菊と刀』で柔術という言葉を用いたのを除けば、1950年（昭和25年）に出てくるのが戦後では一番早い用例である。こうした空白期間があるのはこの時期だけである。第二次大戦が関係していることは容易に推測がつく。戦時中日本では英語は敵性語として教育の場でも斥けられたが、英米でも、例えば大戦中に米国海軍に設けられた日本語学校で戦略的必要性から日本語教育を強化したのを除けば、やはり一般的には日本文化に関連する出版物は、自ずと衰頽せざるをえなかったのではないかと推察される。

　そもそも戦前ヨーロッパで最も柔道が盛んな国はイギリスとドイツであった。いくたびかの欧米外遊を通して柔道の普及と発展に尽力した嘉納治五郎は、柔道世界連盟を組織する構想をもっていた。そこへ欧州柔道連盟を作ろうという話がもちあがった。しかしイギリスはドイツが主催することに異を唱えた。それで嘉納治五郎は講道館を本部とし彼を総裁とする柔道連盟を提案すると、イギリスもドイツも賛成し計画が発展した。昭和8年のことである。ところが昭和13年のカイロ会議に出席し、昭和15年のオリンピック大

会の日本開催の決定をもたらした嘉納はその帰途氷川丸船中で急逝してしまった。そして間もなく大戦が勃発し、東京オリンピックも中止となった。大戦による空白期間を経て、昭和23年にロンドン・オリンピックが開催されたのをきっかけに、その年にヨーロッパ柔道連盟がやっと日の目を見たのである。柔道の世界的組織の結成が遅れたのは、嘉納治五郎の急逝と大戦の影響であることは明らかである。柔道関係の出版物の空白には、こういう時代背景がある。

　最も新しい用例は1965年の5月14日付の*New Statesman*における"My son ... has applied the old Harai Goshi, a very effective throw in Judo."【私の息子はいつもの払い腰をかけた。これは極めて効き目のある柔道の投げ技なのだ。】この技は、相手を引き寄せながら自分の脇下後ろから横腰で自分に密着させると同時に、右利きであれば右脚を膝と足首をよく伸ばして相手の足首から上にすりあげるようにして、軸足を中心に腰を回転させながら払い上げる技である。うまく相手の体を崩してかければ、小、よく大を制し――小さい者でも大きな相手を投げることができる。しかし実際には体重の効果を利用して、遠藤純男や正木嘉美のような太り型の選手が払い腰を得意技とすることが多い。

（伊藤勲）

hara-kiri　腹切り／seppuku　切腹

　「日本の武士が、その昔、恥辱を受けるに及び、あるいは死刑を申し渡されて実行した腹かっさばいての自殺」。これがハラキリに与えられた*OED 1*から*OED 2*にいたってもの定義だけれど、「happy dispatchとも呼ばれる」と添え書きされた部分に英国人がハラキリに感受したものが率直に表明されている。この場合dispatchとは、四の五の言わず、始末をつけること。しかもそれがhappyと見えたのである。むろん西欧人とて、憂き世の苦しみを逃れるため、自殺にうったえることは珍しくない。しかし彼らの感覚では、神に賜わった生命を粗末にするという意味で罪とされる点は慮外におくとしても、卑怯未練の後ろめたさは免れなかったのである。だからある晴れやかささえ

伴うかと目に映じた日本人における造作なさは、一抹の揶揄を含めてにもせよ、感嘆をこめてのhappyなる形容詞を冠するほかなくしたのではないだろうか。

　謎に包まれた不思議の国の扉をこじあけたとき、真先に彼らの目をみはらせたものの1つがまさにハラキリであったことは、用例の古さからもうかがわれる。初出例は、1856年のもの（*Harper's Mag.*）。黒船騒動が1853年のことで、翌年さらに大挙して来航したペリーの威嚇に日米和親条約12ケ条の締結、その半年後には日英和親条約も調印されるが、それから僅か一年有半にして何たる着目の早さであろうか。やがてアメリカにつづき英国も1859年には駐日総領事が着任するが、その頃に披露されるハラキリは、理解の外であったしきたりが、一面では人間世界の出来事でしかないという現実である。1859年 *Times*（8月18日）"These officers no longer perform hara-kiri, or in other words disembowel themselves, rather than survive the disgrace of admitting foreigners."【これら役人輩は、もはやハラキリ、別言すれば屠腹をやってみせることもない。紅毛を受け容れておめおめ生き恥さらすぐらいならということで。】もっとも開国に踏み切った幕府を窓口としていっとき組しやすしと見えたこの島国は、実のところ、にわかに気の許せる相手ではなかった。やがて吹きすさぶ攘夷の嵐に、サムライの世界には今ひとつ殺伐な顔があることをたちまちにして思い知らされるのである。桜田門外に開港責任者大老井伊直弼を誅殺したのにつづき、1862年には薩摩の大名行列を乱した英国人が警護の藩士に斬り棄てられている（生麦事件）。下手人捜しのもたつきが翌年には鹿児島湾での薩英戦争となる所以だけれども、当時の記事【1862年 Holmes *Hunt after Captain in Old Vol. of Life*（*1891*）"He will very commonly consent to the thing asked, were it to commit hara-kiri." あの者なればいたってこともなく御吟味の趣に対し言を左右にはいたすまじく。たといハラキリに及び候うとも。】のごとき文言がある。潔く骨っぽい武士が毅然と立ちはだかる状があるではないか。

　以後、幕末の動乱を経て、ようやく1868年には大君〔徳川将軍〕の支配250年の幕も下り、異人たちも大手を振って往還を許される天皇の御代を迎

えたわけだが、その天皇に後年ガーター勲章を捧呈する大役も果たす東洋通の外交官(2)の筆になる物語（1871年 A. B. Mitford *Tales Old Japan* Ⅱ）には"The ceremony of hara-kiri was added afterwards in the case of persons belonging to the military class being condemned to death."【ハラキリの儀式は、武門に連なる人物が死刑を申し渡される場合、あとにつけ加えられた。】と見える。この年、新律綱領をもって正式に禁止されたハラキリがまさに研究対象として俎上に載せられているわけである。けだしハラキリが特に江戸時代中期以後は甚だしく儀式化して、実質は斬罪ながら、浅黄無垢無紋の上下（かみしも）という死装束で一献（いっこん）を受け辞世をしたためたサムライが押膚脱（はだ）いで、三方に載せて差し出される紙を巻いたワキザシを手にとるべく上体を前に傾けたところで介添人が利剣を首根に振りおろすということで、苦痛を一瞬の最小限にとどめるとともに、かかる死の荘厳（しょうごん）により贖罪と至高の名誉を2つながら死者に得せしめる、それこそが町人における首吊りや身投げと異なる、武士たる身分の、辛いとはいえ、1つの特権であった事実がそこに指摘されていたことになる。

　このような特権が破棄されるところに近代法治国家日本の誕生があることは言うまでもないであろう。新政権の陣痛が、したがって士族の相次ぐ反乱であったことはこの脈絡からも理解されるが、1880年代にいたりようやくにして政党結成の気運は、内閣制度の確立（1885）から帝国憲法制定（1889）にむけての体制近代化の歩みを促進しうる形勢となる。かくて1888年 Scott *Leader* 17 Mar. 4 には"The Liberal Unionist party..will hesitate long before committing 'hara-kiri' in that fashion."【自由党大同団結派ならとっくの昔に尻ごみしているところであろう。あんな流儀でハラキリをやってのけたりするのは。】といった証言が飛び出すわけである。J. L. Atkinson in *Boston*〈Mass.〉*Jrnl. 7 June* "Hara-kiri, the Japanese method of self-destruction in the baronial days, was practiced only by the Samurai, who were the two-sworded retainers of the barons or Daimiyos.. Hara-kiri is rarely if ever heard of as being done in Japan nowadays."【ハラキリは封建時代における日本流の自決の方法であって、両刀たばさむ大名の家臣たるサムライによってのみ実行されたところである。】といった記事がお目見

得するが、要するにハラキリをもはや過去の遺制とする視点において逕庭がないのではないだろうか。用例もここで途絶えている。

　ハラキリの同義語seppuku【切腹】が*SUP 2*以来別項目として立てられているのは、どのような含意があってのことだろうか。ハラキリの項目とのつなぎの役割を担おうとでもするかのように、さきの外交官（A. B. Mitford）の同じ本から切腹の定義めいた"mode of suicide adopted amongst Samurai when they have no alternative but to die."【サムライ仲間のうちで、死ぬよりほかに致しかたないとき、えらびとられる自殺のやり方。】なる用例がある。その上で1890年のB. H. Chamberlain *Things Japanese* "The Japanese word *harakiri*, so well-known all over the world, is but little used by the Japanese themselves. The Japanese almost always prefer to employ the synonym seppuku, which they consider more elegant because it is derived from the Chinese."【天下あまねく知られるハラキリ〔の語〕が日本人自身によって用いられることは滅多にない。日本人がほとんどいつもむしろ好むのは、切腹という類義語を使用することで、この方が優雅だと彼らが看做すのは、それが漢語に由来するものだからである。】といった説明がひかれるが、論述に同意しうるか否かはさて措き、ハラキリのあとを承けseppukuなる別項をたてることにおいて、日本人のこの不可解な現象における心理の襞にいま一歩踏み込もうとする意図を少なくとも暗示しているのではないだろうか。

　そのように考えるとき、次に選ばれるのが1923年におけるJ. Street *Mysterious Japan* からとった以下の用例であったとは、それなりに的を射た選択であったといえよう。"At the sound of the guns he took his short sword and committed seppuku."【号砲の響きを合図に彼は短刀をとりあげ、切腹に及んだ。】一読これが乃木希典の殉死の状況であると悟る者は、日本人といえども稀有であろう。号砲の響きとあるのは、1912年9月13日明治天皇大葬の日の葬列が宮城を発した刹那に放たれる弔砲のそれなのである。Port Arthur（旅順）の激戦で精鋭3万と2人の愛し子を砲火の餌食とした乃木将軍がこの世に最も不幸なる人として、割腹して汚名を雪がんと意を決していたのに対し、天

皇は学習院長の重責を以てし給うた。その負い目が今や崩御の先帝に御跡を慕い奉ることにより拭われようとするとき、武人として将軍の心中には思い残すところのないある晴れやかさがひろがっていたのではないだろうか。そして隣室では白無垢の夫人が頸動脈をかっきって良人（おっと）の死に殉じたのである。爾後十年を経て「神秘の日本」に探訪の旅を試みたこの著者に当時の経緯を語ったのは、金子堅太郎であったというが、上梓の年この国を見舞った関東大震災で古きよき日本の名残りが影を没することになったとすれば、この記録は往きて還らぬ時代のかけがえのない証言の1つとして、採録にはまことにふさわしいものだったと言うことが出来るであろう。

　昔日の俤を払拭した日本が、混沌たる世界情勢のなか、いたずらに東亜の新秩序などを模索するうち、支那事変の泥沼からさらに対米英戦争へと追い込まれていく。米国における対日戦略の策定は、戦局の有利な展開のみならず戦後経略をもにらんだ日本研究を押しすすめた。その最も芳醇なる果実が1947年のR. Benedict *Chrysanthemum & Sword* であった。場面は『忠臣蔵』の松の廊下での刃傷により浅野侯が腹をかっきる羽目となるところである。"He could only come to terms with chu by killing himself according to the rules of seppuku."【侯は「切腹」の作法に則り我と我が身を殺（あや）める以外に「忠」と折り合いをつける道がなかった。】つまり浅野侯の行動は、名に対する「義理」という点では立派な行動であることには違いなかったのだが、殿中での抜刀は「忠」に反する所以であった。そこで切腹ということになる。ただ用例がドラマのいわば序曲に当たるところでとどまったのは、いかにも拍子ぬけなのではなかろうか。

　それにしても引例が少なすぎる。現代に関しては、敗戦における、阿南陸相の壮烈な割腹などもとりあげられて然るべきであろう。ただ「などてすめろぎは人（ひと）間となり給いし」という『英霊の声』(1966)にあたかもいざなわれるごとく、1970年自衛隊で決行された作家三島由紀夫の自裁だけは、内外を問わず世を驚倒せしめるものがあったに違いない。それかあらぬか、最後の引用は1973年A. Broinowski *Take One Ambassador* の一節なのだ。"You

would at once ... kill yourself. By *seppuku*, slitting of the stomach."【あなたなら即座に…自決するだろう。「切腹」で、腹かっさばいてね。】
　　　　　　　　　　　　　　　　　　　　　　　　　　　　（西澤龍生）
(1) 人間の真実が宿るのは顔や口ではなく、丹田、つまり肚だとされていた。
(2) Redesdale, Algenon Bertram Freemann-Mitford, Baron（1873-1916）大英帝国大使秘書、公使。

Hashimoto　橋本病

　慢性甲状腺炎のうち最も多い疾患であるといわれる。定義は、「日本人外科医 H. Hashimoto（1881-1934）の名で、リンパ腫性甲状腺腫を指し、ハシモト病、ハシモト甲状腺腫、ハシモト（リンパ腺腫）甲状腺腫、ハシモト甲状腺炎として、属格の形で用いられる。通常は女性の疾患で、おそらく自己免疫に起因するものとされる。甲状腺が通例左右対称に肥大し、リンパ組織の浸潤を受ける。同氏が1912年に記述」となっている。この年九州大学の橋本策が、ドイツの医学雑誌に症例報告したのがこの病の最初の記載で、日本人の名前のついている数少ない疾患の1つだといわれる。*SUP 2*以降変更なく載っている。用例は全部で8例。

　専門書によると、1931年頃からこの疾患に関する報告が盛んになり、一般に認識されるようになったという。*OED*の最初の用例は、1935年 *Arch. Surg* "No cervical adenitis is present in association with Hashimoto's struma."【ハシモト甲状腺腫に関連しては頸部腺炎はまったくない。】続いて1936、1937年と連続して用例が並ぶ。1936年 Stedman *Med. Diet.* "*Hashimoto's disease*, struma lymphomatosa."【ハシモト病すなわちリンパ腺腫甲状腺腫。】リンパ球が甲状腺の中に侵入し甲状腺の働きを押さえる、というのが橋本病の病理学的説明のようだが、次の用例もこのことに触れている。1937年 J. H. Means *Thyroid & its Dis.* "The histology of Hashimoto's goiter is that of extensive lymphoid infiltration."【ハシモト甲状腺腫の組織構造はリンパ球浸潤のそれである。】

　4番目の用例は内分泌学の専門雑誌からの論文のタイトルで、1956年 *Jrnl. Clin. Endocrmol.* "An unusual iodinated protein of the serum in Hashimoto's thyroiditis"【ハシモト甲状腺腫における血清中のヨード蛋白の異常。】この年に

橋本病と抗体の関係が指摘され、自己免疫性の病として一躍注目されるようになった。5番目の用例は唯一一般誌からで、1962年 *Times* 11月30日付 "Hashimoto's disease, in which there is a gradual destruction of the thyroid gland."【甲状腺の漸進的破損を生むハシモト病。】第6例は1968年 *Brit. Med. Bull.* "Shown are the observed frequencies of occurrence of signs, symptoms and results of laboratory tests in three diseases: Hashimoto's disease, simple goitre and thyroid cancer."【ハシモト病、単純甲状腺腫、および甲状腺がんの3つの疾患について観察された発症頻度、兆候、実験室試験の結果を示すとこうなる。】

最後に1972年に刊行されたBastenie & Ermans *Thyroiditis & Thyroid Function* という書物から2つの例があげられている。"The formal criteria of Hashimoto's goitre, namely a recently developed symmetrical and homogeneous goitre, the presence of very high thyroid antibody titres, and the diffuse lesions characteristic of the disease."【ハシモト甲状腺腫、すなわち近年究明されるにいたった左右対称かつ均質性の甲状腺腫の正規の診断基準、つまりごく高い甲状腺抗体値と、この疾患に特有の広汎な病変。】そして"The progress of untreated Hashimoto's thyroiditis is variable."【未処置のハシモト病甲状腺腫の進み具合はさまざまである。】

(橋本禮子)

(1) 山村雄一編『新内科学』第二巻、南山堂、1976年

hatamoto　旗本

時代劇でよく耳にする「旗本」という語は、鎌倉時代に登場し、当初は軍中で大将のいるところ、すなわち本陣を意味し、またそこから大将の旗の下にあってこれを守備する親衛隊を意味していた。それが江戸時代には、将軍直属の侍のうち禄高一万石以下百石以上の者の名称としてもっぱら用いられるようになった。また、旗本は将軍に御目見、すなわち謁見する資格を与えられており、御目見以上ともいわれた。それに対し同じ直参の身ながら、禄高が百石に満たない者は御家人と称され、御目見以下とも呼ばれた。もっとも旗本と御家人がはっきりと区別されるようになったのは江戸中期以降であ

り、それまでは両方とも御家人と呼ばれていた。

　*SUP 2*のhatamotoの定義は「日本の封建制度において、将軍の軍勢に属する家臣あるいはそれを構成する侍」であり、定義としては不十分ながらわれわれがよく知っている江戸中期以降の旗本を指すものである。

　用例は4例。初出例は1871年A. B. Mitford *Tales of Old Japan*にある"KAZUMA'S REVENGE"という物語の注記からの引用である。"*Hatamoto*. This word means 'under the flag'. The Hatamotos were men who ... rallied round the standard of the Shogun, or Tycoon, in war-time."【旗本。この言葉は「旗の下」を意味する。旗本は戦争時に将軍または大君の軍旗の周りに集結する武士であった。】とあるが、これは、旗本の本来の意味に言及した用例である。Mitfordは続けて「旗本の数は8000。家康が三河を離れて将軍になった時、選ばれて1年間に一万石以下、百石以上を生産する土地を受けとるようになった家臣が旗本と呼ばれた。土地を与えられた代わりに、旗本は戦時下にはそれぞれの禄高に見合った兵士を将軍に差し出さなければならなかった。…平和時においては、幕府の下級役職の多くを旗本が占めていた。1868年に将軍が大政奉還し、一大名に格下げされた時に、旗本は消滅した」と解説している。第2例は1899年L. Hearn *In Ghostly Japan*で、"The *hatamoto* were samurai forming the special military force of the Shōgun."【旗本は将軍の特別軍隊を形成する侍たちであった。】とある。第3例も同じくL. Hearn *Japan: Attempt at Interpretation*（1904年）からの引用である。"These two bodies of samurai formed the special military force of the Shogun; the hatamoto being greater vassals with large incomes."【これら2種類の侍は将軍直属の軍勢を形成していたが、旗本の方が（御家人よりも）俸禄の多い身分の高い家臣であった。】と、旗本と御家人を比較している。第4例1968年J. W. Hall *Japan fr. Prehist. to Mod. Times*には、"5,000 'bannermen' (*hatamoto*), who were privileged to come into the Shogun's presence."【将軍の御前に侍る特権を与えられた五千人の旗本。】とあるが、これは上述したように旗本が将軍への謁見を許されたことに言及している。　（坂上祐美子）

hechima　ヘチマ

　hechimaが*OED*に初めて登場したのは*SUP 1*で、用例は1例もなく、単に定義として"The sponge-gourd"【スポンジ―ヒョウタン】と記載されているだけであった。*SUP 2*では用例が新たに2例付け加えられ、*OED 2*にもそのまま記載されている。

　初出例は1883年の*Trans. Asiatic Soc. Japan*からの"Luffa petola, Ser. Hechima ... Young fruit as food: and fibres of ripe fruit as brushes and sponges."【ウリ科ヘチマ属…食用には若い果実、ブラシやスポンジには熟した果実の網状繊維。】である。第2例は1889年のJ. J. Rein *Industries of Japan*からの"21. *Luffa petola,* Ser., Jap. Hechima, Tô-guwa. The long cylindric fruit resembles a long straight cucumber."【21. ウリ科ヘチマ属、日本のヘチマ・とうがん。長い円筒形の果実は長くまっすぐなキュウリに似ている。】である。ヘチマの若い果実は甘みと香気があって柔らかく、キュウリに似た淡白な味で、餡掛けや汁の実にして食べることができる。熟した果実を水に漬け、外皮や果肉を腐らせて洗い去り、乾かすとヘチマのたわしができる。以前は食器洗い、浴用のほか、履物の底敷きを作るのに用いられたが、最近では石油化学製品に取って代わられて需要が減っている。ところで、ヘチマという和名は、糸瓜(イトウリ)から「とうり」に変化し、「と」はいろはの「へ」と「ち」の間にあるのでヘチマとなったと言われる。

（糸山昌己）

Heian　平安→「時代」の項目

heimin　平民→samurai　侍

hibachi　火鉢

　hibachiは「手をあぶったり、部屋を暖めたり、またお茶をいれるのに湯を沸かすための木炭を燃やす容器または火鉢(パン)(ブレイザ)」と定義され、*SUP 1*から登場する。hiは「火」、bachiは「椀、鉢」であると語源も説明されている。用例

は2例。初出例は1874年の *Trans. Asiatic Soc. Japan* から。"Boys and girls assemble round the *hibachi*."【男の子も女の子もヒバチの回りに集まる。】とある。第2例は、初出からおよそ半世紀後の1921年 *Outward Bound* 4月号からの引用で、"The little *kimori* was bidden to join the family circle around the *hibachi*."【小さなキモリはヒバチの周りの家族の輪に加わるように言われた。】kimoriは *SUP 2* で、「原文のまま。コモリ、つまり子守り女」と注が加えられる。

SUP 2 の定義は *SUP 1* の定義から「…お茶をいれるのに湯を沸かす…」の部分がどういうわけか削除され、「…大きな土製の（容器または火鉢）…」が加筆された。用例は *SUP 1* の初出例より古いものが1例、戦後のものが2例追加され、あわせて5例となっている。

1863年の初出は、1859年に駐日総領事として江戸に着任したR. Alcockの *Capital of Tycoon* からのもの。"There were also some fifty *Hebachis*, or vessels for burning charcoal and warming the rooms, corresponding with the Spanish Brazeiro."【ヒバチも50個ほどあった。これは木炭を燃やして部屋を暖める容器で、スペインの火鉢(ブラセロ)に相当する。】とあり、ヨーロッパに派遣される日本使節団のために英国の軍艦に積み込まれた食料や生活用品を記述したところからの一節。*SUP 2* に、昔はhebachiであったと異形が示されているが、これはAlcockの用例に基づくものであろう。

第2例、第3例は *SUP 1* と同じもの。第4例は、1959年のR. Kirkbride（*OED 2* ではKirkbridgeとなっている）の *Tamiko* から、"The small ... mat room was bare except for ... the hibachi, and a scattering of china on the shelf."【小さな…畳の部屋は…ヒバチと棚に陶磁器類が僅かあるだけで、がらんとしていた。】最終例は *Austral. Women's Weekly* 1965年1月20日付からで、"The other indispensable came from a prolonged stay in Yokohama, a small serviceable iron *hibachi*, the original of the Western barbecue grill, but portable."【横浜の滞在が長引いたため、いま1つ必要なものがでてきた。小さくて便利な鉄製のヒバチである。これは西欧のバーベキュー・グリルの原型になったものであるが、持ち運び可能である。】

OED のすべての用例で、hibachiは日本の火鉢を指し、あくまでも外国語

としての扱いである。実際、語頭に外来語の印の ‖ が付されている。しかし最近出版された米国の辞書——たとえば1992年出版の *The American Heritage Dictionary* では、"A portable charcoal-burning brazier with a grill, used chiefly for cooking"【木炭を燃やす網つきの持ち運びできる火鉢(ブレイザ)。主に料理用に使われる。】と定義され、hibachiが米国の生活に溶け込んでいることがうかがえる。もっとも日本の火鉢が主として暖房用であるのに対し、欧米のhibachiは料理用である。

　OED 2 では、*SUP 2* からの定義・用例の変更もなくそのまま受け継がれている。

(海老名洸子)

hinin 非人

　この語が採録されるのは *SUP 2* からで、*OED 2* での変更はない。定義には「日本の社会から見捨てられた集団の者」とある。用例は4例。初出例は1884年 tr. *J. J. Rein's Japan* "Geshas (female dancers and singers) and Jôrôs (prostitutes) ... were despised, and considered ... socially below the level of the Hinin."【芸者(歌ったり踊ったりする女)や女郎(売春婦)は蔑まれ、社会的に非人という階級より下と考えられた。】とある。第2例は1891年 A. M. Bacon *Jap. Girls & Women* "The éta and hinin — outcasts who lived by begging, slaughtering animals, caring for dead bodies, tanning skins, and other employments which rendered them unclean."【エタとヒニン、つまり社会から見捨てられた人々で、物乞い、動物の屠殺、死体処理、革のなめし、その他身を汚す職業を生業とする人々。】とある。第3の用例は1904年 L. Hearn *Japan: Attempt at Interpretation* "The banished man was most often doomed to become a *hinin* — one of that wretched class of wandering pariahs who were officially termed 'not-men'."【追放の刑を受けた者は、多くの場合ヒニンとなる運命にあった。ヒニンとは公式上「非-人」と称された、あの哀れな放浪賤民階級のたぐい。】この用例は、追放刑を受けた者が、社会に復帰してもなかなかまともな職を得られず、結局非人になるケースが多かったことを記している。最後の用例は、徳川時代にエタと共に非人とい

う階層があったと記している。　　　　　　　　　　　　（吉江正雄）

hinoki 檜

　檜は SUP 2 から登場する。古くは finoki と綴られたこともある。定義は「学名 Chamæcyparis obtusa、日本特産の巨木の針葉樹、あるいはその材木」とある。用例は6例。

　ちなみに『大辞林』では「ヒノキ科の常緑針葉高木。日本特産種。福島から屋久島に分布し、また広く植林される。雌雄同株。材は淡黄色、緻密で芳香があり、建築・家具・船舶・彫刻などに重用される」と説明されている。

　初出例は1727年 J. G. Scheuchzer 訳ケンペル『日本誌』からの引用である。"*Finoki* and *Suggi* are two sorts of Cypress-trees, yielding a beautiful light whitish wood."【檜と杉は、ヒノキ科イトスギ属の2種であるが、これらからは美しい明白色の材木がとれる。】

　第2例は1884年 tr. J. J. Rein's *Japan* から。"The pure and simple Shinto-temple ... is built of the white wood of the Hinoki."【古式ゆかしい簡素な神道の社は…白木の檜材で建てられる。】

　第3例は1904年ラフカディオ・ハーンの *Japan: Attempt at Interpretation* から。"Such superior qualities of wood as *keyaki* or *hinoki*."【欅や檜のような上質の木材。】

　第4例は1964年 *Illustr. Important Forest Trees Japan*（Japan Forest Technical Assoc.）から。"The hinoki cypress is abundantly found on ridges."【檜は山稜におびただしく見られる。】

　第5例は1965年 J. Ohwi *Flora Japan* からの引用である。"*Chamaecyparis obtusa* ... Hinoki ... Much planted for timber."【Chamaecypanis obtusa…檜は木材用に大量に植林された。】

　最終例は1969年 R. C. Bell, *Board & Table Games* からの引用である。"The best boards ... are also made of 'Gingko' (*Salisburia Adiantifolia*) and 'Hinoki' (*Thuya Obtusa*)."【最上の盤は、また「銀杏」(*Salisburia Adiantifolia*) と「檜」

(*Thuya Obtusa*) からも作られる。】

　以上の引用からまとめられる檜のイメージは「神聖」「最高級」というものであろうか。たしかに檜造りの家は庶民にとっては憧れの的であるし、「檜舞台」と言えば、能楽・芝居の舞台の他に「腕前を示すのにふさわしい晴れの場所」の意味もある。そして風呂好きの日本人が自宅に「檜風呂」を所有していれば、最高の贅沢と言えるかもしれない。

　Encyclopaedia of Japan（講談社）ではcypressesの項に檜の説明がある。そこに檜と伊勢神宮の深い関わりが掲載されている。「古代には檜の棒を擦り合わせることにより火を起こしたといわれ、ひのき、すなわち『火の木』の名はそこから由来する。伊勢神宮では今現在でも神聖な火を起こす際には檜の棒が使用される…。檜は神社の建立に使用される。そして、伊勢神宮が20年に一度建て替えられるときは伝統的に最高の木曽檜が建材として選別される」。これは第2例にある、神道の社と檜の関わりを一層明確化する叙述といえよう。

（野呂有子）

Hirado　平戸焼

　HiradoはSUP 1から採択され、SUP 2にも登場、OED 2へと至っている。SUP 1の定義は「Hiratoとも。日本の肥前という地域の西海岸にある島の名前で、あざやかな青と白の磁器を称するのに限定的に使われる」である。

　『広辞苑』では、平戸は「長崎県の市…松浦氏の城下町…江戸時代にはポルトガル・イギリスと通商」と歴史を誇る城下町であるとされている。平戸焼は「肥前三川内（今、佐世保市内）で製する陶磁器。平戸の藩主松浦侯が慶長の役後朝鮮から陶工巨関を連れ帰って焼かせたのに始まる。三川内焼」とある。また『大辞林』によれば、平戸焼には白磁や染付けが多いという。染付けとは呉須（白磁の釉下にコバルトを主成分とする釉薬）で生地に藍色の絵模様を描き、その上に無色の釉をかけて焼くことである。『茶道大辞典』[1]では「明治時代には、乳白色素地の洗練された染付磁器は欧米にも大量に輸出された」とある。

用例は2例、1880年A. W. Franks *Jap. Pottery*の"The works were established ... in accordance with the order of a prince of the Matsu-ura family residing at Hirato. Hence the articles made here are generally called Hirato ware."【平戸に居住する松浦家の君主の命により、この製作所が創設された。そのため、この地で作られた陶芸品は、普通、平戸焼と呼ばれる。】と、この磁器の由来が語られている。第2例は1881年Audsley & Bowesの*Keramic Art Japan*から"The productions of this kiln have commonly been called Hirado ware."【この窯で作られた焼物は、一般に、平戸焼と呼ばれる。】この2つの用例が、*SUP 1*から*SUP 2*、*OED 2*にそのまま引き継がれているが、定義は*SUP 2*で書き変えられていて、そのまま*OED 2*に使われている。*SUP 1*の"The name of an island off the west coast of the province of Hizen in Japan used attrib. to designate a rich blue-and-white porcelain."が、*SUP 2*では"The name of a small island ... of Hizen on the island of Kyushu in Japan ... a rich elaborate (blue-and-) white porcelain."というように詳しくなり、肥前が九州地方にあり、平戸はその西方にある小さな島であることが記されている。また、「技を擬らした」という意味のelaborateという形容詞が丁寧に付け加えられ、「青と」の部分を括弧でくくるという気の使いようである。

『茶道辞典』[2]に、陶工巨関の息子の三之丞が白土場を発見し良質の磁器焼造に成功したこと、孫の弥次兵衛如猿が天草石を発見して製磁に成功したことが記され、朝鮮陶工三代の努力が実って、日本で美しい磁器が製作されるようになったことがわかる。さらに、「以来磁器をもっぱらにし、染付・錦手[3]…などにすぐれたものがあり、染付の唐子絵は公儀への献進と諸侯への贈答に用いられた。素地は純白」と記されている。このように素地は常に純白で、染付けがあるとすれば青の模様が描かれることを明確にするために括弧にくくったのであろう。さらに、*SUP 2*には、*SUP 1*では記載されていなかった"The art was originally introduced from Korea about A. D. 1600."という一文が定義の下に加えられ、*OED 2*に踏襲されている。

主要な英英辞典の中では、*New Shorter Oxford*辞典（1993年）が「平戸で製造される肥前焼の一種を称する」と広義の意味での平戸焼の説明をしている。

注目に値するのは、*Webster*（3rd）辞典（1986年）で、hirado ware という項目で"a Hizen porcelain characteristically decorated in underglaze blue with a design showing children playing under a fir tree."【肥前の陶磁器、典型的なものは、子供たちがもみの木の下で遊ぶ模様が染付けで描かれている。】と大変に細かい。これは染付けの唐子絵のことであり、『茶道具事典』[(4)]には、公儀への献上品や諸侯への贈答品として「特に染付けの唐子物（七人唐子、五人唐子、三人唐子）は珍重された」とある。このように平戸焼の中でも珍重された唐子模様のことまでが、*OED* よりは、日本語の収録数が少ないと思われる *Webster*（3rd）辞典に言及されていることは興味深い。

(渡辺佳余子)

(1) 『茶道大辞典』角川書店、1990年
(2) 『茶道辞典』淡交社、1979年
(3) 錦手とは「陶磁器表面に透明な赤・緑・紫・黄・青などの釉で模様を描いたもの。もと中国から舶来、後に、わが国で製した」と『広辞苑』にある。
(4) 『茶道具事典』雄山閣、1978年

hiragana　ひらがな

hiragana は *OED* において *SUP 1* から採録され、「中国語の表意文字の草体に由来する日本語の音節文字の筆記体で、女性による使用を意図されたものである」と定義されている。この記述は、現代日本語の文字体系についての説明としては不充分だ。*OED* に収録されている katakana や kanji の定義と合わせて、1) 伝統的な「やまとことば」は主としてひらがなで書かれる、2) 中国語に由来する語（漢語）は通常漢字で書かれる、3) 外来語や外国語はかたかなで書かれる、という使い分けに関する情報を整理して提示したほうがよいだろう。この項目に限らないが、①通時的な解説、②現代日本語における意味、③現代英語としての意味、のいずれを記しているのかが分かるような書き方が望まれる。

用例は 1822、1859、1861、1863、1880、1883、1928、1973年の8例である。

初出の用例は 1822年の F. Shoberl tr. *Titsingh's Illustr. Japan* からであり、"These two kinds of poems are composed in *firokanna*, or women's writing."【これ

ら2種類の詩は女性書体であるひらがなによって書かれている。】となっている。

1859年の文献はA. SteinmetzのJapan & her Peopleからで、"The other style, called hiragana, employs at least six characters, radically different from each other, for each sound."【もう1つの書体はひらがなと呼ばれ、互いにまったく異なる少なくとも6つの書体をそれぞれの音に対して用いる。】と書かれている。

1861年の用例はG. SmithのTen Weeks in Japanからで、"Sentences written in ... the irregularly flowing easy current style of the Japanese Hiragana character, are to be met with in every direction."【不規則に流れるような平易な今日の日本語のひらがな書体は四方八方に見られるものである。】となっている。

以上3つの文献からはkatakanaの項でも用例が採られている。

1863年の用例はChambers's Encycl.からで、"The phonetic alphabet, invented about the year 810 A.D., is known as the Hiragana form of character."【紀元810年頃発明されたその音標文字はひらがなとして知られる。】というものである。

1883年の用例はI. TaylorのAlphabet I から採られたもので、"The Hirakana syllabary was derived from a cursive form of the Chinese writing called the Tsau or 'grass' character."【ひらがなという音節文字は、草体と及ばれる中国の筆記体に由来するものだった。】とある。この用例の内容はOEDにおけるhiraganaの定義の前半と酷似している。

(馬場哲生)

Hizen 肥前焼

HizenはHiradoと同じくSUP 1から採択され、SUP 2にも登場し、OED 2に至っている。SUP 1の定義は「日本の一地域の名前。あざやかな装飾、優美な彩色、精巧な細工を特色とする平戸焼、伊万里焼、鍋島焼を含む磁器群を示すために、省略して限定的に使われる」である。ちなみに、ImariとNabeshimaはSUP 2から登場している。『広辞苑』では肥前は「旧国名。一部は今の佐賀県、一部は長崎県」とあり、肥前焼は「肥前から産出する陶器。有田焼（伊万里焼）・唐津焼・波佐美焼などの総称」と説明されている。このうち、唐津焼と波左美焼はOEDには採択されていないが、有田焼（伊万里

焼）はArita, ImariとしてOEDに登場する。OEDへの登場の時期は違っていてImariはSUP 2から、AritaはOED 2からである。

SUP 1におけるHizenの用例は3例で、初出例は1881年Audsley & BowesのKeramic Art Japanから"The old red, blue and gold Hizen."【古い、赤・青・金の肥前焼。】第2例は同じ文献から"Old Hizen ware ... includes white porcelain."【古い肥前焼は…白い磁器も含む。】とある。これらの用例は同書144頁と145頁からのものとされているが、まったく同じ用例が、SUP 2では刊行年が1875–80年に、頁数は26頁に変えられ、また1号と雑誌の号数が加わっている。このままOED 2に引き継がれているから、SUP 1の記載には誤りがあったものと思われる。第3例は1902年Encycl. Brit. と文献名だけが記載されていて、SUP 2では削除されOED 2にも登場していない。

SUP 2ではFisen, Fizenという異なる表記法が紹介されていて、定義はSUP 1の "The name of a province of Japan"から"The name of a province in the northwest of Kyushu in Japan ..."と詳しくなっている。また、「平戸を参照せよ」とある。注目すべき点は、用例が大きく変わっていることである。SUP 1の用例は消え、新たに5例が採択されている。初出は1727年J. G. Scheuchzerが訳したKæmpfer's Hist. Japanから"In Fisen they have a certain white clay, of which they make all sorts of Porcellane [sic.] -ware."【肥前では、ある種の白い土を産し、その土であらゆる種類の磁器を作る。】とある。第2例は1859年L. OliphantのNarr. Elgin's Miss. China & Japanから"The egg~shell China is ... made principally in the provinces of Fizen and Satsuma."【卵の殻のように薄い磁器は…肥前や薩摩で作られる。】とある。第3例は、前述したAudsley & BowesのKeramic Art Japanからのもの。1878年J. J. YoungのCeramic Artでは、肥前焼の色のあざやかな美しさは「筆舌に尽くしがたい」との絶賛ぶりである。最後の例は、1965年という比較的最近のものでS. JenynsのJap. Porcelainから"The early Hizen blue underglaze ware ... was by far the most beautiful of all Japanese underglaze porcelains."【初期の肥前焼の染付けの磁器は…日本のあらゆる染付けの磁器の中でも群を抜いて最も美しかった。】と、肥前焼の美しさを讃えている。

肥前焼は『大辞林』の肥前の項には掲載されていない。『広辞苑』にあるように、肥前から産出する有田焼（伊万里焼）などの総称になるだろう。Hiradoは、広義では「旧肥前国平戸藩の焼物の総称」であるから、このHizenに「平戸を参照」とあるのは的確な指摘である。Hizenの用例にあるred, blue and goldは「錦手」、blue underglazeは「染付け」のことである。HiradoとHizenの関係を正しく伝えているのはNew Shorter Oxford辞典（1993年）のHizenで"A former province in the north-west of Kyushu in Japan"と「旧国名」であると指摘し"(Designating) a class of high-quality porcelains characterized by rich decoration and delicate colouring, and including Hirado, Imari, and Nabeshima ware."とOEDよりも簡潔かつ的確に定義している。Webster (3rd) 辞典では、Hizenをhizen porcelamとして"old province of Kyushu Island, Japan"と「旧国名」とし1961年版では"any of several Japanese porcelains noted for rich decoration, delicate coloring, and fine modeling."とあったものが、1986年版では"pottery and esp. porcelain (as Imari, Hirado, or Nabeshima wares) produced in Hizen."と書き替えまでおこなわれていることは注目に値しよう。[1]

　　　　　　　　　　　　　　　　　　　　　　　　　　　　　（渡辺佳余子）

(1) Hiradoでは1961年版と1986年版はまったく同じ記載である。

honcho　班長

　米軍の俗語として使用されるhonchoの定義は、「元々小隊のリーダーの意から、一般的に責任者、上司」。また、動詞として「監督する、担当する」の意としても使われる。日本語の「班長」が元であるが、その由来については第2例で述べられているとおりである。用例は1947年から1973年まで6例でSUP 2よりOEDに登場するが、名詞から動詞へと品詞転換を起こしているという点では英語への浸透度は高いと言えるかもしれない。ただし斜字体で記されていること、また俗語であるということから、一般的な語として英語に入り込んでいるものではないだろう。初出例のみ「日本」の文脈で綴り字もhanchoであるが、それ以外は「日本」という文脈なしでhonchoが使用

されている。

　初出例は1947年J. Bertram *Shadow of War*より、"But here comes the *hancho*. This boat must be finished to-night."【しかし班長がやって来るから、船は今晩仕上げなければならない。】これは、日本の戦争について記されたものであるから、日本の軍における班長の意として使われたものであろう。当時日本軍における「班長」は、将官、佐官、尉官、曹長、軍曹、伍長などという資格づけられた位というより、小さなグループの「長」であり、おそらく数からすれば一番多い存在であった。

　第2例は1955年*Amer. Speech*よりhonchoの定義の引用である。"*Honcho*. 1. *n.* A man in charge. (This is a Japanese word translated roughly as 'Chief officer', brought back from Japan by fliers stationed there during the occupation and during the Korean fighting ...) 2. *v.* To direct a detail or operation."【1.〈名詞〉担当者（これは占領下及び朝鮮戦争の際、日本に駐留した航空兵によって日本からもたらされたもので、chief officerに対応する日本語である。）2.〈動詞〉特別任務や作戦を指示すること。】おそらくこの頃から、honchoとして英語語彙の仲間入りをし、日本以外の文脈で使われるようになったのではないだろうか。

　第3例は動詞として使用されているという点で興味深い。カジノの運営に関して述べられているところからの引用である。1964年*Sat. Rev.*（U. S.）10月10日"Jack Bullock, who *honchoes* the Curaçao casino."【キュラソーのカジノを取り仕切っているジャック・ブロック。】

　以下、第4例から第6例も、日本とは関連のない文脈からの用例である。1967年*N. Y. Times* 6月4日より、"Mr. Komer expects to be able to name these 45 key provincial *honchos*, and he hopes to place civilians in at least a quarter of the posts."【カマー氏は45の主要な地区長を指名できると考えている。少なくともその部署の4分の1には民間人を配置したいと思っている。】1972年C. Weston *Poor, poor Ophelia*（1973）"It's out of our territory, but I'll call Pete Springer. He's honcho in that division."【それは我々の領域外だが、あの地域のハンチョーのピート・スプリンガーを呼ぼう。】1973年*New Yorker* 7月30日"I was the first employee who was not one of the honchos."【私はハンチョーでない最初の雇用者だった。】

(大和田栄)

hoochie　うち

　hoochieは*OED*の中の日本語語源の語彙の中でも、その元となる日本語を予想するのが難しいものの1つだと考えていいだろう。*OED*の定義によれば、軍関連の俗語で「シェルター」「住居」のことで、「特にしっかりしてない、あるいは一時しのぎのもの」とある。用例から考えても、まともな家ではありえないが、日本語の「うち」が元となったのであれば「住居」という定義については納得できる。ただし用例には日本の家屋などについて言及されているものはなく、どういった経緯で英語の中に入っていったのかについては一切言及されていない。また、語源欄にも疑問符つきで記されている。なお、異形としてはおおむね4つの形 (hoochie, hootchie, hootch, hooch) が存在し、内外の他の辞典では、hootch, hoochの綴りが一般的である。

　用例は1952年～1971年までの11例で、特殊な語彙であることもあって、かなりの用例で言葉の説明が施されている。これらの説明では、bunker, dugout, hut, house, a little scrap of a tentなどという語が使われており、また、出典や内容から、使用された地域がベトナム (4例)、韓国 (2例)、オーストラリア (1例) と特定できる。軍俗語であるから、兵士たちの用例が多く登場する。はたして、これらの用例から日本との関係が見いだされるのであろうか。

　まず初出例は1952年 *San Francisco Examiner* からのもので、"The 'hoochie' is a GI term for a bunker or a prepared defensive position."【hoochieとは、GI用語で塹壕、すなわち準備された防御設備を指す。】続く2例目は1954年 *Britannica Bk. Of Year* から"... the war in Korea yielded a number of new terms, among them the British soldier's name for a dugout — a Hoochie."【朝鮮戦争は多くの新しい言葉を生みだしたが、中でも英国兵士が塹壕に対して使用したHoochieという語がある。】この2例までは、「住居」というよりは、防御設備である「シェルター」と

しての使用である。

　これら2例の時代背景として存在するのが、第2例からもわかるように朝鮮戦争（1950-1953）である。この戦争において米国は韓国援助を決議し、在日駐留部隊を中心として国連軍の名のもとに大軍を投入することとなる。彼らの多くは第二次世界大戦後の日本にも駐留し、ここで日本との接点が見えてくる。

　第5例は*New York Times* 1964年9月4日からで、hoochieの外観が想像できる。"*Hooches*, the huts woven from banana leaves and roofed with straw or corrugated tin that are the standard housing for Vietnamese outside the cities. Some Americans have appropriated the term for their own quonset-styled barracks."【Hoochesとは、バナナの葉で編まれ、藁かトタン屋根のついた小屋で、ベトナムの都市部以外では標準的な家屋である。アメリカ人の中には彼らのかまぼこ兵舎に、この言葉を充てているものもいた。】第6例の1966年*Flying*誌では、hootchの説明として簡潔に、「ベトナムでは、家または小屋がhootchとして知られる」と記述されている。

　これらの時代背景には、もちろんベトナム戦争（1960-1975）があるが、最初の2例と異なり、これらの例も含め第3例以降は、「住居」の意味として使用されているようだ。ただし、記述されている住居はそれほど立派なものではないことが引用例からも示される。例えば、第8例は1968年*TV Times*（豪州）より、"... a little scrap of a tent the Australians call a hoochie"【オーストラリア人がhoochieと呼ぶ粗末なテント。】第9例では1969年I. Kemp *Brit. G. I. in Vietnam*より、"Around us were scattered the makeshift 'hooches' of the A. R. V. N. soldiers, built of bam-boo, wattle and mud; rectangular in shape with sloping, thatched roofs, they were ... small."【あたりにはベトナム共和国陸軍兵士の、竹、編み枝、泥で作られた間に合わせの住居が散在していた。その住居の形状は四角く、傾斜のある草ぶき屋根の小さなものだった。】と記され、かなり粗末なものであることがわかる。

　このように日本語の「うち」という言葉が扱われているのを見ると、1979

年ECの非公式報告書の中で、日本人の狭い住居を「うさぎ小屋」と称したという事実が思い出される。しかし、初出例当時の日本は戦後の混沌とした状況で、1970年代の「うさぎ小屋」の比ではなかったろう。また、日本の「うち」とhoochieとの関係については、憶測の域をでないが、様々な異形すべてが-chの綴りを持つということからも、また用例より「小屋」的な意味合いが感じられることもあわせて考えると、hutch【ウサギ小屋】と当時の日本の「うち」が、駐留米軍兵士を通じて、なんらかの形で融合したと考えるのが妥当ではないだろうか。

(大和田栄)

I

ikebana いけばな

「日本の花をいける技のことで、花は時には花以外の自然の物とともに、厳格な規則に従い、様式に則って飾られる」と*OED 2*では定義している。初めて登場した*SUP 2*では "in conjunction with other natural objects" となっているのが "with other natural objects" に、さらに "in formal arrangements" が "formally" にと、*OED 2*では簡潔化された表現になっている。

器に草花を挿すということを人は紀元前からおこなっている。しかし、日本のいけばなは単に草花を花器に美しく配置することではない。仏教の供花に端を発したが、室町時代に書院という座敷空間を得たことでいけばなの初期の様式が整えられた。花に形を与え、天・地・人という役を与えることにより、人は天と地の間にあって、天地に従いながら創造の中心となるという理念を築き、華道という日本独自の芸術活動となった。

語源は*SUP 2*では "living flowers"【生きている花】とあるが、*OED 2*ではikeru + hana（to keep alive, arrange【生かしておく、配する】プラス folwer【花】）に変わっている。「生ける」は『大辞林』によると、「生かしておく」という意味の他に、「(死んだものを) 生き返らせる」という意味がある。仏教から

きた意味であるけれども、生きていた花や枝を切り取ることで一時的に死なせたものを、再び生き生きと生き返らせる行為が「いける」であるというふうに OED 2 の語義はとらえているようだ。

初出例は1901年の F. Brinkley *Oriental series: Japan* である。"Another remarkable outcome of the Military epoch was the art of flower arrangemet. The name applied to it, ike-bana, or 'living flower', explains at once the fundamental principle ... that the flowers must be so arranged as to suggest the idea of actual life."【武家時代のもう1つのめざましい成果は華道であった。これに当てはめたいけばなという言葉はそれ自体で、花が実際に生きていると思わせるようにいけなければならないという…その基本理念を表している。】この本は日本の著名な専門家（岡倉天心など）や学者たちが書いたものを、F. Brinkley が編集したアンソロジーである。

第2例は1934年の A. Koehn *Art Jap. Flower Arrangement* である。"The word 'ikebana' is used for all forms of Japancese Flower Arrangement."【「いけばな」という語は日本のいけばなのどの花形にも使われる。】とあり、原文では「立華、砂物立華、生花【seikwa】、投入花、盛花といった特殊な花形も含めて」と続いている。「初心者のための手引書」と副題があり、当時の英文の入門書である。

他に用例は4例あるが、いずれも1960年代のものであり比較的新しい。1965年の W. Swaan による *Jap. Lantern* に "Chrysanthemums are particularly popular for ikebana"【菊はいけばなに特によく用いられる】とある。他は、"ikebana school"【いけばな教室】のように用語として使われているだけで、内容のあるものではない。

なお SUP 1 から flower の項目に複合語として flower arrange (v.) があげられているが、「装飾として花をいける」とあり、必ずしも日本の「いけばな」を念頭に置いているわけではない。

（伊藤香代子）

ikunolite　生野鉱

日本の兵庫県生野鉱山で産出する鉱石である。定義は「硫化蒼鉛鉱（Bi_4S_3

で、硫黄の代わりにセレニウムを含み、灰色で葉片状の岩体として産出される」とある。この項目は *SUP 2* で初めて採択され、定義、用例ともにそのまま *OED 2* に掲載されている。用例は3例ある。1959年に加藤昭が *Mineral. Jrnl.* に新鉱物として生野鉱を記載したが、その論文が初出例となっている。"The chemical properties and x-ray studies clarified this mineral to be a new species of the composition Bi4（S, Se）3 with rhombo~hedral symmetry. The writer has called this mineral ikunolite after the locality name."【化学組成やエックス線解析がこの鉱石は三方晶系、組成 Bi$_4$(S, Se)$_3$の新しい種類のものであることを明らかにした。筆者はこの鉱物を地名にちなんで生野鉱と命名した。】

1962年の用例も鉱物学の専門誌 *Amer. Mineralogist* から。"The bismuth sulfide mineral ikunolite（Bi$_4$S$_3$）was first described by Kato (1959) .... A second occurrence of this mineral has recently been found in specimens from the bismuth-molybde-nite pipes at Kingsgate in the New England district of New South Wales."【硫化蒼鉛鉱である生野鉱（Bi$_4$S$_3$）は加藤氏によって1959年に最初に発表された。この鉱物が次に出現したのはニュー・サウス・ウェールズのニューイングランド地区キングスゲートで、蒼鉛・輝水鉛鉱鉱脈からの標本のなかに最近見いだされた時である。】

(伊藤香代子)

Imari 伊万里焼

OED に採択された日本語378語のうち281語が *SUP 2* から登場するが、Imari もその1つである。定義その他の変更はなく、*OED 2* に至っている。定義は「日本の九州の北西にある町名。一種の肥前焼を表すのに限定して省略的に使われる」である。Arita は *OED 2* から採択されるが、Arita と Imari の定義からは、この2つの地がわずか約15キロメートルほどの距離にある町であることはわからないだろう。伊万里焼は『大辞林』で「伊万里港から積み出された陶磁器の総称。有田焼を主とする」とあり、伊万里土は「佐賀県有田の泉山から産する白色陶土」とあり、この土が伊万里焼の原料になる。この磁器製作技術が他地方の羨望を集め、佐賀藩では厳重な規定を設けて秘法が

漏れるのを防いだという。各地の陶商が産地に入ることを禁じて、販売も伊万里の地に限られた。江戸初期、酒井田柿右衛門が磁器に赤絵を彩画することに成功し、製品の海外輸出が盛んに行なわれた。(1)

用例は9例（1875-80、1878、1890、1902、1954、1954、1969、1970、1971）。初出は1875-80年Audsley & BowesのKeramic Art Japanから"The productions of these numerous factories are usually exported from the seaport of Imari, and are therefore commonly known as Imari ware."【これらおびただしい数の窯元(かまもと)の製品は通常、伊万里港から輸出され、そのために、一般的に伊万里焼として知られている。】と伊万里焼の呼称の由縁が述べられている。第2例である1878年 J. J. YoungのCeramic Artには、日本の主要な磁器は肥前焼で、伊万里焼・有田焼等とも呼ばれることが示されている。1890年 B. H. ChamberlainのThings Japaneseの用例では、九谷焼が「オールド・ジャパン（すなわち伊万里焼）」と間違えられることがあるとある。1954年 H. GarnerのOriental Blue & Whiteは"The so-called 'Old Imari' wares"【いわゆる古伊万里】とある。古伊万里とは、柿右衛門や渋右衛門が活躍しはじめた頃の初期の伊万里焼。また、明治以後の新作品に対し、それ以前のものをいう。

金田真一は「伊万里は、1610年前後に天狗谷で開窯し、1619年くらいまでの李朝様の作風を示す創業期から、形も釉も安定し、中国風の絵模様を帯びてくる1629年頃を経て、次第に取引対象の商品として完成期の1643年へと進展していく。その頃酒井田柿右衛門による色絵磁器の成功をみる」と述べている。(2)

1969年Guardian 7月16日付には"Japanese Kakiemon and Imari patterns were copied at Canton for shipment to Europe."【日本の柿右衛門と伊万里の模様は欧州への輸出用として広東で写された。】と記されている。なお、Random House英語辞典（1987年、日本語収録数245）には、Imari wareとして詳しく説明されている。

(渡辺佳余子)

(1)(2) 金田真一『国焼茶碗のふる里を訪ねて』里文、1981年

inkyo　隠居

　隠居は老後、職を退き、家長などとしての権限を若い人に譲るいわゆる楽隠居を意味するのが一般的で、『大辞林』をはじめ多くの国語辞典の定義もそのようになっている。

　しかし、時代をさかのぼってみると、隠居には辞書の定義と異なった意味あいがあったことがわかる。ちなみに『大日本百科事典』（小学館）は「平安時代の公家社会では隠居は退官を意味した。天皇が皇位を譲り、上皇・法王になるのも一種の隠居であった。しかし政治的・経済的実権を放棄するものではなく、鎌倉時代の武家社会でも遁世(とんせい)・出家と称し、世俗の活動を盛んに行なった。隠居の語が現在の意味に固定したのは中世末の戦国時代からである」と述べている。

　inkyoは *SUP 2* にはじめて登場。定義は"In Japan, the act of resigning or renouncing one's office or position; one who has thus abdicated or resigned. Also as *adj.*"【日本で、公職あるいは地位を公式に辞任、もしくは退任すること。また、そのように公職、地位を退位、もしくは辞した人。また、形容詞としても用いられる。】

　用例は5例（1871、1896（2例）、1911、1958）。最初の用例は1871年 A. B. Mitford *Tales Old Japan* "*Inkiyô*; abdication. The custom of abdication is common among all classes, from the Emperor down."【隠居、つまり退位もしくは辞任すること。退位もしくは辞任する慣習は上は天皇から下はあらゆる階層まで広く行なわれている。】である。この用例では国語辞典にはない天皇の退位に関する言及がなされているが、B. H. チェンバレンも日本独特の隠居制度に深い関心を持ったようで、『日本事物誌』のAbdication【退位】[(1)]の項で次のように述べている。「君主の退位はヨーロッパでは例外的なものであるが、日本では中世紀には譲位（実質的には廃位）などの形で天皇経験者が同時に3〜5人も生存するというようなことがあり、争いも起きている。また、貴族でも家門の長に引退があり、後には中流以下の階級などにもこの風潮がみられるようになった」。

最後の用例は1958年G. B. Sansom *Hist. Japan to 1334* "It was common for the head of a great institution or a great house to retire at an early age ... This custom, known as Inkyo (which means a sheltered or passive life) has not entirely disappeared."【大きな組織、あるいは名家名門の長が若いうちに引退するということはよくあることであった。この慣習は（世のわずらわしさから離れ、控えめな生活をすることを意味する）隠居として知られているが、今日でも完全になくなっているわけではない。】この用例と1911年の用例では、定義や他の用例にはない、日本人になじみのretireが用いられている点に興味をひかれる。

なお、若いうちに引退、隠居ということは今日ではまず考えられないことであるが、江戸時代、武士には主君に願い出て許可を得る隠居とは別に刑罰としての隠居差控があった。この隠居の場合には年齢に関係なく家禄を子に譲り、仕事を退いて自邸に謹慎し、寂しい生活をすることになるのが普通であるが、*OED*にはこの種の隠居についての言及はない。　　　　（西村幸三）

(1) 高梨健吉訳『日本事物誌1』、平凡社、1994年

inro　印籠

人気テレビ番組『水戸黄門』のクライマックスで、「この紋所が目に入らぬか」と毎回差し出される葵の紋の印籠。印籠の役目があたかも身分証明書のように思えるが、本来の用途は薬入れである。印籠を字義通りに解釈すれば印判入れであるが、字義と用途の違いの源は室町時代にさかのぼるようである。

印籠と薬籠は元来別の器物で、両方とも中国から渡来し、当時は棚の御飾りとして用いられた。ただ棚に飾る際に、印籠を薬籠の代わりに置いてもよいとされ、ここから「薬籠の代わりとして飾られた印籠が、やがて薬を入れる器の呼称としても通用するようになったのであろう」という。印籠が御飾りからわたしたちのよく知っている腰から下げるかたちになったのは、いつの頃からか正確にはわからないらしい。

さてinroが*OED*の項目として初めてとりあげられたのは*SUP 1*で、"An

ornamental nest of boxes, connected by a thin cord, made of lacquer, ivory, or the like, in which the seal, perfumes, etc. can be carried, worn by the Japanese at the girdle."【装飾を施した重ね式の箱で、それぞれの箱が細い紐で繋がっている。漆塗り、あるいは象牙やその他同種のもので作られており、中に印形や香料などを入れることができ、日本人が帯に着ける。】と定義されている。

　この定義からは肝心の薬入れとしての印籠が見落とされているが、3例あげられている用例のうち2例には、inroはmedicine-caseであるとはっきりと書かれている。1つは初出例でもある1872年 *Trans. Asiatic Soc. Japan* 第1巻 "No one is allowed to carry the medicine-case (*inrô*), which is the distinguishing mark of a physician, if he has had only a native doctor for his instructor."【その土地の医者から学んだだけでは、誰も薬入れ（インロウ）を持つことを許されない。それは医者であることを特徴づけるものであるから。】である。ただし、これは "Notes on Loochoo" と題する琉球に関するエッセイからの引用であるから、ここで述べられているmedicine-case (*inrô*) が、元来日本の武士の装身具であった印籠と同種であるかは疑わしい。もう1つの例は1911年 *Connoisseur* 3月号からの "Among the *objets d'art* most associated with old Japan are the *inro*, or little medicine cases which the Japanese used invariably to carry about with them."【古き日本を最も思い起こさせる美術品の1つにインロウ、つまり小さな薬入れがあり、それを、昔、日本人はいつも携帯していた。】である。このように *SUP 1* では、用例でinroはmedicine-caseであると認識されながら、定義ではその説明が抜け落ちていた。ところが *SUP 2* では、以下に示すとおり定義の後半部分が修正され、印籠は薬を入れる物であることが明確になる。" ... in which seals, medicines, and other necessaries can be carried, formerly worn by the Japanese at the girdle."【…その中に印形、薬、その他の必需品を入れることができ、昔、日本人が帯に着けていた。】

　SUP 1 の定義では印籠の中に入れる物として香料が含まれていたが、*SUP 2* では削除され、代わって薬と他の必需品が加えられている。他の必需品とは何を指すのか不明であるが、1971年 *Times Lit. Suppl.* の用例には

confectionery【菓子類】があげられている。しかし『広辞苑』には「印籠」の説明として、「古くは印や印肉を入れたが、江戸時代には薬類を入れた」とあり、『大辞林』も「室町時代に印や印肉の器として明から伝わり、のち薬を入れるようになった」と述べている。印・印肉や薬以外の物を入れた可能性は低いようである。SUP 2 の定義のもう1つの変更点は、formerly という語が書き加えられていることである。この語の追加により、現代の日本人が印籠を持ち歩いていないことが明らかにされ、定義としてより正確なものになった。

SUP 2 では用例が6例に増えている。SUP 1 の3例のうち2例が削除され、新たに5つの用例が加えられた。SUP 2 の初出例は、SUP 1 よりも250年以上前の文献からあげられている。1617年の引用 "Your Inro or metsin boxe Skinro told me he would sent（sic）it me from Meaco."【君のインロウすなわち薬入れはね、Skinro が都から僕に送ってくれると言っていました。】は、1600年に日本に漂着したイギリス人航海士ウィリアム・アダムス（日本名は三浦按針）が平戸の R. Wickham に宛てた手紙の一節である。この手紙を含め、アダムスの5通の手紙が、1898年発行の Trans. Asiatic Soc. Japan 第26巻に採録されている。

さて、外国人の目を引く原因となった印籠の文様に関して、2つの用例が触れている。1つは1882年の Century Mag. 12月号の "Gilded pictures of wave, sky, cloud, field, and house, seen on box and tray, inro and scroll."【箱、盆、インロウ、巻物に見られる波、空、雲、野や家の金箔の絵】である。もう1つは、1971年の Times Lit. Suppl. 8月20日号からの引用で、"The variety and wit of the subjects used in inrō decoration defy description."【インロウの装飾に使われた主題の多様さや機知は筆舌に尽くし難い。】とある。印籠の文様は前の例で述べられているように、波、空といった自然、動植物、故事説話に関する人物、また本稿の冒頭で触れた葵の紋のような定紋であった。

SUP 1 と SUP 2 の定義と追加された用例を比べると、この数十年間で inro に関する理解が深まり、より実像に近いものになっていることがわかる。なお OED 2 では、inro の項目の定義や用例に SUP 2 からの変更は見られない。

印籠が実用一点張りの薬入れであったり、文様も定紋のような面白みのないものばかりであったら、外国人の興味を引くこともなかったであろう。しかし実際は、凝った意匠や華やかさを競うようになり、実用を離れ、単にアクセサリーとして用いられるようになった。印籠は江戸時代を代表する工芸品であるが、やがて日本人の洋装化とともに忘れ去られ、一方欧米の熱心な収集家によって、多くが海外に持ち出されることになった。　　（海老名洸子）

(1) 荒川浩和編『日本の美術 195　印籠と根付』至文堂、1982年

iroha　いろは

「色はにほへど散りぬるを　わが世たれそ常ならむ　有為の奥山けふ越えて　浅き夢見じ酔ひもせず」。これは平安中期に成立した「いろは歌」と呼ばれる手習い歌詞の1つで、かな四十七文字を重複しないように用いて作ってある。

*SUP 1*から採択されたirohaの語源は、「日本語。い、ろ、は（ふぁ）の最初の3つの音節」、定義は「日本のかな、あるいは五十音図」とある。

引用例は6例。irohaの初出例は1845年 *Encycl. Metrop.* で"They ... formed a collection of 47 syllables, comprehending all the sounds which are found in their language.... This syllabarium, or alphabet, is called *irofa,* from its three first elements."【彼らはその言語に見いだせるすべての音を含む47音節を収集したものを作った。アルファベットに相当するこの音節表は、その最初の3つから「いろふぁ」と呼ばれる。】と解説している。第2例は1868年 J. J. Hoffman *Japanese Gram.* で"To facilitate the learning of the Japanese sounds or syllables, they have been so arranged as to compose a couple of sentences, and as these begin with the word *Irová,* that name has been given to the Japanese alphabet."【日本語の音や音節は、学ぶのを容易にするために、「いろは」で始まる2つの文になるように並べられ、これがIrovaという語で始まるために、日本語のアルファベットがこう名付けられたのである。】第3例は1890年 B. H. Chamerlain *Things Japanese* で"The order of the I-ro-ha bears witness to the Buddhist belief of the fathers of Japanese writing."【「いろは」の順番は日本語の書き方の元祖たちがもっていた仏教信仰の証である。】とあり、この歌が書の手習いのために作られたことにふれている。第4例は1903年C. Noss 訳の *Lange's Text-bk. Colloquial Japanese* "There is another arrangement of the syllabary called *iroha* ... This is in the form of a stanza of poetry giving expression to Buddhistic sentiment."【「いろは」と呼ばれるもう1つの音節文字表がある。これは仏教的情感を表す詩の一節のかたちをとっている。】とあり、第3例、第4例はいずれも、いろは歌の持つ仏教の教え、すなわち無常観に言及している。最後の用例1967年のR. A. Miller *Japanese Lang.* には"The *kana* symbols have at various times been arranged into mnemonic word lists ... One such is the *ame tsuchi* list ... A somewhat later example ... is the *iroha* list ... thought today to have been the work of the priest Kūya (903-972) or of the priest Senkan (918-983)."【「仮名」の記号は時代によって様々な記憶しやすいかたちに並べられてきた。その1つが「あめつちの詞」である。これよりも後の例としては、空也上人 (903-972) あるいは千観上人 (918-983) の作と今日信じられている「いろは歌」がある。】とある。ここに出てくる「あめつちの詞」は、平安初期作の手習い歌詞の1つで、同類の「たゐにの歌」「いろは歌」に先行する。「あめ（天）つち（土）ほし（星）そら（空）やま（山）」と続く歌で、かな四十八文字を重複しないように綴ったものである。なお、「いろは歌」は今では作者不明が定説となっている。　　　　　　　　　　　　　（坂上祐美子）

Ishihara　　石原式色盲検査法

　Ishiharaの定義は次のとおりである。「日本の眼科学者、Shinobu *Ishihara* (1879-1963) の名前。Ishiharaは1917年に彼が考案した色盲検査に関連して、限定詞として用いられる (the *Ishihara* test)。この検査で、被験者は一連の検査表 (*Ishihara plates*) のなかの数字（あるいは、文字が読めない人は道がどう通っているか）を識別するように求められる。それぞれの検査表の数字や道は色斑で成り、背景部分の斑点は別色になっている。*Ishihara-blind, method* などとして用いる」。

石原忍は東京帝国大学医学部眼科学の教授。定義で詳述されいる石原式色覚検査表は世界的に知られ、広く使用されている。Ishihara が *OED* に採録されたのは *SUP 2* からで、用例は6例あるが、出典は3種。初出は1924年 *Amer. Jrnl. Physiol. Optics* で、論文のタイトルの"The Ishihara test for color blindness."【「色盲のイシハラ式検査」】として。

　1944年 *Amer. Jrnl. Physiol.* の"The testing of color vision in relation to vitamin A administration"と題する論文から3例が採録されている。"The color vision was tested by the Ishihara method."【色覚はイシハラ式で検査された。】"Twelve of the 'Ishihara blind' students were trichromats."【「イシハラ式検査で色盲」の学生のうち12人は三色型色覚者であった。】三色型色覚者とは三原色を識別できる正常色覚者の意。"The Ishihara test gave a correct diagnosis."【イシハラ式検査は正しい診断を下した。】である。

　3番目の出典の1968年 C. Beard et al. *Symposium Surg. & Med. Managem. Congenital Anomalies Eye* からは、2例が引用されている。1つは、"In the Ishihara plates the colors of the test symbols and of the background are of such saturation, hue, and brightness that they are regularly confused by either the deutan or protan or both."【イシハラ表には、検査用の文字や数字や背景の色が、第2色盲、第1色盲、ないし両方の人のいずれであっても迷ってしまうような、彩度、色相、明度が備わっている。】灰色を背景に赤と緑の色を見たときに、灰色と赤の区別がしにくいものを第1色盲といい、灰色と緑の区別がしにくいものを第2色盲という。同書からのもう1つの例は、"The tracing plates in the Ishihara test ... are useful for young children and illiterates."【イシハラ式検査の道をたどる検査表は、幼児や文字を読めない人に役に立つ。】である。

　石原式色盲表（石原表）は「日本色盲検査表」として1916年に発売され、陸軍用に作製されたひらがなのものが基本となっている（石原は陸軍の軍医でもあった）。1917年にはアルファベットによる *Tests for Colour Blindness* が日本国内で発売され、1921年には海外に輸出された。　　　　（海老名洸子）

ishikawaite 石川石

この項目は*SUP 2*からの登場であり、異形にisikawiteがある。語源は「日本語のishikawaishiによる。ishikawa（石川）は日本の本州にある一地方の名前+ishi（石）鉱物：-ite参照」とある。定義は「種々の金属からなる黒色の酸化鉱物であり、組成はおそらく（U, Fe, Yt, Ce）(Nb, Ta)O_4である」と記述されている。

初出例は1922年のK. Kimura *Jrnl. Geol. Soc. Tokyo*からで"No. 347 (contents list), On ishikawite, a new mineral from Ishikawa District."【No. 347（成分表）、石川地方に産出する新しい鉱物、石川石に関して。】とある。Ishikawa Districtは福島県石川山地方のことで、発見者である木村健次郎により1922年に同誌に記載された[1]。

鉱物学の専門誌からの用例が2例続く。1923年 *Mineral. Abstr.* "For ishikawaite ... new axes are suggested."【石川石については…新しい軸があるのではないかと思われる。】もう1例は1944年C. Palache et al., *Dana's Syst. Min.* "Ishikawaite ... The tabular crystals |100| are supposedly orthorhombic."【石川石…板状結晶単位形|100|は想定されているところでは斜方晶系である。】

（伊藤香代子）

(1) 片山信夫他編『地学辞典』古今書院、1971年

itai-itai イタイイタイ病

*OED*においてitai-itaiは*SUP 2*から採録され、「1955年に日本で最初に報告された病気であり、カドミウムの摂取によって起こり、特に背中における激しい痛みを特徴とする」と定義されている。

用例は、1969、1970、1973年の3例である。初出は日本の医学誌*Keio Jrnl. Med.* から採られ、"Causation of ouch-ouch disease (Itai-itai byō)"【イタイイタイ病の原因、】というものである。1973年の用例は、イタイイタイ病の定義を補足する内容で、"Itai-itai originated in the prefectures of Toyama and Gumma, in north-western Japan. The cause of the affliction, however, is world-wide: rivers poisoned by effluence from smelters."【イタイイタイ病は北西日本の富山県と群馬県に始まった。しかしこの病気の原因は世界中にある。すなわち、溶鉱炉からの流出物に汚染された川である。】と記述されている。

　イタイイタイ病は、大正時代から特に富山県の神通川流域で多発した。大多数の患者は35才以上の女性であった。1946年以降の発症例はない。公害病に認定されたのは1968年のことであった。この年は、公害対策基本法が制定された翌年であり、また、カネミ油症事件が起きた年でもある。

(馬場哲生)

itzebu, -boo 一分金，一分銀

　江戸時代の貨幣の1つitzebuは *OED 1* から採択された日本語の1つで、語源は「*itse, itche*（1）とbu（分・部分・4分の1）の2語の日本語が合わさったもの（元々は中国を起源とする）」とある。定義には「4分の1という意味の日本語で、通常1871年以前に流通していた角が丸い薄い長方形の銀貨のこと。両あるいはテールの4分の1で、英貨にして1シリング4ディナール（旧ペニー）とほぼ同等の価値がある」と書かれている。この定義はitzebuを銀貨に限定しているが、一分と呼ばれた貨幣には、慶長年間から作られた一分金と、天保年間以降に鋳造された一分銀の両方があり、両方とも一両の4分の1の価値がある。用例も両方についての引用があり、混乱が見られる。

　用例は4例。初出例と第2例は1616年R. Cocks *Diary* から。コックスの日記には出費が細かく記され、coban, ichebo, ginなどの貨幣がしばしば登場する。一分銀が初めて鋳造されたのは天保8年（1837）なので、コックスが使ったicheboは慶長年間に鋳造された一分金のほうである。これは第4例の1900年Satow *Voy. Capt. Saris* で確認されている。"The Japanese coin called *ichibu* ... mentioned in Cocks's *Diary* was the gold coin ... not the silver *ichibu*, which was first issued in 1837."【コックスの日記に書かれている日本の貨幣のichibuは金貨で、1837年に初めて発行された一分銀のことではない。】itzebuは *OED 2* にも定義・用例とも変化なく掲載されている。

(坂上祐美子)

J

janken　じゃんけん

　Jankenが*OED*に登場したのは*SUP 2*で、*OED 2*にもそのまま記載されている。定義には、「手を使って遊ぶ日本の子供のゲームのこと。今では主にスポーツで先攻・後攻等を決めるのに使われる」とある。初出例は1936年で、他に3用例（1964、1967、1972）がある。

　第1例は1936年E. K. Venables, *Behind Smile in Real Japan* "The ceremony which is the Oriental equivalent of tossing up ... *Jan-ken-poh*, as it is called, is used in all such cases of decision by chance."【硬貨を投げて順番・勝負を決める「Heads or tails（表か裏か）」の東洋版であるジャン・ケン・ポーと呼ばれる儀式は運に任せて物事を決定する場合に使われる。】

　第2例は1964年*Japan*（Jap. Nat. Commission for Unesco）"*Janken* is the only form of the game which remains today as a means to decide the dealer in card games, the server in a match, and so on."【じゃんけんはトランプで札の配り手である「親」や、試合でサーブする人等を決める手段として今日でも残っている唯一の遊戯の形態である。】

　第3例は1972年*Nat. Geographic* "There was the ritual with children of *jan ken pon*, a game in which fist and fingers represent paper, rock, or scissors."【握りこぶしと指で紙・石・ハサミを表す遊びであるジャン・ケン・ポンという慣習的行為が子供たちにはあった。】

（糸山昌己）

jigotai　自護体

　この語は*SUP 2*に収載され、「柔道における防禦姿勢」という定義はそのまま*OED 2*に踏襲されている。用例は2例。初出例は1950年E. J. Harrisonの*Judo*に見出される"*Jigotai*, self-defensive posture."【自護体、自己防禦の姿勢。】

である。第2例は1957年Takagaki & Sharp *Techniques Judo*で、"*Jigo-tai* ... is assumed by spreading your legs wide apart and bending your knees to lower your body."【自護体は、脚を広く開き、膝を曲げて身体を低くする構えである。】

　用例がわずか2例しかないのは、あまり多用されることのない言葉だからであろう。これは技そのものではなく、姿勢を表す言葉であり、初心者の指導の際にはしばしば用いられても、実際の技の指導の段階に入ると、熟知した当然の構えとしてしつこく注意されることもなくなる。初出例が比較的新しいことも、この構えが軽視されてきたことをうかがわせる。しかし実際には自然体と並んで柔道の基本姿勢で、受け身と同様に重要な基本事項であり、柔道の上達に不可欠の要素となっているものではある。

　ちなみに、自然本体が両足のかかとの間を一足入るくらいの幅にして足を八の字に開き、上体の重みを両足に均等にかけて、いつでも防禦ができるのみならず攻撃にも打って出られる構えであるのに対して、自護体は、両膝を曲げて腰を落とした構えで、膝や爪先、または身体全体に力を配分して、相手の攻撃を防ぐとともにただちに攻撃に移ることのできる姿勢をいう。

〈伊藤勲〉

jinricksha, jinrikisha　人力車

　jinricksha, jinrikishaが初めて登場したのは*OED 1*である。定義には、"A light two-wheeled hooded vehicle having springs and two shafts, drawn by one or more men. First used in Japan c 1870, but now common in other parts of the world; colloq. shortened to *rickshaw*."【スプリングと2本のかじ棒を設けた幌付き軽量2輪車で、1人以上で引っ張る。1870年頃に日本で初めて使用されたが、今では世界の他の場所でよく見られる。口語では短くrickshaw（力車）ともいう。】とある。縮約形のrickshaw, rickshaも同様に*OED 1*から登場している。『大辞林』には、「客を乗せて、車夫が引く2輪車。1869年（明治2）高山幸助・和泉要助・鈴木徳次郎らが創案。じんりき」とある。人力車は日本では現在一部の花柳街や観光地に見られるだけになっているが、例えば、インドのカルカッタにお

いては今でも簡便な交通機関として一般に利用されている。

初出例は1874年のM. E. Herbert tr. *Hübner's Ramble* からの"The Jinriksha only came into fashion a year or two ago."【人力車はほんの1、2年前に流行ってきた。】である。

第2例は1876年の *Times* 18 Aug. からの"We take seven jin-rick-shas, each with two runners, to convey ourselves and baggage."【我々は自分たちと荷物を乗せるために、それぞれ車夫が2人ずつついた7台の人力車に乗り込んだ。】である。この例から、車夫が1人ではなく2人の場合もあることがわかる。

第3例は1880年のI. L. Bird *Japan* からの、"The *kuruma* or jin-ri-kisha consists of a light perambulator body, an adjustible hood of oiled paper, a velvet or cloth lining and cushion, a well for parcels under the seat, two high slim wheels, and a pair of shafts connected by a bar at the ends."【俥すなわち人力車は軽い乳母車みたいな車体、油紙製の調整のできる幌、ビロードやクロースの裏張りとクッション、座席の下の荷物用の穴、2本の腰高の細い車輪、端をかじ棒に繋いだ2本の棒等から構成されている。】である。この例の記述はOEDや『大辞林』の定義よりもはるかに詳しい。

1895年のC. Roper *Zigzag Travels* からの第4例には、"It is curious to remember that these jinrikishas are not really Japanese at all. They were invented by a missionary, W. Goble, about 1870."【これらの人力車が本当は日本のものではないということを思うと不思議だ。それは宣教師W. グローブが1870年頃に創案したものである。】とある。しかし、「1869年…和泉要助が…考案、知人の鈴木徳次郎、高山幸助との連名で、東京府に製造と輸送業務を出願して営業許可を得、翌70年3月…営業を開始した」という『世界大百科事典』(平凡社)の記述にあるように、人力車の発明は和泉要助ら3人によるものだろう。

また、次の用例のように動詞としても使用されている。1890年 *Pall Mall G.* 5 Feb. "Chumming with Chinamen, jinrickshaing with Japanese ,... palavering with Peruvians."【中国人と親しくなり、日本人と人力車に乗り、…ペルー人とおしゃべりをする。】名詞から動詞への転化や複数形の存在などから、この語は英語

のなかに十分浸透していたと考えられる。　　　　　　　　（糸山昌己）

jito　地頭

　jito（異形としてgitoもある）は「日本の封建制度における軍事権を持った地所管理人（a military land steward）」と定義されている。さらに「1974年の例を見よ」とある。この用例はjitoの項目の最終例となるもので、*Encycl. Brit. Macropædia*からの引用。"In 1185 ... Yoritomo appointed military governors (*shugo*) in all the provinces and military stewards (*jitō*) in both public and private landed estates .... The *jitō* collected taxes, supervised the management of landed estates, and maintained public order."【1185年に…頼朝はすべての国に軍事的行政官（シュゴ）を、また公有地と私有地に軍事権を持った管理者（ジトウ）を任命した。…ジトウは徴税、地所の運営を管理、公秩序の維持にあたった。】と、地頭の3つの職権（徴税権、下地管理権、警察・裁判権）を紹介している。

　初出例は1845年*Encycl. Metrop.*からの"A military commander ... appoints the *gitos*, or revenue officers, ... who are stationed in every township to levy the portion of the produce claimed by the Crown."【…軍事的指揮官が徴税官ともいうべきジトウを任命する。…彼らは荘園に駐在し、産物の中から朝廷が要求する分を徴収する。】2番目の1902年の例"The Jitō of the district, with a hunting party."【その地区のジトウが、狩猟の一行とともに。】はL. Hearnの*Kotlō*からとあるが、Kottō（骨董）の誤り。　　　　　　　　　　　　　　　　　　　　　（海老名洸子）

Jōdo　浄土宗・浄土

　阿彌陀仏のいる西方極楽浄土を表すこの語は、*SUP 2*に初出し、その6用例とともに*OED 2*にそのまま引き継がれた語である。

　語源としては、「日本語の文字通りpurified land【浄化された土地】」と記述されている。

　定義は珍しく2項目あり、「a. 阿彌陀仏に対する絶対的信仰と阿彌陀の名の入った念仏を絶えず唱えることによる仏の救済を説く日本仏教の一宗派。

b. 仏教信仰の天国の1つ。特に阿彌陀仏の在す西方極楽浄土」とある。

これを『大辞林』の浄土の定義「《浄土》①仏が住む欲望や苦しみのない世界。釈迦の西方無勝世界、弥勒仏の兜卒天(とそつてん)などがあるが、平安後期以降、浄土教が広まるにつれて主として阿彌陀仏の西方極楽浄土をさすようになった。②「浄土宗」の略。《浄土宗》平安末期、法然が浄土三部教や浄土論に基づいて創始した浄土教の一派。阿彌陀仏の本願に頼り、もっぱら念仏を唱えて極楽に往生することを教義とする。浄土専念宗」と比較すると、aを浄土宗の定義、bを浄土の定義と分かれており、これは*OED*が採択している仏教6宗派のうちこのJōdoの項だけであり、『大辞林』の定義とも合致している。二義をもつShin, Shingon, Ritsu等もこれに倣うべきで、内容も概ね妥当である。

初出例は1727年J. G. Scheuchzer tr. *Kæmpfer's Hist. Japan*, "Zealous persons, chiefly the followers of the Sect of *Siodo*."【主に浄土宗の信徒である熱心な人びと。】

第2例1886年B. Nanjio *Short Hist. Twelve Jap. Buddhist Sects* "(*title*) The Jō-do-shū, or Pure Land sect."【(標題)浄土宗、すなわち浄化された土地宗派。】

第3例1895年W. E. Griffis *Relig. Japan*, "The Japanese technical term, '*tariki*', or relying upon the strength of another, renouncing all idea of *ji-riki* or self-power is the substance of the Jō-do doctrine."【自力即ち自分の力という考えをすべて放棄して、日本語の専門用語である「他力」つまり他者の力にすがることが、浄土宗の教義の本質である。】

第4例1911年B. H. Chamberlain *Jap. Poetry*, "*Jōdo*, literally, 'the Pure Land,' is one of the Buddhist heavens fabled to exist in the West."【浄土は西方にあると伝説的に言われている仏教の天国の一つである。】

第5例1938年D. T. Suzuki *Zen Buddhism & its Influence on Jap. Culture*, "The Jōdo appeals naturally more to plebeian requirements because of the simpleness of its faith and teaching."【浄土宗は、教義と教えが単純なために、当然庶民の欲求により訴える力を持っている。】

第6例1970年J. W. Hall *Japan from Prehist. to Mod. Times*, "In the tenth century new and more accessible teachings began to gain currency among the aristocracy. Among these was the worship of Amida, the Buddha of the Pure Land (*Jōdo*) or Western Paradise."【10世紀に、新しいより受容しやすい教えが貴族間に流行しはじめた。浄土即ち西方極楽浄土の仏である阿彌陀の信仰はこれらの1つだった。】

(太田隆雄)

johachidolite　上八洞石(じょうはちどうせき)

johachidoliteが*OED*に登場するのは*SUP 2*が最初である。見出し語のあとに「鉱山学」との付記があり、さらに語源の説明が続く。"f. *Jōhachidō*, Japanese name for the village of Sāng-pal-dong in Kilchu Co., North Hamgyong Province, Korea: see -LITE."【朝鮮咸鏡北道吉州郡上八洞(朝鮮語読みでハムギョンプクトキルチュンサンパルドン)(1)村の日本語読みにあたる「じょうはちどう」にちなんでつけられた名称。-LITEは鉱物、化石名に用いる連結辞。】

定義は"A colourless hydrous fluoborate of sodium, calcium, and aluminium, $Na_4 Ca_6 Al_8 B_{10} O_{25} (OH, F)_{20}$"【ナトリウム、カルシウム、アルミニウムを含んだ無色含水フルオロホウ酸塩。化学式は $Na_4 Ca_6 Al_8 B_{10} O_{25} (OH, F)_{20}$】上八洞石の特徴、組成を示している。

国語辞典や百科事典には上八洞石という項目は見当たらないが、『鉱物和名辞典』(2)には「1942年　岩瀬栄一、斉藤信房命名、朝鮮咸鏡北道吉州郡長白面上八洞の霞石(かすみいし)(3)中に産す。斜方晶系、$H_6 Na_8 Ca_3 Al_4 F_5 B_6 O_{20}$ 硬度6.5～7、比重3.4よりやや小。無色透明で葉片状または小塊状をなす。紫外線で強い発光を示す」と詳しい説明がある。なお、*OED*と『鉱物和名辞典』の化学式が異なっている点に注意。

引用文は1942年、1968年の2例で改訂はない。初出例は1942年 Iwase & Saito in *Sci. Papers Inst. Physical & Chem. Res.*(Tokyo)"Investigation on chemical composition and determination of some physical constants convincingly demonstrate that the blue fluorescent mineral here studied is a new mineral species for which we would like to present the name jōhachidōlite after Jōhachidō district, where we have come across it."【化学成分の調査とある一定不変の物質の測定から、ここで研究している青い蛍光性の鉱物は新種であることがわかり、これが発見された上八洞村にちなみjohachidolite（上八洞石）と命名したい。】と上八洞石の特徴、命名の経緯などを述べている。

　第2例は、1968年 *Amer. Mineralogist*（*heading*)."Johachidolite, a revised chemical formula."【（表題）上八洞石、化学式の修正。】用例は論文の表題。だれがどのような経緯で修正したのか確認することはできないが、*OED*と『鉱物和名辞典』の化学式に相違があることはすでに述べたとおりである。『鉱物和名辞典』の方が少々古い刊行なのである。　　　　　　　（西村幸三）

(1) 申大興編『最新朝鮮民主主義人民共和国地名辞典』雄山閣出版、1994年
(2) 岡本要八郎、木下亀城著『鉱物和名辞典』風間書房、1959年
(3) 霞石：強酸に浸すと曇りを生ずるところから命名された。

Jomon　縄文→「時代」の項目

joro　女郎

　日本で300部限定のファクシミリ版として刊行されたケンペル著、ショイヒツァー英訳の *The History of Japan*[1]上下2巻の豪華本を大学の図書館で見つけたときは少々驚きであった。実は『時代風俗考証事典』[2]にケンペルの売春婦についての引用があるのに、*OED*のjoroにはケンペルの引用例がないので原典にあたろうと思ってこの本を探していたところだったのである。

　ケンペル（1651～1716）は1690年9月末から1692年10月末まで僅か2年1ヶ月日本に滞在、この間2回江戸に参府、見聞を深めているが、日本の地理、歴史、政治、宗教から建造物、動植物、庶民の暮らしぶりに至るまでこの本の中に事細かに記している。

　ちなみにケンペルは下巻の第5章、*Of the great numbers of people, who daily travel on the roads*【毎日街道を往来する沢山の人々について】の終わりのところで"To compleat the account ..."という書き出しで「特に目を引かれたのは、女中【wench】たちが昼頃から着飾り、化粧をして旅篭の前に立ち、道行く人

に声をかけ、売春婦【whore】として働いていることである。…日本の宿屋はどこへ行ってもこの種の女性が数人はいるので売春宿【bawdy-house】と言っても過言ではない。…数百年前の頼朝の時代にこうした習慣が始まっている。…」などという趣旨のことを述べている。

　若い外国人にとって街道筋のこのような光景は驚きであったと思うが、彼はかなりのスペースを割いて売春婦のことに言及しながら、なぜかjoroという言葉を用いてないのである。これはケンペルがjoroという言葉を意識的に避けたのか、あるいはショイヒツァーが英訳の際にjoroを自分の考えでwhoreに置き変えてしまったためなのかと考えたりしたが、実はそのどちらでもないようである。

　女郎という名称は元禄（1688〜1704）以降に江戸を中心に遊女の総称として用いられたと言われている。ケンペルの主たる滞在地（長崎）、滞在期間からしてこの名称になじみがなかったと考えるのは自然なのかもしれないのである。花魁についても*OED*にケンペルの引用例はないが、花魁という名称が一般に流布したのは明和（1764〜72）ごろと言われているのでこれも同じ理由によるのではないだろうか。

　ところで売春の歴史は遠く古代インド、古代エジプト、古代ギリシア時代までさかのぼり、その始まりはtemple prostitutionと言われている。では、わが国における売春の始まりはいつごろであろうか。文献に遊女のことが出てくるのは『万葉集』（7世紀後半〜8世紀前半）のなかの「うかれめ（巫女の一種で遊芸人の性格を持っていた）」が初めてとされ、このことから、その頃すでに売春が行なわれていたというのが定説と言われている。考えてみると西洋も東洋も売春が同じように信仰と関わりのある場所から発生しているのは面白い。

　joroという言葉が*OED*に初めて収録されたのは、*SUP 2*（1972〜1986）の2巻（1976）である。*OED 1*には花街に関係ある語は、geisha 1語しかないが、*SUP 2*にはjoro, maiko, oiran, Yoshiwaraの4語が加えられている。

　このことは記述内容に異論があるにしても、*SUP 2*の編者が日本独特の遊

里文化の存在や意義に着目するようになった証と考えられないだろうか。

さて、*OED*と『大辞林』でjoroの定義を調べてみる。なお、*SUP 2*と*OED 2*の定義はまったく同じである。

OED 2 "In Japan: a prostitute"【日本の売春婦】

『大辞林』「①客に色を売る女。あそびめ。うかれめ。傾城。遊女。じょろ。②若い女。また一般に女性のこと。じょろ。③大名などの奥向きに仕える女性…。」

こうしてみると、*OED*の定義は概ね妥当な線をいっていると言えよう。しかしjoro【女郎】＝prostitute【売春婦】という関係を見たとき、ケンペルの引用文で紹介されたような飯盛り女や女中がなりすましたwhoreを女郎と言ってよいのか、あるいは売春婦と言うべきなのか、判断に迷ってしまう。そこで、他の辞書、事典を参照してこれらのことを調べてみた。

The Random House Dictionary of the English Language(1) "prostitute: 1) a person, uaually a woman, who engages in a sexual intercourse for money, whore; harlot"【お金を得るために性行為をする人、通常の場合女性、売春婦】 "2) a person who willingly uses his talent or ability in a base and unworthy way usually for money."【通常、お金のために進んで卑しく、品位のない方法で自分の才能、能力を生かす人】 "whore: a woman who engages in promiscuous sexual intercourse, usually for money; prostitute; harlot, strumpet"【金のため相手を選ばず性行為をする女、売春婦】

『大日本百科事典』、『日本史大事典』の解説をまとめると大要は次のようになる。

「女郎：売春婦の古称の1つ。もとは女子の俗称であったが、江戸時代から江戸を中心に遊女の総称として使われるようになった。狭義には花魁より下級の遊女を意味した。遊女：近代（明治）以前の売春婦に対する代表的名称として用いられ、概して定住性のものを指していた。平安時代にはあそびめと呼ばれたが、のちに音読して遊女となった。」

遊女は狭義には公娼のなかの上級者に当たる太夫とか花魁を意味していた。

売春をするだけでなく、高い教養を身につけていたので、中世（鎌倉、室町）以前の遊女（遊芸技能を持ち、単なる売春婦の地位に置かれることはなかった）の系統を継ぐものとみなされたためと考えられる。しかし中世末期に城下町、門前町などが発達するにつれ、売春婦の数が増し、それとともに遊女の質は低下し、やがて私娼が続出するようになり、売春の形態は多様化し、遊女の呼び名も多様化した。

つまり、女郎と遊女は歴史的に古くからある言葉で、同義と考えられる場合もあるが、狭義にはイコールとは言えない。また、女郎と遊郭の関係から、女郎と prostitute【売春婦】は必ずしもイコールと考えられない場合がある。売春婦のほうが女郎より一般的というのが結論になるだろう。今日では、女郎も遊女も実体がなく、ただその名称だけが残り、辞書などでは街娼、夜の女、コール・ガールなどの名称同様、娼婦または売春婦という言葉によって説明されている。

SUP 2 と *OED 2* の用例はまったく同じで、4例（1884、1891、1899、1959）がある。このうち、3例までが「芸者」という語を含み、いずれも女郎、芸者の社会的地位、評判などについて言及しているが、用例のとりあげ方にやや偏りがある。

初出例は「非人」の項目と同じ用例。1884年 tr. *J. J. Rein's Japan* 11. i. 329 Geishas (female dancers and singers) and Jôrôs (prostitutes).. were despised, and considered .. socially below the level of the Hinin.【芸者（女性の踊り子と歌い手）と女郎（売春婦）は軽蔑され…社会的には非人より下位にみられていた。】

第2例は1891年 A. M. Bacon *Jap. Girls & Women* "Below the géisha in respectability stands the jōrō, or licenced prostitute."【世間では女郎、つまり公認の売春婦は芸者よりも下位に置かれている。】

多くの女郎は、芸者と同じように年季奉公による身売りのかたちで雇われ、遊郭で生活していた。しかし芸者のように美しく着飾ったり、身請けされたりすることはめったになく、貧しく悲しい生涯を送るものが多く、日本の小説も映画も演劇もそうした日の当たらない生活を主に題材にしている。その

上、下級の遊女という概念が浸透しているので、女郎というと私たちは暗い、じめじめしたイメージを容易に持ってしまう。しかし、かつてケンペルが旅篭や街道筋で目にした売春婦は明るく逞しく、どちらかと言えばえげつなく見えたのかもしれない。用例の偏りはこんなところに原因の1つがあるのかもしれない。

　19世紀後半に入るとヨーロッパ各地で廃娼運動が盛んになり、1886年には英国、続いてノルウェー、オランダ、デンマーク、スイスで廃娼となった。こうして the world's oldest profession といわれた売春は次第に表舞台から姿を消していった。わが国では、1958年（昭和33年）に売春防止法が成立している。以後、女郎という言葉も日常ではほとんど聞かれなくなってしまった。

（西村幸三）

(1) Scheuchzer 訳 "The History of Japan" 雄松堂、1977年
(2) 林美一『時代風俗考証事典』河出書房新社、1988年
(3) Jess Stein 編 *The Random House Dictionary of the English Language*, Random House, 1967

jōruri　浄瑠璃

　「浄瑠璃」という言葉は元々は仏語で、清浄、透明な瑠璃（宝石の一種）を意味し、また、清浄なもののたとえでもある。また、平曲・謡曲などを源流とする音曲語り物の1つで、室町時代の末に陸奥に下る途中の牛若丸と、浄瑠璃世界の統率者である薬師如来の申し子だったため浄瑠璃姫と名付けられた長者の娘との恋物語を内容とする『浄瑠璃物語（十二段草子）』が流行したところから、この種の語り物の名称となった。はじめは伴奏に琵琶を使っていたが、16世紀中頃琉球から伝わった弦楽器を改良した三味線がそれに取って代わり、16世紀末に人形芝居と結びついて「人形浄瑠璃」が始まった。1684年には浄瑠璃の天才竹本義太夫が大阪に竹本座を設立し、名作者近松門左衛門と組んで人気を博したことから、「義太夫節」とも呼ばれるようになった。

　SUP 2 から採択された語源は、「浄瑠璃姫の名前から発生した言葉で、その姫の物語は語り物のなかでも最も人気のあるテーマだった」とある。定義

は2項あり、第1の定義は「音楽に合わせた劇的な語り物で、日本の人形劇と関係がある」とあり、この定義の用例としては次の3例があげられている。初出例は1890年 B. H. Chamberlain *Things Japanese* で、"The plays given at these [kabuki] theatres originated ... partly in marionette dances accompanied by explanatory songs, called *jōruri* or *gidayū*."【これらの歌舞伎の劇場で上演された芝居は、一部は浄瑠璃とか義太夫とか呼ばれる解説的な歌によって演じられる人形芝居から取材されたものであった。】とあるが、実際には歌舞伎は能や人形浄瑠璃（文楽）から多く取材しそれをアレンジして優れた作品を残してきた。第2例は1911年 *Encycl. Brit.* で "The Jōruri is a dramatic ballad, sung or recited to the accompaniment of the *samisen* and in unison with the movements of puppets."【浄瑠璃は、三味線の伴奏で、人形の動きに合わせて歌ったり語ったりされる劇的なバラッドである。】とある。

第2の定義は「人形浄瑠璃。日本の人形芝居のこと」とあり、こちらの初出例は、1950年 *Chambers's Encycl.* "The *jōruri*（puppet play）arose from recitations ... which were combined in the early 17th century with marionette performances."【浄瑠璃（人形芝居）は、語り物から発生したもので、17世紀の初頭に人形芝居と一緒になった。】第2例は1954年 F. Bowers *Jap. Theatre* "The word Joruri applies specifically to musical dramas which developed from this style of chanting, and which retain for their accompaniment a combination singer-narrator and one or more samisen players."【「浄瑠璃」という言葉は語り物から発展した音楽劇のことを表すのに使われ、それは伴奏として大夫と一人あるいは複数の三味線弾きをかかえている。】F. バワーズは、戦後、日本の伝統芸能がマッカーサーの誤解からあやうく消滅させられそうになった時に、身を挺して救った人物である。第3例は1959年 E. Ernst *Three Jap. Plays* "It is not clear when the puppets were added to jōruri, but it is thought that puppet *jōruri* performances were given in 1596 in the city of Kyoto."【いつ人形が浄瑠璃に加えられたかははっきりしないが、1596年に京都で人形浄瑠璃の公演が行なわれた時ではないかと考えられている。】

（坂上祐美子）

judo 柔道

　judoの語は*OED 1*にはなく、*SUP 1*に"A modern development of ju-jitsu"【柔術の現代的発展】と定義して、1892年、1905年、1931年の3例をもって登場する。*SUP 2*ではその3例を含む11例があげられ、そのまま*OED 2*に踏襲されている。したがってここでは、その最終版によって解説することにしよう。

　冒頭に、以前jiudo, ju-doとも綴ったとあり、日本語と漢語の意味として、juは「柔」、doは「道」を意味することが書かれている。そして*SUP 1*より詳しく、次のような定義がある。「ju-jitsuの洗練された形で、1882年Dr. Jigoro Kano（嘉納治五郎）によって導入され、動きとバランスを用い、1つの形のスポーツあるいは身体の運動形式として実践された」。

　最初の例は1889年の Trans. *Asiatic Soc. Japan* XVI中の次の文章である。"The art of Jiujutsu, from which the present Jiudo ... has sprung up."【柔術、それから現在の柔道が…出て来た。】さらに同書の後の方の第2例でこう言っている。"In Judo, which is an investigation of the laws by which one may gain by yielding, practice is made subservient to the theory."【屈することが得策になるような法則を探る柔道においては、実践は理論に従属して行なわれる。】

　これらの文章は日本での柔道の出現と原理を述べたもので、事実は次の通りである。嘉納治五郎（1860-1938）は1875年開成学校（のちの東京帝国大学）入学、1881年卒業後、東京下谷稲荷町の永昌寺の書院に嘉納塾を開き、講道館と称し、門下生に学業のかたわら柔術を教えた。そして1888年九段の富士見町で、柔術諸流派を統合して体育的に構成した講道館柔道を完成した。*OED*での初出が1889年というのは極めて迅速な紹介だと思われる。柔道が普及するにつれて、そのモットーとする言葉「精力善用」があちこちの道場などに掲げられるようになった。

　第3例（*SUP 1*での初例）は1892年の *Trans. & Proc. Japan Soc.* 1の"It is due to the study of Jū-do that the Japanese police ... are so skilful in seizing malefactors."【日本の警察が…犯罪人を捕えるのに熟練しているのは、柔道研究のおかげである。】外国でも柔道の普及に伴い、近ごろは大都市の警察署などで柔道を課

している所が見られる。

　第4例は先の柔道の起源についての叙述と一致する。1905年 Hancock & Higashi *Compl. Kano Jiu-Jitsu*, "*Jiudo* is the term selected by Professor Kano as describing his system more accurately than *jiu-jitsu* does."【柔道とは、嘉納教授が自分の手法を柔術というよりも正確に述べたものとして選ばれた呼称である。】1893年から、約24年間東京高等師範学校の校長であった嘉納教授は在職中、体育を奨励したことが『茗溪会百年史』（茗溪会、1982年10月発行）などにも記録されている。

　第5例は1921年の *Glasgow Herald* 1月の記事。"This 'Judo' is practised all over Japan."【この「柔道」は日本全国で行なわれている。】第6例は1931年 *Studies in English Literature*（Tokyo）XIの中のE. V. Gatenbyの文 "There is at least one jûdô society in London."【ロンドンには少なくとも1つの柔道会がある。】この解説の筆者自身の思い出をまじえて少し昔話をすると、E. V. Gatenbyは当時在日中のイギリス人で、東京高等師範学校・東京文理科大学（東京教育大学の前身）での私の恩師A. S. Hornby氏が中心となって出来た画期的な英々辞典、開拓社刊 *Idiomatic & Syntactic English Dictionary*（のちの *Oxford Advanced Learner's Dictionary*）の共編者としてH. Wakefieldと共に名を列ねている。この引用例は日本英文学会誌からのものであるが、ロンドンの柔道については後述する。

　第7例には、いわゆる「柔道着」のことが出ている。すなわち1953年 *Encounter* 誌10月号 "She ties it in front like a judo jacket."【彼女は柔道ジャケットのように、前でそれを結ぶ。】柔道着の帯を前で結ぶことの連想であろうか。実は1952年5月パリで開かれた「文化自由会議」に筆者も出席したが、その席でStephen Spenderが *Encounter* の創刊を予告した。彼を主筆とするこの雑誌は毎号私あてに送られてきたが、日本についてかなり関心をもっていることがうかがわれた。

　第8例は1958年 *Radio Times* 2月号に "A judo club" とだけ出ている。1971年の第9例は "A pair of judo pyjamas"【柔道パジャマの一対】とあるにすぎない。ついで1972年 *Oxford Mail* 8月号からの第10例は次のようである。"Judo is a way of learning to control yourself and your opponent."【柔道とは自分及び敵を制御することを学ぶ1つの方法である。】自己制御とはどうするのかについては、余り立ち入った説明はない。

・同じ出典の次の第11例は"the first judo club in England was founded in 1918 in London."【イギリスでの最初の柔道クラブは1918年にロンドンで創立された。】で、このクラブのことが第8例の1958年の記事にも出てきたのである。なお、ついでながら、1952年に筆者自身がそのクラブを訪ねたことを付記しておきたい。

イギリスに柔道を広めたのは小泉軍治氏である。ヴィクトリア駅前のBuckingham Palace Roadの1つ先に平行して走るEbury Streetにあった小泉宅の客となって、私はロンドンでの短い期間を過ごしたのであった。小泉氏は古武士のおもかげをもつ高潔な人物で、多くの門弟をかかえていた。初め柔術を教えたが、のちに柔道場を開いた。

judokaの見出しの所には"one who practises, or is expert in, judo."【柔道の実践者または熟練者。】という定義がある。最初の例は1952年 Time 12月22日号で、次の文章がある。"France, center of the European cult, now has 150,000 judo wrestlers (called judoka)."【ヨーロッパ派の中心であるフランスは今や15万人の柔道レスラー(柔道家と呼ばれる)を擁している。】ついでに書き添えておくと、この当時のパリでは川石造酒之助氏が柔道界のボス的存在で、派手に門弟を集めていた。

ロンドンの小泉氏に私を紹介したのは、パリの国立東洋語学校講師をしていた私の日本語の弟子 Henry Plée 氏で、彼が講道館の機関誌『柔道』の仏語版を出すとき私は顧問として協力した。1951年暮欧州選手権大会に招待された日本代表団は嘉納履正氏(2代目講道館長)のほか東京教育大学の松本芳三氏と醍醐敏郎氏らがパリへ来た。オランダのアントン・ヘーシンクが、1961年世界選手権をとって以来、柔道も国際舞台に立たざるを得なくなり、今やオリンピックの種目としても世界の視線を浴びるようになった。柔道がOEDに登場以来約百年目ということである。　　　　　　　(福田陸太郎)

judoist　柔道家

　定義として「柔道の専門家」「柔道を実行する人」とある。*SUP 2* に3例をもって登場する。初出は *Chamber's Encyclopaedia* で例文は "Whatever the attacker's movement the judoist yields to it in order to lure him into a weakened stance or position."【攻め手の動きがどうであれ、柔道家はそれにしたがっていく。相手を弱体化された姿勢とか位置とかに誘い込むために。】

　第2例は *Times* 1966年11月29日付の文 "Mr. Gleeson [is] one of the most experienced judoists in this country, and national coach to the British Judo Association."【グリーソン氏はこの国で最も熟達した柔道家の一人であり、英国柔道協会のナショナル・コーチである。】

　第3例は1969年刊の S. Greenlee *Spook who sat by Door* 中の "Soo thinks him one of the finest natural judoists of his experience."【スーは彼の経験では、この男が生まれながらの第一流の柔道家だと思っている。】judo の項の中の judoka の解説を参照されたい。

（福田陸太郎）

ju-jitsu　柔術

　この語にはほかに5種類ほど少し変化した綴りがあるが、いちいちあげるのを省く。*SUP 1* に17の引用例をもって登場し、*SUP 2* と *OED 2* に踏襲されている。定義は "A Japanese system of wrestling and physical training, characterized by the use of certain techniques and holds to overcome an adversary."【レスリングと肉体訓練の日本風の方式で、相手を打ち負かすためのある技法と組み手の使用を特色とする。】

　初出例は1875年 *Japan Mail* 3月10日号中の "Jiu-jitsu (wrestling) is also taught, but not much practised by gentlemen."【柔術（レスリング）も教えられているが、紳士には余り実行されない。】第2例は judo の項の初出の同誌1889年の文章。ju-jitsu から judo への14年間の差は興味深い。しかも紳士の武技でないと言うのも、judo との違いを思わせる。

　第3例、1891年11月 L. Hearn が友人にあてた手紙が、*E. Bisland Life & Lett.*

中にあり、次の文章がとられている。"A building in which jū~jutsu is taught by Mr. Kano."【嘉納氏が柔道を教えている建物。】それは嘉納治五郎の第五高等学校長時代のことであり、次の1893年10月13日のハーンの手紙の"I am writing out an essay — a philosophical essay on 'Jiujutsu.'"【私は「柔術」についての哲学的エッセイを書き上げようとしています。】にあるエッセイは、のちに「柔術」という題で"*Out of the East*"【『東の国から』】(1895) に収められた。柔術の原理を核とした数十ページにおよぶ力のこもった日本文化論である。

第5例は1895年 J. Inoue *Wrestlers & Wrestling*. "These methods were adopted and extensively practised by *Samurai*, and were finally developed into what is now known as *Jujitsu*."【これらの方法はサムライによって採用され、広く実践され、遂には今日の言わゆる柔術へと発展した。】柔術の前身がサムライの武術であることを述べたものとして注意をひく。

1905年の第6例 *Daily Chron*. "Their gymnasium is often visited by ju-jitsu wrestlers."【かれらの体育館はしばしば柔術家に訪問された。】に続いて第7例は1910年 H. G. Wells *The History of Mr. Polly* 中の文 "A combination of something romantic called 'Ju-jitsu' and ... the 'Police Grip'"【ロマンチックな「柔術」と呼ばれるものと「ポリス組み手」の合わさったもの】は、破産逃れで逃亡した商店主のヒューモラスな成功物語に出てくる面白い言い回しである。

第8例1925年の N. Venner の *Imperfect Imposter* 中の文 "Jos Polkins ... enwrapped him in a benevolent jiu jitsu grip that left him powerless to move."【ジョス・ポルキンズは彼をやさしい柔術組み手で包み、そのため彼は動けなくなってしまった。】次の第9例は1946年刊、文化人類学者 Ruth Benedict *The Chrysanthemum & the Sword* の中にある。"He perfects himself in jujitsu or sword play."【彼は柔術または剣術を会得する。】

次にあげる4つの例では figurative【譬喩的】に使われていて、この「柔術」という言葉がかなり流布していたことが感じられる。

第10例は1906年の R. Whitening *Ring in New* XXIX "To lay him flat on his back by a sort of intellectual jiu-jitsu."【一種の知的な柔術で彼をあお向けに倒す。】第

11例は1928年のF. Romer *Numbers Up!*の"'Revenge?' ... 'nothing of the kind. I shall merely practise Moral jiu-jitsu.'"【「復讐？」…「そんなもんじゃない。私はただ精神的柔術を実行するだけだ」。】

第12例は高名な英作家Wyndham Lewisの1942年7月15日の*Letter*。"There are omens of promise—in much that Mr. Roosevelt has done, or in the splendid massive jujitsu of the Russians."【有望なきざしが見える—ルーズヴェルト氏がした仕事の多くや、ロシア人たちのすばらしいどっしりした柔術の中に。】ルイスはフランクリン・ルーズヴェルト米大統領と同時代にほとんど一生を欧州で過ごし、特に晩年は政治批評に関心をもち、また前衛的芸術運動に携わった。

最後の第13例は1965年のK. Briggsの英女性作家Charlotte Yongeに対する文章"Practising a kind of spiritual ju-jitsu, in which by falling with the misfortune you overcome it."【不運のために倒れながらも、それに打ち勝つ一種の精神的柔術を実行して。】である。

ふつう柔術は関節技などを強調する技術的なものと考えられているのに対して、柔道は精神的な修業の色合いが濃いと思われるが、柔術の方もそういう心の部分を含めて連想されているのは、いささか意外である。漢語の語源的な意味が底に流れているからだろう。

このju-jitsuが柔術で打ち負かす意の他動詞として使われている場合が1905年と1928年の2つの引用例で示されているし、柔術家を意味するju-jitsianまたはju-jitsuistが、それぞれ1905年の2つの例文中に見られることを書き添えておく。

（福田陸太郎）

junshi 殉死

「日本において主君の死に際しての自殺、自己犠牲」が*OED*の定義。血を忌む神道に生贄の思想はなく、原古の闇の死の儀式はシャーマン的な巫女に概ね昇華されてきたが、大和朝廷天皇国家が成立すると、弥生時代農耕文化の上に巨大古墳に象徴される権力意識が死と結託することにより、王侯の死が従者たちをあの世への人間の供物とする殉死を風靡させるにいたった。埴

輪がその残酷を避けるため垂仁朝に野見宿禰の献策で発明されたと伝えられるのは周知だが、最終的に大化改新で殉死禁止令が出される。ただし殺される犠牲はそれで封じられたとはいえ、われから意志する殉死のかたちがなくなったわけではない。主従なる上下の身分関係であると同時に内面的な友愛関係でもある男と男を結ぶ心の絆は、主に先立たれる耐え難さを追い腹を切る絶対的行為に典型化しようとする。それは主人を愛するというより己が勇気と忠誠を誇示する人生の晴舞台なのだ。

　SUP 2からの登場で、例文はあまりにもそっけない。1871年 A.B. Mitford *Tales Old Japan* では"The ancient Japanese custom of *Junshi*; that is to say 'dying with the master'"【古代の殉死の習慣、つまり「主人と死を共にすること」。】とあるのみ。1904年 L. Hearn Japan: *Attempt at Interpretation* には"With the rise of the military power, there gradually came into existence another custom of *junshi*, or following one's lord in death,—— suicide by the sword."【武家政権の擡頭につれ徐々に成立してきたのが殉死の別の慣わし、つまり一死以て己が主の後を追うこと——切腹】と語られる。

（西澤龍生）

K

kabane　姓

　姓の *OED* での初見は *SUP 2* からで、「古代の日本における、一連の階級の称号、またはその制度」と定義されている。用例は4例。*SUP 2* の定義・用例は *OED 2* でも変更されていない。

　姓は氏を尊んだ名で、氏そのものをも指し、また臣、連、朝臣など氏の下につけるものにもいう。さらに氏と臣、連、朝臣の類を合わせても姓といっていた。今日では、臣などを狭義の姓として、「カバネ」と書き、広義の姓と区別する。したがって上記の定義はカバネを説明したもの。カバネは出身、身分、世襲の職業を表している。

1890年の初出例は1873年から1911年まで日本に滞在した英国人の日本語・日本文化研究者のB. H. Chamberlainの*Things Japanese*からである。"The *kabane* or *sei*, a very ancient and aristocratic sort of family name, but now so widely diffused as to include several surnames in the narrower sense of the word."【姓または姓、これは非常に古い貴族的な家名であるが、今では広く普及していて、この語のより狭い意味では、いくつかの姓を含む。】とある。この用例に続けて、"The grand old names of *Minamoto, Fujiwara, Tachibana*, are *kabane*."【源、藤原、橘のような偉大な古い名前は姓である。】と述べており、Chamberlainはkabaneをカバネの意ではなく、氏の意で用いている。

　第2例は、1904年のL. Hearn *Japan: Attempt at Interpretation*からで、"Caste would not seem to have developed any very rigid structure in Japan; and there were early tendencies to a confusion of the kabané."【日本では、カーストはどうもあまり厳密な構造を発達させてこなかったようである。というのは早くからカバネは混じり合う傾向があった。】とある。kabanéはkabaneの異形。Hearnはカバネはカーストに相当すると考えている。引用部分に続けて、カバネの混交が大きくなったため、天武天皇がカバネの再編成をしたという八色姓についての記述がある。

　1931年のG. B. Sansom *Japan*からの引用は、"An integral part of the clan system ... was the system of titles, or *kabane*."【氏族制度の欠くことのできない点は…称号つまりカバネの制度であった。】Sansomがカバネの具体例としてあげているのは連、県主、史である。最後の例は1970年J. W. Hallの歴史書*Japan from Prehist. to Mod. Times*から、"A more precise set of titles of rank (*kabane*) had also been evolved."【もっとはっきりとした一連の階級の称号（カバネ）も発達していた。】である。

　以上の4例のうち、2、3、4番目のkabaneはカバネの意で用いられており、定義の記述と合致するが、最も古い例は氏の名を表しており定義の不足を補うものと言えよう。また「藤原朝臣」といった氏とカバネを合わせた広い意味での姓の用例は*OED*に1つもあげられていない。　　　　（海老名洸子）

(1) 国史大辞典編集委員会編『国史大辞典』吉川弘文館、1991年

Kabuki　歌舞伎

　日本の伝統芸能の代名詞ともいうべき歌舞伎は、1600年（関ヶ原の合戦と同年）頃発生したといわれている。慶長8年（1603）4月の『當代記』に「此比(このごろ)かふき躍(をどり)と云事有(いうことあり)、是は出雲国神子女(いずものくにのかみこのむすめ)（名ハ国、但非好女(ただしよきをんなにあらず)）出仕、京都江上(きやうとへのぼ)る、縦(たとひ)は異風(いふう)なる男のまねをして、刀脇指衣装以下殊異相(かたなわきざしいしやういかことにいさう)、彼男茶(かのをとこちや)屋(や)の女(をんな)と戯(たはふる)る體有難(ていありがたう)したり、京中(きやうちゆう)の上下賞翫(じやうげしようくわん)する事不(ことなめ)ν斜(ならず)」という記述がある。出雲出身のお国という女芸人が、京都に上がり、男装して「異風」な「かぶく」風俗で、茶屋に通って茶屋女と戯れる様子を踊って見せ、人気を博したというのである。これが「かぶき踊り」と呼ばれていた。

　そもそも「かぶく」は「傾く」と書き、当時、洛中には、常軌を逸した身なりで異端の行動をほしいままにするアウトローともいうべき「かぶき者」の集団が群れていた。『歌舞伎図巻』という屏風に描かれたお国らしき女性は、男性の髪型をし、派手な小袖を着、脇差を差し、瓢箪、巾着、印篭などのアクセサリーをじゃらじゃらとぶら下げ、おまけに大きなロザリオまで下げ、派手な作りの太刀を杖にして立っている。見事な「かぶき」振りである。

　その後、お国一座の人気にあやかろうとした京の遊女たちの「遊女かぶき」や元服前の前髪のある美少年たちを売り物にした「若衆かぶき」が発生したが、世の中の風紀を紊すという理由で次々に禁止された。しかし、劇場関係者および観客の要望により、承応2年（1653）には、若衆の象徴である前髪を落とすこと、煽情的な歌舞を自粛し物語性の強い内容にすることなどを条件に再開が許された。これが「野郎かぶき」で、現代まで続いている「歌舞伎」のもととなった。

　Kabukiが初めてOED現われるのは1972～86年に発刊されたSUP 2である。実は、長い間期待されながら実現を見なかった歌舞伎の英国公演が、初めて行なわれたのが1972年なのである。ロンドンのサドラーズ・ウェルズ・シ

アターにおいて、『仮名手本忠臣蔵』の前半と『隅田川』が約2週間にわたって上演され、当時の劇評から好評を博したこと、特に中村歌右衛門の『隅田川』が絶賛されたことがうかがわれる。この公演とSUP 2へのKabukiの採択はあながち無関係ではないと推察される。

語源については [*ka* song + *bu* dance + *ki* art, skill] という説明がなされているが、これは少なくとも1660年代頃には用いられていた「歌舞伎」という語を考える限り正しいといえるが、元々の語源が前出の「かぶく」の連用形「かぶき」であることを考えると、説明不足であろう。

SUP 2におけるKabukiの定義は、"A traditional and popular form of Japanese drama which employs highly stylized singing, miming, and dancing in addition to acting, and in which（since c 1650）all the parts are played by males."【演技に加え、高度に様式化された歌、マイム、踊りを用いた日本の伝統的な大衆演劇の1つで、（1650年以後）すべての役は男性によって演じられている。】とされている。ただし『大辞林』の「歌舞伎」の項には芸能としての歌舞伎の説明の前に、第1の意味として「異様で華美な風体を好み、色めいた振る舞いをすること」とあり、これは『広辞苑』も同様である。しかしながらこの日本語が当初から芸能として海外に紹介された経緯を考えると、これらの落ち度は無理もないと言えるだろう。OED 2には、Kabuki'esque "in the style or manner of the Kabuki theatre."【歌舞伎の様式や方法で】という形容詞も、派生語として掲載されている。

用例は8例掲載されていて、英語での最初の記述は1899年のW. G. Astonの*Hist. Jap. Lit.* 第6巻とされている。"Kabuki theatres, which had men for actors, had been established there before the middle of the seventeenth century."【男優だけによる歌舞伎は、17世紀の中頃までにそこで確立された。】しかし、松田裕によれば、江戸時代初期に平戸の英国商館長であったRichard Cocksの*Diary*に、数回caboki/caboqueと表記されている。例えば、元和2年（1616）12月26日の項には、"And we had the *cabokis* after supper ashore, who plaid and dansed till after midnight, and then went away, being 8 women and 6 or 7 men."【そして我々は

上陸して夕食をとった後、かぶき役者たちを呼んだ。女8人と男6、7人の一座で、夜中すぎまで芝居をし、おどりを踊り、帰っていった。】とあり、また翌年の3月14日には、"A comon *caboque* or Japon play was sent out"[6]【人気のあるかぶきという日本の芝居が呼ばれて…】と記録されている。発生が1600年頃で、「遊女歌舞伎」の禁令が1629年であるから、コックスは、まだ規制を受けていないごく初期の、女性も交えた「男女打交り狂言尽し」を見たことになる。この文献が*OED*から漏れている理由は、綴りの違いによるものであろうか。

*SUP 2*の第2例は、*Daily Tel.*の1928年12月4日付からのもので、"The Kabuki affords freedom for old and favorite plays, for new ones on Western lines, and for adaptations of Western drama."【歌舞伎には、古くて人気がある作品のみならず、西洋的な台詞を使った新しい作品、そして西洋の演劇を翻案した作品なども取り入れる自由がある。】とある。この年は、初の歌舞伎海外公演がソ連において行なわれた年にあたり、演劇改良運動の立役者二世市川左団次が『仮名手本忠臣蔵』などの古典と共に、西洋演劇に影響を受けた岡本綺堂の『番町皿屋敷』『修禅寺物語』『鳥辺山心中』等を公演した。この用例はそのソ連公演についての関連記事と思われる。

第3例は、1951年発行の*Oxf. Companion to Theatre*で、そこには日本の伝統演劇が能、文楽、歌舞伎の3つに分かれることが明記されている。ちなみに、No, Noh/Nogakuも Bunnraku/Ningyo-jourruri も *SUP 2*から収録されている。

Kabukiesqueという形容詞の唯一の用例は、1954年のF. Bowers *Japanese Theatre*からのものだが、このバワーズは歌舞伎の恩人ともいうべき人物である。米国人のバワーズは1940年に来日するが、当時は十五世羽左衛門、六世菊五郎、一世吉右衛門らが活躍する歌舞伎の黄金期ともいえる時代で、歌舞伎に親しむようになった彼は、たちまちその魅力のとりこになった。戦後、封建的なテーマを扱う歌舞伎の演目が日本における民主主義の発展の妨げになる、また仇討ち物を見ていると日本人が合衆国に対し復讐心を持つかもしれないと危惧するマッカーサーによって、『菅原伝授手習鑑』『仮名手本忠臣蔵』『勧進帳』等の名作が軒並み上演禁止にされ、歌舞伎は最大の危機

を迎えた。その時、マッカーサーの副官として再来日していたバワーズは、自ら名誉も給与も段違いに低い文化担当官に移籍を願いでて、身を挺してこれらの演目の解禁に尽力した。おかげで、翌年にはすべての演目が解禁となり、日本人は歌舞伎という世界に誇れる財産を失わずに済んだのである。バワーズは歌舞伎研究家として著書も多く、1960年に始まる合衆国における歌舞伎の公演に同時解説者等として力を貸したり、時折来日して講演をしたりしている。"Another woman who lies down to offer herself as a substitute for the married woman-a postwar Kabukiesque 'substitution'."【その既婚の女性の身代わりとして自らを差し出すために身を投げ出すもう1人の女性、これは戦後の歌舞伎的な「身代わり」の1例である。】Kabukiesqueというような言葉を使えるのも、歌舞伎を知り尽くしているバワーズ氏ならではと言えるだろう。

　1972年9月号の *Nat. Geographic* には、"Man in maiden's guise charms theatregoers in the classical drama known as Kabuki."とあり、歌舞伎の最大の特徴の1つである女形について言及している。*SUP 2* にはonnagataとoyamaも収録されている。

　Kabukiは *OED 2* にもそのまま収録されており、語源・定義・用例ともに *SUP 2* と変化はない。

（坂上祐美子）

(1) 松平忠明「當代記」『史籍雑纂』巻2、国書刊行会、1911年
(2) 『歌舞伎海外公演の記録』松竹、1992年
(3) 『日本国語大辞典』第3巻、小学館、1980年。仮名草紙・浮世物語（1661）に「浄瑠璃の操、女形の歌舞伎、鼠戸によばはる声かましく覚え来り…」とある。
(4) 松田裕『日英語の交流』研究社、1991年
(5)(6) Richard Cocks. Diary of Richard Cocks（London: The Hakluyt Society, 1883), Vol. 1

kago　駕籠

　kagoは *OED 1* から登場し、初出は1857年（安政4年）になっている。当時イギリスでは蒸気機関車が走り、日本では来日した西洋人が幕府と乗合馬車の利用について交渉しはじめた時代である。その時代に人が人を乗せて運ぶ駕篭が庶民の足として広く利用されていたのであるから、外国人は目を見張

ったはずである。

　人を乗せる駕篭は日本では7、8世紀以前から存在したと言われ、用途も種類もいろいろであったが、OEDの定義は"A Japanese palanquin of basketwork slung on a pole and carried on the shoulders of bearers."【日本で用いられた竹製のパランキーン(1)（元来はインドの一人乗りの駕篭）のことで、一本の棒に吊し、数人で肩にかついで運んだ。】

　『国語大辞典』（小学館）の定義は「竹製または木製の、人の乗る部分を一本の長柄の中央に吊し、前後から担いで運ぶものの総称。（中略）江戸時代では武家、公家、僧侶などの乗る特製のものを乗物というのに対して、竹組みの粗製のものをいう」となっている。

　OEDはkagoについてのみ触れ、『国語大辞典』は「駕篭」と「乗物」の両方に触れている点で違いがあるが、この点を除けば両辞典の定義はほぼおなじである。なお、両辞典とも別項目でnori-mon「乗物」をそれぞれ取りあげている。

　駕篭は庶民の足といっても江戸時代には贅沢とされ、『大日本百科事典』（小学館）などを見ると「家康は雑人が勝手に駕篭に乗ることを禁じ、17世紀中頃には幕府は辻駕篭の数を制限するなど駕篭の濫用による奢侈の規制に努めたりしたが、幕末の頃にはこの制限令は廃止になった」と記されている。しかし、それでも駕篭は貧しい人には高嶺の花であったと言われている。

　用例は3例（1857、1895、1898）で改訂はない。最初の用例は1857年 R. Tomes *Amer. in Japan* "That horses, kagos, and kago-bearers, should be in readiness."【馬も駕篭も駕篭をかつぐ人もいつでも出発の準備ができていなければならないということ。】

　第2例は、1895年 *Outing* (U. S.) "With long kagos, three coolies are always used, and sometimes four."【長柄の駕篭の場合にはいつも3人でかつぐが、ときには4人でかつぐこともある。】幕府は武家諸法度（1615年）で駕篭の造りだけでなく、かつぎ棒の長さにも身分上の制約を設け、長さに準じてかつぐ人の数も定めていたのであるから、この用例は貴重な資料とも言える。

第3例は、1898年 *Century Mag.* "No kago, or swinging cars."【駕篭、つまりブランコのように揺れ動く乗物は見当たらなかった。】

明治3年（1870年）に人力車、次いで5年に乗合馬車や鉄道が登場すると、駕篭は料金は安いとはいえ、乗り心地、安全などの点で新しい乗り物には太刀打ちできず姿を消している。今日、駕篭は時代劇や博物館、あるいは観光地などでしか見ることはできないが、「駕篭に乗る人、駕篭かく人、そのまた草鞋を作る人」という諺はいまでも生きている。だが、若い人にこの諺の意味がわかるのだろうか。

(西村幸三)

(1)「パランキーン」については本書のnorimonの項参照。

kagura　神楽

日本で最も歴史の古い民俗芸能である神楽が*OED*に登場するのは意外にも新しく、*SUP 2*になってからである。神楽と関わりの深い「神道」の項目は*OED 1*ですでに収録され、初出の年代も神楽より150年以上も古い。神楽は「神道の祭りの祈りに演じられる神聖な舞。日本の最も古い舞の1つ。また祭りの日に村の鎮守で演じられる舞」と定義されている。初出例の"At some temples young girls fill the office of priestess, but their duties do not appear to extend beyond the performance of the pantomimic dances known as *Kagura*, [etc.]."【神社によっては若い娘たちが巫女の役を務めるところもあるが、彼女たちの義務は、カグラとして知られる黙劇風の舞をすること［など］を越えることはなさそうである。】は、幕末・明治期のイギリス人外交官で、著名な日本文化研究家でもあったE. SatowとHawesが1884年に著した*Handbk. for Travellers Cent. & N. Japan*の神道を解説した章からの一節である。神楽を黙劇風舞と言い換えているが、巫女が鈴や扇などを手にして舞う巫女神楽は、巫女の神がかりの形態を様式化した旋回を主とする単純なものである。

第2例は、Satowとほぼ同時期に来日し、やはりイギリスの外交官で日本学の研究者であったW. G. Astonの1899年 *Hist. Jap. Lit.* からの引用で、神楽と演劇との関連性について言及している。"The drama in Japan was in its beginnings closely associated with religion. Its immediate parent was the Kagura, a pantomimic dance, which is performed at this day to the sound of fife and drum at Shinto festivals."【日本における演劇は当初、宗教と密接に結びついていた。演劇の直接の祖は黙劇風の舞であるカグラである。カグラは今日、神道の祭の際に横笛と太鼓の音に合わせて舞われる。】である。Astonはまた神楽の起源は天の岩戸前の天細女命(あめのうずめのみこと)の舞であること、神楽の舞と音楽に対話a spoken dialogueが加わり、やがて能の成立をみたとも記している。

　1936年のK. Nohara *True Face of Japan*からの例、"Dances and festival plays were performed in front of Shinto shrines, which were called *Kagura*, or 'Joys of the Gods'."【社の前で舞と祭の芝居が行なわれていた。これらはカグラ、つまり「神々の楽しみ」と呼ばれている。】には、2種類の神楽が示されている。つまり榊や幣などを手に取る舞と、神話や神社の縁起にもとづいて創られた演劇的な神楽である。

　アメリカの文化人類学者R. Benedictは*Chrysanthemum & Sword*（1946）の「明治維新」の章で、当時の日本の宗教事情を説明している。第3例の"Watching wrestling matches or exorcism or *kagura* dances, which are liberally enlivened by clowns."【相撲や悪魔払いや道化が大いに景気づけをしてくれるカグラを見物。】は、神社参拝の後のさまざまな楽しみをあげ、日本では宗教も厳格なものではなく、神社参拝も楽しい保養になっていることを描いている。

　最後の例は1966年のP. S. Buck *People of Japan*からの引用で、"At special times the Shinto priests perform their own religious dance, the *kagura*."【特別な折々に、神職たちは独自の宗教的舞であるカグラを舞う。】である。同書によると、Buckは住んでいた南京が共産党員たちに攻撃された時に日本に避難したことがあり、その後も何度か日本を訪れた。用例は宮島の厳島神社の神楽を記述したもの。

　AstonやNoharaからの引用が、演劇的神楽の存在を示し、日本最古の神道の舞であるという簡単な定義の不足部分を補ってはいるものの、その起源を神話にまでさかのぼり、後に壬生狂言や猿楽などの影響を受けて多様な発展

をとげ、現代でも全国津々浦々で舞われている神楽を、*OED* のわずか20数行で英語圏の人々に伝えるのは甚だ困難である。　　　　　　（海老名洸子）

kakemono　掛け物

　掛け物が *OED* に初登場するのは *OED 1* である。その定義には、「日本の壁掛け用の絵で、絹や紙に描かれる。また下に軸巻きが付いていて、好きなときに巻き上げてしまえる」とある。実に明解である。用例の初出は1890年の *Daily News* の記事で、"As for the 'kakemono', or native picture, one might be acquainted with a thousand specimens and yet ... be still in oblivion as to the real appearance of the Sacred Mountain."【「掛け物」つまり日本独自の絵といえば、多く見本を知っていようが、「聖なる山」の本当の姿については忘れられたままになっている。】とある。第2例は1890年の *Pall Mall G.* の記事、"The 'kakemonos' are rolled and placed away with ... remarkable care."【「掛け物」は巻かれて、かなり注意深くしまわれる。】となっている。用例としては、もう1例1894年に *Daily News* の記事になったという記載があるのみで、その内容には触れていない。

　OED による「掛け物」の最後の引用文からすでに100年になる。それほど重要な項目と見ていない証拠かもしれない。しかし先の用例からも、「掛け物」なるものが何やら神秘的なものとして描かれていて、日本では大層丁重に扱われると感じられている様子は伝わってくる。欧米の油彩の入った額縁と「掛け物」が大きく異なる点は、やはり飾られる場所であろう。掛け物は床の間という日本独特の空間に限定される。それにこの「掛け物」が茶の湯と切り離せない一面も持っていることは否めない。凝った額縁があるのと同様に、表装に凝った、茶の席に合った「茶掛け」が飾られて、来客を待つのである。*OED* の説明に、ここまで深い日本の文化理解を求めるのは無理であろう。しかも、*OED* は「掛け物」を採用しながら「掛け軸」を採用していない。日本人にとってどちらの方が身近な言葉であるかを考えるとき、やはり後者であろう。その点でやや奇異なものを感じざるを得ない。

（吉江正雄）

kaki 柿

kakiが*OED*に初めて登場したのは*OED 1*である。定義には、"The Chinese date plum or persimmon of Japan, *Diospyros Kaki*."【中国のマメガキや日本のカキ、学名Diospyros Kaki】とある。初出例は1866年の*Treas. Bot.*からの"The fruit of the Kaki or Chinese Date Plum, is as large as an ordinary apple, of a bright red colour."【カキ（中国のマメガキ）の果実は、大きさは普通のリンゴくらいで、色は鮮やかな赤である。】第2例は1889年の*Sci. Amer.*からの"The hybridizing of the kaki and the American persimmon."【（日本の）カキとアメリカのパーシモン（カキ属の木）との雑種形成。】である。*OED 1*では、kakiの用例はこの2例だけである。

*SUP 2*では、*OED 1*であげたものよりも古い用例3例と新しい用例8例が、追加というかたちで記載されている。*OED 2*では、定義は*OED 1*を継承し、用例は合わせて13例になっている。

*OED 2*での初出例は1727年のJ. G. Scheuchzer訳の*Kæmpfer's Hist. Japan*からの"There are three different sorts of Fig-trees growing in Japan. One is call'd *Kaki*, if otherwise it may be called a Fig-tree, it differing from it in several particulars."【日本には3種類の異なるイチジクの木が生育している。1つはカキと呼ばれているが、もしそうでなければイチジクと呼んでもいいかもしれない、いくつかの細かい点で（イチジクと）異なってはいるけれども。】

実は、イチジクは日本へは寛永年間（1624-1644）にポルトガル人により蓬萊柿（ほうらいし）の名で伝えられ、また、その名の由来は『和漢三才図会』の「俗に唐柿（からがき）という。1月にして熟すゆえに一熟（イチジュク）と名づく」によると言われている。このようなことが上記の初出例内や下記の第3例でのカキとイチジクとを混同した記述を引き起こしたのではないかと思われる。なお、カキという和名は赤貴（あかき）からきていて、紅葉の色と果実の色にちなむと言う。

第2例は1795年の*C. P. Thunberg's Trav. Europe, Afr. & Asia* (ed. 2) からの

"Another cause [of diarrhoea] supervened, viz. the excessive eating of the fruit of the Kaki (*Diospyros kaki*) which was at this time ripe."【併発する［下痢の］もう1つの原因、すなわち、この時期によく熟れるカキの実の食べ過ぎ。】である。第3例も同書からの"For the desert [*sic*], they have kaki-figs."【デザートにはカキ・イチジクである。】である。第4例と第5例はそれぞれ *OED 1* の初出例と第2例である。

第6例は1892年のF. T. Piggott の *Garden of Japan* からの"The golden clusters of tiny flowers of *Diospyros kaki* give promise of a rich harvest of luscious fruit in the autumn — the *Kaki* loved of the Japanese."【カキの小さな花が黄金色に鈴なりになると、秋には甘くて非常に香りのよい果実、すなわち日本人の大好物のカキの豊作が約束される。】である。

第7例は1920年のW. Popenoe の *Man. Tropical & Subtropical Fruits* 中の見出し語"The Kaki or Japanese Persimmon."【カキ（日本のパーシモン）。】である。第8例と第9例も同書からの次のような引用である。"The kaki is a deciduous tree growing up to 40 feet in height."【カキは高さ40フィートくらいまで生育する落葉性の木である。】 "From Japan the kaki has been carried around the world."【カキは日本から世界中に広められた。】カキは中国中北部、朝鮮、日本で古くから栽培されている。最近の研究では、日本へは奈良時代（8世紀）に中国より渡来したとする説が有力である。カキはヨーロッパへは19世紀に中国から、またアメリカへは19世紀なかばに日本からもたらされた。ブラジルには日本移民によって導入されたものが多く、甘柿、渋柿ともに広まっている。また、近年欧米でも注目されはじめ、アメリカのフロリダ、カリフォルニア両州や南アメリカ、南ヨーロッパ諸国でも栽植され、研究されている。

第10例は1936年のK. Nohara *True Face of Japan* からの"The fruiterer with apples, mandarines and *kaki* fruits."【りんご、マンダリンミカン、カキをならべた果物屋。】第11例と第12例は共に1951年の *Dict. Gardening*（R. Hort. Soc.）からの次の引用である。"D [iospyros] Kaki. Kakee or Chinese Persimmon."【学名D [iospyros] Kaki. カキ［中国のパーシモン］。】"Kaki. See *Diospyros Kaki*, Japanese name."【カキ。Diospyros Kaki（カキノキ科の落葉高木）を参照。】

　最後の第13例は1965年のJ. Ohwi *Flora Japan* からの"*Diospyros kaki* Thunb ... — Kaki-no-ki."【学名 Diospyros kaki Thunb.（カキノキ科の落葉高木）…──カキの木】である。

　　　　　　　　　　　　　　　　　　　　　　　　　　　　（糸山昌己）

Kakiemon　柿右衛門

　Kakiemonは、*OED* に採択されている陶磁器関連の日本語のほとんどがそうであるように、*SUP 2* から登場し、定義・用例共にそのまま *OED 2* に踏襲されている。定義は「17世紀の日本の陶芸家である酒井田柿右衛門の名前。有田で柿右衛門によって最初に作られた日本の磁器。非対称的な下絵、無地の部分が多いこと、赤絵、引き立たせるための青、緑、黄のうわ薬が特徴。また、欧州で広範囲に真似て作られている柿右衛門様式の磁器をも指す」である。『大辞林』では「[1596-1666] 江戸初期の陶工。肥前有田の生まれ。中国の磁器を学んで〈赤絵〉の絵付けに成功。国内および海外の焼物に大きな影響を与えた。以後代々酒井田家の窯元は柿右衛門を名乗り現在に至る」とある。

　用例は7例（1890、1902、1906、1932、1965、1970、1970）。初出例は1890年J. L. Bowes *Jap. Pott.* から"(heading), Arita Wares. Kakiyemon ware ... A tea bowl."【(見出し) 有田焼、柿右衛門焼…抹茶茶碗。】というだけのもの。この用例においてのみ"Kakiyemon"と綴られている。1906年の用例はR. L. Hobsonの *Porcelain* から"The enamel painting was largely in the Kakiemon style, ... a pattern consisting of one or two birds ... and a spray of bamboo or plum."【うわ薬をかけた絵は主として柿右衛門様式であった…1羽あるいは2羽の鳥…竹や梅の小枝の図案。】とある。最後の用例は1970年 *Times* （3月11日付）から"Ten years ago Meissen copies of Kakiemon wares fetched about ten times the Japanese originals."【10年前、マイセンの柿右衛門を写した磁器は日本のオリジナルの約10倍の値段で売れた。】とある。1970年の10年前といえば60年代のことで、日本はまだ高度成長期にあり、日本の磁器の値段もそれほど高くはなかったであろう。

欧州で磁器が創成されたのは1720年前後でドイツ、マイセン城内の窯場であった。上絵付の磁器を完成したのもマイセン窯で（1730年頃）、肥前磁器の絵模様が色絵付された。17世紀後半に輸出された東洋磁器群を収集したドイツ、ザクセン選定侯であったアウグスト王の命により、マイセン城内の窯場では、柿右衛門様式の意匠・絵模様を忠実に硬質磁器で倣製した。今世紀後半のマイセン窯でも、柿右衛門様式の「花鳥図」絵模様を描き続けており、高度な磁器製品を世界市場に輸出していることに注目したい。[1]

　*New Shorter Oxford*辞典には*OED*よりも詳しい定義が掲載されており、*Webster's 3rd*辞典の1964年版では「1. 有田産の日本の磁器、欧州で盛んに模写されている。2. 柿右衛門様式の磁器の模様。普通、赤、青緑、淡い青、紫、灰色がかった黄色で描かれる」とあったものが、1986年版では「うわ薬をかけていろどられた有田焼」と簡潔に書き替えられている。　　（渡辺佳余子）

(1) 永竹威「柿右衛門」『陶磁大系20』平凡社、1977年

kakke 脚気

　kakke（またkakké）を［kyaku、kaku（脚）＋ki、ke（病気、疾病）］とした語源解は、その通りとしても、これをberiberiの日本名とするにとどまる*SUP 1*以来の定義は少々お座なりである。beriがスリランカのシンハリ族の言葉で「虚弱」を意味し、それの強意的加重であることぐらいは記してほしかった。オランダ人の医師により17世紀にインドで発見されたこの病気が、英語でもberiberiとされる所以だけれども、ヴィタミンB$_2$の欠乏による栄養障害的なこの疾患を開国程ない本邦にも見出した外国人がこれを脚気だと教えられた際、痺れ足のその倦怠が彼らに差し当たり促したのが、印度的虚脱への連想だったのだということだろうか。とまれ第1例では日本の独自性が強調されて、1874年 Boston *Med. & Surg. Jrnl.* "We have received a late number of the *Japan Mail*, containing an interesting description..of a species of endemic disease, known as *kak-ke*, peculiar to the Islands of Japan."【『ジャパン・メイル』の最新号を手に入れた。興味を催させる記事が1つ載っているが…脚気として知ら

れる、日本列島固有の一種の風土病についてのものだ。】死亡者も多かったらしく、日清戦争の前年には1893年 A. M. Bacon *Jap. Interior* "Had I died of kakke the year before last, there would have been no help, would there?"【一昨年脚気で私がお陀仏になっていたとしたら、どうしようもなかったところでしょうね。】

　その後、さらに日露戦争の試煉にも打ち克ったのは、一世を驚倒せしむるに足りたが、実のところ辛うじての勝利であったことは、陸軍のある内情を暴露した次の記事からも明らかである。1906年 *Practitioner*（11月号）"In her previous wars, Japan saw her armies practically prostrate with beri-beri or kakké."【先の両戦争で日本は陸軍がベリベリないし脚気によりほとんど気息奄々なのを見てとった。】大国ロシアに勝利した精鋭の一半が脚気に坤吟する病人の集団だったとは驚きだけれど、原因が農村の貧しい壮丁にとり憧れだった兵食の白米でこそあるのを突き止めるまでには、面倒な学術論争の長い経過が必要であった。一方の雄、牢固たる米食論者の陸軍軍医森林太郎に対し、経験に基づく海軍軍医高木兼寛の米麥混食と兵食改良が水兵を罹患から救い、結果的に海上決戦での健闘の源泉となったことは、誇り高い鷗外にとり何と屈辱的な結末であったことか。1908年には当の森軍医総監（森鷗外）を長として臨時脚気予防調査会が発足する。

　kakkeなる名はかくていよいよ国際化したと思しく、1930年 A. C. Reed *Trop. Med. In U.S.* では、腫性ベリベリがグリーンランド辺りの漁民の脚気などとの関連で論及されている。もとより瑞穂の国の宿痾として、元禄、享保のいわゆる江戸患いとか大阪腫れはおろか、さらにさかのぼっての史的認識が必須なことは言うまでもない。ここに最後の例文として、1951年 E. R. Whitmore in R. B. H. Gradwohl *Clin. Trop. Med.* "Kakké is mentioned in a Chinese pamphlet of the second century B.C ....; it is recorded as occurring in Japan in the ninth century."【脚気の言及があったのは、紀元前2世紀のシナの小冊子であった。…日本では9世紀に発生したとの記録がある。】今は昔ということだろうか。

（西澤龍生）

Kamakura　鎌倉→「時代」の項目

kami　上・神・守

　「カミ」と言うとき、われわれが一般に思い浮かべるのは、様々な関連での「上」であり、真向からは「神」、そのほか髪と紙がある。

　「上」は①時空的に始めの部分、②高いところ、③京の都、④地位・身分のたかい者すべてを指して、これは天皇・将軍から主君・主人、はては女将（おかみ）にまでもいたる。「神」がアイヌ語の「カムイ」に由来するといった説や、来歴への憶測については今は措くが、ともあれ人間を超えた地平で、つよい霊感をもち、禍福賞罰を与える目に見えぬ崇拝の対象として、自然神から人格神まで八百万（やおよろず）の神がいます日本において、神話体系の中では神武天皇以前の祖先神がふりあてられるとき、神と「上」とが摩訶不思議に即融してゆく。古代をいわばそのまま引きずるそんな日本の姿に直面したとき、西洋人の困惑はいかばかりであったろうか。

　OED 1 には早速 Kami が登場するが、定義からして混乱以外の何ものでもない。まず第1義として「日本人により大名および統治者たち＝主君に奉られた称号」とある。第2義として「日本の神道ないし土着宗教における神性。（プロテスタント宣教師ならびにその帰依者たちによる至高の存在をさす用語としての）神」とあるに及んでは、あまりに木に竹継ぎすぎて、ほとんど支離滅裂である。また形容詞として「神＝宗教」のごときがあるとされる。

　用例は主に第2義がらみであるが、迷信としてまず以ては違和感をかくさない。すなわち1727年の Scheuchzer tr. *Kæmpfer's Japan* には"Superstition at last was carried so far, that the Mikaddo's ... are looked upon...as true and living images of their *Kami's* or Gods, as *Kami's* themselves."【迷信の赴くところ遂にはミカドの俤が…彼らの神の真にして生ける俤、神そのものの俤と見なされるほどになった。】次は明治維新になり程ない1871年の Tylor *Prim. Cult.* "The Japanese... have...kept up...the religion of their former barbarism. This is the Kami-religion, Spirit-religion."【日本人はそのかつての未開野蛮なる宗教をやめることが

なかった。これが神＝宗教、精霊＝宗教である。】文明開化が前代の蒙昧を尻尾のように引き摺るさまが呆れ顔に揶揄される趣であるが、1886年 Huxley in *19th Cent.* では、"The state-theology of China and the Kami-theology of Japan."【シナの国家宗教と日本の神＝宗教】への註として"'Kami' is used in the sense of Elohim, but is also, like our word 'Lord', employed as a title of respect among men."【「神」はエローヒームの意味で用いられる。だがまた我々の「卿」という言葉のように、人々の間での尊称としても使用される。】とある。高飛車の論断は影をひそめたといえ、扱いあぐねた挙句が旧約の神様とは！「ヤハヴェ」でなく、ヘブライ語の普通名詞「神」（エローヒーム）を持ち出すあたり、キリスト教の埒外だが、ユダヤ教そのものでもなく、神一般なるその他大勢に組み入れてけりをつけようということであるなら、そっけないなりに巧妙な処理ではある。だが、何かしらそれでは蔽えないという不安を覚えるからであろうか。「卿」への類比が唐突にあとにつづく。たしかに「上」や「守」の意味でのKamiがここでの対象である。割り切れなさを抱え込んでの悪戦苦闘ぶりには同情をさえ禁じえない。

　SUP 2 が「追加」と断って、それ以前、及び以後の用例を補うのは、模索を継続するほかないということであろう。KamiだけでなくKamidana【神棚】もまた、付記されるが、細目になずむほど全体像が見失われるという自己撞着を却って増幅しているのではないだろうか。以前の用例としてあげられるものは2つ、いずれも徳川初期の大名にかかわり「守」としての用法だけれど、Emperorとあるのが天皇でなく、封じる主体たる将軍であるところが、いかにも封建の世を物語る。1616年の R. Cocks *Diary*（1883）に"Micarna Camme Samme, the Emperours sonns sonne."【将軍（徳川家康）の息子の息子、三河守様（松平忠直）。】—— Micarna はもちろん Micawa の誤記 ——、また1663年の R. Manley tr. *Caron & Schouten's True Descr. Kingdoms Japan & Siam* には"Owarny Cammy Samma、the old Emperors Brother."【老将軍（徳川秀忠）の弟君、尾張守様（徳川義直）。】

　スペイン、ポルトガルなどカトリック国からの来航者が、聖俗の秩序をわ

きまえることにおいて、まだしも天皇と将軍の間に幾分上下関係を認めるのに対し、新教側なる蘭・英の連中は two Emperors の並列として当時のわが政局を捉えることに何の臆面もない。その好例であろう。逆に以後の用例となると、今度は一転して「神」、それも具象的に「神棚」などが手がかりになったりする。1904年 L. Hearn *Japan: Attempt at Interpretation,* "The domestic god-shelf —— *Kamidana*."【家庭における神棚。】1931年 G. B. Sansom *Japan* には "At one end of the scale the Sun Goddess, that Heaven-Shining Great-August Deity is a *kami*, and at the other mud and sand and even vermin are *kami*."【階程の一方の先端では太陽の女神なる天照大神が神にましまし、いま一方の端では泥や砂、また害獣さえもが神である。】何かスカトロジックな、たとえば素戔鳴尊の呪的狂乱の逆説をすら連想させる文言ではあるが、神道的宇宙観を見究めた上での喝破であろうか。評価は保留する。

そして戦後になると1965年 W. Swaan *Jap. Lantern,* "Mirrors are sacred objects associated with *kami* (spirits)."【鏡は神(神霊)と結びついた神聖なものである。】1970年 J. W. Hall *Japan from Prehist. to Mod. Times* "Often translated as 'god', 'deity', or 'spirit', *kami* can best be described as localized spiritual forces."【しばしば「神」とか「神性」とか「神霊」とか訳されるが、カミは各地域の神霊として記述できれば、それが最上である。】所詮カミとは局地的な日本独自の習俗とするその裏には、一敗地に塗れた国家神道へのある見くびりがあるのだろうか。1972年 *Guardian 23 Sept.*に "He spends twenty minutes in personal prayer to the 'kami' of the shrine, who in this case are the Emperor Meiji, the monarch who presided over the modernization of Japan in the late nineteenth century, and his consort, Empress Shoken."【彼は神社の「カミ」への私的な祈りに20分を費やす。この場合のカミとは、19世紀末期における日本の近代化を宰領し給うた君主、明治帝と、そのお妃、昭憲皇后とである。】Emperor がこのたびは将軍ではなく天皇であることに注目したいが、その天皇親政による、彼らに言わせれば、神がかり的近代国家の実験が、ともあれ惨憺たる幕をひとまずは閉じたことで、一時代への回顧としてのこんな文例がいささかの詠嘆もこめてとりあげられ

たかに思えてならない。

　以上 *SUP 2* による追加をひとわたり辿ったが、*OED 2* は、要するに *OED 1* に *OED 2* の追加分を加えたものだと言うにつきる。ただし冒頭カミの2つの定義のうち、「神」としての第2義に *OED 1* にあったものをそっくり嵌めこんだ上、*SUP 2* の追加分は、「上」とか「守」にかかわる第1義の枠内に機械的に押し込むことでお茶を濁すという再編である。むしろ改悪であり、混乱はもはや収拾がつかぬと言っても過言ではないであろう。アウゲイアースのこの厩(うまや)は、あるいはヘラクレースの手にさえあまるものがあったということだろうか。

（西澤龍生）

(1) 村松明篇『大辞林』三省堂、1993年
(2) 「モーセ五書」（律法、トーラー）の成立問題が旧約学の基本命題であるが、特に1780年のアイヒルホルンの説が、神を初めてエローヒームと呼ぶ文書をE、ヤハヴェと呼ぶ文書をJとして文書資料を区分しはじめて以来、資料の文献学的腑分けの上に立つ神学的議論が中心課題となった。E資料はJ資料のあと約百年たった前800年頃、北イスラエルでの成立とされるが、創世の物語の部分には関与せず、アブラハムから始めるEは、イスラエルに関心を集中し、神の畏れとしての人の側からする信仰こそが問題となる。OEDの記事には恐らくこれほどの問題意識はないであろう。
(3) 東京大学史料編纂所編『日本関係海外史料』上、所収「（平戸）イギリス商館長日記」参照。松平忠直（1585～1650）は、徳川秀忠の一字を賜わり三河守を称したが、父逝去により跡を継ぎ、越前国福井の藩主となった。大阪夏の陣で真田軍を相手に勇戦し、これを打ち破る。
(4) 徳川義直（1600～1650）、家康の九男。御三家の一つ尾張徳川家の初代。学芸への理解ふかく、賢君の誉れたかし。
(5) 荒野泰典「二人の皇帝――欧米人の見た天皇と将軍――」（田中健夫編『前近代日本と東アジア』、吉川弘文館、1995年）参照。

kamikaze 　神風・カミカゼ

　「この言葉がもともと日本における民間伝承で用いられたのは、1281年8月の一夜吹き荒れて侵寇の蒙古海軍を海の藻屑とした神風と噂されるものに関してなのだ」というのが、SUP 2 にはじまり、OED 2 にそのまま承け継がれる名詞「神々の風」【The wind of the gods】の定義である。弘安の役についてばかりで、先立つ文永の役（1274）についての言及がないのは、落ち度だが、大目に見よう。神風を怨敵退散の加持祈祷への天の感応として論功を求

める寺社の誇大な宣伝もそこにあったことが割引きされれば、「神風と噂されるもの」【'The supposed divine wind'】とする表現は、少なくとも慎重な筆触において及第点を献じてもいいのではないだろうか。この意味での文例は2つあって、まず1896年 L. Hearn *Kokoro* には"That mighty wind still called Kami-kazé, ——'the Wind of the Gods', by which the fleets of Kublai Khan were given to the abyss."【かの暴風は依然カミカゼ——「神々の風」と呼ばれるが、おかげでクビライ汗の艦隊は奈落の底へ叩きこまれた。】とあり、新たな1970年 J. W. Hall *Japan* には "The 'divine wind' (*kamikaze*) which Japan's protective *kami* had generated against its enemies."【日本の守護「神」が讎なす敵に対して捲き起こした「神の風」(カミカゼ)】とあらためて定義しなおされる。

　名詞「神風」の第2義として「1939～45年の戦時に目ざす敵(通例は艦船)へと故意に自殺的な激突をやってのけた日本の飛行士の一群」がお目見得するのは、待ってましたという感じだが、ただいささか淋しいのは、1937年東京-ロンドン間に初の都市間連絡飛行を成功させて国際記録を樹立した、例の「神風号」のことは、影もとどめなかったことである。当時「神風号」に日本国民が託したのは、国威の発揚だけではない。世界平和への熱い念いでもあったはずであるのに。ともかく航空日本に対してのこの見くびりがあればこそ、1941年12月10日、英国東洋艦隊の虎の子プリンス・オブ・ウェールズとレパルスがわが海鷲の急襲によりよもやの悲運を開戦劈頭嘗めることになったのではなかろうか。大英世界帝国崩壊の序幕であるが、その日本も、1945年8月には刀折れ矢盡きて降伏する、その直後の記事が用例の最初なのだ。*Newsweek* 27 Aug. "As a British task force was hoisting victory pennants a Kamikaze darted out of the clouds toward the ship."【英国機動部隊が勝利の長旗を高く掲げていたとき、神風が一機雲間から飛び出し、艦をめざして突っこんできた。】

　以下数例は、種々相がいささか行き当たりばったりに列挙される趣があって、大凡を辿れば、1952年 *Time* 22 Dec. "No land-based bomber —— including the Japanese *Kamikaze* —— has ever sunk a U.S. carrier while the carrier was traveling in a task group."【基地から出撃の空爆機が——日本の神風も含め——米国の航空母艦を、同艦が機動部隊と組んで航行している間は、これまで撃沈したことがなかった。】1954年 *Time* 4 Jan."Fleets of Kamikazes plunged out of the sky, their suicidal pilots aiming their bomb loads at the destroyers."【神風編隊が上空から突っこんできた。装着した爆弾をかれら決死の飛行士が駆逐艦へと覘い定めてである。】1959年 Sunday Times 5 Apr. "The Kamikaze hit the bridge, killing thirty and wounding eighty-seven."【神風が艦橋に体当たりして30人を殺し、87人を負傷させた。】1971年 *Observer* 28 Nov. "The stand of the *kamikazes* means that in any critical division the Government is assured of a working majority."【神風航空隊が控えているということは、いかなる一か八かの裁決に当たっても過半数票が当局に保証されていることを意味する。】

　同じ傾向は、形容詞としての神風の文例にもうかがわれるとおりで、これも列記すれば、1946年 *Chem. & Engin. News* XXIV. "The Army and Navy ... provided protective [smoke] screens against the Kamikaze attack of the Japanese."【陸軍も海軍も…日本軍の神風攻撃に対し防護幕［煙幕］の備えをした。】1954年 P. K. Kemp *Fleet Air Arm* "A Kamikaze, or suicide, plane dived into the base of H.M.S. *Indefatigable's* island."(2)【神風機または特攻機は、英国艦隊基地サンタ・クルス島に急降下攻撃を加えた。】1956年 A. H. Compton *Atomic Quest* "Japan's one great new weapon was her 'kamikaze' planes, loaded with bombs and guided to their targets by heroic suicide pilots."【日本の偉大な新兵器の1つは、爆弾を装着して勇敢な決死の操縦士により標的へと誘導されるその「神風」機であった。】1960年 *Spectator* 3 June "With the suicidal self confidence of kamikaze pilots ramming an aircraft-carrier."【航空母艦へと突っ込んでゆく神風操縦士の自ら期するところある特攻精神をもって。】ただし、次の例、1966年 *New Scientist* 11 Aug."After the mobilization of the bedbugs for guard duties in Vietnam comes news of *kamikaze* porpoises."【ヴェトナムで哨兵に動員されているのが吸血性の昆虫どもだといった話の次に来るのが神風イルカ（水上艇）の情報なのだ。】には、繁栄アメリカには命取りとなるヴェトナム戦争の泥沼に折からはまり込もうとしていた虚報

入り乱れる白人文明国の恐怖が反映されているのではないだろうか。多分同じ範疇だと思われるのが最後の例で、これはアメリカが遂に撤兵に追い込まれた半年後の記事だが、1974年 *Illustr. London News* Feb. "Newspaper speculation that *kamikaze* dolphins, with explosives strapped to them, had been trained to ram and destroy enemy craft."【爆薬をくくりつけた神風イルカ（水上艇）が、敵舟艇にぶつかって撃破するよう訓練されてきだのだという観測記事。】最後の2例はすでにしてそれ自体転義としての用法であるかに思われるのだけれども、このあとあらためて、転義と比喩なる別項が立てられる。字義通りにも比喩的にもとした上で、「むこうみずで、危険極まる、ないしまかり間違えば自滅的な」といった定義が与えられる。

　これまた形容詞としてであるが、とりとめないなりにひたすら用例を追うことにする。1963年頃 S. Plath *Ariel*（1965）"I have taken a pill to kill The thin Papery feeling, Saboteur, Kamikaze man."【私は丸薬をのんだ。薄紙のように破れやすい感情を殺すために。ぶっこわしやの神風男。】その上、諷刺漫画のネタにされていて、1963年 *Punch* 16 Jan. "One of the *Kamikaze* apes at the RAF's Central Ape School."【英国空軍中央猿真似道場における「神風」猿の一匹。】1964年 J. H. Roberts *Q Document*（1965）には "The Ginza was crowded .... The kamikaze cabs did not seem to be affected...by the condition of the streets. They followed the same erratic courses through the staggered lines of more cautious drivers."【銀座は人で混み合っていた。…神風タクシーは道路の状況に構ってなんかいるとは見えなかった。もっと注意深い運転手なら小刻みにすすむ道筋を、同じ調子にふうらりふらりと辿っていったのである。】とあり、1966年 L. Cohen *Beautiful Losers*（1970）では "Kamikaze insects splashed against the glass."【神風昆虫がガラスにぶち当たり玉砕した。】と見える。さらに1967年 *Telegraph*（Brisbane）5 Apr. には "No one is too anxious to be a 'Kamikaze kid', and take on a seat without hopes."【「誰しも神風っ子」であったらいいのにと到底見込みもないまま席に陣どるものではない。】1968年 *Evening Standard* 29 Aug. "He developed a contempt for the kamikaze liberals who prefer glorious defeat to sensible accommodation."【分別ある折り合い

よりは名誉ある敗北をこそよしとする神風自由党員への軽蔑を彼は募らせていったのである。】1974年 D. Seaman *Bomb that could Lip-Read* "The Royal Army Ordnance Corps―not normally looked upon as a kamikaze outfit―supplies two such [bomb disposal] units, the only ones in the whole British Army."【王国陸軍兵站部は――いつもなら神風部隊とは見なされないのであるが――英国陸軍全軍中ただ1つのこうした［不発弾処理の］2部隊を補充するのだ。】そのあたりに挙例がとどめられているのは幸いであるが、他の項目にわたってのこの語の頻出度が群を抜いていることから見て、本格的に集めれば例示の多さに多岐亡羊の嘆を発するところであろう。

　最後に、ことさら掬い残した名詞としての第3義につき忘れずつけ加えよう。サーフィン【波乗り】の術語であって、何とスポーツの世界にまでひろがっていることになる。1950〜60年代からオーストラリアなどを先頭に発達した種目らしいが、用例は3例。1963年 *Pix* 28 Sept. "Kamikaze: riding the nose with the hands in cross across chest."【カミカゼ：手を胸に交差させ、ボードの先端（鼻）に立って波を滑ること。】1967年 J. Severson *Great Surfing* "*Kamikaze*, a planned wipe-out; taken on purpose with no hope of saving the board or avoiding the swim."【カミカゼ：波に計画的にひっくり返されること。ボードを波にさらわれぬよう持ちこたえたり、水に放り出されて泳ぐ羽目になったりするのを免れるあてがないとき故意にするもの。】1970年 *Studies in English*（Univ. of Cape Town）"A *kamikaze* occurs when the surfer takes a wipe-out fair on the nose of his surfboard."【カミカゼとはサーフィン競技者がそのサーフボードの先端に乗ったまま鮮やかに宙に舞うとき生ずるもの。】

　水飛沫あげて風を切る爽快さは、はちきれんばかりの青春の特権にはちがいない。だが同じく青春といっても、限りある生命を国難に殉ずるここ一瞬に燃やしつくした散華の清冽な潔さと較べるとき、屈託がないというだけの何と空疎な戯れと戦中派なる筆者の目にはうつることか。思いつめた悲壮美が、敵をして名状すべからざる恐怖に度を失わしめたのも今は昔、敗戦後は、それをしも窮鼠猫を噛んだ異常現象として狂気という範疇に矮小化したまま

他愛ないスポーツ用語にまで卑俗化しさった。この風化の過程にさながらわが戦後の歩みを目のあたりにするのは、ひとり筆者だけであろうか。

(西澤龍生)

(1) ここには、*Ibid.*, "But ... the Kamikazé did not come."【だが…神風はこなかった】という文言も引用されている。
(2) 大平洋上ガラパゴス諸島の一島でサンタ・クルス島という方が通称となっている。

kana　かな

*OED*においてkanaは、hiragana、katakanaとともに*SUP 1*から採録され、「日本語の音節表記。主たる変種はひらがなとかたかなである」と定義されている。用例は1727（2例）、1874、1879（2例）、1931、1965、1968、1973年の9例である。

初出は*Kæmpfer's Hist. Japan*である。この文献は*OED 2*における日本語の引用例として最も多く、特に初出文献として最も多く引用されているもので、原典はHigh Dutch【高地ドイツ語】で書かれており、これはその翻訳である。1727年第1例は、"The Names of the Provinces ... are only in their *Canna*, or common Writing."【藩の名前は通常表記であるカナでしか書かれていない。】というものである。これは日本の地図についての記述の一部である。「彼らの地図はみな無頓着に（indifferently）作られており、距離や経緯度もなく、さらに上記の藩の名は通常表記であるカナで書かれ、他のもっと信頼できる（authentick）記録のように重要文字である『真字（Sisi）』で書かれているのではないために、それらがどの程度信頼できるものかどうかは読者の判断に任せるしかない」という文脈に現れる。

1874年と1879年の用例は*Trans. Asiatic Soc. Japan*によるものである。1874年のものは "The invention of the Japanese syllabic *kana* ten centuries ago."【10世紀前における日本語の音節文字カナの発明。】1879年の最初の用例は "It is supposed that he is responsible for the *kana* readings given by the side of the Chinese text."【彼は中国語の本文の横に記されたカナ表記の責任者であると思われている。】となっている。次の用例は、"The *kana* in the Kozhiki and Nihongi are the earliest examples of the use of Chinese characters by the Japanese as phonetic symbols"【『古事記』と『日本紀』におけるカナは、日本人によって音声表記として漢字が使用された最初の例である。】となっており、ここに日本最古の歴史書である『古事記』と、日本最古の勅撰の正史である『日本紀』(日本書紀)が言及されている。ただし、両者はOEDに見出し語としては採録されていない。

1965年の用例はW. SwaanのJap. Lanternによるもので"Each of the symbols, known as kana, represented either a vowel or a syllable."【カナとして知られるそれぞれの記号は、母音か音節のいずれかを表していた。】というもので、カナの定義を補う内容になっている。さらに、1968年のEncycl. Brit.からの用例は、"These syllabaries or kana, originally consisting of about 50 syllables, greatly stimulated the development of literature."【これらの音節文字すなわちカナは、もともと50の音節から構成され、文学の発展を大いに推し進める刺激剤となった。】というものであり、いわゆる50音についても言及されている。

1973年の用例は、Physics Bull. 5月号からで、"Japanese is normally written, typed or printed in a mixture of Chinese and Japanese Kana characters.(後略)"【日本語は通常、漢字と日本独自のカナ文字の混交によって、手書き、タイプ、または印刷される。】というものである。日本語にはカナ表記と並んで漢字表記があることを示す用例である。ちなみに、kanjiはSUP 2から見出し語として採録されている。 　　　　　　　　　　　　　　　　　(馬場哲生)

kanji 漢字

kanjiはOEDにおいてSUP 2から採録され、用例の初出は1920年である。日本の文字では、kana、hiragana、katakanaがSUP 1から採録され、用例の初出がそれぞれ1727、1822、1727年であるのと比べると、採録・初出とも遅れている。

定義は2項目あげられており、1つが「中国語から借用され改定された表意文字の総体で、日本語の文字体系の主要な部分を構成する」、もう1つが

「これらの表意文字のひとつひとつ。特に限定用法で用いられる」となっている。kana、hiragana、katakanaの定義と異なる点は、文字体系を示す語としての定義と、1つ1つの文字を表す語としての定義が分離されていることである。採録された時期が新しいために、より分析的な定義になったものと考えられる。

用例は、1920、1960、1964、1965、1972年（2例）の6例である。初出例はW. M. McGovern *Colloq. Japanese*からで、"The *Honji* or *Kanji* consist of the ideographs taken over from China."【本字または漢字は、中国から取り入れた表意文字で構成される。】と記されており、定義を補足する内容となっている。

1960年の用例は*New Scientist*（4月号）によるもので、"The Japanese newspaper contains roughly 50 per cent. kanji or Chinese characters, 40 per cent. kana letters or phonetic signs, and 10 per cent. Arabic figures and other signs."【日本の新聞で使われる表記は、およそ50パーセントが漢字、40パーセントが音声表記であるカナ、10パーセントがアラビア数字やその他の表記である。】と記されており、漢字とカナの使用頻度を示す内容となっている。

1964年の用例はM. Critchley *Developmental Dyslexia*という難読症についての文献から、"More difficulty was experienced in reading the syllabary Kana script than the ideographic Kanji symbols of Chinese origin."【中国起源の表意文字である漢字表記よりも、音節文字のカナのスクリプトを読むときの方が、大きな困難を伴った。】という症例が記されている。

1972年の2つの用例は*Mainich Daily News*（11月6日付）の広告からとられ、第1の用例は、"Plastic Kanji Cards .... All the 1,900 symbolic characters now used in Japanese newspapers and magazines, in Plastic Cards."【プラスチックの漢字カード。現在日本の新聞・雑誌で使われている1900の漢字すべてがプラスチックカードに。】第2の用例は、"An easy method to learn the 1,900 Chinese-Japanese characters (Kanji) now used."【現在使われている1900の漢字を楽に身につける方法。】となっている。ちなみに、当時の「当用漢字」は1850字であった。

なお、kanaとhiraganaの初出例のある*Kæmpfer's Hist. Japan*の日本語訳

(ケンペル『日本誌』今井正編訳、上巻87頁)には、日本の呼称について、「漢字では『日本』と書く」という記述がある。しかしながら、原典では "It signifies, the foundation of the Sun,..."【それ(筆者注：にっぽん・にほん・ジッポン)は太陽の礎という意味である】となっており、kanjiは登場しない。High Dutch【高地ドイツ語】の原典にもkanjiは登場しない。ここで漢字についての言及がなされていたならば、OEDにおけるkanjiの初出用例が一気に200年早くなっていたことになる。 (馬場哲生)

karate (*n.*) 空手

karateは*SUP 2*で初登場し、*OED 2*に踏襲されている。日本語は「空手」の意だとあり、次のように定義されている。"A Japanese system of unarmed combat in which hands and feet are used as weapons."【武器をもたない日本式の戦い方で、手足が武器として使われる。】また形容詞的用法として特に "karate chop, a sharp slanting blow with the hand."【手でする斜めの鋭い打撃、カラテ・チョップ】があげられている。

初出例は1955年 E. J. Harrison *Fighting Spirit Japan* "Karate resembles both jujutsu and judo."【空手は柔術にも柔道にも似ている。】とあり、同書にまた "A single karate technique...is capable of inflicting fatal injury upon its victim."【1つの空手の技は受けた人に致命的な危害を及ぼすことが可能だ。】

第3例は1962年*Movie*12月号 "The interest of the karate techniques employed."【使われている空手の技のねらい。】第4例は1964年の*Guardian* 1月11日号 "Her unsporting habit of dispatching people of both sexes with a carefully rehearsed Karate blow."【注意深く練習した空手の打撃で、男女を問わず人をやっつける彼女の卑怯なやり方。】である。

ちょっと目立つのは第5例としてあげられたIan Flemingの「007シリーズ」の中で日本を舞台にした作品、1964年の*You Only Live Twice*【邦訳名『007は二度死ぬ』】の中の "Your judo and karate are special skills requiring years of practice."【きみの柔道と空手は何年もの修練を要する特技である。】

次の第6例は1966年 J. Porter. *Sour Cream* 中の"She probably knew the lot: unarmed combat, judo, karate."【彼女はたぶんその多くを知っていたんだろう——武器をもたない戦い、柔道や空手を。】第7例は1970年 *New Yorker* 誌12月号 " 'I'm Larry Taylor,' a breathless, sharp-featured young man said, offering a karate-chop handshake to Jay Steffy."【「私はラリ・テイラーです」と鋭い顔付きの若者が息を切らして言った。ジェイ・ステフィーに向かってカラテ・チョップ式に握手の手を差し出しながら。】

最後の第8例は1971年6月 *Ink* 中の短文"He floored the guard with a karate chop."【彼は守衛をカラテ・チョップで打倒した。】である。なお karate から派生した語として karateka【空手家】があり、数例があげられている。1966年7月 *New Scientist* 中のものは"Karatekas, those fearsome exponents of the Japanese technique of self-defence called Karate ... often display their prowess by breaking ... bricks with their bare hands."【空手家、空手と呼ばれる日本式自衛の技法のあのこわい主唱者たちは…しばしば裸の手で煉瓦を割ったり…してその力量を誇示する。】

ここでは日本式と言っているが、他の辞書などでは、空手が何世紀もの間東洋で発達し、17世紀に沖縄で組織化された。武器携行を禁じられた人々によってだろう。そして1920年代に日本へ輸入された、と説明しているものもある。

1972年9月の *Straits Time*（マレーシア版）中の例文"Some 700 karatekas from the Police Reserve Unit ... will be attending."【警察予備隊の約700人の空手家が出席する予定。】によっても空手の普及の程度がうかがわれよう。　　（福田陸太郎）

karate (*v.*)　空手を使う

定義として「空手の打撃をする」とある。また karate-chop という動詞として「空手チョップで打つ」を意味する。これは *SUP 2* に3例をもって登場する。

初出例は1966年の T. Pynchon *The Crying of Lot 49* の中の文章、"I'm

unarmed. You can frisk me.' 'While you karate-chop me in the spine, no thank you.'"【「私は武器をもっていない。君は私の体を探ってもいい」。「その間に君は私の背骨にカラテ・チョップをくらわすんだろう。ごめんだね」。】トマス・ピンチョンは1937年生まれの米作家。上記の小説（邦訳名『競売ナンバー49の叫び』）は不気味な地下組織をめぐり、遺産執行人になった男の異様な体験を描いたもの。

　第2例は*New Yorker*誌の1968年9月号の文章、"A wolf was bugging me, so I ... karated him, and called the fuzz."【一匹の狼が私をてこずらせていた。それで私は彼に空手を使った。そしてポリ公を呼んだ。】

　最後の例は*Time*の1970年5月11日号の中の文章、"The wife ... can karate-chop hell out of her husband."【妻は夫を空手チョップでたたきのめすことができる。】ちなみにchopとは「たたき切る」という意味である。karate（名詞）の項参照。

（福田陸太郎）

kata　形

　柔道の「形」は、*SUP 2*で初めてとりあげられて、「柔道のわざのかけ方を教えるとともに、その改善のために用いられる基本練習ないし形式に則った稽古の体系で、嘉納治五郎教授（1860-1938）の創案になるもの」と定義され、これはそのまま*OED 2*に踏襲されている。

　1954年のE. Dominy *Teach Yourself Judo*の中の、"*Kata*, a pre-arranged series of movements performed for the purpose of demonstration."【形、演技のために行なわれる予め手順の整えられた一連の動き。】というのが、この語の最初の用例である。

　*OED*にとりあげられた他の柔道用語と比べて、初出例が極めて新しい。このことはイギリス人の日本文化に対する意識のあり方を反映しているようである。明治の時代にイギリス人が初めて柔道に接し学び始めて以来、彼らの即物的なものの見方からそれを単なる実用的武術と見て、日本文化の本質的部分との深い関わりや美意識には思いが及ばなかったことをうかがわせる。

時とともに少しずつイギリス人の日本文化への理解が深まるにつれて、1956年にはC. Yerkow *Judo Katas* という形(かた)の本も出るに至り、そこに出ているのが次の用例である。"This training is called *kata* and means form-practice, both for stand-up techniques and in mat-work."【この稽古は形(かた)と呼ばれ、立技と寝技の両方の形式にしたがった稽古を意味するものである。】

　主要な関心事が形(かた)の意味より単なる身体の位置や均衡など技術面にあることは、上記の用例以上に次の第3例がよく示している。1961年 *New Statesman*（9月22日付）"Kata is the general techniques of posture and balance."【形(かた)は姿勢や均衡のとり方の一般的技術である。】

　形(かた)がもっと広い文化的特質であることに徐々に気づき始めていることは、提示された5つの用例からも感じとれる。第5例1973年 *Express*（Trinidad & Tobago）（4月27日付）は、空手の形(かた)に言及したものである。"Over 500 karatekas will be competing for titles in ... katas（imaginary combat）."【500人以上の空手家が、選手権を求めて形(かた)（相手を仮想した格闘）で競いあうであろう。】

　言うまでもなく、日本文化では武道一般のみならず、茶道、華道、能、歌舞伎、絵画、彫刻などすべて様式美にその本質がある。この様式美の追求は単なるかたちだけの美しさを求めるのではなく、形式美が同時にその本質となりそれを生かしているものでなければならない。日本刀が実戦用として剛にしてしなやかな鋭利な刃をもつと同時に簡潔を極めた美しさを誇るように、柔道をはじめ武道一般の形(かた)はそのまま実戦で使えるわざの窮極形態にして偶然的な動きを排した簡素の美を生み出している。

　日本人は芸術のみならず、生活道具や立居振舞にも機能そのものがもつ美や、動作の目的に即した美しい身のこなしを追求してきた伝統がある。生活を芸術化したことでは古代ギリシア人に通じるところがある。日本ではこの美意識によって美術工芸の発展を見た。

　日本文化の様式への志向性は自然への畏怖と敬神に深く関わるものであり、かたちの洗練は自然をこまやかに観察して初めて生まれる意匠であるが、自然観を異にするイギリス人には形(かた)の意味が理解しにくいことは容易に察せら

れる。　　　　　　　　　　　　　　　　　　　　　　　　　　　　（伊藤勲）

katakana　かたかな

　katakana は OED において SUP 1 から採録され、「日本語の音節表記における2つの変種の1つ。ひらがなよりも鋭角的な形態を持ち、対応する音を持つ中国語の表意文字の省略形に由来する。主として科学的な文書や公式文書の中で、また、日本語に取り入れられた外来語を表記する際に用いられる」と定義されている。かたかなが科学的文書や公式文書で使用されるという説明は、少なくとも現代日本語の説明としては正しくない。公式文書の中でも、かたかなが使用されるのは法律などごく限られたものだけである。また、科学的文書によるかたかなの使用とは何を表すのか不明である。通時的な記述と共時的な記述は分離すべきだろう。

　引用例は1727、1822、1859、1861、1880、1928、1970、1973年の8例である。

　初出例は、別項 kana と同じく1727年の *Kæmpfer's Hist. Japan* からとられており、"The other was a map of the whole world, of their own making, in an oval form, and mark'd with the Japanese *Kattakanna* characters."【もうひとつは、日本語のかたかなで表記された、彼ら手作りの楕円形の世界地図であった。】というものである。これは、kana の初出用例と同様、地図の表記法についての記述の一部である。

　第2例は1822年の F. Shoberl tr. *Titsingh's Illustr. Japan* からであり、"These works, published in the learned language, Gago, with the *kata-kana*, or women's letters, have been re-printed expressly for them."【女性の文字であるかたかなを用い、教養ある人の言葉である「雅語」で書かれたこれらの作品は、特別に彼らのためにリプリントされた。】となっている。ここでかたかなは「女性の文字」【women's letters】と説明されている。なお、この文献からは hiragana の初出文献としても用例があげられており、そこでひらがなは「女性の書体」【women's writing】と説明されている。

　1859年の用例は A. Steinmetz の *Japan & her People* からで、"Katakana is very simple, each sound having one invariable representative."【かたかなは非常に単純で、それぞれの音が不変の表記を持っている。】というものである。

1861年の用例はG. Smithの *Ten Weeks in Japan* からで、"A copy of St. Luke's gospel in the Katagana Japanese character published at Hong-kong."【香港で出版された日本語のかたかな表記のルカによる福音書1冊。】となっている。

1973年の用例は *Physics Bull.*（5月号）からで、"We have also extended the process by including in addition to the 881 Chinese characters, the 50 Japanese Kata-Kana and 50 Hira-Gana characters and 10 numerals."【我々はまた、881の漢字に加え、50のかたかな、50のひらがな、そして10の数詞を加えることによって、その処理を拡張した。】というものである。この文の一部はhiraganaの項でも用例として引用されている。なお、881字の漢字とは、1948年に国語審議会が義務教育機関に読み書きの指導をする漢字として定めた「当用漢字別表」の「教育漢字」の数である。
　　　　　　　　　　　　　　　　　　　　　　　　　　　（馬場哲生）

katana 刀

日本の刀剣類に関する用語が *OED* に項目としてとりあげられているのは、この「刀」「大小」「脇差し」のみである。定義や用例の中に、匕首や短刀に相当する単語は出てくるが、これらは項目としてはあげられていない。「大小」の項に記したように、大刀のことを刀と言い、小刀のことを脇差と言う。したがって「長モノ」を指して刀と言うのである。

刀の定義は、「日本の侍の、長い片刃の剣」となっていて、簡単明瞭で良い。刀が *OED* に登場するのは *SUP 2* からである。用例数は7例で、初出例は1613年のJ. Saris *Jrnl.* からである。"Either of them had two Cattans or swords of that Countrey by his side."【彼らのうちどちらも、その国の2本の「刀」、つまり剣を腰に差していた。】とある。'Countrey'と綴られているが、このような綴りもあったのだろうか。7つある用例のほとんどが刀の形状に関するものである。

1890年のB. H. Chamberlain *Things Japanese* からの用例には"The Japanese sword of ancient days (the *tsurugi*) was a straight double-edged heavy weapon some three feet long …. That of medieval and modern times（the *katana*）is lighter, shorter, has but a single edge, and is slightly curved towards the point."【古代の日本の刀（剣）は、3フィート程の長さの、真っ直ぐで重い諸刃の武器であった。…中世及び現代のそれ（刀）はもっと軽くて短く、片刃であって、切っ先に向けて微かに反っている。】とある。これも形状に関する記述であるが、日本にも古代には、古代ギリシャやローマ、中国や西欧の一部に見られたようないわゆる段平風の剣が存在し、古代遺跡を発掘するとそれが出土する。この用例はその事実と、それ以後の日本独特の「日本刀」との比較をしている上で興味深いものがある。

　刀が武士の魂であったことのニュアンスが用例から伝わってこないのは残念である。また、武将と言われる者は馬上にあっては、刀ではなくして槍を使った。このように日本独特の重要な武器槍とか、女性用の武器としての薙刀や、アーチェリーとはまったく異なる和弓（ゆみ）等にも触れられて、日本発見がさらに成されればそれに越したことはない。　　　　　　　（吉江正雄）

katsuo　鰹

　katsuoが*OED*に登場したのは*SUP 2*で、*OED 2*にもそのまま記載されている。定義には、"=BONITO, *Katsuwonus pelamis*, an important food fish in Japan, whether fresh or dried."【BONITO（カツオ）と同語、学名Katsuwonus pelamis, 生・干物を問わず日本での重要な食用の魚。】とあり、派生語として"katsuobushi, a dried quarter of this fish."【「鰹節」、この魚の干物の4分体。】があげられている。カツオは硬骨魚綱スズキ目サバ科の海産魚だが、マグロ類に近縁で、英名skipjack tunaのように欧米諸国ではマグロ亜科に分類されることもある。日本でカツオがマグロと混同した呼び名がないのは、古くからカツオが鰹節などの干魚として好んで用いられ、主として刺身にされるマグロとは利用や消費の形態を異にした伝統によるものであろう。また、カツオの名称は鮮度が急激に悪くなるので乾燥して食べたり、火を通して調理すると肉質が硬くなることから「かたうお」と呼ばれたのがなまったという説があ

る。

　初出例は1727年 *Kæmpfer's Hist. Japan* からの"The best sort of *Katsuwo* fish is caught about Gotho."【上物のカツオは五島あたりで獲れる。】である。第2例は1884年 *J. J. Rein's Japan* からの"Most conspicuous is the common bonito or Katsuuwo（Thynnus pelamys）, one of the most important and most valued fishes of Japan."【最も目だつのは、普通に見かけるカツオで、日本で最も重要で価値のある魚の1つである。】

　第3例以降はkatsuoの用例というよりはkatsuobushiの用例といっても良さそうである。実際、1891年 A. M. Bacon *Jap. Girls & Women* からの"Sometimes a box of eggs, or a peculiar kind of dried fish, called *Katsuobushi*, is sent with this present."【時々卵1箱、あるいは鰹節と呼ばれる一風変わった干魚がこの贈り物といっしょに送られる。】はkatsuobusiの初出例になっている。第4例は1899年 L. Hearn *In Ghostly Japan* からの"The Yaidzu-fishing-industry, which supplies dried *katsuo*（bonito）to all parts of the Empire."【焼津の漁業、そこから日本帝国のあらゆる所に干物のカツオ（鰹節）が供給される。】である。この用例はkatsuoの用例にはちがいないが、外ならぬラフカディオ・ハーンならば"dried katsuo"と書かずにkatsuobushiとも書けたであろう。

　第5例は1965年 W. Swaan *Jap. Lantern* からの"Sticks of *katsuobushi*, a form of *bonito*, a species of striped tunny."【棒状の鰹節、カツオの一形態、縞のあるマグロの一種。】で、最後の第6例は1969年 *Guardian*（7月16日）からの"One staple [Japanese food]... is dried bonito（*Katsuobashi*）."【日本食の主要産品の1つに干物の鰹節がある。】"*katsuobushi*, a form of *bonito*"や"dried bonito（*Katsuobashi*）"のように、第4例の"dried *katsuo*（bonito）"とは異なる記述になっている。つまり、katsuoではなくbonitoが使われ、時代とともにkatsuoからkatsuobushiのほうに認知度が推移してきているように思われる。　　　　　　　　（糸山昌己）

katsura　鬘（かつら）

　OED 2 のkatsuraは *SUP 2* から現れ、定義は「主に日本の女性がつける一

種のウィッグ」である。

　まずkatsurashitaの例として、1894年 L. Hearn *Glimpses Unfamiliar Japan* を括弧付きで紹介している。"As soon as the girl becomes old enough to go to a female public day-school, her hair is dressed in the pretty, simple style called katsurashita."【公立の女子昼間学校に行く年になるとすぐに、女子は鬘下と呼ばれる美しくシンプルな髪型にする。】鬘としての初出例は1908年 N. G. Munro *Prehistoric Japan* "The word Katsura means a vine, such as the Ainu use on certain occasions for personal decoration. In the middle ages it was applied to artificial hair, which meaning is still retained: the evidence scarcely justifies the conviction that wigs were worn by the prehistoric Yamato."【「カツラ」という言葉は、アイヌが特定の行事の時に装飾としてつけるつる草を意味する。それが中世には人工的な髪の名称として用いられるようになり、その意味が今でも残っている。だが、有史以前のやまとびとがカツラを着けていたと立証するには至らない。】最後の例は1970年 J. Kirkup *Japan behind Fan* で、"I watched ... a display of graceful dances by girls in kimono, ... obi（belt）and black-lacquered *katsura*, or wig."【私は着物、帯、そして黒い漆を塗った鬘を着けた少女たちの優雅な踊りを見た。】

（坂上祐美子）

katsuramono　鬘物

　見出し語のすぐ後にkazuramonoとも言うと記述がある。「日本の能の範疇の1つで、主役は女性であり、主題は浪漫的である。通常、能の上演を構成する異なる範疇の5つの連続する芝居中、3番目に提示される。短縮形として『鬘』ともいう」というのが*SUP 2*の定義である。ちなみに『広辞苑』では「かずら」の項目で「鬘を用いる役、すなわち女を主人公とする能。狭義には狂女物などを除いた優美な能」とある。「鬘を用いて女役を演じる」という説明は『大辞林』『国語大辞典』等にも掲載されているが、そのあたりのことは、OEDの定義からも引用例からも、いま1つはっきりしない。また、発音については小学館『日本国語大辞典』では「かつら」の項目で「現

代では、能楽関係ではカズラ、その他はカツラと発音している」と説明があるが、この点も*OED*は曖昧と言ってよいだろう。用例は5例ある。

　1916年 Fenollosa & Pound, *Noh* から "Kazura, or Onnamono, 'wig-pieces', or pieces for females, come third. Many think that any Kazura will do, but it must be a 'female Kazura', for after battle comes peace."【かずら、もしくは女物、女性のための「鬘物」は第3番目に来る。多くの人はどんなかずらでもよいと考えるが、それは「女性のかずら」でなくてはならない。というのも、戦争の後には平和が来るからである。】西洋における能の受容を考察する際に、最も重要な著作の1つがパウンドとフェノロサの*Noh or Accomplishment* であったことは言うまでもないが（詳細は「能」の項を参照）、*OED* 中、この書物が引用されているのはこの箇所のみである。

　1932年、Beatrice L. Suzuki *Nogaku* の "A romantic play (*jo* or *katsuramono*), in which the chief character is a woman and the chief motive love."【幻想的な芝居（序もしくは鬘物）においては主役は女性であり、中心的モチーフは愛である。】という鈴木大拙夫人（詳細は「能楽」の項参照）の説明はいかにも女性らしい細やかさをうかがわせる。1948年 *Introd. Classic Jap. Lit.* からは、"The regular *kazuramono* contains a *jonomai*, a dance consisting of five movements and a prelude."【通常、鬘物は5種類の動作と前奏からなる序の舞の踊りを含む。】というように、前出の2つの用例が主題に関する説明が引用されていたのとは異なり、具体的な踊りの内容についての説明がある。1964年 W. G. Raffé *Dict. Dance* では、"They [*sc.* Noh plays] range ... from romantic themes (*katsuramono*) to farce (*kyogen*)."【能芝居の領域は幻想的な主題の鬘物から狂言のような笑劇まで［多岐に］渡る。】という説明があり、能の懐の広さが強調されている。最終例は1965年 W. Swaan *Jap. Lantern* から、"*Katsura-mono* or wig-plays consisting chiefly of posturing by a woman."【主に1人の女性による演技からなる鬘物もしくは鬘芝居。】という説明である。

　それにしても、鈴木大拙夫人の『能楽』では「鬘物」の引用箇所は能の演目について説明しており、そこでは①神事、②修羅物、③鬘物、④狂、⑤鬼

のすべてが列挙されている（*Jap. Lantern* も同様）。その中で鬘物だけが *OED* で見出し語として扱われているのは、他の演目に比較して見た目にも華やかで、内容が優美なために西洋の心にも受入れやすいことが原因なのであろうか。

(野呂有子)

kaya 榧

榧は *SUP 2* から登場する。「学名 *Torreya nucifera*、日本産、いちい科の常緑樹。その種子は油脂を含む。またその木材のこと」と定義されている。

初出例は 1727 年 J. G. Sheuchzer 訳ケンペルの『日本誌』から。"Of all the Oils express'd out of the seeds of these several plants, only that of the *Sesamum* and *Kai*, are made use of in the kitchen."【これらの種々の植物の種子から抽出されるすべての油のうち、胡麻と榧の油だけが食用油として使用される。】

第2例は 1889 年 J. J. Rein *Industries Japan* からの引用。"Kaya-no-abura, Kaya-oil, is manufactured by the Japanese from the seeds of *Torreya nucifera*, S. and Z., the Kaya, which are like hazel-nuts or acorns .... The Kaya resembles our yew. It is found in most cases as of underwood, scattered like brush in mountain forests; seldom as a tree. In autumn the plant is laden with nuts, which are good to eat, although having a resinous after-taste."【榧の油、すなわち榧油は、日本人によって、榧──学名 *Torreya nucifera*、S [iebold] & Z [uccarini]──の種子から製造される。榧は、ハシバミやドングリのようである。榧はわが国（ドイツ）のイチイに似ている。榧はほとんどの場合、下ばえの一部として柴のように山林のあちこちに生えているのが見られるが、めったに喬木となったものが見られることはない。秋には実がたわわになる。樹脂質の後味を残すが、食べられる。】

第3例は 1894 年 C. S. Sargent *Notes Forest Flora Japan* からの引用である。"The Kaya should be cultivated wherever the climate permits it to display its beauty."【榧はその美しい姿が見られるよう、気候が許すならどこででも栽植されるべきである。】

第4例は 1923 年 Dallimore & Jackson *Handbk. Coniferæ* から。"*Torreya nucifera*, Siebold & Zuccarini. Kaya .... Wood lustrous yellow to pale brown, durable under water, used for chests, boxes, cabinets, furniture, water-pails, and for Japanese chessmen."【学名 *Torreya nuciferae*, Siebold & Zuccarini。榧の木材は…光沢のある黄色から薄茶色まで色合いが分かれ、耐水性に優れ、箪笥、箱、飾り棚、家具、手桶、将棋の駒を作るのに使用される。】

　第5例は1965年J. Ohwi *Flora Japan* から。"Kaya. Glabrous tree with spreading brownish branches."【榧。茶色がかった枝を広げた木肌の滑らかな樹木。】

　最終例は1969年R. C. Bell *Board & Table Games* から。"The best boards are made of a species of yew, called 'Kaya' (*Torreya Nucifera*)."【最上の碁盤は榧（学名 *Torreya Nuciferae*）と呼ばれる、イチイ科の樹木の木材から作られる。】ちなみに *Board & Table Games* は檜の項目でも引用されている。

　『大辞林』では「イチイ科の常緑針葉樹。山地に自生し、また庭木として栽植。高さ約20メートルに達する。葉は広線形で2列につく。4-5月頃に開花し、翌年の秋、楕円形で紫褐色に熟する種子をつける。材は碁盤などとし、種子は油をとる他、食用にする」とある。　　　　　　　　　　（野呂有子）

Kempeitai　憲兵隊

　Kempetai とも綴るとあり、定義は「1931～1945年の期間での日本の軍隊の諜報機関」となっている。つまり昭和6～20年にわたる時期で、1931年は満州事変勃発の年である。元来1881年（明治14年）に憲兵条例によって陸軍に置かれた軍事警察とも言うべきもので、軍隊内の犯罪捜査・軍紀の取り締まり、防諜などを任務とした。やがて軍部の政治的介入は激しくなり、太平洋戦争中は反戦思想弾圧から国民生活への干渉にまで及び、戦争の終結とともに廃止された。

　この語は *SUP 2* に7例をもって登場。初出例は1947年J. Bertram *Shadow of War* "A single communication ... to the kempeitai revealing my identity would be more than enough."【憲兵隊に対して…私の身分を明かすただ1つの通報でも十分過ぎるだろう。】次は1953年J. Trench *Docken Dead* "Docken had betrayed Richard to the Kempetei."【ドッケンはリチャードを憲兵隊に売っていた。】

　第3例は1961年R. Seth *Anat. Spying* "The Kempeitai, like the Nazi Gestapo, was the most powerful and most hated of all Japanese institutions. It derived its power for the most part from the semi-independent position which it held within the army."【憲兵隊はナチスのゲシュタポに似て、すべての日本の官庁の中で最も強力で嫌われていたものである。その力の源は大部分、それが陸軍の中で握っていた半ば独立した地位によるものであった。】第4例は同書中の"Wherever the Kempeitai was, its most important function was counter-espionage."【憲兵隊がどこにいようとも、その最も重要な仕事は逆スパイ活動であった。】

　第5例は1965年B. Sweet-Escott *Baker St. Irregular* "If the Gestapo or the Kempetai had kept track of his movements, they would have had a good idea of what was likely to happen."【もしゲシュタポあるいは憲兵隊が、彼の動きを追跡していたら、何が起こりそうかについてかなり予想がついただろうに。】第6例は同年 *This is Japan 1966* "A tough *kempeitai gendarme*, with the customary red armband, two holstered revolvers, gold-and-black teeth, and foul *daikon* breath."【いつもの赤い腕章をつけた頑丈な憲兵隊員、革ケース入りの2挺のレヴォルヴァーをもち、金と黒の歯をし、いやな大根のにおいのする息を吐く。】

　最後の例は1969年J. M. Gullick *Malaysia* "The teachers ... played a leading part in maintaining the underground resistance in the towns despite torture and other reprisals by the Japanese Security Police (the Kempeitai)."【教師たちは町での地下抵抗運動を維持するのに指導的役割を果たした。日本の保安警察（憲兵隊）による拷問や他の報復行為にもかかわらず。】いずれにしても、憲兵の悪いイメージがかなり誇張されているように思われるが、仕方のないことであろう。

（福田陸太郎）

ken　間

　「六尺に相当する日本の長さの単位」と定義される「間」は、*SUP 2* に収められ、定義はそのまま *OED 2* に踏襲される。用例は早くも1727年J. G.

Scheuchzer tr. *Kæmpfer's Hist. Japan* に見える。"The *Tsjo* contains sixty *Kin*, or Mats, according to their way of measuring, or about as many European fathoms."【1町は、彼らの尺度によれば60間、畳60枚分の長さ、ヨーロッパの尺度でいうと約60ファゾムである。】

1845年 *Encycl. Metrop.* に "1 kin = 1 fathom"【1間＝1ファゾム】とあるように、両者はほぼ同じ長さであるのは興味深い。ファゾムは両腕を広げた長さに起因する尺度である。間の起源は定かでないとされるが、中国古来から柱と柱との間隔を言い、日本では中世以来測地用の慣用単位である。

引用は4種の文献中5例あるが、鎖国が解かれた後の引用内容は一層詳しくなり、1884年 Satow & Hawes の *Handbk. for Travellers Cent. & N. Japan* には、"The *chō* is further subdivided into 60 *ken* and the *ken* again into 6 *shaku*, the *shaku* being about 11. 9 English inches."【1町はさらに60間に、1間はまた6尺に細分され、1尺はイギリスの尺度で約11. 9インチに相当する。】という記述が見られる。間という尺度は柔道の普及に伴ってイギリスに自然と入り込んでいる。こんな記述を見ることができる。1956年 K. Tomiki *Judo* "The floor space for a contest shall be 5 *ken*（30 feet）square of 50 *tatami*"【試合場は50畳敷の5間四方でなければならない。】

(伊藤勲)

ken 県

定義として「日本の領土の分割されたものの1つ」。5つの例文で *SUP 1* から登場する。初出例は、1882年 *Encycl. Brit.* "His ... territory was declared first a *han* or feudal dependency and afterwards a *ken* or province of the Japanese monarchy."【彼の…領土は最初「藩」すなわち封建制による属領、そして後に「県」すなわち日本君主国の一地域だと宣言された。】

第2例は1890年 B. H. Chamberlain *Things Japanese* "There are two current divisions of the soil of the Empire — an older and more popular one into provinces（*kuni*）... and a recent, purely administrative one into prefectures（*ken*）of which at the present moment ... there are forty-three."【現在帝国の領土を分割する2つのや

り方がある――古い方で広く流通しているやり方、つまり「国」に分けるものと…近頃のまったく行政的な「県」に分けるやり方で…これは今43ある。】

第3例は1899年Kipling *From Sea to Sea* "Away in the western *kens* - districts, as you call them."【遠く離れた西の「県」で――県とはいわゆる地方のことだが。】ラドヤード・キプリング（1865-1936）は中国や日本へ旅したことがある。

第4例は1947年E. O. Reichauer *Japan Past & Present* "Two years later, in 1871, the fiefs were entirely abolished, and the land was divided into a number of new political divisions called *ken* or 'prefectures'."【2年後、1871年に、封土はすべて廃棄され、国はいくつかの新しい「県」というものに政治的分割を受けた。】これがこの年、つまり明治3年のいわゆる廃藩置県で、明治政府は旧藩主に代わって府県知事を任命した。

第5例は1965年J. W. Hall他 *Twelve Doors to Japan* "Today ... they [sc. the *kuni*] have been merged into the larger prefectures (to, do, fu, and ken, of which there are forty-six) and have lost much of their contemporary meaning."【今日、それら「国」はより大きな地域（都、道、府、と県で、計46ある）に吸収され、その当時の意味の多くを失っている。】ジョン・W・ホールには *Government and Local Power in Japan*（1966）の著がある。

さて、kenという見出しのもとに、初出例の中のhanや、あとの例文中のkuniという日本語が出てくるが、それらは見出し語になっていない。hanとkenとの区別をつけるのはちょっと難しいかもしれない。注意して読めば、前者には「封建制による属領」とあるが、後者に当たる英語は単にprovinceとなっているから、違いはわかるだろう。

ついでにhanのことを簡単に説明しておくと、藩は徳川幕府の江戸時代（1600-1868）に大名が領有した土地、組織、構成員などの総称であると共に、1868年（明治元年）維新政府が旧幕府領に府県を置いたのに対し、旧大名領を指した名称で、これは藩という用語の公式採用の初めとされる。そして1871年の廃藩置県によって廃止されたのである。

県に当たる英語はふつう prefecture だが、*OED* の解説や例文では、kenと

kuniの両方をprovinceという単語で説明している所がある。それを日本語訳すると無意味になるので、それを避けた。

（福田陸太郎）

ken　拳

　*SUP 2*からの出現。「手を使い、身振りをともなう日本の遊戯」と定義されている。

　『大辞林』では「2人以上で、いろいろな形をつくって勝敗を決める遊戯。中国から伝来したもので、本拳、虫拳、狐拳など種々ある。じゃんけんもその一種」と説明されている。

　初出例は1890年B. H. Chamberlain *Things Japanese*から。"The Japanese play various games of forfeits, which they call *Ken*, sitting in a little circle and flinging out their fingers, after the manner of the Italian *mora*."【日本人は拳と呼ばれる様々な罰金遊びをして遊ぶ。イタリアのモーラ（1人が右手を上げ指を広げて降ろし、相手がその広げた指の数をあてる遊戯）に似て、少人数で輪になって座り、指を振りおろす。】とある。

　第2例はA. Diósy *New Far East*から。"Dignified and sedate as if *ken*, and other rollicking games of forfeits, were frivolities far beneath her notice."【彼女は、あたかも拳及び他のふざけ半分の罰金遊戯などは軽佻浮薄な行ないであり、まったく歯牙にかける価値もないかのごとく、勿体ぶり落ち着き払って。】とある。

　最終例は1958年*Japan*（Jap. Nat. Commission for Unesco）から。"*Ken* is a game introduced from ancient China with many variations .... The game was held at banquets and feasts in the Edo Period when *ken* meets were also held."【拳は古代中国から伝来した遊戯で、様々な遊び方がある…このゲームは江戸時代に宴会や祭りの折りに行なわれ、拳の競技会も行なわれた。】

（野呂有子）

kendo　剣道

　*SUP 2*に7例をもって登場する。定義としては「木剣をもってする日本のフェンシングのスポーツ」とあり、初例は1921年S. K. Uenishiの*Text-book Ju-*

Jutsuの中に"Kendo or Ken-jutsu ... is the elaboration of the old two-sword play of the *samurai* or 'two-sworded men'."【剣道または剣術は…サムライすなわち2刀を帯びた男たちが昔2本の剣をあやつったのを巧緻にしたもの。】とある。

あと6例あるが、第2例は1933年の *Official Guide to Japan*【日本の鉄道省発行】の中の"*Kenjutsu* or *Kendō* (also called *Gekken*), the art of handling a sword, corresponds to European fencing and is as old as Japanese history."【「剣術」または「剣道」(「撃剣」とも呼ばれる) は剣を扱う術で、ヨーロッパのフェンシングに相当し、日本の歴史と同じ位古い。】

第3例は1939年のR. Kaji *Japan* 中のキャプションの文句として"Kendō, Japanese fencing, in which the participants use bamboo swords."【剣道、すなわち日本のフェンシングで、参加者は竹刀を使う。】

第4例は戦後のもので、1958年の *Economist* 誌の11月1日付の文章である。"The government has reintroduced the forbidden *kendo* or military fencing in schools."【政府は禁止されていた剣道、すなわち軍隊式のフェンシングを学校に再び導入した。】これについてちょっと説明を加えると、第二次大戦後、日本への進駐軍は、戦前に軍国主義を育てたとして、剣道を追放した。1952年に駐留が終わると、全日本剣道連盟が創立され、1957年、剣道は日本の中学校教育にもどされたのであった。

第5例は1964年のR. A. Lidstone, *Introd. Kendō* の中の文"Quite understandably Kendō, with its militant background, lost favour after the last war."【よく理解できることだが、剣道はその攻撃的な来歴の故に、この前の戦争のあと人気を失った。】たしかに一時はそういう状態もあったかと思うが、やがて息を吹き返すことになる。

第6例は1966年のJ. Ballの *Cool Cottontail* の中の文章"He had become interested in the basic Oriental martial arts : judo, kendo, aikido, and karate."【彼は柔道、剣道、合気道、空手など東洋の基本的な格闘技に興味を覚えるようになっていた。】

最後の第7例は、1974年 *Publishers Weekly* の1月28日の広告欄に出ている

ものである。"Kendo, or Japanese sword fighting, is an ancient method of training body and mind that now is becoming popular throughout the world."【剣道、すなわち日本の剣による戦いは、身体と精神を訓練する古い方法で、世界中で人気を得つつある。】

　剣を使うばかりに好戦的として遠ざけられたものが、その精神性を再評価されて復活してきたことがわかるが、それは外界の事情によるもので、剣そのものの意味が変わったわけではない。したがって剣の純粋な形としての「日本刀」の価値を論じたものがないのは寂しい。　　　　　　（福田陸太郎）

kesa-gatame　袈裟固め

　この単語の初出は *SUP 2* で、定義文もそのまま *OED 2* に踏襲されている。袈裟固めとは「懸章固め、相手の柔道衣の端（あえて言ってみれば「懸章」）を捉えて相手を抑え込む方法」【"The 'scarf' hold, a way of holding the opponent by the edge (the so-called 'scarf') of his jacket in an attempt to immobilize him."】と定義されている。*OED* にとりあげられた柔道の技の定義としては珍しく具体的な表現となっている。初出例は、1932年（昭和7年）、E. J. Harrison の *Art of Ju-jitsu* で、次のように出ている。"'Locking in the form of a scarf' (kesagatame; otherwise hongesa, or 'regular scarf')"【懸章の形で固めること（袈裟固め、別の言い方をすれば本袈裟、すなわち「正式の懸章」。】

　用例における scarf とは軍人などが右肩から左脇に掛けた帯状の飾章の意味である。袈裟と懸章とではいささか趣を異にするが、しかし両方とも肩から胴体を斜めに横切る線を描いていることは共通する。この技は相手の脇から体を預けるようにして密着させ、一方の手は奥襟を摑み、もう一方の手で相手の袖や腕を摑んで動きを制するものである。この時の攻撃側の胴体が相手の肩から反対側の脇へとかかるので、この様態が僧侶の袈裟を連想させることからこの名称がつけられた。

　OED に示されたこの定義よりも、初出例に見える「懸章の形で固めること」の方がよほど簡潔でわかりやすい。定義文を読むと、相手の柔道着の前

襟を捉えて相手を固めるような印象を受ける。しかし用例を見てもわかるように、あくまでも抑え込みの形が肩から脇へと袈裟のように斜めの線を描くので、英語では懸章という意味でscarfという語を利用しているのであって、袈裟固めは斜線をなす前襟を捉えて固める技ではない。相手の奥襟と袖ないし腕を捉えるのは、袈裟固めの補助的な動作にすぎない。体を相手の胸に預けながら同時にそこで自分の体重の平衡を図ることで相手の動きを封じ込めるのが、この技の本質である。この固め技でscarfを奥襟の意味に解するのは先述した説明からして無理であるし、前襟を摑む意味に取ってはこの技にならない。この定義文には技に関して誤解と混乱がある。定義者の側に袈裟というものの正確な知識がなかったことは言わずもがな、柔道技の十分な研究調査と用例の正しい読みができていなかったことが、語定義の一因となっているようである。

　第2例に、"*Kesa gatame* is one of the simplest holds to secure."【袈裟固めは最も単純な固め技のひとつである。】(Takagaki & Sharp *Techniques Judo*, 1957) とあるように、袈裟固めは寝技の中でも最も基本的な技で、誰でも寝技はこの技から教わる。それだけにこの技の具体的な定義がなされることは意義深いことであるが、惜しむらくは却ってそれが裏目に出てしまったことである。

　この袈裟固めの定義は誤解に基づくものであるのみならず、関節技を除いて寝技はレスリングとは違い相手の柔道衣や帯を摑むものであれば、この固め技をただ単に柔道衣の端を利用して抑え込むのだと説明することは肯綮(こうけい)に当たっていないのみならず、関節技を除くすべての固め技に適用できる定義になってしまう。

　技としては重要な袈裟固めも、柔道用語の中では用例の最も少ない語のひとつで、次の第3例で終わる。"Kesa-gatame — scarf hold. T applies kesa-gatame, U struggles then submits."【Tが袈裟固めをする。Uはもがくが、ほどなく参る。】(P. & K. Butler *Judo & Self-Defence for Women & Girls*, 1968)　　　　（伊藤勲）

keyaki 欅

　屋敷林や街路樹から、材は堅く木目が美しいので、広く建材・家具材にまで使われているkeyakiは、*SUP 2*に採録され、その4用例とともに、そのままの形で、*OED 2*に引き継がれた語である。異形にはkiaki。定義は「日本の重要な材木用の樹木、学名*Zelkova serrata*, またはその薄白色でニレに似た木材」である。

　初出例は1904年で、[see HINOKI]とだけあり、hinokiの項には、第3用例としてL. Hearn *Japan: Attempt at Interpretation* "Such superior qualities of wood as *keyaki* or *hinoki*." 【ケヤキとか桧のような良質の木材。】とある。

　第2用例は1907年で、*Yesterday's Shopping* (1969) "Japanese Trays … Kiaki … Inlaid Wood … Polished." 【磨かれた…象眼細工材の…ケヤキの…日本の盆。】である。

　第3用例は1948年で、A. L. Howard *Man. Timbers of World* "While there is some resemblance to the keyaki of Japan (*Z*[*elkova*] *serrata*), there is an entire absence of that beautiful sheen or lustre which the Japanese wood possesses in a high degree." 【日本のケヤキに少し似たところがあるが、ケヤキが高度に持っているあの美しい光沢はまったくない。】

　最終用例は1965年で、J. Ohwi *Flora Japan* "*Zelkova serrata* … Keyaki. Tall trees with gray-brown smooth bark." 【ケヤキ。灰色がかった茶色のなめらかな樹皮を持つ背の高い樹木。】

（太田隆雄）

Kikuchi 菊池線

　Kikuchiが*OED*に登場するのは*SUP 2*が最初である。見出し語のあとに「物理学」との付記、さらに語源の説明が続いている。[Name of Seishi *Kikuchi* (b. 1902), Japanese physicist, who first observed the lines.] 【菊池正士（1902年生）の姓、世界で最初に菊池線を発見した日本の物理学者。】

　菊池正士について『大辞林』その他の記述を要約してみる。「1902年生まれ、74年没。実験物理学者。量子力学の誕生間もない1928年、雲母の薄膜

による電子線の回折像（菊池像と呼ばれる）を得、量子力学の発展に寄与。戦後は原子力研究機関の要職を歴任、1951年に文化勲章を受章。」

　*OED*では語源の説明のあとに*Kikuchi Line*の解説が続いている。"*Kikuchi Line*: each of a series of lines in electron diffraction patterns which are attributed to the elastic scattering of previously inelastically scattered electrons and may be used to determine the orientation of crystalline specimens; so *Kikuchi pattern*."【電子が非弾性散乱(1)を受けた後、さらに弾性散乱を受けると、その効果として電子回折図形の中に「黒白一対の」線が現れ、これにより結晶性の被検物がなんであるか判断することができる。ここから菊池図形という語が生まれた。】

　菊池線について『マグロウヒル英和物理数学用語辞典(2)』は「結晶している固体に電子線を当てて散乱をさせたときに得られる白黒の平行線の対からなる模様。その斑点は結晶の構造に関する情報をあたえる」と説明している。なお、定義、引用文に改訂はない。

　引用文は全部で5例（1934、1948、1966、1968、1970）。最初の用例は1934年*Physical Rev.* "The [electron scattering] patterns from stibnite consist of spots, Kikuchi lines, bands, circles and parabolas."【輝安鉱の電子散乱図形は斑点、菊池ライン、菊池バンド、円と放物線から成っている。】一般に菊池ライン、菊池バンドを総称して菊池図形と呼んでいる。

　3番目の用例は1966年 D. G. Brandon *Mod. Techniques Metallogr.* "Kikuchi line patterns can be used to give a more accurate estimate of the specimen orientation than can be determined from the normal spot pattern."【被験物の起こす原子の反応の性質をより正確に確認するには普通の斑点の描く図形より菊池線の描く図形が用いられる。】

　最後の用例は1970年 *New Scientist*（7月23日付）"Kikuchi patterns, well known to users of the transmission electron microscope."【菊池図形、これは透過電子顕微鏡の使用者たちはよく知っていることであるが。】用例は専門家の間での菊池の名声について述べているが、ある百科事典では菊池正士の項目がなく、数学者で文相などを歴任した父親の大麓(3)を大きく扱っているものもある。

(西村幸三)

(1) 非弾性散乱：散乱を受けるときに電子のエネルギーが変化してしまうもの。
(2) 小野周他監訳『マグロウヒル英和物理数学用語辞典』森北出版、1989年
(3) 菊池大麓（1855-1915）数学者。江戸生まれ。東大総長、文相。晩年は枢密顧問官。ヨーロッパの数学を日本に紹介、数学教育の振興に貢献。

kikyo　桔梗

　OED に採択されている日本の花の項目は、「桔梗」、「久留米つつじ」、「桜」、「山茶花」である。

　「桔梗」は *SUP 2* から項目に採択されている。定義は「Platycodon grandiflorum の和名であり、キキョウ科の多年草、中国と日本が原産地。Chinese bell-flower【桔梗】」である。

　初出例は 1884 *J. J. Rein's Japan* である。"The splendid blue-flowered Kikiyo (Platycodon grandiflorum DC.) ... appear in numbers only at a height of about 1,000 metres."【あざやかな青い花の桔梗は…1000メートル位の高地にだけ群生する。】「日本の地形学」の章からの引用であり、『原』は西洋の牧草地とは異なる100〜2500メートル位の山野」であると述べ、その「原」に生えるものとしてギボシ、ミズギボシ、女郎花とともに桔梗の名をあげている。

　次の用例は 1899 年 L. Hearn の *In Ghostly Japan* である。『霊の日本』と日本語のタイトルも縦書きで表紙に記してある。日本に昔から伝わる鬼婆の話が14話集められており、その中の "Furisode" からの引用である。"The crest upon the robe was the kikyo-flower."【長着の紋は、桔梗の花だった。】

　最後は比較的最近の用例で、1965 年 J. Ohwi の *Flora Japan* である。"Platycodon grandiflorum ... Kikyō .... Frequently planted as an ornamental and for medicine."【桔梗…しばしば鑑賞用、薬用として植えられる。】とある。桔梗の根が薬用に使われる。

(伊藤香代子)

ki-mon　鬼門

　京都御所の東北の隅は猿が辻と呼ばれ、凹（かけ）をつくって鬼門封じが施され、

軒には烏帽子をかぶり幣を持った猿の木彫が飾られていて逃げ出さないように網で囲われている。これと対になって比叡山の赤山禅院にも同様のものがある。猿は散るに通じ、魔を退散させると信じられていたためである。また比叡山延暦寺は平安京の守護のために建立された寺である。平安時代の大陰陽師、安倍晴明の住居跡に建てられた晴明神社も、当時の御所の東北の方角にある。陰陽道では、艮すなわち東北の方角を陰悪の気が集まり百鬼が出入りする「鬼門」とし、呪的作法によって封じなければならないとした。これは古代中国に先例があり、例えば『海外経』には、度索山の山上に大きな桃樹があり、その東北の方に悪鬼の集まる所、すなわち「鬼門」があったとある。明治以降日本に来た外国人の目にこれはまことに奇妙な信仰に映ったようで、日本を紹介した主要な本に書かれ、その結果OEDに採択されたと思われる。

　SUP 2は、語源を［ki　demon, devil＋mon　gate］、定義を"In Japanese tradition, the name given to the north-east, supposed to be the source of evil."【日本で昔から東北の方角に与えられている名称。その方角から災いが来ると考えられている。】としているが、これに問題はない。

　引用は4例ある。OEDが初出としているのは、A. B. Mitfordの *Tales of Old Japan*（1871）の第2巻で、佐倉宗五郎の物語の注の中で、上野の東叡山寛永寺について書いてある部分に出てくる。

"The Temple To-yei-zan. . faces the Ki-mon, or Devil's Gate, of the castle."【東叡山は、江戸城の「鬼門」あるいは悪魔の門の方角にある。】「東叡山」とは東の比叡山を意味し、この引用部分に続いて、この寺が三代将軍家光によって、平安京守護のために建立された比叡山に倣って建てられたことが説明されている。

　第3の用例は、L. Hearnの *Japan: Attempt at Interpretation*（1904）のDevelopment of Shintoの章からのものだ。"In almost every garden, on the north side, there is a little Shintō shrine, facing what is called the *Ki-Mon*, or 'Demon-Gate', —that is to say, the direction from which, according to Chinese teaching, all evils come .... The belief in the Ki-Mon is obviously a Chinese importation."【ほとんどすべての庭には、北側の「鬼門」あるいは「悪魔の門」と呼ばれている方角に小さな神道の社がある。中国の言い伝えによると、その方角からすべての害悪がやって来るという。…これは、明らかに中国から輸入された信仰だ。】省略部分には、「そしてこれらの小さな社は様々な神道の神に捧げられ、悪鬼から家を守ってくれていると考えられている」と書かれている。注目すべき見解であろう。

　最後の用例は、*Nat. Geographic* 1972年5月号からのもので、"The avoidance of *kimon*, the devil's gate... not a single doorway faced in a north-easterly direction."【鬼門、すなわち悪魔の門を避ける（ため）東北の方角に面した扉は1つもない。】と、日本の家相について報告している。これは「鬼門の扉から出ていった者は誰も帰ってこない」という言い伝えがあるからである。　　　（坂上祐美子）

(1) 東北の隅を方形に切り取って陥没させ鬼門に当る角をなくすこと。
(2) 遠藤克己『近世陰陽道史の研究』新人物往来社、1994年

kimono　きもの

「袖のついた丈長の日本の衣服。西欧諸国においては現在、これに類似し、ゆったりとした幅の広い袖のついた衣服をサッシュで結わえ、室内着、上着などとして用いる場合にしばしば適用される。」

　最新版ではこのように定義され、18の用例とともに収録されているkimonoは、*OED*のもっとも古い版にも見られる日本語の1つであり、しかもこの辞典のすべての歴史的段階で筆が加えられているという点で、収録された日本語のなかでも特異な存在である。

　初版の定義は "A long Japanese robe with sleeves" だけで、用例も2例。一方は1887年 *The Pall Mall Gazette*（1885-1923）から、"A troupe of geisha dancing girls ... dressed in pink, flower-variegated kimono"【芸者ダンシング・ガールの一団が、ピンクの花柄のきものを着て…】。もう一方は1894年 *Yng. Gentlew.* "At a fancy ball one frequently sees real Japanese kimonos, of exquisite material."【しゃれた舞踏会ではこの上なく見事な生地の日本のきものをよく見かける。】である。すでに kimonoed という派生語も記録され、*Yng. Gentlew.* の同じ号から、"…

the kimonoed beauties of Japan"【きもの姿の日本美人…】という用例がある。だがこの段階では、kimonoはあくまで日本の民族衣装としてのそれであり、本質的には私たちのもつ「きもの」の概念と変わりない。上記OED 2の定義にあるような西欧衣服のなかに取り入れられたものは、この辞書の次の段階にはじめて登場する。

*SUP 1*は、初版の定義への「追加」として、"A similar robe worn as a dressing-gown or tea-gown by women of Western nations."【西欧諸国の女性が化粧着ないしは茶会服として着用する同様の長着。】と述べ、用例を新たに2例紹介している。一方は1902年の*Daily Chronicle*（1872-）の、"Over a soft skirt a silken kimono makes a new looking tea-gown."【ふんわりとしたスカートの上に羽織る絹のキモノは、茶会服として新鮮な印象を与える。】であり、もう一方は1928年 F. B. Young, *My Brother Jonathan* から、"She was dressed in a blue kimono ... wrapped closely about her figure."【彼女はからだの線にぴったりとそわせて青のキモノをまとっていた。】である。すくなくも前者からは、kimonoがすでに日本を離れ、リフォームしたものであれ新たにデザインしたものであれ、西欧の女性の実用を満たすべく、そのワードローブに入り込んでいたことがうかがわれる。(1)

日本の着物は17世紀にすでに西欧世界に紹介され、男性用の室内着として真綿入りの豪華な絹の袷が、オランダにはじまり全ヨーロッパで流行したといわれる。だが19世紀のジャポニスムの波に乗って流行したのは、主として女性向けだったようである。型、色、図柄などにおける異国趣味として部分的に取り入れられたむきもあっただろうが、同時に私室でのくつろぎ着とか室内でお茶を囲む際に羽織る上着といった、西洋人の生活に根ざしたキモノというものも生まれた。くつろぎ着としてのキモノは、現在の日本人も用いるいわゆるガウンのようなものとして連想に難くないが、茶会用の服としてのキモノとはどのようなものだったのだろうか。これは比較的かっちりした型の長めの上着で、袖が手首に向けて幅が広くなったり、大きくスリットが入ったりしていた。茶会でホステス役の女性が、コルセットで締めつけ

た当時の服の上に羽織り、動きやすさから重宝されたようである。

　しかし定義のなかで、西洋衣服のなかに取り入れられた様式として記述されるようになるのは、SUP 2の段階である。同時に「キモノ・スリーヴといった修飾語としての用法もある」というコメントも加わる。用例も前後に増え、一挙に15例となる。このうちはじめから4例まではいわゆる日本のきものへの言及であるが、SUP 1から踏襲した1902年のDaily Chronicle以降は、圧倒的に西欧の衣服のなかに取り入れられたキモノばかりが並んでいる。そして1960年頃になると、再び日本古来のきものへの言及もみられるようになる。日本が国際舞台で描いてきた軌跡と呼応する、面白い現象である。

　すべての版を通じてもっとも古い用例がここに見られる。1886年のW. Conn, Japanese Life, Love, and Legendという著書からで、「嵩高く持ち運びしにくいものや非実用的な贅沢品はなにひとつなかった。畳、きもの、楽器が2つ3つ、調理道具とか日用品の山が1つ、それがすべてだった」という一節である。これに続き西洋風なキモノに関する引用が2例あるが、そのすぐあとには、すでにこのブームの終焉を思わせるような記述がみられる。1908年のThe Westminster Gazette紙（1893-1927）からで、"Tailors are trying to get their clientèle away from the kimono line of bodice or of coat. They are weary of it; and no wonder, when one comes to think of the hundreds they must have turned out—kimono blouses, kimono bodices, kimono coats."【仕立て業者たちはキモノ・ラインのボディスやコートから顧客の目をそらせようとしている。うんざりしているのだ。すでに何百と生み出してきたにちがいないもの——キモノ・ブラウス、キモノ・ボディス、キモノ・コートなどを思えば無理もない。】1920年代初頭のエリオットやジョイスからの引用も、きものではなく、キモノである。1922年頃執筆、1971年に出版の『荒地』のオリジナル版草稿から、"A bright kimono wraps her as she sprawls In nerveless torpor on the window seat."【派手なキモノが窓辺の椅子に無気力な麻ひ状態で寝そべる彼女を包む】、1922年『ユリシーズ』から、"Under the umbrella appears Mrs. Cunningham in Merry Widow hat and kimono gown"【傘の下に見えるのはメリー・ウイドウ風の帽子にキモ

ノ・ガウンのカニンガム夫人】という引用である。いずれもキモノにまつわるイメージや着ている人物の雰囲気を的確に伝え、この種の辞典に文学作品から引用することの意義を改めて認識させられる。1949年のユーモア作家P. G. ウッドハウスからの引用、"When a housemaid in curling pins and a kimono finds herself in a drawing-room ... with her employer .., she should as soon as possible make a decorous exit."【髪をカーラー・ピンで止めたキモノ姿の女中が…客間で主人と居合わせたら…できるだけすみやかに、かしこまって退場すべし。】からも、キモノという語の特殊なニュアンスが伝わってくる。

再び「きもの」として登場するようになった最初のものは、1960年バーナード・リーチの *A Potter in Japan* から、「彼女は茶碗をぬぐい…ナプキン(「ふくさ」)をたたんできものの胸もとにしまった」である。また比較的新しいもののなかに、1971年 *The Guardian* 誌の、"Japanese influenced dresses with kimona sleeves"【日本人はキモナ・スリーヴをもってドレスに影響を与えた】という一節がある。(3) 1975年に来日されたエリザベス女王が晩餐会で召された華麗なキモノ・スリーヴのイヴニング・ドレスを思い起こされる方もあろう。この前後から日本人デザイナーの国際舞台での活躍も聞かれるようになった。

最新の *OED 2* の定義は、初版のそれに *SUP 2* のものを合体させ、冒頭に記した形をとっている。用例は *OED 1* と *SUP 1* から1つずつ古いものを補足し、kimonoedのものも含め、18例である。後者にみられたtea-gown【茶会服】という語は定義からは姿を消している。茶会が大方過去の習俗となり、しかももてなし役が服装の窮屈から解放されるためにわざわざゆったりとした上着を羽織る必要もなくなったためであろう。それにしてもこの歴史的な語を、用例のみでなく定義のなかにも残しておいてほしかったと思うのは、歴史を軸としたこの辞典の編集方針をもってしても無理な願いだったろうか。第2版にたいする批判の1つとして、第1版とその後の『補遺』の記述に手を入れ、語の歴史的遍歴を忠実に記録しようという姿勢が曲げられている、という指摘がある。(4) この大辞典にもっとも古くから籍を置くkimonoとしても、この問題に1つの論拠を提供したいところである。

(橋本禮子)

(1) この1902年の用例は SUP 2 に再び収録され、OED 2 にも見られるが、1928年のものは削除されている。後者においては、kimono が日本古来のきものなのか西欧風のキモノなのかはっきりしないためだろうか。
(2) 1930年代に評判になったMGMのミュージカル映画。
(3) kimona という形の存在は、SUP 2 以降記されている。
(4) Charlotte Brewer, *The Second Edition of The Oxford English Dictionary*, RES Vol. XLIV, 1993参照。

kiri 桐

　OED 2 における樹木には、銀杏(いちょう)、檜(ひのき)、柿、欅(けやき)、辛夷(こぶし)、桐、松、雌竹、みつまた、桜、山茶花(さざんか)、樒(しきみ)、杉、深山樒等がある。このうち、エンゲルト・ケンペル『日本誌』からの引用が初出例となっているのは、銀杏、檜、柿、桐、松、樒、杉等で実に半数を占めている。

　桐は SUP 2 から出現し、用例数は6例である。「Paulownia に同じ」とのみ定義されている。そこで Paulownia の項目を参照すると、語源欄で「現代ラテン語であり、P. F. von Siebold と J. G. Zuccarini 著 *Flora Japonica* (1835) で扱われる。Paulownia の学名は、ロシア皇帝パーヴェル一世の皇女であり、オランダ王ヴィレム二世の妃となったアンナ・パヴロヴナ (Anna Paulowana 1795-1865) の名に因む」と説明がある。ちなみに Paulownia という項目は OED 1 から出現する。用例は2例で初出は1847年。SUP 2 では新たに5例が付加され、初出例は1843年と4年ほど早まる。これが OED 2 では両者がまとめられて用例数は7例、最終例は1976年である。Paulownia の項目と桐の項目の用例に重複はない。

　Paulownia の定義は「桐属 (Paulownia)、特に中国産桐属 (*Paulownia tomentosa*) の落葉樹で、ごまのはぐさ科 (Scrophulariaceae) に属し、中国または日本原産。釣鐘形の青または藤色の円錐花をつける」である。

　さて、桐の初出例は1727年 J. G. Scheuchzer tr. *Kæmpfer's Hist. Japan* から、"*Kiri*, is a very large but scarce Tree."【桐は巨木であるが稀な樹木である。】という部分が引用されている。Scheuchzer 訳本原文では、この後、葉と花の形状の説明に続き、"The Mikaddo or Ecclesiastical Hereditary Emperor bears the leave of this Tree, with three flowering stalks, in his Coat of arms."【帝すなわち聖職を代々継承する皇帝が、三輪の桐の花と葉をあしらった紋章を持つ】と述べ、日本の皇室と桐の紋章の関わりの深さが語られる。第2例は1822年 F. Shoberl tr., *Titsingh's Illustr. Japan* から。"Sometimes this cane is made of the wood of the *kiri*-tree."【しばしば、この杖は桐を材料とする。】という用例は、古(いにしえ)の帝たちの政(まつりごと)に関する詳細な記述中の文章である。第3例は1877年 *Trans. Asiatic Soc. Japan* から。"The second of the Imperial badges is a representation of the leaf and flower of the *kiri*, or *Paulownia Japonica*."【皇室の第2の紋章は桐、またはポローニア・ジャポニカの葉と花をあしらった表象である。】と、桐の紋章と皇室の関係がここでも明瞭に語られている。

第4例は1893年 Alice Mabel Bacon *Jap. Interior* から。"The blossoms and leaves of the kiri-tree, (paulownia imperialis), which is the sign of the imperial family."【桐（ポローニア・インペリアリス）の花と葉は皇室のおしるしである。】という文が引用されている。同書の序文には、筆者ベーコンが「宮内庁の管轄にある、貴族の令嬢たちを教育する学校」に英語教師として招聘され、麹町に居を構えたこと等が記されている。引用部分でベーコンは皇后に謁見を賜わり、食事をともにするという栄誉にあずかる。引用の前後を原本から再録してみよう。"It was a very good lunch, and the dishes were so pretty that it was a pleasure to eat from them.　There was a certain feeling of grandeur, too, in using the knives and plates decorated with the Emperor's own private crest, ──not the chrysanthemum which stands for the government, but the blossoms and leaves of the kiri-tree (paulownia imperialis), which is the sign of the imperial family, and is put on the Emperor's private property."【素晴しい昼食だったし、器もきわめて美しく、そこから取って食べるのも喜びであった。天皇陛下ご自身の私的な紋章の装飾のあるナイフやお皿を使うことにも、また、ある種の晴れがましさを感じた。政(まつりごと)を意味する菊の御紋ではなく、帝のご家庭のおしるしの桐の花と葉の御紋で、それは帝ご自身の所有するお品についているのだ。】ちなみに、小学館の『古語大辞典』「桐」の項には「菊とともに皇室の紋とされた」とあるが、ベーコ

ンの文は極めて鮮明に桐の紋章に纏わる体験を読者に伝えている。

　第5例は1928年 Blunden *Jap. Garland* からは、"the broad-leaved *kiri*."【幅広の桐一葉。】の一節が引用されている。エドモンド・チャールズ・ブランデン (1896-1974) はイギリスの詩人・文学者で、1924-1927年に東京大学で英文学を教えた。用例にある詩行は、限定版詩集 *Japanese Garland* 収録の "Tempest" からの引用である。(同詩集にはブランデンならではの目配りのきいた詩の数々が収録されている。) 最終例は、1972年 *Nat. Geographic* 9月号から。"Miss Hori still goes into the forests to select the best *kiri*, or Paulownia wood."【堀さんは、今も最上の桐もしくはポローニアの材木を選定するために森へ行く。】17世紀英国の叙事詩人 J. Milton の牧歌 Lycidas の最終行を彷彿とさせる。　　　(野呂有子)

kirin　麒麟

　OED の kirin は、陶器、絵画、そして根付けなどの細工物にみられる翼のついた架空の瑞獣である。南蛮貿易いらい海を渡った無数の中国や日本の陶器に描かれていたうえに、西洋の一角獣との関連もあって好事家の目を引き、やがて辞書にまで載るにいたった。*OED 2* のこの項目は初登場の *SUP 2* とまったく同じで、定義は「複合形態をもつ架空の獣、日本の陶器や美術品によく描かれている (引用文参照)、= kylin」である。語源欄にも、「中国語に由来する日本語 (kilynを見よ)」とあるからこの項をみると、定義は kirin の場合とさして変わらず、「中国、日本の陶器に共通して描かれている複合形態をもつ架空動物」だが、用例からも明らかなように、実は日本では獅子と呼ばれているもののことらしい。

　麒麟は元来雄を麒、雌を麟といい、中国では聖人誕生の際に現れるとされていたおめでたい動物である。「形は鹿に似て大きく、尾は牛に、蹄は馬に似、背毛は五彩で毛は黄色。頭上に肉に包まれた角がある。生草を踏まず生物を食わないという」と『広辞苑』は解説している。日本語でこの語があのサバンナの動物に当てはめられたのは、形態の類似もさることながら、俊足かつ大人しげな様のためだったのだろう。だが麒麟のほうは草さえ踏みにじ

ったりしないという。

　もっとも古い例はケンペルの『日本誌』で、"*Kirin*, according to the description and figure, which the Japanese give of it, is a winged Quadruped, of incredible swiftness, with two soft horns standing before the breast, and bent backwards, with the body of a Horse, and claws of a Deer, and a head which comes nearest to that of a dragon."【麒麟は、日本人の描写するところによれば、翼をもつ4つ足動物で、信じがたいほど速く、胸の前に生え後ろに折れ曲がった2本の柔らかい角があり、馬の体躯に鹿の蹄、そして龍のそれにもっとも近い頭部をもつ。】という部分である。原文ではさらに続き、" ... it takes special care, even in walking, not to trample over any the least Plant, nor to injure any the most inconsiderable Worm, or Insect, that might by chance come under its feet."【それは歩くときにも、足の下になりそうなごくつまらない草、ごくちっぽけな虫の類さえ、踏みつけないよう格別の注意をはらう。】と並みならぬ徳がこの架空の動物に帰せられていることを語っていて、『広辞苑』の記述と一致する。

　以下1971年にいたるまでの用例が5例並ぶが、すべて陶器に関したものばかりである。この言葉が*OED*に載せられたのは、ひとえにイギリス人の東洋の陶器に寄せた関心の高さによると考える所以である。1例をあげると、1875-80年 Audsley and Bowes *Keramic Art Japan*, "The Japanese have described the *kirin* as a supernatural animal, requiring for its creation the concurrence of a certain constellation in the heavens."【日本人は、麒麟はその誕生に際して特定の天体の一致をみねばならない超自然的な動物だと記してきた。】この書物にはこれら架空の瑞獣に関する日華の違いなど、実に詳しい考察があって興味深い。このほかの*OED*の用例には女仙人を乗せた麒麟図（一角仙人伝説）、鳳凰とともに描かれた麒麟などへの言及があり、さらに「麒麟（日本の一角獣）」という表現もある。

（橋本禮子）

koan　公案

　公案は*SUP 2*から出現。語源欄では「*ko* 公」と「*an* 思考・資料」が結び

ついたものと説明されている。定義は「禅仏教において、修行僧の精神を活性化させるために与えられる逆説」とされている。

　初出例は、日本人および日本文化の精神構造を紹介した書として名高い、1946年（1947年版）ルース・ベネディクト著『菊と刀』からの引用である。"The significance of the koan does not lie in the truths these seekers after truth discover."【公案の意義は、真実を探究するこれらの求道者たちが発見する真実そのものの中にあるのではない。】

　第2例は1957年（2月4日付）*Time*からの引用である。"A less physical shock technique is the *koan*, a problem designed to shock the mind beyond mere thinking."【肉体的に、それほど衝撃のない修行法としては公案がある。それは単なる思考を超えて精神に喝を入れることを意図した問題である。】

　第3例は英国の著名な小説家・評論家A. ハクスリーの『書簡集』（1969年出版）から1958年1月11日付の手紙の一部が引用されている。"They might act as Zen koans and cause sudden openings into hitherto unglimpsed regions."【それらは禅の公案のような働きをし、それまで垣間見ることのなかった領域に突如として風穴をあけることもあろう。】ここでは公案を通して、禅の覚（さとり）の過程が説明されている。ハクスリーが禅に造詣の深かったことは良く知られている。彼は鈴木大拙やR. H. Blythらの著述を精読し、大拙には2度会っている。（Zenの項にもハクスリーからの引用が掲載されている。）

　第4例、第5例は1960年Koestler *Lotus & Robot*から。"The koan-the logically insoluble riddle which the pupil must try to solve."【公案——それは論理的には解明できない、なぞかけ問題であり、弟子はこれを解こうと努めなければならない。】"There are said to exist some one thousand seven hundred koans, divided into various categories …. The oldest-known koans are the 'Three Barriers of Hung-Lun', an eleventh-century Zen master."【公案はおよそ1700あると言われており、様々な範疇に分類される…。最古の公案は「黄龍の三關」であり、黄龍［慧南］は11世紀の禅師である。】ちなみに、ここでいう「黄龍の三關」とは、黄龍派の祖で中国北宋代の禅僧、慧南（1002-69）が「常に参禅の学徒に示した3つの問い

として有名であるという〔1〕。即ち学人の生縁の所在、自分の手と仏の手の似ている理由、自分の脚が騎馬の脚と似ている理由を問うもの」である〔2〕。

最終例は1972年 *Times Lit. Suppl.*（1月28日付）からの引用である。"What he comes up with —— his runes and enigmas and impromptu koans —— builds gradually into a supplementry [sic.] creation."【彼が考えだすもの——神秘的記号やなぞや即興的な公案——は次第に1つの補助手段に形作られていく。】なお、引用中のsupplementryの語は初出の *SUP 2* では、正しくsupplementaryと綴られている。*OED 2* による転記ミスである。　　　　　　　　　　　（野呂有子）

(1)『佛教大事典』小学館、1988年
(2) 西村恵信訳注『無門関』岩波文庫、1994年

kobang 小判

江戸時代の金貨の一種で一分金と共に主軸をなした小判は *OED 1* から登場し、その後も変更されずに *OED 2* に至る。通貨であることから定義や用例にも外国通貨との換算が見られ、鎖国期も含め当時の状況の一端がわかる。*OED* の定義は、「角の丸い長方形（楕円形）の金貨で、当初の重量は222グレーン（ヤードポンド法における衡量の最小単位：＝0.0648g）だったが、後に不利な交換レートのため4分の1に落とされた」。

日本では、一般に小判は1枚1両をたてまえとし金貨の標準的存在。徳川家康が1601年（慶長6年）金座（鋳造発行所）に慶長小判を鋳造し、全国的に流通させた。その後、元禄・宝永・享保・元文・文政・天保・万延など幾多の小判が発行され、一分金とともに広く使用されたが、改鋳のたびに品質は落ちた。

用例は4例で、初出が1616年のコックスの日誌より、"I receved two bars Coban gould with ten ichibos, of 4 to a coban."【私は一分金10枚とともに2枚の小判を受け取った。一分金は4枚で小判一枚に相当。】とあり、一分金との関係が示される。第2例1727年 A. Hamilton *New Acc. E. Ind.* "My Friend ... complimented the Doctor with five Japon Cupangs, or fifty Dutch Dollars."【私の友人はその医者に小判5枚（50オランダドル）を贈呈した。】と記され、鎖国期に

通商のあったオランダドルとのレートについての情報が記されている。

（大和田栄）

kobeite　河辺石

　kobeiteはKobe（日本の京都にある一地域の名前）＋ishi（鉱物の名称につける接尾語）からなり、日本語では河辺石(こうべいし)として知られる鉱物名である。

　定義は「黒色でガラス光沢がある。$AB_2(O, OH)_6$に近い組成の含水複酸化鉱物である。（この式におけるAは主としてイットリウム、鉄、ウランであり、Bは主にチタン、ジルコニウム、ハフニウム、ニオブ、タンタルである。）しかし、ユークセン石-ポリクレース系の鉱物よりも$(Nb, Ta)_2O_5$の含有量ははるかに少なく、チタンTiO_2を多く含む」とある。この項目は3つの用例とともに*SUP 2*で初めて採択された。

　最初の用例は語源欄にも記されている1950年のJ. Takubo et al., *Jrnl. Geol. Soc. Japan*である。"The content of TiO_2 is ... exceedingly high compared with that of polycrase or blomstrandite. So the writers propose here to call this mineral 'Kobeite' after the name of the locality."【チタンの含有量は、ポリクレースやブロムストランダイトの含有量と較べるとはるかに多い。そこでこの鉱物を原産地にちなみ「河辺石」と命名することをここに提言する。】田久保実太郎らにより発見された時の論文である。

　次の1957年の用例は*Amer. Mineralogist*からの引用で、ニュージーランドで河辺石が採取されたとの報告である。

（伊藤香代子）

kogai　公害

　*OED*には、公害関連の4つの日本語、kogai, itai-itai, Minamata disease, yusho【油症】が収録されている。いずれも*SUP 2*から掲載されている。

　kogaiは、「日本における環境汚染」と定義されている。用例は1970年の*New Yorker*からの1例と、1971年の*Peace News*（9月17日付）からの2例である。定義自体は簡略であるが、用例がkogaiという言葉の詳しい説明になっ

ている。

　*New Yorker*における用例は、"Although *kogai* is one of the most controversial and thoroughly covered topics in the Tokyo press, the daily seminars [on pollution] were closed to Japanese reporters."【公害は東京のメディアにおいて、最もよく議論され全面的にとりあげられているトピックであるが、[汚染についての]の毎日の説明会には日本の記者は参加できない。】というものであり、取材に対して閉鎖的な当時の状況が窺える。

　一方、*Peace News*の用例のうち、最初のものは記事のタイトルであり、"Basic theory of Kogai"【公害の基礎理論】となっている。同書からのもう1つの用例は、"'Kogai' is the Japanese word which is used to identify the pollution problem. It cannot be literally translated, for it is also used to refer to environmental problems above and beyond simple pollution: factory noise, vibration, obstruction of sunlight, traffic congestion, water shortages, etc."【公害は汚染問題を表す際に用いられる日本語である。この言葉は、工場騒音、振動、日照障害、交通渋滞、水不足など、単なる汚染にとどまらない環境問題を表す際にも用いられるため、直訳することは不可能である】というものである。

　最後の用例は、2つの意味で興味深い。1つは、日本語の「公害」と英語のpollutionとの違いを示している点である。手元にある3つの和英辞典を引いてみると、「公害」の訳語はいずれもenvironmental pollutionとなっている。しかし*Oxford Advanced Learner's English Dictionary of Current English*（1995）によると、polluteとは"to make sth dirty or no longer pure, esp. by adding harmful or unpleasant substances to it"【特に有害または不快な物質を加えることによって、何かを汚くしたり不純にしたりすること】と定義され、*Collins Cobuild English Language Dictionary*（1987）では、pollutionは、"the process of polluting the water, air, atmosphere, etc, especially by means of poisonous chemicals."【特に毒性のある化学物質によって水、空気、大気などを汚染する過程。】と定義されている。

　もう1つ興味深い点は、日照障害、交通渋滞、水不足までが公害の例とし

てあげられていることである。これは、われわれ日本人の一般的な「公害」のイメージと比べて、かなり広いものではないか。

　ちなみに『広辞苑』による「公害」の定義は、「私企業・公企業の活動によって地域住民のこうむる人為的災害。煤煙・有毒ガスによる大気汚染、排水・廃液による河川・地下水の汚濁、地下水の大量採取による地盤沈下、機械の騒音・振動・悪臭など」となっている。『広辞苑』では、公害とは「私企業・公企業の活動」によるものと明快に定義されているため、生活レベルの汚染は含まれないことになる。これは逆に、公害の意味を限定し過ぎているとも言えよう。なお、『広辞苑』では「公害」の定義の前にpublic nuisanceという英語が記されている。public nuisanceとは法律用語であり、*Webster's Third New International Dictionary*によると"a nuisance (as obstructing a highway) that causes harm or annoyance to persons in a particular locality in violation of their rights as members of the community"【(幹線道路の通行妨害のように) 地域社会の構成員としての権利を侵して、ある特定地域の人々に危害や不快感を与える迷惑行為】である。private nuisance, mixed nuisanceなどと対比して使われる用語である。訳語としては、「公的不法妨害」(『研究社新英和大辞典』第5版)のほか、確かに「公害」(『英和和英　新ビジネス英語大辞典』、PMC出版)を用いることもある。ただし、この用語の意味するものは、加害者側よりむしろ被害者側が「公共」であることを意味するのに対し、『広辞苑』による「公害」の定義では逆に加害者側が「公共」であるという点が明記されている。したがって、public nuisanceと『広辞苑』の言う「公害」とは、相当に意味の隔たりがあるとみていいだろう。

　こうした考察から、言葉が(翻訳されずに)そのままの形で海外に伝播したときに、辞書が定義を記述する際のスタンスの問題が浮かび上がってくる。まず第1に、もともとネイティヴスピーカーの間でも、ある語の意味範囲や、ある語から典型的にイメージされる概念には差がある。第2に、法律上・学問上の厳密な定義と日常生活による用語の使い方には差がある。第3に、外来語は、もとの意味の一部だけで使われたり、あるいはもとの意味からずれ

た意味で使われたりすることが多いが、もしそうした変則的な意味や用法がその国の人々に定着した場合、もとの意味から逸脱して定着したまさにその意味を記述することがその国の国語辞典の使命であるということを認識する必要がある。OEDに出てくる日本語の意味や用法が、日本におけるそれとは異なっていたとしても、その記述が間違っていると即断することはできないだろう。

(馬場哲生)

koi 鯉

koiがOEDに登場するのはSUP 1からである。しかし、次のSUP 2 (Vol. 2)において、その定義も大幅に書き改められ、5つあった引用例のうちの4例までが姿を消し、新しいものに差し替えられている。そして最新版(OED 2)の記述はSUP 2のものを引き継いでいるので、最初のSUP 1の記述とは極く1部を除いて、まったく異なるものとなっている。OEDでは、一度下された定義が、さして問題もないのに次の版で新しい趣きに書き改められたり、一度収録された引用例のほとんどすべてが削除されたりすることは極めて珍しく、その点では、koiはOEDに見られる日本語の中で少数派に属すると言えよう。

まず、定義から見てみよう。SUP 1では、"The common carp, *Cyprinus carpio*,[1] found in the rivers of Japan."【日本の川に棲む普通種のカープ、(学名)キプリヌス・カルピオ。】となっている。この定義に大きな問題はない。しかし、日本の辞書(『広辞苑』「…泥底の川や池を好む…」)を参照するまでもなく、棲息場所として「川」だけでは不備であることに気付く。「池や湖なども付け加えて欲しいものだ」などと思いながらSUP 2を開いてみると、そんな問題を超えて、ガラリと発想を変えた定義になっていて驚かされる。"A local name in Japan for the common carp, Cyprinus carpio."【普通種のカープ、(学名)キプリヌス・カルピオの日本での呼称。】である。前者の定義にも、後者と同じ鯉の学名及び俗称があげられていることだし、同じ鯉の定義であることに変わりはないわけであるが、'found in the rivers of Japan'という句を伴ってい

る為に、「他の地域のものとはどこか違った所のある日本の鯉」といった誤った印象を与える恐れはある。さらに、鯉は日本に棲む魚である、というまた別の誤解を招く可能性も否定はできない。したがって、そのような誤解の入り込む余地のないように、新定義に改めたものと思われる。

引用例の検討に移る。*SUP 1*（*SUP 2*, *OED 2*）の初出例は1727年、ケンペルの『日本誌』（J. G. Scheuchzer tr. *Kæmpfer's Hist. Japan*）から、"*Koi* is another sort of it 〔*sc. Mebaar*〕, which also resembles a Carp."【鯉は、それ〔即ち、メバル〕の別種であり、それはまたカープに似ている。】である。要するに、鯉はメバルの類であって、「カープに似た魚」ということであり、したがって、ケンペルは「鯉」を鯉だとは思っていなかったことになる。即ち、この用例は現代の生物学に照らせば誤った内容であり、*SUP 2*以降、削除されて然るべきものであったと言えよう。にもかかわらず、唯一この用例だけが*SUP 2*（*OED 2*）に引き継がれたのは、「鯉」という日本語を西洋に紹介した最古の文献としての歴史的意義によるものであろう。

次に、*SUP 1*で御披露目が行なわれただけで、その後*OED*の舞台から姿を消した4つの用例のうち主なもの2例をとりあげる。まず、1892年、英詩人・ジャーナリスト、Sir E. Arnoldの*Japonica*より、"It was the custom formerly, at certain feasts, to crimp the live *Koë* and to place it, to be eaten raw, before the guests."【昔は、ある種の宴席では、生きている鯉の身に庖丁で切目を入れ、生のまま食すべく、それを客に出すのが慣例であった。】次は1893年、同じ著者の*Adzuma*より、"Shall they boil thee a fat *koi* from the fish-pond?"【養魚池から取ってきた肥えた鯉を、彼等に頼んで煮てもらってあげましょうか。】いわゆる鯉の活け作り（前者）と、鯉こく（後者）という、2つの代表的な鯉料理に言及したものであろう。

SUP 2（*OED 2*）の用例に移る。*SUP 1*から引き継いだ前述のケンペルの用例の外に、新しく採録されたものが5例あるが、その主なものを見てみよう。まず、1875年、イギリスの博物学者・旅行家、H. W. Batesの*Illustr. Trav.*から、"Some *koi*, a coarse-tasted fish of the carp species."【味のまずいカープ種の魚の鯉

が数匹。】 *SUP 1* の「活け作り」、「鯉こく」の用例を切り捨てた代りの、食用魚としての鯉に関する唯一の用例である。古来、美味な魚、「やんごとなき魚（徒然草118段）」として、この魚を珍重してきた日本人としては、これだけで片付けられるのは何とも納得し難い思いである。1884年、ドイツの地理学者・日本研究家、J. J. Rein の *Japan* からのものは五月の風物詩、鯉幟を描いている。"In every house in which during the previous year a boy has been born, a flag waves on a long bamboo staff, consisting of a large painted koi（carp）of paper."【前年に男の子が生まれた家ではどこでも、紙製の彩色した大きな鯉（カープ）で出来た幟が長い竹竿につけられて翻る。】次の1896年、L. Hearn *Kokoro* からの用例、"The real koi, the great Japanese carp, ascends swift rivers against the stream."【本物の鯉、即ち日本の大きなカープは、急流に抗して川をさかのぼる。】も、実は鯉幟を説明した文からの抜粋なのである。この空を泳ぐ鯉は、「本物の鯉が急流に抗して川をさかのぼる」ように、わが子が人生の苦難を乗り越えて立派に身を立てて行くように、との親の願いを象ったものとハーンは説明しているのである。

以上、*SUP 1* と *SUP 2*（*OED 2*）との間で用例の大幅な入れ替えが行なわれた背景などを探りつつ、両版を比較検討してきて、気付くことが1つある。それは食用魚としての鯉の用例が減らされ、代わりに鯉幟という民俗事象への関心を示す用例が大きくとりあげられたことである。このことは、日本が本家である観賞用の鯉の飼養が欧米でも人気を集めてきていることとも一脈通ずる所があると思われる。これは、西洋の発見した koi は、肉体の糧となる魚というよりはむしろ心の糧となる魚としての鯉であったことを示している、と言えるのではなかろうか。ちなみに、Oxford 系の最新版の辞書、*Concise Oxford Dictionary*（第9版、1995）は、koi を次のようにズバリ、観賞用品種と定義している。"a carp of a large ornamental variety bred in Japan."

（尾造保高）

(1) Cyprinus: 属（genus）名「コイ」／carpio: 種（species）名「コイ」
(2) この〔　〕の部分は、直前の 'it' が何を指すかを示す編者による注であるが、*SUP 2*（*OED 2*）では、Mebaar から Steenbrass（注：Steenbrassem を誤記したものと思われる）に変わってい

る。しかし、筆者には'it'をSteenbrassemと取ることは文脈上不可能であると思われる。以下に出典の関係箇所（雄松堂のファクシミリ版による）を示して、読者の参考に供する。

Mebaar is a red coloured fish, in bigness and shape not unlike a Carp, or Steenbrassem ... It is caught everywhere in great plenty ... *Koi* is another sort of it, which also resembles a Carp... （なお、先行する部分に、Steenbrassemが「鯛」を意味することを示す文がある。*Tai* is what the Dutch ... call *Steenbrassem*.）

(3) この'coarse-tasted'という「味」評は、鯉が天然の状態では文字通り「泥臭い」魚であるケースが多いことから生じたものと思われるが、わが国の鯉料理には、いけす等で十分に「泥抜き」をした鯉が用いられることは周知のとおり。

koi-cha　濃茶

　茶を喫する文化は中国に由来する。喫茶法は時代とともに変化した。唐の時代には茶葉を煮だして飲み、宋の時代には粉茶を撹拌して飲み、そして明朝では茶葉に湯を注ぎ、茶の成分が湯へ浸み出たら、その湯を飲む方法であった。わが国には、これら3通りの喫茶法が伝わり、番茶、抹茶、煎茶として現在もある。

　私たち日本人が日常的に飲むのは、煎茶か番茶であるが、*OED*に項目として採択されているのは抹茶のkoi-cha【濃茶】である。*OED 1*には収録されていないが、その*SUP 2*に初めて収められている。「日本において、粉末のお茶が濃くいれられ、儀式張って飲まれる」と定義している。*SUP 2*の定義文と用例は*OED 2*にそのまま踏襲されている。

　koi-chaの初出例は G. Scheuchzer が英文に翻訳した*Kæmpfer's History Japan* IIである。Engelbelt Kæmpfer（1651-1716）はドイツ人で、スエーデン宮廷のペルシャ派遣使節団の一員としてストックホルムに滞在していた時に、オランダの東インド会社を知り、長崎行きの船に乗りこんだ。当時、日本は鎖国しており、出島にいるオランダ人のみが通商を許されていた。しかし、オランダ人には毎年江戸の将軍に拝謁することが、義務づけられていた。Kæmpferは長崎に滞在していた2年間に、2度（1691年と1692年）参府旅行をしている。その長崎から江戸までの旅で見聞したことを日記に記したものが、*History Japan*と*History Japan* IIの2巻となった。後者に日本関係論文6篇が付

録として添付されている。その1篇が「茶の話」である。koi-chaの最初の用例はここからとられている。

"This powder is mix'd with hot water into a thin pulp, which is afterwards sip'd. This tea is called *Koitsjaa*, that is, thick Tea, by way of distinction from the thinner Tea, made only by infusion, and it is that which all the rich and great men in Japan daily drink."【この粉抹はお湯を注がれ、薄い粥状になるまでかきまぜられた後、啜って飲まれる。これがいわゆる濃茶といわれるもので、ただ煎じていれる薄い方の薄茶とは区別し、日本国のすべての金持ちやお偉方が日常飲むのは、この茶である。】

　上記の引用文の中で、Kæmpferが述べている「濃茶」とは「薄茶」のことであり、「薄茶」といっているのは「煎茶」のことである。引用部分に続けてKæmpferが『日本誌』の中で「濃茶」のたて方を述べている文を読むと、「少量の一人分の抹茶を…茶筅で手早くかきまぜ、茶の泡が立ったら、これを客にすすめる(1)」とあり、疑うべくもなく「薄茶」のたて方である。点前作法に従い、厳粛に一座分を泡を立てずに練りあげた濃い一碗のものを飲みまわす「濃茶」と、一客一碗、薄い抹茶を泡を立ててたてる「薄茶」は、侘び茶の開祖といわれる村田珠光(1423-1502)の時代に区別されていた(2)。それ以後、100年以上経っている江戸時代には、当然「濃茶」と「薄茶」は明確に区別されている。Kæmpferはヨーロッパにおける日本研究の古典的人物として高く評価され、様々な分野における博識ぶりには驚かされる。日本のお茶についても、煎茶、番茶、抹茶、それぞれの製法から、喫茶法までその造詣の深さは並ならぬものがある。しかし「濃茶」の引用部分に関しては、誤解があることはいなめない。

　次の用例としてあがっているのは、Kæmpferから約150年後の1890年に、B. H. Chamberlainが *Things Japanese* に書いたものである。"The resulting beverage resembles pea-soup in colour and consistency. There is a thicker kind called koi-cha, and a thinner kind called usu-cha."【続いてでた飲み物は色といい、濃さといい、えんどう豆のスープに似ている。濃茶という濃い種類のものと、薄

茶という薄い種類のものがある。】

　Chamberlain以降の用例は比較的最近のものとなる。1960年B. Leach *Potter in Japan* "That was the first time I have had'Koi-Cha'. It is a variant of the Tea Ceremony in which the powdered tea is mixed to a thick brew and the bowl is passed from hand to hand."【その時、初めて濃茶を飲んだ。これまでの茶道とは、違ったもので、抹茶が濃くたてられ、たてられた一碗の濃茶を飲んでは次客に手渡した。】と記述している。*OED*にみられる、濃茶についての、最初の、しかも唯一の正確な描写であり、定義文はLeachのこの用例の表現と極めて似ている。

　その後W. Swaanの*Jap. Lantern*（1965）とJ. Kirkupの*Japan behind Fan*（1970）が用例としてあげられているが、「濃茶すなわちthick-tea」と用語の説明をしているにすぎない。

　*SUP 2*に'tea'の項目があり、その中のspecial combinationsの1つとしてtea-ceremonyがある。「日本で、禅の教えにしたがい、厳しいきまりの儀式にのっとって、緑茶をたてたり、飲んだりすること」と定義している。E. S. Morseの*Japanese Homes*（1880）が初出例であり、茶道をtea-ceremonyと翻訳したのは、文献でみるかぎり、Morseが初めてである。そしてこの翻訳用語は広く使われ定着している。しかし、アメリカでは、ランダムハウスの辞書でも、またウェブスターの辞書においてもcha-no-yuの項目になっている[3]。アメリカでは、1906年に岡倉天心が*The Book of Tea*[4]をニューヨークで刊行し、茶道の精神、美学を紹介した。この本は版をかさねるほどにアメリカ人に多く読まれ、日本の茶道が理解されるのに大きく役立っている。そして、イギリスが*OED*ですでに項目としていたtea-ceremonyを、アメリカでは踏襲せず、岡倉天心が使った用語'cha-no-yu'【茶の湯】を項目としているのは興味深い。

（伊藤香代子）

(1) エンゲルベルト・ケンペル著、今井正編訳、『日本史』下巻、霞ケ関出版
(2) 栗田勇『千利休と日本人』祥伝社（1990年）を参照。
(3) *Random House Unabridged Dictionary*（2nd Edition), 1987.
　　The Random House Dictionary of the English Language, The Unabridged Edition, Random House,

1966.

Webster's Third New International Dictionary, Unabridged, G & C. Merriam Com. 1967.

(4) Okakura-Kakuzo, *The Book of Tea, Fox Duffield & Company* 1906.（天心は号であり、幼名を角蔵、のちに覚三と改めた）

koji 麹

kojiが*OED*に登場したのは*SUP 2*で、*OED 2*にもそのまま記載されている。定義には、"An enzyme preparation derived from various moulds, esp. *Aspergillus oryzae* and closely related species, and used to bring about the fermentation involved in the production of saké, soy sauce, etc."【様々なカビ、特にアスペルギルス・オリゼー（麹かび）やその近縁種から作り出され、酒や醤油などの製造に関わる発酵を生じさせるための酵素製品。】とある。初出例は1878年の*Nature*（9月12日）中のR. W. Atkinsonの"The rice-grains are found to be covered with large quantities of fine hair-like threads, the mycelium of the fungus added. In this state it is called 'kōji'."【米粒の表面が、加えた菌類の菌糸体である細い髪の毛伏のものでいっぱいに覆われているのが見られる。この状態のものを「麹」と呼ぶ。】である。

第2例は1926年のThom & Churchによる*Aspergilli*からの"Koji in its various forms is used in several fermentations."【様々な形態の麹が様々な発酵過程で使用される。】である。この著書は世界中の菌類学者の間では権威ある古典的教科書となっているが、日本の麹かび（アスペルギルス・オリゼー）はカビ毒を出すアスペルギルス・フラブス【A. flavus】の中に含まれると誤って記載され、大問題になった。

第3例は1953年のJ. Ramsbottomによる*Mushrooms & Toadstools*からの"The Koji for the enormous fermentation industries of Japan is *Aspergillus Oryzae*, or closely allied species."【日本の巨大な発酵産業用の麹はアスペルギルス・オリゼー（麹かび）やその近縁種である。】

第4例は1960年のA. E. Benderによる*Dict. Nutrition*からの"Takadiastase. Or Koji, an enzyme preparation produced by growing the fungus, *Aspergillus oryzae*, on bran, leaching the culture mass with water and precipitating with alcohol."【タカジアスターゼ。すなわち麹のことで、アスペルギルス・オリゼー（麹かび）という菌類をふすまの上に生育させ、その培養物を水で抽出し、アルコールで沈殿させて作った酵素製品である。】この用例にある酵素抽出法は、高峰譲吉博士が1894年に発明したもので、この酵素製品はタカジアスターゼと命名され、カビから作られた酵素剤の第1号になっている。

第5例は1965年のRaper & Fennellによる *Genus Aspergillus* からの "*A. flavus* ... had been encountered frequently among cultures received from Japanese workers as isolates from commercial inoculum, or 'koji', for fermentation industries."【工業用の接種材料、すなわち発酵工業用の「麹」から分離したものとして日本の職人達から受け取る培養菌の中でもとりわけアスペルギルス・フラブスにはよく出くわした。】である。第6例も同書からの "The manufacture of saké is dependent upon the use of *A. oryzae* for the preparation of the koji used to digest rice starch and protein."【酒の製造は米の澱粉とタンパク質を消化するのに使われる麹を製造するためのアスペルギルス・オリゼー（麹かび）をどのように使うかにかかっている。】である。

(糸山昌己)

kojic 麹酸

「麹酸：5-オキシ-2-オキシメチル-γ-ピロンのこと。HO・$C_5H_2O_2$・CH_2OH、結晶性ピロン誘導体で、アスペルギルス属（コウジカビ科）のある種の菌類によって右旋性ブドウ糖から得られ、おだやかな抗菌性を持つ」と定義されている。*SUP 2* から出現。

初出例は1912年 T. Yabuta in *Orig. Communications 8th Internat. Congr. Appl. Chem.* から。"I have given the name 'Koji acid' to this substance."【私はこの物質を麹酸と命名した。】とあり、麹酸という名称が正式に確立された。

第2例は1913年 *Jrnl. Chem. Soc.* から。"Kojic acid...obtained from finely powdered *Aspergillus oryzae* forms colourless needles or prisms."【麹酸は…微細な粉末のアスペルギルス・オリュザエから得られるが、無色針状晶あるいは無色柱

状晶を形成する。】とあり、麹酸の形状の説明である。

　第3例は1947年 *New Biol.* から。"Kojic acid is a mild disinfectant of the same order of activity as phenol."【麹酸はフェノールと同程度の活性をもつ、効き目の穏やかな滅菌剤である。】とあり、麹酸の薬効を説明した部分が引用されている。

　最終例は1971年 *Jrnl. Trop. Med. & Hygiene* から。"Kojic acid production which is supposed to be a constant property of *A [spergillus] flavus*."【黄色ア［スペルギルス］の常態的特性と想定される麹酸からの産出物。】とあり、麹酸の生成物についての言及となっている。

（野呂有子）

kokeshi　こけし

　kokeshiという項目が*OED*に初めて登場したのは*SUP 2*である。*OED 2*にもそのまま記載されている。

　まず、kokeshiは"A kind of wooden Japanese doll"【日本の木製の人形の一種】と定義されている。この定義には特になにも問題はない。引用例は次の3つの用例があるだけである。

　第1例　1959年 R. Kirkbride *Tamiko* "He bought Tamiko a kokeshi doll."【彼はタミコにこけし人形を1つ買った。】

　第2例　1970年 J. Kirkup *Japan behind Fan* "Some stalls were selling celluloid masks and *kokeshi*."【露店の中にはセルロイドのお面とこけしを売っていたところもあった。】

　第3例　1973年 R. Littell *Defection of A. J. Lewinter* "Sarah's 'things'─sea shells ... Japanese *kokeshi* dolls, paperweights."【サラの持ち物、例えば、貝殻や、日本のこけし人形、ペーパーウェイト等。】

（糸山昌己）

koku　石

　律令時代に唐の制度にしたがって、1石10斗、1斗10升、1升10合と十進

法で定められた昔にさかのぼるが、SUP 2から採録されるOEDにむろんそのような長い歴史的視野はない。ただ新しいなりに基本はぬかりない。a、bに大別されるが、「a. 日本の容積を量る単位で10斗に等しく、液体、固体いずれにも用いられる（特に金銭的尺度としての米につき）。およそ39.7ガロン（180リットル）または4.69ブッシェルに相当する」。金銭的尺度と言うのは、知行高が石で表わされたあたりのことをいう。次いで「b. 和船について用いられる容積（積載量）の単位で10立方尺に等しい。およそ9.8立方フィート（0.278立方メートル）に相当する」。千石船の紹介があれば、もっとよかった。

用例はケンペルに始まり戦前の段階で終わる。1727年 J. G. Scheuchzer tr. *Kæmpfer's Hist. Japan* "The Emperor...order'd, that three *koku's* of rice should be given, or lent to any family, that stood in need of it."【天皇は…米3石を、必要とするいずれの家族にも給するか、あるいは貸与せよと命じられた。】次は明治開国直後の出典となって、いかにも変革期らしい文例である。1871年 A. B. Mitford *Tales Old Japan* "His revenue of eight million kokus reverted to the Government."【彼の800万石の歳入は政府に戻された。】*Ibid.* "The koku of rice, in which all revenue is calculated, is of varying value."【あらゆる収益算定の基準となる米の石は、価格変動を蒙るものである。】石あたりの貨幣価値にまつわるもの（1892）や「30万石の大名の座」とあるだけのラフカディオ・ハーンの『こころ』（1896）の一節には道草をしないこととして、1904年 *Daily Chron.*（3月30日付）には "Jeyas....reduced the civil list to 9,000 kokus, or 44,500 bushels of rice, which was the way then that revenue was paid."【家康は文官俸給表を9000石、または米44,500ブッシェルに切り詰めた。当時は米によって俸給が支払われていたのである。】文官といっても武士のことであり、その総石高が問題になっていることは言うまでもない。1911年 *Encycl. Brit.* の例は今ひとつの石（b）についてで "Any vessel having a capacity of more than 500 *koku*（150tons）.【どの船も500石（150トン）以上の積載量があり。】と述べる。

1930年代になると1931年 G. B. Sansom *Japan* "Any who could produce from the new fields one thousand *koku* of rice were promised lifelong immunity to tax."【新田

から1000石の米を生産できる者は誰しも終身免税が約束された。】日本研究も本格化していると言っていい。最後の引用は鈴木大拙師からである。1938年D. T. Suzuki *Zen Buddhism & its Influence on Jap. Culture* "Hideyoshi gave him three thousand *koku* of rice for his service to him as tea-master."【秀吉は彼に茶の宗匠として仕えてくれたことに報いて米3,000石を下賜した。】彼というのは利休であろう。例文の主舞台は豊臣政権から続く江戸幕藩体制におよぶ。銭で土地や地代をはかる貫高制から土地の生産高を基準とする石高制への移行が西日本中心に起こるのは室町時代後期からだけれど、その全国化は、やはり戦乱の世を経て保存米をこそあてにする武士の軍国体制になったからなのである。

(西澤龍生)

kombu 昆布

おせち料理の昆布巻き、おでん種、塩こんぶ、酢こんぶ、こぶ茶、トロロコンブ、そしてだし汁の材料と昆布は食用に広く利用されている。昆布は海藻では珍しく幅が広いため、古くには「ひろめ」と呼ばれ、また蝦夷（北海道）で多く産するために「えびすめ」ともいわれた。こんぶは〈よろこぶ〉〈広まる〉〈福を得る〉に通じる縁起の良いものとして、武家の儀式にかかせぬものであったし、今も一般の家庭で正月や婚礼の飾物に用いられている。

OED には *SUP 1* から採択され、"kobu"の項目になっている。"kombu"ともいうと付言している。*SUP 1* の定義は「コンブ科の海藻で日本人が食べる」とある。*SUP 2* の定義では「褐藻類海藻、コンブ科の1つで食用に使われ、特にだし汁のベースとして使われる」ともっと具体的である。定義も以下の用例も *OED 2* は *SUP 2* とまったく同じである。

用例は *SUP 1* では1つのみで1882年（の初版で、採択したのは1884年出版のもの）、Satow & Hawesによる、*Handbk. for Travellers Cent. & N. Japan* である。"Kombu, a broad, thick, and very long species of seaweed, most of which is exported to China."【昆布は幅が広く、厚く、非常に長い種類の海藻で、ほとんどは中国に輸出される。】同書をみると" ... to China, where it is used as a substitute for salt."

【中国では塩の代用品として使われている。】とある。上記の用例はSUP 2では1884年となり最初の用例になっている。SUP 2では次に1905年のNat. Geogr. Mag, Mayからの用例が続く。"Kombu is one of the staple foods of the country [sc. Japan], entering into the dietary of almost every family."【昆布はその国、すなわち日本の主要食品の1つで、ほとんどの家庭の食事にも入っている。】G. Mikesによる1958年のEast is Eastでは"Kombu（a kind of seaweed）is not less delicious than boiled cabbage"【（海藻の一種）の昆布は味は茹でたキャベツと同じ位だ。】とある。日本、台湾、フィリピン、香港などのアジア諸国の紀行文からなるこの本の中で「菊の漬物」と題した章からの用例である。引用箇所の数行前に"Japanese food is amusing; it is also beautiful to look at; sometimes it is good to smell, and quite pleasant to listen to. To eat ... well, that is an entirely different question."【日本の食べ物は面白い。見ても美しく、時には良い香りがし、音もきわめて良い。食べるとなると…まったく別の問題だ。】とある。

（伊藤香代子）

koniak, koniaku　こんにゃく

　koniakがOEDに登場したのはSUP 2で、OED 2にもそのまま記載されている。定義には「学名Amorphophallus rivieriであるサトイモ科の大型多年草に対する和名で、根から粉を取るために日本で栽培されている」とある。実際にこんにゃくを食用とするのは、ミャンマーと中国の一部、それに日本のみといわれ、経済栽培を行なうのは日本だけであるので、このような定義がなされたのかもしれない。しかし、われわれ日本人にとって、こんにゃくとはどのように捉えられているのだろうか。ここで、国語辞典の定義を見てみる。
　『大辞林』「【蒟蒻・蒟蒻】①サトイモ科の多年草。インドシナ原産。渡来は古く、各地で栽培される。葉は球茎から一個出て、葉柄は大く長く茎のように見える。球茎をこんにゃく玉という。こにゃく。②こんにゃく玉をおろすか粉砕したものに水を加えて練り、消石灰を加えて固めた食品。成分のほとんどが水分で、栄養価値はないが、その弾力ある歯ざわりが好まれ、田

楽・白和え・おでんなどに用いられる。」

　確かに『大辞林』の第1の定義にあるように、こんにゃくには「サトイモ科の多年草」の意味もある。しかし一般の日本人にとっては、『大辞林』の第2の定義の「…その弾力ある歯ざわりが好まれ、田楽・白和え・おでん…」やすきやきなどに用いられる食品としての意味が第一に思い浮かぶものだと思われる。

　では、ここで用例を見ていくことにする。*OED 2*には、1884年の初出例を含めて5例が収録されている。

　第1例　1884年 tr. *A. de Candolle's Orig. Cultivated Plants* "The konjak is a tuberous plant of the family Araceæ, extensively cultivated by the Japanese."【コンニャクは塊茎のあるサトイモ科の植物で、日本人によって広く栽培されている。】

　この初出例でkonjakが植物の意味でしか使われていないことが*OED*での定義の仕方に反映されているのかもしれない。しかし、初出例から70年後の1954年以降の3用例ではsukiyakiの材料としてのkoniak、即ち、食用こんにゃくとしての記述が見られる。しかもすきやきにはなくてはならないtofuとともに現れたりしている。

　第2例　1954年 J. M. Morris *Wise Bamboo* "Anything edible can be put into *sukiyaki*. That night we had leeks, *tofu* (beancurd), *konnyaku* (a gelatine-like vegetable which I could not identify), onions and bamboo sprouts."【食べられる物は何でもすき焼きの中に入れてよい。その晩我々が食べたのはねぎ、豆腐（豆乳を凝固させた食品）、コンニャク（私には何だかわからなかったがゼラチン状の野菜）、たまねぎ、そして竹の子であった。】

　第3例　1970年 J. Kirkup *Japan behind Fan* "Lumps of *tofu*（white beancurd）and *konyaku*（devil's tongue jelly）"【豆腐（白い豆乳の凝固食品）とコンニャク（ヘビイモのゼリー）。】

　次の用例においては、直接的に食用こんにゃくの記述は見られないが、こんにゃくを食用にするための過程が詳しく述べられている。

　第4例　1972年 Y. Lovelock *Vegetable Bk.* "The related giant arum or devil's tongue ... known to the Japanese as *koniaku*, is often cultivated for food ... Their [*sc.* the tubers'] taste and smell is [*sic*] strong and disagreeable, but this is lost after they have been soaked in whitewash (i.e. milk of lime), crushed and cooked. The resulting flour is used for making a kind of pasta and other dishes."【それに類する大型のアルムすなわちヘビイモは、日本人にはコンニャクとして知られているが、食用としてよく栽培される…その［即ち、その塊茎の］味とにおいは強くていやなものであるが、石灰水に漬けて砕いて熱を加えると無くなる。そのようにしてできた粉は、パスタみたいなもの［糸こんにゃく］にしたり他の料理に使用されたりする。】

　これらの用例からみても、*OED 2*のkoniakの定義には食用としてのこんにゃくがより明示的に記述されても良いのではないかと思われる。（糸山昌己）

Kōrin　光琳

　定義は「日本の尾形光琳（1658-1716）という画家の名前。特に『光琳派』『光琳様式』のように用いられ、江戸時代に創設された、主に京都と縁の深い日本画の一流派を指す。中でも光琳はその典型的な代表者である」となっていて、光琳自身といわゆる「琳派」を指す内容となっている。

　*SUP 2*から掲載され、その後の変更はない。引用例は5例。初出例は1884年 Satow & Hawes *Handbk. for Travellers Cent. & N. Japan* "The only new school that appeared in the seventeenth century was that of Kōrin, a famous lacquer painter, who appears to have been originally a pupil of the Tosa school."【17世紀に現れた唯一の新しい流派は、有名な蒔絵師光琳の属していたものであった。彼は元来土佐派の門弟であったらしい。】琳派の創始者は本阿弥光悦と俵屋宗達であるが、それを完成させたのは光琳である。それ故に一般に「琳派」とか「宗達光琳派」と呼ばれる。光琳は元々染色と蒔絵の仕事から絵画の世界に入った。目を見張るような蒔絵の逸品を遺し、かつ大和絵の大家として不動の地位を築いた。

　琳派の特徴に触れるものとして次の用例がある。1898年 M. Tomkinson *Jap.*

Collection "The Kōrin style was a late offshoot of the Yamato-Tosa school ... stamped by a bold flowing line and vigorous composition, and usually by a supreme contempt for naturalistic rules."【琳派は大和絵を代表する土佐派の後期の分派で…太く流れる線と力強い構図、そして一般には、写実方式を断固として軽蔑しているのが特徴であった。】ここで言う「土佐派」とは、応仁の乱後、狩野派と覇を競った大和絵の代表的な流派である。光悦の助力を得て宗達が大和絵の復活に尽力し、それを光琳・乾山という天才兄弟が引き継いだのである。光悦・宗達の装飾美に傾倒し、さらにそれに大胆かつ華麗な画風を展開し、高く評価されたために光琳の名が後世に残ったのであろう。また「写実方式の軽蔑」とは、それまでのようにただ単に写実的に美しく描くのではなく、金箔を用いたりして豪華絢爛に描き、しかも大胆にデフォルメするといった琳派の革新的な技法の導入が、このように表現されたと思われる。

フェノロサからも引用されている。1912年 E. F. Fenollosa *Epochs Chinese & Jap. Art* "We can call the chief masters of this Korin school the greatest painters of tree and flower forms that the world has ever seen."【この琳派の大家たちこそが、木や花のフォルムを描く希代の達人と言えよう。】フェノロサの言う「琳派の大家たち」とは宗達、光琳、芳崖、後に江戸で花咲かす酒井抱一らであろう。フェノロサは世界の、そして日本の様々な美術に触れた上で、琳派の描く、いわゆる花鳥風月に最高の賛辞を与えている。「木や花のフォルムの大家たち」と述べているフェノロサの頭の中には、「紅白梅図屏風」を描いた光琳や、「夏秋草図屏風」を描いた酒井抱一等がいたに違いない。　　　（吉江正雄）

koro　香炉

koroは、*SUP 2*から採択され、そのまま*OED 2*に踏襲されている。語源欄には、「日本の香をたく器、釣り香炉」とあり、「日本の香をたく精巧な器、通例、青銅、翡翠、磁器製」という定義が続く。用例は6例（1822、1822、1889、1891、1959、1974）ある。初出は、1822年 F. Shoberl tr. *Titsingh's Illustr. Japan* "*Koro*, a fire-terrine."【香炉、火を入れる蓋と脚のついたつぼ】という簡単

なもの。これを補強するためか、同じ文献の数頁前の箇所から、"A ... chafing-dish, with its *koro*, or stand, for burning ... incense."【コウロすなわち容器を伴った香をたくための炉】とあるが、この2つの用例では、日本の香炉は的確に描かれていない。

　第3例は、1889年 M. B. Huish *Japan & its Art* "No notice of the contents of a Japanese house would be complete without some reference to the incense-burners (*ko-ro*) which find a place there, and also in the Buddhist temples. These afforded employment for a large number of artists in bronze."【日本の家屋や仏教寺院にある香をたくもの（香炉）について何らかの言及をしなければ、日本の家屋を十分に語ることにはならない。香炉は、多くの青銅職人に仕事場を与えた。】とあり、香炉が日本の家や寺にとってなくてはならないものであって、青銅の香炉を作る職人が多くいたことを示している。第4例は1891年 Chamberlain & Mason *Handbk. Travellers Japan* からで、香炉が青銅や磁器でできていることが紹介され、第5例は、1959年 *Times*（4月28日付）"A spinach green jade koro and cover."【ほうれん草のような緑の翡翠でできた蓋つきの香炉。】というもの。

　最終例は、1974 *Daily Tel.*（6月4日付）"The koro is carved in archaic style, has large horned dragon handles and is surmounted by a Buddhistic lion and a cub."【この香炉は古風な様式で彫刻が施されており、大きな角をはやした竜の取っ手が付いていて、仏教風な獅子や獅子の子が上にのっている。】これは、"Jade Koro Fetches 20,000 gns [guineas] By Our Art Sales Correspondent"【翡翠の香炉、当社美術品代理店にて20,000ギニーの値を呼ぶ】と題した記事で、競売で19世紀の中国製の大きな香炉がロッテルダムのコレクターによって競り落とされたと報告している。

　香炉には、陶磁器や金属製のものの他に漆器のものもある。書院の床の間に飾る置き香炉、香道で用いる聞き香炉、火取り香炉などさまざまあるが、磁器のものが多く、本来は仏事に用いた。このうち、「聞き香炉」は典雅な式法であり、茶道においても取り入れられていて、菓子を食べお茶を飲むこと以外の種々の遊びの1つになっている。

　　　　　　　　　　　　　　　　　　　　　　　　　　（渡辺佳余子）

kotatsu 炬燵

「物いわぬ火燵に油断すべからず」と粋な川柳にもあるように、炬燵は暖をとるためだけのものではなく、時には恋の手助けもしている。炬燵らしいものは室町時代（1336-1576）に使われはじめ、やぐらに小袖などの衣服をかぶせていたというが、一般に広まったのは木綿布団ができた江戸中期以降とされている。

kotatsu は *SUP 2* にはじめて登場。定義は、構造について詳細な記述をしている。"A wooden frame which is placed over the hearth in Japanese houses and covered with a thick quilt to give an enclosed area within which people can warm their hands and feet. Also applied to the hearth and the cover together. also *attrib*"【日本の家屋で、いろりの上に覆うようにおいた木で組んだ枠〈やぐら〉のことをいう。上に厚手の布団をかけ、中で手足を暖める空間ができるようになっている。また、いろりとそれを覆うものをひっくるめていうこともある。また、限定用法もある。】

『国語大辞典』（小学館）の定義には「…室町時代に禅宗から広まり、古くは、やぐらそのものをこたつと呼んだ。…」とあるので、両辞典の定義には大きな違いはない。

引用文は4例（1876、1880、1889、1970）。

初出例は、1876年 W. E. Griffis *Mikado's Empire* "I got up, entered the best room in the house, and curled up under a kotatsu."【私は起きあがり、一番いい部屋に入り、背を丸くして炬燵に入った。】寒い冬、背を丸くして炬燵にあたる様子がよく捉えられているが、炬燵のあたり方はいろいろで、室町時代の低いやぐらの炬燵では上に足をのせて暖をとるなどの工夫をしている。

第3の用例は1889年 M. B. Huish *Japan & its Art* "The only other articles of furniture will be the kotatsu, a square wooden frame, which in winter is placed over the hibachi or stove, and is covered with a large wadded quilt or *futon* (under this the whole family huddle for warmth)."【唯一ほかに家具らしいものがあるとすれば炬燵、すなわち木製の四角い枠（やぐら）であろう。冬の暖房ストーブの役目をす

る火鉢の上に覆うように置き、上に綿の入った大きな布団をかける。この炬燵の中に家族がみんな身体を寄せるようにして入り暖をとる。】この用例ではやぐらを火鉢の上に置いているので炬燵は置き炬燵ということになるが、いろりから発達した掘り炬燵は当然のことながら置き炬燵より歴史は古い。

　第4の用例は、1970年 J. Kirkup *Japan behind Fan* "A limited life of kitchen and *kotatsu* gossip in some narrow-minded village."【偏狭な集落の井戸端や炬燵で交わされるたわいないゴシップ。】この用例では *kotatsu* は「炬燵で行なわれる」という意味で形容詞的に用いられている。日本語の同じような意味合いの用法としてはかつてテレビの番組に『炬燵談議』といったものがあったが、「炬燵水練」同様、この種の形容詞としての「炬燵」には「実際には役立たない…」という意味が内包されているのは考えてみると面白い。　　　（西村幸三）

koto　箏

　「両手で演奏する日本の弦楽器。共鳴装置のような長い箱の上に13本の絹の弦を張り、それぞれの弦には柱(じ)がある。その柱を移動させて調弦する」が *OED 1* で与えられた定義である。13弦の柱を用いる「こと」は、正確には琴ではなく、箏を指す。*OED 1* の用例は、1864年刊行のアメリカ人作曲家C. Engelの *Mus. Anc. Nations* からの"The strings of the koto are generally twanged with small plectra fastened on the fingers of the performer."【箏の弦は、普通、演奏者の指にはめた小さなつめで鳴らす。】のただ1例のみ。

　SUP 2 では、新たに8例が追加されている。初出は1795年C. P. Thunberg tr. *Trav. Europe, Afr. & Asia* の"The *koto* bears a strong resemblance to our dulcimers, having a number of strings, which are struck with sticks."【箏はわが国のダルシマーによく似ている。沢山の弦があり、それを棒でたたく。】である。tr. の印があるので、何かを翻訳したものであろうが、スウェーデンの植物学者Thunbergは滞日の経験もあるのに、「箏の弦を棒でたたく」と書き記している。なお、ダルシマーは15世紀頃にペルシアから中央ヨーロッパに伝わった弦楽器。第2例は、1822年のF. Shoberl tr. *Titsingh's Illustr. Japan* からで、

"*Kotto*, a kind of harp."【箏、ハープの一種】の短かい引用。これは、「前記に見える日本語の解説」として、日本語の語彙一覧が載せてあるが、その中の箏の箇所である。kotto は koto の異形。1795年、1822年は日英の通商の途絶えていた鎖国時代のことであるが、Thunberg も Titsingh もオランダ東インド会社に籍を置き、日本との関わりをもった。したがって、江戸時代に、箏は間接的に英国に紹介されたことになる。

　定義とここまでの用例から、箏は「両手で弾く。指につめをはめる。ハープのようなもの」ということになり、まるで両手につめをはめて演奏するようにみえるが、実際、1891年の A. M. Bacon *Jap. Girls & Women* からの引用 "The *koto* is an embryo piano, a horizontal sounding board, some six feet long, upon which are stretched strings supported by ivory bridges."【箏は初期のピアノようなもの。およそ6フィートの水平に置いた反響板で、それに象牙の柱で支えた弦を張る。】に続けて、"It is played by means of ivory finger-tips fitted to the thumb, forefinger, and middle finger of each hand, ..."とあり、それぞれの手の3本の指につめをはめることになっている。戦後の例は3例。その中の1965年の例は、南アフリカ生まれの建築家 W. Swaan *Jap. Lantern* からの "The chief item is a concerto for *koto*, the traditional Japanese harp."【主たる演奏曲目は伝統的な日本のハープである箏のための協奏曲。】である。

　OED 2 には、*OED 1* の1例と *SUP 2* の8例とを合わせて9例が収められている。ただし、1795年の初出例 " ... having the number of strings, ..."には冠詞の誤りがある。*OED 1* からの定義には変更は見られない。　　　　（海老名洸子）

kudzu　葛

　"kudzu vine"【葛蔓】の短縮形、定義は「中国と日本が原産の多年生のつる性植物。他所では、まぐさ、鑑賞用植物、土壌が浸食されるのを防ぐ補助物として栽培される」となっている。*SUP 2* から採択され、*OED 2* にそのまま踏襲され、用例は6例（1893, 1901, 1948, 1951, 1973, 1974）ある。

　初出は1893年 *Garden & Forest* "In Japan the Kudzu ... has some economic value."【日本において、葛はかなりの経済価値がある。】と、園芸関連の雑誌と思われる文献からの引用である。わが国では、葛は山野に生え、秋の七草の1つとして親しまれ、「経済価値」とは、蔓の繊維が葛布の原料、根が澱粉、干した葛根が解熱の漢方薬になることをいう。第2例も園芸に関連する文献からで、1901年L. H. Bailey *Cycl. Amer. Hort.* "Kudzu Vine. Perennial with large tuberous starchy roots ... fl [ower] s pea-shaped, purple, in axillary spikes late in the season, not showy: pod large and flat."【葛蔓。多年生の大きな塊茎状の澱粉質の根…季節の終わりには、葉腋の花穂に紫色の豆科の花を咲かせるが、派手な花ではない、莢は大きくて平たい。】とある。第3例は、1948年 *Atlantic Monthly* 11月号"Kudzu, a coarse, rapidly growing legume of incredible efficiency in checking gullies, restoring drainage, and storing nitrogen, came from Japan."【野生で成長が早いマメ科の植物である葛は、日本原産で、浸食を抑制したり、水はけを良くしたり、土中に窒素を貯えたりするのに驚くほど効果がある。】という葛の効用が述べられていて、この用例が、定義の後半部に貢献したようである。第4例の *Dict. Gardening* では葛のつたがシーズンごとに何フィートも伸び、根が肉厚で澱粉質であることが述べられ、第5例の *Daily Colonist* では、葛のつたは多年草つた植物の中でも成長が早く、植えた最初の年には10フィートも伸び、その後年ごとに30フィート以上も伸びると指摘されている。

　最終例は、1974年 A. Dillard *Pilgrim at Tinker Creek* "In summer that path is wrapped past finding in saplings, bushes, kudzu, and poison oak."【夏には、その道は見分けがつかないほど若木、低木、葛、アメリカつたうるしに覆われてしまう。】同書第12章"Night Watch"からの引用で、語り手が天国のような所と呼ぶthe Lucas Placeという場所へ到達することの難しさを述べている。(*Three by Annie Dillard*（New York: Harper's Magazine Press, 1974.)) アニー・ディラードは、1945年生まれのアメリカの女流作家で、ネイチャー・ライティングという現在広く注目されている分野では、この用例の『ティンカークリークの巡礼』（ピュリッツアー賞受賞）は必読の書になっている。ティンカークリークは、ヴァージニア州ブルーリッジ山系麓の渓谷の流れである。ネイチャー・

ライティングはH. D. ソロー以来100年以上の歴史があるが、自然破壊がすさまじい現在、本格的に研究されるようになり、ディラードは現代のソローと呼ばれている。日本原産の葛が、ディラードの作品に登場しているのである。

(渡辺佳余子)

Kuge　公家

「封建日本で京都の朝廷に出仕した貴族らの名称。宮廷貴族」なるKugeの定義は、SUP 2に初登場してOED 2に踏襲されるが、それ自体可もなければ不可もない。だた発音は呉音で'kuge、表記がkugeないしKugéとあれば、日本語では「公家」に限らざるをえぬ。公卿(くぎょう)なる発音があげられていないからである。

すべてに先立ち"Also † Cangue"とあるのは何か。"†"とあればたしかに廃語には違いない。だが唐突なこんな書き出しが初出例と関わるとすれば、16世紀、シナ語音の歴史で言えば中世（宋元明）シナ語の段階に当たるであろう。即ち1577年 R. Willes in Eden & Willes tr. *Hist. Trauayle W. & E. Indies* [1] "The heads and beards of his ministers are shauen, they haue name Cangues."【御公家衆は頭もあごひげも剃られている。彼らはCangueなる名を帯びている。】もとフランス語でしたためられたものが著者自身により母国語訳された、ともあれ英語による最初の日本関係記事ではあるらしいが、内容はいかにも荒唐である。

1577年と言えば、ドレイクの世界周航出発の年であり、これまで後塵を拝するばかりであったイベリア勢に英国としても一矢酬いる可能性はあったかもしれない。ただ周知のように壮図も線香花火に終わって、東南アジア海域の貿易ではポルトガルが依然他の追随を許さなかった。否、そのポルトガルさえ対日貿易ではシナ商人の活躍に垂涎するそれの模倣者に過ぎないのだ。[2]

ちなみにスペインもこの年ルソン島を占領、日本では信長が一向一揆を討伐するが、これは耶蘇会士謁見の4年前に当たる。英国人の入りこむ隙もないわけであるが、ただ1600年蘭船リーフデ号の豊後漂着は、乗り組んでいた英人ウィリアム・アダムズ（三浦按針）への家康の注目と厚遇という怪我

の功名をもたらすことになった。同年エリザベス女王認可の英国東インド会社が1613年平戸に商館を建設するのも、この僥倖がめぐりめぐっての1つの果実と言える。これとてオランダの勢威には太刀打ちならぬまま、10年後には店じまいとなる為体(ていたらく)で、後進オランダの驥尾に付す英国がさらに一世代前未踏のジパングにつき、せいぜい東シナ海あたりで間接に仕入れた知識の、いかに突拍子もないものであったかは思い半ばに過ぎるであろう。

さきに中世シナ語音にこだわった所以であるが、たとえば「宦官」なら'huan—koŋ (goŋ)'、日本語における漢音では「クワンクワン」である。これでCangueの謎が解けたわけでは毫もないが、のっぺりなよなよした公家の印象に何となくつながるから不思議ではないか。もっとも公家がすべて入道であったとするのは、上座部仏教を国教としたシャムはアユタヤ朝の廟堂あたりならともかく、到底いただける話ではない。

次のケンペルの証言からようやくにして現実の話となる。1727年J. G. Scheuchzer tr. *Kæmpfer's Hist. Japan* には、"The whole Ecclesiastical Court in general assumes the title of Kuge, which signifies as much as Ecclesiastical Lords, and this they do by way of distinction from the Gege."【総じて大宮人ことごとく帯びているのが公家なる称号で、殿上人たる限りの者たちを意味しているが、これも下々の者どもから区別されようとしてのことなのである。】'Ecclesiastical'が繰り返されるあたりに、西欧の聖俗関係に当てはめての朝幕関係の理解がうかがわれるが、維新成っての明治の御代ともなれば、相も変わらぬ公家像にもかかわらず、この国においては珍しく天皇とその朝廷が、文雅の世界から新都東京という政治の表舞台に登場してきたことが、用例にも反映している。1871年 A. B. Mitford *Tales Old Japan* I. 71 "The cap and robes worn by the Kugé, or nobles of the Mikado's court."【公家、つまりの宮廷の貴族たちが身につけた衣冠束帯。】1880年の例はF. V. Dickins tr. *Chiushingura* (new ed.)で、一応時代設定は江戸時代であろうが、"They were noble ladies, daughters of Kugé, who were peers of the Mikado's creation."【彼らは帝(みかど)の授け給うた爵位を帯びる公家の娘なる貴婦人がたであった。】1904年のL. Hearn *Japan: Attempt at Interpretation* には

"Next to him stood the kugé, or ancient nobility,—— descendants of emperors and of gods."【かの御かたの次に位したのが、公家、ないしは古来の貴族たち――天皇や（やおよろずの）神々の子孫ら――であった。】

　1904年と言えば、超大国ロマノフ朝ロシアを相手に蕞爾たる極東の一小国が決戦に及んだ年である。西方の挑戦に対する切端つまった応戦を奇しくも成功に導いたのが、実に天皇神格化を軸としての挙国一致体制であった構造が間接ながら垣間見られる。奇蹟の実現が、途端に夜郎自大への第一歩となって、自己眩惑が自己破産へと辿りつくプロセスに沿っては特に注目される節目もないまま、つづく引例は一挙に戦後1957年の Times Lit. Suppl. II Oct., そこには、"The court nobles, almost as useless and cut off from real life by the habits of the Court, of "ce pays-ci", as Mme. de Grignan called it, as so many Kuge nobles of old Japan."【ド・グリニャン夫人が「この国」と呼んだところの宮廷貴族は、無用の長物たることにかけては、また現実生活から宮廷のしきたりにより遊離していることにかけては、古き日本の公家という数多の貴族たちにほとんどひけをとるものではなかった。】「この国」とはいずれの国かが今ひとつ明らかでないが、それでも公家への評価がまことに消極的で、正に前代の遺物視されていることだけは間違いがない。

　最後に、「非人」の項からの借用として以下の例文を以て締めくくられている。1970年の J. W. Hall Japan から "Tokugawa society ... was conceived of ... as falling into the following categories : the kuge, the samurai（including daimyo）, priests, peasants, urban residents, and pariah（hinin and eta）."【徳川社会は次のような範疇に分かれると考えられていた。すなわち公家、侍（大名を含む）、僧侶神官、農民、町人、および賤民（非人ならびに穢多）。】旧幕時代の社会構成の中に、公家が、ほかならぬ歴史的対象として位置づけられているものにすぎぬ。けだし、未知だった時代にすでに始まる公家なるものへの「妄想」を手始めに、実像の一端に触れるに及んでは、泰西聖界貴族への連想で曲りなりに結像しえたものの、開国後は、大元帥陛下率い給う近代日本での変則的な裏方として意外な変身に目を瞠らされつつ、やがてしかし見極めもつき、歴史的

回想のうちに、言ってみれば、陳列棚へとおさめてしまう。青い瞳に映じた「公家像」の浮沈には、世界史の荒波に翻弄された「幸福の島」の軌跡が見え隠れしていると言えそうである。　　　　　　　　　　　　　（西澤龍生）

(1) この書物の詳しい書名は次の通りである。Richard Eden, The History of Trauayle in the VVest and East Indies, and other countreys lying eyther way, towardes the fruitful and riche Moluccass. As Mosconia, Persia, Arabia, Syria, A Egypte, Ethiopia, Guinea, China in Cathayo, and Giapan : VVith a disscourse of the Northwest passage. In the hande of our Lorde be all the corners of the earth. Psal.94. Gathered in parte, and done into Englishe by Richarde Eden. Newly set in order, augmented, and finished by Richarde VVilles. Imprinted at London by Richarde Iugge : 1577. 今風にはAA圏全域を蔽い、且つそれさえはみ出すほどの途轍もない大風呂敷であることがわかるであろう。"W. & E. Indies"なる対象が群盲象を撫でるにも似て茫漠たるものとなる筈である。
(2) 岡本良和『十六世紀　日欧交通史の研究』六甲書房、1936年
(3) 'Cangue'なる語は、恐らく別の文脈においてながら、単独の語彙としては「首枷」という意味で、辞書にも採録されている。そこであらためてOEDにおける当該項目を調べると、Legge教授説として、Cangueはむしろ「搢枷」（kángjiá）—「首枷をはめる」—という枷に関する説明文が「枷」（jia）なる名辞自体と取り違えられたものだとある。「公家」に関する最初の例文にお目見得する'Cangues'とたまたま一致するが、小稿ではこれを偶然の一致と解し、一応別儀とした。特殊な用語でもあり、公家について口にするとき「枷」への連想がそこにはたらくことはないと判断したからである。（なおkangjiá；jiáは現代北京官話の発音表記。中世シナ語音に関しては別に加筆を要するが、省略する。）

kura　倉

　kuraがOEDにはじめて登場するのはSUP 2、初出例は江戸時代になるが、正倉院宝庫の校倉（あぜくら）でもわかるように、倉はかなり昔から日本に存在している。OED、『大辞林』で倉を調べてみる。なお、SUP 2とOED 2の定義と用例は変わっていない。

　OED 2 "In Japan, a fire-proof store-house"【日本の耐火性のある倉庫】

　『大辞林』「①家財や商品などを火災や盗難などから守り、保管しておく建物。倉庫。②「お蔵②」に同じ。【参考】倉庫　材料、製品などを貯蔵、保管するための建物。」

　OED も『大辞林』も倉の不燃性について述べているが、燃えないことが倉と倉庫【store-house】の相違点になるようである。続いて『大日本百科事

典』、『日本史大事典』で倉について調べてみる。大要は以下のとおり。

「くらには保管物、構造などにより倉、蔵、庫などの文字が使われている。それぞれ字本来の意味に違いはあるが、今日では明確に区別されておらず、辞書で『くら』を言う場合は倉が一般的である。

日本で倉が建てられるようになったのは、水田耕作がはじまってからで、当時の倉は湿気や害獣を避けるため高倉であった。奈良時代（710〜784）から平安時代（794〜1192）前期にかけて穀倉は校倉、丸太倉などであったが、室町時代（1336〜1573）になると京都には質屋、金貸し業の土倉が誕生するようになった。

16世紀後半以降になると、土蔵は木造建築の構造体の外側に上壁を厚く塗ったものが現れ、この構造が以後、倉の主流になった。土蔵は屋根は瓦葺き、壁の厚さは約18センチ、2階建てのものが多く、構造上防火、保温、盗賊避けにもすぐれていたので、その普及、質の向上は著しいものがあった。やがて富の象徴、自負の印として白や黒のしっくい塗り、あるいは白い目地の鮮やかな海鼠壁（なまこかべ）の土蔵が誕生し、見る人に独特の景観美をも感じさせた。」

引用文は全部で4例（1880、1906、1936、1965）。

初出例は1880年 I. L. Bird *Unbeaten Tracks Japan* There is a *kura*, or fire proof storehouse, with a tiled roof on the right side of the house."【その家の右側に瓦葺きの倉、つまり耐火性の倉庫がある。】

第2例は1906年 R. A. Cram *Impressions Jap. Archit.* "Every house of any pretension possesses its'kura', or storehouse, built of wood and bamboo, but covered two feet thick with clay ... After a big fire in a Japanese city, nothing is left but fine ashes and the scorched but reliable kura."【ちょっとでも世間体を大事にする家はみな自前で倉、つまり倉庫を持っている、それは木材と竹を組み合わせて骨組みを造り、粘土で厚さ60センチも覆って造られた倉庫である…日本の都市では大火のあとには灰燼と焦げてはいるが、燃えないことで信頼の厚い倉以外にはなにも残っていない。】

大火の後、焼け跡にぽつんと倉だけが残っている光景は西洋人に強烈な印

象を与えたと思われるが、私自身も第2次大戦の空襲の焼け跡に同じ様な体験をしている。

なお、海鼠壁はその耐久性と美しさから大名屋敷、劇場、商家などの建築にも広く用いられたが、その名残りは今日でも倉敷などの美しい町並みのなかに見ることができる。

(西村幸三)

Kuroshiwo 黒潮

　黒潮とは北赤道海流の延長線上の暖流で日本列島の太平洋岸に沿って北東めざし、南下する寒流なる親潮と東北地方の東方沖合で出会う濃い藍色の日本海流のことだと概略紹介した上で、すでに *OED 1* に登場の黒潮のイメージを見てみよう。[black＋tide] の2語に因数分解した後、The Black Current と定義したのは納得できるが、次いで or Gulf Stream of Japan としたのは如何なものか。

　Gulf Stream、つまりメキシコ湾流が思考の枠組みをなしていることは用例の一々について指摘しうる。まず *OED 1* で1885年 Sir J. Murray in *Encycl. Brit.* には、南東モンスーン期間中はまったくもって暖流【a warm oceanic river】だとしたあげく、大西洋の Gulf Stream と相似だとあるし、*SUP 2* で加わる1928年 Russell & Yonge *Seas* には、太平洋にある海流系が甚だ大西洋のメキシコ湾流に似ていることが強調される。大西洋の類推で太平洋を眺めるかかる色眼鏡はさすがに *SUP 2* の新たな用例では幾分克服された模様で、1967年 *Oceanogr. & Marine Biol.* では東西相称的観点を相対化する視座が現れてくる。"Often compared with the Gulf Stream and Kuroshio, the East Australian Current is essentially different because it does not, as do the other two, make up an eddy system extending towards the east across the ocean."【しばしばメキシコ湾流や黒潮と比べられるものの、東オーストラリア海流はこの2つのように大洋を東に延びる（西風）反流を形成しないから、本質的に異なる。】

(西澤龍生)

kuruma 車

美空ひばりの『車屋さん』(昭和36年) の歌いだしの文句「ちょいとお待ちよ車屋さん／お前見込んでたのみがござんす…」にある車屋さんが人力車の車夫であることは年配者ならだれでもわかるであろうが、今の若い人たちはどうであろう。ちなみに『国語大辞典』(小学館) を見ると「…中古・中世では、牛車(ぎっしゃ)、明治時代では、人力車、現代では自動車をさしていう」とあり、意味が時代とともに変わっていることが述べられている。

OEDではSUP 2にはじめて登場。定義はOED 2も同じ。"[Jap.] A rickshaw." 人力車とあるのみ。そのあと"So kurumaya, one who pulls a rickshaw."【ここから人力車をひく人を意味する車屋という語が生まれた。】と続いているが、意味の変遷についてはふれていない。

用例はOED 2も同じ10例 (1727、1880、1889、1892、*Ibid*、1894、1898、1904、*Ibid*、1909) になる。なお、初出例と第2例の間にはなんと150年以上の開きがある。

初出例は1727年 J. G. Scheuchzer tr. *Kæmpfer's Hist. Japan* "Sai Sin first obtain'd leave of the Emperor to be carried about in a *khuruma*, or cover'd Chariot, drawn by two Oxen."【(大僧正) 済信(さいしん)は僧としてはじめて2頭の牛に引かれた屋根付きの美しいクルマに乗ることを (後一条) 天皇に許された。】人力車といえば1869年 (明治2年) の考案と言われ、後一条天皇 (1008-1036) の御代に存在するわけはない。しかも drawn by two oxen が用例中にあるので、khuruma は平安時代に公家などが利用した牛車のことと思われ、OEDの定義にはない用法ということになる。なお、OEDには乗り物関係の見出し語としては人力車、車、駕篭、乗物などはあるが、輿、牛車という項目はない。

5番目の用例は1894年 L. Hearn *Glimpses Unfamiliar Japan* "The ... charm of Japan ... began for me with my first kuruma-ride ... The jinrikisha, or kuruma, is the most cozy little vehicle imaginable."【日本の魅力に私がとりつかれたのははじめて人力車に乗ったときにはじまる。ジンリキシャ、つまりクルマは考えうる最ものどかで心地よい小さな乗物である。】

最後の用例は1909年 *Daily Chron.*（10月21日付）"A couple of stalwart kuruma-ya who do their eight miles an hour with ease."【楽に1時間に8マイル走るがっしりした体つきの数人のクルマヤ。】

『くるまたちの社会史』(1)によると「人は徒歩で時速4キロ、人力車の運行速度は時速6〜7キロ、乗合馬車は8〜10キロ」とあるので、用例中の時速8マイル（約12.8キロ）の車夫はかなりのスピードの持ち主ということになる。しかし人力車の魅力は速さというより、ハーンのいうのどかな感じと乗り心地のよさではないだろうか。なお、人力車を引く者は車屋、車引き、あるいは車夫と呼ばれ、大八車などを引いて荷物を運搬する車力とは区別され、車夫の出で立ちは、冬はめくら縞の半纏にめくら縞の長股引き、夏は半股引きで、白い股引きは自家用のお抱えの車夫というのが相場であった。

(西村幸三)

(1) 斉藤俊彦『くるまたちの社会史』中央公論社、1997年

Kurume 久留米つつじ

*SUP 2*からの採択で見出し語にKurumeとあるが、Kurumeは定義のみで「九州にある日本の町の名前。単独、または限定詞として使う」と簡単な記述がある。続いてKurume Azaleaという語句があげられており、「19世紀初めにキリシマRhododendron obtusumの変種として久留米で品種改良された、低木常緑ツツジの一種のことで、Ernest Henry Wilson（1876-1930）によって1919年にアメリカやヨーロッパに紹介された」とある。

Kurume azaleaには6つの用例がある。初出例は1920年 E. H. Wilson *Garden Mag* 3月号 "It was during the Arnold Arboretum expedition to Japan in 1914 that I first became acquainted with these Kurume Azaleas."【初めてこの久留米つつじを知るようになったのは、アーノルド樹木園一行の1914年の日本遠征中のことである。】E. H. Wilsonの著書 *Cherries of Japan*（1916年）によると1914年の日本遠征の目的は桜の調査であった。桜を求めて九州の種子島から北海道のオホーツク海沿岸まで旅をしている途中で出会った植物の1つが久留米つつじであ

る。第2例は1924年 E. H. M. Cox *Rhododendrons for Amat.* から"Kurume azaleas should be consistently fed to ensure good flowers."【久留米つつじは、立派な花が必ず咲くようにするには、怠りなく肥料を与えなければいけない。】第3例は1949年の園芸の専門誌 *Jrnl. R. Hort. Soc.* から"When first introduced the Kurumes were given an undeserved reputation for tenderness."【最初紹介された時には、久留米つつじは手がかかることから、不当な評価を受けた。】この後比較的最近の用例が続く。1964年 J. Berrisford の *Rhododendrons & Azaleas* から、"In the eighteen-twenties a cult arose among the feudal gentlemen of Japan and the dwarf evergreen azaleas were bred privately ... Thus arose the two-hundred-and-fifty-odd varieties of Kurume azaleas, so called from the town of Kurume where they were later discovered."【1820年代に日本の武士階層に一時的流行があり、低木常緑つつじの新品種がひそかに作り出された。かくして250余種の久留米つつじが生まれたが、後にそれらが見出された久留米の町の名前をとって命名された。】最後の用例は1970年 *Charles Sprague Sargent & Arnold Arboretum* からで、筆者 S. B. Sutton はハーバード大学のアーノルド樹木園の研究員をしていたが、後に伝記作家となった。同書はハーバード大学教授で樹木園長の Charles Sprague Sargent の伝記である。初出例の筆者ウィルソンも同樹木園の研究員であった。"The pilgrimage to the Kurume Azaleas came at the latter part of an expedition which was, as one expected from Wilson, a success both botanically and horticulturally."【久留米つつじを訪ねる旅は研究旅行の後半であったが、ウィルソンに期待したとおり、植物学上も園芸術の上でも大きな成果をあげた。】

　世界につつじは850種ほどあるといわれている。そのなかで常緑のもので主にヨーロッパで園芸化されたものを Rhododendron といい、落葉性でアメリカで園芸化されたものを azalea とよんでいる。久留米つつじはウィルソンによってアメリカに紹介されたので、常緑性であるにもかかわらず、Kurume azalea の名でヨーロッパにも広まった。　　　　　　　（伊藤香代子）

Kutani　九谷焼

　KutaniはSUP 2から登場し、定義、用例ともにそのままOED 2に踏襲されている。定義は「日本のかつての一領国であった加賀の九谷村の名前から」とした上で、「黄と深紅の日本の磁器の一種、特に九谷焼として限定的に使われる」となっている。国語辞典の解説はおおむね、「江戸初期に焼いた豪放な色絵作品」、「江戸末期、1806年に京都より青木木米を招き開窯したのに始まる精細豪華な作の総称」といったところで、陶磁史上では前者を古九谷と称するとつけ加えられている。九谷の開窯時期は、OEDに採択されているArita, Hirado, Satsumaなどの九州産の磁器（全部で7語）より半世紀ほど遅れ、陶工を朝鮮から連れ帰ったという九州産の磁器の歴史とも異なっている。

　九谷焼の起源は、大聖寺藩主前田利治が、九谷村に後藤才次郎、田村権左衛門らに築窯させたのに始まり、この頃の作品が古九谷といわれる。九谷焼始祖として紀功碑が建てられている後藤才次郎は錬金の役を勤めていたが、藩命をうけて有田に赴き陶技を習得したというから、やはり当時は磁器といえば有田だったのだろう。用例は5例（1875-80、1880、1890、1960、1967）。初出、1875 – 80年Audsley & BowesのKeramic Art Japanから、"Almost all the good and important pieces of Kaga ware which we have seen are marked with the two characters signifying Kutani."【これまでに見てきた良質で注目に値する加賀の焼物のほとんどすべてには、クタニを意味する2つの漢字が刻まれている。】とある。次の用例はA. W. FranksのJap. Pott.から、"The amateur prefers the original Kutani ware of dark-red and greyish-white colour."【愛好家は、深紅と灰色がかった初期の白い九谷焼の方を好む。】とあり、古九谷についての言及である。第3例は、B. H. ChamberlainのThings Japaneseからで、"... Ao-Kutani, so called because of a green (ao) enamel of great brilliancy and beauty ... and Kutani..."【輝くばかりに美しい緑色（あお）のうわ薬のためにそう呼ばれる青九谷と、九谷がある。】と紹介している。この青九谷とは、正確には、青手古九谷のことで、「青手椿図中皿」「青手山水図平鉢」などの名品が、美術書に掲載されている。第4例は、B. LeachのPotter in Japan "Contemporary and old examples of Kutani wares."という、九谷と古九谷についての簡単な説明。最後の用例は文脈がはっきりしないが、*N. Y. Times*（10月22日付）から、"The dramatic bronze castings were discovered in Hong Kong, the hand-decorated Kutani porcelains in Japan."というものがある。

New Shorter Oxford（1993）、*Random House*（1987）にもKutaniは採択されている。

(渡辺佳余子)

(1) 金田真一『国焼茶碗のふる里を訪ねて』里文出版、1981年
(2) 古九谷といわれている焼物は、有田で作られていたとする古九谷有田説と、加賀で作られていたとする加賀説とが、現在もなお論争を続けている。（西田宏子『九谷：陶磁大系22』平凡社、1978年）
(3) 「名品の観賞」『カラー日本のやきもの：九谷』（文：北出不二雄、写真：山本建三）淡交社、1974年

kuzushi 崩し

「柔道で相手の安定を崩す方法」。これが最初にとりあげられた*SUP 2*でのこの語の定義で*OED 2*にもそのまま踏襲されている。初出例はE. J. Hurrisonの*Judo*（1950）からとられた次の用例である。"*Kuzushi*, breaking opponent's posture or balance."【崩し、即ち相手の姿勢あるいは安定を崩すこと。】

この語の定義文も、また3つの用例も、すべてこの語の意味が明確に出ている。残りの2例は次のとおりである。1957年Takagi & Sharp *Techniques Judo* "*Kuzushi*, methods of unbalancing the opponent,"【崩し、即ち相手の安定を崩す方法。】第3例が、1968年P. & K. Butler *Judo & Self-Defence Woman & Girls* "Do, please, remember that you can break your opponent's balance to any angle you wish .... Tsukuri is the action you take to break your opponent's posture, kuzushi is the effect that it has on her."【自分の思うとおりの角度に相手の安定を崩すことができるのだということを、是非とも覚えておいていただきたい。作りは相手の姿勢を崩すために自分が取る動作で、崩しは作りが相手にもたらす効果である。】

「崩し」も第3例に見える「作り」も、『国語大辞典』や『広辞苑』には、項目としては出ていても柔道用語としての意味は全然出ていない。日本語としては特殊な専門用語と見なされているか、あるいはそれらの言葉自体で意

味が容易に類推されるので、独立した定義が必要と見なされないからであろう。それに対して柔道を異文化の一部として受け容れてきた側のイギリスにとっては、やはり特殊な独立的意味をもつものであったにちがいない。「崩し」は日本語としては書、美術、謡曲などに関して特殊な意味をもっているが、それらが全然考慮の対象とはならず、もっぱら柔道用語として取り扱われたことは、イギリス人にとって柔道が日本文化の中でもいかに大きな存在であったかがうかがい知れて興味深い。

　嘉納治五郎は外国人に対する柔道の宣伝をまずは国内にいる外国人から始めた。講道館柔道が海外に積極的に広められるようになったのは、明治20年（1887）頃からであろうと言われているが、嘉納は明治22年の欧州旅行を皮切りに12回におよぶ外遊によって、柔道の海外普及に努めた。嘉納の熱心なこの努力によって、日本文化のなかでもとりわけ柔道がイギリスに滲透する結果となった。嘉納が昭和8年に国際柔道連盟の構想を発表したのも、ヨーロッパで最も柔道の盛んな国のひとつであったイギリスにおいてである。『広辞林』を除けば代表的辞書でも柔道用語としてはとりあげられていない「崩し」が、OEDには柔道用語としてしか扱われていないのは、嘉納治五郎の柔道普及の執念と努力の反映と言えるかもしれない。

　柔道では相手が安定し、しかもあらゆる攻撃に対応できる自然体にある場合は相手を倒しようがない。その姿勢を崩して勝機を作らなくてはならない。「柔能く剛を制す」と言われる柔道はわずかな力で相手を崩し、その後は相手の力を利用して倒す格闘技である。日本では古来、自然の力には逆らわずかえってそれと一体化することが自然の恵みに浴する人生の最大な智慧であった。自然の力を引き出すきっかけである崩しの理念は、自然を自己とは対立し支配すべき対象として捉えてきたイギリス人にとって、まさに彼らの与り知らぬ自然観との出会いでもあったのである。　　　　（伊藤勲）

kyogen　狂言

　狂言は用例が8例あり、そのうちの5例が能との関連で記述されている。

定義では「日本の能楽劇において、能の上演の合間に提示される滑稽な幕間笑劇」となっている。ちなみに小学館『国語大辞典』では「狂言」は「能楽本来の滑稽の物まねの要素が洗練され、室町時代に発達した笑劇。またそれを演じること。まじめで幽玄味をもつ能に対するもの。…種類としてはそれ自身独立した本狂言と、常に能に含まれた形をとる間狂言(あいきょうげん)の2つに分けられる」と定義されている。*OED*では定義と用例を見る限りでは多くの場合、「間狂言」を意味しているかのごとき印象がある。

初出は1871年 A. B. Mitford *Tales of Old Japan* である。"The classical severity of the Nô is relieved by the introduction between the pieces of light farces called Kiyôgen."【能の古典的な厳格さは、狂言と呼ばれる軽い笑劇の導入により和らげられる。】と説明されている。1899年 W.G. Aston *History of Japanese Literature* の"The Kiōgen (madwords) are to the Nō what farce is to the regular drama. They are performed on the same stage in the intervals between the more serious pieces."【狂言(直訳すれば、気違いじみた言葉)と能の関係は、笑劇と正規の芝居の関係に相当する。】というのは比較的穏当といえようか。1911年 *Encyclo. Brit.* "The Kyōgen needs no elaborate description; it is pure farce, never immodest or vulgar."【狂言は精緻な説明を必要としない。それは純粋な笑劇であるが、決して慎みに欠ける低俗なものではない。】1951年 *Oxford Companion to the Theatre* から"The language of the *kyōgen* or comic interludes which accompany their performance is the vernacular of the second half of the sixteenth century."【狂言もしくは滑稽な幕間笑劇の上演に付随する言語は、16世紀後半の庶民の言葉である。】1958年 *Spectator* 3 Jan. 24/3 において"The typical *No* juxtaposition of bleak tragedy and witty comedy (which in the traditional *No* is split into separate but consecutively performed plays‐the *No* play proper followed by the *kyogen*)."【陰鬱な悲劇と機知に富んだ喜劇の併置という典型的な能のあり方(これは伝統的な能においては、純然たる能に、狂言が付随するという形で、別々の、しかし連続して演じられる演目に分割される)。】と説明されているのが、わずかに『国語大辞典』の「本狂言」の精神に触れていると言えるかもしれない。第8例は1970年 *Daily*

Tel. 16 May 9/4 から、"The two No pieces were separated by a kyogen（farce）about a melon thief, acted and danced with delightful joviality."【2つの能の演目は、西瓜泥棒を主題とし、喜ばしい陽気さをともなって演じられ踊られる狂言（笑劇）が間に挟まっていた。】ところで『デーリー・テレグラム』の同年同日の同じ記事の近接すると思われる箇所が*OED 2*の「幽玄」の第4例に引用されている（「幽玄」の項参照のこと）。これは、能の上演を実際に観賞した記者の体験記事と思われる。

　さて、以上の引用からうかがえるのは、能劇の上演に際して「能」と「狂言」を交互に演じるというのは、初めて能劇を鑑賞する西洋の人々の眼には新鮮に映るものらしいということである。また、「能」と「狂言」の関係を「深刻な芝居」と「笑劇」の関係に準える（なぞら）と、理解が容易になるらしい。能劇の上演形式を古典的なギリシア悲劇と比較するという考え方もあるが、ギリシア悲劇の場合、形式は3つの悲劇とそれに付随するサテュロス劇となる。標準的な能劇では5つの能の間に4つの狂言が挟みこまれるというが、上演形式においては両者は極めて異質であると言ってさしつかえないのではないだろうか。

　最終例となる1973年 *Times* 5 June 8/8 は「能に挟まれる狂言」という視点から、上演形式に着目した箇所が用例として示されている。"Following the usual custom, the two main pieces are sandwiched round a kyogen farce; this one about two lords who unload their swords on to a passer-by who then puts them through some undignified games before making off with their weapons and their clothes."【通常の慣習に随えば、主たる2つの演目（能）は、狂言という笑劇を挟み包みこむ形になっている。この狂言は2人の殿様が自分たちの刀を通りすがりの者に持たせるが、この通行人は彼らに一杯くわせて、その刀と衣服を持ち逃げするのである。】

　鈴木大拙夫人著『能楽』は、*OED*の「狂言」の項での引用はないが、「能楽」「幽玄」「鬘物」の項でそれぞれ引用されている。『能楽』で彼女は「狂言」について次のように述べて1つの見識を示している。"Interspersed between the No performances, Kyogen or farces are given to remove or enlighten the emotional stress of the No. But I do not say anything about them, for they are in a class by themselves, and need separate treatment."【能と能の間には狂言すなわち笑劇が挿し挟まれ、能の重苦しい感情を拭い去り、場を明るくしている。だが、私は狂言については何も言わない。なぜなら狂言はそれ自体1つのジャンルを構成するものであり、能とは切り離した扱いが必要とされるのだから。】　　（野呂有子）

kyu 級

　この語は SUP 2 に現れて、「柔道や空手で初心者に附与される段階を表した日本語の名称、またそういう段階にある修行者。6級が最下位」と定義され、OED 2 にそのまま引き継がれている。

　初出例は1937年の嘉納治五郎の Judo (Jujustsu) からとられ、次の文が示されている。"The course of Jūdō is divided into two grades or ranks called 'Dan' and 'Kyū'. In the Dan grades, the numbers increase to indicate the higher grade, but in the Kyū grades it is different: thus the first Kyū grade follows the first Dan Grade."【柔道の課程は「段」及び「級」と呼ばれるふたつの位階あるいは階級がある。段位では数が増すにつれて高段位を示すが、級ではそうではない。したがって1級の次は初段である。】

　第2例は、1941年 M. Feldenkrais Judo "There are two different ranks: Dan and Kyu. A white belt is worn by beginners, corresponding to the sixth kyu."【段と級という2種類の階級がある。白帯は初心者が締め、6級を表す。】定義でも6級を最下位としているが、現在、講道館では級位は1級から5級までとし、その下は初心者と呼び、帯は水色と定めている。白帯は段位未定者並びに少年組と成年組の5級と4級が締めることになっている。

　SUP 2 が出たのは1972～1986年であるが、その編集が開始されたのは1955年であり、定義の執筆者は古い資料に拠ったため、この講道館規定と差が生じたのであろう。段位制度の発案者の嘉納治五郎は、無段者には甲乙丙の3階級をあてがった。甲の上とか下というようにそれぞれ2段階に分けて使わ

れたりしたこともあるので、6階級あったのはその辺の事情によるものと思われる。

　この語の用例数は5例ということになっているが、引用文の重複を避けるためにひとつは「DANを見よ」となっているので、ここに挙がっているのは4例である。次の第3例は、興味深い内容を含んでいる。世界柔道ではカラー柔道衣がヘーシンクの提唱で使用され始め、さらには柔道の審判用語から日本語を排除していこうという動きがあるだけでなく、ボクシングのようなポイント制の導入が検討され始めている。そのポイント制による勝敗の決定をこの用例は見せてくれる。1960年 *Oxf. Mail*（3月10日付）"Roger Young (Jesus) an American and 3rd kyu (learner grade), beat the Cambridge captain, ... a ... 1st dan (teacher grade) by two and a half points to nil."【3級（初心者階級）のアメリカ人、ロジャー・ヤング（ジーザス）は、初段（練達者階級）のケンブリッジの主将を、2.5対0で敗った。】「試合は一本勝負とする」というのが、講道館の審判規定である。それとは別に欧米では早くからポイント制が勝敗決定に用いられることがあったことが、この用例からうかがい知れる。一刀両断するような切り口の鮮やかさや鋭さ、それが連想させる潔さと廉潔あるいは禊といった日本古来の宗教意識と表裏をなす美意識に裏づけられた一本勝負は、柔道も単なるスポーツのひとつとしか感じられない欧米人には、受け容れにくいものなのであろう。しかし古代ギリシア人にとって運動競技は、オリュムピアではゼウス、デルポイではアポローンに捧げられた祭礼行事であったように、相撲も古来神事であり、勧進相撲に由来する今日の職業相撲でも神事的側面をもっている。柔道も精神はそれと同根である。　　　（伊藤勲）

M

maiko 舞妓

　舞妓というと、割信夫(わりしのぶ)の髪に花かんざし、友禅の大振り袖にだらりの帯を

締め、赤衿の襦袢にぽっくりを履いた少女をだれもが思い浮かべるほど、今日では京都の風物詩の1つになっているが、いったい舞妓は西洋人の目にはどんな女性に映ったのであろう。

　*OED*を見ると、geishaという語がはやばやと*OED 1*（1928）に収録されているのに、maikoはそれからおよそ50年後の*SUP 2*の2巻（1976）にはじめて登場していることは興味をひかれる。

　さて、maikoの定義を*OED*と『大辞林』で調べてみる。*OED*を見ると、*SUP 2*も*OED 2*も定義は同じである。

　OED 2 "A girl who is being trained to become a geisha"【芸者になるため修行を積んでいる少女】

　『大辞林』「舞を舞って酒宴に興を添える少女。」

　率直に言って*OED*の定義は概ねよしとしても、『大辞林』の定義には舞妓の意味を少々書き加えて欲しい感じである。そこで『大日本百科事典』[1]と『日本史大事典』[2]を参考にして舞妓をもう少し調べてみた。大要は次のようになる。

　「京阪の花街で芸者の修行をしている少女のことを舞妓という。舞妓は髪は割信夫に結い、衣装は振り袖にだらりの帯を締め、裾をひき、修行のかたわら宴席に出て舞を舞い、鼓を打つなどして接客することを務めとし、通常、舞妓の待遇は芸子と同格である。」

　次に用例に注目してみる。用例は5例（1904（2例）、1938、1966、1971）で、*SUP 2*と*OED 2*の用例はまったく同じである。

　第1例　1904年 R. J. Farrer *Garden of Asia* xii. "They are but Maiko-geisha so young and untried as to be beneath Japanese consideration."【彼女たちはまだ舞妓である…非常に幼なくて経験不足、とても一人前の芸者とは考えられない。】この用例は舞妓と芸者を端的に対比している点で興味をひかれるものがある。

　このほかにP.バックなどからの引用文もあるが、興味深いのは次の用例である。1938年 Bush & Kagami *Japanalia*69/1 "Young apprentice geisha are called *Maiko* in Kyōto and *Hangyoku* in Tōkyō."【修行中の若い芸者は京都では舞妓、東京

では半玉と呼ばれている。】この用例に注目したのは、舞妓と半玉という語の違いについて触れているからである。舞妓の待遇は芸者（芸子）と同格であることはすでに述べたとおりであるが、一人前でない芸者の玉代（芸者の揚げ代）は半人前と決められていて、半玉という名前もここから生まれている。したがって舞妓と半玉は名前だけでなく、待遇も異なっていた。舞妓は非常に大事にされていたのである。

　しかし、1947年（昭和22年）に18才未満の女子が酒席で働くことを禁止する法律が施行されて以来、舞妓の年齢は芸子に近くなり、古きよき時代の舞妓のはんなりした趣は薄れてしまったという。　　　　　　　（西村幸三）

(1) 相賀徹夫編『大日本百科事典』小学館、1980年
(2) 下中弘編『日本史大事典』平凡社、1993年

makimono　巻物

　*SUP 2*より記載され、その後の記載に変更はない。定義には「くるくると巻かれる物、つまり巻物。絵巻物の形式では、絵すなわち絵画の要素を含む。日本の巻物は絵が描かれていて、普通は説明文が付される。巻き戻すに連れて、右から左へと順に連続して物語が展開される形式になっている」とあり、巻物が絵巻物と同義になっている。

　初出例は1882年 G. A. Audsleyの *Ornamental Arts Japan* で、"She appears to be rising out of the mist at the feet bearing a makimono covered with writing."【彼女は文字を連ねた巻物を手に、足元のもやの中から立ち上がっているように見える。】とある。文字の書かれた巻物を手に登場する女は、芝居の登場人物であろうか、それとも物語のなかの人物ででもあろうか、とにかくこれが *OED* の初出である。

　第3例に、1889年 S. Bingによる *Artistic Japan* からのものがある。"All the paintings ... are executed ... on rolls of silk or paper, which are known in the Japanese language as Kakemono（that is to say, a thing to hang up）when the subject is upright, and under the word Makimono when it stretches itself out in a horizontal manner." 【絵はすべて…絹または紙の巻いたものに描かれ、日本語ではそれが垂直に掛けられる場合には掛け物（つまり掛ける物）、水平にして広げる場合は巻物という言葉で表される。】とある。

1901年L. Hearnによる *Jap. Misc.* からの用例には、"The shrine contained a *makimono*, or scroll inscribed with the spiritnames of many ancestors."【その神社には、多くの祖先たちの聖名の記された「巻物」、つまりスクロールが保管されていた。】となっている。

1926年A. Waleyの訳による *Sacred Tree* には"The first painted makimonos ... were regarded merely as a succession of topographical records, joined together more or less fortuitously."[1]【最初の絵の付いた巻物は多かれ少なかれ互いに関連なく繋げられた一連の風景図としかみなされていなかった。】とある。

最後の用例は1966年のJ. Rosenfield訳の *Noma's Arts Japan* からのもので、"These long horizontal paintings, the emakimono, are sometimes said to be peculiarly Japanese in form, but similar scrolls have been made by the Chinese as well."【これら水平に長い絵画、つまり絵巻物はその形態が日本特有だと言われることもあるが、中国人も似通った巻物を作っている。】となっている。日本人には当然のことであるが、外国人のためには、やはりこの用例はあってよかろう。

(吉江正雄)

(1) この'first'の正確な意味を把握する必要があり、原典に当たったところ省略の部分にその鍵があった。原典には、'makimonos'の後に'that were brought to Europe created the same impression. They'が省略されており、'first'は「ヨーロッパにもたらされた最初の絵の付いた巻物」の意味であった。

mama-san　ママさん

「ママ」に敬称の「さん」を付け足して使う場合、われわれ日本人は母親の意味での「ママ」というよりは水商売、特にバーなどの女主人の意味で用いることが多い。*OED* にも基本的にこの「ママさん」と同じ意味のmama-sanという語が記載されている。この語が初めて登場したのは *SUP 2* である。そして、そのままの記述が *OED 2* にも載っている。まず、*OED* と『大辞林』

それぞれの定義を比較検討してみることにする。

　OED 2 "In Japan and the Far East, a matron in a position of authority: *spec.* one in charge of a geisha-house; the mistress of a bar."【日本や極東での女主人。特に、芸者屋（置屋）の女将やバーのママ。】

　『大辞林』「ママ①母。おかあさん。⇔パパ。②（バーなどの）女主人。マダム。『―さん』。」

　日本語の「ママ」には『大辞林』の定義にもあるように、「母」とバーなどの「女主人」の2つの意味がある。しかし、上でも述べたように「ママさん」というように「さん」をつけた場合には第1の意味ではなく、第2の意味で使われるのが普通である。（もちろん、「ママさんバレー」のように母親たちが健康と美容とストレスの発散のためにやるバレーボールのような使い方はあるが。）そして、この第2の意味での「ママ」が、通常「ママさん」という形で使われることが多いがゆえに、mama-san という形で取り入れられたのであろう。実際、*OED* の定義には『大辞林』の第2の定義に相当する部分だけが記載されている。

　次に引用例に目を転じることにする。*OED 2* には5つの用例（1949、1958、1962、1968、1971）があるが、まず、初出例を見てみる。

　第1例　1949年 L. H. Crockett *Popcorn on Ginza* "Mama~sans of some of the better Tokyo houses become well informed on all sorts of political intrigue."【東京の高級バーのママの中にはあらゆる種類の政治上の陰謀を熟知するものもいる。】

　この用例や同様なバーのママが出てくる1958年、1971年の用例から *OED* の定義の最後の部分"the mistress of a bar"が記述されたのであろう。また、定義の後半部分には"one in charge of a geisha-House"のように記載がされているが、日本語ではこのような女性は「ママさん」ではなく「おかみ（さん）」や「おかあさん」と呼ばれるのが普通であろう。しかし、英語である mama-san には芸者屋の「女将」の意味があるというのは、日本語ではないのであるから別に問題はないであろう。この部分の拠り所になったと思われる用例は次のものである。

第3例　1962年 A. Campbell *Heart of Japan* "The mama-san wanted us all to go home ... A geisha party isn't supposed to go on more than three hours."【その女将はわれわれに帰ってほしいと思った。芸者遊びは一回3時間を超えないようになっているのである。】

　次の用例に現れる Mama-San も日本語としては正しくは「ママさん」というよりは「女将さん」と言うべきものであろう。

　第4例　1968年 *Manch. Guardian Weekly* 4 Jan. "We were visited by two enormous Sumo wrestlers, with their equally large Mama-San."【われわれは2人の大きな相撲取りと彼らと同じくらい大きな女将さんの訪問を受けた。】

　伝統的な水商売の女主人であるおかみさんと明治以降に出現した近代的な水商売であるバーの女主人であるママ（さん）とを日本語では区別して用いている。それに対して、英語（*OED*）では、その区別をせずに、逆に、mama-san の意味の守備範囲をバーのママさんから芸者屋や相撲部屋のおかみさん（おかあさん）へと広げて、用いるようになっているのである。

（糸山昌己）

manyogana　万葉がな

　SUP 2 から採択された manyogana の語源は「『万葉集』（無数の葉を集めたもの）という8世紀の和歌集の名称＋かな文字」とあるが、万葉集という名称は「数多くの言の葉を集めたもの」あるいは「万葉に（末永く）愛読される書物」という意味である。定義は「日本で8世紀に使われた文字の筆記方法で、『万葉集』に特に使われており、『万葉集』では漢字が日本語の音声を表すのに使われている」とある。万葉がなは『万葉集』に最も豊富な例が見られたので「万葉がな」と呼ばれるわけだが、『万葉集』以外にも、古くは6世紀頃から平安時代に万葉がなから発したひらがなやかたかなが使われるようになるまで、長い間広く用いられた。

　用例は9例。初出例は1868年 J. J. Hoffmann *Japanese Gram.* "The running-hand form was used in the old Japanese Bundle of Poems ... *Man-you-siu* or the Collection of the Ten Thousand Leaves, compiled about the middle of the eighth century. The first *Kána-form* was, consequently, called *Yamáto~kána* ..., the other *Man-you-kána*."【この草書体の文字は、8世紀中葉に編纂された「万の葉を集めたもの」という意味の古い日本の和歌集『万葉集』に使われた。その結果として最初のかなは「大和がな」と呼ばれ、もう一方は「万葉がな」と呼ばれた。】「大和がな」は漢字に対してかたかなやひらがなを意味する時に使われた古語である。第2例は大隈重信の『開国五十年史』の英訳本、1909年 tr. S. *Okuma's Fifty Yrs. of New Japan*である。"We also used these [Chinese] characters merely as symbols for our own sounds. This latter method ... we find ... generally used in our old works like the '*Kojiki* ' and the '*Manyōshū*', whence these symbols came to be called the Manyō-kana."【また日本では漢字を単に日本語の音を表す記号としても使っていたことがある。この文字の使い方は『古事記』や『万葉集』のような古典に使われたので、「万葉がな」と呼ばれるようになった。】第3例は1928年 G. B. Sansom *Hist. Gram. Japanene* "The name of this anthology was the Manyōshū, or 'collection of a Myriad Leaves', and the characters thus used were known as *Manyōgana*."【この和歌集の名は『万葉集』つまり「無数の葉を集めたもの」で、そこで使われている文字は「万葉がな」として知られている。】G. B. サンソムは、駐日イギリス大使館書記官を勤めた人物で1906年から第二次世界大戦が始まるまで日本に滞在した。

第4例は1934年 S. Yoshitake *Phonetic System of Ancient Japanese* "It was that great philologist Motowori Norinaga who first discovered how strictly certain Manyō-gana were differentiated."【いくつかの音を表す万葉がながいかに厳密に区別して使用されていたかを最初に発見したのは、偉大な言語学者本居宣長であった。】江戸享保年間の国学者本居宣長は、万葉がなに「上代特殊かな遣い」があることに最初に気がついた。古代の日本語にはエキケコソトノヒヘミメヨロの13音（後にモが加わる）には甲乙2種類の万葉がながあった。それらは「上代特殊かな遣い」と呼ばれ、使い分けられていた。第5例は1948年 *Introd. Classic Japanese Lit.* (Kokusai Bunka Shinkokai) (1956) "The choice of subject for ballads ranged much more widely ... encouraged by the popularization of new methods of writing, by the introduction of the Japanese syllabary (*kana*) in the primitive form known as *man'yôgana* (*Man'yôshû* style *kana*) where the Chinese ideographs were used with their phonetic value."【音の表記のために漢字を表音文字として使っていた原始的な「万葉がな」(『万葉集』様式の文字)に日本の音節文字表(仮名)が導入されその新しい方法が一般化することによって、バラッドの主題はそれ以前よりもずっと多種になった。】

　第6例は1951年 J. K. Yamagiwa in Reischauer & Yamagiwa *Transl. Early Japanese Lit.* これはE. ライシャワー元駐日米国大使と共に日本の古典を英訳したJ. K. Yamagiwaの『大鏡』の解説からの引用"In the eighth and ninth centuries, abbreviations and simplifications of the *Man'yōgana* resulted in the creation of the two syllabic scripts, the *katakana* and the *hiragana*."【8・9世紀には、万葉がなの省略と簡素化がかたかなとひらがなの2種類の文字を生み出すことになった。】第8例はコロンビア大学のD. キーン博士の『万葉集』の研究書から引用されている。1965年 D. Keene *Manyōshū* "The so-called '*Manyō-gana*' are the Chinese characters which were commonly used as phonograms in the *Manyōshū*, from which the present system of *kana* was evolved."【いわゆる「万葉がな」は、『万葉集』に表音文字として使われていた漢字のことで、そこから今日のかなができた。】

(坂上祐美子)

matsu　松

　日本人の松に寄せる思いには測り知れないものがある。けっしてわが国固有の樹木ではないが、それを含む風景は不思議に日本を思わせる。襖絵から能や歌舞伎の舞台の背景にいたるまで、いたるところに松が描かれ、日本人の心の空間を形成してきた。また常盤の松と言われるように、常緑の葉と年輪を重ねた幹の姿から、寿ぎの象徴としても珍重されてきた。近年はマツクイムシの害や手間のかかることから庭木として敬遠されがちで、以前ほど見かけなくなってしまったが、かつては外国から訪れた人々にも強く印象づけたほど、山にも里にもよく見られる樹木であった。したがって*OED*のこの

項目の用例にも情緒的な描写を多く期待したが、意外に少なく、最新版では10例のうち、2例だけで、あとは植物学や園芸方面の文献から、日本によく見られる針葉樹として言及されたものばかりである。

とは言うものの、*OED* はその最も古い版からこの語を載せている。語源は日本語、定義は「中国、日本、マレー半島原産の装飾用のパインで、貴重な木材として広く栽培されている」という具合である。*SUP 2* はこれを改め、「さまざまなパイン種の木、とくにピヌス・デンシフローラとピヌス・ツンベルギイ、すなわち赤マツ、黒マツという日本原産の2種に当てられた土地の呼び名。これら2種はいずれも装飾および木材用に貴重とされている」となった。古い方、すなわち *OED 1* の定義は、いかにもかつてのアジアにおけるイギリスの勢力や関心を暗示するようで、それなりに歴史的に意義があるように思われる。

OED 1 の用例欄にはまず1890年 *Cent. Dict.* と1902年 *Webster* という2つの辞書があげられ、続いて1863年 *A. Murray Pines & Firs Japan* からの"Pinus Massoniana. *Wo matsku.* Japon., i. e. Pinus mas, sive *Kuro matsu*, i. e. Pinus nigra."という文があり、そのまま *SUP 2*、*OED 2* にも引き継がれている。雄松がすなわち黒松であることを解説したものだが、厳密に言うとラテン名Pinus Nigraはオーストリア原産の松を言うらしく、その葉が黒っぽい濃緑色であることからきた名称とされている（*Encyclopaedia Britannica*）。ほかにも赤松と黒松の区別を指摘した文がいくつかあげられている。赤松は主に山地に生え、黒松は三保の松原や東海道の松並木に見られるように、海岸地帯に生育する。赤松を雌松、黒松を雄松と呼ぶ区別は、今日ではあまり日常的な表現とは思われないが、その昔来日した植物好きの外国人なら、たちどころに耳にした名称だったのかもしれない。ちなみに『ブリタニカ百科事典』はpineの項目にかなりのスペースを割いているが、日本の松への言及は皆無である。*OED* が10例を載せてmatsuという項目にスペースを割いているのは、主としてこの2種の区別が注目されてのことらしい。

SUP 2 以降新たに加えられた用例のうち最も古いのは、やはりケンペルの

『日本誌』で、"The common Fir, which they call *Matzuoki*, will come to the age of a thousand."【日本人が「マツオキ」と呼ぶよくある樅の木は、樹齢千年に達することもある。】樅はピヌスすなわちマツ科の樹木だが、クリスマス・ツリーのもととなった樅の木にまつわる古い祭儀の伝統をもつドイツ出身のケンペルは、これと日本人の松にたいする思いとの間に通い合うものを感じたのかもしれない。彼は竹と松をまとめて語り、いずれもその樹齢の長さと耐久性によって日本人に珍重され、装飾や詩歌に好んで用いられている、と指摘している。

　植物学上の種としての記述が多いなかで、鈴木大拙の『禅とその日本文化への影響』(1938) からの引用がある。"The Japanese species of the pine known as *matsu* generally spreads its branches irregularly and the trunk is gnarled."【マツとして知られるパインの日本種は、通常枝を不規則に広げ、幹はねじれている。】適切な引用だと思う。日本人にとって松を松たらしめているのは、その形状の妙だからである。日本を訪れたことのあるさる外国人作家は、白い砂浜にたたずむ黒松の林を不気味な太古の怪物と形容したが、そのようなデフォルメされた姿にこそ日本人の心は惹かれるのだ。鈴木大拙はこの部分で良寛と西行を論じ、2人がいずれもいく星霜を経て孤独にたたずむ松の木に感情移入し、心のわびしさを歌い込めていると指摘している。さらにもう1つ、日本の園芸に関する書物からの引用があって、松という木の日本における象徴的な意味にふれている。1971年 S. Eliovson, *Gardening Jap. Way* "Pine（*Matsu*）. This is the symbol of longevity, being hardy and evergreen during cold winters."【パイン（マツ）。耐寒性があって寒い冬の間も常緑なので、長寿の象徴である。】降り積もった雪に耐えてたたずむ松の濃い緑は、どの日本人の脳裏にも鮮やかな映像を宿しているはずである。　　　　　　　　（橋本禮子）

matsuri 祭

　SUP 2 以降変更なく記載されている語である。「信者の日常生活における神々の意識を高めるため、神道の各神社で定期的におこなう荘厳な祭儀ない

し祝祭。」祭という言葉の原義、その歴史的変遷、そして現代における使われ方などについてはいろいろと議論があるようだが、OED第2版の定義はこのようになっている。日本語の多くの辞典にみられるような、古典や俳諧における意味にはふれていない。しかしあげられた5つの用例は、この語の意味するさまざまな側面を扱っている。

　まず1727年ケンペルの『日本誌』。"It is a custom which obtains in all cities and villages, to have two such Matsuri's celebrated every year with great pomp and solemnity in honour of that God, to whose more particular care and protection they have devoted themselves."【さらなる格別の加護を求めて献身してきたかの神をたたえ、そのようなマツリの祝いを年2回たいそう荘厳かつ華麗にとりおこなうのが、すべての町村の習わしである。】日本の祭日について述べた部分で、ケンペルは、元旦からはじめて奇数月の五節句を順に解説したのち、ほかにも特殊な存在や人物を記念して祝う祭日もあるとして、「日本人の神々のうちでも至上最高にして、かつ帝国全土の守護神として認められた存在」、すなわち天照大神にかかわる祭について、このように述べているのである。

　続く用例は異国の珍しい風俗としてとらえたマツリへの言及である。1841年 *Manners & Customs of Japanese* "Many and ... various peculiarities belong to the *Matsuri* festival."【マツリには多くの…さまざまな奇習が付随する。】祭が参加するよりもむしろ見物するもの、映像として眺めるものとなっている現在では、日本人も同じことを言うだろう。

　第3例は祇園祭についてである。1883年 E. G. Holtham *Eight Yrs. Japan* "The Kiyōto matsuri, specially connected with the 'Gion' quarter of the city, inhabited by singing and dancing girls and such like, ... was well worth seeing."【歌ったり踊ったりする女の子のたぐいが住まう、この町の「祇園」地区にゆかりのある京都の祭は…一見の価値が十分にあった。】

　演劇の起源は大方は祭儀にある。日本についてこのことを述べた書物からの引用がある。1928年 F. A. Lombard *Outl. Hist. Jap. Drama* "*Matsuri* ... have from ancient times in Japan been occasions of great popular rejoicing."【マツリ…は日本

においては古来から民衆の大きな歓喜の場であった。】この省略された部分には、"or processions in honour of deity,"【すなわち神体をたたえる行列】という言いかえの文句がある。祭すなわち山車や御輿の行列、とするのは、カーニバルの踊りの行列を考えるまでもなく、ごく一般的なことである。この書物の筆者は、マツリに正式参加するのは神官たちだが、一般庶民も役割を担い、行列そのものが、神をよろこばせたたえ奉りたいという大衆の気持ちの表われであって、ここから日本の伝統演劇が育っていった、と語っている。

　ここまでが戦前の文献からの引用で、戦後のものはただ1例、1964年 *Asia Mag.* "The winding festival or *matsuri*."【ねり歩きの祝祭、マツリ。】で、これは写真の解説文である。　　　　　　　　　　　　　　　（橋本禮子）

mebos　ミーボス（杏の干し菓子）

　*SUP 2*から出現。発音はミーボス、アフリカーンス語（ボーア語）ではメーボス。また、meebosとも綴る。「恐らくは日本語のumeboshi梅干し・干した保存食の梅を語源とする」と語源欄で説明されている。定義は「乾燥させ、平たく伸ばすか、あるいはペースト状にして塩と砂糖で保存加工した杏から作られた菓子」である。

　初出例は1793年 tr. C. P. Thunberg's *Trav. Europe, Afr. & Asia*から。"I saw several kinds of fruit, the produce of this country [*sc.* Japan], either dried or preserved in yeast, in a mode which is, I fancy, only practised at Japan or China. The fruit that was only dried, such as plumbs and the like, was called *Mebos*."【この国［日本］に産する様々な果物があったが、それらは日本または中国でのみ行なわれると思われる方法で、乾燥させたり、イースト菌によって保存加工がなされていた。ただ乾燥させただけの梅などの果物はミーボスと呼ばれた。】

　第2例は1899年 *Answers* 11月18日付から。"The best sort of preserve is called *mebos*, and is made of stoned and sun-dried apricots, flattened out, and pickled with salt and sugar."【最高の保存食は「ミーボス」と呼ばれ、杏の種を取って天日干しし、平たく伸ばして塩と砂糖で漬けて作られる。】第3例は1912年 *Northern Post*

9月27日付（Pettman）から。"I have now come to the conclusion that our old navigators became acquainted with this delicacy in Japan, learned to like it, and afterwards at the Cape attempted to imitate it, but used the fruit of apricot trees..., and that the word *Meibos* or *Meebosje* had its origin in [Jap.] *Umeboshi*."【私は今や以下のような結論に到達した。すなわち、わが祖先の船乗り達は日本でこの珍味に慣れ親しみ、それを好むようになり、後に喜望峰で模倣しようと努めたが、杏の果実を使用した…また「メイボス」あるいは「メーポシェ」という語は［日本語の］「梅干し」を語源とする、と。】

第4例は1939年S. Cloete *Watch for Dawn* から。"He had mebos and raisins and sun-dried peaches."【彼はミーボスと干しブドウと天日干しした桃を所持していた。】第5例は1954年M. Kuttel, *Quadrilles & Konfyt* から。"Have a jar of mebos handy on board... in case of sea-sickness."【船酔いの用心のために…乗船する時、手頃な大ささの、ミーボスの瓶を持って行きなさい。】第6例は1959年J. Collier, *Stellenbosch Revisited*から。"A delicacy called 'mebos' which consisted of apricots dried, flattened and treated with salt and sugar."【「ミーボス」と呼ばれる珍味、それは乾燥させて平らに伸ばしの塩と砂糖で味付けした杏で出来ていた。】である。

最終例は1974年 *Eastern Province Herald* 11月27日付から。"Mevrou Van Niekerk...fed them on mebos and honey cakes in her big farm kitchen."【メヴロー・ヴァン・ニーカークは…彼女の農場の大きな炊事場で彼らにミーボスと蜂蜜ケーキを食べさせた。】

日本の塩っぽく酸っぱい梅干しが、西洋の船乗りたちによって喜望峰をまわって運ばれていくにつれ、甘い干菓子へと変質したのである。（野呂有子）

Meiji 明治→「時代」の項目

metake 雌竹

日常的に最も馴染みがある種類は真竹や孟宗竹であるが、*OED*に採択されたのは竹の中でも雌竹だけである。*SUP 2*で初めて登場し、*OED 2*に受け

継ぐ。定義は「丈が高く細い竹でPseudosasa（あるいはArundinaria）japonica が学名」。初出例は1896年 A. B. Freeman-Mitfordの *Bamboo Garden* で、 "Arundinaria japonica or Metake ... The word Metake, or, more correctly, Medake, means in Japanese 'female Bamboo', but there is no scientific reason for using the word 'female' in connection with this species."【雌竹…メタケ、正確にはメダケという語は日本語で「雌竹」を意味するがこの種に「雌」の語を使う科学的根拠はない。】竹は雌雄異株ではない。同書の引用が続く。"The Japanese gardeners consider Ya-dake and Me-take to be two different plants."【日本の園芸家はヤダケとメタケは別の植物と考える。】両者とも鑑賞用に庭に植える点が似ている。最後の例は1971年11月号 *Country Life* から "The common Metake, Arundinaria or Pseudosasa japonica ... [is] a particularly fine species [of bamboo] with slender canes quite 10 ft. high and glossy green leaves that are glaucous beneath."【普通のメタケは10フィート位の高さの細い茎で、表は光沢がある緑色、裏が青みがかった灰白色の葉で、特に素晴らしい種類の竹である。】多種類ある竹の中で雌竹が採択されたのは、日本庭園での雌竹の美しさが注目されたためであろう。

（伊藤香代子）

miai 見合い

miaiという語が*OED*に登場したのは*SUP 2*で、*OED 2*にもそのまま記載されている。定義には「日本でのお見合い結婚の第一段階のことで、婚姻しようとする男女が結婚相手として適当かどうかを互いに判断するために、家族同伴で面会すること」とある。人を介して（仲人を立てて）お見合いを行なうことに関しては1890年の初出例にその記述がある。他に2例（1902、1966）がある。

初出例　1890年 B. H. Chamberlain *Things Japanese* "The middleman arranges for what is termed the *mi-ai*, literally, the 'mutual seeing'—a meeting at which the lovers (if persons unknown to each other may be so styled) are allowed to see, sometimes even to speak to each other."【仲人は文字通りには「お互いに会う」という意味のいわゆる見合いを設定する。見合いでは恋人たち（お互いに知らない

男女をそう呼んでいいのならば）が会うこと、時にはお互いに口をきくことさえ許される。】

第3例　1966年P. S. Buck *People of Japan* "I have a young friend who was married several months ago, who saw his wife for the first time at the miai seven weeks before the wedding."【私には数ケ月前に結婚した若い友人がいる。彼は結婚式の7週間前に見合いで初めて奥さんに会った。】　　　　　　　　　　（糸山昌己）

Mikado　帝・ミカド

「日本の皇帝（emperor）の肩書」なるMikadoの定義が*OED 1*（1933）以来定着していて*OED 2*（1989）にも踏襲されたのは、それ自体当然で取りつく島もない感じだけれど、天皇でも天子でもなく、ことさらこの語が取り出されているのは何故であろうか。定義に先立ち、「mi（御）畏れ多き＋kado（門）とびら(ドア)」なる語源説明が示されたのも、ほぼ容認して差し支えない。ただここにこめられる感じを掴むためにはSublime Porteを参照せよ、とあるのが、西欧人の存外正直な気持ちの反映として問題の核心をそこに垣間見うるのではないだろうか。Sublime Porteとは、オスマン・トルコの大宰相府（君府）のことであって、イスタンブールの別称としてこれがしばしば古都に一目おくかたちで用いられたのは、オスマン帝国鉄壁の支配機構が西方の悪夢であった近世幕あけ時代このかたの、不可知なる異界東方といった意識の名残でもあったにちがいない。トルコ語でバーブ・アリーと記されるその原義が「高貴の門」（「権門」）であってみれば、御門(みかど)との符合は疑いえないが、かの君府への連想には東方なる君主国への輪をかけた異界寓意がこめられていはしなかったか。

*The Encyclopedia Americana*をはじめ事典類に概ねMikadoとしてあげられたのは、むしろギルバート作詞、サリヴァン作曲にかかるオペレッタ、1885年ロンドン初演の"Mikado, the Town of Titipu"である。翌年には早くも米国に渡り、ミシガン州にはミカドなる町も出来るほどで、欧米各地での公演併せて672回に及んだ。ペリー来航（1853）につづく安政不平等条約（1858）か

ら鹿鳴館時代に至る約30年間は、1867年のパリ万博をはじめとする折々に「見世物としての日本人」がしきりと情報輸出される一方、その日本が白昼出現した怪異なる never-never-land【どこにもない国】として、ジャポニスムの蔓延は、爛熟した19世紀ヨーロッパの飽和せる日常を外から挑発するものがあった。つとに己が限界の予感に戦いていたヴィクトリア朝英国に対し、周縁が中心にむけて及ぼした異化作用、そうした活性化への橋わたしを演じたものこそは、件の喜歌劇だったのである。そしてその際、陰惨執拗なピエロ役なるスケープゴートに仕立てられたのが新たないわばユダヤ人としての「ミカド」であった。

　敗戦後、進駐したアメリカ軍が焦土に接収した東京宝塚劇場アーニーパイルで早速にかけさせた演し物がやはり Mikado だったのは、半世紀の余を経て喜歌劇ミカド的日本観、東洋観が依然牢固として微動だにもしなかったこと以外の何ものでもないであろう。然るにいま OED における Mikado の「処遇」に目をやれば、かかる文脈を一切無視した、木で鼻をくくるような対応に戸惑わされる。そっけない前出の定義につづく細字での敷衍説明では「ミカドを聖界の帝王【a 'spiritual' emperor】、将軍（1867年にいたるまで事実上【de facto】の支配者）を第2の、ないし俗界の帝王【a 'temporal' emperor】として記述するのが、ヨーロッパ人には慣いの書き方であった」とあって、むしろ基本的な事実把握だけを主眼としている。中世以来聖俗二元構造の宿命をになう泰西にとり、この限りでの日本は何ら不可解ではないはずだから、用例も基調はもっぱら散文的である。1727年 Scheuchzer tr. *Kæmpfer's Japan* には "In Spiritual Affairs, they are under the absolute jurisdiction of the Mikaddo."【聖界の出来事では、かれらも無条件にミカドの権限下にある。】とか、"The Secular Monarch professes the religion of his forefathers, and pays his respect and duty once a year to the Mikaddo."【俗界の君主（将軍）は祖宗、神君（家康）を祀った上で、ミカド（内裏）へは年毎に御使を伺候させ進献を怠らない。】とあるのは、徳川文治安定期の具体相だし、幕府が崩壊期を迎えた1845年の *Encyl. Metrop.* XX. での "Their Spiritual ruler is the Mikaddo, i.e. Sublime Porte, a term commonly used to express the Daïri himself as well as his Court."【彼らの聖界の支配者はミカド、つまりはSublime Porteであるが、これは内裏(だいり)さまその人、並びにその宮廷を言いあらわすのに普通用いられる術語である。】として、すでに君府への連想が、やがてこの国を襲う国際化の波濤の渦中からうまれるあの喜歌劇の伏線をも知らずして成しているがごとくである。

　1868年遂に成就した革命に関し、1875年のW. E. Griffis in *N. Amer. Rev.*が"The restoration of the mikado, or true emperor [of Japan] to his ancient and rightful supreme power."【ミカド、あるいは［日本の］真の皇帝をその古しえの正当なる最高権力に復すること。】と規定したのは、それを維新としてすんなり了解しえたことにほかならない。以上はいずれも件(くだん)のオペレッタに先立つ用例だけれど、以後のものはただ1例。1890年のB. H. Chamberlain *Things Japanese* に"Japan .., though ... avowedly ruled by the Shōguns from A.D. 1190 to 1867, always retained the Mikado as theoretical head of the state."【日本は将軍たちにより、1190年から1867年にいたるまで公然と支配されていたといえ、常にミカドを国家の理論上の元首として存続させていた。】とあるきりである。これとても話を鎌倉開府（1192）にさかのぼらせた一点以外に、特に目新しさはない。日清・日露と国際政局の難関を乗りこえつつ、立憲君主制確立の国内的試煉に耐えて、現代史の激浪は、結局天皇制国家日本の瓦壊と民主政への脱皮を余儀なからしめた。今日にいたる波瀾をかいくぐっての天皇なるものの迂余曲折にはまるで目を蔽ったごとくこの黙過は何によるのか。

　Mikadoの語が選ばれるかぎり、この項目がわが天皇の現身(うつしみ)としてより、喜歌劇の夢の国の王様として、碧眼にかかったそのフィルターはにわかに除きうるものではない。*OED*の権威にかけても浮薄なMikadoブームとは一線を画すとばかりに禁欲的な渋面を装って史的叙述に固執するのは、何か姿勢としてぎこちなさがあるのではなかろうか。それかあらぬか、用例はほとんどがかの興行以前からのもので、以後は空白に委ねられる。その欠如態を埋めるのが、のち*OED 2*（1989）でのミカド雉（Mikado pheasant；Syrmaticus mikado）の登場とあっては、木に竹を継いだ感じで、いっそう矛盾を増幅さ

せた印象を否みえない。1895年、日清役でわが植民地となった台湾原産種の雉が、ミカドの名を冠して鳥類学界にお目見得した、少なからぬ用例をも含めて、これは、日本発見のテーマとは直接にはつながりようがないからである。要は、東西対決を象徴させうる恰好のこの切口が、ドラマとしてあまりに人口に膾炙するがゆえに、*OED*の俎上ではかえって十二分に料理しえぬ憾みを遺したということ、そのこと自体がまた逆に問題の根深さを一倍浮き上らせているということではないだろうか。

(西澤龍生)

(1) 猪瀬直樹『ミカドの肖像』小学館、1986年
(2) 内裏はケンペルの『日本誌』にも見えるだけでなく、しかもこの場合、索引であがっているのは、Mikadoよりも、むしろDairiの方なのである。
(3) 類語としては、更にMikadoateがミカドの官衙【office】という意味であげられる。引例は一つだけ、1899年の記事からごく短い一句のみ。

mikan みかん→Satsuma 薩摩

Mikimoto ミキモト

「日本の真珠養殖者御木本幸吉（1858-1954）の名で、彼が完成させた方法で養殖した真珠を表す限定語としても使われる」と定義し、3つの用例とともに*SUP 2*から登場する。御木本は養殖真珠の創始者であり、天然真珠と同じ真円真珠の養殖に成功し、その販路を海外にも拡張した。ミキモトの真珠は世界に知られるようになり、真珠の代名詞にまでなった。初出例は御木本幸吉没後間もない1956年 R. Eunson *Pearl King*からである。"At Toba Bay Mikimoto pearls are harvested by the crop and sacked up like wheat."【鳥羽湾でミキモト真珠は作物として収穫され、小麦のように袋づめにされる。】タイトルにあるように「真珠王」と呼ばれた御木本の伝記本からの引用である。第2例は1959年 R. Kirkbride *Tamiko*から"Diamonds and great clusters of Mikimoto pearls gleamed in the candle-light."【ダイヤモンドやミキモト真珠を大きく寄せたものがロウソクの明かりの中で、きらきらと輝いていた。】大晦日の夜の帝国ホテルのダンスホールに着飾った人々があふれている光景を描いたものである。

clustersは女性たちの胸元を飾ったアクセサリーであろう。第3例は1969年のJ. Bennett *Dragon* からである。"A string of good cultured Mikimoto pearls around her neck."【彼女の襟もとの一連の立派なミキモトの養殖真珠。】世界中の女性の首を真珠で飾ることを理想とした御木本は、*OED* にその名を残すこととなった。

（伊藤香代子）

Minamata disease　水俣病

　Minamata diseaseは *SUP 2* から採録され、「この病気が最初に認知された場所である日本の熊本県の町名『水俣』に由来する」という語源説明のあと、「アルキル水銀化合物による病気で、発話、視力、筋肉の共同作業などの脳機能の障害を特徴とし、通常不治の病であり、死をもたらすこともある」と定義されている。

　用例は1957、1971、1973、1975年の4例である。初出は医学誌 *Acta Path. Jap. VII* であり、"The so-called Minamata-disease may be recognized as a toxic encephalopathia. The toxic substances contained in fish and shell-fish have not been yet found."【いわゆる水俣病は中毒性の脳障害であると認定される可能性がある。魚や貝に含まれる毒物はまだ発見されていない。】とある。1971年の用例は定義を補足する内容であり、1973年の用例では、"Minamata disease first appeared in cats, which died from eating fish scraps from the village kitchens."【水俣病は最初猫に発症した。その猫は、村の台所から出た魚の残飯を食べて死んだ。】と記述されている。1975年の用例は、*Times Lit. Suppl.*（9月19日付）に掲載された、水俣病患者の補償を求めるデモ行進の写真のキャプションである。

　水俣病は、1950年代中葉、水俣地方で工場廃液で汚染された魚介類を食べた人たちに発症した。その後も日本では急激な経済成長とともに環境汚染（公害）が蔓延し、1967年には「公害対策基本法」が制定された。しかし、水俣病の患者認定とその補償問題の解決（和解）は、1995年まで待たねばならなかった。

（馬場哲生）

mingei 民芸

mingei (Mingei) は SUP 2 から採択され、定義その他に変更なく OED 2 に至っている。語源は「Min 人々 + gei 工芸」で、「日本の民間工芸。伝統的な日本という地域の手工芸。限定的に使われることもある」と定義される。用例は3例。初出は1960年 B. Leach *Potter in Japan* "Sen cha (green tea) taste, different from 'Matt cha' and certainly not 'Mingei'."【煎茶（緑茶）の味は、「抹茶」とは違い、もちろん「民芸」ではない。】*A Potter in Japan* は、リーチが1953年2月に来日し、翌年の11月に帰国するまでの10章構成の日本滞在記で、この用例は8章"Back in Tokyo and Kyoko"からのもの。リーチが、陶芸家で文化勲章受賞者でもある富本憲吉（1886-1963）の自宅に招かれて昼食に呼ばれたときの感慨を述べており、用例の直前の英文は、"A tiny house, but all the contents fine with his own character running through all arrangement and selection."となっていて、富本が出したお茶についても趣味の良いものだったと言っている。

第2例は1967年 H. H. Sanders *World of Jap. Ceramics* "The brown clay of Ryumon-ji, when decorated with white slip ... was considered ... to be one of the distinctive mingei products of Japan."【白い液状粘土で色付けされると、龍門司焼の茶色の土は、日本独特の民芸品の1つであるとみなされた。】というもの。龍門司焼は、鹿児島姶良郡加治木町で産する陶磁器で、薩摩焼の一種。日用雑器を主とし、俗にいう黒薩摩（黒物）である。白陶の薩摩焼 Satsuma は *OED* に採択されている美術品で、日用品ではない。最終例は、1969年 *Sat. Rev.* (U. S.)（9月13日）からだが、原典からはかなり省略をして引用している。日本の主要都市にある民芸調のレストランの紹介記事であり、特に東京の「ざくろ」について「最も素晴らしいが、メニューはスキヤキと牛肉料理に限られている」と締め括っている文の一部である。原文は、"Some of the most appealing are the [m] ingei, or folk art, restaurants in all the major cities. [W] ith decor drawn from Japan's rich folk tradition, hand-made plates and bowls by master potters, the Zakuro restaurants ... are among the most attractive ..."で、ゴ

シック体で示した部分が OED で引用され、m が大文字、w が小文字になっている。この部分の訳は、「ミンゲイ（民間工芸）レストラン…日本の豊かな庶民の伝統の流れをくむ装飾物や、陶芸家たちの手作りの皿や椀のある…」となる。この用例は Saturday Review の "Fall Travel Issue: The Road to Osaka — An Expogoer's Guide to the Pacific" という 1970 年の大阪万博を紹介する特集記事からのもの。この中の、Patricia Brooks の "Make Mine Teppanyaki" という記事の一部で、著者お気に入りの民芸調のレストランは、京都祇園にある十二段屋であり、人間国宝、浜田庄司作の皿に刺し身が盛られると紹介している。浜田庄司は、河井寛次郎・柳宗悦等と 1926 年に白樺派を創始した。柳宗悦（1889-1961）は、民芸運動を始め、東京駒場にある日本民藝館を設立した。「民芸」とは、大正時代に初めて用いられた新造語であることなど、柳自身による詳しい解説が、『世界大百科事典』（平凡社）にある。　　　（渡辺佳余子）

miso　味噌

　miso の OED 初出は、SUP 2 からで、定義と用例はそっくりそのままの形で OED 2 に引き継がれている。

　その定義によると、「大豆と大麦または米のモルトから造られ、日本人が色々な食物を調理するときに使うペースト状のもの」とあるが、これで味噌が想起できるだろうか。

　それでは、私たちの身近にある辞書は、味噌をどう定義しているかをみてみよう。まず『国語辞典』[(1)]では、①調味料の1つ。大豆、麦などを蒸し、塩と麹をまぜて発酵させたもの。②①に似たもの。「脳——」「カニ——」。③自慢する点。特色とする点。「手前——」「このしかけが——だ」とある。また『古語辞典』[(2)]には、醤油の見出し語はないが、味噌は、①味噌豆を蒸し、麹・塩を加えて発酵させた食品。「末醤、弐升伍合陸夕、供養料」（正倉院文書天平九（738）、但馬国正税帳）。「未醤、揚氏漢語抄云、高麗醬、美蘇（みそ）。今案弁色立成説同。但本義未詳。俗用味噌二字」（和名抄：931～8）。「味噌、ミソ」（名義抄：平安末朝）②自慢。うぬぼれ。「借衣で贅（ぜい）の——はお

きやがれ」（無而七癖）であり、さらに、――を上げる「自慢する。手前味噌を並べる」、――を付く「失敗する。面目を失う」の成句が記載されている。

これらの国語辞書からわかることは、味噌には、①の本来の意味のほかに、②として「自慢」の意味が古くからあったことがわかる。

また、わが国の味噌の歴史については、奈良時代にすでに記録があり、日本人にとっては極めて長い歴史をもつ調味料であることも教えてくれる。

別の資料によれば、味噌の前身である豉（くき）の発生は西域であるという記録が紀元前の古代中国にすでに存在し、それが朝鮮半島経由で日本に伝来したのは奈良時代以前のことで、大宝元年（701）にはこれらを司る醬院の制度があり、密租（みそ）または高麗醬（こまびしお）と呼ばれていたようである。古語辞典に2回登場する未醬が今日の味噌になる変遷については、「平安時代以前には、醬以前（ひしお）の意味で未醬と書かれていたのが、後に口扁を加えて味醬とし、また醬の字を曽に改め、さらに噌に転じ、味噌になった」という。

OED には、国語辞典の意味の①「味噌」の記載しかなく、②の「自慢」の意味がないのは何故だろうかという疑問が残る。そこで *OED* の miso の5用例の文脈を調べようと思う。1727年 Scheuchzer 訳 *Kæmpfer's Hist. Japan* "Of the Meal of these Beans is made what they call *Midsu*, a mealy Pap, which they dress their Victuals withal."【この大豆のひき割から、荒粉のどろどろしたものであるいわゆる Midzu が造られ、それを使って日本人は料理を作る。】

1905年 *Chamber's Jrnl.* 3月25日号 "Soya beans ... from which miso, soya and tofu are made."【大豆、それから miso、醤油と豆腐がつくられる。】

1930年 *Economist* 1月4日号 "The higher Japanese price-level is accounted for largely by such 'shelterd' goods as red beans, miso, dried bonito, (etc.)"【日本の高物価水準は、小豆、miso、鰹節などのような国内保護商品があることでほとんどは説明がつく。】

1966年 P. S. Buck *People of Japan* "Chicken with *miso* paste and raw vegetabls."【miso paste と生野菜を添えた鶏肉。】

1970年 J. Kirkup *Japan behind Fan* "a red lacquer bowl of rich *miso* soy (bean paste) soup."【濃いmiso soy（大豆のペースト状のもの）soup（＝味噌汁）の入った朱のウルシ塗りのお碗。】

以上5例の用例は、すべて味噌そのものか、日本または日本人についての説明文であって、英米での文脈に属するものは1例もない。このような文脈のもとでは、到底日本語の味噌が持つ②の手前味噌からくる「自慢」の意味をもつ幾分比喩的な語義の入り込む余地はまったく考えられない。

また、上例の現代作家からの用例引用文においても、miso pasteとかmiso soy（bean paste）のように英語を添えて用いられていることを考えると、misoが日本語からの英語の借用語になったとは、到底思われないという疑問がどうしても残る。

(太田隆雄)

(1)『国語辞典』福武書店、1989年
(2)『古語辞典』岩波書店、1974年

mitsumata 三椏

紙幣や最近ではイタリアの古寺院の有名な壁画の修復作業にまで使用される手漉き和紙の原料として、楮（こうぞ）・雁皮（がんぴ）などとともに、使用される三椏は、*SUP 2*に初出し、定義と比較的長い5用例とともに変更なく*OED 2*に引き継がれている。しかし、*OED*には楮や雁皮は採択されていない。

定義には、「芳香性の黄色い花が群集した形でつき、ジンチョウゲ科に属し、日本で広く栽培されていて、その靱皮（じんぴ）繊維は和紙をつくるのに使われるが、中国原産の落葉性の低木である。学名はEdgeworthia papyrifera」とある。

三椏が日本に伝来した年代は不明だが、『日本書紀』推古天皇18年（610年）の紙の記録が最古という。国産は、大化改新・大宝律令等により律令制が実施され、徴税のための戸籍作りと伝来した仏教の布教等のために紙の需要が急増し栽培が奨励された。

奈良時代前期には写経が大流行し大量の和紙を消費し、後期には製紙上画期的技法「流し漉き」が生まれた。平安時代には宮廷用の紙を紙屋院が漉き、貴族たちに「紙屋紙」として珍重され、多くの文学作品が生まれ、鎌倉・室

町時代には権力をもった武士が懐中紙として使用するようになり、江戸時代には庶民文学や浮世絵が起こり、大阪での取引きは米・木材に次いで第3位になっている。

初出例は1889年 J. Rein *Industries of Japan* "Mitzu-mata (*Edgeworthia*) paper has also a distinctly marked yellow colour."【三椏紙も独特の黄色をしている。】同じジンチョウゲ科の雁皮からつくられる雁皮紙は鳥の子紙とも呼ばれ、淡黄色をしているが、三椏紙は無色だから雁皮紙の誤りとも考えられる。

第2例は1891年 B. H. Chamberlain *Things Japanese* (ed. 2) "Several plants and trees contribute their bark to the manufacture of Japanese paper ... The one most easily recognised by the unlearned is the *Edgeworthia papyrifera*, which has the peculiarity that its branches always divide into three at every articulation, whence the Japanese name of *mitsu-mata*, or'the three forks'."【さまざまな草木の皮は和紙の製造に役立っている。…知識のない人たちにもすぐわかる植物は三椏で、枝が各節のところで3つに分かれている特徴があるので、ここから三股の鍬を意味するミツマタという日本名が付いた。】三椏は枝が各節で三股に分かれているからという名前の由来の説明である。

第3例は1936年 D. Hunter *Papermaking Pilgrimage Japan, Korea & China* "The so-called'vellum'—that smooth, long-fibred, natural-toned paper sometimes used in the printing of fine books and etching ... is made largely from the bark of the mitsumata shrub."【いわゆる上質皮紙のベラム——すなわち、良質本の印刷やエッチングに使われることもあるあのなめらかで繊維の長い自然の色合いの紙は、大部三椏の靱皮で作られる。】和紙は多孔質のため、一般に墨書には適するが、ペン書きや印刷には不適とされている。しかし雁皮紙だけは繊維が緻密なために、ペン書きもできるので、例文中の本も版木印刷でなければ、雁皮紙印刷ではないだろうか。

第4例は1947年、前例と同じ *Papermaking* の第2版より "The origin of mitsumata (*Edgeworthia papyrifera*) as a papermaking material is uncertain, but there is a record stating that in the year 1597 a papermaking family was granted the privilege of gathering mitsumata bark in a certain locality of Japan."【製紙原料としての三椏の起源は確かでないが、1597年日本のある地方で、ある和紙漉きの一族が三椏の靱皮を収穫する特権を許されていたという記録が残っている。】現在では三椏と楮は栽培されたものを収穫しているが、雁皮は栽培が効かず今でも野生のものに頼っている。16世紀のころは三椏も野生種を利用していたのだろうか。

　最後の例文は、比較的新しく、1974年 G. Usher *Dict. Plants used by Man* "E[*dgeworthia*] *papyrifera* ... Cultivated for the bark fibres which are used, particularly in Japan to make a hand-made paper（Nepal Paper, Mitsumata paper)."【三椏は…（ネパール紙や三椏紙のような）手漉き紙を作るために特に日本で使われている靱皮繊維を収穫するために栽培されている。】

　東京にはないが、近くの山梨県市川大門町では今でも市川紙が漉かれ、水引等が町の特産品になっている。その他少ないながらも日本全国に分布し、津市では近江雁皮紙がのこり、大量には土佐和紙が四カ町村で、出雲和紙が三カ町村で漉かれていて心強い感じがする。　　　　　　　（太田隆雄）

mochi　餅

　日本人にとって餅は正月に欠かせない食物であり、かつては餅つきは年の瀬の風物詩であった。餅の歴史は古く、弥生時代にすでにあったと考えられており、平安朝では正月に宮中で鏡餅がつかわれていた。古くから神仏に供え、あるいは祝いごとの菓子として用いられてきたが、民間に行事食として普及したのは室町時代以降である。

　餅は *OED 2* に初めて登場する。「ついて、粘った米を丸めたりして作ったもの。いくつかの用例では、mochi【餅】は丁寧語の接頭語『お』がついている」と説明されている。

　初出例は古く、1616年の Richard Cooks による *Diary* からである（採択されたのは1883年に出版されたものによる）. "Shezque Dono ... came to the English howse and brought a present of mushos, wyne, and redish."【シェズケ殿がイギリ

ス商館にやって来て餅、酒、大根を置いていった。】2月10日の日記の引用である。同書によると2月7日の日付には「正月」とある。用例は松浦家の家臣が年賀の品をイギリス商館に持参したことの記録である。

　次に明治時代の用例が2例続く。1880年 I. L. Bird による *Un-beaten Tracks Japan* から "Mochi, a small round cake of unbaked rice dough, though insipid, is not unpalatable, and is much in favour."【餅は焼いてないままの米のドウ（練ったねばるもの）を小さく丸めたもので、味はないが、まずくはなく、非常に好まれている。】であり、他の用例は1891年 A. M. Bacon, *Jap. Girls & Women* より "Cakes of Mochi, or rice paste"【餅、すなわち米を練ったもの】である。日本人が好んで食べるお餅も、西洋人にはパンに焼く前のドウやねばねばした糊のようなものと映ったのであろうか。

　昭和時代の半ば以降になると、日本文化に造詣が深い滞日西洋人が記した著書からの用例となる。1960年 B. Leach による *Potter in Japan* で "We were taken indoors and fed on what was described to me as good country food, which included O Mochi. These are dumplings made of pounded steamed rice of a particularly glutinous variety."【私たちは家に招き入れられ、おいしい郷土料理だと私に話してくれたものを食べさせてくれた。そのなかにお餅があった。お餅は特別に粘る種類のお米を蒸して、搗いて作ったものを丸めたものである。】とある。次も同書からの用例で、"Mochi, steamed and dried cakes of glutinous rice."【餅、もち米を蒸して、かためて乾かしたもの。】とあり、保存食としてのお餅についてもふれている。

　最後の用例は、1970年 J. Kirkup による *Japan behind Fan* である。"We would sip green tea and beer and nibble peanuts and seaweed biscuits and o-mochi, or sweet bean cakes."【私たちはお茶やビールをちびりちびり飲んだり、ピーナツや海苔の煎餅やお餅、すなわち大福餅を少しずつ食べたりしたものです。】用例は Part3: At Home in Tokyo の中の "Life with a Japanese family" からの引用である。2人の息子を戦争で失った日本人の老夫妻が住む、新宿の小さな古びた家に著者が下宿していた時の情景を描いたものである。

　　　　　　　　　　　　　　　　　　　　　　　　　（伊藤香代子）

mokum 木目

　OED に見られる日本語のうち工芸に関するものがいくつかあるが、mokumは *OED 1* から採択された45語の1つであり、早い時期から西洋人に関心を持たれていたといえよう。語源として「日本語のmoku-me」とあるから「木目」のことを指している。定義は'An alloy used in metal-work'【金属細工に使われる合金】である。『大辞林』にある「木の切り口に見られる、年輪・繊維・導管などによる模様」とは違い、関連用語としての「木目絞り」や「木目塗」も「合金」という *OED* の定義に当てはまるものではない。用例は2例のみで、初出は1884年 C. G. W. Lock *Workshop Receipts* の "Attention should be called to the so-called moku-me, a word which might be rendered by 'veins of the wood.'"【「木の筋」とでも訳したらよかろうと思われるいわゆるモクメに注目していただきたい。】で、木肌の模様からきた言葉であることが紹介されている。もう1つの用例、1889年 Brannt *Krupp & Wilderger's Metallic Alloys* には "The so-called 'mokum', an alloy ... introduced from Japan ... Chiefly used for decorations upon gold and silver articles."【いわゆる「モクム」は、日本渡来の…合金である。…主として金銀の製品に装飾を施すのに使われる。】とあり、この用例から *OED* の定義が生じたのであろう。どちらの用例にも「いわゆる木目」と断言していることから、1世紀前から「木目」という日本の装飾技術が、英国人の間ではかなり知られていたと推測される。

　茶道や工芸に通じている人のあいだでは、木目といえば「木目塗」(1)という漆芸技法の一種を思い浮かべ、「合金」という言葉を連想することはないだろう。木目と「合金」の関連性は、『広辞苑』にある「横に切った板の木目のように見える刀の地肌」にうかがえ、「刀」の項目の挿し絵からも「刃文」と木目とのかかわりを連想することができる。木目には、木取り法によって螺旋状や波状などさまざまあるから、刀にある波形の刃文が「いわゆる木目」と言われるようになったのであろう。*OED* の定義の metal-work は、metalworker, metalworking「金属細工師」「金工」という英語があることからも、英国では、刀の刃文だけではなく、木目模様の金属細工を一般的にこの

ように呼んだのであろう。

　mokumはSUP 1、SUP 2ではとりあげられず、OED 2で再び登場という現われ方をする24の日本語の1つである。OED 1でMokumと大文字で記されていたものがmokumと小文字に直され、発音記号の記載に多少の変更が見られ、定義・用例は変えられていない。主要な英英辞典の中では、Webster (3rd) 辞典にmokum or mokumeという項目で "[Jap mokume, lit., wood grain] a Japanese alloy used in decorative work on gold and silver." と、定義はOEDにほぼ同じである。
　　　　　　　　　　　　　　　　　　　　　　　　　　　　（渡辺佳余子）

(1) 木目に似せた変塗で、黒漆の表面に朱漆で木目模様を描いたものと、木地面に錐先で木目模様を線彫して漆を塗ったものの2通りがある。(『茶道具事典』雄山閣、1978)

momme 匁

　匁は尺貫法の質量をあらわす単位である。小学館の『日本大百科全書』によると、もとは銭貨1文の目方を文目とよび、匁は銭の古字「泉」の草書である。1966年以来メートル法に統一され、尺貫法は商取引きでの使用が禁止されている。

　mommeはOED 1に「3.75グラムにあたる重さを示す日本の度量衡」という定義と2用例をもって登場する。定義はSUP 2とOED 2においても同じであるが、SUP 2では［mo・me］という異なる発音とmome、momiの異綴による異形をあげている。OED 2では発音の異形は消え、異綴のみをあげている。用例はSUP 2ではOED 1とはまったく異なる5例が並び、OED 2で両方の用例をあわせた7例が揃っている。

　OED 1の初出例は1868年in Seyd Bullionとある。Ernest Seydの著書、Bullion and Foreign Exchanges【金銀通貨と外国為替】からの用例である。"The quantity of silver being coined daily ... was 50,000 momme."【毎日貨幣に鋳造される銀の量は50,000匁であった。】各国のcoiningについて述べている章で、日本の江戸時代の銀の貨幣鋳造にふれている。もう1つの用例は1898年Echo（1月20日付）からである。"Heyl gives the mommes as equal to 1.75 grammes, while the correct equivalent is 3.75 grammes."【匁は正しくは3.75グラムに相当するのに、

ヘイルは1.75グラムとしている。】

　*SUP 2*ではさかのぼって1727年ケンペルの『日本誌』が初出例となる。"The yearly value of the Cobanj ... is from 55 to 59 Mome, or Maas, of silver."【小判の価値は年によって銀55から59 MomeないしMaasである。】次の用例も同じケンペルの『日本誌』からである。"The highest value of the Cobang, as current in the country, is of sixty Momi, or Maas, of silver."【この国の相場では、小判1枚はたかだか銀60匁である。】mome、momiの異形はこの2つのケンペルの用例からのものである。次の用例は1902年L. ハーンの『骨董』からである。"I have already been able to put by about one hundred momme of silver."【もう銀百匁ばかりを貯えることができました。】商家で女中が5年間働き、節約して貯えたのが銀百匁である。次は1965年 *Economist*（12月25日付）からである。"We buy gold by the-tael in Shanghai; momme in Tokyo; tola in Karachi; hong ping tael in Macao; and kilogram in Kabul."【金は上海ではタエル（両）で、東京では匁、カラチではトウラ、マカオでは香港両、カブールではキログラムで買う。】最後の用例は1974年S. Marcusによる *Minding the Store* からである。"This select 5% are not ... our best customers, but ... our most exacting ones. They know ... the difference between a silk scarf made of twelve-momme weight and one made of sixteen-momme."【この選ばれた5％は、我々の最良の顧客というよりは最も厳しい顧客である。彼らは12匁の絹のスカーフと16匁の絹のスカーフの違いがわかる。】

　「匁」は最後の用例を除くすべてにおいて、本来それが意味した銭貨として使われているのは興味深い。

（伊藤香代子）

mompei, mompe　もんぺ

　mompei, mompeが*OED*に登場したのは*SUP 2*で、*OED 2*にもそのまま記載されている。定義には、「日本で着用されるだぶだぶの仕事用のズボン」とある。『大辞林』の定義の「裾を足首の所でしぼったズボンのような形の労働用の袴。腰回りはゆったりしていて、着物の裾を入れ込むことができる。主に東北の婦人が用いたが、第二次大戦中全国に広がった。もんぺい」と比

べると、やや簡潔すぎるきらいがあるが、形態上から言えば妥当なものであろう。

1947年の初出例や1959年の第2例によって、もんぺが主に女性の畑での仕事着であることや素材・形態・着衣の仕方がわかり、定義を補完する働きをしている。他に3用例（1960、65、72）がある。

第1例　1947年 J. Morris *Phoenix Cup* "Most of the women wear *mompei*, rather ugly baggy trousers normally worn only when working in the fields."【大抵の女性はもんぺ、すなわち普通畑で働くときにのみ着用するかなり格好の悪いだぶだぶしたズボンをはいている。】

第2例　1959年 R. K. Beardsley et al. *Village Japan* "For field work, women wear a surplice-cut blouse of dark cotton work cloth tucked into roomy, gathered-ankle field trousers（*mompei*）of similar material."【野良仕事には女性は黒っぽい木綿の打ち合わせ式の上衣の裾を、同素材のゆったりとした足首の所をしぼった畑仕事用のズボン（もんぺ）の中に押し入れて着ている。】　　　　　　（糸山昌己）

mon　紋

日本の紋（家紋）は平安時代の公家たちが、衣服や牛車、調度品などに文様をしるしたのが始まりとされ、鎌倉時代武家が敵味方を区別するためと戦功を評価してもらうために家紋を利用した。戦国時代に自己誇示のため雑多な図柄が乱用された紋は、江戸時代になると整理され、美しい形となり、武士の日常生活で袴や紋付きに用いられた。また、庶民の間にも家紋が広まり、武家や歌舞伎役者の家紋を真似たり、自分で意匠を凝らして家紋を作ったりするようになったので、実に様々な種類の家紋ができた。現在日本で使われている家紋は約250種類・約2万紋といわれており、大別すると植物紋・動物紋・自然紋・建築紋・文様紋・文字紋などがある。有名な紋としては皇室の菊の御紋、徳川家の「丸に三ツ葵」、毛利家の「三星に一」、忠臣蔵の大石内蔵之助の「右二巴」などがある。

*OED 2*の定義は「家紋または紋章（装飾的なデザインのものが多い）」とあ

る。用例は1例。1878年Mrs. B. Palliser tr. *Jacquemart's Hist. Furniture*で、"Of these princely [Japanese] families we shall give the 'mon' or arms most frequently occurring."【これら高貴な家については最もよくある「紋」あるいは紋章をつけよう。】とある。

(坂上祐美子)

mondo　問答

*SUP 2*から出現。用例は3例。「日本語で*mon* 問うこと＋*do* 答えること」と語源欄で説明されている。定義は「師弟間の迅速な質疑応答からなる、禅仏教の教育的方法」とある。

初出例は1927年鈴木大拙*Essays in Zen Buddhism*から。"The following 'mondo' or dialogue (literally questioning and answering) will give us a glimpse into the ways of Zen."【以下の「問答」もしくは対話（字義通りには問うことと答えること）はわれわれに禅の方法論を垣間見せてくれるであろう。】

第2例は1960年 Koestler *Lotus & Robot* から。"In its mondos and koans, Japanese ambiguity reaches its metaphysical peak."【問答と公案において、日本的曖昧性はその形而上的頂点に達する。】

最終例は、1961年 *Times Lit. Suppl.*（2月17日付）"Perhaps the most significant part of its [*sc.* a book's] contribution consists in its argument ... that the zen *mondo* are full of direct, coherent, systematic and intelligible communication."【恐らく、その［ある書物の］最も意義深い貢献は、禅問答が直截で、一貫性があり、系統立って理解しやすい意志疎通手段に溢れているという論旨にある。】

初出例は鈴木大拙が問答を簡潔に説明したものであり、第2例と第3例からは西欧人には不可解に見える「問答」を西欧的に理解しようとする姿勢がうかがえて興味深い。

(野呂有子)

moose, mousmee　娘

*OED*の中に、日本語の「娘」を語源とする語が2つ収録されている。1つはmousmeeで、もう1つはmooseという語である。

まず、mousmeeは*OED 1*から記載され、"An unmarried Japanese girl; esp. applied to a Japanese tea-girl or waitress."【日本人の若い未婚の女性、特に、喫茶店などの日本人ウエイトレスを指す。】と定義されている。前半部分の定義を見る限りにおいては、日本人から見てもまったく問題がなく、逆説的に言えば、格別面白くもなにもないのである。しかし、その後に続く部分から、日本語の「娘」がどのように外国人に理解されていたのかがわかる。つまり、少なくとも現代の日本では、特に喫茶店等のウエイトレスの女性に対してだけに「娘」という語を用いることはないであろうからである。

では、用例に目を転じることにしよう。

初出例　1880年 H. C. St. John *Wild Coast Nipon* "The gentle kindness and pretty ways of the musumees."【その娘たちの思いやりのある優しさとかわいらしい仕草。】

「紳士」の国から、「未開の辺境の国、日本」へ来た著者の日本の「娘」との出会いは喫茶店だったのであろう。だからこそ定義の後半部分の「茶店の娘」のくだりが出てきたものだと思われる。

第2の、そして最後の用例は、次のものである。

第2例　1905年 *Longman's Magazine* July "A weeping mousmee brought the news to O Takke San as she lay in her room."【娘が一人泣きながらその知らせを部屋で横になっていたおたけさんに伝えた。】

なぜ泣いていたのかはこの部分だけからは不明であるが、泣きを見るのはいつの時代でも、国を問わず、「娘」なのかもしれない。

このような簡単な語を定義するのには、用例が2例だけで必要十分であるとの認識は初版だけでなく第2版においても受け継がれているのは、「伝統」を重んじる国だからなのか、それとも、このような語に興味を失った結果なのかは分からない。しかし、*SUP 2*において、茶店の娘から姿を変えた「娘」をmooseという項目として登場させている。

*OED 2*の中には、mousmeeという項目には手を一切加えずに、新たに、mooseという見出しを記載し、"U. S. Forces' slang"【アメリカ軍のスラング】

という前置きに続いて、元々は日本語の「娘」で「むすめ・女の子」という意味であると、簡潔なしかも正確なただし書き（このような定義をなぜmousmeeのところでしなかったのであろうか）の後に、次のような定義を与えている。"A young Japanese or Korean woman; esp., the wife or mistress of a serviceman stationed in Japan or Korea."【日本人や韓国人の若い女性、特に、日本や韓国に駐留する軍人の妻や愛人。】という具合である。mousmeeの定義にはあったunmarriedが取れ、元々はなかったKoreanが付け加えられている。さらには、単なるtea-girl or waitressだけの「娘」であったのが、wife or mistressとまでに「成長」を遂げた「娘」になっているのである。ここまで来ると、単なる日本語の「娘」とはまったく違った語であると言わざるを得ない。もっとも、このmooseは、元々は「娘」であることには違いはないが、第二次世界大戦後、占領軍の軍人の愛人（妾）や、特定の外国人の男だけを相手にする売春婦を指す、いわゆるその当時「オンリー」と呼ばれていた日本人の「ガールフレンド」のことを意味している。もっと言えば、特に朝鮮戦争（1950-1953）中、またはその後の朝鮮駐留のGI用の韓国人の娼婦のことを指しているのである。

　このmooseの用例としては、まず第1に、1953年Partridgeの手による*A Dictionary of Slang and Unconventional English*からの"An eligible female of Japan or Korea is known as a 'moose', ... from the Japanese word 'musume'—girl"【日本や韓国で「結婚相手」とするにふさわしい女性は、「ムース」として知られている。この語は日本語の「女の子」という意味の「むすめ」から来ている。】がある。このPartridgeからの孫引きだけで定義や用例を済ませては面子もないとの判断なのか、次の翌年の用例を急いで付け加えている。

　第2例として、1954年*American Speech* XXIXからの"To spell the word *mus* might be a good transcription from the Japanese but ... it is the spelling *moose* that is most encountered in semiformal Army poop sheets; in signs urging Americans ... to meet the best mooses in Kyoto, [etc.]"【musとつづるほうが元々の日本語を正しく書き移したことになるのだが、半ば正式な陸軍の情報書類の中でよく出会うもの

は'moose'とつづったものである。例えば、京都で最高の「ムース」と付き合ったほうがいい等としきりにアメリカ人に勧める掲示物の中でとか。】がある。また、1964年の同誌XXXIXから、"The word *moose* refers, not without some disdain, to Korean wives of Americans, often soldiers."【mooseという語は、軽蔑の気持ちが含まれていないわけではないのだが、アメリカ人たち、特に、兵士たちの韓国人の妻たちを指し示している。】ともある。これらの用例だけからも、mooseに対する語感がどのようなものであったのかを知ることが出来る。

　用例は、以上の3例しかないのであるが、この語の定義にはこの3つで十分であろう。必要以上に用例を加えていないのは、用例はすべて「紳士の国」イギリスからではなく、アメリカから持って来たからであろうか、それとも、経済大国になった日本からの反発を恐れたのであるのかはわからない。しかし、その理由がどうであれ、この種の語に関心を持っていることは疑いの余地はない。なぜなら、「娘」のほかに、mama-san（ママさん）という語もまた記載しているからである。

（糸山昌己）

moxa　もぐさ

　moxaは*OED 1*で採択され、*OED 2*では、moxibustionを伴って登場する。「mokusa もくさ（音声学上はmoksa）はmoe kusa（燃え草）が短縮された」と語源の説明がある。定義は2項目ありそれぞれに用例がある。定義の1つは「Artemisia moxa 乾燥したヨモギの葉の綿毛。特に痛風などを治療する刺激薬として皮膚上で燃やすために、円錐形あるいは円柱形に作られている。植物そのものもいう」。用例はすべて医学専門書からで、かなり古いものばかりである。

　初出例は1677年、病理学の会報誌*Phil. Trans.* 12号からである。"He did me the favour to shew me some of that Moxa, which by burning it upon any gouty part removeth the Gout."【有り難いことに、かれはそのモグサを少しわたしに見せてくれた。痛風にかかっている部分にのせて燃やし痛風を治すのだ。】次は1693年 *tr. Blancard's Phys. Dict.*から"*Moxa*, a certain Down growing upon the lower part of the Leaves of Mugwort; it comes from Japan and China."【モグサはよもぎの葉の裏につく一種の綿毛であり、日本や中国が産地である。】第3例は1707年 *Floyer Physic. Pulse-Watch* からである。著者のJ. Floyer（1649-1734）はオクスフォード大学医学部を卒業し開業医であったが、1707〜1710年にかけて2巻におよぶ本書に論文を発表した。用例はその論文からで"The Artery will shrink by any sort of Burning such as is made with Moxa, or hot Irons."【モグサとか熱いコテを使うといったどの類の焼灼によっても動脈は収縮するだろう。】第4例は1822-34年の *Good's Study Med.* から"The burning of a little cone of moxa behind the ear."【耳の後ろで小さい円錐形のモグサを焼く。】とある。

　2つ目の定義は「モグサのように皮膚の上で焼灼するのに使われる物すべて」と記されている。3用例あり、いずれも医学書からの引用である。初出例は開業医の百科辞典 *Cycl. Pract. Med.*（1833年）から"The material generally employed in Europe for moxas is cotton, rendered downy by carding, and made into a roll an inch long, and from half an inch to two inches in diameter."【ヨーロッパで一般にモグサの代りに使われるのは綿で、梳いて綿毛にし長さ1インチ直径0.5〜2インチの筒形にする。】第2例は1846年 F. Brittan訳、*Malgaignes' Man. Oper. Surg.* からの用例である。"A small pad was made with spider's web, and placed on the corn; it was then lighted, and left to burn as a moxa."【クモの糸で小さいパッドを作ってウオノメに置き、モグサのように火を点けて燃やしておいた。】第3例も訳本で *von Ziemssen's Cycl. Med.*（1877年）における記述からである。"Mustard plasters, blisters, the actual cautery, the moxa &c. to the epigastrium, have sometimes given relief."【からし軟膏、発泡膏、実際の焼灼物、モグサなどは上腹部に対して痛みをやわらげる何かがある。】焼きごてや硝酸銀棒で高熱を加えて、患部の痛みをとる焼灼法という治療法が当時ヨーロッパにもあったようである。

　派生語のmoxibustion【灸】がこの後に記されている。定義は「モグサによる焼灼」である。moxocausis「近代ラテン語で語源はギリシャ語（燃やすこと）の意」も同義語としてあげている。

*OED 1*はここまでの記述であり、*OED 2*にmoxibustionの用例が続く。用例は今世紀のものばかりである。最初は比較的古いものでE. Playfairの訳による*Neuburger's Hist. Med.*（1910年）である。"Moxibustion ... also serves as a prophylactic."【灸療法は…予防処置としても施される。】同書からの用例が続く。"Moxibustion and acupuncture were also in Japan the favourite methods of treatment."【灸や鍼療法もまた日本では好まれる治療法であった。】次はイギリスの日刊紙*Manch. Guardian*（1958年12月6日付）が鍼や灸の療法をとりあげている。"This has a history of three thousand years, and works in various ways: by acupuncture ... ; by moxibustion ... ; and by medicaments prepared from herbs and parts of animals."【これには3千年の歴史があり、さまざまな効用がある。鍼…灸…、薬用植物や動物の体の部分から作った医薬等。】New Scientist（1965年7月15日号）の用例は、"Chinese surgery has clearly advanced at a pretty phenomenal rate. Presumably this is why traditional methods like acupuncture, moxibustion (the burning of a herbal mixture on part of the body to transfer the site of irritation from one place to another) ... are still respected."【中国の外科の明白な進歩には驚くべきものがあった。多分鍼や灸（痛いところをある場所から他の場所へ変えるために身体の部分で薬草の混合物を燃やすこと）のような伝統的な方法が、いまも大事にされているのはこのためである。】最後は*Sci. Amer.* 1974年4月号で、1949年以降、草を調合したものや体操と呼吸訓練、鍼と灸といった伝統的な治療法が一般にとりいれられているとの記述である。　　　　　（伊藤香代子）

muraji 連→omi 臣

N

Nabeshima 鍋島焼

*OED*には陶磁器に関する日本語が11語採択されている。そのうち8語が

九州産であり、NabeshimaもそのⅠつである。11語のうちNabeshimaを含む7語が*SUP 2*から登場する。定義は「封建時代の日本における男爵家の名前。日本の九州、Okawachiで1722年にこの家が始めた窯で製作された磁器を示すために、省略して独立して使われる」である。用例は6例（1886、1902、1937、1965、1967、1971）で、定義・用例ともにそのまま*OED 2*に踏襲されている。『広辞苑』で、鍋島焼は「佐賀鍋島家が、肥前松浦郡大川内山（伊万里市大川内町）の藩窯で製した磁器。練達の工人を集め、材料その他厳選を重ねて製したので、技術的にわが国磁器の最高峰といわれる。染付・色絵・青磁などがあるが、色絵付のものは色鍋島という。大川内焼」とあり、鍋島焼を最上級の磁器であると紹介している。*OED*の定義は詳しく、日本語辞典にもない1722年というこの窯の設立時期まで記されている。

初出は1886年 W. Chaffers *Marks Pott. & Porc.* からで"Nabeshimayaki was made at Okawaji, painted principally in blue with plants, fishes, & c., distinct from the Hiradoyaki."【鍋島焼はオオカワジで作られ、草木や魚の模様が主に青色で描かれている。平戸焼とは別物。】とある。大川内町は「おおこうち」と読むが、定義のOkawachi、用例のOkawajiは大川内町のことであろう。次の用例は、1902年 F. Brinkley *Japan* からだが、"... stands first among Japanese porcelains."【日本の磁器の中で一番。】と断定している。1967年 H. H. Sanders *World of Jap. Ceramics*の用例は詳しく、"The old Nabeshima style is a flat bowl form with a high foot, which has a traditional blue-and-white comb-tooth pattern under the glaze and three underglaze blue patterns on the outside of the bowl."【古い鍋島焼の様式は、伝統的な染付の櫛の歯の下絵と、鉢の表面には3つの藍色の模様がついている高い足つきの平たい鉢。】とある。「高い足」とは、普通より高台が高く作られたものである「高台皿」、ここに櫛歯文が描かれ、裏模様も一定した文様で描かれる。最後の用例、1971年 L. A. Boger *Dict. World Pott. & Porc.* には、染付と多色がある鍋島焼は、consummate skill【完璧な技】が有名であると述べられている。鍋島焼は*New Shorter Oxford*辞典[1]、*Webster's 3rd*辞典[2]にも採択され、鍋島焼が肥前焼の一種であることを指摘しているが、*OED*には定義

や用例にHizenという言葉は使われていない。

鍋島焼は、一般の売品ではなく、藩侯の費用で、将軍家への献上品とか、他藩侯への贈答用に精選した作品である。「気品がある」「渋い染付」「意匠はおおまかで、大胆」「色彩・染付・青磁ともに、一見して鍋島だとわかるように、きれいに焼けている」等が鍋島焼の特徴である。　　　　（渡辺佳余子）

(1) ［日本の封建時代の男爵家の名］「日本の九州の大川内で製作される一種の肥前焼を示す。1722年に鍋島家が当地に建てた窯にて産する」とある。
(2) "nabeshima ware"という項目で「普通 N と大文字で。日本の肥前の15-19世紀の封建時代の藩主、鍋島家にちなんで」とあり「巧みな下絵と鮮やかな色で知られる一種の肥前磁器」とある。
(3) 今泉元祐「鍋島」『陶磁大系21』平凡社、1972年

nakodo 仲人

nakodoがOEDに登場したのはSUP 2で、OED 2にもそのまま記載されている。定義には、「日本で、結婚の仲立ちを務める人」とある。新夫婦と仲人の関係は、一生続く場合もあり、仲人親として親子の関係（親子成り）を結び、親の葬式への参加、出産への祝儀など種々の義務づけがあり、さらに仲人は生まれた子の名付親や取上親として次の世代にまで関与することもある。1890年の初出例内のa sort of godfatherの部分は、このことを言っているものと思われる。他に3用例（1895、1902、1936）がある。

第1例　1890年B. H. Chamberlain *Things Japanese* "The conduct of the affair must be entrusted to a middleman (*nakōdo*) — some discreet married friend, who not only negotiates the marriage, but remains through life a sort of godfather to the young couple."【結婚の段取りは仲介人（仲人）に任せなければならない。仲人とは分別のある既婚の知人で、結婚を取り決めるだけではなく、その若い2人にとって生涯にわたる一種のゴッドファーザー（代父）となる。】

第2例　1936年K. Nohara *Trae Face of Japan* "Although he receives monetary compensation for his services, the Nakohdo is not a professional marriage-broker."【仲人はその働きに対して金銭的な報酬を得るが、プロの結婚仲介人ではない。】

　　　　　　　　　　　　　　　　　　　　　　　　　　　（糸山昌己）

(1) CD-ROM版『世界大百科事典』平凡社、1992年

Nanga 南画

　南画は *SUP 2* に項目として初めて登場する。語義は「nanshuga（南宗画）の省略形。*nanshu* は南中国＋*ga* は絵画」、続いて「主に限定的に用いられ、日本の絵画の知的流派を指す」とある。中国絵画との関連が深そうだが、その実態が分からないので『広辞苑』に頼り、南宗画の項目で当たってみると、「中国画二大流派の一。…文人画派の系譜で、やわらかい描線を用い、主観的写実による山水画を特色とする。わが国では江戸中期から受け入れ、池大雅・与謝蕪村らが名高い。南画。文人画。⇔北宗画」となっている。南宗とは中国の禅宗の一派であるという。南画の語源の箇所において southern China【南中国】とあるが、中国南部の意はなく、禅宗の北宗禅と南宗禅に因んで、単に絵画にも北宗画と南宗画と名付けられたものらしい。北宗画は南宗画に対抗して唱えられた一系譜で、南宗画とは対照的にその線は鋭く、日本の漢画（鎌倉時代以降に興った宗元風の絵画）にも少なからず影響を与え、その代表格は雪舟であり、狩野派の画人たちであるという。

　初出例は1958年の M. L. Wolf *Dict. Painting* からで "*Nanga School*, in Japanese art, a style of painting depicting genre subjects in a manner of Chinese idealism."【日本の美術における南画は、風俗画の題材を中国流の観念主義的様式をもって描く様式である。】とある。しかし、1970年の *Oxf. Compan. Art* の用例には "The Nanga painters were not all amateurs, but they spurned the professional schools of their day ... In general their work represented the art of the intelligentsia as opposed to Ukiyo-e, which was that of the people."【南画家たちがすべて素人画家だったわけではなく、当時のプロの諸派に反発したのである。…一般に彼らの作品は、大衆のものであった浮世絵に対立するものとして、知識層の芸術を代表した。】とある。南画は、文人画と同義語だとする『広辞苑』はこのことを指摘しているのであろう。

　同じ *Oxf. Compan. Art* からの用例に "*Nanga School*, school of painting which arose in Japan at the end of the 17th c., .and ... persisted until late in the 19th."【17世紀の終わりに日本に興り、19世紀の終わりまで存続した南画という絵画の流派。】

とされている。これまでのいきさつから考えるとarose in Japanにはいささかの違和感を禁じざるを得ないが、とにかく池大雅は江戸時代中期に活躍し、狩野派といわれる画家たちも室町後期から江戸時代を通じて活躍したから時代的には合致する。一方の北画系の旗手とも言える雪舟は1468年に中国に渡り、水墨画法を学んで来て、あの有名な「山水長巻」をものしたが、南画が鮮やかな色彩と快いタッチが特徴だとすると、彼の絵は鋭く荒々しい豪快な筆のさばきが特徴と言えようか。　　　　　　　　　　（吉江正雄）

Nara　奈良→「時代」の項目

narikin　成金

　narikinは*SUP 2*から採録され、「日本で、裕福なにわか金持ち」と定義されている。定義と用例は*OED 2*に引き継がれている。

　用例は4例あり、そのうち3例では定義を補足する記述が引用されている。1920年の用例は*Glasgow Herald*（9月2日付）によるもので、"'Narikin', or mushroom millionaires, have spent their rapidly amassed fortunes on extravagant living."【成金、すなわちにわか億万長者は、急速に蓄えた富を贅沢な暮らしに費やしてきた。】となっている。1923年は*Le Slang*からと記されているが用例はない。1933年の用例は*Times Lit. Suppl.*（11月16日付）からであり、"Narinkin ... as commonly used is ... a term of reproach, applied to those *nouveaux riches* who made rapid fortunes as profiteers of the War."【成金は、戦争に乗じて巨額の利益を得た者のように、急速に富を築いた新興の金持ちを非難を込めて言及する言葉として通常使われる。】というものである。1946年の用例は、R. Benedict『菊と刀』から語源解説を含む記述がとられ、"Narikin is often translated 'nouveau riche' but that does not do justice to the Japanese feeling ... A narikin is a term taken from Japanese chess and means a pawn promoted to queen."【成金は「新興の金持ち」と訳されることが多いが、これは日本語の語感を正しく表したものではない。成金はもともと将棋の用語で、チェスのpawnにあたる歩が成ってqueenにあたる

金将と同じ働きをすることを言う。】と説明されている。　　　　　　　　（馬場哲生）

Nashiji　梨地・梨子地

　梨地という日本語は、茶道や工芸に通じている人にとっては、棗(なつめ)、菓子器、硯箱などに見られる独特の漆器の塗りを思わせ、工業関連の職に従事している人にとっては、材料の表面処理法を思わせる。『JIS工業用語大辞典』[1]には、「なし地仕上げ」はmat（matte, matt）finishという英語で、「表面に機械的又は化学的処理によって微細な凹凸を均一に形成させたつや消し仕上げ」とある。この工業用語としての意味は、日本語の大辞典にも掲載されていない。

　梨地がNashijiとしてOEDに登場するのは、SUP 2である。OED 1に採択された日本語のうち、「工芸」に関連する用語に茶道具がある。たとえばOED 1から登場している薩摩、SUP 1からの平戸、肥前がある。この梨地は、有田、伊万里、柿右衛門、香炉、九谷、楽、瀬戸、天目と同じ出現になる。用例の8例（1881-2例、1889-2例、1904、1911、1957、1975-各1例）は、工芸関連用語のうち最多が27例で、最小が1例というデータからすると、多くもなく少なくもない。

　Nashijiは、SUP 2とOED 2において、定義及び用例に加筆、修正はされていない。語源欄には、pear groundと漢字の英訳が記されており、定義には「金銀の薄片から成る日本の漆、又は、この漆で装飾する技術」とある。『広辞苑』では、「蒔絵の一種。漆の塗面に下地漆を塗って金銀の粉末を蒔き、上に梨子地漆をかけて研ぎだしたもの。金銀粉が漆を通してまだらに見え、梨の実の肌に似る」とあり、OEDよりも詳しく説明されている。

　*Trans. Asiatic Soc. of Japan*にNashijiが初出する。この文献は「高頻度出典タイトル」ともいえ、42例もOEDに採択されている。

　1881年 J. J. Quin *Trans. Asiatic Soc. of Japan*. "The kind of powdered gold lacquer called nashiji, from its resemblance to the spotted skin of a pear, was introduced about the beginning of the 10th century." *Ibid.* "The groundwork of this box is thick nashiji, inlaid with various coloured shells."【梨のまだらな表面に似ているところ

からナシジと呼ばれる金粉の漆は、10世紀初頭頃に伝えられた。同書。この箱の土台は、厚いナシジで、多様な色の貝で象眼されている。】

　ここでは、この漆技術が開始された時期も言及され、「箱」はおそらく貝の象眼模様のある硯箱のことであろう。厚い (thick) ナシジと inlaid with ... shells について、国語辞典には、この用例ほどの詳しい説明はなされていないから、漆器に関する専門書を参考にしたい。『うるし工芸辞典』には、「鎌倉時代に起こった技法。桃山時代には模様中に梨地を応用した絵梨地が流行し、江戸時代に梨地が完成して梨地粉の蒔き方にもいろいろの工夫が行なわれ、玉梨地や雲梨地などの名称が出てきた。なお時代が新しくなるほど梨地粉の製造が巧妙になって薄くなるので、梨地の厚さが器物の古さの一つの手がかりとなり、厚ければ必ず古く、薄ければ時代は下がるといえる」とあった。したがって、OEDの時代考証は正しく、「厚いナシジ」という言葉は古い時代の梨地塗を指していることも分かる。

　『漆器入門』では、漆器のできるまでを「素地」(きじ)、「髹漆」(きゅう漆、塗漆のこと)、「加飾」(この段階に梨子地が登場)と説明され、さらに螺鈿として「大きな貝の一部を薄い板状に摺りおろし (摺り貝)、文様に切りぬいて器物にはめこんだもの」とあり、inlaid with ... shells は、この螺鈿技法を指している。この後、「彫漆」として堆朱等の説明が続く。

　1889年の2例は、高頻度で引用されている文献 J. J. Rein *Industries of Japan* からのものである。2つ目の例に"... The fine particles of gold dust and foil have at first a brownish yellow colour, but always with age become brighter and more brilliant, because of the greater transparency of the lacquer varnish."【金粉や金箔の微粒子は、最初は褐色をおびた黄色であるが、漆の塗料の透明度が増すため、年月を経るといつも色がより明るくなり、より華やかな輝きを見せる。】と、梨地の漆器の色の特性について、詳しく説明がなされている。『うるし工芸辞典』に、「歳月とともに梨地が表面にあらわれるものを最上とする」とあり、この引用の but always with age ... 以下の説明が的確であることが示されている。『漆器入門』の「漆器用語集」の「梨子地」には、「梨子地漆は、上質の透明

漆に梔子や雌黄を混ぜた黄みを帯びた漆である」とあり、『うるし工芸辞典』の「梨地漆」には、「生漆（木から採集したままの漆液からゴミなどの異物を濾過して取り除いたもの）の中でも純度の高いものから最も透明な透漆を作り、金の発色を良くするために、それに雌黄を水に溶かしたものやクチナシの実の煮汁を加えて精製された黄色を帯びた漆。梨地用や木目を表す研磨仕上げに用いられる」とある。したがって、用例のbrownish yellowは、梔子や雌黄の混ざった黄みを帯びた漆を指している。

　この他に注目すべきは、1911年のJ. F. Blacker *ABC of Japanese Art* からの用例で、"Now all Nashiji on articles intended for exportation is applied by workers in plain lacquer. The best Nashiji, the best Togi-dashi, the best Honji, have the first twenty-two processes alike."【現在、輸出用製品のすべてのナシジは、職人が無地の漆に塗る。最上のナシジ、最上のトギダシ、最上のホンジは、皆同様の最初の22の工程がある。】とある。

　この引用にあるトギダシ【Togi-dashi】も、togidashi【研出し】として *SUP 2* に登場する。ついでに、この梨地は漆工芸の言葉であるが、urushiも *SUP 2* から登場しているから、製法については、この2つの項目で詳しい分析がなされるであろう。

　『漆器入門』によれば、漆は、下地と上塗に分けられ、下地の最も基本的で堅実な方法が、「布着せ本堅地」という方法で、上塗の最も艶を出したものが呂色（蝋色）で、他の方法は、これの変化、あるいは省略であるとのこと。漆の入念な工程は、38工程であり、*OED* によれば、梨地は22工程とされているが、専門書にもこの22という数字は言及されていない。また、plain lacquerが生漆を指しているのか、彫漆などのされていない無地の漆を指しているのかはこの用例からは確定できない。いずれにしても、外国で、陶器が「チャイナ」漆器が「ジャパン」と呼ばれるほどに漆工芸が日本を代表する工芸品として有名であることが、この梨地という漆技法の *OED* への登場でも示されていると言えよう。

　　　　　　　　　　　　　　　　　　　　　　　　　　　　（渡辺佳余子）

(1)『JIS工業用語大辞典』第3版、日本規格協会、1991年

(2)『うるし工芸辞典』光芸出版、1978年
(3)『漆器入門』淡交社、1981年

netsuke　根付

　netsukeは*OED 1*に収録されている45個の日本語見出し語の1つに入っており、英語で書かれた文献の中の日本語としては最も古いものに属する。「彫刻やまた他の方法で装飾を施した象牙、木材や他の材料で作られた小さなもの。物（articles）を帯から下げるための紐についたおもりまたはボタンとして使われ、日本人が身につける」と定義され、用例が2例あげられている。第1例は、1883年 *Century Mag.* 9月号からのもので、"Come in here a moment, please, and see my new netsukes."【ちょっとここに入って、私の新しいネツケを見てください。】とある。第2例は、1888年 *Art Jrnl.* 12月号の"The mark which distinguishes a netsuké from an okimono ... is the presence of two small holes, usually in the back, which admit of a cord being strung through them."【ネツケとオキモノとを区別する目安となるものは、大抵、後ろに小さな穴が2つあることで、その穴に紐が通せるようになっている。】である。

　ここに記されている定義と2番目の用例から、根付を見たこともない人が、あの技巧を凝らした小さな芸術品とその用途を、思い浮べることができるであろうか。articlesを下げるといっても、それが何を指すのか見当もつかないであろう。『大辞林』には、「印籠・煙草入れ・巾着などの、ひもの先端に付ける小さな細工物。帯にはさんで下げた際のすべりどめを兼ねた一種の装飾品」と説明されている。根付の起源がいつの頃か確かではないらしいが、徳川家康が鷹狩の折、印籠に瓢箪の根付をつけていたと記されているとのこと、根付はそれ以前に起り、瓢箪から始まったと思われる。(1)このような素朴で実用的な根付も、印籠には必ず根付が必要であったから、印籠に意匠を凝らすにつれて、根付にも意匠を凝らすようになったという。とすると、根付と印籠との密接な関係を表すinroの1972年 *Country Life* 11月号からの用例"Carved netsuke—the Japanese toggles by which the inro was prevented from falling from the belt."【彫刻したネツケ——インロウが帯から落ちないようにするための日本のトグル。】はむしろnetsukeの用例として載せるべきではなかったか。また同じくinroの1960年 *Times* 1月2日の用例"Since these garments [*sc.* kimonos] were without pockets, the Japanese carried such belongings as ink, seals, and medicines in lacquer boxes called inros."に続く"The inros were then slung through the sashes (or obis), and held secure by the decorative toggle or netsuke, some of which are extremely beautiful."【それからインロウはサッシュ（帯）にさして吊るし、装飾したトグルであるネツケでしっかりと固定した。ネツケの中には極めて美しいものがある。】の一文もnetsukeの用例としてあげておれば、定義の説明不足を補うことができたであろう。

*OED 2*でも、*OED 1*からの定義の修正や用例の追加もなされていないが、日本人の忘れていた根付の真価を再発見した多くの欧米の根付収集家がおり、江戸末期より夥しい数の根付が輸出されたことを思うと、netsukeの用例が明治中期のたった2例というのはいささか物足りない印象をぬぐいきれない。

(海老名洸子)

(1) 上田令吉『根付の研究』恒文社、1978年

ningyoite 人形石

語源は「Ningyo（日本の鳥取県にある峠の名前）＋-ite」と記されている。人形峠は鳥取・岡山県境にあり、峠付近に広がるウラン鉛床のおもな鉱石鉱物が人形石である。-iteは岩石・鉱物の名称の接尾語として使われる。この項目は*SUP 2*で採択され、*OED 2*に引き継がれている。

定義は「カルシウムとウラニウムの水化燐酸塩$CaUIV(PO_4)_2 \cdot 1\frac{1}{2} H_2O$であり、この組成式におけるウラニウムはランタンで置換されることがある。褐色または褐色をおびた緑色、斜方晶系の結晶体で産出される」とある。

初出例は1959年 *Amer. Mineralogist*からの引用でT. Muto他による論文である。"The new mineral, ningyoite, is named for the locality, Ningyo Pass."【新しい鉱物、人形石は人形峠の地にちなんで命名する。】人形石の発見者である武藤正

の記述である。

　第2例も同書からの用例である。"The synthetic ningyoite ignited at 600°C in air for 5-10 minutes still retained the original orthorbombic structure."【大気中で5～10分間600度で熱した合成人形石は、なおもとの斜方晶系の構造をとどめた。】鉱物学の専門誌からの2例がこの後にあげられている。　　　　　（伊藤香代子）

Nip　日本人

　語源は「Nipponeseの短縮形」で、名詞としても形容詞としても用いられる。定義は「俗語で日本人」、「通常は侮蔑的」とただし書きがある。SUP 2よりOEDに採録され、用例は6例である。同じような使い方のJapは1890年から用例があげられているのに対し、Nipのほうは第二次世界大戦以降である。

　初出例"I visited a command post in one sector where they had just rounded up a bunch of Nips."【私は、ニップの一団をかり集めた防衛地区の司令部を訪れた。】は1942年 Time 2月9日号'Tricky Mr. Moto'と題する記事から。1947年の第2例 "The Nips keep bombing the airfields."【ニップどもが飛行場の爆撃を続けている。】も第二次世界大戦の頃を描いた小説J. Bertram Shadow of Warから。1971年の第3例はJ. Osborneの戯曲 West of Suez "Few little Nips popping away with cameras."【僅かにチビのニップがカメラを持ってひょこひょこと。】

　最後の例は1973年8月19日のIslanderからで、"Who hadn't quite made up their minds about what should be done with Hitler and Mussolini and the Nips."【ヒットラーやムッソリーニ、そしてニップに対して何を為すべきかについて心を決めかねていた。】　　　　　　　　　　　　　　　　　　（海老名洸子）

Nippon　日本

　定義はSUP 2から採録され、①Japanを表す日本語、②局紙の2つである。②は、三椏を原料とする上質紙の名前である。本稿では①のみをとりあげる。

　用例は全部で9例ある。初出例は次のもので、1927年のJ. G. Scheuchzer tr.

Kæmpfer's Hist. Japanにある日本の国名の解説からとられている（中略部分は筆者加筆）。

"This Empire is by the Europeans call'd Japan. The Natives give it several names and characters. The most common, and most frequently us'd in their writings and conversation, is *Nipon* which is sometimes in a more elegant manner, and particular to this Nation, pronounc'd Nifon（中略部分： and by the Inhabitants of Nankin, and the southern parts of China, Sjippon.）It signifies, *the foundation of the Sun*."

【この帝国はヨーロッパ人からはJapanと呼ばれている。地元の人々はそれをいくつかの名前や文字で表している。文書や会話などで最も一般的で最も頻繁に使われるのはNiponであり、より上品な、そしてこの国固有の言い方ではNifonと発音される。（中略部分：南京や中国南部の住民はSjipponと発音している。）それは太陽の礎という意味である。】

そのほか、Nipponの意味が解説されている用例としては、1890年のB. H. Chamberlain *Things Japanese* と1940年のE. Pound *Cantos* によるものがある。前者には"Our word 'Japan,' and the Japanese Nihon or Nippon are alike corruptions of Jih-pên, ... literally 'sun-origin' a name given to Japan by the Chinese."【我々の呼ぶJapanと日本語のNihonまたはNipponは、いずれもJih-pênがなまったものであり、文字通りには「太陽の源」を意味し、中国語に由来するものである。】とあり、後者には、"Sinbu put order in Sun land, Nippon, in the beginning of all things."【まず最初に、神武は太陽の国日本に秩序をもたらした。】とある。

さて、わが国の名称としてはニホンとニッポンという2つの読みがある。こうなった事情と、現在の使用区分はどのようになっているのだろうか。

『広辞苑』では「古来ニッポン・ニホンと両様によまれる。ニッポンのほうが古いが、本辞典では、特にニッポンとのみよむもの以外は、便宜上、ニホンとよむことにした」というスタンスがとられており、「にほん」の項目には次のような解説がある。

「わが国の国号。神武天皇建国の地とする大和を国号とし、『やまと』『おほやまと』といい、古く中国では『倭』と呼んだ。中国と修交した大化改新

頃も、東方すなわち日の本の意から『日本』と書いて『やまと』とよみ、奈良時代以降、ニホン・ニッポンと音読するようになった。現在もよみ方については法的な根拠はないが、本辞典においては、特にニッポンとよみならわしている場合以外はニホンとよませることにした」。(後略)

　より詳しい解説は、『日本語大辞典』(講談社) に見られる。

　両者を総合すると、結局、伝統的な読みとしては「やまと」があり、中国語に習って「倭」という文字が当てられていたが、「日本」という漢字が用いられるようになってから、「にほん」「にっぽん」という読み方に移行していったようである。旧憲法では「大日本帝国」、現憲法では「日本国」が国号として採用されたが、結局読み方に関しては法的な規定がなされぬまま今日に至っている。

　日本の呼称については多くの文献がある。『語彙研究文献語別目録』(明治書院、1983年) には、日本の呼称に関する28の文献があげられている。その中の1つ、佐藤茂「ニホンとニッポン」(『講座正しい日本語第2巻　発音編』明治書院、1971年所収) でも、やはり「ニホンとニッポンと、いずれも正しいし、どちらかにする要のないというのが本稿の結論である」と書かれている。ただし、同文献によると、1970年7月14日の閣議で「ニッポン」が支持されたという程度の合意はあったらしい。また、文化庁が編集した『言葉に関する問答集総集編』(大蔵省印刷局、1995年) によると、1934年3月19日の臨時国語調査会で国号呼称統一案が審議され、「ニッポン」とすることを決議したことがわかる。しかし、これらの合意も政府で採択するには至らず、「戦前の帝国議会、戦後の国会を通じて、何回か国号呼称の統一が問題になったが、そのたびに政府側の答弁は、にわかにどちらかに決めることは困難であるという点で一貫している」(同書) というのが真相である。

　ただし、紙幣や切手のローマ字表記に見られるように、対外的な表記としてはニッポンが優勢のようである。この事情が、*OED*の見出し語にNipponはあってもNihonはないということの理由であろう。ちなみに、オリンピックにおいて公式に登録されている国名はJapanであるが、ユニフォーム上の

表記などは各競技団体に任されているとのことである。　　　　（馬場哲生）

Nipponese　日本人・日本語

　NipponeseはSUP 2から採録され、①「日本人全体。個々の日本人」②「日本語。名詞の修飾語や形容詞として使われることもある」と定義されている。用例は1859年から1973年にわたって9例あげられている。

　1859年の用例はK. Cornwallis *Two Journeys to Japan* のもので、"Beyond ... was to be seen the houses of the town of Napa ... wherein were moored several large junks, native and Niponese."【向こう側にはナパの町の家並みが見えた。そこには地元民と日本人の大きな帆船が停泊していた。】とある。ナパは米国カリフォルニア州西部の都市である。1860年の用例はR. H. Dana *Jrnl.* 4月24日（1968）の引用で、"This island, Yeso, is a conquest of the Japanese（Niponese）."【この蝦夷という島は日本人の征服地である。】と書かれている。

　1927年の用例はE. Poundの書簡（*Let.* 11月9日, 1971）からの引用で、"At present it is the scattered fragments left by a dead man, edited by a man ignorant of Japanese. Naturally any sonvbitch who knows a little Nipponese can jump on it or say his flatfooted renderings are a safer guide to the style of that country."【今あるのは故人が残した断片的な未完成稿であり、日本語に無知な人によって編集されたものです。当然のことながら、少しでも日本語の覚えがあれば、どんな輩であっても、非難するか、自分のお粗末な表現のほうがまだその国の様式をまともに伝えるものだと言いかねないような代物です。】となっている。1935年の用例はJ. Joyceの書簡集（*Let.* c 2月18日, 1966）からであり、"He wore a kimono and scarlet vest. I suppose the Nipponese evening dress."【彼は着物と紅色のベストを着ていた。日本の夜会服だと思われる。】とある。

　1942年についてはcrash-diveの項目を参照するように書かれている。crash-diveとは、一般に潜水艦が攻撃を避けるために一気に潜り込むことを指す。crash-diveの項目にあげられている用例は *Air News*（8月）の記事であり、"A legend became current that the Nipponese pilots would crash-dive their airplanes rather than permit their capture intact."【日本のパイロットは無傷のまま生け捕りにされるのをよしとするよりはむしろ飛行機を墜落させてしまうという伝説が、現実のものとして知られるようになった。】というものである。1944年の用例は *Sun*（Baltimore）（11月25日）によるもので、"Nipponese planes were shot down."【日本の飛行機はことごとく撃墜された。】とある。1948年の用例はA. Keith *Three came Home* からの引用で、"The war was coming to the East, and ... the Nipponese were coming to Borneo."【戦火は東洋にも及んできて、日本人がボルネオに近づきつつあった。】と、日本軍のマレー諸島進出について書かれている。最後の1973年の用例はS. Harvester *Corner of Playground* からで、"The apparent end of traditional Nipponese spiritual values under the steam-roller of post-war materialism."【戦後の物質万能主義の圧力に屈した伝統的な日本の価値観の終焉と思われるもの。】とある。

用例を通して、大戦時の日本人の行動様式や戦後日本の精神変化が示されている点が興味深い。　　　　　　　　　　　　　　　　　（馬場哲生）

Nipponian　日本の・日本人の

Nipponianは *SUP 1* から採録され、「日本に関する、日本人に関する」と定義されている。定義も用例も変更なく *OED 2* に引き継がれている。なお、Nipponismという語もNipponianと併記され、「日本の国粋主義的権益を推し進めること」と定義されている。

用例はそれぞれ1例ずつあげられている。Nipponianの用例は1909年の *Daily Chron.*（8月19日付）からで、"The best English account of the conflict from the Nipponian point of view."【その対立に対して日本人の視点で述べた最もすぐれた英語による解説。】というものである。

Nipponismの用例は1914年の *Encycl. Relig. & Ethics* からで、"The cry of 'Nipponism' ... was raised in a somewhat extravagant fashion."【ニッポニズムの叫びはかなり法外な形で発せられた。】となっている。

Nipponianの類似の語としてNipponeseがあり、*OED 2* にも採択されている。

Nipponese には 9 例があげられているのに対し、Nipponian は 1 例だけである。また、Nipponese は *Random House Unabridged Dictionary*（第 2 版）や *American Heritage Dictionary of the English Language*（第 3 版）にも採録されているが、Nipponian は見当たらない。特殊な用法と言えるだろう。　　　　（馬場哲生）

nisei　二世

　nisei は *SUP 2* から *OED* に登場する。語源は「日本語、ni-（second：2 番目の）＋sei（generation：世代）」。定義は「日本人の両親から生まれたアメリカ人」とある。明治初期に始まったアメリカへの移民一世は帰化を許されず、日本国籍のままであったが、アメリカで生まれた二世はアメリカ人である。

　初出例は S. Menefee による 1943 年 *Assignment: U. S. A.* から "The War Relocation Authority, after a delay of many months, finally began to release those Nisei, or American-born Japanese."【戦時外国人隔離収容局は何カ月も引き伸ばしたあげく、これらの二世すなわちアメリカ生まれの日本人を解放し始めた。】1943 年大統領令が出され、日系二世による戦闘部隊を作ることが決定した。17 歳以上のすべての日系人はアメリカ合衆国への忠誠を誓う「忠誠登録」へのサインを求められた。強制収容しておきながら忠誠を誓わせることへの反発が一世にはあった。しかし、アメリカ市民権を持つ二世の多くは「忠誠登録」に Yes とサインし、アメリカ軍の兵士に志願して収容所を離れていった[1]。those Nisei とはこうした二世たちである。同じ二世でも「帰米二世」（アメリカで生まれたが日本で学校教育を受けた日系人）は一世に同調し、サインを拒否したものが多かった[2]。

　第 2 例は Mencken による 1945 年 *Amer. Lang. Suppl.* からの引用である。"The designation *nisei* ... for Japanese of American birth was seldom heard, before Pearl Harbor, save on the Pacific Coast ... *Nisei* is sometimes spelled *nissei*."【アメリカ生まれの日本人を指して「二世」というのは、太平洋岸地方以外では真珠湾攻撃以前にはめったに聞くことはなかった。nisei は時折 nissei と綴る。】以下、新聞・雑誌の記事が続く。1948 年 8 月 30 日付の *Newsweek* "The 29-year-old Nisei claimed that she had taken a job with the Tokyo radio merely 'for the experience'."【29歳の二世の女性は「ただ経験のために」、東京ラジオ局に就職したと主張した。】1957年11月16日付の *New Yorker* "It would be difficult for a Japanese born student to ... date a nisei girl."【日本生まれの学生が二世の女の子とデートする…のは難しいだろう。】1973年9月3日付 *Publishers Weekly* "This diary, kept for eight months in 1942 by a 26-year-old Nisei."【1942年に8カ月間26歳の二世が書き続けたこの日記。】1942年は日系人が強制収容所に送られた年である。

　小説からの引用が1つある。ミステリ作家J. B. Dudley が描く黒人刑事ディップスを主人公にしたシリーズの1つ、1972年 *Five Pieces of Jade* から "The bespectacled, crew-cut, Babbitt-looking Nisei detective."【メガネをかけ、角刈りにしたバベット風の二世の探偵。】「バベット」とは「金と成功しか頭にない俗物的実業家」の意で、戦後は、メガネをかけた成上り者が Nisei のイメージになったのであろうか。

（伊藤香代子）

(1) 新藤兼人『北米移民　ある女の生涯』岩波書店、1992年
(2) 本坂順一郎『昭和の歴史　太平洋戦争』小学館、1982年

nogaku 能楽

　能関連の語で、定義中にNohもしくはNoの語が出現する見出し語は「鬘物」「狂言」「能楽」「能」「幽玄」の5語、すべて *SUP 2* から出現する。

　nogaku は語源欄で「*nō* talent, accomplishment（才能、芸の極致）と *gaku* music（音楽）とが結合したもの」と説明されている。ここにある accomplishment の語は Fenollosa & Pound の *'Noh' or Accomplishment: A Study of the Classical Stage of Japan*（1916）に触発されたものであろうか。「能」はそもそも「能力、才能」を意味した。猿楽の芸人が渾身の力を振り絞って得心のゆく芝居を演じた折に、観客の側が「能を尽くしおわんぬ」と言って賞賛した使用例もあるという。それがやがて、芸人の「芸」そのものを指すようになった。さらに「劇」そのものを指す語として文書に出現するのは世阿弥の『風姿花伝』が最初だといわれている。世阿弥の晩年には他の能役者たち

もこの意味で使用しており、少なくとも役者たちの間では一般的であったが、人口に膾炙するのはもう少し先だったと推察される。

　さてnogakuの定義は"The Japanese dramatic form called Noh; the genre of the Noh drama."【能と呼ばれる日本の演劇形式、能のジャンル。】とあるが、この定義からは「能楽」と「能」にほとんど差異はない（次項「能」参照）。ちなみに「能」は『古語大辞典』（小学館）で「(特に) 猿楽の能。舞と謡を主流とし、田楽・風流踊り・延年・曲舞などの要素を取り入れ、室町初期に観阿弥・世阿弥親子によって大成。江戸時代に式楽として幕府の保護を受けた」とある。

　また、「能楽」は「能の別称。明治10年代に華族および明治政府の要人によって改称されたもの」とあり、両者の違いは「能楽」の語は明治以降の呼称であり、かつ、「広義には狂言をも含める」（『大辞林』）と理解するのが妥当であろう。しかしOEDにここまでの説明を求めるのはそもそも無理な話であった。

　用例は5例。初出例は1916年Joly & Tomita *Jap. Art & Handicraft* から"The *Nô Gaku* originated in the Oyei era close upon the beginning of the XVth century."【能楽は15世紀初頭近く応永時代に起源を有した。】と説明されている。1932年の用例ではB.L. Suzuki（鈴木大拙夫人）の著書のタイトル、*Nōgaku: Japanese No Plays*【『能楽──日本の能演劇』】が引用されている。ちなみに、スズキ夫人Beatrice Lane Suzuki（1878-1939）はイギリスの名家の子孫としてアメリカのボストンに生まれた。1906年鈴木大拙は釈宗演の2度目の渡米に随行し通訳を努めた。この頃彼と知り合い1911年来日、2人は結婚した。大拙の英文による著作活動に大いに協力した。大学で教鞭をとる傍ら、仏教研究に専心した。*OED 2* 全体では彼女の2つの著作、*Nogaku* と *Mahayana Buddhism* から引用が6例ある（「寂」「和歌」「能楽」「鬘物」の4つの見出し項目で*Nogaku*からの引用がある。）ちなみに*Nogaku: Japanese No Plays* には能楽師、初代金剛巌（1886-1951）によるまえがきが附されている。彼女が熱心な仏教の研究者であり、能を深く愛するとともに彼女の能理解がバランスの取れたものである

ことが語られ、「この書が能の精神を的確に叙述するものであることは疑いない」と保証されている。

1938年の引用は 鈴木大拙 *Zen Buddhism & its Influence on Jap. Culture* の「禅と儒教」から "The beginning of *haiku*, nōgaku theatre „... is to be sought in them."【俳句、能楽劇の起源は…これらの時期［鎌倉・足利時代］に求められるべきである。】が引用されている。ちなみに同書は次項「能」でも引用されるが、用例からは「能楽」と「能」の意味上の差異は認められない。さらに1948年 *Introd. Classic Jap. Lit.*（Kokusai Bunka Shinkokai）, "The earliest theatrical performances were those of the *nôgaku* (Noh drama), and the *nô-kyôgen* (Noh farces)."【最も初期の演劇は能楽（能演劇）と能狂言（能笑劇）であった。】とある。能楽の狂言を歌舞伎狂言と区別して「能狂言」と呼ぶ事は普通であるが、「能と狂言」を指して「能楽と能狂言」と言うのは日本語ではあまり見られないのではないだろうか。

最終例は1959年 W.P. Malm *Jap. Music* の見出し項目 "Nohgaku, the music of the noh drama." である。「能楽」が「能の音楽」の意味で使用されている。これは『大辞林』『広辞苑』及び他の主だった日本の大辞典にはまったく見あたらない使用例である。語源欄の「能＋楽」から誤った使い方が派生したものと推察される。しかし「能楽」とは、そもそも「さるがく〔散楽・猿楽・申楽〕」の「サル」の音が嫌われて明治以降に誕生した語であり、「さるがく」とは「散楽」・「さるがふ〔散楽ふ〕＝滑稽なことをする、冗談をいう（枕の草子・一四三）等」（『日本国語大辞典』）が転じたものであるという経緯を考慮すれば、*OED* の最終例は誤用というべきか、予期せぬ展開というべきか。はたまた言葉という生き物がいかに定義しようと、その枠を越えて変転するものであることに思いいたれば、「能楽」の最終例は、この語がまだまだ生命力に満ち溢れた言葉であることの証といえようか。　　　（野呂有子）

　(1) このあたりのことは、表章「世阿弥以前」『国文学——解釈と教材の研究』学燈社、1980年を参考にした。
　(2) 武内博編『来日西洋人名事典』日外アソシエーツ、1992年

Noh, No 能

　NohまたはNoは「日本の伝統的な面を用いる演劇で神道の儀式から発展し、15世紀以降、実質的変化はない。日本最古の演劇。しばしば限定詞として使用される」と定義されている。用例は11例。初出例は1871年 A. B. Mitford *Tales of Old Japan* から "A kind of classical opera, called Nô, which is performed on stages specially built for the purpose."【能と呼ばれる一種の古典的オペラは、特にこの為にしつらえられた（能）舞台で演じられる。】と説明されている。第2例（1899年）は狂言の項を見よとある。1911年の *Encycl. Brit.* XV. では "Briefly speaking, the Nō was a dance of the most stately character, adapted to the incidents of dramas."【手短にいえば能とは、芝居の出来事に合わせた、極めて荘厳な性質の舞踊であった。】と説明されている。

　能における「西洋の日本発見」の立役者として、E. Fenollosa, E. Pound, W. B. Yeats があげられることは言うまでもない。ボストン美術館の東洋美術部主任となったフェノロサであるが、退任の後、高等師範学校の校長であった嘉納治五郎（「柔道」の項にも登場）の要請で東京高等師範（旧東京教育大学、現筑波大学）の本校で英文学、付属中学で英会話を担当（1898-1900）。その間、梅若実に能を習ったフェノロサは能の英訳を行なうが、その際に当時、付属中学に在職していた平田禿木の協力があったことは極めて重要である。(1)（禿木をフェノロサに紹介、助手につけたのも嘉納治五郎であった。彼は武士道の神髄たる「文武両道」を身を以て実践した、まことにスケールの大きな教育者でもあった。）この翻訳作業を能の舞台にたとえればフェノロサがシテ、禿木がワキを演じたといえるのではないだろうか。フェノロサは1908年、ロンドンで客死した（なお彼は法名を諦信といい、その墓は義仲寺近くの明月院にある）。1913年フェノロサの遺稿を未亡人から託されたパウンドはこれに手を入れて *'Noh' or Accomplishment: A Study of the Classical Stage of Japan*（1916）を出版した（序文はイェイツが書いた）。パウンドといえば今世紀の英米文学のみならず前衛芸術を語る際になくてはならぬ人物であり、現代詩の金字塔たるT. S. Eliot の『荒地』（1922）に大胆に手を入れたことでも有名である。

パウンドがイェイツの秘書をしていた関係もあり、いち早く能から霊感を受けたイェイツは、"Noh play," *At the Hawk's Well*【『鷹の井戸』】を執筆、1916年ロンドンで上演する。この時「井戸を守る女」の役で踊ったのが、かの舞踊家伊藤道郎であった。1917年のイェイツの書簡（*OED*用例第4例）には"The music to my Noh play *The Dreaming of the Bones*."【私の能の芝居『骨のまどろみ』に付ける曲。】とあり、捜し求めていた演劇形式と邂逅し創作意欲に燃えるイェイツの胸の鼓動が手にとるように感じられる。10年後、1927年9月27日付けのパウンドからGlenn Hughes宛ての書簡中の一文（*OED*用例第5例）, "I wonder if Iwasaki is trained in No or if you and he want to undertake revision of my redaction of Fenollosa's paper on the Noh（or No; better I think spelled with the 'h'）.【岩崎が能（綴りはNoよりもNohとした方が良いと思うが）の手ほどきを受けているかどうか、また、彼と君とで私のまとめた能に関するフェノロサの論文を見直してくれる気があるかどうか。】はパウンドの「能」に対する共感と情熱を証する。

　*OED*用例中第6例となる、1938年鈴木大拙著 *Zen Buddhism & its Influence on Jap. Culture* 第4章「禅と剣道」からの引用、"The Noh-play 'Kokaji' gives us some idea about the moral and religious significance of the sword among the Japanese."【能の『小鍛冶』は日本人にとって刀が道徳的また宗教的にいかなる意義を有していたかについて我々に示唆を与えてくれるのである。】と述べ、剣道の背後に流れる禅の精神を能を通して説明する。用例第10例、1973年 *Times* 20 Mar. 9/5 に見られる "The bare events of the tragedy are retained and acted out in trance-like, Noh-play fashion."【悲劇の出来事の生々しさは抑制され、恍惚たる能の流儀で演じられる。】という表現は、象徴的な能の演出をいかにも外国人の眼を通して観察した感がある。最終例、1974年 S. Marcus *Minding the Store* "Billie gave me...a Noh mask from Japan."【私はビリーから日本の能面をもらった。】は、これまでの用例とは違い、「能」のシンボルともいえる能面が実際に海を渡り西洋の人々の手に届いた様子が語られている。

　能の『養老』に触発されたという『鷹の井戸』は、横道萬里雄により『鷹

の泉』さらに『鷹姫』として翻案され、新作能として生まれ変わった。そして西洋の能楽研究者や演出家たちは『鷹姫』を踏まえて『鷹の井戸』を検討するという新たな段階に入っている。(2) いわば東西の演劇が能を通してあいまみえたのである。この大河の源泉が、高等師範学校の一隅から発していた茗渓の水であったとは、まさに夢幻能を観る心地がする。　　　　　（野呂有子）

(1) 『平田禿木撰集』第4巻、南雲堂、1986年
(2) 法政大学能楽研究所『世界の中の能』法政大学出版局、1982年

nori　海苔

　わが国では天然の海苔を採取して、生あるいは乾燥して食用にすることはかなり古くから行なわれていたようである。江戸時代になって養殖が始まり、品川や大森で養殖し浅草で製品化したものの品質の良さがうたわれ、浅草海苔が乾燥海苔の総称となった。nori は *SUP 2* から *OED* に登場する。「アマノリ Porphyra 属の海草の葉状体が付着して小さい薄い紙状のものを作ると、その葉状体を採って作る日本の食品で、生か乾燥して食べる」と定義している。

　初出例は1892年 E. Arnold による *Japonica* からである。"Large slices of broiled *tai*, and *tsubo* or *nori*, sea-weed, ... of which the Japanese are fonder than the foreigner is likely to prove."【焼いた鯛の大きな切身と、海草の海苔…外国人が食べてみて思う以上に日本人はそれが好きである。】海苔を tsubo（壺）としているのは生ノリが入っていたのであろうか。次の用例は1968年 P. S. Buck の *People of Japan* である。"Rice covered with shredded egg and *nori*."【錦糸卵と海苔のかかったご飯。】パール・バックが来日した際、日本の友人たちと高蔵寺の町へ行き、宿屋でとった夕食である。羊羹とお茶で始まり、次々と出される料理を記している。最後の用例は A. Broinowski *Take One Ambassador*（1973年）から "We all collected *nori*, the seaweed along the beach."【わたしたちはみんな海苔という海草を海岸沿いに集めて歩いた。】　　　　　（伊藤香代子）

norimon 乗物

　norimonはkagoと同様にOED 1から登場しているが、国語辞典に見られるような「乗物」と「駕籠」との違いを定義から読み取ることは難しい。

　norimonの定義は、"A kind of litter or palanquin used in Japan. Also *attrib*."【日本で用いられたパランキーン（一人乗りの駕籠）の一種。また、限定用法もある。】palanquinはインドその他の東洋諸国で用いられたかつぎ駕籠のことで、日本の駕籠ように1本の棒に吊すのではなく、数本の長柄を駕籠につけてかついだ。日本の輿に近いものと考えられ、kagoの定義にslung on a poleがあるのはその違いを明確にするためと思われる。なお、litterもほぼ同じ意味である。ちなみにOED 2でのkagoの定義は、"A Japanese palanquin of basketwork slung on a pole and carried on the shoulders of bearers."【日本で用いられた竹製のパランキーンのことで、一本の棒に吊し、数人で肩にかついで運んだ。】である。

　『国語大辞典』の乗物の定義は、「…江戸時代、公卿・門跡・高級武士・また儒者・医者・僧・婦女子など限られた町人が乗るのを許された、引き戸のある特製の駕籠。…」となっており、粗製の駕籠との違いをはっきりさせている。

　冒頭で述べたようにOED 2のnorimonの定義からは「上等な駕籠」という意味は取りにくいが、用例にはこの意味が出ている。

　用例は全部で5例（1616、1662、1727、1780、1863）ある。初出例は1616年 R. Cocks *Diary* "He kept hym selfe close in *neremon*."【彼はのりもんの中で窮屈にしていた。】第2例は1662年 J. Davies tr. *Mandelslo's Trav.* "After them came one and twenty other *Palanquins* of a kind, which they call *Norrimones*, varnish'd with black and gilt."【そのあとに黒漆に金箔を張った「のりもん」と呼ばれるパランキーンの一種（かご）がさらに21台も続いた。】

　最後の用例は1863年 Fortune *Yedo & Peking* "A norimon containing an official or person of rank."【役人、つまり身分の高い人が乗る「のりもん」。】

　kagoの項目ですでに紹介したところであるが、「乗物」や「駕籠」の造り、

利用者の家柄、身分などは幕府により「武家諸法度」（1615年）で細かく定められ、封建社会の権威と厳しい身分上の区別の象徴にもなっていた。したがって「のりもん」といえば、用例にあるように身分の高い人が乗り、造りも上等になり、家紋なども付いていたので、市中では外見で「のりもん」が誰のものかわかったと言われている。また、「乗物」の担ぎ棒は「駕篭」についているような丸棒ではなく、角棒になり、これを担ぐ人は町人を乗せて走る通称「駕篭かき」と区別して「六尺」と呼び、揃いの衣服を着用するなど格式を大事にしていた。　　　　　　　　　　　　　　　　（西村幸三）

noshi　熨斗（のし）

祝儀袋の右上に必ず付いている「熨斗」は、本来「熨斗鮑（のしあわび）」の略で、アワビを伸ばして用いたところからこう称された。四方を海に囲まれた日本では、昔から海の幸に恵まれ、特に鮑は重要な食物で神事の供え物として用いられてきた。中世には、アワビを平たく伸ばした後かつらむきに長く切りのばし、むしろの上で天日干しにした熨斗鮑は、栄養価が高く長持ちすることから武家の出陣や帰陣の儀式に用いられ、戦場の貴重な保存食ともなった。江戸時代には長生き長持ちの印と重宝がられ、祝事や慶事の儀式に高価な贈答品として用いられるようになった。今でも結納品の中に熨斗鮑が必ず含まれていることにそのなごりを見ることができる。贈り物に熨斗を添えるのは、その品物が不祝儀でない印として腥物（なまぐさもの）を添えたのが起こりとされている。祝事の象徴となった熨斗鮑は、時代の移り変わりとともに形だけが残り、熨斗鮑を和紙に包んだ形を模した紙製の「のし」として贈答品に添える風習が根付いた。

以上のような伝統と意味を持った「熨斗」は SUP 2 から採択され、定義に「日本における尊重の印。元々は干しアワビを使用していたが、最近では決まった形に折った紙を贈物の包装の一部として使用している」とある。

用例は4例。初出例は1855年 R. Hildreth *Japan* で、"*Nosi*, a species of edible sea-weed, of which small pieces are attached to every congratulatory present."【熨

斗は食用の海草の一種で、すべての祝いの贈り物にその小片が付けられる。】とあるが、アワビは海草ではないので、「熨斗」と「海苔」を間違えたのであろうか。

第2例は、1891年A. M. Bacon *Japanese Girls & Women* からで、"Tied with a peculiar red and white string, in which is inserted the *noshi*, or bit of dried fish daintily folded in a piece of coloured paper, which is an indispensable accompaniment of every present."【(贈答品は)赤と白の特殊なひも（水引）で結ばれ、そこには熨斗すなわちきちんと色紙で包んだ干し魚の小片が挿し込んであり、これが贈り物すべてに欠かすべからざる添え物となっている。】と解説している。

第3例は1954年J. M. Morris *Wise Bamboo* からの引用で"It was wrapped as a Japanese wedding gift, tied with gold and white cords in the traditional knot and with a paper noshi, the Japanese sign of a gift, on the wrapping."【それは贈答品の印である紙の熨斗を包み紙の上に付け、金と白のひもで伝統的な結び方をし、日本風な結婚祝いとして包装されていた。】

最後の例は1971年R. Harbin *More Origami* で"A simple Noshi which is a good luck item given with anything."【幸運を願うしるしとして何にでも付けて贈る簡単な熨斗。】と説明している。

(坂上祐美子)

nunchaku　ヌンチャク

ヌンチャクが登場するのは*SUP 2*からで、*OED 2*でも変更はない。まず定義から当たると、「日本語の沖縄方言。主に複数形で、革ひも等で繋げた2本の堅い棒で、護身用の武器として用いる」となっている。この武器の造り等に関する記述は、3つある用例のうち最後のものに負うている可能性が強い。

初出例は1970年 *Guardian Weekly* で"The radical taste tends ... to nunchakus, which go back more than 500 years. They were ... invented by Japanese peasants for self-defence when metal weapons were forbidden to all but the Samurai."【基本的な

好みは500年の歴史を持つヌンチャクに傾いている。それは金属の武器が侍以外には禁じられていた時代に、日本の農夫たちが護身用に発明したものである。】「500年の歴史を持つ」とか「武器の携帯が許されなかった時代に」というのは、日本人にとっても新鮮な情報ではないだろうか。

　もう1つの用例は1975年 *Globe & Mail* からで、"The proper name is nunchaku sticks. They are made of two sticks of hardwood joined together at one end by a chain, leather or rope."【正式の呼び名はヌンチャク棒である。それは一方の端を鎖、革、ひも等で繋いだ2本の堅い木の棒で出来ている。】とある。　　　　（吉江正雄）

O

obang　大判

　安土桃山・江戸時代の金貨の一種。*OED 1* から登場し、その後変更されずに *OED 2* に至る。定義は「日本の昔の通貨で、角の丸い長方形（楕円形）の金貨。10枚の小判の価値に相当」。この定義における小判との換算については、大型の楕円形の表に「拾両」と墨書されていることに由来すると考えられるが、小判10枚（小判1枚は1両）として通用したのではなく、砂金の量目を示し、慶長大判で8両2分、享保大判で7両2分相当と、時代によって価値は変動した。通貨としてよりももっぱら儀礼・贈答などに用いられた。

　元は豊臣秀吉が1588年（天正16）に後藤家に鋳造させた天正大判が大判金貨のはじまりで、大きさは縦5寸6分5厘、横3寸4分、重量は43匁（17センチ×10センチ、161グラム相当）1601年以降、江戸幕府がそれにならって鋳造させ、10種ほどの大判がある。

　OED にはこの大判の重さに関して、初出例の1662年 J. Davies *Mandelslo's Trav.* が記している。"A thousand *Oebans* of Gold, which amount to forty seven thousand *Thayls*, or crowns."【千枚の大判は、4万7千テールに相当する。】テールは中国の重量単位で通常1テール37.7gだから、47,000テールで1,771,900gに

なり大判1枚は約1,772g。先に示した天正大判の重さの記述の約十倍となり、位がどこかで食い違っているようだ。また、具体的な大きさについての言及は見られないが、第3例1890年（10月11日付）*Daily News*には、「サイズとして扱いづらいコイン」とある。

（大和田栄）

obi 帯

obiは*OED*の初版から採録され、「鮮やかな色彩のサッシュ、日本の婦人や子供が腰に巻く」と定義されて、用例は2例。

初出例は1878年のA. Brassey *Voy. Sunbeam*から。"They [Japanese children] wore gay embroidered *obis*, or large sashes."【彼ら［日本の子供たち］は華やかな刺繍を施したオビ、つまり大きなサッシュを締めていた。】*Voy. Sunbeam*は、Sunbeamという名の帆船で世界一周の船旅をした際の紀行文である。引用部分は京都の休日の雑踏で目にした光景で、著者は子供たちの晴れ着に目を奪われたようだ。

第2例は、1893年英国の週刊新聞4月15日付*Graphic*の'Some Japanese Pictures'と題するSir E. Arnoldの記事からで、"The *obi* [may be] a spendid piece of figured satin."【オビは豪華な柄物のサテンということもあろう。】とある。spendidはsplendidの誤り。これは最新版でも訂正されていない。

語源に「日本のベルト」とあるように、帯は日本人が男女を問わず用いるが、定義ではsash【飾り帯】として説明され、女・子供が身につける装飾品として紹介されている。明治期に来日した西洋人にとっては、地味な男帯は関心がなく、絢爛豪華な女帯にのみ目がいってしまったのであろう。最新版でも、*OED 1*であげられている明治期の2例のみで、用例の追加、定義の修正もされていない。

（海老名洸子）

o-goshi, ogoshi 大腰

*SUP 2*でとりあげられたこの語の定義は「腰を使う柔道の投げ技」で、これはそのまま*OED 2*に引き継がれている。

大腰の初出は比較的新しく、1954年にE. Dominy *Teach yourself Judo*の中に、"*Ogoshi*, ... Floating Hip Throw."【大腰、腰を浮かせて投げる技。】と出ている。

第2例が1957年 Takagaki & Sharp *Techniques Judo*に出ている用例で、"*O-goshi*: major hip throw .... Throw by a pulling and twisting motion over your right hip."【大腰。腰を使った大きな投げ技…。自分の右腰に相手を引き寄せ、体をひねりながら投げる技。】という文が示されている。定義よりはるかにどんな技かわかりやすいが、この説明は寧ろ腰技として大腰と同系統で、一見よく似た技である浮き腰の説明となっている。大腰では相手を後ろ腰に乗せ、膝の屈伸を利かせて相手の体を宙に浮かせて投げる。それ故に豪快な大技なのであるが、大外刈りのように基本的な技であるにもかかわらず、実際の柔道の試合では決め技となることが多くないのは、柔道を熟知している相手には入りにくい技であるからかもしれない。大技ながら地味な技であることが、初出例が新しいことと用例数の少ないことの一因とも考えられる。

用例最後の第3例は笑い話のような引用文である。1966年 *Daily Tel.*（11月15日付）"A ballet dancer ... broke an arm ... while trying an O Goshi throw."【バレエダンサーが大腰をかけようとして腕の骨を折った。】　　　　　　　　　　（伊藤勲）

oiran　花魁

oiranが*OED*にはじめて登場するのは*SUP 2*であるから、geisha（*OED 1*に登場）と比べると約50年の開きがある。花魁と言えば、江戸の吉原、あるいは歌舞伎や浮世絵の美人花魁など華やいだ世界をイメージしがちであるが、*OED*と『大辞林』の花魁の定義は次のようになっている。（*SUP 2*と*OED 2*のoiranの定義は同じである。）

OED 2 "A Japanese courtesan of high standing. Also *collect*."【日本の高級遊女。集合名詞としても用いられる。】

『大辞林』「【江戸吉原で姉女郎を呼ぶ「おいらの（姉さん）」がつまったものという】①姉分の女郎　②位の高い女郎　太夫、③女郎・遊女の俗称。」

*OED*と『大辞林』の定義2はおおむね同じであるが、『大辞林』は「女郎、

遊女の俗称」という *OED* にはない定義をとりあげている。『大日本百科事典』『日本史大事典』『江戸学事典』は花魁についておおよそ次のように述べている。

「吉原で花魁（もの言う花（＝美女のこと）の魁の意）という名称が用いられるようになったのは太夫が消滅しはじめた宝暦、明和（1760年代）の頃からと言われている。花魁は高級遊女の尊称的美称で太夫、格子、端などのいずれに相当するのか明確ではなかった。全盛期には花魁は専属の若い遊女を抱え、次の間付きの座敷を許されるなど遊女として最高の処遇を受け、主に大名、豪商、文人など教養のある遊客を相手とし、その数は全遊女の1～5パーセントと少なかった。

しかし、安くて手軽に事が済む私娼街が市中に発達するにつれて格式張った吉原は次第に衰退し、江戸末期には花魁の質は落ち、明治以降は花魁という名称も娼婦の俗称にまで落ちてしまった。」

引用文は全部で4例（1871、1904、1970、1972）になる。（*SUP 2* と *OED 2* の用例はまったく同じである。）

初出例　1871年 A. B. Mitford *Tales of Old Japan* "They are employed to wait upon the *Oiran*, or fashionable courtesans."【彼らは花魁、つまり高級遊女の身のまわりの世話をするために雇われている。】通常、花魁には8、9歳から13歳ぐらいまでの禿（かむろ）と呼ばれる見習い遊女、または禿が長じて新造と呼ばれるようになった若い遊女が付き、花魁の雑用や稽古事を務めている。用例中のTheyはこの幼い娘のことと思われる。

第2例　1904年 R. J. Farrer *Garden of Asia* "Of all glories in Japan, the richest is that of the Oiran, or established beauty of the Yoshiwara."【日本のまばゆいばかりに美しいものの中でも最高と言えるものは、花魁、つまり、吉原で美女として定評のある遊女の美しさである。】

花魁は吉原だけでなく、芝居や浮世絵などでも大変な人気であったことは、用例などからも容易に推察できる。しかし、華やかな花魁といっても所詮は身売り形式の年季奉公の身であったことを見逃してはならない。　（西村幸三）

ojime　緒締め

　緒締めは根付や印籠に付随して用いられ、欠くことができないものであるが、根付や印籠は知っていても、緒締めの存在や名前を知っている日本人はもう少ないだろう。

　ojimeの初出はSUP 2である。「穴のあいた玉または玉状のもので、非常に意匠を凝らしたものが多い。バッグや小物入れ、または印籠の緒に付け、滑らせて締める仕掛けとして日本で用いる」と定義され、用例は4例。OED 2でも定義・用例とも変更は見られない。語源は「o 緒 + shime 締めること、締め具」と説明されている。

　初出例は1889年 M. B. Huish *Japan & its Art* "Japanese Art metal-work ... consists of the following branches: ... 4. Articles for personal use, notably pipes ..., beads (*ojime*), [etc.]."【日本の美術品の金属細工は次の分野から成る。…4. 個人的に用いるもの、とりわけパイプ類、穴のあいた玉（オジメ）、[など]。】

　最後の1960年（1月2日）、1972年（6月15日）の例は*Times*から。まず、"The inro consisted of interlocking compartments that ... were opened and closed by means of sliding beads termed ojimes."【インロウは仕切った部分を重ねてはめ込ませたものからなっており…オジメという玉を滑らせて開閉する。】とあり、この用例でオジメの用途がより明確となり、定義の情報を補っている。次に1972年、"Each [inro] was complete with a coral ojime and ivory netsuke."【個々の[インロウ]は珊瑚のオジメと象牙のネツケで一揃い。】で、印籠、緒締め、根付の関係が明らかである。

　　　　　　　　　　　　　　　　　　　　　　　　　　　（海老名洸子）

Okazaki　岡崎フラグメント

　Okazakiは「日本人分子生物学者レイジ・オカザキ（1930-75）の名前。染色体のDNAの複製の過程で形成されるフラグメントを指して修飾語として用いる。このフラグメントは岡崎らによって1968年（*Proc. Nat. Acad. Sci.*）に初めて記された」と定義され、SUP 2より3例をもって登場する。岡崎フラグメントとは、2本鎖DNAが複製されるとき、複製点の近くで親のDNA鎖

と相補的に新しく合成される短いDNA断片のことである。

初出例は1969年 *Proc. Nat. Acad. Sci.* からの"Some of the Okazaki fragments are present in a single-stranded state in cell lysates prepared under nondenaturing conditions."【変性処理を加えない状態で、細胞を溶解したものを作ると、オカザキフラグメントの中には1本鎖の状態で存在するものもある】。最後の例は1975年の *Nature* 9月4日号の岡崎令治の死亡記事から引用されたもので、"The synthesis of new DNA strands during the process of DNA duplication seems to occur in rather short sections (now known to everyone as 'Okazaki pieces')."【DNA複製の過程で新しいDNA鎖の合成はかなり短い断片（今や「オカザキ小片」として知られている）で現れるようだ。】である。

岡崎令治は、遺伝物質DNA合成が不連続的であることを証明した、世界的に知られた分子生物学者。中学2年のとき広島で被爆、白血病で44歳で没す。

（海老名洸子）

okimono 置物

語源は「oku 置く＋mono 物」。「装飾用に置くもの、または像、特に客間に置かれる」と定義され、7例をもって *SUP 2* から登場、そのまま *OED 2* に踏襲されている。初出例は古く、1886年 W. Anderson *Pict. Arts Japan* からで、"The ornament pure and simple, the *Okimono* of the Japanese, was ... made by artists in metal from a very early period .... The first of the modern *Okimono* school appeared to have been a woman named Kamé or Kamé-jo."【この純然たる装飾品である日本人のオキモノは…非常に古い時代から金工の手によって作られた…。近代のオキモノ流派の元祖はカメまたはカメジョという名の女性であったようだ。】カメという女性に関しては不明であるが、同書によれば長崎に住み、動物の表現の巧みさで、かなりの評判を得たとある。

第2例の1890年 *Artistic Japan* "It is important to distinguish between netsukés, articles made for a special purpose ... and okimonos ... ornaments never intended either for use or wear."【特別な目的のために作られたネツケと、使用したり身に

付けたりすることがまったく意図されていない装飾品のオキモノとを区別することが肝心だ。】は'Netsukés and Okimonos'の章から引用したもの。根付と置物は別のものとことわっているのは、西欧の人々にとっては、根付も棚やマントルピースに並べる装飾品だからであろう。

　20世紀に入ってからの用例は5例。1961年の用例は11月7日付の *Times* の広告欄からで、"A collection of Japanese colour prints, netsuke, and works of art … including netsuke carved in wood and ivory, okimono and ivory carvings."【日本の彩色版画、ネツケ、木や象牙を彫ったネツケ、オキモノ及び象牙の彫刻を含む…美術品のコレクション。】さらに同紙1975年5月8日の例は、"A mid-nineteenth century wood figure of a demon … is an okimono rather than a true netsuke, too elaborate and delicate to use as a button."【19世紀中頃の鬼の木像は、本物のネツケというよりはオキモノで、あまりにも手が込んでいて壊れやすく、ボタンとしては使えない。】とある。

　根付と置物は、たとえ形が似ていても、本来用途が別であるという認識を持つ日本人には、1890年や1975年の用例のように両者を比較して考えることに違和感を覚えるが、1962年 F. A. Turk *Jap. Objets d'Art* "From the late figure-group Netsuke, … arose the *okimono*（i. e. a carving to stand in an alcove)"【人や動物などの姿を刻んだ最近のネツケから、オキモノ（アルコーブに置くための彫刻物）が生まれた。】を読むと、西欧人にとって根付と置物の関係は日本人の認識とはまったく異なっていることがわかる。Turkによれば、西欧の客が根付を持ち込み、より大きいものを彫刻して欲しいという注文で、置物が彫られることもよくあったらしい。また彼らの要望で、根付自体も実際の使用には適さない、非常に複雑で凝った意匠のものが作られたようである。したがって、別の用途と歴史をもつものと私たちには認識されている根付と置物も、西欧人の目には大小の違いとひも通しの有無の差に過ぎないとうつるのも当然かもしれない。

（海老名洸子）

Okinawan　沖縄人

　地名の沖縄は「海上の綱」を意味し、接尾辞anがついて「沖縄人」を意味する。名詞として「沖縄諸島、特に日本の南西にある琉球（南西）諸島のうちの最大の沖縄島に生まれた人、あるいはその住民、またそこで話される日本語の方言」と定義されている。形容詞としては「沖縄あるいは沖縄諸島、その人々、あるいはその言語に関する」となっている。*OED* には SUP 2 より13例をもって登場する。

　初出例は1944年刊の *Civil Affairs Handbook: Ryukyu Islands*（U. S. Navy Dept.）の次の文章である。"These phonetic differences impart a characteristic accent to Japanese as spoken by Okinawans."【これらの発音の違いは、沖縄人の話す日本語に特徴のあるアクセントを与える。】

　第2例は1945年4月3日付の *N. Y. Times* の次の文である。"Hundreds of kimono-clad Okinawans who fled to the hills with the first shells of the American pre-invasion bombardment are now streaming into our lines."【米軍の侵攻に先立つ爆撃の最初の砲弾とともに丘陵地帯へ逃げた何百人もの着物をきた沖縄人たちは、今やわが戦線に流れ込んでいる。】

　第3例は同年同紙の4月5日付の文——"Dozens of enterprising GI's ... saddled small, shaggy-maned Okinawan ponies with their gear."【何十人もの積極的な米兵たちは、引き具をつけた小さな、もじゃもじゃのたてがみをした沖縄ポーニーの鞍にまたがっていた。】これら2例の出た1945年は、4月1日に米軍が沖縄本島に上陸、6月23日に沖縄戦が終結した年である。

　第4例は1947年3月刊の *Science Monthly* にあるもので、少し長いが、これも全文を引用しておこう。"Since the dawn of recorded history the Okinawans, although nominally independent, were influenced by both China and Japan and at times paid allegiance and tribute to both. At one time Okinawan sailing vessels carried on widespread commerce with the Asiatic mainland and the islands of the Western and Southwestern Pacific."【有史以来、沖縄人は、名目上は独立していたが、シナと日本両方に影響されていて、時折その2国に忠誠と貢ぎ物を捧げた。あ

る時は、沖縄の帆船が、アジア本土と西および南西太平洋の島々と広範な商取引きを営んだ。】

　第5例は1955年のC. J. Glacken *Great Loochoo* 中の次の文である。"The most significant characteristic of Okinawan culture is the family system."【沖縄文化の最も重要な特性は家族制度である。】第6例も同書中の次の文章である。"This fish is caught with the aid of a homemade triangular wire device [*yamaguchi* in Okinawan]."【この魚は自家製の三角形のワイヤーの仕掛け［沖縄語でヤマグチ］の助けで捕えられる。】

　第7例は1960年刊、Bernard Leach *Potter in Japan* 中の一文である。"About seventy relatives, Okinawans and members of the Japanese Craft Society assembled."【約70人の親戚、沖縄人、及び日本陶芸協会会員が集まった。】第8例も同書の次の文──"Two Okinawan scholars spoke next."【2人の沖縄の学者が次に話をした。】

　第9例に至って映画がとりあげられる。1964年の *Listener*（9月24日付）のもの。"Brando ... has appeared in comedy before - as the Okinawan Sakini in *The Teahouse of the August Moon*."【ブランドは以前喜劇に出たことがある──『八月十五夜の茶屋』の中の沖縄人サキニとして。】ブランドとはマーロン・ブランドのことで、彼の出演したのは1956年の上記MGMの映画であり、京マチ子も共演している。

　第10例は1966年のもので、P. S. Buck *People of Japan* 中の文章、"Okinawans wish once again to become part of Japan."【沖縄人たちはもう一度日本の一部になりたいと思っている。】このあと数年して、1969年日米共同声明、1971年日本へ返還決定。1972年5月15日沖縄県として日本に復帰となった。

　第11例は1973年のC. L. Hogg *Okinawa* 中の文章、"... Okinawans have always called it Uchina, but no one else has ever paid the slightest attention to what Okinawans call their island..."【沖縄人は常にそれ［島］をウチナと呼んできた。けれど他のだれも沖縄人がかれらの島をどう呼んでいるかに少しの注意も払わなかった。】

第12例は同じ1973年（5月24日付）*Guardian* の文章——"More than half of Okinawans dislike Americans, because of their offensive behaviour."【沖縄人の半分以上は米人を嫌う。その気に障る挙動の故に。】第13例は同紙同日の記事——"Two Okinawan women waiting at a bus stop were killed by a drunken American driver."【バス停にいた2人の沖縄の女性が、酔っ払い運転の米人に殺された。】四半世紀前の暗い内容の報道である。　　　　　　　　　　　　　（福田陸太郎）

omi 臣／muraji 連

　In early imperial Japanとあるから上古の話であるが、皇国日本とすべきか日本帝国とすべきかで二の足を踏む。*SUP 2*からの登場。臣も連も、それぞれ大臣、大連ともされるとした上で、定義としては、臣が「皇胤を称する行政府の高官」で「かかる官職をふりあてられた家の成員の称号」とあり、連は「皇祖神とは別の諸神より出たと称する家または氏が世襲する称号の1つ」とされる。大連は「国事を委ねられた際のこの家の代表者」だと補われる。

　ことは、要するに、諸豪族が大和朝廷に組織され、一定の職掌を分担し姓も朝廷から授かるに及び、姓が司を伴って子々孫々に伝えられてゆく氏姓制度に関わるのであるが、尊卑の序列で最高位を占めたのが臣と連なのである。なかでも大臣と大連は国政の中枢に参画した。この制度は大化改新からさらに壬申の乱（607）を経て、律令制国家体制の下、権力が天皇に集中するにつれ、天武13年（684）には、皇親を頂点に八色の姓へと再整備され、主たる臣は第二位なる朝臣に、連の大半は朝臣と次の宿禰とに編み込まれた。やがて有力氏族のほとんどすべてが朝臣姓を称するから、姓自体が有名無実となる。

　用例は6例、いずれも omi と muraji の双方を含む。初出例は1901年 F. Brinkley *Japan* "Such titles as 'great body' (*omi*), 'master of the multitude' (*muraji*), 'honourable intermediary' (*nakatomi*) and so on, were employed as terms of respect, and ultimately passed into use as official titles"【臣（大身）とか連（群の主）とか中の臣（中臣）等々といった称号は、尊称として用いられ、結

局、官職名としての用途に変わった。】臣を大身とする語源解は願い下げにしたいし、中臣民の言い換えは何か強引である。さらに同書"The head of the clan then came to be distinguished by the prefix O (great or senior); as *O-mi* (the senior honourable person), *O-muraji* (the great master of the multitude), and so on."【その後、氏の首長は大（偉大な、または元老の）を冠することで一頭ぬきんでるにいたった。すなわち大臣（元老職の者）とか大連（群衆の大主）等々のようにだ。】O-omiとされないのがいささか紛らわしいが、日清戦争に勝利して世界の注目を浴びつつあった日本への多少性急な好奇心がうかがえるかもしれない。

　第3例は昭和の世になってからで、今少し踏み込んでいる。1931年G. B. Sansom *Japan* "We have the *Ō-omi*, or great ministers, who were appointed from among the heads of clans closely related to the imperial family."【大臣、ないしは偉大な大官たちがいるわけであるが、彼らは皇族ゆかりの家門から指名された者どもであった。】同じく大連に関しては、"The *Ō-muraji*, territorial administrative officers of high rank who traced their descent from gods other than the divine ancestors of the emperor."【大連、即ち高位の地方行政官で、皇祖とは異なる神々の血統をひいていた。】また同書"The *omi* and *muraji* of lesser standing."【弱小身分の臣と連。】同じく "It became the custom to describe the more important members of a clan or corporation by the name of their hereditary office or by some honorific title granted by the court. Thus we have *muraji*, which means 'leader of a group'.."【氏あるいは部でさらに重きをなす者どもをその世職の名称、ないしは朝廷から許された何らかの尊称を以て記すのが、ならわしになった。こうして出てきたのが群のリーダーを意味する連だ。】職掌に基づく名をもつ氏こそが連であることが、はっきりと語られている。

　第5例から戦後となる。1964 *Japan* (Unesco) (ed. 2) "The clans...had *kabane* (hereditary family title), to show the status of their families. *Kabane* were divided into *omi, muraji, kimi, atai, obito, miyatsuko* and *fubito*."【氏が姓（家の世襲の称号）を帯びるのは、その家の地位を示そうとしてのことである。姓は、臣、連、君

（または公）、直、首、造、史に分かれていた。】参考までに八色の姓をあげれば、真人、朝臣(あそん)、宿禰、忌寸(いみき)、導師(みちのし)、臣、連、稲置(いなぎ)であって、この段階では臣と連がそれ自体としては降等されていたことがわかるが、例文はむろん、それ以前の状況を示す。ただそれにしても姓には数十種類があり、引用文にあげられたものに限られるわけではない。最後の例文は1970 J. W. Hall *Japan from Prehist. to Mod. Times* "Spokesmen chiefs, *O-omi* and *O-muraji*, were named to serve as chief ministers of state."【主たる代表者、大臣や大連が主務閣僚として役目を果たすように任命された。】

omiとmurajiは、もともと別項目として*OED*に載録されているのであるが、サンソムの叙述以外はことごとく用例が重複する。そのため以上のごとく、まとめて取り扱ったが、載録の配分にはいまひとつ工夫が必要だったのではないだろうか。
(西澤龍生)

on 恩

onは*OED*において*SUP 2*から採録され、「中世や戦前の日本において、両親、教師、主君、天皇に対するような、しばしば高度に格式化された恩寵に対する奉仕の義務obligation or dutyを伴う深い感謝の気持ち」と定義されている。用例は1946年のものが2例、1964年のものが1例あげられている。

1946年の2例は、R. Benedictの*Chrysanthemum & Sword*（1947）（『菊と刀』）からの引用であり、1つが"The word for 'obligations' which covers a person's indebtedness from greatest to least is *on* .... *On* is in all its uses a load, an indebtedness, a burden, which one carries as best one may."【obligations（義務）に相当する日本語で、大きなものから小さなものまで、人の受けるあらゆる恩義を総称するものにオンという言葉がある。…「オン」はすべての用法において、精一杯背負っていく重荷、恩義、負担を意味する。】というものである。

もう1つが、"*On* is always used in this sense of limitless devotion when it is used of one's first and greatest indebtedness, one's 'Imperial *on*'. This is one's debt to the Emperor, which one should receive with unfathomable gratitude ... . Every kamikaze pilot of a suicide plane was, they said, repaying his Imperial *on*."【第一の、また最大の恩義である「皇恩」について用いられる場合、「恩」は常にこの無限の献身の意味で用いられる。それは天皇に対する恩義であって、底知れぬ感謝の念をもって受けるべきものとされる。日本人によれば、自爆覚悟の特攻隊員はみな皇恩に報じようとしていたのである。】と書かれている。

　戦時中の日本兵士の特異な行動が諸外国から不可解に思われたことは想像に難くないが、『菊と刀』流の説明が一人歩きしてしまい、戦後の日本の民主化と経済成長のなかで日本人の意識が変化したことの認識は、欧米において遅れてしまった可能性がある。たとえば、1976年版の *The American Heritage Dictionary of the English Language: New College Edition* に至ってすら、Tennoの定義として、"An emperor of Japan who is a religious leader and held to be divine."【日本のエンペラー。宗教的指導者であり、神であると信じられている。】と書かれている。

　なお、『菊と刀』では、「恩」についての詳細な分析がなされており、第6章の「日本人の義務及び義務に対する返報の一覧」において、皇恩、親の恩、主の恩、師の恩が列挙されている。*OED*の定義で例示されている恩の対象がここからとられたものと思われる。

　1964年の用例は、I. Flemingの *You only live Twice* からであり、"He's acquired an ON with regard to me. That's an obligation - almost as important in the Japanese way of life as 'face'. When you have an ON, you're not very happy until you've discharged it honourably."【彼は私からオンを受けた。それは恩義であり、日本人の生活にとって「体面」とほとんど同じくらい重要なものである。オンを受けたら、それを見事に解消するまで気持ちは晴れないのである。】と書かれている。

（馬場哲生）

onnagata 女形／oyama 女形

　Kabukiの項で触れているように、かぶきは1653年に「野郎かぶき」として再出発したが、この形態はかぶきに物語の充実と女形の発展をもたらすこ

とになった。Kabukiと同じく、onnagataとoyamaも、別々の項目として、SUP 2から採択されていて、語源はonnagataの方は、[*onna* woman + *kata* figure.]、定義を"In Japanese Kabuki drama and related forms, a man who plays female roles. Commonly also called *oyama*."【日本の歌舞伎やそれに関連する演劇において、女性の役を演ずる男性のことをいう。一般的には「おやま」とも呼ばれる。】としている。oyamaの方には見出し語の横に"=onnagata"とだけあって、語源も定義も省略されている。

　英語での最初のonnagataの記録は、1901年出版のO. Edwardsの*Japanese Plays & Playfellows*とされていて、"Peculiar attention is given to the training and discipline of *onnagata*, or impersonators of female parts."【女形と呼ばれる女性の役を演じる役者の訓練と修業に独特な注意が払われている。】とある。"Peculiar attention"の内容として、Edwardsは、「女形は、衣装やかつらで外見を女性に似せるのみならず、できるだけ男らしさを消し、心の底から女らしくなるために、幼い頃から女性の衣装を着て女性に囲まれて育てられる」と続けているが、彼自身は女形の姿はともかく声にはあまり感心しなかったようで、"The eye is tricked, but not the ear."【目はだませても、耳はだまされない。】とも書いている。(1)1955年のA. C. Scott *Kabuki Theatre of Japan*には、女優と女形の違いが簡単ではあるが的確に記述されている。"The good *onnagata* must symbolize feminine qualities in a way that no actress can do."【優秀な女形は、女優にはできない方法で、女性の資質を象徴的に表現しなければならない。】

　onnagataの最後の用例、*National Geographic* 1972年9月号には、人間国宝、六世中村歌右衛門への言及がある。"Greatest of today's *onnagata*, or male players of female roles, Utaemon Nakamura has spent a lifetime developing the charm and grace of a leading lady."【今日で最も優れた女形、すなわち女性の役を演じる男優、中村歌右衛門は、立女形の魅力と優雅さの発展に一生をかけてきた。】この記事は、Kabukiの項で触れた1972年の初の歌舞伎英国公演の『隅田川』で、息子を失った悲しみのために狂った女の役を演じた歌右衛門を見たうえでの記事とみえる。

oyamaの項には用例が2例掲載されていて、初出は1963年の*Guardian*だが、注目すべきなのは第2例として掲載されている1965年の*This is Japan*である。[2] ここにはonnagata、oyamaを通じて初めて、onnagataの定義にあった"related forms"である新派の女形、花柳章太郎の死を報じている。"He was considered to be the last of the great *oyama*, male performers of female roles on the Shimpa stage."

onnagata、oyamaともに、*OED 2*に語源・定義・用例とも変化なくそのまま掲載されている。　　　　　　　　　　　　　　　　　　　　　　（坂上祐美子）

(1) Osman Edwards, *Plays and Playfellows*（London: William Heinemann, 1901）
(2) *This is Japan*（Tokyo: Asahi Shimbun Publishing Company, 1965）

onsen　温泉

読んで字の如く「温かい泉」であり、地熱のために平均気温以上に熱せられて湧き出る泉で、多少の鉱物質を含み、浴用または飲用として医療効果を示すものである（『広辞苑』より）。これはもちろん日本の専売特許ではなく、火山などのある地域では世界中で見られるものである。しかしながら、日本における温泉は「行楽地・保養地」の意味がその中に含まれる場合が多く、そもそも日本における入浴に対する習慣と西洋のそれとの間にある差から、hot spring（あるいはベルギー生まれのspa）ではない、onsenが*OED*に採択されたのであろう。

用例は、1933〜1965年までの3例で、*SUP 2*より*OED*に採択され、定義にもhot-spring resortを記してある。また、日本語におけるのとおそらく同じように、この「温かい泉」は人の心までも暖めている旨を、初出例*Discovery*（1933年6月号）が表している。"The *onsen*, the native 'spa' or hot spring so dear to the heart of the folk of the *inaka*, ..."【温泉、田舎の人の心にとてもしみるもの。】また、Wim Swaan *Japanese Lantern*（1965）では、北海道・登別の温泉にて、混浴や温泉浴場の外からも見えてしまうというオープンな設置環境の経験も踏まえてか、"Its *onsen* or hot-spring resorts more than came up to expectations"【その温泉は期待に添う以上のものだった。】と評している。

(大和田栄)

origami 折紙

　origami (origame) は、*SUP 2*から採択され、定義その他の変更なく*OED 2*に至っている。語源は「ori 折る＋kami 紙」で「紙を折りたたんで、込み入ったかたちにする日本の細工。限定的に使うこともある」と定義され、用例は8例ある。初出は、1922年 F. Starr in *Japan* (San Francisco 10月号) "Their book on paper-folding in schools compares favorably with any we have. It is entitled *shikaka origami dzukai,* paper-folding explained with figures."【学校で使用している折紙についての彼らの本は、私たちが持っているものどれにもひけをとらない。それは、「仕方折紙図解」というタイトルで、図入りで折紙を解説している。】
　第2例は1956年 R. Harbin *Paper Magic*からで、折紙が何世代も前から親から子へと伝えられてきたものであること、第3例は1959年 R. Condon *Manchurian Candidate*から、折紙を披露した人が観衆を楽しませ、驚嘆させたということをそれぞれ述べている。第4例は1961年 E. Kallop in S. Randlett *Art of Origami* "Apart from origami as an art in the sense of the individually unique, folded paper has a role in the ceremonial etiquette of Japanese life."【1つ1つが独特であるという意味でアートである折紙とはまったく別に、たたんだ紙は日本の生活において儀式的なエチケットとしての役を果たしている。】
　第5例は1963年 R. Harbin *Secrets of Origami* "If you can obtain a supply of Japanese Origami paper, so much the better."【日本の折紙が手に入るなら、なおさら良い。】第6例は1968年 R. V. Beste *Repeat Instructions*からで、折紙に挑戦してみたらと勧めているもの。第7例は1972年 C. Fremlin *Appointment with Yesterday* "The Origami cut-outs they'd had such a craze for over Christmas, they were on the bed too."【クリスマスに彼らがあれほど熱狂した折紙の切り抜きは、ベッドの上にまであった。】最終例は1973年 M. Crowell *Greener Pastures* "There are ... paper stars and origami birds."【星形の紙や折紙の鳥がある。】

ある百科事典によると折紙は遊びとして手から手へ伝承されてきたものであるから、起源については推測するしかないのだが、アメリカの民俗学者G. Legmanが熱心に探索しているという。また、ニューヨーク・オリガミセンターを筆頭に各地に折紙協会が結成されている。折紙は、一般に知られる折紙遊びの他に、古文書の料紙の形状をもいう。ふつうの横長で1枚の文書の料紙を竪紙といい、それを横に半分に折ったのが折紙である。平安時代末期頃から使われはじめ、近世に入ると刀剣、書画、骨董などの鑑定書にも用いられ、「折紙付き」という言葉が生まれた。第4例で言及されている礼法の折形とは、正月の床飾りや婚礼の提子飾りなど、和紙を儀式の飾りとして折り上げる方式と、物品を和紙で折り目正しく折り包んで贈進する包みの方式とをいう。

（渡辺佳余子）

orihon　折本

　和本には、粘葉装、列帖装、袋綴など様々な種類があるが、「折本」はその1つである。

　*SUP 2*から採択されたorihonの語源は「*ori* fold 折る＋*hon* book 本」とある。しかし、定義は「印刷した巻紙を山折り谷折りを順番に繰り返して折りたたんで作った本で、通常片側を紐で綴じてあるもの」とされているが、日本の折本は「横に長く継いだ紙を折りたたみ、綴じないで作った本」と『日本国語大辞典』にもあるように、綴じないことを特徴としているので、この定義には問題がある。折本を綴じると「袋綴」のような形になってしまう。今日の我々が目にする本の中では、仏教の教典が折本の形を取っている。

　用例は5例。初出例は1907年C. Davenport *Book*で、"The Chinese and Japanese ... by help of the ancient device of 'stabbing' the flattened roll along one of its sides, ... produce a form called an 'Orihon', easy to consult, strong."【中国人と日本人は、平らにした巻き物の片側にそって「（紐を通すために）紙に穴をあける」という昔からの工夫によって、読みやすく強い「折本」と呼ばれる形の本を作った。】とあるが、おそらくこの部分が*OED*の定義の元になっていると思われ

る。第2例は1910年 *Encycl. Brit.* から取られている。"A roll [of vellum, paper, etc.] of this kind can be folded up, backwards and forwards, the bend coming in the vacant spaces between the columns of writing. When this is done it ... becomes a book, and takes the Chinese and Japanese form known as *orihon*—all the writing on one side of the roll or strip of paper and all the other side blank ... The earliest fastening of such books consists of a lacing with some cord or fibre run through holes stabbed right through the substance of the roll, near the edge. Now the orihon is complete, and it is the link between the roll and the book."【この種類の巻き物［上等皮紙、紙などでできている］は谷折り山折りにして折りたたむことができ、折り線は縦行の間の空白部分にくる。この作業がなされるとそれは「折本」とよばれる中国や日本の本になる。すべての記述は巻物や細紙の片面にあり、もう片側は白紙である。このような本を最初に綴じたものは、本の端の近くに穴を開けて紐や糸を通して締めていた。このようにして「折本」は完成する。これは巻き物と本の中間的なものである。】第4例は1960年 G. A. Glaister *Gloss. Bk* からの引用である。この書物は、製紙・印刷・製本・出版に関する言葉の事典である。"*Orihon*, a manuscript roll on which the writing was done in columns running the short way of the paper with margins between each. The roll was then folded, the margins having the effect of a closed fan."【「折本」は手書きの巻き物で、文字は紙の短い方向に縦書きし、それぞれの段の間に余白をとってある。この後巻き物は余白の部分で折りたたまれ、閉じた扇子状になった。】と定義されている。

(坂上祐美子)

osaekomi waza　抑え込み技

　*OED*にとりあげられた柔道用語に関して言えば、定義された文を読むより用例を見たほうが理解しやすい場合がよくあるが、この語に限っては定義は直接提示されることなく、「1932年の引用を見よ」と書かれている。初出例でもあるその用例は次のとおりである。E. J. Harrison *Art of Ju-Jitsu* "'*Osaekomi ~ waza*', otherwise methods of holding down one's opponent on the mats for a longer or shorter interval." 【「抑え込み技」、言い換えれば、長短あるにせよ、しばらくの間、相手を畳の上で抑え込む方法。】同時に同じ出典からもう1つの用例が示されている。"The first trick of *osaekomi-waza* ... is the so-called Locking of the Upper Four Quarters."【抑え込み技の基本は…いわゆる胴体固めである。】

　他に4例が示されているが、このうち戦前のものではもう1つある。1941年 M. Feldenkrais *Judo* "Immobilizing or holding down (osae-waza)."【動けないようにすること、あるいは抑え込むこと (抑え技)。】

　抑え込み技、関節技および絞め技とを併せて固め技と呼ぶ。固め技は2、3の例外を除いて基本的に寝技のことである。柔道の稽古では、相手を抑え込んだ時の体の安定した平衡感覚を体で覚えるために、まずは抑え込み技に習熟してから絞め技や関節技に進むのが基本とされている。次の用例の内容はそのことを踏まえている。1956年 K. Tomiki *Judo* "Practice in *katame-waza* (art of grappling) had better be based on that in *osae-waza* (art of holding, or hold-down)."【固め技（固定する技）の稽古は、抑え技（捕捉または抑え込みの技）の稽古を基本にした方がよい。】

　次のものは見出しに使われた用例である。1962年 LeBell & Coughran *Handbk. Judo* "Osaekomiwaza ── hold on there! Hold down techniques."【抑え込み技──そこを固めよ！　抑え込みの技術。】

　最後の用例として次の文があげられている。1970年 A. P. Harrington *Judo Guide* "Methods of holding the opponent with his back largely on the ground with one or both arms under restrictive control are known as Hold-downs (Osaekomi～waza)."【片腕ないし両腕を拘束し、背中の大部分を地面につけて相手を固める方法は、抑え込み（抑え込み技）として知られている。】

　初出例のこの技の大雑把な叙述に比べると、後者は簡潔かつ的確にその要点を押さえている。この両者の間には第二次世界大戦を挟んだ38年という歳月の隔たりがあるにせよ、大戦は文化の交流という点で大きな節目をなしていることが、両者の比較のみならず、戦前の用例と1956年の用例との比較からもうかがわれる。固め技の稽古は抑え技をまずは基本とすべしという

指導は、柔道の浅い知識と理解では出てくるものではない。これを例えば1941年の用例と見比べてみるといい。戦後の用例と違って、戦前のこの表現は柔道の奥義を体得する以前の段階にあることを思わせる。

　ここに見られるような柔道の理解の深化は、単に柔道の歴史の積み重ねや敵対国の情報収集による日本の理解のみならず、大戦後の文化交流の一層の深まりを暗示するものであるかもしれない。
　　　　　　　　　　　　　　　　　　　　　　　　　　　　（伊藤勲）

oshibori　お絞り

　oshiboriは *SUP 2* より4例をもって登場する。語源には、「o は敬意を表わす接頭辞、shiboriは絞ったもの」とある。「普通は湯で、時には冷水で絞ったタオル。食事の前に手や顔をぬぐうのに日本で使われる。*oshibori towel* などともいう」と定義され、*OED 2* でもこの辺での変更はない。初出例は1959年 R. Kirkbride *Tamiko* から、"They ... wiped their hands upon first the hot and then the cold oshibori brought to them in bamboo baskets."【彼らは…竹籠に入れて運ばれてきた、まず熱いオシボリ、次に冷たいオシボリで手を拭いた。】*New Yorker* からは2例がとられており、1963年（6月22日付）の "A fragrant o-shibori hot towel to refresh you."【さっぱりするための香しい熱いオシボリ。】と1974年（4月22日付）の "Hot *oshibori* towels. Or, how to freshen up without getting up."【熱いオシボリ。つまり席を立たなくともさっぱりするための方法。】両例ともJALの広告欄からで、JALのセールスポイントとして日本の伝統文化を強調しており、その1つとしてお絞りをあげている。

　1970年の例は *Guardian*（12月12日付）からの用例。東京と香港を対比させながら東洋的な旅の楽しみを記したもの。"The little thoughtfulness of the oshibori hot towel to begin a meal."【熱いオシボリという、食事を始める前のちょっとした心遣い。】外国人を感銘させる日本の習慣の1つにお絞りがあるというが、これらの用例からもそれが十分うかがえる。
　　　　　　　　　　　　　　　　　　　　　　　　　　　（海老名洸子）

O-soto-gari　大外刈り

　「柔道の投げ技の名称」というのが、SUP 2 にとりあげられたこの語の定義で、OED 2 にもそのまま踏襲されている。

　『国語大辞典』（小学館）や『広辞苑』など日本の代表的な国語辞典では、この技の具体的な説明がなされていてどのように相手を投げるのかがわかるのと比べると、この定義では定義の体をなさず、どんな投げ技か皆目見当がつかない。OED にとりあげられているその他の2、3の技の名称についての定義の仕方も同様であることを勘案すると、英国における柔道の一般的理解がさほど深くないことをうかがわせる。

　初出例は1941年の M. Feldenkrais *Judo* における "Pull the opponent's sleeve and attack by the first leg throw (O-Soto-Gari)."【相手の袖を取って一番の足技（大外刈り）で攻撃をかけよ。】である。'by the first leg throw' の部分は意味がわかりにくいが、'first' という形容詞が付いているのは、恐らくこの技が足技としては一番単純で、子供や初心者を初めとして、まずは誰でも最初に覚えて使う重要な技であるからであろう。この重要性を証明するかのように、次のような文例がある。"The osotogari is my favourite throw and many variations are possible upon the basic method." (1963年 P. Butler *Judo Complete*)【大外刈りは私の得意技であるが、その基本動作をもとにして様々な応用ができる。】

　大外刈りは柔道の技のなかでも最も単純な技でありながら、実は大技であり豪快である。身体が弧を描いて投げられる他の技と違って、決まると相手は宙に浮くと同時に瞬時に頭のほうから身体が垂直に落下する。受け身が下手であると後頭部を床に激しく打ちつけ、柔道技のなかでも死に至る場合がある危険な技でもある。

　大外刈りと言えば思い出されるのが不世出の柔道家山下泰裕である。彼は大外刈りと内股を得意技としていた。感動的な優勝を果たした昭和59年のロスアンゼルス・オリンピックのエジプトのラシュワンとの優勝決定戦では、軸足が重度の肉離れを起こしていたためこれらの技は出なかったが、山下は現役時代、実に豪快な大外刈りで数々の一本勝ちを収めてきた。彼の組み手

は左組みなので、相手を刈って跳ね上げる利き脚は左脚であるが、喧嘩四つに組みながら相手をぐいと引き寄せ、刈らせまいと遠ざける相手の左脚を強引なまでに刈り取るその脚、あるいは相手の意表を突く大内刈りから大外刈りへの連絡技は、まさに黄金の左脚と呼ぶにふさわしかった。

　海外における柔道熱が高まったのは、第二次大戦後である。昭和24年(1949年)における全日本柔道連盟の結成に先立ち、昭和23年にヨーロッパ柔道連盟ができ、昭和27年にはパリに本部を置く国際柔道連盟が発足した。こうした活発な広がりの中で、日本の柔道書も英訳され、そこからの用例があげられている。"Should you anticipate your opponent's attempted Osotogari then just at the moment when he is contemplating the reaping action with his right leg swiftly pull him near you to counter."（1956年 E. J. Harrison tr. *H. Aida's Kodokan Judo*）【もし相手が大外刈りをかけようとしていたら、右脚で刈ろうともくろんでいるまさにその瞬間に、素早く相手を自分の方へ引き寄せて返せ。】　　（伊藤勲）

oyama　女形→onnagata　女形

P

pachinko　パチンコ

　pachinkoが*OED*に登場したのは*SUP 2*で、*OED 2*にもそのまま記載されている。定義には、「日本で人気のある一種のピンボール」とある。語源欄には、「*pachin* パチン（何かを弾く音を表す擬音語）＋ *ko* コ（指小辞）」とある。初出例は1953年の*Encounter* 11月号からの"In Tokyo there are 5,000 registered *pachinko* halls."【東京には登録されたパチンコ店が5,000もある。】である。用例はこの他に5例ある。

　第2例は1954年のJ. L. Morse *Unicorn Bk. 1953*から"An interesting development in Japan was the popular craze for *pachinko*, a kind of poor-man's pinball game."【日本における面白い流行として、小型版のピンボールゲームの一種であるパチンコにみんなが夢中になっているということがあった。】これと第6例の1973年A．Broinowski *Take One Ambassador* の"They'll [sc. the Japanese] ... spend their time in a useless game like this *pachinko*."【彼ら（日本人）はこのパチンコのような無益なゲームに時間を使うことだろう。】は、パチンコの消極的な面を強調しすぎているように思われるが、賭博性のあるもっとも大衆的な娯楽であることは事実であろう。

　第3例の1964年の *Listener* （10月8日付）には、当時のパチンコのやり方が詳しく記述してあり、定義を補完している。"Pachinko is played with handfuls of ball-bearings. You drop them, one by one, into the machine, flick them round, and if they land in a winning cup, the machine coughs back fifteen ball-bearings which are bought in the first place, twenty-five at a time, for fifty yen（one shilling）. If you amass enough of them, they can be exchanged for prizes."【パチンコは両手いっぱいのボールベアリングの玉を使ってプレイする。まず、玉を1個ずつパチンコ台の中に落とし入れて、はじき飛ばす。玉が当たりのカップ（穴）に入ると、最初に50円（1シリング）で1度に25個買った玉のうち、15個分の玉を中から吐き出して戻してくれる。そして、玉をある一定以上集めると景品と交換することができる。】

　第4例は1971年の *Guardian* （6月11日付）から"Pachinco machines, dozens of them side by side in rows ... are all identical. A trigger shoots off a ball which may find its way into a slot and produce a jackpot of balls."【横に並んだ何十台ものパチンコ台は…すべて同じものである。ハンドルで玉を1つはじき出せば、穴までたどり着き、大当たりの玉を一杯出すこともある。】この例をもってしても、パチンコ店内の様子は十分には表されていない。

　第二次大戦後、名古屋で縦型のパチンコ台が考案され、1946年には東京、大阪などの都市にパチンコ店が出現した。1950年には、玉がどのセーフ穴に入っても20個出てくる「オール20」と呼ばれる機種が登場し、パチンコブームをまき起こした。1960年には、玉が特定のセーフ穴に入るとチューリップの花弁状の袖が左右に開き、連続して玉が入るように工夫された「チュー

リップ式」、さらに1980年には、「ディジタルパチンコ」と呼ばれる射幸性の強い機種が登場した。　　　　　　　　　　　　　　　　　　　（糸山昌己）

R

raku 楽

rakuは SUP 2から登場する。その語源及び定義は「気ままで、リラックスした状態」であって、「楽しみ」であるとする。それに「1882年の用例を見よ」とあってから、rakuの定義に入り「鉛の釉薬をかけた、日本の一種の焼き物であり、茶碗及びそれに類する容器としてしばしば用いられる」とある。「楽」とはいわゆる楽焼のことである。そこでまず、『広辞苑』の楽焼の項を引用し、次いで OED からの用例をあげ、比較してみることにする。『広辞苑』の記載は、「指頭で作る土焼の陶器。低い火度で焼く。もと京都産。赤・黒の二種あり、千利休の創始といい、初代長次郎・三代道入が最も有名。二代常慶が豊臣秀吉から「楽」の字の印を賜り、以来家号とする。楽家正統の外、光悦・空中・乾山なども有名。聚楽焼」とある。一方、SUP 2の用例は6例である。初出は1875（明治8）年の Audsley & Bowes による *Keramic Art Japan* からの引用であり、"Raku is occasionally covered with lacquer, and it is made in other places than in Kioto."【楽はときどき釉薬が施され、京都以外の地で制作される。】とある。「京都以外の地」とは、平凡社の『大百科事典』によれば、「広義には京都の諸窯や御庭焼で焼造されたと同質の陶器を、すべて楽焼と呼んでいる」とあり、楽家四代一入の弟子の大樋長左衛門が大樋焼をひらいた金沢は、その最も代表的な地といえよう。

1882年の C. Dresser *Japan* からの第2例には興味深いものがある。"Shôgun Taikosama ... honoured this particular manufacture with a golden seal, on which the character 'raku' (meaning enjoyment) was engraved ... The competition for objects specially valued (as some of these black raku cups) was such that wars were often waged between Daimios with the sole view of possessing certain coveted goods."【将軍太閤様は、この特殊製法に対し、金色の印を与えるという名誉を付した。それには「楽しみ」を表す「楽」という文字が彫られていた…（これら幾つかの黒茶碗のような）特に価値あるものの競争は烈しく、垂涎の的である茶碗を手にしようとするだけのために、大名間に戦が起こることもしばしばであった。】と記されている。この「将軍太閤様」云々の「楽の印」については、先に引用した『広辞苑』に記載の「常慶が秀吉から賜った」という謂われを伝えるものである。また、「茶碗をめぐって戦が」云々という件も、あながち大袈裟な表現ではない。茶碗一個と一国を交換したいと言った大名がいたという話がある。これはやや眉唾物としても、ある大名が全財産を抛（なげう）って、喜左衛門井戸茶碗を買ったという話は、まことしやかにささやかれている。一楽、二萩、三唐津と言われる所以を、用例は少なからず外国の人々に伝え得ているのではなかろうか。

しかし、今日これほど'tea ceremony'の名で日本の茶道というものが世界に知れ渡っているにもかかわらず、千利休の名前が*OED*に載っていないのは寂しい限りである。

（吉江正雄）

ramanas ハマナス

*SUP 2*より採択され用例は3例。語源としては、「おそらく」と断り書きをしつつ、「ランマン fun bloom（満開）」からとしている。ラマナスは明らかにハマナス（バラ科の落葉低木）を意味しているので、この語源情報は、後述するがいささか怪しい。

初出例は1876年 *Garden*（5月3日付）の見出しとして、"The Ramanas Rose of Japan."【日本のラマナス・ローズ】とだけ記されている。第2例は、1955年 N. D. G. James *Forester's Compan.* より "Shrubs of value for food and cover … Ramanas rose（*Rosa rugosa*）."【食用と下生えとして利用価値のあるラマナス・ローズ…。】第3例は見出し項目 Japanese の Japanese rose の例としても引用されているもので、1956年 B. Park *Collins Guide to Roses* "R [osa] rugosa. The

Ramanas Rose. The Japanese Rose. The typical form has deep purplish-pink single flowers."【ラマナス・ローズ、日本の薔薇。典型的なものは濃い紫がかったピンクの単弁花をもつ。】

　いずれにも爛漫という日本語から派生したことを裏付けるような用例はなく、語義が「ハマナス」であることから考えても、明らかにhamanasuの語頭のh音がrに変化し、語末母音が消失したと考えられる。語末母音の消失は現代日本語においてもよく見られるが、語頭の変化については、小文字のhにおいて、上半分と下半分の右側が消えrと誤読されたという、書記上の問題からの誤解と考えるのが妥当ではないだろうか。　　　（大和田栄）

randori　乱取り

　「柔道における自由稽古」と定義され、初めて *SUP 2* に登場し、*OED 2* に同じ定義が引き継がれている。用例は4例ある。

　この語は早くも大正2年に初出例を見る。1913年 E. J. Harrison *Fighting Spirit of Japan* "The non-esoteric branches of judo are called *randori*, in which the pupil freely applies his knowledge in open practice ... with others."【柔道の奥義伝授にあらざる部門は乱取りと呼ばれ、修行者は他の人との自由な稽古で、柔道の知識を実際に好きなように使ってかけてみる。】

　この頃、日本文化はまだ不思議な文化で、不慣れなためにわかりにくい御託を並べられるよりも、基本的な技を使った自由稽古のほうが面白いことが、この文から伝わってくる。これを証するかのように第2例に次のような用例があげられている。1932年 *Art of Ju-Jitsu* "It is not absolutely necessary for the pupil to master all these details ... before beginning *'randori'* practice."【「乱取り」稽古を始める前に、修行者がこれらのこまごまとしたことを全部覚えてしまうことは、必ずしも必要ではない。】

　他の用例は戦後のもので、今や柔道への慣れを感じさせる。1954年 E. Dominy *Teach Yourself Judo* "In 'randori' which is free practice you never find an opponent who is willing to lie passively on his back."【自由稽古である乱取りでは、

相手は決して自分から受身態勢になって仰向けになどならない。】　　　　（伊藤勲）

renga　連歌

　連歌が OED に初登場するのは SUP 2 である。その定義からみると、「日本の詩の一形態であり、15世紀までに確立された。短歌の半分を連ねたものからなり、別々の歌人が順番に寄せる」とある。この定義から推察できるのは、長連歌（鎖連歌）であろう。長連歌は後からできたもので、もとは上の句と下の句を2人で唱和する、いわゆる短連歌であった。古の粋な人々は、多人数でする長連歌を延々と続け、夜も更けたことであろう。

　SUP 2 には4例が採用されている。初出は1877年の W. G. Aston *Gram. Jap. Written Lang.* から "*Renka* ... is where one person composes part (commonly the second part) of a *tanka*, the remainder being added by some one else."【連歌は…ある人が短歌の半分（普通は下の句）を詠み、残りの部分を誰か他の人が詠み繋げるのだ。】と言う。先に the second part が詠まれるとは終ぞ知らなかったとは迂闊である。最後の用例は1968年の E. Miner *Introd. Jap. Court Poetry* からで "*Renga* ... A form dating from about the thirteenth century; several authors would compose a sequence, usually of a hundred sections or stanzas, alternating 5, 7, 5 syllable lines with 7, 7 syllable units, any two of which formed a complete poem."【連歌は…13世紀頃までさかのぼる詩形で、普通100の節または連を数人の作家が5、7、5音節の連と7、7の連を交互に詠み、そのどの二連をとっても完結した詩となる。】とある。実に明解である。　　　　（吉江正雄）

ri　里

　定義は「①日本の伝統的な長さの単位で36町に等しい。近代における用法ではほぼ2.44マイル（3.93キロメートル）」と「②（古代）日本や朝鮮半島における地方行政区画の最小単位」の2項目。それぞれ6例と5例があげられている。距離としての里は1950年代頃までは日常的に使われ、1里は4キロ、およそ1時間で歩ける距離と小学生でもはっきりした概念をもっていた

ような気がする。だが律令制度における歴史的な意味までが、このように項目をなしているのは意外であった。いずれも *SUP 2* から見られ、*OED 2* にも変更なくおさめられている。

　距離としてのもっとも古い用例は、1845年 *Encycl. Metrop.* "1 long ri = 3 standard miles nearly. 1 short ri = 2 ditto ditto."【長い1里＝約3標準マイル、短い1里＝同2マイル。】メートル法のように科学的なものではないから、古い単位にはどれもあやふやなところがあり、異国間どうしの換算となると、なおややこしい。

　明治のはじめから19世紀末にかけ、さらに4つの用例がならんでいる。まず1873〜1874年『アジア協会誌』に載った草津の温泉についての記述から、"After a somewhat disagreeable walk of 3 *ri* Kusatsu is reached."【3里ほどのやや不快な徒歩のあと、草津にたどりつく。】「江戸から草津への旅路—（付）草津の湯に関するメモ」と題した、フランス軍人による記述である。旅程、草津村の様子、気候、温泉の効能や飲み方などが述べられている。観光案内と思われる1876年 H. W. Bates *Illustr. Trav.* からは、"The *ri* is little short of two and a half miles."【里は2.5マイルにやや欠けるほどだ。】そしてさらに1890年 B. H. Chamberlain *Things Japanese* "Tokyo ... covers an immense area, popularly estimated at four *ri* in every direction, in other words, a hundred square miles."【東京は…広大な地域をおさめ、一般には4里四方すなわち100平方マイルと想定されている。】明治の中頃、東京はまだこじんまりとしていた。公害問題として興味を引く文もある。*Japan Times* 1897年4月10日号から、"How many *ri* of the inundated tracts of land along the rivers could possibly be polluted by the poisonous matter from the mine?"【この鉱山から出る有毒物質による汚染は、河川沿いの浸水地帯のいく里におよぶことになろうか。】最後に1964年ユネスコの "*Ri*（36chō）, 3.92727 kilometre, 2.44033 miles." という細かい換算が締めくくっている。

　第2の定義は律令制が設けた行政区画の最小単位としての里である。1里は50戸。自然発生的な村落ではなく、あくまで制度的なものであったとい

う。しかし里は施行後25年ほどで廃止され、以後もっぱら距離の単位として用いられるようになった。*OED*はこの古い村落単位としての用例を5例もあげているが、そのうち最近の2例は朝鮮・韓国に関するものである。

初出例は比較的新しく、1959年R. K. Beardsley et al. *Village Japan* "We have already mentioned the division of old Kibi into provinces (*kuni*). These were further divided into districts (*kōri,* later *gun*), and still further into villages (*gō,* today '*mura*') and hamlets (*ri*)."【古代の吉備が州（クニ）に分かれていたことはすでに述べた。これらはさらに郡（コーリ、のちにグン）に、さらには村落（ゴー、今日のムラ）や部落（リ）に分かれた。】

つづいて日本の古代から近世にいたる行政制度に関する専門書から。1966年 J. W. Hall *Govt. & Local Power in Japan, 500 to 1700* "Groups of fifty or fewer *ko* formed the administrative village, called *ri*."【50ないしそれ以下のコ（戸）が行政上の村落を形成し、里と呼ばれた。】同書からはもう1つ、"In 715 the name *ri* was abandoned, and the fifty-*ko* units were renamed *gō*. These newly named administrative villages were then divided into two or three smaller units to which the term *ri* was applied .... For some reason the *ri* was discontinued as a unit of official organization in 740."【715年に里という名称は廃され、50戸の単位は郷と改称された。この行政上の村落はさらに2、3の小単位に分けられ、里が用いられた…。なんらかの理由で里は740年に行政組織の単位としては廃止された。】

残る2例はやはり古代中国からこの制度を受け継いだ朝鮮半島に関するものである。1971年 *Korean Folklore & Classics* "Mr. Kwak lived in Sa Dong Ri."【郭さんはサドン里に住んでいた。】1972年P. M. Bartz *South Korea* "A *myon* may be divided into one or more *ri* .... It is usually translated into English as "village", but a *ri* does not *ipso facto* contain a village. It is merely the smallest area of rural subdivision."【面は1ないしそれ以上の里に分かれることもある…。里は通常ヴィレッジと英語に訳すが、それ自体で村を形成するとは限らない。単に農村部の最小分割単位なのだ。】日本および朝鮮半島のいずれについても、農村地帯を支配するための便宜上の区分が存在したこと自体が注目された結果、これほど

詳しい扱いを受けたようだ。　　　　　　　　　　　　　　　（橋本禮子）

rickshaw, ricksha　（人)力車

　rickshawは*OED*ではその語源とされているJinricksha と同様、*OED 1*から登場。定義は、"Abbreviation of Jinricksha."【人力車の短縮形】となっている。Jinricksha の定義では人力車の構造の説明のあとに" ... colloq. shortened to *rickshaw*."【…口語では短縮して力車】という記述があり、両者の関係が説明されている。

　*OED 1*の用例は6例（1887、1889、1896、1886、c1890、1894）、いずれも明治時代のものである。*SUP 2*では、定義はなく、見出し語のあとに"Later *attrib.* examples."【その後の限定用法の用例】と記して、9つの用例（1915、1923、1933、1951、1969、1973、1977、1977、1978）だけが提示されている。*OED 2*では定義（*OED 1*の定義のまま）のあとに*OED 1*、さらに*SUP 2*の用例が計15例そのまま示されている。

　初出例は1887年 *Pall Mall G.*（8月24日付）"There can be no impropriety in ladies ... riding in our easy and delightful Rikshas."【私たちの快適で楽しい人力車にご婦人が乗っても体裁が悪いことなどあるはずはありません。】

　限定用法の用例はrickshawのあとに「…に従事する人」を意味する"-man, -boy"などを伴って複合語を造っているのが目につく。たとえば、第5例は1890年頃の *Yoshiwara Episode* "Pimps in the guise of rickshaw coolies."【車夫の装いをしたぽん引き。】

　第10例は1951年R. Campbell *Light on Dark Horse* "Zulu Rickshaw-pullers ... emptied quarts of heady 'tchwala'."【ズール人の車夫たちは…「チュワラ」という強い酒を何本もあけてしまった。】ズール人は南アフリカ共和国の東部の住民である。

　第13例は中国での話らしい。1977年 'S. Leys' *Chinese Shadows*（1978）"His father, a rickshaw 'boy', always beaten up by capitalists, was covered with welts and scars."【車夫をしている彼の父親はいつも大金持ちにひどく殴られていたので、身

体にみみずばれや傷跡が絶えなかった。】

　最後の用例も中国での話のようだ。1978年 *Chinese Lit.* "He decides to become a rickshaw-puller, the lowest of the low."【彼は世間で最下層といわれている車引きになろうと決意している。】

　このように用例をみていると、話の舞台が日本だけでなく、海外のものが結構あることに気付く。ちなみに *OED 1* の Jinrickisha の定義には「日本以外の国での人力車の普及」についての言及がある。また、『大日本百科事典』（小学館）などにも「1874年頃から人力車はシンガポール、インド、さらにヨーロッパへも輸出され、中国では人力車は洋車の名で親しまれていた」という記述がある。

　駕籠にとって代わった人力車は明治3年（1870）に走り出してからおよそ四半世紀で頂点に達し、明治29年（1896）には21万台にもなった。しかし、その後鉄道や自動車などの発達により、その数は下降線をたどり、昭和13年（1938）には1万3千台に落ち、今日では観光地や花街にわずかに見られる程度である。

（西村幸三）

rikka 立花

　この項目は *SUP 2* から登場し、*OED 2* は定義、語義、用例ともにそのまま踏襲している。「日本のいけばなの古典的な様式である」というのが定義であり、語源は、日本語の漢字の意味どおり standing flowers であるとしている。

　日本のいけばなは、室町時代の末期に近い将軍義政の頃に形を定め始めたと考えられている。「たて花」と呼ばれ、書院造りの座敷や仏前に飾られた。たて花は、出陣の花、元服の花、五節句の花というように、行事ごとに定められた形、定められた花材でいけられ、いわばハレの日の花であり、日常的に飾られるものではなかった。主となる枝（真）が真っすぐに立ち、それに添った枝が左側にあり、そして右側にはひろがる枝がある。この3本の枝に下草がなびくだけという素朴な形式のものであった。この花の形が後のいけばなの基本となっている。

桃山時代になって、城郭の大広間の大きな床に大きな花を飾るようになった。それが「立花」(立華とも書く)である。二代池坊専好が「立花」を大成し、単なる座敷飾りの花から、観賞するための芸術作品にまでたかめた。「しん」を中心とする「たて花」から発展した「立花」は造形的で、大きな枝の振りも動きも雄大に自然の風興を表すといったもので、「たて花」とは異なるものである。[2]

初出例は1899年J. Conderの *Theory Jap. Flower Arrangem.* である。"The use of many different kinds of flowers in one composition though followed in the earlier styles of *Rikkwa* and *Shinno-hana* is opposed to the principles of the purer styles."【1つの作品に多くの異なる種類の花材を使うことは、初期の花形である立花や真の花の流儀が従うところであるとはいえ、より純正な流儀の原理には反するものである。】原文では"the purer styles which we are now considering"と続く。J. コンドルが述べているのは遠州流の花生けである。明治時代に、木の枝をたわめ華麗に技巧的に生ける遠州流のいけばなが日本に滞在する外国人の目をうばった。J. コンドルはイギリス人の建築家で1877年に来日した。工部大学校(現東京大学工学部)に就任し、鹿鳴館や旧ニコライ堂などを設計している。[3]この本は1889年に初版を上梓し、1935年に近代生花や盛花の36作品をカラーで付け加えて再版した。

次の用例は1914年M. Averillの *Jap. Flower Arrangem.* である。"Rikkwa and Nageire are the two branches into which ikebana has been divided."【いけばなは分かれ、立花となげいれ花の二流となった。】室町時代に茶の湯が流行し、茶の湯のいけばなとしてなげいれ花が取り入れられた。江戸時代になってなげいれ花は茶の湯から離れて抛入花として独立し、立花と並び称された。立花が造形的、儀式的であったのに対し、抛入花は、草や木や花の持つ本来の美や生命力を観賞しようとするものである。M. アベリルはその序文で、「J. コンドルによる The Flowers of Japan and the Art of Japanese Floral Arrangement は、包括的かつ非常にためになる著書で教わることが多かった。彼ほど華道の理念や美に触れる機会に恵まれ、鋭い審美眼をみせた外国人はこれまでいない」

と述べている。

　明治、大正時代の上記の用例に続いて昭和初期のものが次にくる。1934年 A. Koehnの*Art Jap. Flower Arrangem.*である。"A huge well-shaped Pine branch or Bamboo spray formed the centre of these 'rikkwa' designs."【枝ぶりの良い大きな松か竹の枝がこの「立花」の花形の真であった。】引用部分は「華道の発展の歴史」の章で立花について述べている一節である。

　いけばなを愛好する外国人によってIkebana Internationalが1956年に東京に設立された。54カ国に支部を持ち、12,000人以上の会員をもち、英語で書かれたいけばなの本も多く出版されるようになった。1965年のW. Swaanによる*Jap. Lantern*もその1つである。"There are two main styles [of ikebana] : the formal *rikka* arrangements used to decorate the altars of Buddhist temples ... and the *nageire* or 'thrown-in' style."【いけばなには2つの主な様式がある。寺の仏壇を飾るものだった、形を重んじる「立花」と、「ナゲイレ」すなわち「抛入花」の様式である。】

　1976年*San Antonio (Texas) Express* 14 Oct. では、"*Rikka* is the oldest established form [of flower arrangement], dating back five centuries. It is a complex style with 11 main branches presenting a stylized representation of the landscape of Buddhist paradise."【立花は500年もさかのぼる最古の［いけばなの］様式である。仏教の極楽図を様式化して表現するのに11の役のある枝を使う複雑な様式である。】と、専門的で詳しい内容の記述をしている。　　　　　　（伊藤香代子）

(1)(2)(4)　工藤昌伸『いけばなの道』主婦の友社を参照
(3)　武内博編著『来日西洋人名事典』日外アソシエーツ

rin　厘

　明治以降の貨幣単位「厘」は*SUP 2*から採択されている。定義には「日本の貨幣単位。銭の10分の1に当たる。また同様の価値を持つ硬貨のことも指す」とある。

　用例は5例。初出例は1875年 Bedford *Sailor's Pocket Bk.* で、これはyenの第2例にも採用されているが、"The Yen is divided into 100 Sen, and the Sen into 10

Rin."【円は100銭、銭は10厘に分けられる。】とある。第2例も同じくBedfordで、こちらはsenの第4例と共通である。"10 Rin＝1 Sen＝1/2 d."【10厘＝1銭＝1/2ディナール（旧ペニー）】と当時の換算表を載せている。

　第3例は1891年 A. M. Bacon *Japanese Girls & Women*である。これは"Court Life"という章で、明治天皇の皇后のことを絶賛して書いている中で、東京慈恵病院の創立以来多額の寄付をよせられていた皇后が、病院を拡張するに当たって、自分の生活を切り詰めてまでできるだけ寄付をされたというエピソードに出てくるものだ。寄付の総額は8,446円90銭8厘、当時としては大変な金額である。皇后の心のこもった寄付に含まれた「銭」や「厘」などの貨幣についてベーコンは"There is something picturesque about these sen and rin."【これらの銭や厘には独特な美しさがある。】と讃え、"They represent an account minutely and faithfully kept between her Majesty's unavoidable expenses and the benevolent impulse that constantly urged her to curtail them. Such gracious acts of sterling effort command admiration and love."【それらの貨幣は皇后としてどうしても必要な出費とそれを常に切り詰めるように促した慈悲の心との狭間で少しずつ律儀に貯められた金銭を物語っている。このような立派な慈悲の行為は賞賛と敬愛を集める。】と続けている。

　第4例は *Economist* 1931年5月2日号からで、"[Japanese] savings banks followed suit ... reducing the rate [on deposits] by 1 rin per diem or 0.365 per cent per annum."【［日本の］銀行は先例にしたがって預金の利率を日歩1厘、すなわち年利0.365パーセント引き下げた。】と世界大恐慌の後混乱する経済を立て直そうとして、政府がとった利率引き下げについて書いている。

　最後の例は1962年 R. A. G. Carson *Coins* からのもので、"The bronze sen and 5 rin pieces of this reign had as obverse type the kiri-flower crest which had appeared on the gold obans and kobans of the shogunate."【この時代に使われていた一銭及び五厘の銅貨の表面には、江戸時代の金の大判や小判にも彫られていた桐の花の紋章が見られる。】と、貨幣の意匠に触れている。　　　　　　　（坂上祐美子）

Ritsu 律宗

　12年の苦難の末、6回目にやっと来日に成功 (754年) した、唐僧鑑真と彼が創立した唐招提寺は知っていても、ここを本山とする律宗となると、これを知る人は極めて少ないだろう。この語は *OED* の *SUP 2* に初出し、その6用例とともに、そのまま *OED 2* に引き継がれた。語源欄は「*ritsu* 法、道徳律」。

　定義には、「唐代初期の仏教の一宗派で、8世紀に日本に紹介され、そこでは主に僧侶の戒律と叙階の儀式の研究にかかわって隆盛となった」とある。

　これは『大辞林』の記述「中国で興った仏教の一宗。戒律 (とくに四分律) をよりどころとし、受戒を成仏の要因とする。日本へは754年唐僧鑑真により伝えられた。南都六宗の一。本山は唐招提寺。戒律宗」と比較すると、鑑真、唐招提寺等の固有名詞は出てこないが、要を得ていると思う。僧侶の戒律云々の記述は、より専門的ですらある。これは775年から政府の後援のもとに東大寺の戒壇院が創られ、これを含め〈天下の三戒壇〉の制が設けられ、官僧受戒の場としてきたが、律令制度の崩壊とともに、登壇受戒や持律の制も衰退した史実を指している。

　初用例は1727年 J. G. Scheuchzer tr., *Kæmpfer's Hist. Japan* "In the 1850 streets of this city, there were 1050 of the *Ten Dai's* religion, ... 9912 of *Rit*."【この京の都の1850の街に、天台宗1050人、…律宗9912人の信徒がいた。】

　第2例　1880年 E. J. Reed *Japan* "The Ritsu, introduced by the Chinese priest Kanshin, under the empress Koken."【孝顕女帝の時代に中国僧鑑真によって、日本にもたらされた律宗。】

　第3例　1917年 A. K. Reischauer *Stud. Jap. Buddhism* "Last of these older sects to reach Japan was the Ritsu (Vinaya Sect), introduced in 754, though it would seem that its doctrines ... were among the first teachings to be introduced into Japan."【日本に伝来したこれら古い宗派の最後のものは、その教えは日本にもたらされた最初の教えの中にあったようにも思われるが…、754年に導入された律宗 (ビナヤ教) であった。】

　第4例　1931年 G. B. Sansom *Japan* "The Ritsu sect did not trouble much about doctrinal questions, but paid special attention to discipline and correct spiritual succession."【律宗は教義的問題では余り悩まずに、戒律と正しい精神的継承に特別の注意を払っていた。】

　第5例　1935年 C. Eliot *Jap. Buddhism* "After the establishment of this new Kaidan, the Risshū seems to have declined though it somewhat revived in the twelfth century."【この新しい戒壇院が創建されてから後は、律宗は12世紀にはいくぶん復活したが、衰退してしまったようだ。】

　第5例にあるように、8世紀に政府の支援で東大寺をはじめとしていくつかの戒壇院が創建されて律宗は栄えたが、その後衰退し平安末期（12世紀）実範、明恵らにより戒律復興の気運が高まり、唐招提寺に、西大寺、泉涌寺等が加わり、13世紀後半には律宗の布教の流布は著しく、関東にまで及んだといわれる。しかし江戸時代以後は衰退の一途を辿ったようだ。

　では、なぜ OED はこの語を採択したのだろうかという疑問が残る。大胆に私見を言わせてもらうと、*Kæmpfer's Hist. Japan*（J. G. Scheuchzer tr, 1727）の影響ではないかと思う。

　OED 2 には、日本の仏教の宗派について次の6派が見出し語に採用されている。Jōdo, Ritsu, Shingon, Shin, Soto, Tendai である。このうち *Kæmpfer's Hist. Japan*（1727）を初出とするのは、Jōdo, Ritsu, Shingon, Shin, Tendai の4語、つまり Soto だけが異なり、1893年 S. Kuroda *Outlines Mahayana* を初出例としている。

　さらに初出例の "In the 1850 streets of this city, there were ... 9912 of *Rit*." の文は、Shingon と Zen の初出例と同一である。

　また第2例の E. J. Reed *Japan* は Shingon（用例3）、Tendai（用例3）と同一出典であり、第3例の A. K. Reischauer *Stud. Jap. Buddhism* は Soto（用例6）と同一出典であり、第4例の G. B. Sansom *Japan* は Shingon（用例6）と同一出典である。つまり、Ritsu の5用例のうち4例までが、他の5つの言葉と見出し語と出典を共有しているのである。

　その他の出典の共有関係は、1894年 *Trans. Asiatic Soc. Japan* は Jōdo（用例5）、

Shingon（用例4）、Soto（用例2）の3語に、1833年 *Chinese Repository* は Shingon（用例2）と Tendai（用例2）に、1938年 D. T. Suzuki *Zen Buddhism & its Influence on Jap. Culture* は Jōdo（用例5）と Tendai（用例5）に使われている。

　結論として、Kæmpferの用例の5語を見出し語に採用したためにRitsuが入り、それにSotoを追加したのではないだろうか。　　　　　　　　（太田隆雄）

Rōjū 老中

　Rōchū, rōjiu, rōjū等の表記上の異形と6つの用例とともに、*SUP 2*から記載されている。定義は「日本の徳川治世（1603-1867）の高級参議ないし大臣」。実体についてのくわしい描写は用例にあずけられている。

　初出例は1874年 F. O. Adams *Hist. Japan* から"The successors of Jyéyasŭ ... were mostly *fainéants*, as were their almost hereditary ministers, the rôjiu."【家康の後継者たちは、老中すなわち世襲に近いその参議らも含め、大方は無為の徒であった。】実力者の将軍や改革にいそしんだ重臣たちもいたことを考えると、やや乱暴な断言のように思われるが、出版年が明治維新から10年も経っていないのであれば、無理もない表現かもしれない。

　第2例は1893年 F. Brinkley tr. *Hist. Empire Japan* "In the event of the Shogun himself taking the field, he had to be accompanied by all the feudal barons, the Ministers of State（*Rochu*）becoming generals and the *Wakatoshiyori* holding chief command over the bannerets."【将軍みずから出陣となると、大臣（老中）らが司令官となり、若年寄がバナレット団を束ねて指揮するという具合で、すべての直臣を伴って行かねばならなかった。】バナレットとは麾下に一団の臣下を従えて出陣できる騎士たちのことで、つまり旗本である。戦時には老中は諸大名からなる軍団を指揮し、若年寄はここにあるように、旗本・御家人を指揮・監督するのがその任務であった。

　老中のもっとも主要な役目として京都の所司代の監督と、諸国のとくに外様の大名たちの統轄があった。このことに触れた文がある。1912年 E. Lee tr. *Saito's Hist. Japan* "The board of the 5 Rōchū, the treasurers ... controlled the imperial court officials and Daimiō."【5名の老中の評議会、勘定方…が朝廷や大名を統轄していた。】

さらに「1922年以前」として、J. Murdoch *Hist. Japan* (1926) から、"These five constituted the Great Council, which was presently to become known as the Rōjū."【これら5名が大評定会議を構成し、これがやがて老中として知られるようになった。】先の例でも5名となっているが、大方の解説によると人数は4～5名で、室町時代にも評定衆・引付衆とをあわせて老中と呼んだこともあったが、職名として用いたのは徳川幕府であった。「老」は年寄り、おとなを意味し、「中」は「衆」と同様に集まりを意味する。

大老は臨時職であるから、常設のものとしては老中が幕府の最高機関であった。1970年 J. W. Hall *Japan* には"The *Rōjū* were given authority over matters of national scope."【老中は国家的規模のことがらに権限を与えられていた。】とある。

しかしながら、老中という職掌そのものが制度化され、一般に知られるようになったのは、三代将軍家光のときであった。1974年 *Encycl. Brit. Macropaedia* はこのことに触れた文。"By reorganizations in 1633-42 the executive ... was almost completed, as represented by the offices of senior councillors (rojū), [etc.]."【1633-42年の改造により、行政部は…古参評議会（老中）の役職に代表されるように、だいたいの完成をみた。】　　　　　　　　（橋本禮子）

romaji　ローマ字

romajiは *SUP 2* から採録され、「ローマ文字の綴りによる日本語の表記体系」と定義されている。用例としては、1888年、1903年、1935年、1939年（2例）、1950年（2例）、1966年の計8例があげられている。

順序は前後するが、このうち1903年のものが定義を補足する内容である。R. Langeの *Text-bk. Colloq. Japanese* によるもので、"*Romaji* is designed to represent phonetically the standard pronunciation of the present day."【ローマ字は今日の標準発音を音声表記するために考案されたものである。】と書かれている。

1888年の用例はB. H. Chamberlainの *Handbk. Colloq. Japanese* からの引用で、

"There is a party in favour of the adoption of the roman alphabet. Its organ, the '*Romaji Zasshi*', gives articles ... romanised according to a simple phonetic system."【ローマ字の採用に賛成の一団がある。その機関誌*Romaji Zasshi*は、単純な音声体系によってローマ字化された記事を載せている。】とある。これは1885年に日本人と外国人とで結成されたromajikwaiによるローマ字化運動についての記述である。ローマ字表記自体は16世紀から存在したが、romajikwaiは新しいローマ字表記の体系を考案した。アドバイザーはJames Curtis Hepburnであり、彼らにより共同開発されたローマ字は「ヘボン式」と呼ばれるようになった。

1935年の用例は*Amer. Speech*からのもので、"Several movements for romaji, Japanese written phonetically in Roman letters, are under way."【ローマ文字による日本語の音声表記であるローマ字について、いくつかの動きが起こっている。】とある。また、1939年の用例は*Jrnl. Ameri. Oriental Soc.*からのもので、"The Japanese had long ago worked out a diaphonic spelling called *Nipponsiki* (Japanese-Style) no Romazi and propagated it in competition with the reigning bastard English-Italian system named after Hepburn."【日本人はずっと以前に「日本式のローマ字」と呼ばれる類音による綴りを開発し、ヘボンの名を冠した主流となっていた脇腹的な英語・イタリア語混合システムに対抗して普及を図っていた。】と書かれている。

これらは、今に引きずる「ヘボン式」と「日本式」の対立を反映した用例である。ヘボン式がイタリア語を基礎にした母音表記と英語を基礎にした子音表記を組み合わせた「音声（phonetic）」表記であるのに対し、日本式は日本語としての体系を重視した「音素（phonemic）」表記である。1937年に内閣訓令で発表された「訓令式」は、日本式を基本とする。日本政府は国際標準機構（ISO）から立場の明確化を求められてきたが、いまだに未解決である。一般的にはヘボン式が圧倒的に優勢だろう。

1950年の2つの用例はD. Jonesの*Phoneme*からで、ひとつが、"The name of the mountain which used to be written Fuji in the old Romaji system is now written Huzi."【古いローマ字体系ではFujiと書かれていた山の名は今やHuziと綴られる。】

というものである。今や日本式のHuziはほとんど見かけなくなった。

(馬場哲生)

ronin 浪人

　浪人とは浪々の身。*OED*への初登場は*SUP 2*だが*OED 2*には「封建日本で主君なきまま漂泊する武士。アウトロー」とまず規定される。ただ『大辞林』に「牢人とも書く」とあるのは何故か。ここで浪人なる用語の史的由来から辿ることにしよう。

　古く奈良時代の用例では、律令制の戸籍に記載された本籍地を離れ諸国を流浪する「うかれびと」(浮浪者・遊士) こそはその素性であった。口分田の放棄とは、課役の忌避であり、それの捕捉のため八世紀には浮浪人帳が作成されたほどであるが、私営田を経営して富農に成り上る者さえあったとなれば、優に公民とも匹敵する社会性を担っていたということができる。が、やがて牢人なる表記が登場、『吾妻鏡』(1213) にもこの手の者を集めたのが謀反とされたとあるが、牢人には寺を去った僧侶とか官を失った公家も含まれる。必ずしも窮迫した者ではなく、「牢籠」の原義も「ひきこもること」「勤務につかぬこと」であるにすぎないが、室町から戦国にかけ、歩兵部隊の集団戦という軍事的新局面は、大小名の郷村支配による領国規模的部隊編成に伴い、あぶれ者 (溢者) も傭兵として用いたから、その「悪党」的行為が攪乱的ゲリラ戦術の威力を却って発揮した。

　「切り取り強盗は武士の習い」というが、山伏・野伏 (のぶせり) の徒をはじめ、無頼漢（ぶらいかん）めいた兵農未分時代の地侍の変種でも時流に乗れば乱世の雄となろうという、正に自由なる一時期が江戸時代の初頭にかけ陽の目を見ていたわけである。

　『葉隠』に「七度牢人せねば誠の奉公人にてはなし」とあるとおり、主君に器量たらずと見れば己が一分を立つるため敢えて致仕せずというのが戦国武士の意気地とされた所以であるが、然るに徳川の天下平定で風向きは変わってくる。牢人再仕官の機会が激減したのみならず、幕府による度重なる大

名の改易、減封は牢人を大量に発生させた。その数40万とか50万。封禄から見放された彼ら落魄者が、あまつさえ「牢人払い」され、「武家奉公払い」により再仕官の途も封じられた上、「浪人あらため」により居所まで指定されるとあっては、OEDの冒頭の定義も「漂泊するさえままならぬ」とされるべきであったであろう。1623年の追放令に極まる牢人の受難は、由井正雪の慶安事件（1651）に震撼されて以後、幕府の文治政策により少しずつ緩和されるが、おおむね生計(たつき)にさえ事欠く彼らの屈託は、「牢籠人」なる呼称をあまりに惨めであるとして、江戸時代中期以後は、かえって中古の「浪人」なる用語を多く転用することが多くなった。OEDの定義におけるwanderingは、したがってかかる転換以降の慣用に則るのだ。

　用例は必ずしも多くない。初出例は1871年"The word *Rōnin* .. is used to designate persons of gentle blood, entitled to bear arms, who have become separated from their feudal lords."【ローニンの語は…血筋よく帯刀を許された者にして、己が封建領主より袂を分かつにいたった者を指すのにつかわれる。】（A. B. Mitford *Tales of Old Japan* I）という月並み以外の何ものでもない用例だけれど、世はすでに御一新（1868年）以降である。次いで1876年から"When too deeply in debt, or having committed a crime, they left their homes and the service of their masters, and roamed at large. Such men were called *ronins*, or 'wave-men'."【借金で首がまわらなくなったり、罪を犯したりすると、彼らは家郷をあとにし、主君への仕官も辞して、あてどなく放浪した。かかる人々がローニンないし「浪人」と呼ばれるのだ。】（W. E. Griffis *Mikado's Empire* I）なる一節が引かれるが、わざわざ「浪人」（wave-men）と注釈が施される始末である。ともあれ新興国として国際場裡に乗り出した東方君子国が、やがて大国清をも打ち拉(ひし)いで帝国主義的角逐に参入せんとし、巨熊ロシアの北方からの脅威に備えパックス・ブリタニカの一翼に連なろうとする形勢になる。英国人にとっても日本事情はにわかに他人(ひと)ごとならぬ関心事となったはずで、日英同盟調印3年前の1899年 Kipling *From Sea to Sea* では"And now let us go to the tomb of the Forty-Seven Ronins."【さあ、それでは四十七士の墓に詣でようではないか。】と東洋通ぶりを

披露するが、ルース・ベネディクト流にいえば、忠と義理との葛藤という、日本人には魂の琴線に触れる復讐劇を題材とするあたり実に心にくいばかりである。

　星変わり時移って約半世紀後、つまり第二次大戦後の用例（1947）は、R. Benedict *Chrysanthemum & Sword* "The huge invincible *ronin*（a lordless samurai who lives by his own wits）, the hero Benkei."【雲つくような百戦不敗のローニン（才覚ひとつで生きる主君なき武士）豪傑弁慶。】である。登場するのは、同書第7章「義理ほどつらいものはない」のなか、家人制度の祖型なる私的主従制において最高の徳目をなすものが議論の中心をなしているわけであるが、夜な夜な五条の大橋に狼藉をはたらく破戒のアウトローなればこそ源氏の裔なる貴公子に捧げる熱烈な「義理」は文字通り「法外」でもあれば、純一無垢でもある。けだしここにこそ日本人理解の鍵があることを説くこの作品は、対日戦が生んだアメリカの日本研究最高の精華の1つであったし、ローニンの例文としてこの個所が選ばれたのも甚だ正鵠を射ていたと言いうるのである。

　が、的確さは受験浪人という現代的用法に関しては一層興味をそそられるのだ。transf.（転義）として「大学の（入学）試験にしくじり雪辱を期すことが許される日本人学生」なる定義のあと、1967年 D. & E. T. Riesman *Conversations in Japan* 17 "Many had been *ronin*（the name given those who try again and again over a period of years to pass the exams）, and finally when they made it were exhausted."【浪人（入試に受かろうと何年にもわたり繰り返し挑む者たちにつけられるこの名）を体験したことのある者は多く、遂にやってのけたときは疲労困憊していたものである。】とか、1970年 *Observer*（Colour Suppl.）8 Feb. からの "High school students who fail the university exam and are waiting to try again are called *ronin*, a reference to the landless samurai of old Japan which clearly describes their unhappy displaced position in a chronically status-sensitive society."【大学の入試に失敗して捲土重来を期しつつある高校生が浪人と呼ばれるが、相も変わらず体面にばかりこだわる社会にあって、浪々の身の幸薄き境遇よとはっきり烙印

を捺される古き日本の知行にありつけぬ武士(さむらい)がそこでは引き合いに出されている。】とかが引用されるが、学歴ヒエラルヒーを聳え立たせる現代日本の狂騒が、おおよそ大学入試観を180度異にする欧米人の眼に奇異と映ずることはいうまでもないとしても、殊にそれが浪人を比喩として語られることに彼らが感じるのは、ヒエラルヒーの一端に座を占めんとする若者の集団帰属願望が、結局は近代的な個の確立とはうらはらに、お上(かみ)意識依然たるサムライ社会の今風換骨奪胎でしかないということだったのである。　　　（西澤龍生）

Roshi　老師→Zen　禅

rotenone　ロテノン

　ロテノンとは、マメ科植物のデリスなどの根部に含まれる殺虫成分のことで、東南アジア・南米・アフリカなどの原住民が根のしぼり汁を川中に投じて魚をとっていたと言われる。その後デリス根が殺虫剤として有効なことが明らかになり、その殺虫有効成分としてロテノンが単離された。*OED*によるとこの語彙は「derrisを意味する*roten*（ロテン）という語に、化学派生語を生成する非体系的な接尾辞-oneがついたものであり、その命名者はK. Nagai」とある。このrotenに対応する日本語には「露藤」という語があるが、元々専門用語であることも手伝い、我々が日本語と認識できないのもいたしかたないところであろう。

　さてこのロテノンは、薬学者永井一雄（1873-1923）が、1902年に台湾の生蕃が魚の捕獲に用いたマメ科のドクフジ魚藤または露藤（rohten）という藤の根から有効成分を取り出し、ケトン（ketone）であることを認めて命名した。漁獲の手法としては、台湾ばかりでなく南米・アフリカなどでも使用されていたようである。

　*OED*の定義は、「マメ科のデリス、つる植物などの植物の根から得られる毒性のある結晶性多環性ケトン$C_{23}H_{22}O_6$。粉末あるいは乳状化した噴霧の形で殺虫剤として広く使われる」また、「ロテノンで処置する」の意で動詞と

しても使用される。*SUP 2* より、1924年から1977年までの6例をもって登場する。

初出例は1924年 *Chem. Abstr.* "From air-dried roots, 0.93% crude rotenon is obtained which is mixed with waxy impurities."【空気乾燥された根からは、蝋のような不純物と混じった0.93％の生のロテノンが得られる。】

第3例は殺虫剤としてのロテノンの効用について、1962年 Gordon & Lavoipierre *Entomol.* より "Fine dusts containing pyrethrum or rotenone are highly successful when employed against various insects such fleas and lice."【除虫菊あるいはロテノンを含む純度の高い粉剤は、蚤や虱といった様々な虫に対して使用された場合に効き目がある。】

第4例、第5例は1975年 *New Yorker*(5月19日)からのもので、研究のために様々な魚を採集する際にロテノンを使用するという、殺虫剤としてのロテノンというより、元来の漁獲のための使用である。"We poison out a small reef by squirting in emulsified rotenone, a chemical poison derived from the root of a South American plant called cubé, originally used by Indians for fishing."【小さな礁(珊瑚礁)に、乳状にしたロテノンを吹き付けることによって、毒をかける。このロテノンとは、キューベと呼ばれる南米産の植物の根から抽出した化学的毒物のことで、元来は魚を獲るためにインディオによって使われたものである。】この1回のロテノン吹き付け作業により、珊瑚礁に住む魚たち(50～70種。個体は500～700の小魚)の4分の3を死滅させることが出来るが、液はすぐに薄まり他の礁に影響を与えることはないとの記述が続く。第5例はそれに続く文脈でrotenoneが動詞として使われている。"You rotenone a reef, and for the next hour or two you pick the samplings up."【珊瑚礁にロテノンを使って処理し、1～2時間で(魚の)サンプルを採取する。】

(大和田栄)

rumaki ルマーキ

一見すると日本語には思えないこのrumakiは *SUP 2* より3例を伴って登場し、定義は「東洋を起源とする前菜で、鳥レバー、クワイ、ベーコンをマリ

ネにしてあぶったもの」とある。また、語源として「ことによると」と断りつつ日本の「春巻」から変化したものと記している。春巻から想像される「皮で包む」に言及がないが、*American Heritage*では、同じ材料ながら「ベーコンで包んで焼く」とあり、経緯は不明だが、春巻との類似点が見えてくる。

　初出例は料理の本からルマーキの材料について。1965年 R. Carrier *Cookbk.* "To make 24 *rumaki* (Japanese hot canapés), you will need 3/4 pound chicken livers, 24 half-slices of bacon, 8 water chestnuts and 24 cocktail sticks."【24のルマーキ（日本の温かいカナッペ）を作るのに必要なものは、鳥レバー3/4ポンド、ベーコンの薄切りを半分にしたもの24枚、クワイ8個とカクテルスティック24本です。】続く第2例はニューヨークの週刊新聞 *Village Voice* 広告欄に「鳥レバーのルマーキ」とだけある。

　第3例は1978年 *Chicago*（6月）"Delicious Cantonese-style appetizers include superlative king crab egg rolls and the best rumaki we've ever tasted."【美味なる広東風前菜には、今までに味わった最高級のカブトガニの春巻と、最上のルマーキが含まれていた。】この例から見ると、春巻（egg roll）とルマーキは現時点では名前は似つつも異なるものとして共存しているようである。　　（大和田栄）

ryo　両

「両」は、歌舞伎や時代劇にしばしば重要な小道具として登場する黄金色の小判の値の名称である。これは*SUP 2*から採択されていて、定義は「日本の旧貨幣単位」とある。

　用例は8例。初出例は1871年 A. B. Mitford *Tales of Old Japan* で、"A Japanese noble will sometimes be found girding on a sword, the blade of which unmounted is worth from six hundred to a thousand riyos, say from £200 to £300."【日本の武士は、時には刃だけで六百両から千両、すなわち200から300ポンドもする刀を差していることもある。】これは*Kazuma's Revenge*と題する物語の冒頭、刀が武士にとっていかに大切なものであるかという条からの引用である。

第3例は1899年 L. Hearn *In Ghostly Japan* からの一節である。"The sum of a hundred ryō in gold."【金貨で百両の金額。】これは、*A Passional Karma* すなわち三遊亭円朝の怪談話『牡丹灯籠』の中で、恋慕う萩原新三郎の家の戸口に張られた厄除けの護符を死霊になったお露に剥がしてほしいと頼まれた伴蔵が、女房のおみねに入れ知恵されて、「百両くれたら剥がしてやる」と幽霊相手に商談している場面に出てくる。商談は成立し、お露は思いを遂げて新三郎を取り殺す。もっともこの百両のせいで、後におみねは伴蔵に殺されることになるのだが。

第4例、第5例は1915年 F. Brinkley *Hist. Jap. People* からで "The gold *ryō* represented 2 *koku*, or 30 *yen* of modern currency, the silver *ryō* representing 3 *yen*."【金貨一両は2石、現在の通貨で30円に、銀貨一両は3円に相当する。】"Gold ... was much more valuable in China than in Japan. Ten *ryō* of the yellow metal could be obtained in Japan for from twenty to thirty *kwan-mon* and sold in China for 130."【金は日本より中国で価値が高かった。小判10両は日本では20貫目から30貫目で入手できるが、中国ではそれが130貫目で売れた。】と、金銀一両と石、また当時の新貨幣である円との換算表と、日本と中国との金の価値の違いについて述べている。

第7例は1964年 Unesco 発行の *Japan* という本からのものである。"It is said that between 1601 and 1647 about 4,800,000 *ryō* (one *ryō* contained four *me* of pure gold) of gold and 750,000 *kan* of silver were paid to foreign countries."【1601年から1647年の間に金約480万両（1両は純金4匁を含む）と銀約75万貫が外国に支払われたと言われている。】こうして国内の金が少なくなってしまった日本の経済はインフレをおこし、また改鋳と称して徐々に金の含有量の少ない小判を作った結果、ますますインフレがひどくなり、江戸の初めには今の価値にすると6万円ほどであった一両小判が幕末には1万円ほどの価値しかなくなってしまった。

最後の用例は1972年11月6日付の *Mainichi Daily News* から。"I will kill anyone or accept a mission of the sword for five hundred ryo in gold."【金5百両の

ためだったら私は誰でも殺せるし、殺しを請け負ってもいい。】とぶっそうなことを言っている。

(坂上祐美子)

ryokan　旅館

　ryokanは *SUP 2* から採択され、*OED 2* にそのまま踏襲されている項目である。定義は「日本の伝統的な宿屋」という簡単なもの。用例は5例（1963、1968、1970、1972、1979）ある。初出は1963年 *Maclean's Mag.*（3月9日付）"The most charming hotel I ever stayed at was a Japanese ryokan in the mountain spa of Kinugawa north of Tokyo."【私がこれまでに宿泊した中で、最も魅力的なホテルは、東京の北方にある山間の鬼怒川温泉にある日本式の旅館だった。】というもの。1963年といえば、日本は高度成長期初期にあった頃で、この頃に外国人が日本を訪れることは珍しく、ひなびた温泉の旅館に泊まったことが深く印象に残ったものと思われる。第2例は、1968年 *Sat. Rev.*（12月23日付）からの大変に短いもので、"Stay in a 17th-century ryokan-inn."【17世紀のリョカンに宿泊。】とあり、江戸時代から続いている由緒ある旅館のこと。

　第3例は、1970年 *Guardian*（12月12日付）"The *ryokans*, country inns, are worth the slight additional expense over Westernized hotels."【リョカンすなわち郊外の宿屋は、西洋式のホテルよりも少し割高だが、それだけの価値がある。】これは、Carol Wrightという人が執筆した旅行記事 "Travel Guardian'—Japan and Hongkong"の一部であり、引用の前段の部分では、「西洋かぶれの日本」はホテルについては伝統を守っていると誉め、特に札幌パークホテル、京都のレイクヴューホテル、箱根の富士屋ホテルに言及している。このあと、室内について詳説し、浴衣やスリッパが快適であるとし、温泉の大風呂や仲居が部屋に食事を運んでくれることまで紹介している。さらに、天ぷらやすきやき、夜の遊び場としての浅草や新橋、富士山や日光についての紹介が続く。この記事の読者は日本に旅したいと思ったことであろう。

　第4例は、1972年 *Times*（Japan Suppl.）（5月8日付）からの記事。"The site ... contains a magnificent temple and several *ryokan*—traditional Japanese inns."【用

地には…立派な寺ひとつと、数々のリョカン、すなわち伝統的な日本風の宿がある。】これは成田のことで、寺は新勝寺である。上記の用例で省略されている部分には、"is 42 miles from the center of Tokyo near Narita, which ..."とある。同紙は、この日"Japan: A Special Report"として10頁もの特集記事を掲載している。この用例は、Christopher Reedという人による"new airport: better omens at last for the'completed field'"【新しい空港――ついに「成田」へ良き予兆】という記事からのもので、1966年から続いている成田闘争がようやく決着を見せ始めたことを紹介している。同氏は、成田を completed field、羽田を field of wingsと、言葉遊びを楽しんでいる。

最終例は1979年 Amer. *Poetry Rev.*（3月、4月号）"Several ferries, sighted from the small balcony of our private Ryokan overlooking the beach, circle Dogashima Bay from dawn to dusk."【数隻の渡し舟が、海岸を見渡すこじんまりとした旅館の小さな縁側から見え、朝から晩まで堂ケ島の入江を巡回している。】という伊豆半島西岸の堂ケ島温泉についてのものである。　　　　　　（渡辺佳余子）

S

sabi 寂

sabiは *SUP 2* から採録され、「禅の哲学で、簡素で抑制された円熟した美」と定義されている。用例は1932、1938、1948、1965、1979年の5例で、いずれも定義を補足する内容になっている。

1932年の用例はB. L. Suzukiの *Nogaku* からであり、"The feeling of *sabi* or *shibumi* is the essence of the art of No."【寂や渋みの感覚は能という芸能の神髄である。】と記されている。

1938年の用例はD. T. Suzukiの *Zen Buddhism* からであり、"*Sabi* consists in rustic unpretentiousness or archaic imperfection, apparent simplicity or effortlessness in execution, and richness in historical associations."【サビは、質朴

な飾り気のなさや古風な不完全さ、外見上の単純さや何気ない仕上げ、そして歴史的なつながりの豊かさにある。】というものである。

1948年の用例は国際文化振興会刊 *Intro. Classic Jap. Lit.* からとられており、"This new spirit was restrained by the persistence of traditional ideas as ... in the appreciation and cultivation of 'mellowness' (*sabi*, patina) in literature." 【この新しい精神は、文学における「円熟味」(サビ、古雅な趣)を重んじ培う、といった伝統的な考え方への固執によって抑制された。】となっている。

1965年の用例は W. Swaan の *Jap. Lantern* からで、"A quality most valued in architecture and art connected with the tea-ceremony is that of *sabi* or *wabi*." 【茶道に関連した建築や芸術において最も尊重されている特質はサビまたはワビである。】という記述である。

1979年の用例は I. Webb *Compl. Guide Flower Arrangement* 所収の S. Coe の記述からで、"The first [mood] is *sabi*, a sense of loneliness which comes from being completely detached, and seeing things as if they are happening by themselves." 【第一の感覚はサビであり、まったく超然とした気持ちで物事をあるがままに見ることによって生まれる孤独感である。】となっている。

一方、わが国の『広辞苑』においては、「寂」の語義として、「①古びて趣のあること。閑寂なおもむき。②謡い物・語り物において、枯れて渋い声。さびごえ。③太く低い声。④蕉風俳諧の根本原理の一。閑寂味の洗練されて純芸術化されたもの。句に備わる閑寂な情調」の4つがあげられている。『広辞苑』においては、蕉風俳諧が言及されているのに対し、OEDにおいては、能楽と茶道における寂の精神が説明されている点が興味深い。

また、「さび」にあてられる「寂」の字義は、『漢語林』(大修館)によると、「①さびしい。しずか。②やすらか。③ア)死をいう。特に、僧が死ぬこと。涅槃。イ)煩悩を滅しつくして解脱の境地に入る」であるという。これと照らし合わせてみると、さびしさ、やすらかさ、解脱の境地などに言及したOEDの用例は、「寂」の意味をよく伝えていると言えるだろう。

(馬場哲生)

saké 酒／shochu 焼酎

　saké：新石器時代から飲まれ、飲まないのはエスキモーとピグミー族くらいといわれるほど、古くから世界中に普及してきたのが酒である。原料に含まれる糖分が酵母によって発酵したものをそのまま飲む日本の清酒（16〜20度）などは単発酵の醸造酒といわれ、その濃度は、酵母の性質上、20度が限界とされる。フランスのワイン（約10度）とドイツのビール（約3〜4度）がその代表である。さらに高濃度にするには、醸造酒を蒸留した複発酵の蒸留酒にする必要がある。これが日本の焼酎（30〜45度）、イギリスのウイスキー（43〜52度）、フランスのブランデー（約49度）などである。

　*OED*の記述の変遷：*OED 1*に最初から採用された数少ない日本語の1つである。*SUP 1*では、発音1、用例7、連体用例3が追加され、*OED 2*では、発音が一部変更されただけで、両者を併せたものがそのまま踏襲されている。

　発音：*OED 1*では〔sæke〕だけだったのが、*SUP 1*でnow usu.の注付きで〔saki〕が追加され、半世紀後の*OED 2*では〔saːki, saekei〕に訂正されている。これらからsakéの発音が定着せず揺れていることがうかがわれる。また英語では稀らしいaccent aigu（´）がつけられているのも〔seik〕と読まれるのを避ける工夫だろう。

　形態：*OED 1*のsaque, sakki, saki, sake, sakeがそのまま*OED 2*に引き継がれているが、発音の多様性とも対応しているのだろう。

　定義：初版から変更がなく、「米から造られる日本の発酵酒（そこからアルコール飲料全般に対する名称として日本人によって使われている）」とある。一方『大辞林』では、「①白米を蒸して、麹と水を加えて醸造した飲料。清酒と濁酒がある。日本酒。②酒精分を含み、人を酔わせる飲料の総称。日本酒・ウィスキー・ウォッカ・ワインなど」とある。*OED*の定義は上記の①②を含んでいるので、一応妥当といえる。

　用例：*OED 1*では1901年までの4例と連体用法の1885年までの3例であったが、*SUP 1*で1916年以降の7例と連体用法の1957年以降の3例が加えられ、これらで*OED 2*の用例が構成されている。

初出は、1687年 A. Lovell tr. *Thevenot's Trav.* "Their ordinary drink is a kind of Beer (which they call Saque) made of Rice."【彼らの通常のアルコール飲料は（彼らはサケと呼ぶが）米から造られるビールの一種である。】であり、17世紀の用例は珍しい。以下1797年 *Encycl. Brit.* "Sakki or rice-beer, is clear as wine, and of an agreeable taste: taken in quantity, it intoxicates for a few moments, and causes head~ach."【酒即ち米のビールはワインのように澄んでいて良い味である。大量に飲むと少しの間酔ってそれから頭痛をおこす。】1878年 Miss J. J. Young *Ceramic Art* "Saki or Sake, is the chief alcoholic drink of Japan, and is made from rice."【サキまたはサケは日本の主要なアルコール飲料で、米から造られる。】1901年 Holland *Mousmé* "Oblige me with a glass of whisky sake."【私にサケをコップ一杯下さい。】これからは *SUP 1* の補充用例1916年〔see *brown rice*〕【玄米を見よ。】1917年 E. Pound *Lustra* "We drink our parting in saki."【酒で別れの乾杯をする。】1931年 G. B. Sansom *Japan* "The new season's rice and *sake* of the new brew."【新米と新酒。】1947年 R. Benedict *Chrysanthemum and Sword* "Every sip of *sake* doled out to them before going into battle."【出陣の前に彼らに一口ずつの酒が配られた。】1947年 J. Bertram *Shadow of War* "The guards looted the *saké* from their own stores."【警備員たちは彼らの店から酒を略奪した。】1958年 G. Mikes *East is East* "Drinking *sake*, watching dancing and listening to singing."【酒を飲み、ダンスを見、歌を聞きながら。】1978年 M. Puzo *Fools Die* "She kept filling my cup with some sort of wine, the famous sake, I guessed."【彼女は私のコップに一種のワインを、私はかの有名な酒だと思ったが、注ぎ続けた。】

連体用法：1884年 Gordon in *Mission. Herald* "A little beyond lives a young saké brewer."【少し向うに若い酒醸造人（＝杜氏）が住んでいる。】1885年 E. Greey *Bakin's Captive Love* "Raising the saké-bottle from the hot-water vessel."【湯沸しから徳利を取り出し。】同"Acquaintances recently made in the saké-shops."【酒の店で最近できた知人。】これからは *SUP 1* の補充用例1957年 A. Thwaite *Home Truths* "And fill my *saké* cup again."【そして私の盃にまた注いでくれ。】1960年 B. Leach *Potter in Japan* "An immense sake bowl was filled with about 4 gallons of hot wine." 【大きな酒器には約16ℓの温かいワインが入っていた。】1979年 J. Melville *Wages of Zen* "Otani held out his *sake* cup and she refilled it." 【大谷が盃を差出すと、彼女がそれを満たした。】

　shochu：清酒よりもエチルアルコールの含有量の高い焼酎は、もちろん日本の代表的蒸留酒であり、本格的なものは、酒粕を原料とする「粕とり焼酎」と、玄米やくず米を原料とする「もろみとり焼酎」の2種であるが、このような在来品は少なくなっている。現在ではサツマイモや廃糖蜜等を原料とし、連続式蒸留機を使って精留アルコールを作り、これを水で薄めた新式のものが主流となり、風味に欠けるが安価に入手できる。

　このshochuは、*SUP 2*で初出し、そのまま*OED 2*に引き継がれた語である。定義は「酒粕を含めた色々な原料から蒸留して造られる日本の辛口の蒸留酒」とある。また『大辞林』には、「蒸留酒の一。穀類・芋類・糖蜜などをアルコール発酵させ、それを蒸留してつくった酒。一般に、アルコール分が強い」。とあり、*OED*は粕とり焼酎を、『大辞林』は現代の新式焼酎を志向している点が違うが、どちらも間違いとは言えないものの若干の不備はある。

　用例の初出は、1938年 Bush & Kagami *Japanalia* "Saké contains 12 to 14 per cent. alcohol ... Shōchū, distilled from *saké* dregs contains up to 60 per cent. alcohol." 【酒は12〜14％のアルコールを含み、酒粕から蒸留される焼酎は最高60％を含んでいる。】1964年 I. Fleming *You only live Twice* "The herdsman ... handed Bond a bottle of what appeared to be water. Tiger said, 'This is *shochu*. It is a very raw gin.'" 【牛飼いはボンドに1本の水のように見えるものを手渡した。タイガーは「これは焼酎だ。強い生のジンだ」といった。】1970年 J. Kircup *Japan behind Fan* "Cheap Japanese spirits known as *shochu*." 【焼酎という名の日本の安い蒸留酒。】1980年 J. Melville *Chrysanthemum Chain* "A bottle of cheap *shochu* rotgut." 【一本の焼酎という安酒。】

（太田隆雄）

sakura 桜

　桜は日本の国花であり、古くは「花」といえば「桜」を指した。sakuraが

*OED*に採択されたのは*SUP 2*からである。定義は「多種のサクラ属から派生した多くの品種のいずれかに属す、花をつける桜の木。また、この種の木の花や木材」とある。桜はバラ科サクラ属に分類される多くのサクラ類の総称である。桜は『万葉集』など古代の文学から登場し、日本人はその花を愛で親しんできた。しかし日本以外の国ではcherryは「さくらんぼ」か「さくら材」を意味し、花の存在価値は希薄である。そのため、日本の桜はsakuraと独自の項目を設ける必要があるのであろう。

　アメリカの*Randomhouse Unabridged Dictionary*にはsakuraの項目がないが、*Webster's Third New International Dictionary*にはあり、"Japanese flowering cherry"との説明がある。

　最初の用例は1884年*J. J. Rein's Japan*である。"*Yoshino ... once the residence of the anti-emperors, a famous old place with many Sakura（Prunus Pseudocerasus）.*"【吉野は…かつての反天皇派の本拠地で、たくさんの桜で有名な古くからの場所である。】幕府のある京都には足利尊氏の推す北朝があり、吉野には南朝があって半世紀以上もの間対立した。南朝は後醍醐天皇がなくなってのち衰退し、華やかな京都に較べ、吉野は悲憤にくれた人々の歴史を残している。

　桜の学名として記されているPrunus Pseudocerasusはシナノミザクラである[1]。「支那の実ざくら」の名前どおりに果実を食べるために栽培された。中国原産で明治10年頃日本に渡来したが、寒さに弱く四国、九州で多少栽培されているのみで、吉野の桜とは異なる。吉野はヤマザクラである。明治初期にソメイヨシノが東京の染井村（現豊島区駒込）の植木屋から売り出されるまでは、桜といえばヤマザクラを指し、吉野はヤマザクラの名所として昔から有名である。学名の誤認のようである。

　1911年*Encycl. Brit.*は木材としての桜について述べている用例である。"The wood used is generally that of the cherry-tree, *sakura*, whioh has a grain of peculiar evenness and hardness."【使われる木材は一般には桜である。桜は独特の均一で堅い木目を持つ。】日本の美術に関する部分で、版画について述べた文の引用である。版木には桜が最高だといわれている。他に桜は、家具、彫刻、

茶道具、楽器などにも使われる。木目が細かく、褐色の美しい光沢があり、工作しやすく狂いもすくないという。

　1963年 *Times* は「さくら」の歌をとりあげている。"Famous songs such as 'Sakura, Sakura' (Cherry blossom, Cherry blossom) elicited no gleam of sentiment."【「さくら、さくら」のような有名な歌も、一抹の感傷すら誘わなかった。】読者通信欄の記事で、「日本の小学生の調査によると、かれらは桜への特別な感情は持たず、桜がかつては国の象徴であったことさえ知らない。心にうかぶ花はといえば、バラであり、チューリップであり、カーネーションである…」と続く。富士山と桜が日本の象徴として感傷を誘ったのは、いつ頃までであったのであろうか。　　　　　　　　　　（伊藤香代子）

　(1)『世界大図鑑』園芸植物Ⅱ、世界文化社

samisen　三味線

　現在の日本語で標準語のshamisenは *OED* では異形の扱いで、見出し語の表記としては *OED* のみならず米国の辞書でも samisen が採用されている。もっとも最近の『広辞苑』の見出しでは確かに「しゃみせん」となっているが、1983年の第3版以前は「さみせん」であった。明治19年刊のJ. C. ヘボン『和英語林集成』(1)では、見出しとして samisen と shamisen の両方があげられているが、後者には 'same as *samisen*' の注が加えられており、標準語は samisen であることが示唆されている。また同じ頃発行のB. H. チェンバレンの『日本口語便覧』(2)では、見出しは shamisen であるが、'properly samisen' と注が施されている。『江戸語辞典』(3)でも「さみせん」となっており、江戸・明治からつい最近に至るまで「さみせん」が標準語であったようである。

　さて、samisen が *OED* に登場するのは *OED 1* からで、「日本の三弦のギターで、撥で弾く」と定義されている。「中国語の san-hsien（三弦）の日本語形式」と語源も示されている。三弦は日本語で「さんげん」と読み、三味線の雅名として現在も用いられている。samisen の方は中国語の音からの転訛と考えられるが、三味線は直接中国からではなく、琉球を経て堺に伝来した

と言われており、日本の辞書のなかには、琉球の蛇皮線または三線からの転訛としているものもある(4)。

 OED 1 の用例は2例。初出例は1864年アメリカの作曲家C. Engelの *Mus. Anc. Nat.* からのもので、"The *san heen* of China, and the *samsien* of Japan. The two instruments are almost identical." 【中国の *san heen* と日本のサムシエン。2つの楽器はほとんど同じものである。】とある。語源解説はこの用例から得たものであろうか。なおsan heenはsan-hsienの異形。第2例は1895年 Clive Holland *Jap. Wife* の"The music of guitars or *samisens* being played in the tea-houses."【茶屋で演奏されているギター、すなわちサミセンの音。】である。

 OED 1 の用例は幕末と明治中期の2例のみであったが、*SUP 2* では新たに10例が紹介されている。初出は1616年の平戸のイギリス商館長R. Cocksの *Diary* 10月9日からの"The *tuerto* that plaid on the *shamshin*."(5)【シャムシンを弾いた「片目の人」。】tuertoはスペイン語で「片目の」または「片目の人」の意。興味深いことに、shamshinは現代の標準語のshamisenに酷似している。三味線が日本に伝来したのは永禄年間(1558-70)と言われているが、1603年にイエズス会の宣教師らの手で編纂された『日葡辞書』(6)にはイエズス会式ローマ字綴でXamixen【シャミセン】と記されている。三味線が伝来した頃は、現在の標準語の発音と同じくほぼ「しゃみせん」と言っていたこと、またCocksはかなり正確にこれを聴き取っていることがわかる。Cocksの日記は1615-1622年に書かれたものであるが、英国人がshamshinを目にしたのは、1883年にE. M. Thompsonによって活字本として発刊された時以降である。1613年に開設された平戸商館は僅か10年で閉鎖され、以後長い鎖国時代に入り、samisenが再び英語文献に現れるまでには長いブランクがあった。第2例は1822年の *Titsingh's Illustr. Japan* からの用例"Several young females came to bear them company, playing on the *samsi*, and dancing."【何人かの女たちがやって来て同席し、サムシを弾き、踊りを踊った。】である。1822年はまだ開国前で、Titsinghはかつて長崎出島のオランダ商館長であった日本研究家。本書はロンドンの著作者・編集者のF. Shoberlによって仏語から英語に翻訳された。

引用部分は十代将軍家治の治世に起こった謀叛事件からの一節。場面は遊女屋。1880年の用例は、徳川幕府が崩壊し明治に入って10年目の1878年に3カ月かけて東北・北海道を旅した英国出身の女性旅行家 I. Bird の著作 *Unbeaten Tracks in Japan* からの引用 "Yuki plays the *samisen*, which may be regarded as the national female instrument."【ユキはサミセンを弾く。これは女性の国民的楽器と見なされる。】である。三味線は必ずしも女性のみの楽器ではないが、3カ月の旅の間に Bird は男性の三味線奏者に遭遇しなかったのであろう。

　三味線と言えば芸者だが、1936年 K. Sunaga の *Japanese Music* からの引用には、三味線と芸者が語られている。"The instrument employed as the accompaniment for the songs of geisha girls ... was the *samisen* .... It might be described as a three-stringed, rectangular banjo."【芸者の歌の伴奏に使われる楽器は…サミセンである。サミセンは三弦の長方形のバンジョーとでも言い表せるかもしれない。】定義や用例で三味線はギターまたはバンジョーのようなものと説明されているが、木製のギター、羊皮を張ったバンジョーに対し、三味線の猫皮に注目しているのは、1964年 I. Fleming の *You only live Twice* である。"[Bond was] far from being ... bewitched by the inscrutable discords issuing from the catskin-covered box of the three-stringed *samisen*."【[ボンドは] 三弦のサミセンという描皮を張った箱から出る不可解な耳ざわりな音に魅了されるどころではなかった。】と芸者パーティーの場面が描かれている。最後の例は1972年、英国の Heath 首相が来日した折の *Times* 9月18日の記事で、"Guests knelt on tatami and used chopsticks to eat while geisha girls played the samisen."【客は畳に座り箸を使って食べ、その間芸者たちがサミセンを弾いた。】とある。Heath 首相の接待の場面にも芸者が登場。

　OED 2 の定義は *OED 1* からの変更はなく、用例は *OED 1* の2例と *SUP 2* の10例を合せて12例が掲載されている。 　　　　　　　　　　（海老名洸子）

(1) 実際に参照したものは、1974年、講談社から出版された第3版の復刻版。
(2) *A Handbook of Colloquial Japanese* 博聞社、1889年
(3) 大久保忠国・木下和子編　東京堂出版、1991年

(4) たとえば中田祝夫他編『古語大辞典』小学館、1983年
(5) 東京大学史料編纂所発刊の復刻版（1979年）のこの部分は" ... twerto that plaid on the shamskin."となっている。
(6) 土居忠生他編訳『邦訳日葡辞書』岩波書店、1990年

samurai 侍／bushido 武士道／heimin 平民

「日本において封建制度がつづいていた間の大名お抱え武人階級の1つ」と OED 2 ではまず規定された上「時とするとひろい意味で、サムライそのものたると大名たるとを問わず、武門【military caste】に属する者のこと」だと補われ、しかも「誰彼にかかわりなく日本軍の将校にそれが当てはめられもする」といった尾鰭がつく。ところで『大辞林』（三省堂、1988年）を繙けば「さむらい」（「さぶらい」の転）の定義は以下のとおりである。

①帯刀し、武芸をもって主君に仕えた者。武士（侍）。
②中古、宮中・御所の警固にあたり、また貴人に仕えた武士。
③中世、幕府の御家人や将軍の一門に仕えた上級の武士。ただし戦国時代には武士一般の呼称。
④江戸時代、士農工商のうち士の身分。特に幕府ではお目見得以上、すなわち旗本。諸藩では中小姓以上の上級武士。
⑤相当な人物。気骨のある人物。

初出例は1927年ケンペルの『日本誌』で"'Tis from thence they are call'd Samurai, which signifies persons who wear two swords."【そこから来るのだ。両刀をたばさんだ人物を意味するサムライと彼らが呼ばれていたのは。】総論的には①の条件はみたすものの、彼自身の目に映じたサムライは④のそれ、由来をたずねてもせいぜいのところ③までであろう。最近、従来の在地領主制論に基づく鎌倉武士的サムライ像に対し、呪的な辟邪の武などの職能論に則って②なる中古の近衛的武者こそが文人と唇歯輔車なる本来の武士であったことが強調されてきた。いわゆる武士は狩猟人を原像とするらしい残酷でアウトローなるヤクザ性のつよいの暴力集団として賤視の対象でしかなかったわけだが、その反面に光があてられてきた。そのような学界状況は、もとより、

反映している筈もない。それどころかつづく用例でも碧眼目睹(もくと)のサムライ像は2本差し風態ばかりを妙に気にする極めて表面的なものに過ぎないのである。

第2例 "The people in office at this place, who wore two sabres, were called Samurai."【ここなる役所に屯する面々は日本の軍刀を帯びていたが、「サムライ」と呼ばれる連中であった。】(1795年 tr. C. P. Thunberg's *Trav. Europe, Afr., & Asia*（ed. 2）III) ただやがて維新（1868年）の鴻業が全面開国へと実を結んで、サムライも前代の遺物となるとき、あらためて俎上に載せたこの対象を理解しようとするオランダ人が記憶の底から容易に中世騎士なるものを手繰り寄せたのは、後年梅棹忠夫氏により「文明の生態史観」が唱道されるあの構図が、直観的ながらいち早く彼らの念頭にも浮かんだ証拠と言える。"He has ... his vassals, his Samurais, or knights with two swords（the others having only one）."【あの方が召し抱えるのはその家臣たち、つまりサムライたち、別言すれば両刀を帯びた騎士たちであった（もう一方の騎士たちは一本帯びただけでしかなかったのに）。】(1874年 M. E. Herbert tr. *Hübner's Ramble* ii. i. 1878) 2本差しに相変わらずこだわるあたりは、御愛嬌だから度外におくが、それを社会的プライドの象徴として名誉ある1つの上層身分がそこにかたちづくられていることは十二分に認識されていたと言っていいのだ。

「武都」鎌倉における幕府の成立、ましてや刀狩の後、徳川による江戸都市文化のただ中における近世的官僚支配がシナ伝来の仁政・撫民の政策を必要として、野蛮な東国的色彩を次第と払拭せざるをえなかったことは、想像に難くないのであるが、問題は、にもかかわらず、名誉のためには暴力にうったえることをもよしとする情誼的な人間関係が理性的な律令制的システムにより克服されるまでにはいたらなかったということである。であればこそ "For a samurai woman, even when mortally wounded, always endeavours to conceal her pain."【なぜと申すに士族の女は、たとい瀕死の傷を負うとも、苦痛をおもてに出すまいといつだって努めるものであるから。】(1885年 E. Greey *Bakin's Capt. Love* 1904) といった話にもなるし、ラフカディオ・ハーンの『こころ』から

は "The fear of the dead was held not less contemptible in a samurai than the fear of man."【死への恐怖は、サムライにあっては、人を怖がるのと負けず劣らず、見下げ果てたこととされたのである。】(1896年 L. Hearn *Kokoro*) といった一節が拾い上げられることにもなるのである。

ここで"bushido"なる項目が入れ子構造をなして挿入されてくる。武士道を定義して「封建日本において、サムライすなわち武士【military knighthood】の道徳律【the ethical code】」とするが、新渡戸稲造の『武士道』から"*Bu-shi-do* means literally Military-knight-ways —— the ways which fighting nobles should observe in their daily life as well as in their vocation."【武士道が文字通り意味するところは、武士がその日常茶飯においても、はたまたそのつとめにおいても、遵守すべき武人としての道である。】(1900年 I. Nitobé *Bushido*) なる文章がひかれた上で、"The knowledge of *Bushido*, or 'Way of *Samuraï*, is absolutely necessary for any one desirous of knowing something about the Japanese people."【武士道、ないし「サムライの履むべき道」を知ることは、日本人なる民族につき何かを知らんと欲する誰にとっても無条件に必要不可欠だ。】(1898年 *Trans. Asiatic Soc. Japan* Dec.) として重要性が指摘される。日本人一般の理解にとってという一条をくれぐれも見落とすまい。なぜなら御一新も一皮めくれば薩長を中核とすることさら武張った下級のサムライ集団による達成として、その革命は国民すべてへの武人意識の注入、つまり国民総武士化なる現象をもたらしていたからである。

ここでいま1つまた"heimin"なる別項がさらに入れ子構造をなして後続するが、幾分不鮮明になってきたサムライの身分関係につき、むしろサムライならざる凡下（一般庶民）からする裏返しの境界づけにより、ある見極めをつける狙いもそこにあったと思しい。農工商のうち農民を筆頭とするといった自明の定義自体をここで持ち出すことはしないが、公家、武家、寺家の相互補完的な権門体制にもさかのぼる一面につき次の用例だけはあげておいてもいいであろう。"The Buddhist (like the Shinto) priests, though forming a class apart, ranked with the samurai, not with the heimin."【仏教（並びに神道）の

聖職者は、別個の階層をかたちづくるとはいえ、平民とではなく、サムライとこそ比肩する地位を占めた。】(1904年 L. Hearn *Japan: Attempt at Interpretation*) 而して目下の文脈で重要な引例は、むしろ某史書からの次の一節である。曰く。"The profession of arms, previously the privilege of Samurai, was extended to heimin (commoners)."【以前はサムライの特権だった職業軍人としての職掌が平民［一般庶民］にまでひろく及んだ。】(1951年 D. H. James *Rise & Fall Jap. Empire*) 本来サムライの道徳律を期待しえない平民あがりの軍人が出現してきたということであって、『大辞林』には見えぬ OED 2 における日本軍の将校がひとしなみにサムライとされる視点を一応は具体的に裏づける例文の1つだと言ってもいいであろう。歴史的把握において欠けるところの多い西洋からの視角が、逆に現代的総合把握においては意外な炯眼を秘めている好例ではないだろうか。

　ところでこのように明治以降の近代日本でかえって全面化したサムライ文化が、社会の隅々にまで蔓延する美化された「武士の魂」の再生産たる「歪められた武士像」を培ったことは言うまでもない。またすでに血肉化したそれの匡正こそが我々の文化的自己刷新にとり必須であることは、一部真摯な歴史研究者からの今日的提言であった。我々の盲点を衝く泰西よりの視座は、期せずしてこの提言を先取りしていたとは言えぬだろうか。そこでいくつか引例を辿るとしよう。"The old samurai spirit of *bushido* will prove equal to stemming the tide of radicalism."【古き「武士道」のサムライ精神こそが急進主義の風潮を喰いとめられるだけのものだとわかるであろう。】(1923年 *19th Cent. Jan.*) "The Japanese militarists of the 1930s twisted the ancient samurai ethic into the ideology of Fascism."【1930年代の日本の軍国主義者は昔のサムライ倫理をファシズムのイデオロギーにねじ曲げたのであった。】(1970年 *Newsweek* 7 Dec.) "In private conversation business men will unequivocally express disapproval of the course of events, a minority of *samurai*-minded ultra-patriots being the only exceptions."【私的な話し合いでなら実業家連中は出来事のなりゆきに賛成しないと率直に打ち明けるだろう。少数なる「サムライ」の超国家主義者を唯一の例外

として。】（1938年 *Times* 17 Feb. 16/1）"They [sc. the Japanese] brought espionage within the scope of *bushido*, their extremely strict and elevated code of morals and conduct."【彼ら［その日本人たち］は諜報活動を、武士道の範囲内で、極度に厳格かつ高尚なる、その道徳律にして行動規範なるものへと引きずり込んだ。】（1961年 R. Seth *Anat. Spying* iv. 70）

　ルース・ベネディクト女史の『菊と刀』から一例の採択もないのはいささか腑におちぬが、さすがに三島由紀夫の最期だけは、不問に付しえなかったと思しく、"Yukio Mishima, the right-wing literary samurai who committed spectacular hara-kiri in 1970."【1970年に芝居がかったハラキリをやってのけた右翼のサムライ文人三島由紀夫。】（1977年 *Times* 24 Jan.）とあって、その奇矯さを印象づけている。揶揄的な口調は蔽うべくもないが、アメリカに関しても日系人なる有名学者をめぐり、"Hayakawa..went on to even more fame as the 'samurai warrior' president of San Francisco State University."【ハヤカワはサン・フランシスコ州立大学の「サムライ戦士」総長としてその名声にいっそう輪をかけることになったのである。】（1977年 *National Observer* [U. S.] 15 Jan.）は、かなりカリカチュアライズする趣きがある。

　現代に生きのびる、あるいは復活するサムライは所詮一場の戯画でしかないということかも知れぬが、三島と言い、早川と言い、その行実は普遍性のない単なるカリカチュアとして黙過されていいだろうか。少なくとも次の用例は這般の消息につき端倪すべからざるある秘奥を黙示していると思えるのである。"The samurai code embraced more than the practice of Zen and the ethics of Japanese forms of Confucianism."【サムライの道徳律が包み込むのは、禅の実修や日本式の儒教倫理以上のものであった。】（1971年 *Times Lit. Suppl.* 20 Aug.）'more than'の内実が具体的に何であるかは、いまひとつ明らかではないのだけれども、少なくとも言いうることは、サムライを思い描こうとする際、対称軸として knight（騎士）は念頭に浮かんでも、gentleman（紳士）については結局思いも及ばなかったということである。けだし英国のあの音に聞くジェントルマン・イデアールが、周知のように、氏素姓よき殿ばらの昔なつかしい

騎士道倫理に古代地中海世界の高度文明から来る人文学的教養が文化移植され文化習合を遂げて普遍性を獲得した産物にこそほかならないとすれば、見事なまでのその折衷主義は、文武両道の修錬を踏まえてのすぐれた知的教養人たるべき武士像と少なからず符合するところがあるはずなのに、この落ち度的すれちがいはいったい何を物語っているのであろうか。つまるところは武家政権の否定的影響により歪められた、否、御一新によりかえってそれの増幅された武士像が、異邦人の鏡には、サムライの本然に関し影を結びにくくしていたということである。OEDに並べられた用例群の何か不揃いな混沌も、やはりこうしたすれちがいの反映なのではないだろうか。（西澤龍生）

参考文献
野口実『武家の棟梁の条件――中世武士を見直す』（中公新書1217）、中央公論社、1994年
千葉徳爾『たたかいの原像――民俗としての武士道』平凡社、1991年
越智武臣『近代英国の起源』ミネルヴァ書房、1966年

san　さん

*SUP 2*より登場し、1878年より1972年まで7例が見られる。語源としては「より改まった『様』の短縮形」とあり、定義は「日本語の敬称で、丁寧さを表わすものとして、姓名に接尾辞としてつけられる。Mr. Mrs. などに相当。また、話し言葉として、あるいは、日本語の語法をまねて、他の普通名詞や肩書きのあとにつけることもある（「ママさん」の項目参照）」。さらに「女性の名前につけたり、より親愛をこめたりする場合には、「さん」は接頭辞『お』とともに使われることもある」という解説がついている。「さん」の定義としてはもっともだが、後述するように、「お」との共起については、用例自体に若干説得力がないように思われる。

さて、この日本語接尾辞「さん」が英語のなかではどのように使われているのだろうか。個々の用例にあたる前に、7つの用例における「さん」の出現環境について確認してみると、外国人名に「さん」が付されたもの3例（Miss O Mimosa San, O'Reilly-san, Bondo-san)、日本人名に付いたもの2例（Sakata San, Nakamura san)、普通名詞についたものが1例（baby-san）である。これら

6例のうち半数がハイフォンで名詞に接続されている。残り1例は、「さん」という敬称そのものを解説したものである。

　具体的な文脈については、まずはっきり「日本」とわかるものから見ていくことにする。初出例は1878年 *Jrnl. Soc. Arts* における C. Dresser である。"Mr. Sakata, or, as they would say Sakata San, who was appointed ... as one of my escort through Japan."【日本でのエスコート役の一人として任命されたみんながサカタさんと言っていたミスター・サカタ。】

　第2例は1891年 A. M. Bacon *Japanese Girls & Women* の 'Domsetic Service' の章より "He is a person to be treated with respect, — to be bowed to profoundly, addressed by the title San, and spoken to in the politest of languages."【彼は敬意をもって扱わなければならない人です。つまり、深くお辞儀をし、「さん」という敬称で呼びかけ、最高に礼儀正しい言葉で話しかけなければなりません。】これは仕える主人には「さん」なしで呼ばれる「使用人」でも、よその人には敬意をもって扱われることになっている、といったことに言及したものである。

　また、第5例は1964年 I. Fleming *You only live Twice*（邦題『007は二度死ぬ』）より、ジェイムズ・ボンドに対しての台詞で "'Bondo-san', said Tiger Tanaka, Head of the Japanese Secret Service, 'I will now challenge you to this ridiculous game.'"【「ボンドさん、私は今からこのばかげたゲームであなたに挑戦しますよ」と日本の特別護衛官の長であるタイガー・タナカは言った。】とあり、英国秘密諜報部員ジェイムズ・ボンドに対する、一応の敬意表現と考えられる。

　このように、日本人名に「さん」が付されたものも含めて、「日本」の文脈での使用が多いと考えられるが、この点についてささかはっきりしないものも存在する。

　第3例は1922年 James Joyce の *Ulysses* より "The fashionable international world attended *en masse* this afternoon at the wedding. ... Miss Grace Poplar, Miss O Mimosa San."【一流の国際的社交界の人々が、この日の午後の結婚式に参列した。…ミス・グレース・ポプラー、おミモザさん…。】これをもって、*OED* は上述の「お」とともに使われる「さん」の例としている。ジョイスが日本と直接的

に関わりあいがあったとは考えにくく、この「おミモザさん」なる人物について、丸谷・永川・高松による翻訳本（集英社、1996）の脚注では、オペレッタ『ゲイシャ』の中心人物とあり、*OED* の言うとおり、日本の慣習にならい、「お」と「さん」を付して呼んだ可能性は十分ある。しかしながら、その同じ脚注には、その名が「ミス・O・ミモザ・サン」と記されており、この 'O' は固有名詞の省略の可能性もあり、さらには「さん」が接尾辞であるかどうかは疑わしい。

また、第6例は1968年の *Guardian*（2月23日付）より "Corpsman Kenneth Corner ... told her [*sc.* a Vietnamese girl] : 'It's going to be all right baby-san, it's going to be all right.'"【衛生兵ケネス・コーナーはベトナムの少女に、「大丈夫だよ、ベイビーさん」と告げた。】で、ベトナム戦争に関連した記述で、この記事の前後関係からだけでははっきりしないが、おそらく当時の軍関係のスラングからの「さん」の出現であろう。

上述の用例以外に *OED* が「さん」について触れたものとして、'monolingual' という項目の1972年の用例としてアメリカ言語学会の *Language* からの記述があり、「さん」を Mr. Ms. といった英語に訳しただけでは、「さん」をつけて呼ばれたときの日本人の感覚を伝えることはむずかしいだろう、と記している。「さん」は単純に英語の敬称に置きかえることはできないのである。したがって、たとえば日本が舞台となっているような特殊な環境以外では、この「さん」が英語に見られることは少ないのである。（大和田栄）

sanpaku 三白眼

SUP 2 に初めてとりあげられたこの語は、「虹彩の下部とその両側に白目が見られること」と定義され、それは *OED 2* にそのまま引き継がれている。用例は4例採用されている。

初出例は1963年8月18日付の *N. Y. Herald Tribune* からのものである。"George Ohsawa, the Japanese philosopher and prophet of the Unique Principle walked through the streets of New York yesterday .... There were many beautiful girls .... But so many *sanpaku*."【日本人哲学者であり唯一原理の唱道者であるジョージ・オオサワが、昨日ニューヨークの街を歩いていた…。きれいな女の子が沢山いた…。しかし三白眼が非常に多かった。】

第2例は1964年 T. Wolfe in *N. Y. Herald Sunday Mag.*（1月12日号）"Abdul Karim Kassem, President Ngo Dinh Diem and President Kennedy; all *sanpaku* and, now, all shot to death, all destroyed by the fate of the *sanpaku*."【アブドゥル・カリム・カッセムやンゴ・ディン・ディエム大統領、それにケネディ大統領はみな三白眼で、今ではみな射殺されてしまい、みな三白眼の運命によって滅びた。】で、最新の用例は1970年 W. Burroughs Jr. *Speed* "Had I had a rose, I'd have held it in my teeth all morning with sanpaku eyeballs."【私が薔薇を持っていたら、三白眼をして午前中ずっと歯にそれをくわえていただろう。】があがっている。　（伊藤勲）

sansei　三世

sanseiは*SUP 2*で採択され、語源は「日本語でsan three【三】＋ sei generation【世代】」、定義は「二世（niseiを参照）の親から生まれたアメリカ人；三世代目の日系アメリカ人」とある。

初出例は1945年"*in Webster Add.*"【ウエブスターの補遺に】とだけある。*Webster's Third New International Dictionary*の'sansei'をみると"a son or daughter of nisei or kibei parents who is born and educated in America and esp. in the U. S."【二世あるいは帰米の両親を持ち、アメリカ、特に合衆国で生まれ教育を受けた息子や娘。】とあり、*OED*よりもより具体的な記述である。他は新聞・雑誌からで、1950年の*Amer. Speech* "Further distinctions lie in other colloquialisms such as *sansei* ('third generation'), the few descendants of *nisei*."【さらなる区別が別の口語的表現にある。niseiのわずかな数の子孫をsansei（三世）というように。】1971年（4月19日付）*Newsweek* "Aoki says bluntly that nisei and sansei（second and third generation）are too educated and don't work hard enough."【青木は二世や三世は教育を受けたばかりにあまり働かないとぶっきらぼうに言う。】1975年10月20日 *Time*（Canad. ed.）から、"Carl Takamura, a young sansei（third generation） state legislator."【若い三世の州議会議員、カール・タカムラ。】高い教育を受け、経済的に安定した家庭に育った三世は現在各界で活躍している。

(伊藤香代子)

sasanqua　山茶花

　語源は「山の、茶の花」である。定義は「常緑の灌木、つばき科に属し、日本が原産地でいい香りの白かピンクの花が咲く。また実を結び、食用油をとったり、絹や石鹸の生産にも使われる」とある。

　初出例は Lindley & Moore の編纂による 1866 年 *Treas. Bot.* である。"Sasanqua (Sasanqua is the Japanese name of the plant) is found in many parts of China and Japan."【山茶花(サザンカは日本語の植物名)は、中国や日本の至る所で見られる。】副題に *a popular dictionary of the vegetable kingdom* とあるように、植物に関する一般向け辞典なので、簡単な記述だけである。

　1878 年 *Trans. Asiatic Soc. Japan* VI も短い文である。"A kind of evergreen with poplar-like leaves ... is called *Sasanka* by the Japanese."【ポプラのような葉をした常緑樹で、日本人に山茶花とよばれている。】

　ほとんど同時期の用例がさらに続く。1884 年 *J. J. Rein's Japan* である。"In November and December sasanqua and Cha ... blossom."【11月と12月に山茶花や茶の花が咲く。】花暦として1月から12月までそれぞれの日本人の好きな花をあげている箇所からの引用である。

　初冬の庭や生垣にさびしさを湛えて可憐に咲く山茶花は、椿に較べて花期が短く、華やかさも欠き、それ故に日本的な花木として西洋人の目にとまったのであろうか。

(伊藤香代子)

sashimi　刺身

　造り身、お造りなどとも言い、代表的日本料理である刺身は、古くは指身、指味、差味などとも書かれたようだ。*OED* では *SUP 2* に初出し、そのまま変更なく *OED 2* に引き継がれている。語源として [*sashi* 刺す＋*mi* 身] と語

義を説明しているが、調理した魚にそのひれを刺しておいたことからとか、切るという語を忌んで刺すに言い換えたとか諸説あり、定説はないらしい。

定義は「おろした大根や生姜と醤油を添えて出される生魚の薄い切り身からなる日本料理」。ここでの食材は魚に限定されているが、実際は魚介類を中心に、鶏・馬・牛などの鳥獣肉、こんにゃく等も使っており、江戸時代初期には雉子・鴨・スッポン・竹の子なども刺身にし、すでにあった醤油は使わず、酢と煎酒で食した記録があるそうだ。語法としては、限定的に形容詞としても使う旨の注記がなされている。

初出例は1880年 I. L. Bird *Unbeaten Tracks in Japan* "The preparation of raw fish cut into oblong strips called *sashimi*."【刺身と呼ばれる細長く切った生魚の料理。】第2例に1920年 *Japan Advertiser*（8月22日付）"Sashimi or arai ... is raw tai, tunny or kare, served with horseradish."【刺身または洗いは…ホースラディッシュを添えて出す生の鯛、マグロ、カレイである。】第3例は1933年 P. Peto *Recipes Rare from Everywhere* "*Sashimi*. The fish is skinned, cleaned and cut into fillets about 1/10 inch thick; it is arranged on a dish and garnished with fresh thinly sliced vegetables, and is eaten with Shoyu blended with Japanese shredded horseradish."【刺身。魚は皮を引き、洗って約10分の1インチの厚さの切身にする。それを皿に並べ、薄切りにした新鮮な野菜のつまを添えて、すった日本のホースラディッシュを混ぜた醤油をつけて食べる。】

刺身は新鮮さがかなめである。1967年 *Guardian*（12月8日付）に "Finding fish fresh enough to serve sashimi（raw）is very difficult."【刺身にできるほど新鮮な魚を見つけることは大変難しい。】とある。日本料理屋での体験を語ったものが2例続く。1969年 R. Howe *Far Eastern Cookery* "*Sashimi* ... is a truly Japanese speciality ... I took myself to a small *sashimi* bar ... and ordered *sake*."【刺身は…まことに日本特有の料理である。…私は刺身を出す小さな料理屋に行き…酒を注文した。】1973年 J. Gores *Final Notice* "Waiting for the Japanese waitress to arrive with the sukiyaki and sashimi."【日本人のウェイトレスがすき焼きと刺身を持ってやってくるのを待った。】

最新の例は1978年 *Maclean's Mag.* （11月13日付）"Each spring the tiny fishing village 20 miles south of Halifax prepares to satisfy the yearnings of 100 million Japanese for sashimi."【毎春、ハリファックスから20マイル南に離れたこの小さな漁村は、1億人の日本人の刺身に対する待望を満足させるための仕度をする。】

（太田隆雄）

satori 覚(さとり)→Zen 禅

Satsuma 薩摩／mikan みかん

　薩摩という言葉を聞いて日本人であれば薩摩芋や薩摩揚げ、それに薩摩の守などを思い起すであろうし、陶芸や茶道に親しんでいる人であれば薩摩焼のことを思うであろう。しかし、*OED*のSatsumaには薩摩焼と薩摩オレンジという2つの定義とその用例が掲載されている。

　『広辞苑』で「薩摩」は「旧国名。今の鹿児島県の西部。薩州」が第1の意味で、その後に薩摩揚げに始まり薩摩蝋燭に至る30の薩摩関連用語が掲載されている。薩摩焼は「薩摩産の陶磁器の総称。文禄の役（1592年）で島津義弘が連れ帰った朝鮮の陶工によって創始…黒物(くろもん)と呼ばれた日用雑器と、白物(しろもん)と呼ばれた錦手・白薩摩などの藩主の御用品を産出」とある。『茶道大辞典』では、帰化した朝鮮の陶工である金海が紹介され、三系統（竪野・竜門司・苗代川）に分けられることも記されている。

　薩摩焼の詳しい歴史は、14代沈壽官自らの執筆による『カラー日本のやきもの2　薩摩』を読むことで知ることができる。12代の沈壽官は1846年に苗代川に白磁染付専用の南京皿山窯を創設し主取となった人で、1873年、ウィーンの万博に大花瓶を出品、賞賛を博した。1877年、西南の役の影響で薩摩の陶業が衰退したとき回復に努めた人でもある。この著書で注目すべき箇所は、イギリスの外交官アーネスト・サトウが、当時、在日外国人がつくっていた「日本アジア協会」で1878年に講演し、その内容の書かれた『薩摩に於ける朝鮮陶工たち』という資料が要約され紹介されているところである。

サトウは薩摩を2回来訪、苗代川に一泊したときの、明治10年のある2日間を詳しく述べている。

　OED に見られる日本語378語のうち工芸に関するものが18語ある。*OED 1* から登場する mokum と Satsuma、*SUP 1* からの Hirado と Hizen、*OED 2* からの Arita を除いて、残りの13語は *SUP 2* からのものである(5)。*OED 1* に採択された日本語は45語にとどまる。

　日本には古来たくさんの陶磁器があるが、Satsuma は、*OED 1* という今世紀初頭の編纂にかかる辞書に登場してくる唯一の陶磁器である。Satsuma の定義は「日本国九州の一地域の名」とあり、「Satsuma ware、クリーム色の一種の日本の陶器、として限定的に使われる」と説明される。

　用例は2例のみで、初出は1872年 Chaffers の *Keramic Gallery I* "Satsuma Ware Bottle ... Satsuma Bowl" とあり薩摩焼のとっくりやどんぶりに言及している。もう1つは、*OED* に見られる日本語のうち高頻度で用例として採択されている1875年 Audsley & Bowes *Keramic Art Japan* II から "Three vases of middle period Satsuma faïence ... good representatives of a style of a decoration but seldom met with in Satsuma ware."【中期の薩摩ファイヤンス焼の3つの花器…装飾の点では良い見本だが、薩摩焼の特性に合っているものは滅多にない。】と本物の薩摩焼を求める姿勢がうかがえる用例である。

　初出例の1年前にあたる1871年の廃藩置県で、大隅と薩摩の2国は鹿児島となり島津氏77万石の城下町の栄華も新しい時代を迎えることになる。したがって、定義は「旧国名」とすべきだが、英艦7隻が1863年鹿児島湾に来攻し薩英戦争が起きた過去の歴史から、イギリスにとってはその記憶が生々しく「旧国名」と過去形にはできないのだろうか。ついでながら、『カラー版日本語大辞典』(6)には「薩摩町」と薩摩の名が鹿児島県北部の町名に残っていることが記されている。

　Satsuma は *SUP 2* で定義と用例が大きく変わっている。「九州の一地域の名」という説明は消え、「現在は、特に2番目の意味で『サツーマ』と発音されることがよくある」とあり、Satzuma という綴りも紹介されている。解

説は2つに分けられ、最初が薩摩焼で「独立しても使われる」とある。これは、*OED 1* でSatsuma ware とされていたが、ware がなくSatsuma という語だけでも使用されるという意味であろう。*OED 1* の用例は消え、別の3例が採用されている。

初出は1880年 T. W. Cutler *Grammar Jap. Ornament* から"Modern Satsuma is largely decorated at Tokio and elsewhere"【新しい薩摩焼は主に東京や他の地域で絵付けされる】である。1909年の用例では"the sacred Satsuma" (M. Diver *Candles in Wind*)、1974年 Savage & Newman *Illustr. Dict.* には"True Satsuma is comparatively rare outside Japan"【本物の薩摩焼は日本の国外には比較的少ない】とあり、これらの「聖なる」「本物の」という形容詞からも、西洋人の薩摩焼への思い入れの大きさがうかがえる。

先に述べたように、薩摩焼には2種あり、黒陶が日用雑器や生活必需品（茶陶の古薩摩は除いて）、白陶が錦手と呼ばれる美術品である。したがって、*OED* の薩摩焼の定義や用例は、白陶についてのみの記述であろう。このように外国人の心をとらえた薩摩焼ではあるが、「一楽、二萩、三唐津」という言葉からも、茶道の茶碗としての評価は低く、その他の茶道具としても千家から寵愛を受けてはいない。これは、華やかな白薩摩が欧米の外国人の心を捉えはしても、千利休の侘茶の伝統を守る茶道の世界では何か異質な感を与えたのかもしれない。

SUP 2 のSatsuma に、*OED 1* にはなかった2つ目の解説がなされている。「小文字で使われることが多い」「種々の柑橘類に属する小さなタンジェリーン、Satsuma orange として限定的に使われることもある」という。タンジェリーン (tangerine) は英和小辞典で「（タンジール (Tangier) 原産の）みかん。（日本の）温州みかん、その木」とある。すなわち、*SUP 2* の第2の意味でSatsuma は日本のみかんを指すことになる。用例は薩摩焼よりも多く8例 (1882, 1905, 1909, 1922, 1926, 1943, 1967, 1980)、前世紀後半から今世紀80年代まで多岐にわたる。初出は1882年 E. S. Hart *Proc. 18th Session Amer. Pomological Soc. 1881* で"One [variety of tangerine] from Japan called Satsuma, bore a temperature of 16."【薩摩と呼ばれる日本からきたみかんの一種は16度の気温に耐えた。】とある。1905年 *Hora & sylva* は「薩摩、早生【early fruiting】のマンダリンみかん」と述べ、この他の用例も果樹栽培や柑橘類関係の文献からのものである。1922年の用例は「MIKANを参照」とあり、本書における別の項目がSatsumaの項目で言及されている。

1943年 Webber & Batchelor の *Citrus Industry* の用例は詳しく「薩摩はGeorge R. Hall博士が1876年に最初にアメリカに紹介し…薩摩フルーツは果汁を多く含んで成熟するが…皮はしばしば緑色のままか、ほんの少し色づくだけという特徴がある」とあるが、このように皮が緑色のままのみかんは日本には珍しい。アメリカに最初に紹介されたのは1876年、イギリスにはいつ頃紹介されたのだろうか。1967年の用例は「CLEMENTINEを参照」、最後の用例は、1980年 'M. Yorke' *Scent of Fear* からで「彼女は、今サツマと呼ばれているタンジェリーンをいくつか買った」とあり、80年代にはごく一般にみかんがサツマと呼ばれていたことがわかる。

OED 1 から *SUP 2* で大幅に変更された Satsuma は *OED 2* においても定義や用例に変化が見られる。記されている発音記号も *OED 1*、*SUP 2*、*OED 2* で少しづつ違い、編纂者たちのSatsumaへのこだわりと試行錯誤がうかがえる。*SUP 2* で消えた「日本国九州の一地域の名」が復活しているが「旧国名」なる記載はない。薩摩焼の定義は *OED 1* に同じであるが、用例は *SUP 2* で消えた *OED 1* の2例が復活、*SUP 2* の3例に加えられて合計5例になっている。薩摩オレンジの定義と用例は *SUP 2* に同じである。

一方、mikanは *SUP 2* から登場し、その定義と用例はそのまま *OEP 2* に受け継がれている。発音は「ミカーン」と伸ばし、日本語が語源で、定義は"A Satsuma orange"【薩摩オレンジ】と簡潔明瞭である。用例は4例。初出がSatsumaの用例で「参照せよ」とされた1922年 T. Tanaka *Jrnl. Heredity XIII* から "The Leading orange grown in Japan is a kind of mandarin, *Unshû Mikan*, called the Satsuma orange in the United States."【日本で最も多く栽培されるオレンジは、一種のマンダリンみかんである温州みかんで、アメリカではサツマオレンジと呼

ばれる。】とある。*SUP 2*の1943年の用例で薩摩オレンジが1876年に最初にアメリカに紹介されたとあり、この1922年の用例では、この温州みかんがアメリカで薩摩オレンジと呼ばれていたという。*OED 1*では薩摩焼の説明のみであったことは、イギリスではみかんが当時一般的に食されていなかったためかもしれない。

　1947年J. Bertram *Shadow of War*の「甘くてジューシーなマンダリンオレンジ」は、日本の甘いみかんを連想させる。1972年 *Nat. Geographic CXL I*の用例は「おばさんが、刺身と…最後には、タンジェリーンに似た柑橘類、フタガミ特産のミカン⁽⁷⁾を出してくれた」という「おばさん・刺身・ミカン」など日本文化の香りが漂う内容である。*SUP 2*と*OED 2*におけるSatsumaの1967年の用例は「クレメンタインを参照せよ」であり、それは*Guardian 3 Feb.*の「オレンジ…皮が薄く種のないサツマ。あざやかな、舌や鼻を刺激する小さなクレメンタイン…」である。tangerineは*OED 2*で「深いオレンジ色からほとんど深紅色ともいえる皮と果肉をもつ種々のマンダリンオレンジ、温暖な地域で幅広く栽培される。広義にはマンダリン」と定義される。「同義語」として「タンジェリーンはマンダリンの一種、別種には種なしのサツマがある。ほとんど種のないクレメンタインはタンジェリーンとオレンジの交配でできたもの」と明かしてくれている。要するに、*OED*にはclementine, mandarin, satsuma, tangerineなど柑橘類に関する語が掲載されているが、オレンジは同義語に含まれていないから、日本のみかんに似ているものがこの4語なのであろう。

　『広辞苑』や『大辞林』のみかんの説明は、「温州蜜柑のこと」とあり、薩摩という種類のみかんについては言及していない。「温州蜜柑」は「普通、みかんといえばこれを指す…果皮薄く無種で、美味。わが国で偶発実生としてできたもので、日本の中部・南部の暖地のほか、北アメリカ・ソ連でも栽培」とあった。*OED*の用例にこの温州蜜柑がアメリカで薩摩オレンジと呼ばれているとあるのは、北アメリカでも栽培されていることと関わっているらしい。しかし、知合いのアメリカ人たちは「薩摩オレンジ」や「サツマ

という語について「まったく知らない」という。イギリスに留学中の友人に問い合わせると、日本にあるみかんが「サツマ」として冬にスーパーに並び、味は「甘味がなくまずかった」と言ってきたので日本から輸出された温州蜜柑ではないのかもしれない。すでに冒頭で指摘したように、日本の辞書には30以上の薩摩関連語があるのに「薩摩」オレンジや薩摩というみかんに特別の言及はない。

　日本の辞典に薩摩みかんという語彙が見えないが、*OED*以外の英英辞典にもsatsumaは勢揃いしている。ちなみにNashijiとtemmoku、mikanは*New Shorter Oxford*にのみ採択されている。以下、要約する。①*Cambridge International*（イギリスとアメリカで、皮が簡単にむける小さなオレンジのような果物）（オーストリアで、サツマプラム…）。薩摩焼の説明はされていない。オーストリアのサツマプラムは、1873年のウィーン万博に薩摩焼が出品されたときの影響でこう名づけられたのかもしれない。同辞典に「参照せよ」とされる果物の絵として描かれたsatsumaは、まさに日本のみかんであった。②*Concise Oxford*（ちなみに主要全国紙で紹介された同辞書所収の日本語総数は92）（日本原産のいろいろなタンジェリーン。Satsuma wareとしては、クリーム色の日本の陶器）「Satumaは日本の一地域」③*Longman*（甘い種のないマンダリンオレンジ、それを産するいくつかのマンダリンの木、tangerineと同義語）「日本の昔の一地域」薩摩焼の説明はない。④*New Shorter Oxford*（日本語総数335）「日本国九州の一地域」（Satsuma wareとしては、クリーム色の日本の陶器）（日本原産の種々のタンジェリーン、ぴりっとした味で種のないものが多く、あっても小さな種。この実がなる木）⑤*Random House*（日本語総数245）（日本南西、九州南部の昔の一地域。陶器で有名）みかんの説明はない。⑥*Webster's 3rd*「日本国九州南部の昔の一地域」（Satsuma wareとしては、16世紀末に最初に造られた日本の陶器。始めは単色の釉薬で装飾されていたが、18世紀末から華麗な重ね塗りや金箔を使うようになる。）（satsuma orangeとしては、中くらいの大きさの薄いなめらかな皮の、主に種のない果物を実らせるマンダリンの木。）

　これら6つの辞書のすべてにSatsumaは採択され、その発音記号もヴァラ

エティに富んでいる。3つには旧国名であることも記されている。ランダムハウスは日本の辞典と同じく陶器のみを記載しているが、2つはみかんのことだけを述べており、日本の辞典と大きく乖離している。

幻の「薩摩」のみかんを求めて『果樹園芸大辞典』[10]を調べてみると、温州みかんについて「300余年前、鹿児島県下で偶発。当時は無核のゆえに、女がこれを食べると種がなくなって代が切れるというのできらわれていた。その後種無しがかえって好まれるようになり、急激に増植された」とあり、ここにみかんと鹿児島の関係が究明された。同辞典によれば、現在サツマキコクという名の鹿児島県下に点在する中型の柑橘がある。しかし、これはダイダイ区に属するもので、*OED*やその他の英英辞典にある薩摩のみかんではない。

Satsumaがみかんの呼称になってしまった経緯を明快に示してくれた辞典は『ランダムハウス英和大辞典』[11]であった。satsumaは、「ウンシュウミカン。satsuma orangeともいう。当初、薩摩(鹿児島)から苗木が出荷されたためといわれる」。薩摩焼。「薩摩の国：現鹿児島西部」、と簡潔に正しく説明してくれていて、はじめて納得させられた。*OED*や日本の大辞典は、この辞典に学び参考にしていただきたい。　　　　　　　　　　（渡辺佳余子）

(1) 『広辞苑』では「薩摩あげ、薩摩糸雛、薩摩芋、薩摩炒り、薩摩馬、薩摩絣、薩摩ガラス、薩摩菊、薩摩櫛、薩摩外記、薩摩下駄、薩摩拳、薩摩国府、薩摩暦、薩摩辞書、薩摩浄瑠、薩摩上布、薩摩汁、薩摩杉、薩摩人形、薩摩の守、薩摩隼人、薩摩版、薩摩半島、薩摩飛脚、薩摩琵琶、薩摩節、そして薩摩焼、薩摩蝋燭と列挙され、『大辞林』には、これらに薩摩椎、薩摩鶏、薩摩錦、薩摩富士も掲載され、薩摩外記、薩摩辞書、薩摩浄瑠、薩摩守は別項目で説明されている。
(2) 『茶道大辞典』角川書店、1990年
(3) 沈壽官『カラー日本のやきもの2　薩摩』淡交社、1980年
(4) このときの大花瓶一対が外国人の大きな賞賛を博し、以来、豪州、ロシア、アメリカなどに薩摩焼輸出の途が開けていくと14代沈壽官はいう。
(5) *OED*の日本語378語の約70パーセントの語が*SUP 2*からの出現である。工芸のカテゴリーに分類し、茶道具に使われる陶磁器としての項目を拾うと、Arita, Hirado, Hizen, Imari, Kakiemon, Kutani, Nabeshima, Raku, Satsuma, Seto, temmokuの11語。陶磁器ではないが工芸に関する項目としては、bekko, koro, mokum, Nashiji, suzuribako, urushi, urushiolなどがあげられ、この7語に陶磁器の11語を加えて18語となる。

(6)『カラー版日本語大辞典』講談社、1990年
(7) 愛媛県温泉郡中島町に属する島である二神島のことであろう。室町時代以降豪族の二神氏が居住し、近世には庄屋を勤めた。第二次世界大戦前はイワシ網漁と畑作を主な生業としたが、現在はミカン栽培と建網・一本釣りの漁業を主とする半農半漁の島。
(8) あるテレビ番組で、カナダ（バンクーバー）の人たちがクリスマスに取り入れている日本の風習に「テレビ・オレンジ」という、テレビを見ながら日本のマンダリンを食べる光景が紹介された。111年前の1884年の鉄道建設に従事していた日本人が家族から送ってもらった日本のみかんが始まりとのこと。画面で見るカナダのスーパーに積まれたマンダリンオレンジは、日本のみかんであった。オーストラリアに詳しい知人によれば、日本のみかんはマンダリンオレンジとして高級な店に売られているが一般に浸透してはいないとのこと。
　ちなみに、マンダリンは『大辞林』で①中国、清朝の高級官史②中国の公用・標準語、そしてミカンの意味がある。高級官吏たちの着用した中国服の色をはじめ、中国というと黄色の連想が多かったことからマンダリンオレンジの名も出てきたのではないだろうか。
(9) 英英辞典名は紙面の都合で略記。すべて最新版のものを調べた。
(10)『果樹園芸大事典』東京養賢堂、1984年
(11)『ランダムハウス英和大辞典』（第2版）小学館、1994年

sayonara　さようなら

　sayonaraは *OED 2* において、「別れの言葉、いとまごい。形容詞的にも用いる。他動詞として『〜にさよならを言う』の意味」と定義されている。*SUP 2* からの登場である。用例は、1875年から1977年にわたって9例あげられている。

　1875年の用例は、*Colburn's United Service Mag.*（10月）からで、"'Sionara!' (good bye), is your answer."【さよなら（good bye）があなたの答えだ。】というものである。1880年の用例は、*Golden Days for Boys & Girls*（4月3日）からで、"After this speech they all cried: 'Sayonara (farewell), Momotaro!'"【この挨拶の後、彼らは皆「さようなら、桃太郎！」と叫んだ。】となっている。

　1892年Kipling *Lett. of Travel*（1920）からの引用は"A traveller who has been 'ohayoed' into half-a-dozen shops and 'sayonaraed' out of half-a-dozen more."【6つの店に「おはよう」の挨拶で招き入れられ、さらに6つの店から「さようなら」の挨拶で送り出された旅行者。】となっている。1908年の用例はLady R. Churchill *Reminiscences*（1973）からで"Many *sayonara* were exchanged."【さようならの挨

拶が数多く交わされた。】というものである。ここではsayonaraが複数形で用いられている。

1952年の用例はT. J. Mulvey *These are your Sons*からで"The Sisters had arranged the children in the stiff and formal formation for the '*sayonara*."【修道女たちは子供たちを、堅苦しくきちんと「さようなら」を言う態勢で並ばせた。】となっている。1972年は、*OED 2*に多数用例の収録されている*Mainichi Daily News*（Japan）（11月6日）の記事からの引用であり、"The International Camera Club of Japan will hold a special Sayonara party for outgoing Chairman John Thorpe, Tues., Nov. 8."【国際カメラクラブは、11月8日火曜日に辞任する会長John Thorpeの特別送別会を開く。】という内容である。

sayonaraは、比較的英語への浸透度が高い語であると言えるだろう。*Webster's 3rd*では、簡潔にgood-byと定義されている。しかし、日本語で「さようなら」は挨拶言葉としては意外に使いにくいものである。親しい友人との別れの際には「じゃあね」が一般的であり、一方、目上の人に対しては「失礼します」が普通だ。英語の文脈でのsayonaraは外国人らしさ（foreignness）やユーモアを感じさせる点で好ましいが、日本語の用法として「さようなら」は日本語を学ぶ外国人にどのように認識されているのだろうか。

能登博義著*Communicating in Japanese*（1992年、創拓社）には、「日本語では別れの際に少なくとも3種類の挨拶が交わされる。友達の間ではこれ（筆者注：「じゃ、また明日」）が最も一般的である。目上の人に対して学生たちは『失礼します』という適切な挨拶で反応する。3つ目の挨拶は『さようなら』（さよなら）であり、目上の人に使うことはできない。『さよなら』は、永遠の別れであるかのような印象を与え、語感が強すぎて感情的すぎると感じる人もいる。しかし、ごく普通に使う人もいる」と記載されている（原文は英語）。sayonaraの用法も正しく理解されつつあると言えそうだ。

（馬場哲生）

sen 銭

「銭」は *OED 2* で初めて登場する。「日本の銅銭あるいは青銅銭。今日では円の百分の一」というのが、その定義である。初出例は1727年 J. Scheuchzer tr. *Kæmpfer's Hist. Japan* の"The use of silver Money was forbid, and in its stead brass Sennis coin'd."【銀銭の使用は禁じられていた。その代わり真鍮銭が鋳造された。】

日本最初の官銭は708年（和銅1）に鋳造された和同開珎とされていて、これには銀銭と銅銭とがあり、その他の皇朝銭はすべて銅銭だったと言われる。江戸時代には徳川家康が1601年（慶長6）に幣制を統一し、金座、銀座、銭座を設けて金銀銭貨を鋳造したことは、地名の由来との関連もあり割合よく知られている。

銀貨について言えば、使用のつど量目を調べなければならない秤量貨幣であるなまこ形の丁銀、不定形で小粒な豆板銀があり、定位銀貨としては五匁銀、一分銀、二朱銀、一朱銀が造られていた。

貨幣の総称として銭という言葉を使うが、銭貨と言えば通例銅銭を意味する。江戸時代に銅銭としては、1606年（慶長11）に慶長通宝、1617年（元和3）に元和通宝、1636年（寛永13）に寛永通宝、1835年（天保6）に天保通宝、1863年（文久3）に文久永宝などが鋳造された。この中でも寛永通宝だけは素材によって、銅銭、鉄銭、精鉄銭、真鍮銭があり、日常の小口取引に使用された庶民的な通貨で、この貨幣の登場によって貨幣流通が発展したと言われる。鉄銭は1739年（元文4）、江戸で鋳造した寛永通宝の一文銭に始まり、それまでは銅銭だけしか鋳造されなかった。

以上のことからすると、先の初出引用例の内容は、この文だけを見る限り、実情にそぐわないが、日本の貨幣は定義文のように銅銭が主体であったことは確かなようである。

ヨーロッパ最初の貨幣はギリシア貨幣である。貨幣の面には神や英雄、神話上の動物や神にゆかりの深い動植物が刻印され、ヘレニズム時代になると諸君主の肖像がそれに代わった。ローマ時代も皇帝の肖像が刻印され、中世

ヨーロッパにおいても皇帝の肖像やキリスト像が刻まれた。この形式は今日も変わらない。このことから、日本や中国では方孔円銭あるいは方孔楕円銭であるのに、ヨーロッパ貨幣には穴がない。自ずとこうした形状の違いに目が行き、全部で6つある用例のうち、2つがそのことに触れている。最初のものが、1802年 Pinkerton *Mod. Geog., Japan* "The Seni, of copper or iron, are strung like the Chinese pieces of a similar value."【銅銭または鉄銭には、同程度の貨幣価値の中国の硬貨のように糸が通してある。】で、いまひとつは1839年 *Penny Cycl.* "*Sennis*, or *Cashes*, are small pieces of iron, copper, or brass, having a square hole in the middle, through which, as in China, they are strung on a wire or thread."【銭即ち現金は、小さな鉄銭、銅銭あるいは真鍮銭で、真ん中に四角い穴があり、中国と同じように、針金か糸が通してある。】である。

こうした興味とは対照的に、風雅より生活が優先しがちなイギリス人気質をうかがわせる引用文もここにはある。1895年 C. Holland *My Japanese Wife* "To be English spells generosity in Japanese eyes in the matter of sen for her own little pocket."【イギリス人であることは、日本人の目からすると、懐がとぼしいが故に金銭的に気前がよいことなのだ。】

(伊藤勲)

Sendai 仙台（ウィルス）

この語は *SUP 2* にとりあげられ、定義はそのまま *OED 2* に引き継がれ次のようになっている。「日本の本州北部の都市の名で、仙台ウィルスという形で限定的に使われる。これはパラミクソウィルスの一種（仙台で最初に確認）で、哺乳動物の上部呼吸器官疾患を引き起こし、実験室では細胞融合を起こすのに使われる。」

用例は4例あるが、初出は日本人の書いた文献からのものである。1953年 T. Sano et al. in *Yokohama Med. Bull.* "We consider this disease a new form of virus pneumonitis and have termed it 'Newborn Virus Pneumonitis (Type Sendai)'."【この病気は新種のウィルス性肺臓炎と考えられ、「新生ウィルス性肺臓炎（仙台型）」と名付けた。】

第2例として1958年 *Ann. Rev. Microbiol.* "Similar to the influenza virus, one of the new agents, Sendai virus, propagates sufficiently well in eggs to permit primary isolation by amniotic inoculation."【新しい因子のひとつである仙台ウィルスは、インフルエンザウィルスと類似し、卵細胞の中で非常によく増殖するので羊膜接種によって初生分離する。】が示される。

第3例は1970年 *Nature*（7月25日付）"The possibility of introducing alien genetic material into mammalian eggs by fusion with somatic cells using Sendai virus."【仙台ウィルスを使い体細胞と融合させることによって、異質な遺伝子素材を哺乳動物の卵細胞に導入しうる可能性。】　　　　　　　（伊藤勲）

sennin　仙人

吉野川の岸辺で洗濯をしている若い女の白い肌に魅惑され、空飛ぶ雲から墜落した有名な久米仙人の話は天平時代（8世紀）の作といわれているが、日本の仙人伝説の多くはもとを辿ると中国、インドの仏典、仙人伝説などにあるという。*OED*はsenninを日本語としながらもこの点についてはきちんとした捉え方をしている。

*OED*におけるsenninの初出は*SUP 2*。見出し語のあとに表記上の異形sennen、次に語源の説明と定義が続く。[Jap., wizard（呪術者）, recluse（隠遁者）, f. Chinese *hsien-jên*（仙人）an immortal man（不死の人）] "In Oriental mythology: originally in Taoism, an elderly recluse who has acquired immortality through meditation and self-discipline; hence, a human being with supernatural powers, a recluse embodying the spirit of nature."【東洋の伝説上の話。もともとは中国の道教から生まれたもので、瞑想と自己修養により永遠の生命を得た初老の隠遁者。ここから神通力を得た人、霊妙自在の力を身につけた隠遁者の意味が生まれる。】この定義は*OED 2*にそのまま引き継がれているが、国語辞典の定義もほぼ同意である。

*SUP 2*の用例は5例（1875、1908、1912、1915、1930）。*OED 2*も*SUP 2*も同じ。初出例は1875年 Audsley & Bowes *Keramic Art of Japan*（caption to plate X, division 1), "Figure of a Buddhist *Sennen*, playing the *Koto*, and seated on the back of a fish."【琴を奏で、魚の背にすわっている道士の仙人の絵。】絵柄から考えて用例は「琴高乗鯉」の画題で知られている仙人（琴の名手で鯉を巧みに乗りこなす周代の琴高仙人）のことを言っていると思われる。古伊万里には大きな鯉に乗り水面から飛翔しようとする仙人の姿を描いた色絵琴高仙人文鉢がある。(1)

第2例は1908年 [see KIRIN] H. L. Joly *Legend in Jap. Art* "The Chinese *Shang Huen Fujen*, female Sennin, shown riding upon a Kirin."【中国の上元夫人。仙女でキリンに乗った姿で描かれている。】この用例はkirinの第4例と同じ。『中国の仙人』(2)によると中国には美しい女性の仙人がおり、玉女、神女、仙女とも呼ばれ、天仙（天空に住む最上位の仙人）、地仙（天仙の候補者で名山に住む）に仕えていたとある。なお、上元夫人は西王母に次ぐ第二位の仙女で十万の仙女を統べていた。

第3例は1912年 F. H. Davis *Myths & Legends of Japan* "The *Sennin* are mountain recluses, and many are the legends told in connection with them. Though they have human form, they are, at the same time, immortal, and adepts in the magical arts."【仙人は人間界を離れ、山中に隠遁生活をしており、彼らに関連して伝えられている伝説は多い。彼らは人間の姿をしているが、永遠の生命を持ち、呪術の達人である。】用例でも定義でも仙人は山中に隠遁生活をするとあるが、日本には仙人とはいわないが、不老長寿の生命力をもち、海にすむ乙姫などの伝説がある。

なお、仙人には無欲で世俗にうとい人、あるいはものしり顔をする人など嘲笑の気持ちをこめた用法もあるが、この意味での言及は*OED*には見当たらない。

(西村幸三)

(1) 谷川徹三監修『日本陶磁全集』23、中央公論社、1980年
(2) 村上嘉実著『中国の仙人』平楽寺書店、1991年

senryu 川柳

senryuの説明はまず固有名詞から始まる。すなわち「日本の詩人柄井川柳

(1718-1790)の名前。1つのタイプの日本の詩を示すのに用いられる。それは形式において俳句に似ているが、内容においてさらに意図的にヒューマラスあるいは風刺的であり、通例季語はない」。

*SUP 2*に3例をもって登場する。初出例は1938年 T. Kunitomo *Japanese Literature since 1868*中の文"His submissive attitude which he likened to the spirit of *senryu* increased in his later writings."【彼が川柳の精神になぞらえた彼の受け身の態度は後期の著述にふえている。】

第2例は1958年 *Japan: its Land, People & Culture*中の"By applying the rule of 5. 7. 5. but disregarding other rigid rules *senryu*（satirical poems）were written in a freer spirit and with humour."【五・七・五の規則を適用しつつも、他の厳格な規則を無視することによって、川柳（風刺詩）はいっそう自由な精神でまたユーモアをもって書かれた。】

第3例は1977年 G. Grigson *Faber Bk. Epigrams & Epitaphs* "Both *haiku* and *senryu* are epigrams—if epigram is taken to mean brevity, but a *haiku* has been defined as expressing a moment of vision into the nature of the world and a *senryu* as expressing a moment of satirical insight into the nature of ourselves ... With us, rather unfortunately, 'epigram' has come only to suggest something like *senryu*, short and sharp."【俳句も川柳も警句である。もし警句が簡潔を意味すると解されるなら。しかし「俳句」は自然界に対する視覚の一瞬を表現するものだと定義されるし、「川柳」はわれわれ自身の本性に対する風刺的洞察の一瞬を表現するものだと定義される。…われわれにとって、いささか不運なことに、「警句」はただ、短くて鋭い川柳のようなものを意味するだけになってしまっている。】

*Faber Book*シリーズの1冊であるこのアンソロジーに見られる俳句と川柳の定義は、なかなか巧みな言葉遣いで両者のちがいを簡明に述べている。英語のepigramには俳句のような要素が欠けていることを「不運」だと言っているのがほほえましい。

久松潜一編の *Biographical Dictionary of Japanese Literature*（Kodansha International Ltd., 1976）に別項目としてsenryuがあげられているの見ると、川

柳と俳句の成立の経緯を述べたあとに"As a vehicle for lighthearted literary expression it has continued to be popular to the present day."【快活な文学表現の手段として、それは今日まで人気を保っている。】と結んでいる。だが、今日でも川柳がしきりに日本で作られているという事実に対する言及は*OED*の用例には見当たらない。

(福田陸太郎)

sensei 先生

sensei は *SUP 2* から採録され、*OED 2* においては「日本で、教師（teacher）、指導者（instructor）、教授。また、ある技術に熟練した人を指す敬称で、ときに皮肉を込めて用いられる」と定義されている。用例は、1884、1934、1959、1972、1981年の5例であり、100年にわたってバランス良く収録されている。

1884年の用例は *J. J. Rein's Japan* という訳本からで、"The Ban-i (foreign barbarian) of yesterday was the Ijin-san (foreign gentleman) of to-day, and in the mode of address even a sen-sei (worthy scholar)."【昨日の蛮夷は今日の異人さん（外国紳士）となった。しかも、呼びかけのときにはセンセイ（立派な学者）でさえある。】というもので、外国人が侮蔑の対象から尊敬の対象へと変化した状況が簡潔に述べられている。この用例は、「先生」が敬称であることを例示している。

1934年の用例は E. Blunden *Mind's Eye* からで、"A copy of some newly acquired book, or a Japanese clay figure for the sensei's table"【新しく入手した本1冊、あるいは先生のテーブルに置く日本の陶人形1体。】となっている。

1959年の用例は *Times Lit. Suppl.*（7月10日付）からで"The ordinary reader begins to feel that he cannot get very far in poetry without a *sensei* or a *guru*."【普通の読者は、先生や指導者がいないと詩作において大成できないと感じ始める。】というものである。1972年の用例は J. Ball *Five Pieces of Jade* からで、"My karate sensei tells me that I should learn Japanese."【空手の先生は、私に日本語を学ぶべきだと言っている。】と記されている。これら2つの用例は、「先生」が

いわゆる「師匠」の意味で使われることを例示している。

1982年の用例はJ. Melville *Sort of Samurai* からで"I'm afraid your colleague my father never really forgave me, Horiguchi-sensei."【堀口先生、先生の同僚である私の父は私のことを決して本当に許すことはなかったのだと思います。】というものである。この用例は、「先生」が呼称として使われることを例示している。

一方、『広辞苑』において「先生」は、「①先に生まれた人。②学徳のすぐれた人。自分が師事する人。また、その人に対する敬称。③学校の教師。④医師・弁護士など、指導的立場にある人に対する敬称。⑤他人を、親しみまたはからかって呼ぶ称」と定義されている。

「先生」が英語のteacherとイコールでないことは良く知られている。ひとつには、日本語と英語の呼称の違いがある。日本語では目上の人を名前でなく地位や自分との関係概念で呼ぶことが多い。先生、先輩、部長、お兄さんなどがその例である。一方、英語では普通teacherがこのように使われることはない。もう1つには、「先生」とteacherの意味範囲の違いがある。日本語の「先生」は、上記『広辞苑』の語義にもあるように、相当広い意味で使われる。*OED 2*の定義も、先生の持つ意味の多様性をうまく伝えていると言えるだろう。

(馬場哲生)

sentoku 宣徳銅器

Sentokuは*SUP 1*から登場し、*SUP 2*、*OED 2*にもそのまま、あるいは追加や修正をされながら採択されている。*SUP 1*の定義は、"A variety of Japanese bronze"【日本の青銅製品の一種】という簡潔なものであったが、*SUP 2*には、「もとは明の宣宗の時代（1426-35）に鋳造された中国の銅器、後に中国の銅器に似せて作った黄金色の日本の青銅器、また青銅そのもの」と詳しく解説され、*OED 2*に踏襲されている。用例は*SUP 1*では2例（1902、1931）であったが、*SUP 2*ではこの2例に別の2例（1904、1968）が加えられ、全部で4例となり、そのまま*OED 2*に受け継がれている。

初出は、1902年 *Encycl. Brit.* から"A golden yellow bronze, called *sentoku*."【宣

徳と呼ばれる黄金色の青銅。】という簡単なもの。第2例は、E. Dillon の *Porcelain* から、「宣徳」とは、日本人が明の皇帝"Hsuan"をこのように発音したためであると指摘している。国語辞典では、「宣徳は宣宗の治世の年号、および宣徳銅器の略」とある。最後の用例は1968年 G. Savage の *Conc. Hist. Bronzes* という専門書で、"Sentoku, containing up to thirteen percent of zinc, may have been used in the fifteenth century, and legend has it that vessels of this kind also contained gold."【亜鉛を13％まで含む宣徳銅器は、15世紀に使われていたようで、この種の容器は金も含んでいたと伝えられている。】と詳しい。

（渡辺佳余子）

seppuku　切腹→hara-kiri　腹切り

Seto　瀬戸焼

　Seto は *SUP 2* から登場し、定義その他に変更なく *OED 2* にいたっている。定義は「日本の名古屋から12マイル北東にある市の名、この地に13世紀に設立された窯から産する陶磁器を称して限定的あるいは単独で使われる」とある。瀬戸は、鎌倉時代から製陶業が興り、日本最大の陶磁器工業地として有名。瀬戸焼は、陶祖の加藤四郎景正（初代藤四郎）が宋に行き、陶法を伝えたことが起源になった。鎌倉時代であるならば、*OED* に採択されている他の陶磁器のほとんどが江戸時代に興隆したことを考えれば、かなり早い時期になる。瀬戸焼は江戸時代中頃衰退したが、1804年、加藤民吉父子が肥前に赴き、磁器の製法を学び帰って磁器の製造を始めた。民吉は瀬戸の「磁祖」となっているが、九州に置きざりにされた妻子は池に身を投げたことから、彼らの涙で、毎年9月の磁祖の祭りは雨になると言われている。

　旧陶器を本業というのに対して、これを新製と言い、本業に代わって瀬戸焼の主流を占め、再び活気を呈したという。九州産の磁器よりも古い歴史を誇る瀬戸焼であるのに、衰退後に再興させるためには、やはり九州地方に赴かねばならなかったのだ。

用例は6例（1881が2例、1925、1945、1959、1972）。初出は1881年 Audsley & Bowes *Keramic Art of Japan* から"The specimens ... cost about four times as much as corresponding articles of Arita or Seto make."【その見本は、有田や瀬戸産の類似の品物の約4倍の値段である。】というもの。同書からのもう1つの用例には、"... Seto-Suke, Seto-Kuro, and ... Ki-Seto, or yellow Seto after the colour of the glaze used."という記述がある。瀬戸スケとは、おそらく瀬戸の須恵器のことで、漢字を誤って読んだものであろう。須恵器とは古墳時代後期から奈良・平安時代に行なわれた、大陸系技術による素焼の土器のことである。「瀬戸黒」は、真っ赤なうちに窯から引き出すので「引出黒」とも呼ばれ、急冷によって黒くなる。黄色の釉薬がかかっているものが「黄瀬戸」である。

3つ目はW. Weston *Wayfarer in Unfamiliar Japan* から。『知られざる日本を行く』とでも訳せる文献で"... Seto, gives its name to the Japanese term *Seto-mono* (lit. 'Seto ware') , porcelain, just as we ourselves employ the word 'china' to connote articles of a similar nature."と、西洋人が陶磁器を「チャイナ」と呼ぶように、日本では陶磁器を瀬戸物と呼んでいることの紹介。ちなみに瀬戸物という語は畿内以東で使われ、中国・四国・九州では唐津物と呼ぶこともある。また、白色の釉をかけた唐津焼は、その明度が瀬戸焼の陶器に近いところから、瀬戸唐津と言われる。

1959年の用例はR. Kirkbride *Tamiko* から"... Seto, very old and rare, from the kiln at Nagoya."とあり、「古瀬戸」への言及のようである。古瀬戸は、鎌倉・室町時代に今の瀬戸を中心に作った焼物で、灰釉・鉄釉をかけるものである。

（渡辺佳余子）

shabu-shabu　しゃぶしゃぶ

shabu-shabuが*OED*に登場したのは*SUP 2*で、*OED 2*にもそのまま記載されている。定義には、「沸騰したスープの中で野菜と一緒に調理する薄切りの牛肉や豚肉の日本の料理」とある。しゃぶしゃぶの名は、湯の中でふり洗いして熱を通すところからつけられたと言われる。その記述は*OED*の定義

にはないが、初出例の1970年 T. Egami *Oriental Cookery* には、"Shabu-Shabu. The word *shabu-shabu* derives from the sound of thin slices of succulent beef being gently swirled with chopsticks ... in hot broth."【しゃぶしゃぶ。しゃぶしゃぶという語は薄くスライスした豊潤な牛肉が熱いだし汁の中で箸を使ってかき回される音からきている。】とある。

第2例は1973年の *Times* (6月9日付) からの"The speciality dish shabu-shabu (£1.80); raw beef and geometrically cut vegetables, briefly cooked by the waitress in a pagoda-shaped pot of broth, and served with rice and savoury dip."【特別料理しゃぶしゃぶ(1ポンド80ペンス)。生の牛肉と幾何学的に切った野菜をウエイトレスが仏塔の形をした鍋のだし汁で手短かに調理し、御飯と風味のあるソースと一緒に出される。】である。最後の第3例は1979年の *United States 1980/81* (Penguin Travel Guides) からの"You can sample delicious shabu-shabu, Japan's answer to Swiss fondue."【スイスのフォンデュに相当する日本料理の、おいしいしゃぶしゃぶを試食することができる。】である。

(糸山昌己)

shaku 尺・笏

尺と笏は日本語の辞典では別項目として扱われるのが普通だが、*OED* は shaku という見出し語のもとに2語を併せて記している。あとで述べるように、両者の間にまったく関係がないわけではないが、私たち日本人もその繋がりをあまり意識していないのが普通だし、*OED* が同一見出し語の2つの意味としたのも、この繋がりを意識してのことであったかどうか疑わしい。しかしなんらかの躊躇があったらしく、ふつう語義は1、2／a、bの記号を用いて順に細目化しているが、はじめて収録した *OED 1* ではa、bであったものを、最新版では1、2に改めている。このほかにも発音、表記、語源、用例にわたり2つの版で違いが見られるが、定義を除けばさして大きな変更とは言い難いので、省かせていただく。

SUP 1 の第1の定義「a. 日本の長さの単位、11 3/4英インチに等しい」は、*OED 2* になると、「1. 日本の長さの単位、11.9インチ (30.3cm)。(引用例1974

を見よ）」に変わっている。1974年の用例は1933年の *SUP 1* には当然なく、新しく追加されたものである。これをみると、*Encycl. Brit. Micropaedia* から"*Shaku*, a unit of length, area, and volume in Japan, equivalent to 10/33 metre, 3. 306 square decimetres, and 18. 039 cubic centi-metres."【シャク、日本の長さ、面積、体積の単位で、10/33メートル、3.306平方デシメートル、18.039立方センチ。】とあるから、厳密には尺のほか勺も含むことになる。尺も勺もかつてはよく聞かれたが、今日では日常生活からすっかり消えてしまった。計量法の施行によって1959年以降、尺貫法は用いないことになったのである。これにつれ曲尺も鯨尺も、また母親たちの裁縫箱とともにあった長い竹の物差しも、過去のものとなった。英語のフィートやインチも同じ運命をたどりかけているのかもしれない。現に最新版の定義のなかの「30.3センチ」という注は、*SUP 1* にはなかった。

　用例は1つを除き *SUP 1* のものがすべて新版に採録され、さらに年代の新しいものが2つ加えられている。もっとも古いのはJ. G. Scheuchzer訳ケンペルの『日本誌』から、鯉についての "One *Sackf* and a half long"【長さ一尺半】という記述。この書物からはさらに2つ引用がある。後一条天皇の御代の大雪についての記録 "Snow ... to the height of four *Sak* and five *Suns*, that is about four foot【原文のまま】and a half."【雪は四尺五寸、すなわち約四フィート半の高さに…】では、ごく大まかに尺とフィートを換算している。3つ目は "His Stature ... of nine *Saku*, and nine *Suns*, proportionable to the greatness of his Genius."【身の丈…九尺九寸、その天賦の才に見合ったものであった。】で、孔子についての記述。同一の書物から3つも引用しているのは、それぞれの箇所で表記が異なるためである。*OED* がすべての版で見出し語のあとに、「18世紀にはsackf, sak, sakuも」と記しているのはこのためである。

　1878年『日本アジア協会誌』からの "The seismograph consisted of a copper vessel, whose diameter was 8 *shaku* or feet."【地震計は直径8尺ないしフィートの銅の器でできていた。】は、上記ケンペルの雪の描写と同様、尺とフィートを大まかに換算している。尺もフィートも人体の一部を用いて便利に寸法を表

わしたものであるから、民族の平均的体格に大小の差はあっても、言語環境がともに移行すれば感覚的には問題ないはずである。

shakuのもう1つの意味である笏の定義は、SUP 1では「b. 日本の宮廷貴族が古くは備忘録として用いたものを、後には栄誉の印として天皇の御前で携えるようになった木製または象牙の棒」であったものが、OED 2になると、「2. 長さ1フィート強の平たい木製または骨製の棒で、かつては日本の宮廷貴族が備忘録を記したが、のちには天皇の御前で栄誉の印として携え、また天皇自身も携帯するようになったもの」に変わった。

このうち長さに関する言及は重要である。笏は中国から渡来した風習だが、音読みにすると骨に通じるので忌み嫌われ、長さがほぼ等しいことから「尺」の読みが当てられたという。祭祀を行なう宮廷人や神官の持ち物であれば当然の対応だったと思われる。OEDが2つをまとめてshakuの1語で表わしたことに、このあたりの事情がどの程度関わっていたかは、断定しがたい。単に長さがほぼ等しいということへの配慮からかもしれないし、あるいはこの辺の微妙な事情も念頭にあったのかもしれない。

用例はSUP 1以来のものが2つ、新たに加えられたものが2つである。古くからのものの1つは、1875年 F. V. Dickins訳の『忠臣蔵』から"Twas the Emperor's whim That the tree should from him Have a shaku with Ta-iu writ on."【木には太夫と記したる笏をもたせんとの帝の思し召しなりけり。】これは「謡曲『高砂』の一節」として巻末に付せられたものからの引用だが、にわか雨に遭った秦の始皇帝を救った松が賜わった「しゃく」は、通常「爵」とされているようだ。もう1つは1894年 C. M. Salway *Fans of Japan*から"The *shaku* ... was a stick in the shape of the outside frame of a folding fan, about two feet in length, about an inch and a half to two inches at the top, decreasing at the base to about one inch."【笏は…畳み扇の外枠の形をした棒で、長さ2フィートほど、幅は最上部は1.5から2インチで徐々に細くなり、最下部は1インチほどであった。】である。平安時代に宮中で天皇が扇を家臣に下賜される儀式があり、一時は扇が笏の代わりに用いられたといわれる(『平凡社世界百科事典』「おおぎ」の項

参照。）筆者もかつて笏は巨大な扇の親骨だと思っていたことがあった。扇に関するこの書物のなかで、笏について詳しい解説がなされているのをみると、少なくともこれら2つは限りなく近い関係にあるとみなされたようだ。

　*OED 2*が新たに加えた2つの用例のうち1つは、1928年（昭和3年）*Daily Express*の"The Emperor, after seating himself on the throne, was presented with the small wooden baton (shaku) which is a traditional symbol of authority found in many Shinto rites."【玉座につかれた天皇には、神道の儀式における伝統的な権威の象徴としてよく見かけられる小さな木製のバトン、すなわち笏が奉ぜられた。】である。今上天皇の即位に関するレポートからも引用される時がやがてくるかもしれない。
　　　　　　　　　　　　　　　　　　　　　　　　　　　　（橋本禮子）

(1) *SUP 1*ではこのあとさらに、"The shaku was made of wood or ivory, and had to be held in a certain manner, viz., right in front of the holder, pressing against the lower part of the chest, and slightly inclined outwards to give the body a dignified bearing in the presence of royalty."という詳しい解説が続けて引用されているが、最新版は重複を避けるためか、省いている。

shakudo　赤銅

　赤銅が*OED*に登場するのは早く、*OED 1*からである。この語の語源は、「日本語の赤銅。中国語のch'ih t'ungつまり赤い銅の古い形」とされており、続く定義は「日本の銅と金の合金。しばしば化学処理が施され、緑青が出る」となっている。用例は4例で、次は*SUP 2*に追加されたもの。

　1860年 S. B. Kemish *Jap. Empire* "The beautiful work called *syakfdo*, in which various metals are partly blended, partly combined, producing an effect much resembling fine enamel."【美しい細工は赤銅と呼ばれ、様々な金属を混ぜ合わせたり化合したりして、上質のエナメルによく似た効果を醸し出している。】次は*OED 1*唯一の用例で1878年 *Jrnl. Applied Sci.* 4月号 "The dark blue colour ... is that of the Shakudo, composed of copper, and three or four per cent. of gold."【その濃青色は、銅と3〜4パーセントの金から成る赤銅の色である。】とある。

　赤銅が何の合金であるかに関して、『広辞苑』と『大辞林』とでは内容が少々異なる。前者では「銅に金が2〜8パーセントと銀が1パーセント加わ

った合金」としているのに対し、後者では「少量の金を含む銅合金」となっている。要は銀を含むかどうかであるが、第2例は『大辞林』の内容とほぼ一致している。

(吉江正雄)

shakuhachi 尺八

　歌舞伎の中の伊達男たち、花川戸の助六や御所の五郎蔵が帯の背のところに差していたり、時代劇に登場する虚無僧が吹いていることでおなじみの管楽器「尺八」は、SUP 2から採択されている。中国から日本に伝来した「尺八」と呼ばれる縦吹きの管楽器には主として3種類ある。唐代初期に現われ奈良時代に雅楽器として日本に伝わった、唐代の律尺での一尺八寸（曲尺の八寸を一尺として約43.5cm）の「雅楽尺八」（「古代尺八」「正倉院尺八」）と呼ばれるもの（平安中期に消滅）と、室町時代に南中国から伝わった、一尺一寸一分（約33cm）で根に近いほうに歌口がついている「一節切」と呼ばれるもの（江戸後期に消滅）、そして江戸時代に臨済宗の一派である普化宗の僧「虚無僧」が法器として修業のために吹いた「普化尺八」（「虚無僧尺八」）である。これは根から遠いほうに歌口がついている長さ一尺八寸（54.5cm）もので、この「普化尺八」に改良が加えられたものが現在も使われている。

　語源は［SHAKU＋hachi eight (tenths)］とされているが、OEDはSUP 1から日本の長さの単位である"shaku"【尺】を掲載しているので、それを使っての「尺＋八（十分の八）」という説明である。確かに、日本でも一般的に尺八の名の由来は「一尺八寸」であると思われているが、現在の尺八の標準管長である一尺八寸のことではなく、唐代の律尺での一尺八寸にまでさかのぼるはなしである。定義は"An end-blown Japanese flute, made of bamboo."【竹製の日本の縦笛。】とあるが、上記のように元来は中国の楽器である。

　用例は4例ある。初出例は雅楽と同じく1893年のF. T. Piggott *Music & Musical Instruments of Japan*で"The Shakuhachi, introduced into Japan from China by Prince Tsuneyoshi as far back as ... 1335, seems to have been treated from the first as a solo instrument."【古く1335年に恒良親王によって中国から紹介された尺

八は、当初から独奏用の楽器として扱われてきたようだ。】とあるが、後醍醐天皇の第九皇子、恒良親王が紹介したというこの尺八はおそらく「一節切」と呼ばれるもので、歌の伴奏や箏、三味線との合奏にも使われた上、江戸後期には絶滅しているので、Piggottがここで紹介している独奏曲の演奏に用いられた「普化尺八」とは違うものであり、混乱が見られる。

　第3例は1965年 W. Swaan *Jap. Lantern* からのもので、"Two itinerant beggar-priests playing the shakuhachi, an archaic type of bamboo flute."【尺八という古風な竹製の笛を吹いていた2人の旅の虚無僧。】とあり、これは「普化尺八」である。

　最後の用例は、1981年3月17日付けの *Daily Tel.* からで、日本のデルフォニック・アンサンブルの4人のメンバーが初めて英国を訪れ、ラウンドハウス・コンサートホールで尺八、箏、三味線、太鼓によるコンサートを開いたという記事の一部である。"The first half was devoted to traditional pieces, performed on the shakuhachi, a simple bamboo flute..."【前半は尺八という素朴な竹製の笛［および箏と三味線］による伝統的な曲の演奏に終始した。】尺八は素朴な楽器ではあるが、驚くほど多彩で表現力豊かな音色を奏で観客は魅了され、コンサートの後半は、太鼓が加わって現代音楽が演奏されたと記事は続いている。

(坂上祐美子)

shiatsu　指圧

　shiatsuが *OED* に登場したのは *SUP 2* で、*OED 2* にもそのまま記載されている。定義として"A kind of therapy, of Japanese origin, in which pressure is applied with the thumbs and palms to certain points on the body."【日本で始まった、親指や手のひらで身体の一定の部位を圧迫する療法の一種。】とある。『岩波国語辞典』では「治療のため、手の指、手のひらなどで押したりたたいたりすること。〈——療法〉」とある。*OED*、『岩波国語辞典』ともに、ほぼ同じ定義になっている。

　初出例は1967年の *The Telegraph* (Brisbane) (12月4日付) からの"A Japanese physiotherapist ... believes that his shiatsu finger massage is good for treating high blood pressure, insomnia and hernia."【指圧によるマッサージは高血圧、不眠症、ヘルニアなどに効果があると信じている日本の理学療法師もいる。】である。この例にあげられている以外に、指圧の適応症として神経痛、リウマチ、胃腸病、頭痛、肩こり、疲労などがある。

　第2例から第4例までの次の3例はともに1969年のT. Namikoshi *Shiatsu: Health & Vitality at your Fingertips* からの引用である。"Widely practiced in Japan today, shiatsu is described by the Ministry of Welfare as follows: Shiatsu is a treatment in which the thumbs and palms of the hands are used to apply pressure to certain points in order to correct irregularities of the living body."【今日日本で広く行なわれている指圧について、厚生省は次のように記述している。指圧は親指や手のひらを使って身体のある部分を圧迫して生体の異常を直す治療である。】"The thumbs are often used in shiatsu treatment."【指圧療法には親指がよく使われる。】"Apply strong shiatsu pressure to the eight points on the calf."【ふくらはぎの8カ所を強く指圧する。】この浪越徳次郎は昭和43年1月より3年間、「桂小金治アフタヌーンショウ」などのテレビ番組に出演し、「指圧のこころは母ごころ」のスローガンは一世を風靡したものである。日本指圧協会会長にもなったことのある浪越の著書からの用例が3例もあるのも当然かもしれない。

　第5例の1975年 *Publishers Weekly* には"Shiatzu was developed centuries ago in Japan as a refinement of the acupuncture treatment from China."【指圧は中国から来た鍼療法を改良して数世紀前に日本で開発された。】とあるが、指圧は、大正年間に古来のあんま法の手技に、導引（呼吸と体操法）、柔術の活法を加え、さらにアメリカからカイロプラクティック（脊柱矯正療法）やオステオパシー（整骨療法）などの整体療術の理論と手技を取り入れて作られたのである。最後の第6例1980年 *Daily Tel.*（6月21日付）には"There are 13 pressure-points in *shia-tsu*."【指圧には13のつぼがある。】とある。指圧をする部位は全身のいわゆる「すじ」と「つぼ」で、鍼灸の経絡と経穴にほとんど一致するが、それよりもはるかに多い。

（糸山昌己）

Shibayama　芝山細工

「芝山」が最初に *OED* に登場するのは *SUP 2* からである。そしてその後の変更はない。定義は「小文字で綴ることもある」とあってから、「日本の彫刻家の家名で、一族が始めた象嵌細工の独特の様式も指す」である。『平凡社大百科事典』は、「工芸技法の1つであり、主に象牙や紫檀の素地に牙角、螺鈿、珊瑚などを薄肉に彫り、花卉、鳥獣、人物などを表して嵌入したもの」と解説している。

「彫刻家の家名」という記述に関しては、上記事典には「江戸時代末期に芝山仙蔵が創始したところからその名がついた。…明治前期の作家として芝山惣七、芝山易政らが知られている」とあるところから、ヨーロッパへの輸出品として盛んに制作されたらしく、手掛けた細工師も多い中で、芝山家一族が伝統を守ったのだろう。

初出用例は1928年 F. M. Jonas *Netsuké* からである。"Shibayama is the name by which all encrusted work is known."【芝山は象嵌細工を施した作品の総称。】

次は、1956年 F. Meinertzhagen *Art of Netsuke Carver* "'Shibayama' work, mostly of poor quality, in the form of vases, jars, trays, etc., was made from the late 19th century up to recent times."【総じて質の悪い「芝山」細工が、花瓶、水差し、盆などの形で、19世紀末から最近に至るまで作られてきた。】となっている。この用例から、海を渡った芝山細工にどんな種類のものがあったかがわかる。

（吉江正雄）

shibui　渋い

定義として、①形容詞─静かで、深く、あるいは、じみな味がある。②名詞─味のあること。洗練されていること。優美な単純さを賞すること。日本語では、名詞の形は「渋」（物質）、あるいは「渋味」（その性質）、形容詞は「渋い」。5つの用例で *SUP 2* に登場する。

初出例は1947年 J. Morris *Phoenix Cup* "A picture, a piece of pottery, a kimono, or what you will, may be, from the Japanese point of view, in exquisite taste, and yet not *shibui* ; to be thus described there must be also some invocation of quietude and austerity."【一枚の絵、一個の陶器、一枚の着物、などなど、それらは日本人の見方からすれば、極上の好みのものであろうが、「渋い」とは言えない。そう叙述されるためには、何か静けさと厳しさを喚起するものをもたねばならない。】ジョン・モリス（1895-1980）はケイムブリッジ出身。1937年来日。東京文理大、慶大などで教えた。BBC極東部長として、戦後マッカーサーにインタビューのため東京へ来たとき、渋谷の旧居の焼け跡に、昔所有していた思い出の品を見つけた。この本の題名の由来である。

第2例は1958年 *Japan: its Land, People & Culture* "As beauty approaches the highest level it becomes a subtle beauty represented by what is known as the *shibu* taste."【美が最高水準に近づくとき、それは「渋い」趣味として知られているものによって表現される微妙な美しさとなる。】

第3例は1960年 E. Mannin *Flowery sword* "Vulgarity, and *shibui* side by side." 【俗悪さと「渋い」が並んで。】イギリスの女性作家エセル・マニン（1900-）は労働階級の出身で、小説のほか自叙伝や旅行記を書いた。

第4例は1965年 *This is Japan 1966* "The sense of appreciation known as *shibui*, which enables Japanese to derive such satisfaction from the drinking of the tea, might seem to the foreigner a type of high, super-refined, even affected taste."【「渋い」として知られる賞味感覚、それは日本人にお茶を飲むことからとても満足感を覚えさせるものだが、外国人にとっては、1つのタイプの高度の、極上に洗練された、ちょっときざにさえ思えるような趣味に見えるだろう。】

最後の例は1970年 J. Kirkup *Japan behind Fan* "That ghastly good taste, common to all modern hotels, that turns the most *shibui* atmosphere into something expensive and pretentious."【すべての現代ホテルに共通しているあのおぞましい上品趣味、それは最も「渋い」雰囲気を何か高価で尊大なものに変える。】ジェイムズ・カーカップ（1923-）はわが国でもよく知られた詩人・エッセイスト。現在はアンドラを本拠として活動している。イギリス俳句協会の会長でもある。

「渋い」を良しとする考え方は、アメリカの雑誌 *House Beautiful* が「渋い」についての2つの特別号を出した1960年頃から欧米に広まったとされている。美術的な意味だけでなく、人間の行動などを表現するのにも用いられることがある。

(福田陸太郎)

shibuichi　四分一

shibuichi は *SUP 1* より採録され、この段階での語源欄には「中国語の四分一からきた日本語」とある。定義も「銅4、銀1の割合の合金で、銀灰色の美しい光沢故に、日本人に広く用いられる」となっているが、いずれも後の版では訂正されている。実際には四分一は、銅3、銀1の合金である。*SUP 1* での用例は2例である。

SUP 1 での初出例は1902年 *Encycl. Brit.* の "Neither metal, when it emerges from the furnace, has any beauty, *shakudo* being simply dark-coloured copper, and *shibuichi* pale gun-metal." 【炉から出てきたときは、どちらの金属も少しも美しくない。シャクドウは単に薄黒い銅で、シブイチのほうは淡い砲金色である。】四分一は緑青と硫酸銅の混合液で煮沸して着色すると、細かい斑のある銀灰色となる。第2例は1931年 *Illustr. London News*（8月15日付）からの短い例 "An *inro* of *shibuichi*, the copper and silver alloy."【銅と銀の合金であるシブイチのインロウ。】

SUP 2、*OED 2* では、語源は「shi は四、bu は分、ichi は一」に、また定義も「…銅3、銀1の割合…修飾語としても用いられる」に訂正された。用例は *SUP 1* の2番目の例が削除され、新たに3例が追加され、あわせて4例となった。*SUP 2* の初出例は1880年 T. W. Cutler *Gram. Jap. Ornament* の "The *shibu-ichi* is inlaid with gold and *shakudo*."【シブイチには金とシャクドウが象眼されている。】である。第2例は *SUP 1* の初出例と同じもの。ただし、dark-coloured copper の copper の語が脱落している。第3例は1911年の *Encycl. Brit.* "On the surface of a shibuichi box-lid we see the backs of a flock of geese."【シブイチの箱の蓋の表面には、鴛鳥の群の背中が見える。】この箱は大変凝ったもので、蓋を開けると鴛鳥の胸の部分が現れるという趣向である。1876年の廃刀令に

より、日本の芸術的金工は終焉を告げたと西欧の批評家はよく言うが、実際にはその技術は他の方面の装飾に生かされていると解説され、譬えとして上述の箱があげられている。

最終例は66年後の1977年 *Times*（10月14日付）の刀の鍔のオークションの記事からである。"The top priced *tsuba* ... is ... made from a Japanese alloy called shibuichi."【最高値のついたツバは…シブイチという日本の合金で作られている。】

四分一はわが国固有の合金で、色調が朧月を連想させるところから、またの名を朧銀ともいう。烏金（うきん）の添加や銀の含有量の増減により暗褐色から銀白色に至るまで、さまざまな色調を作ることができ、黒四分一、並四分一、白四分一などの名で区別される。装飾用として幅広く用いられるが、特に刀装具には赤銅についで盛んに用いられたという（『国史大辞典』吉川弘文館）。

（海老名洸子）

Shiga　志賀菌

この語は *SUP 2* で初めてとりあげられた。「1898年にこの名のつく細菌を発見した日本の細菌学者志賀潔の名で、人に赤痢を引き起こすグラム陰性の志賀菌と、それが出す毒素を表す限定詞や所有格として使われる」と定義され、これはそのまま *OED 2* に引き継がれている。

用例は全部で6例示されている。初出は1900年の医学雑誌である。*Philad. Mad. Jrnl.* "They proceeded upon the false assumption that Shiga's microorganism was a variety of B [acillus] coli communis."【志賀菌の微生物は、バチルス・コリ・コミュニスの変種であるという誤った前提に立って、彼らはことを進めたのである。】

さらに同じ出典から、もう1例提示されている。"Comparison of the Eberth-Gaffky and Shiga bacilli show the criterions of difference are by no means numerous."【エバース-ガフキー・バチルスと志賀バチルスとを比較してみると、違いの規準となるものは決して多くはない。】

1946年8月号の *Nature* からは次のような用例が示されている。"It

supervised the production of typhus vaccine and Shiga toxoid, and made suitable recommendations to the Department of National Defence concerning their use."【そこが発疹チフスワクチンと志賀トキソイドの生産を管理し、その使用に関して国防省に適切な推奨を行なった。】

　1947年の *Ann. Rev. Microbiol.* からも同時に2例が出されている。"The Shiga bacillus is rare except in the Middle East and in India."【志賀バチルスは中東とインドを除いて稀である。】いま1つは、"There is no evidence that the Shiga toxin plays a significant part in producing the pathology of dysentery."【志賀毒素が赤痢の病状を引き起こすのに重要な役目をするという証拠はない。】である。

　最後に次の用例があげられている。1976年 Edington & Gilles *Path. in Tropics*（ed. 2）"*Shigella* .... *Subgroup A*: Ten antigenically distinct serotypes, including Shiga's bacillus."【赤痢菌。サブグループA：志賀バチルスを含め、抗原的にまったく別の10個の血清型。】

　この語の由来となった志賀潔は、仙台藩士佐藤信の次男として生まれたが、生母の志賀家を継いだためこの姓を名乗ることになった。志賀は東京帝国大学医科大学を卒業後、北里柴三郎の伝染病研究所に入り、細菌学・免疫学の研究に従事した。志賀が赤痢の病原を突き止めようと研究を始めた頃、ちょうど東京では赤痢が猖獗をきわめていた。志賀はこの時の患者の糞便の中から桿菌（バチルス）の一種である赤痢病原菌を発見した。発見者志賀潔を記念してこの病原菌は、シゲラ【Shigella】と名付けられた。

　志賀はこの発見を、医科大学卒業の翌年である明治30年（1897）12月に細菌学雑誌に発表した。定義では発見は1898年となっているが、これは誤りである。

（伊藤勲）

shiitake　しいたけ

　日本料理や中華料理にはいろいろな種類のきのこが食材として使われる。松茸は高嶺の花であるけれども、しいたけは1年中私たちの食卓に登場している。しいたけは「担子菌類キシメジ科ハラタケ目のきのこで、日本や中国

でブナ科の種々の木の丸太に栽培されている」と定義されている。語義は、「しい」は常緑の木の名前で「たけ」は「きのこ」である、とあるように椎木をしいたけ栽培の原木に使う。しいたけは春と秋に山林でシイ・ナラ・クリ・カシ・クヌギ等の広葉樹の朽木に群生する(1)。しかし、マッシュルーム、フクロタケ、しいたけの3種は世界の三大栽培きのこといわれ、人工的に栽培されたものが多く市場にでている。しいたけの栽培技術は江戸時代初期から日本で開発され、今日に到っている(2)。日常の惣菜のみでなく伝統的な精進・普茶・おせち料理などには欠かせないものである shiitake は、*SUP 2* から *OED* に登場する。

　初出例は1877年 *Grevillea* V である。"The Shii-take species ... have this peculiar excellence, that though they are all but tasteless in their raw state, when they are dried they have an extremely fine flavour."【しいたけの種類のものは独特の長所があり、なまの状態ではほとんど味がないが、乾燥すると非常にすばらしい風味をもつ。】

　次にも雑誌からの引用が続く。1925年の *Bot. Mag. Tokyo* である。"The best and most common mushrooms in Japan are Shii-take and Matsu-take."【日本で一番おいしく一般的なきのこは、しいたけと松茸である。】第二次世界大戦以前には庶民の家庭でも、松茸はすきやきに入れたり、網の上で焼いて食べていたと聞いているので、当時はしいたけと同様「きわめて一般的なきのこ」であったのであろう。

　次はきのこに関する書物からの用例である。1953年 J. Ramsbottom による *Mushroorms & Toadstools* から"The cultivation of shii-take in Japan is believed to date back over two thousand years"【日本でのしいたけ栽培の始まりは2000年以上にもさかのぼると思われる。】上述のように、日本におけるしいたけ栽培は江戸時代初期からなので、2000年ではなく200年前の誤りである。きのこに関する専門書にしてはあまりに大きな誤認である。

　1961年 R. Singer による *Mushrooms & Truffles* はしいたけ栽培の様子を描いている。"Logs with Shii-take mycelium were dragged to a suitable site."【しいたけ

の菌糸を植え込まれた丸太は栽培に適した場所に引きずっていかれた。】

(伊藤香代子)

(1) 小倉謙監修、『増補　植物の事典』東京堂出版、1980年
(2) 朝日百科『世界の植物』朝日新聞社、1979年

Shijō　四条派

　四条が登場するのは SUP 2 からである。語源には「日本は京都の通りの名、そこに創始者が住んでいた」とあって、続いて「日本画の一派を指すのに用いられる」となっている。

　用例は3例。初出は1884年 Satow & Hawes による *Murray's Handbk. Japan* からで "The Shijō art was a compromise, retaining Chinese perspective and ignoring the laws of chiaroscuro, but copying details of form in flowers and animals with remarkable fidelity."【四条技法は、中国の遠近法を残し、明暗の配合法を無視するが、驚くほど忠実に花や動物の形態を詳細に写し取る折衷法である。】とあって、四条芸術は中国の遠近法をベースに、徹底的な写実主義に基づいて花鳥を描く流派であることを、日本人として逆に学ぶ。平凡社の『大百科事典』には「四条派」と言う見出しさえ載っていない。『広辞苑』には辛うじて「日本画の一派。江戸時代京都四条に住んだ松村呉春を祖とし、幕末・明治の京都画壇の中心勢力」とあるだけだ。

　やはり「四条」と聞けば、宮中での料理作法の一流派としての名のほうが我々日本人には馴染みが深い。

　最後の第3例は1970年 *Oxf. Compan. Art* からで "A sub~division of the Maruyama School called the Shijo School."【四条派と呼ばれた丸山派の一部。】となっている。応挙創始の丸山派と四条派の総称に丸山四条派なる呼称がある。

(吉江正雄)

shikimi　樒

　初出は SUP 1 であるが、SUP 2 の段階で学名の変更、定義の拡充、用例の大幅な差し換え等が行なわれた。綴りも、SUP 1 では Shikimi と語頭が大文

字だったが、*SUP 2*からはshikimiと小文字になった。

*SUP 1*では「日本産の常緑アニス。学名は*Illicium religiosum*」という定義だったが、*SUP 2*では「小型の常緑樹*Illicium anisatum*すなわち日本産アニスはIlliciaceæに属し、日本及び韓国原産、芳香のある葉と芳しい白色あるいは黄色の花が嘆き、その後に星形の果実をつける。しばしば弔いの儀式と結びつけられる。形容詞としても使用される」と変更される（*OED 2*では変更なし）。

また*SUP 1*ではShikimiの項目中にShikimic（用例数1）、Shikimin（用例数1）、Shikimol（用例数1）が収録されていたが*SUP 2*では、shikimicが独立項目として出現した。それに伴って*SUP 1*で6つあった用例のうち、4例が削除され、新たに3例が付加された。その結果、もとの用例2例（1727年、1889年）と合わせて用例は5例になった。

初出例は1727年、ケンペルの『日本誌』より。"He had ... a large tub of water standing by him ... and some skimmi branches lying by it."【彼のわきには大きな水桶が置かれ、そのかたわらには樒の枝が何本かあった。】とある。ケンペルが長崎で寺巡りをした際に、樒の枝を水に浸し、石仏像に薄めの水をふりかける習慣を目にして、記録したものである。

第2例は1881年 *Jrnl. Chem. Soc.* から。"To this substance ... the author [*sc.* J. F. Eijkman] gives the name of 'shikimine', from the Japanese name of the fruit 'shikimi'."【発見者〔J. F. アイクマーン〕はこの物質に、果実の日本語名「樒」にちなんで「シキミン」と名付ける。】と説明されている。

第3例は1889年 J. J. Rein *Industries Japan* から。"The fruits of the Skimi, which is consecrated to Buddha and therefore much grown about Buddhist temples and cloisters, made a great stir some time ago. They came to market as a spice, instead of the Star anis, which they closely resemble, and turned out to be poisonous."【仏陀の供え物として聖別され、それゆえ仏教寺院や修道院のあたりに多く植栽される樒の果実が、以前に大騒ぎを引き起こした。樒の果実が、これに酷似したスター・アニスの代わりに香料として市場に出回ったが、毒性があることが判明した

のである。】

　第4例は1896年L. HearnのKokoroより。"A vase containing *shikimi* ── that sacred plant used in the Buddhist ceremony of making offerings to the dead."【樒──仏教の儀式で死者への供物として使用されるあの神聖な植物──を生けた瓶。】である。ハーンが手に入れた紙片に、さる心中物語が歌われていて挿絵に樒の他、消えかかったランプ、火のついた線香等が描かれていたというくだりである。

　第5例は1976年E. H. Walker *Flora of Okinawa & Southern Ryukyu Islands* より。"Shikimi, a variant of *ashiki-mi*, bad（i.e. poisonous）fruits. In Buddhist ceremonies the leaves are burned as incense."【樒はアシキミの変種で、悪性（毒性）の果実である。仏教の儀式で、葉は香として焚かれる。】とある。　　　　　　　　　（野呂有子）

shikimic　シキミ酸・シキミ酸の

　「シキミ酸：多くのバクテリアや高次の植物において、脂肪族前駆体からフェニルアラニン、チロシン及び他の芳香族化合物を合成する際に生合成中間体として形成される芳香水素酸（現在の名称では、芳香族カルボン酸）、$C_6H_6(OH)_3(COOH)$」と定義されている。独立項目としては*SUP 2*から出現するがshikimicの語自体は前項のshikimi（*SUP 1*から出現）の項目中で扱われていた。

　初出例は1886年*Jrnl. Chem. Soc.*から。"Shikimic acid, $C_7H_{10}O_5$ ... is a white, crystalline compound, insoluble in alcohol, ether, and chloroform, but readily soluble in water."【シキミ酸、$C_7H_{10}O_5$は…白色の結晶性化合物で、アルコール、エーテル、クロロホルムには溶解しないが、水に容易に溶解する。】第2例は1953年Fruton & Simmonds *Gen. Biochem.*から、シキミ酸生成過程についての考察の引用である。

　第3例は1978年*Nature*（7月20日付）から。"The exact nature of the bracken fern 'carcinogen' remains elusive and although various chemicals, such as shikimic acid, which have been extracted from bracken show some oncogenic activity, the major compound responsible has not yet been identified."【わらびの類の「発癌物質」の正確な性質は、依然捉え所がなく、わらびから抽出されているシキミ酸のような多様な化学物質は、なんらかの腫瘍生成作用を示すにもかかわらず、主要原因となる化合物の正体はいまだ解明されていない。】とある。　　　（野呂有子）

shimada　島田

　shimadaは*SUP 2*より登場、定義として「日本の中部、本州のある町の名が、若い未婚の女性の正式な髪型に当てられた。この髪型は髪を後ろに引いて束ね、それを頭頂で留める。この語は単独でも、また修飾語としても用いる」とある。つまり「島田」としてもまた「島田髷」としても用いられるということである。この定義の説明は島田髷の結い方としてはあまりくわしいとは言えない。島田の発生は、東海道島田宿の遊女たちが結い始めたのが次第に一般化したものと言われている。

　初出例は1910年 Jukichi Inouye *Home Life in Tokyo* "Both the *shimada* and the *marumage* are heavy as they require false hair."【シマダもマルマゲもかもじが必要なので重い。】なお丸髷のほうは*OED*の項目としては採択されていない。第2番目は1936年 K. Nohara *True Face of Japan* からの用例で"The unmarried girl wears the *shimada* coiffure."【未婚女性はシマダという髪を結う。】最後の例は1959年 R. Kirkbride *Tamiko* の"A Geisha girl, gorgeous in kimono and shimada hairstyle."【着物を着て、島田を結った華やかな姿の芸者。】

　島田髷は元禄年間になって流行したものであるが、原型は古代の埴輪像にも見られ、結髪の原点であると言われる。　　　　　　　（海老名洸子）

shime-waza　絞め技

　「絞殺の技、首の絞めつけ」という絞め技の定義は、*SUP 2*に現れて*OED 2*に踏襲されている。初出例としては1954年 E. Dominy *Teach Yourself Judo* に"*Shime Waza*, the art of Strangulation."【絞め技、絞殺の技】を見ることができる。柔道は本来実戦的武術であり、最終的には敵を殺すことにあるが、運動

としては、固め技に関して言えば、抑え技が固め技の中心である。抑え技を展開してゆく中で、相手のすきを捉えて巧みに絞め技にもっていって、最も効果的な固めとするのである。あるいはまた、相手が上から抑え込んできて不利な体勢にありながらも、かえって下から相手を絞めあげてその攻撃をかわすことのできる有効な技である。

　柔道には技としてはあっても、運動としては禁止されている技や攻撃してはならない部位がある。膝関節とか肩関節とか頭部などである。1956年K. Tomiki *Judo* からこんな引用が示されている。"There are two methods of strangling, namely necklock and cheeklock. But the latter is excluded from the practice in *judo*, only the former being referred to as *shime-waza*."【絞めにはふたつの方法がある。即ち首固めと顎固めである。しかし後者は柔道をする際には禁じられており、前者だけが絞め技とされる。】

　ふつう絞め技というと喉を圧迫して窒息させることと思われがちだが、裸絞めのように相手の襟を使わずに、背後から直接自分の腕で相手の咽喉部を圧する技を除けば、大部分は頸動脈を圧迫するのである。全部で4例示された用例のうち、次の1957年の *Judo*（Know the Game Series）からの引用例は、明快に絞め技を説明している。"Lastly there is the shimewaza group (strangling and choking techniques)... The definition is as follows: the strangle aims at compressing the common carotid artery just behind the sternomastoid muscle which runs up both sides of the neck .... If this pressure is maintained it is only a matter of a few seconds before the man becomes unconscious."【最後に、一連の絞め技がある（絞めて窒息させる技）…。定義は次の通りである。絞め技というのは、首の両側に走っている胸鎖乳突筋のすぐ後ろにある総頸動脈を締めつけるものである。この圧迫が続くと数秒にして人はたちまち気を失う。】

　定義も用例も触れていないが、大部分の絞め技は両手で相手の襟を引き絞るようにして、頭部に圧迫を加える。しかし、三角絞めのように両脚で相手の首と片腕とを袈裟に挟んで、頸動脈を圧迫して絞める技もある。両脚で直接首を絞めることは禁じられている。

格闘技術としてのレスリングは古代エジプトや古代ギリシアにその例を見ることができるが、イギリスでも各地方に独自のレスリングが発達した。とりわけ相手のどこを掴んでもよいランカシャースタイルはフリースタイルと呼ばれるようになった。レスリングは一見柔道と似た格闘技ではあるが、力の伝わり方が直接的である。柔道では基本的には相手の柔道衣を掴み、それを引いたり引かれたりしながら、その微妙な間接的な力の駆け引きの中で技が展開される。絞め技も大部分が襟を使って間接的に力を加えることにある。レスリングでは喉の締めつけは反則である。絞め技は両手か紐で首を締めることしか知らなかった英国人にとって、瞠目すべき実に巧妙に仕組まれた技の世界との出会いであったに違いない。　　　　　　　　　　　（伊藤勲）

shimose　下瀬火薬

日本海海戦（1905）における日本の大捷に、わが砲弾に装填された下瀬火薬の威力が圧倒的に寄与したことについては周知であるが、*SUP 1* に続き *SUP 2* でも「日本製リダイトの一種」なる定義で登場する。shimose【または shimosite】── Mil. Obs.【軍事、廃語】とある──の初出例が、先立つ1904年であることは注目していい。1904年 *Amer. Inventor*（6月1日付）"An explosive used by the Japanese, and called Shimose, after its inventor,...is said to be more powerful than either dynamite or gun-cotton, and to possess features found in no other high-power explosive.【日本人が用いた、発明者にちなみ下瀬と名付けられる爆薬で…ダイナマイトや綿火薬のいずれよりも強力でありかつ爾余いかなる高性能爆薬にも見出されない特色をもつと言われる。】

日本人の模倣が模倣の段階を越えうる例は戦国の種子島銃の大普及にも証されるが、開国後における泰西技術摂取の急ピッチは、技師下瀬雅允（1859-1911）の発明がすでに日清戦争の前年には海軍制式爆薬として採用されている。これを脅威と自覚したか否かはともかく、出藍の誉れに偏見を用いぬ雅量は賞されていい。だが第2例の1915年 A. Marshall *Explosives* は、フランスがピクリン酸を用いて爆薬を改良することに成功し、それに追随して列強が

それぞれ異名を帯びる改良品を産み出したうちの1つが日本のシモセであった、と述べている。殺傷力抜群のこの炸薬は、衝撃や摩擦への感度がかえって高すぎ、実用は1920年までで終わる。　　　　　　　　　（西澤龍生）

Shin　真／Shinshū（浄土）真宗

　ShinはOED 1に初出し中国語の語源とそれに基づく定義と1用例があったが、SUP 1ではこの語源・定義・用例を一新し、そのままOED 2に引き継がれた語である。即ち、OED 1は今日とはまったく違った語源解釈に基づき「神」と解釈し、定義も用例もそれに沿っていたが、SUP 1ではこれを全部捨て、新たな語源解釈からこれを「真」とし、これに基づく定義をつくり4用例を採択し、そのままOED 2に引き継がれた珍しい例である。

　他方、ShinshuはSUP 2に初出するが、用例は2例あるものの定義はなく、そのままOED 2に引き継がれている語である。しかし、Shinにはない記述＝Shin sb^{3}があり、Shin sb^{3}はShinshuと同じ。つまり両者ともに鎌倉初期、法然の弟子親鸞が創始した浄土教の一派である浄土真宗を指していることになる。これでShinshuに定義がないのは、Shinの定義を共用する意図と思われる。

　Shin sb^3（SUP 1）［中国語 Shin 神 cf. Shinto］定義「守護神または守護霊、または集合的に神または霊」。用例は1845年 Encycl. Metrop. "Within that enclosure there were smaller altars dedicated to the shin or Superior Spirits, the Genii and Manes."【あの囲いの中には、神つまり超越した霊、守護神と死者の霊魂に捧げられた2つの比較的小さな祭壇があった。】

　Shin sb^3（SUP 2, OED 2）［＝真の、真正な］定義「阿彌陀仏の信仰による救済を説き、正教的通説よりも道徳を強調する日本の仏教宗派の名」。

　『大辞林』浄土真宗の項「鎌倉初期、法然の弟子親鸞が創始した浄土宗の一派。阿彌陀仏の力で救われる絶対他力を主張し、信心だけで往生できるとする。本願寺派、大谷派、高田派など十派に分かれる。真宗。一向宗。門徒宗」と比較すると、創始時期も創始者名もなく、真宗が特別な行儀を持たず、

親鸞自らも実行していたように肉食妻帯の在家生活を認め、信心正因・称名報恩とともに道徳生活を説いた、いわゆる真俗二諦の実践の勧めも、道徳の強調だけではまったく理解されず定義として極めて不充分であると思う。

用例の初出は1887年 W. E. Griffis *Mikado's Empire* "The Shin sect hold a form of the Protestant doctrine of justification by faith, believing in Buddha instead of Jesus."【真宗はイエスの代わりに仏陀を信ずる信仰によって正当化されたプロテスタント的教義の慣行を持っている。】1904年 L. Hearn *Japan: Attempt at Interpretation* "Nobunaga agreed to spare the lives of the Shin priests."【信長は真宗の僧侶たちの生命を助けることに同意した。】1960年 B. Leach *Potter in Japan* "Dr. Suzuki is the leading writer on both Zen and Shin Buddhism, both in English and Japanese."【鈴木大拙博士は英語と日本語による禅と真宗仏教両方の先導的著作者である。】1976年 *Education & Community Relation* "Talks by the Chief Abbot of the Nishi Hongwanji (Shin Sect) of Japan."【日本の（真宗）西本願寺管長による講話。】

これら *SUP 2* の語源、定義、用例のすべては無修正のまま *OED 2* に引き継がれている。

Shinshū [shin＝Shin sb.^{3}（真）＋Shū sect（宗）＝Shin（真宗）] 定義なし。用例の初出は1772年 J. G. Scheuchzer tr. *Kæmpfer's Hist. Jap.* "The monks of the Chinese and other Sensju monasteries send also some of the fraternity to go a begging six times a month."【中国と他の真宗寺院の僧侶たちは、月に6回、仲間の何人かを托鉢に行かせる。】1896年 L. Hearn *Kokoro* "Wealthier sects had established Buddhist schools on the Western plan: and the Shinshū could already boast of its scholars."【裕福な宗派は仏教徒のために西洋式の学校を創立した。そして真宗は自派の学僧たちをすでに誇れるようになっていた。】

最後に日本語の Shin、即ち「真」は果たして「真宗」を意味するであろうかという疑問が残るので、手許の辞書で検討してみよう。

『福武国語辞典』　しん「真」①うそいつわりがない。まこと。ほんとう。②自然のまま。まじりけがない。③書法の一つ。楷書。

『岩波古語辞典』　しん「真」①真実。まこと。②漢字の書体の一。楷書。真書。③漢字。真字。

『大辞林』　①まこと。本当。ほんもの。真実。真正。②真理。③まじめなこと。真剣なこと。また、そのさま。④〔論〕命題のとる真理値の一。⑤漢字の字形をくずさない書き方。楷書。真書。⑥漢字。⑦「真打ち」の略。

以上見たように「真」に「真宗」を意味する記述はない。また4例はShin (sect, priests, Buddhism, sect) といずれも連体用法で使われており、Shin単独で定義にあるように「日本の仏教の大宗派の名」とするのは少し無理があるように思うが如何であろうか。このために*OED 1*で「神」と解釈されたのではないかと思うが。

(太田隆雄)

Shingon　真言宗

異形としてSingon、語源として「Shin 真＋gon 語、即ち真言、(梵語) マントラの意味」としている。しかし、定義としては「8世紀に日本で創設され、秘義的仏教に専念する仏教宗派の名」とある。*OED*初出は、*SUP 1*からで、その8用例とともにそのまま*OED 2*に引き継がれている語である。

Shingonの意味は「真言」だが、定義は「真言宗」となってしまう。日本語では、梵語のマントラを訳した「真言」と、宗派を表す「真言宗」はそれぞれ別の意味をもち、必ずしも同義ではない。この点について日本語の辞書はどう扱っているか、『大辞林』で見てみよう。

「しんごん［真言］①［梵　mantra］密教で、仏・菩薩の誓いや教え・功徳などを秘めているとする呪文的な語句。原語（梵語）を音写して用いる。語句の多いものを陀羅尼、数語のものを真言、1・2字のものを種子と区別することもある。②『真言宗』の略。」

つまり、「曹洞」は必ず「曹洞宗」を意味するが、「真言」は独立した意味を持っており、必ずしも「真言宗」を意味しないので、*OED*の定義には飛躍があると思う。

初出例　1727年 J. G. Scheuchzer tr., *Kæmpfer's Hist. Japan* I, "In the 1850 streets of this city, there were ... 10070 of the sect *Singon*."【この京の都の1850の通りに…10070の真言宗の信徒がいた。】

第2例　1834年 *Chinese Repository* Nov., "There are now in Japan the following sects which are tolerated by government. 1. Zen ... 5. Singon ... *Singon* means to repeat true psalms."【現在の日本には幕府公認の次の宗派がある。1. 禅… 5. 真言…。真言は仏の真の賛歌を繰返し唱えることを意味する。】

第3例　1880年 E. J. Reed *Japan* I "The learned Kobo Daishi ... was likewise the founder of the *Shingon* ('True Words') sect of Buddhists in Japan."【学識豊かな弘法大師は同様に日本の仏教の真言（「真の言葉」）宗の開祖であった。】

第4例　1894年 *Trans. Asiatic Soc. Japan*, (*heading*) "The history of the Shingon sect"【(標題) 真言宗の歴史】

第5例　1908年 A. Lloyd *Wheat among Tares* "Kōbō's faith — the so-called Mantra or Shingon Buddhism — so much resembles Manichaeism that it may be said to be practically the same system."【弘法大師の教義は――いわゆるマントラつまり真言仏教だが――マニ教に非常によく似ているので、実際的には同一系統と言えるかも知れない。】

第6例　1931年 G. B. Sansom *Japan* "The Shingon doctrines are mystical, and not to be explained in words."【真言宗の教義は神秘的で言葉では説明できない。】

第7例　1961年 *Listener* 31 Aug. "A Buddhist sect, called Shingon, ... is one of the most flourishing sects in Japan today."【真言宗という仏教の一派は…今日の日本で最も隆盛な宗派の一つである。】

第8例　1977年 T. Kashima *Buddhisim in America* "Shingon Buddhism ... is based on the *Dainichi* Sutra (the Great Sun Sutra)."【真言宗は…大日経（偉大な太陽の経典）に基づいている。】

注に「限定詞としても使われる」とある点を、用例について整理してみると "the Shingon sect of Buddhists, the Shingon sect, Shingon Buddhism, The Shingon doctrines, Shingon Buddhism" と、8例中5例あり、その内訳は Shingon (sect) 2, Shingon (Buddhism) 2, Shingon (doctorines) 1 となっている。

残りの3例も"the sect Singon, the following sects ... Singon, A Buddhist sect called Shingon"のように、同格的に使われるか、後置限定用法的に使われており、8用例中Shingonが単独で使われている例はない。

次に『大辞林』の「真言宗」の解説を、OEDの定義と用例文との関連で検討してみよう。

「(真言宗)仏教の一宗派。平安初期入唐した空海(弘法大師)が恵果から密教を受けて帰国、開宗した。金剛峰寺・東寺を根本道場とし、修法と門弟の教育などを行なった。主に大日経・金剛頂経に基づき大日如来の悟りの世界を直接明らかにしようとするもので、即身成仏を説く。加持祈禱(きとう)を行なって平安貴族の間に浸透」。

上記中の8カ所が、OEDの定義および8例の中で言及されている語句である。「真言」は第2例、第3例、第5例、「仏教の一宗派」は定義と第2例、第7例、「平安初期」は定義、「弘法大師」は第3例、第5例、「密教」は定義と第6例、「開宗」は第3例、「大日経」「大日如来」は第8例にそれぞれ言及がある。このように検討すると、OEDのこの項全体の記述としては、定義に3カ所の言及があり、その不足分を用例が補足するという珍しい構成となっている。

(太田隆雄)

Shinshū　(浄土)真宗→Shin　真

Shinto　神道

ShintoとはSin-toともSintu、Sintooとも綴りシナ語のshin tao(神々の道)に発するとOED 1にあり、OED 2にもそのまま引き写される。もっともわが国でシントウと澄んで読ませる慣行は平安以降だと言われることを念のため申し添えよう。定義としては「日本土着の宗教制度で、中心をなす信仰は、ミカドこそが天照大神の後裔にましまし、ミカドに帰一し奉るべき服従が暗黙に含意されるもの」とある。満洲事変や国際連盟脱退の当時における軍国日本の最大公約数的神道観をひとまず要約したものだと言えよう。初出例は

1727年 tr. *Kæmpfer's Hist. Japan* "Sinto ... is the Idol-worship, as of old established in the Country."【神道は…偶像崇拝であり、その国で古く国教となったごときそれである。】教祖や教義はおろか社殿さえ本来必要としない清明のこの祀りが、のっけから偶像崇拝と宣告されたのには面喰わされるが、当時の異邦人にそれ以上の認識を要求するのは酷かも知れない。つづく用例は百年を経て、1829年 *Encycl. Metrop.* "The first ... Faith of the Japanese, is that of the Sin-to."【日本人のまず初めの…信仰は神＝道のそれである。】そっけないなりに踏み外さないのは、事典としての性格か、それとも漸く鎖国にも外から冷たい風が神秘の帳(とばり)を翻しもする御時勢となった賜物なのか。

　その島国も遂に維新開国（1868）となって天皇を戴く明治政府の早速着手したのが廃仏棄釈であるが、情勢を素直に報ずる趣のあるのが次の用例である。1875年 *N. Amer. Rev.* CXX "The abolition of Buddhism and the establishment of pure Shinto."【仏教の廃絶と純粋神道の国教化。】むろんここに純粋のありようとは何かが問題なのだが、名詞としてのこの名辞に関わる最後の用例が、それ以上の問題を孕んでくる。1906年 *Athenæum* 19 May "Of pure Shinto ancestor-worship was no part, while phallism in a very pronounced form was intimately associated with it."【祖先崇拝ごときは、純粋なる神道の何ら本質的部分をなすものではなかった。男根崇拝(1)こそが頗るあからさまなかたちにおいて神道と密接に結びついていたことと較べるならば。】1906年と言えば、新興の極東小国が世界の大国ロシアに一泡吹かせて世を驚倒せしめたその翌年のこと、隆運のワンダーランドがオランダ人のすでにして好事家的穿鑿(せんさく)の対象となっていたことに何の不思議もないのであるが、奇矯なかかる立言はいずこから材を得たのであろうか。

　ここで思い起こされるのは、「神道は祭典の古俗」なる喝破によって1892年筆禍を蒙った歴史学者久米邦武の事件である(2)。旧弊頑迷な神道学者流をむこうにまわしてのこの学問的挑戦は教授免官という、国体の名による学問弾圧の犠牲第一号となることで幕を閉じたのだが、畢竟、自然崇拝にこそ神道の起源はあるとするこの説を排することで、むしろ祖先崇拝を踏まえる国民

信仰としてのわが神道が明治以降成立したということである。日露戦争の勝利につづき朝鮮から大陸へと驥足(きそく)を伸ばそうとする祖国にあって、すでにこの頃久米自身は戦闘的啓蒙性を後退させていた、そのあたりが、頗る皮肉なすれちがいであったとは言いうるであろう(3)。

ともあれ、永い歴史を背景に時々の変容を蒙りつつ形成された神道が一筋縄で捉えうるはずはないのであって、つづく限定詞としての用例も、ありふれたものも含めて、まさに雑多である。1727年 tr. *Kæmpfer's Hist. Japan* I. 207 "The whole System of the Sintos Divinity."【神道的神格の全体系。】同書 "The Sintosju or adherents of the Sintos Religion."【神道宗または神道宗教の信徒たち。】1829年 *Encycl. Metrop.* (1845) "The Sin-syu, or maintainers of the Sin-to creed."【神＝宗または神＝道の信心を守る人々。】また Shintoistic なる形容詞もあるとして 1904年 Sladen *Playing the Game* "The idea of the Kami…was Shinto rather than Buddhistic."【神観念は仏教的であるよりも、むしろ神道的であった。】以上概ね素材は、教派神道であり、そこに仏教のみか儒教からの借用もあることは説くまでもないが、一方、国家神道なる立場があって、これを明治政府は「宗教にあらず」と主張するから、かかる聖なるナショナリズムからすれば、宗派とするのは論外であろう(4)。

ここで Shinto の第2義としてさらに「神道信仰の信者」があげられるが、家族宗教としての神道となれば、祖先崇拝の比重が大きくなるのは当然である。1829年 *Encycl. Metrop.* (1845) XX. "The Gods worshipped by the Sin-tos are principally…departed Spirits deified."【神道信者による神々への崇拝は、主として他界せる祖霊を神として祀ることである。】187. Ripley & Dana *Amer. Cycl.* IX. "The Shintos believe in a past life, and they live in fear and reverence of the spirits of the dead."【神道信者は故人の生命(いのち)を信じて、かくて死者の霊を畏れかしこみつつ暮らしてゆく。】

ここから Shintoism＝Shinto 1、Shintoist＝Shinto 2、また、神道に属するとか神道特有なといった形容詞としての Shintoistic、神道にするという他動詞としての Shintoize などがあげられる。ほとんど同語反復(トートロジー)と言っていいから、

用例も大同小異、省略に委ねうるかと期待したところ、例によって言わずもがなの叙述も含めて、意外に重要な指摘を垣間見せる文章が並んでいるので、同じく未整理のまま跡を辿らざるをえない。1727年 tr. *Kæmpfer's Hist. Japan* "Orthodox Sintoists go in Pilgrimage to Isje once a year."【正統の神道信者は年に一度お伊勢詣でに出かける。】1875年 *N. Amer. Rev.* CXX. "Buddhism ... and the bakufu were, in the eyes of a Shintoist, all one and the same."【仏教…と幕府とは、神道信者の目にはすべて同じ1つのものと映っていた。】1889年 E. Arnold *Seas & Lands* xiv. "Pure Shintoism does not admit of any external decoration or images."【純粋の神道信仰は、外見上の装飾とか形象(すがたかたち)はいかなるものも許容しない。】1893年 Barrows *World's Parl. Relig.* I. 453 "A pilgrimage to various ... Shintoistic and Buddhistic temples."【様々な神社仏閣への巡礼。】1895年 W. E. Griffis *Relig Japan* "Is Japanese Buddhism really Shintoized Buddhism, or Buddhaized Shinto？"【日本仏教は本当に神道化した仏教なのか、それとも仏教化した神道なのか。】

神仏習合のことをはじめ、古神道の簡朴、伊勢講、さては徳川幕府が仏教の僧職機構を政治的全国支配に利用した檀家制度を白い目で見る神道側の反応といった心理の襞にいたるまで、個々にはとっかかりとなりうる好材料に事欠かぬのであるが、であればこそなおのこと、手つかずの無秩序が惜しまれるのだ。少なくとも Shinto と Shintoism が屋上屋を架すことにより、それぞれに用例を競い合うより、むしろ両者を統合することで統一的な整理が出来れば、用例の配列にもある論理的な筋道を通すことだって不可能ではなかったと思われる。が、それよりも1つ致命的な欠陥が実は付きまとっている。ほかでもない。*OED 2* が *OED 1* を踏襲したまま、さらに加筆するところがなかった、正にそのことである。支那事変からいわゆる太平洋戦争のどん底をくぐり戦後の紆余曲折を経て動乱の昭和も漸く1989年天皇の崩御で幕を下ろした。敗戦によりむろん国家神道は葬り去られて、戦後は天皇の人間宣言をもって辛くも再生の歩みをはじめたことになるが、靖国問題をはじめ毎に波紋を捲き起こしつつ、今日においても神道は暗中を模索していると言っていい。神道にとっては狂瀾怒涛と称すべきであったここ半世紀を回顧し展

望しうる時点に辿りつきながら、しかも千載一遇の総括に手をつけることもなくやり過ごすとは、何たる怠慢の極みであらう。日本理解の鍵鑰（けんやく）としていやしくもこの項目に関する限りは、是が非、再考をうながそうとするものである。

(西澤龍生)

(1) 多産や豊饒の観念と結びついたものであることは世界共通だが、日本神道では金精神（こんせいじん）なるものの極めて特殊な祀りに過ぎない。わが神話では男根よりも、むしろ女陰こそが重要な場面で繰り返し主題となるものである（鎌田東二『宗教と霊性』角川書店、1995年）。ヨーロッパ人にとってはディオニュソスにまつわるバッコス祭などでお馴染であり、連想は容易にそのあたりへと飛ぶであろう。
(2) 柴田實「神社と祖先崇拝の問題」（柴田實編『日本文化史研究』所収、星野書店、1944年）参照。
(3) 永原慶二・鹿野政直編著『日本の歴史家』日本評論社、1976年。事件後世俗を避けていた久米の晩年の大著『大日本時代史』は、かなり穏便中正。
(4) R.N.ベラー著、池田昭訳『徳川時代の宗教』岩波書店、1966年

shishi　獅子

　shishiは2つの比較的新しい用例を携えて、*SUP 2* から登場する。日本人にとって獅子はかならずしもライオンと同一ではなく、古くから民族の想像のなかに宿り、装飾、舞踊、祭事など、さまざまな面で日本文化に彩りと躍動感を与えてきた。他方OEDのshishiはさらに限定され、「とくに日本陶器の絵図としてみられるライオン」となっている。陶器に描かれた獅子が麒麟や鳳凰と並んで欧米人の目を惹き、辞書にまで載ったのである。
　だが架空の動物である獅子は、日本においてすら奇妙な運命をたどった。平安時代に移入されてから、神社の狛犬の左を獅子が、右を犬が占めることになっていたが、やがて混同されて左も犬のようなものになり、代わって獅子は舞踊の世界に活躍の場を得た。鏡獅子や連獅子はもちろんのこと、越後獅子や正月の獅子舞など、親しく庶民の生活にも密着して生きてきた。
　さて西欧人の言うshishiすなわち陶器に描かれた獅子は、麒麟（本書当項目参照）との関連において、さらに複雑な運命をたどった。OEDはkirinとは別に、中国語源のkylinという言葉を載せている。その最後の用例に1898年

Daily News "A piece of old Satsuma, representing a kylin playing with a ball and cord."【古薩摩の一品、毬と紐にじゃれるキリン。】という文がある。明らかにおなじみの毬に戯れる獅子の図を描写したものである。どうやらkylinは、中国の麒麟と同時に日本の獅子も指すらしい。実際日本の古い陶器に描かれたこの種の動物のなかでは、麒麟よりも獅子のほうが圧倒的に多い。にもかかわらず*OED*のshishiの用例が2例と比較的少ないのは、同一の物を表わすkylinという見出し語がほかにあるからだと考えられる。

　この混同を単純に欧米人の側の誤解に帰してしまうことはできない。*OED*によく引用されているAudsley & Bowes *Keramic Art of Japan*（1881年）という書物には、「われわれがkylinと呼ぶものを日本人にみせると、ことごとく獅子だと言う」という記述があり、混乱の発端は日本人にあったとも考えられる。*OED*がkirinの用例としてあげている最も古い文献はケンペルの『日本誌』だが、そこには獅（子）と麒麟の絵が並べられ、どちらもkirinと解説されている。

　いわば英語における領域をkylinと争わなければならなかったshishiには、1970年と1976年の2例が示されているだけである。いずれも連獅子や牡丹の葉陰の獅子が豊かな色合いで描かれた陶器を描写したものである。

（橋本禮子）

sho 升

　現代の日本でも一升枡や一升瓶で名残をとどめている尺貫法の容積の単位、升は*SUP 2*から採択されている。定義は「10合に相当する日本の容積の単位で、約3.18パイント（1.8リットル）に相当する」とある。

　用例は3例。初出例は1876年 W. E. Griffis *Mikado's Empire* の巻末の"Notes and Appendices"からのものである。"Measures of capacity. The unit is the *masŭ* or shō, a wooden box, usually with a transverse bar of iron across the top for a handle."【容積の尺度。単位は「マス」あるいは「ショウ」で、これは木製の箱で、通常柄として上部に横棒がさし渡されている。】と解説してある。

1902年 L. Hearn *Kottō*からの第2例は非常に興味深い。"No less than five shō—that is to say about one peck—of dead fireflies."【5升を下らない、つまり約1ペック（9リットル）のホタルの死骸】と短いが、これは、ハーンが夏の間ホタルを捕獲し京大阪の問屋に売って生計を立てている琵琶湖畔の住人たちのことを述べたくだりに出てくる。ハーンによると、ホタルは生きがよくて光りが強いものほど高値で取引きされるが、死骸でも金になる。ある繁盛している大阪の店では毎夏「5升を下らないホタルの死骸」を大阪の工場に売っている。これは以前は漢方薬の原料として使われたが、この当時は木工で竹を曲げる時に使う「ホタルの油」という薬品をつくるのに使われたためであるという。なお、ここにはもっと怪しげな薬についても書かれている。

（坂上祐美子）

shō　笙

　雅楽の演奏に用いる楽器の1つである「笙」は、「雅楽」同様 *SUP 2*から採択されている。定義は"A small Japanese organ, made from seventeen vertical bamboo pipes, which is held in the hand and blown into."【17本の縦の竹管でできた日本の小型の管楽器で、手に持って息を吹きこんで演奏する。】とされているが、笙はもともと奈良時代に唐から入ってきた楽器である。現在日本で使われているものは日本式に改良されたものだが、笙自体は今でも中国で使われている。もっとも日本の雅楽の楽器として西洋に紹介されたのであろうから、日本の楽器と考えられているのも無理からぬことであろう。また息の吹き込みと吸い込みを交互に繰り返してリードを振動させて音を出すのでblown intoだけでは説明不足である。

　用例は3例ある。初出例は1888年の L. A. Smith *Music of Waters*で、"The 'shô' ... seems to correspond to our organ, but only in so far as it has pipes."【笙は西洋のオルガンと比較されるが、似ているのは管があるというところだけである。】とあり、これはまさしくその通りである。笙を西洋の楽器にたとえるならむしろハーモニカであろう。

第2例の1936年K. Sunaga *Jap. Music*は、そのことに言及している。"The *shô* is an instrument of which there seems to be no equivalent outside oriental music, though it is sometimes spoken of as a mouth organ."【時にはハーモニカに譬えられるが、笙に相当する楽器は東洋音楽の他にはなさそうである。】mouth organをOEDで調べると、定義は"A musical instrument operated by the mouth."【口で演奏する楽器。】とあり、具体例としてPan-pipe, Harmonica, Jew's Harpの3つの楽器があげられているが、ここではおそらくハーモニカのことであると思われる。もっとも実はハーモニカのほうが、笙の原理を真似て造られたのだが。笙と同系統のフリーリードの気鳴楽器は、東アジアから東南アジア内陸部にかけて数多く分布している。中国の少数民族の芦笙やベトナムのケーンなどは笙の仲間である。

第3例は1972年9月18日付けの*Times*からのもので、"The head priest showed the instruments to Mr Heath, who took special interest in the sho pipes ... He watched closely as a musician demonstrated the sho."【座主がヒース氏に楽器を見せたが、彼は笙に特に興味を示した。彼は演奏者が笙を演奏してみせるのを熱心に見つめていた。】とある。これは、来日中のエドワード・ヒース英国首相が日光の東照宮に行った時の記事である。日光山は古くから天台声明（大原流）の伝統をもち、声明僧は雅楽の素養をもつことが必要であったため、現在でも雅楽が伝えられているのであるが、僧たちによる雅楽の演奏と舞を楽しんだ後、笙を手に取って見ていたヒース氏は、吹いてみるように勧められたが辞退した。その理由を日本の記者に尋ねられたヒース氏は、日本のマスコミに初めてHeath laughを披露したと、その記事は伝えている。

なお*shō*は、*OED 2*に定義、用例とも変化なく掲載されている。

(坂上祐美子)

shochu　焼酎→saké　酒

shogi　将棋

　将棋は古来より現代に至るまで多くの愛好者を有するゲームであり、世界中に様々な類似のゲームが存在する。古代インドで遊ばれていた盤上ゲームがその発祥と言われ、その歴史は紀元前3世紀にまでさかのぼる。その後、インドより西に向かったものが現在欧米を中心に国際的な広がりを持っているチェスになり、東方へは東南アジアから中国南岸を経て奈良時代末に日本に伝わったと考えられている。また、北方へはインドから中央アジアを経て中国北部に伝わったとされるが、詳細については諸説色々あるらしい。今ある日本の将棋の形になるまでには、大将棋・中将棋・小将棋など様々な種類があるが、16世紀後半（室町時代中期）に9×9の現在の形になったと言われている。そんな将棋がどういう形で英語の中に進出しているかというと、*OED*で見る限り、日本の紹介の文脈で使用されているに留まっている。

　OED には *SUP 2* より現れ、1858年から1975年まで6例があり、異形もSho-gi、Sho-Ho-Ye（古い形）、Shongiとバラエティに富んでいる。定義には、「チェスに似た日本の盤上で行なうゲーム」と記されている。

　第1例と第2例はいずれも日本において将棋が好まれていることを記している。時代的には江戸末期から明治初期の頃である。1858年 *Japan Opened* (Relig. Tract Soc.) "The game is called *Sho-Ho-Ye*, and is a great favourite among the Japanese."【そのゲームは将棋と呼ばれ、日本人の間では大変好まれているものである。】1884年 *J. J. Rein's Japan* "Among those of which adults of all classes ... are very fond, the most conspicuous at present are Shôgi, or chess, and Go."【どの階級の成人にも好まれているものの中で、現在もっとも顕著なのは、将棋（チェス）と囲碁である。】

　第3例は1890年チェンバレンの *Things Japanese* より、やや時代などについては曖昧ながら、将棋が中国から入ったことに言及する用例である。"Japanese chess (*shogi*) was introduced from China centuries ago."【日本のチェス（将棋）は何世紀も前に中国より取り入れられた。】同書には盤図にコマの配置までが図示されており、駒の動きなど詳細な説明が記されている。

第4例には1905年 Cho-Yo *Japanese Chess*（*Shō-ngi*）"The governing class of people valued the chessological Art or Science of struggles, commonly known as *Shōngi* (Chess)."【支配階級の人々は、一般に将棋として知られているチェス学的闘争術を高く評価した。】とあり、単なる「遊び」以上のものとして将棋が見なされているものであろう。また、少し間をおいて続く第5例の1969年 R. C. Bell *Board & Table Games* では、将棋人口がおよそ1千万人である旨を伝えている。そして、最終第6例は上述の日本に入ってきた時期（奈良時代）と様々な形を持つ将棋について簡単にまとめている。1975年 *Way to Play* "There have been many forms of shogi since its introduction in about the eighth century."【8世紀に導入されて以来、将棋には多くの形が存在してきた。】　　　（大和田栄）

shogun　将軍

　映画のタイトルにもなった日本語ではあるが、shogun は初版で収録されて以来大きな手を加えられないまま、最新の版に収められている。*SUP 2* で用例が1例加えられたのと、*OED 2* にいたって「現在は歴史的用語としてのみ」という断りがついただけである。用例は派生語の分も含め全部で13例と、比較的多い。語源は一貫して、「日本語の『将軍』、すなわち1192年にこの職務の最初の保持者に与えられた、蛮族鎮圧軍の大将を意味する征夷大将軍の略。ショーグンは中国語の chiang chiin（chiang 導く、chiin は軍隊）の日本語読み」である。この職務は臨時ながら養老年間以来存在したから、正確には頼朝は最初の征夷大将軍ではない。しかし用例からみると *OED* が扱っている概念は主として幕府政治の長としての将軍であるから、その意味で頼朝を始祖とみなしたということだろうか。

　その他の記述でまず目につくのは、「17世紀 shongo、18-19世紀 seogun、(19世紀 djogoun)、s(h)iogoon、sjogun、19世紀 ziogoon、19世紀以降 shogun」と、語形ないし表記法の変遷が示されていることである。これは歴史的記述を旨とする *OED* の特性であって珍しいことではないが、日本語源のものでこれほど変化のあるのは少ない。用例の1つ（1879年）が日本政府の公文書

はじめ諸家の書いたものにいかに多様な綴りが見られるか列挙しており、どうやらその筆者名を年代に置きかえたもののようである[(1)]。

　もう1つ特異な点は、定義のあとに挿入されている、日本の辞書・事典にはあまり見られない解説である。定義は一貫して「日本の軍の世襲的総司令官で1867年まで事実上の日本の支配者。TYCOONとも呼ばれる」だが、このあとに以下のような注釈が続く。

　「名目上はミカドの臣下であり、その名のもとに行動していながら将軍ないし大君は漸次権力を浸食していった結果、日本の事実上の支配者となった。この事態はヨーロッパ人の誤解を招き、日本には二人の天皇がいると誤解され、ミカド（宗教的信仰色の濃い忠誠心の対象）は『精神上の天皇』、将軍は『世俗界の天皇』とよばれた。1867年の封建制廃止とともにミカドが実際上の至上権を帯び、将軍の治世は終わった。」

　ここに指摘されている支配の二重構造は、西欧の歴史自体にそれに類似した現象が存在したためであろうか、当時の西欧人の関心を引いたらしい。しかしむしろ*OED*がこれは「誤解」であった、とことさら指摘していることに興味がもたれる。

　初出例は、慶長年間に来日し、平戸の英国商館が閉鎖される1623年まで10年間滞在したRichard Cocksの日記からである。大英博物館に手写本として保管されていたものを、同館古文書研究家として名高いE. M. Thompsonが1883年にHaklyut Society（1846年創立）から出版した。したがって日記は*OED*が示すように1615年ものであるが、一般に英語国民の目に触れたのは19世紀後半のはずである。*OED*もこのことに留意して、Cock's Diary（Hak. Soc.）と明記することを怠っていない。用例は"His wife is sent back to her father Shongo Samme, King of Edo and to succeed in the Empire."【彼の妻は父である将軍様、すなわち江戸の王であり、かつ帝国後継者となるべき人のもとに戻された。】「彼」とは秀頼、「妻」は千姫、二代将軍秀忠の娘である。コックスは大阪落城について噂を耳にし、さらにBongo Dono【豊後殿】から事実について確認を得たとして、エンペラー（家康）がFidaia Sama（秀頼）の城を落

とし、後者が母や子を道づれに切腹したことや、その妻の消息などを記している。当時平戸の外国人の間では将軍は江戸の王、父家康は皇帝と認識されていたらしい。

　第2例は、1727年ショイヒツアー訳ケンペル『日本誌』からで、"It was thought expedient, that the Seogun, or Crown-General, should be sent against them at the head of the imperial army."【これらにたいし皇軍を率いる将軍すなわち近衛府の将官を差し向けることが急務と考えられた。】である。この部分は将軍の統治する幕府体制が生まれるまでの経緯を解説しているところで、途方もない不正確さが目立つが、天皇をEcclesiastical Emperor、将軍をSecular Monarchyとしており、注釈の部分に見られる精神界世俗界の二重の支配体制にまつわる神話のもとになったと思われる。ここで皇軍が征伐に向かったとされているのは、天皇がその神聖な由緒を誇るがゆえに世俗界の政事を蔑ろにし、その結果跋扈するにいたった貴族や諸侯である。将軍には皇太子が任命されることになっていたし、頼朝は皇位継承の野望をくじかれた天皇の子であり、やがて世俗行政の権限を掌握するにいたった僭主であるなどと述べられている。

　第3例は幕末に英国公使として3年間駐日したラザフォード・オルコックの『大君の都』（1863年）から、"Seogun, or Dai-Seogun"【将軍ないしは大将軍】である。短いながら、この書の日本の政治機構を解説する章の冒頭からの引用で、著者はここで控え目ながら、例の支配の二重構造論について疑問をもらしている。同書にはほかにもこの見解が散見され、交易相手国として天皇による統一国家を望んだ、幕末におけるイギリスの対日姿勢の基本となったようである。二代のちの駐日公使パークスは、この理念を軸に、フランスに対抗しつつ大政奉還に向けて圧力をかけていった。OEDがことさらこの二重構造論に否定的な解説を付した背景には、こんな事情も係わっていたのかもしれない。

　Shogunを修飾語として用いた例が、2例記されている。1つは釈迦の生涯を描いたThe Light of Asiaの作者エドウィン・アーノルドの紀行文Seas and

Lands (1889) から"A seated figure, which might have been taken at first for the chief triumph of the Shogun carvers' work."【まずは将軍お抱え彫り師の作品の白眉かと思われた坐像。】日光を訪れた時のことで、実はこれは祠の清められた畳にじっと坐って待機していた巫女で、やがて硬貨が投げられると、立ち上がってお神楽を舞い始める。もう1つは1904年の著書から、贈答用のShogun knot【将軍結び】とあるもの。

　派生語としてはshogunal, shogunate, shogunite, shogunshipが、それぞれ用例とともに記されている。このうち shogunate は "The office or dignity of a shogun or the shoguns"【将軍職ないしはその地位】と定義されているが、通常「幕府」の意味でよく用いられる。用例は全部で3例。まずコックスの日記の編者 E. M. Thompsonがつけた脚注から"Iyeyasu held the Shogunate only two years."【家康は将軍職を2年保持しただけであった。】これは秀忠に将軍職を譲りながら、なお父家康が豊臣征討の指揮をとる、という風変わりな事態を解説した箇所からの引用である。第2例は幕末の外交官 A. B. ミットフォードの著書から"After.. the abolition of the Shogunate, he accompanied the last of the Shoguns in his retirement."【将軍職の廃止…ののち、彼は引退する最後の将軍に随伴していった。】で、これは初版以降に追加された唯一の用例である。続く引用は唯一「幕府」の意味で用いられたもので、1873年 Mossman *New Japan* から"The despotic rules of the Mikados before the Shogunate was established."【幕府設立以前の歴代みかどの専制支配。】である。

　shoguniteはa partisan of the Shogunateすなわち幕末の佐幕派のことであるが、稀れと注がついている。用例は再びアーノルドの *Seas and Lands* から"The rebels, or Shogunites, were defeated."【叛徒すなわち将軍派は敗北した。】である。将軍栄華の壊滅を語るこの一節をもって、*OED*はこの項目の記述をほぼ終えている。こうして最新版では「歴史的用語としてのみ」というただし書がつけられるにいたった。だが徳川将軍は外国向けには大君という呼称を用いたため、tycoonとなって英語のなかにすっかり同化した存在となる。しかし「将軍」が本来質素をむねとし権威をもって統治する武家の棟梁ない

しは幕府の長を表したのにたいし、この英語は皮肉にも金銭経済の成功者を指すことになった。　　　　　　　　　　　　　　　　　　　　（橋本禮子）

(1) 1879年 Audsley and Bowes *Keramic Art of Japan* I. の序からの引用：「将軍の一語だけをとっても近年の著者たちは正しい表記を見極めるのに苦労した。すなわち日本政府の報告書には Shogun とあり、F. Ottwell Adams は…Shôgun と書き、Dickson 氏は Shiogoon、Mossman 氏は Siogoon、Mitford 氏は Shogun、Dr. Siebold は Sjôgun、そして Satow 氏は Shôgun …」

(2) *Diary of Richard Cocks*, Jap. Edition with additional notes by N. Murakami, 2 vols, Tokyo, 1899

(3) *The History of Japan*, tr. by J. G. Scheuchzer, London, 1727, Facsimile ed., Tokyo（Yushodo）, 1977, Vol. II, App.

(4) Sir Rutherford Alcock *The Capital of the Tycoon*, 2 vols, London, 1863

(5) Sir Edwin Arnold *Seas and Lands*, London, 1892

(6) *Diary of Richard Cocks*, op. cit.,

shoji　障子

　*OED*にある日本語を学ぶうちに、日本人なら「当然」とか「常識」と思っていたことが、案外当てにならないと気付いてがく然とすることがある。平凡社の『大百科事典』に、障子の項でいきなり、「古くは戸、衝立、襖などの総称であった」と見ると、やはり驚く。そして、一括されていた障子のうち、「下部に台がついて自立できる形式のものを衝立障子として分化させた」という経過のなかで、それに相対する用語として「明障子」（あかり）が誕生したものらしい。われわれが障子という場合に思い浮かべるのは、この明障子なのである。これはその名の通り光は通すが、外気や風は遮断するという優れ物である。

　shojiが*OED*に最初に登場するのは*SUP 1*である。*SUP 2*の定義には「日本建築における、通常は白い紙を貼った格子から成る、内側と外側とのある引き戸」とある。これは先程の『大百科事典』における一切の細かな説明を省いた、いわゆる、一般にわれわれの知る障子のイメージそのものと言える。「引き戸」とはsliding doorの訳である。西欧建築からすると、引き戸は結構珍しいと言えるかも知れない。押し引きするドアや、観音開きの戸が一般的と言える。2本のレールの上を、4枚のパネル状のものがスライド式に移動

して開閉する戸にはそうお目にかかれない。

初出例は、1880年のI. L. Bird *Unbeaten Tracks in Japan* からのものである。"I closed the sliding windows, with translucent paper for window panels, called *shôji*."【私は障子と呼ばれる、窓枠に半透明の紙を貼った引き戸を閉めた。】がそれである。ここではsliding windowsが使われている。また、1922年のJ. Street *Mysterious Japan* には"Children glimpsed through the open wood and paper *shoji* of their matchbox houses."【子供たちは、マッチ箱の家の木と紙で出来た、開いている障子越しにちらっと見た。】と言う表現がみえる。この頃からであろうか、日本の家はウサギ小屋だとか、マッチ箱だとか、木と紙で出来ているとか言われ出したのは。

L. Hearnは1896年に*Kokoro*の中で、"The light *shōji* frames serving at once for windows and walls, and repapered twice a year."【明るい障子は同時に窓と壁の役を果たし、年に2回張り替えられる。】と言っていて、*shōji* framesという単語を当てている。1967年にはM. M. Pegler が *Dict. Interior Design* の中で、"The shoji panels are used as screens, dividers, doors that slide behind one another on a track (Japanese style), or as window coverings."【障子は目隠しとして、仕切りとして、(日本式の)同じ敷居の上を互いに隠れるようにスライドするドアとして使用され、また窓覆いの役も果たす。】と書いていて、外国人の障子の多用性への理解がうかがえる。

9つある用例の最後は*Time*からのもので、"The hero tears his way through the hard paper covering of a shoji screen."【主人公は、強い紙を貼った障子を破って入る。】とある。ここではshoji screenが使われている。このように「障子」にはsliding door, sliding window, shoji frame, shoji screen等の訳があり、その多用性を物語っている。

(吉江正雄)

shokku　ショック

shokkuという語はある意味で、*OED*が採用した日本語の中で、極めて特異な存在と言ってよい。つまり、shockという英語が「ショック」として日

本語の中に入り、そしていわば英語から見れば「逆輸入」の形で英語に「戻った」ということになる。ただし、それは英語生まれのshockではなく、しっかりと日本語の音韻体系の影響を受け、語末に母音の入ったshokkuとして、日本色たっぷりのものである。したがって、OEDのshokkuの定義には、「ショック」やshockの通常の意味には見られない、極めて特殊なshokkuとしてSUP 2よりOEDにお目見えすることになる。つまり、日本の政治・経済に関係する「ショック」のことで、used joc.（＝jocularly）とあるように冗談めかした用法とのことである。

　さて、実際の用例3例にとりあげられている問題の日本の政治・経済に関係する事例は、1971年7月から8月に日本を騒がした「ニクソンショック」（2例）と、1973年10月6日勃発の第4次中東戦争を契機に発生した「オイルショック（石油危機）」（1例）である。英語でも引用符付きのNixon Shockとして言及されることもあり、そもそも英語においてこの語の連鎖は特殊な意味を持つようだ。また「オイルショック」はOil Crisisあたりがよく使われるようにも思うが、Kahn & Pepper *The Japanese Challenge* (1978) に、「Oil shockという表現自体日本人が導入した」という興味深い記述が見られる。これが事実だとすると、もともと英語であまりこういったshockの使い方をしないことになり、英語を母語とするジャーナリストなどがそれをおもしろおかしく捕らえたとすれば、OEDの定義にあるjoc.がはっきり伝わってくる。

　この「おもしろおかしく」とりあげられた初出例は、ニクソンショックの起きた TIME 1971年10月4日号のカバーストーリー（It's a tougher world for Japan）にもなり、掲載記事のタイトル"Japan: Adjusting to the Nixon Shokku"自体にshokkuを含む記事からのもので、掲載号表紙にはEmperor Hirohito【昭和天皇】の絵が描かれている。"The President had convulsed Japan … with the 'Nixon shokku' … his spectacular policy shifts on China and the economy."【大統領は、「ニクソンショック」、つまり中国及び経済に関するあっといわせる政策の変更をもって、日本を脅かした。】

　このshokkuがどの程度英語としての市民権を得たかははっきりはしない

が、*OED*にみられる例以降1990年代には、*Forbes*より Finance Shokku（1992）、Rent Shokku（1993）、Learning Shokku（1994）、Job Shokku（1995）として、また、記憶に新しい米国大和銀行の事件に関連して、*Economist*より Wall Street Shokku（1995）、*World Press Review*より Daiwa's Wall Street 'Shokku'（1995）が英語の中に見いだされる。これらのshokkuも*OED*の定義に反することなく、日本という国の奇妙さぶりを幾分なり「皮肉」を込めて、英語の中に出現している。

（大和田栄）

shosagoto 所作事

　shosagotoは、Kabuki, onnagata, oyamaといった他の歌舞伎関係の日本語と同じく、1972～86年に発刊された*SUP 2*に初めて採択された。Kabukiの項にも書いた通り、長い間期待されながら実現を見なかった歌舞伎の英国公演が、初めて行なわれたのが1972年である。この公演と歌舞伎関係の日本語の*SUP 2*への採択はあながち無関係ではないと推察される。

　shosagotoの語源については［*shosa* acting, conduct + *koto* matter, affair.］という説明がされている。定義は、"In Japanese Kabuki drama: a dance play; a mime performed to music."【日本の歌舞伎で舞踊劇、すなわち音楽に合わせて演じられるマイムのことをいう。】とされている。この定義に問題はないが、厳密には、長唄を使った舞踊劇を「所作事」といい、義太夫・常磐津・清元を使った場合には「浄瑠璃所作事」という。『日本古典文学大辞典』によると「所作事」の名称は、貞享4年（1687）刊の『野郎立役舞台大鏡』に初めてみられるが、それはかならずしも舞踊を意味していなかった。しかし、元禄期（1688～1704）を通じて次第に発展し、享保期（1716～1736）から宝暦期（1751～1764）にかけて舞踊および舞踊劇のこととして確立した(1)。

　歌舞伎の演目は一般に、時代物（時代狂言）、世話物（世話狂言）、所作事の3つに分類される。時代物は江戸時代以前の歴史的事件に取材した物語で、皇族、貴族、武士、僧侶を主人公とする。飛鳥時代を扱った『妹背山婦女庭訓』、平安貴族が主人公の『菅原伝授手習鑑』、源平時代の『義経千本桜』、

また実は江戸時代の事件を扱っていながら、幕府の上演禁止をのがれるため太平記の世界に舞台を移した『仮名手本忠臣蔵』や『伽羅先代萩』等は時代物である。これに対し、世間で話題になった事件に取材したものが世話物で、江戸時代、つまり「現代」の庶民階級を扱っている。時代物と比べて写実性が強い。『恋飛脚大和往来』『心中天網島』『新版歌祭文』『廓文章』『与話情浮名横櫛』『青砥稿花紅彩画』等はこれに属する。そして、義太夫、常磐津、清元、長唄などによって踊る舞踊劇が所作事で、「石橋物」(『鏡獅子』『連獅子』)、「道成寺物」(『京鹿子娘道成寺』)、「狂乱物」(『隅田川』) 等、能や狂言を基としたものや、歌舞伎オリジナルの舞踊、『積恋雪関扉』『鷺娘』『藤娘』等がある。

　これら3種類のうち、SUP 2およびOED 2に採択されているのはshosagotoのみで、1993年発行のOED Additions Seriesにいたって初めてsewamonoが採択された。jidaimonoは、shosagoto、sewamonoの用例の中にしばしば現われるが、項目としてはいまだ採択されていない。

　shosagotoの用例は4例ある。SUP 2が初出としているのはEncyl. Brit. (1911)で"Mimetic posture-dances (Shosagoto) were always introduced as interludes."【模倣的な姿態を中心とした舞踊、「所作事」は、常にあい狂言として紹介されてきた。】とあり、所作事が重要な演目の合間に上演される軽いものだと紹介している。所作事の中にも、「道成寺物」や「狂乱物」などは、重い演目であり、alwaysと決め付けてしまうのには少々問題がある。

　第2例はOxford Compan. Theatre (1957 ed. 2) "The Japanese theatre recognizes three main classes, the jidaimono or histories ...; the sewamono or melodramas; and the shosagoto or dances."【日本の演劇には、3つの主たるジャンルがあって、それは「時代物」すなわち歴史劇、「世話物」すなわち通俗劇、そして「所作事」すなわち舞踊である。】とあるが、日本の演劇とはここでは歌舞伎のことであろう。また、時代物は風俗その他厳密な時代考証に基づくことはなく、いわゆる「歴史劇」とは少々ニュアンスが異なるので、時代物＝歴史劇という説明は誤解を生む恐れがある。

第3例は、'J. H. Roberts' *Feburuary Plan* I（1967）からのもので、"The play today was a *shosagoto*, a Kabuki drama adapted from Noh play."【本日の出し物は所作事、すなわち能から翻案された芝居である。】とある。この年、1967年（昭和42年）には歌舞伎の海外公演が2度行なわれている。3月の明治百年記念ハワイ公演と8月のモントリオール万国博歌舞伎公演である。ハワイでの演目は『鳴神』『身替座禅』『弁天娘女男白浪』『俊寛』『勧進帳』『紅葉狩』で、モントリオールでの演目は『隅田川』『勧進帳』『傾城反魂香・吃又』『娘道成寺』『藤娘』である。この用例がどちらかの公演に関するものならば、引用に該当する能から翻案された所作事には、『身替座禅』『紅葉狩』『隅田川』『娘道成寺』の4本が当たる。[2]

最後の用例はJ. R. Brandonの*Kabuki*（1975）という歌舞伎の専門書からのもので、"In the late seventeenth century, three major divisions of kabuki drama were recognized: *sewamono*... *jidaimono*; and dance pieces, called *shosagoto*."【17世紀の後半までには、歌舞伎の3つの主な分類がはっきりした。それは「世話物」と「時代物」、そして「所作事」と呼ばれる舞踊である。】と、やはり歌舞伎演目の3分類について説明している。これはIntroductionからの引用で、ここでいうthe late seventeenth centuryとは、江戸は元禄期のことであるとしている。[3]

*OED*にまずshosagotoが採択された理由としては、歌舞伎の海外公演で最も多く上演されてきたのが、所作事であるということがあげられよう。初の海外公演であった1928年のソ連公演から*SUP 2*の発刊が開始された1972年の英国公演までには10回の海外公演が行なわれているが、上演された全54演目のうち、実に24演目が所作事であった。これは、日本の興業側が、日本語の台詞が少なく、華やかで、歌舞伎の特徴的な要素である女方の芸を見せ、しかもあまり舞台装置や出演者を必要としない所作事が、海外に持って行くにはふさわしいと考えた結果であろう。なかでも『京鹿子娘道成寺』は、上記の10回の公演中7回上演され、*Encyl. Brit.*（1974）をして"The best known of Kabuki dances in the West is probably the *Musume Dojoji* dance."と書かせたほどである。[4] 1972年以降も相変わらず所作事は多いが、最近ではむしろ中村歌

右衛門の『隅田川』、坂東玉三郎の『鷺娘』、市川猿之助の『黒塚』などが、歌舞伎海外公演の定番となっている。これは、海外公演が繰り返されるうちに、ただ華やかなものよりも、内容的にも深いものがより好まれるようになったせいであろう。

shosagotoは、他の歌舞伎関係の日本語同様、*OED 2*にも引き続き採択されていて、語源、定義、用例ともに変化はみられない。

ここで、*Additions Series*に追加されているsewamonoについても触れておきたい。語源は［*sewa* everyday life + *mono* piece, play］とあり、定義は"In Japanese kabuki and bunraku theatre: a domestic drama or melodrama."とされている。用例は4例あり、第4例以外は、いずれもshosagotoと同じ出典である。初出とされているのはやはり1911年版の*Encycl. Brit.*で、shosagotoと同じページから取られている。"Gradually the Kabuki developed the features of a genuine theatre; the actor and the play-wright were discriminated, and, the performances taking the form of domestic drama (Wagoto and Sewamono) or historical drama (Aragoto or Jidaimono), actors of perputual fame sprang up."【かぶきはしだいに本格的な劇場の形に発展していった。すなわち、役者と狂言作者が別々になり、日常的な芝居(和事および世話物)と歴史劇(荒事または時代物)に分かれていった。】初期のかぶきの発展について述べた文章だが、和事＝世話物、荒事＝時代物という考えは訂正が必要である。世話物と時代物は、所作事を加えて演目の3つの種類であり、和事・荒事は演技の種類である。時代物狂言の中に和事の演技はままあり、例えば「曽我物」の中の曽我兄弟の五郎の演技は荒事だが十郎の演技は和事である。

第2例、第3例はshosagotoとまったく同じである。

第4例は1980年発行のR. Illing *Art of Jap. Prints*という日本の印刷物に関する本からのもので"The plays were broadly categorised into jidaimono,... and sewamono, plays about everyday contemporary life."と、やはり、歌舞伎の演目の分類に触れている。

(坂上祐美子)

(1)『日本古典文学大辞典』第三巻、岩波書店、1984年

(2)『歌舞伎海外公演の記録』松竹、1992年
(3) Brandon, James R. *Kabuki*（Honolulu: University of Hawaii Press, 1975）
(4) *Encyclopaedia Britannica* vol. 10（Chicago: Encyclopaedia Britannica, Inc. 1974）

shoyu　醤油／soy　醤油

　Shoyuは*SUP 2*になって初出し、その全文がそのまま*OED 2*に引き継がれ、*OED*の日本語からの借用語のなかでは比較的新しい採用語である。

　異形としては、sho-yu, soejuの2語があり、語源としては、[Jap.：see SOY^1]＝SOY^1【醤油】とあり、さらにshoyu sauceのように形容詞的に使われることが多いという説明が記されている。語の定義は＝SOY^1 I（醤油）と略記されている。

　しかし、＝とされるSOY^{1}は*OED 1、2*とも、語源欄に「日本語のsoy（またはshoy）、これはsho-yuまたはsiyan-yuの口語体、さらに中国語ではshi-yu, shi-yan。これは薬味として使われる塩づけされた豆やその類のものを表すshiと油を表すyuの合成語。また日本語の語形は、マレー語soi、オランダ語soya, sojaの語源でもある」の記述がある。ここでsoyは日本語源とされているが、日本語の現代語・古語・方言辞典には見出語の登録はなく、鹿児島方言shuyに由来するとの説がある。また、鎖国時代にも唯一交易を許されていたオランダ人を通じて、当時植民地（インドネシア）まで持ち込まれ、更に進出していたマレー半島などの東南アジアに、この語が伝播していったという説もある。

　また、*OED 1、2*のsoyには、語の定義として「主に日本・中国・印度で、大豆から造られ、魚などにつけて食べられるソース」が初めて登場してくる。用例もshoyuより古いものが2例ある。

　1696年 J. Ovington *Voy. Suratt* "Souy the choicest of all Sawces."【すべてのソースの中で最も優秀な醤油。】

　1699年 W. Dampier *Voy.*（1729）"I have been told that Soy is made partly with a fishy Composition.., tho' a Gentleman ... told me that was made only with Wheat, and a Sort of Beans mixed with Water and Salt."【ある紳士が私に醬油は水と塩を混ぜた小麦と豆の一種からだけ造られると教えたが、私はそれは一部には魚の混合物で造られると聞いている。】

さらに、*OED 2*にはshoya＝SOY^1, soyaの見出語があり、1883年N. Okoshi *Fisheries Japan* "The sauce known here under the name of Japanese shoya, properly called shoyu."【当地では日本語のショウヤ、正式にはショウユと呼ばれるが、の名で知られているソース。】の用例が引用されている。

また、オランダ語からの借用語とされるsoyaも見出語としてあり、次の記述とshoyu関連では最古の用例を含む4例が引用されている。

soya   Also saio, sooja, soja [Du. soya, soja: see SOY^1]

1679年J. Locke *Jrnl. in L. d. King Life* "Mango and saio are two sorts of sauces brought from the East Indies."【マンゴーとショウユは東印度諸島からもたらした2種類のソースである。】

1771年J. R. Forster tr. *Osbeck's Voy.* "The Japan Soya is better and dearer than the Chinese."【日本産のソーヤは中国産より優れていて高価である。】

1842年Penny, *Cycl.* "The Japanese ... likewise prepare with them (seeds of Soja hispida) the sauce termed Sooja, which has been corrupted into Soy."【日本人は同様にそれら（大豆の実）を使ってソーヤと呼ばれるソースを作る。そしてソーヤはソイに転化している。】

1866年 *Treas. Bot.* "The Sooja of the Japanese, *G[lycine] Soja*, the only erect species of the genus, a dwarf annual hairy plant."【日本の大豆は、蛋白大豆で、この属唯一の直立種で、小さな一年生の毛の生えた植物。】

これらには日本語起源に若干疑問のあるSOYの誕生に関する有力な論拠となる説が紹介され、植物としての大豆の説明があり、全体として有益な記述が多くある。

最後に*OED 2*のshoyuの本論に戻って、shoyuがどのような文脈で使われているかを、用例について検討してみる。

1727年J. G. Scheuchzer tr. *Kæmpfer's Hist. Japan* "What they call Soeju, is also made of it, which is a sort of an *Embamma*, as they call it, which they eat at meals to get a good stomach."【彼らのいわゆる Soeju も彼らのいう Embamma の一種から造られる。そして食欲をそそるために食事のときにそれを使う。】

1880年 I. L. Bird *Unbeaten Tracks in Japan* "Eels and other dainties are served with soy (*shô-yu*), the great Japanese sauce."【ウナギやその他のご馳走が、日本のすばらしいソースである soy (*shô-yu*) をつけて出される。】

1920年 *Japan Advertiser* "The eel is laid out flat and broiled over a charcoal fire with a special shoyu sauce."【ウナギが裂かれ、特別な shoyu sauce をつけて炭火で焼かれる。】

1936年 K. W. Colegrove *Militarism in Japan* "He came from a most humble home, and he worked as a boy for a manufacturer of *shoyu* (a Japanese sauce)."【彼は非常に貧しい家庭の出身で、小僧として shoyu (a Japanese sauce) 工場で働いていました。】

1960年 B. Leach *Potter in Japan* "We ate it first with shoyu sauce."【私たちはまずそれを醤油で食べました。】

1976年 *Sci. Amer.* "Tempeh, ragi, sufu, shoyu, ang-kak, tea fungus and mizo are among those [fermentation products] eaten in Asian countries."【Tempeh, ragi, sufu, 醬油, ang-kak, tea fungus, 味噌は、アジアの諸国で食べられている発酵させた食物の一部である。】

以上の shoyu についての6例のうち、shoyu が形容詞的に使われてあとに sauce のつくもの2例、前後に soy とか a Japanese sauce のような同格的説明のつくものも同じく2例、残る2例では shoyu が単独で使われている。そして単独使用は what they call 〜のつくものと、他はアジア産の発酵食品の列挙される場合である。これらの用例から推測されることは、sauce などの語を補うことが必要であるということから、この語が日本語からの借用語としては単独では不充分にしか機能し得ない実情を示しているものと思われる。

さらに、用例における shoyu の使われる文脈を検討してみても、極めて日本的文脈で使用されているか、shoyu そのものを説明する文脈でしか使用さ

れていないことがわかる。つまりEnglish speaking peopleの日常生活の文脈では一度も使用されていないということは、このshoyuという語が英語の中の借用語としてまだ定着していないことを表すと思われる。　　（太田隆雄）

shubunkin　朱文金

　錦鯉と同様、日本の金魚は観賞用として世界でも確固たる名声を得ているが、金魚のなかでOEDがとりあげているのは、SUP 2に採択された朱文金だけである。語源は［shu vermilion【朱色】＋ bun portion, division【分・部分】＋ kin gold【金】、定義は「学名はCarassius auratus。黒い斑点と赤い部分をもった多色の金魚で長く改良された鰭と尾を持っている」とある。しかし、bunは「部分」ではなく、「文様」の意味なので、OEDの語義には誤解がある。『動物大百科』（平凡社）によると、朱文金は「雑色性モザイク透明鱗と長いフナ尾が特徴的で体型はフナとワキンの中間」だという。

　用例は4例。初出例は1917年 W. T. Innes *Goldfish Varieties* で"One of the more recent introductions is the Shubunkin."【もっと最近紹介された種の一つは朱文金である。】と紹介し、第2例の1928年 *Daily Express*（7月5日付）には、「青みがかった体に赤・黒・黄・茶の斑点が散らばっている驚くほど美しい魚」と絶賛されている。また第3例の1971年の *Country Life*（4月1日付）は、"For common gold-fish and shubunkins this (depth of water) can be reduced to 9 or 12 inches."【普通の金魚や朱文金を飼う場合には水の深さは9から12インチにまで減らすことが可能だ。】と飼育方法に触れている。　　（坂上祐美子）

shugo　守護

　SUP 2からの御目見得であるが、定義は「日本封建制度における軍事総督」と頗る簡単である。が、正確には鎌倉・室町幕府での職名であって、もと惣追捕使(そうついほし)と言ったのは、源頼朝が義経らの探索逮捕を名目に勅許により設けたものだからで、国ごとに御家人が、私有地荘園には地頭が、この職に任命された。鎌倉末期には荘園を侵略し、地頭・御家人を支配して領主化をすす

め、守護大名から戦国大名への道を歩み始める。

　用例は3例で、まず1893年 F. Brinkley tr. *Hist. Empire Japan* "His Majesty sanctioned the appointment of High Constables（*Shugo*）in the various provinces."【主上は諸国に上級保安官（守護）を指名することを勅許し給うた。】次いで1933年 F. C. Jones *Japan* "As is usual under feudal conditions, the *Shugo* ... made their posts hereditary."【封建的状況の常として、守護はその職務を世襲化していった。】最後は1974年 *Encycl. Brit. Macropædia* "It was the job of the *shugo* to recruit metropolitan guards and keep strict control over subversives and criminals."【守護の仕事とは、都の大番役（内裏などの警護役）勤仕の御家人を召集し、謀反人・殺害人を厳重に監視することであった。】守護の具体的な権限としての3箇条が、ここにははっきりとあげられているが、つまりは軍事・警察権を中心とする職掌であって、役領として承けた小規模の守護領を媒介に領域的支配権を拡大していったことになる。

（西澤龍生）

shunga　春画

　この語が採録されたのは *SUP 2* からであり、*OED 2* での変更はない。語源は［*shun*【spring：春】＋*ga*【picture：画】］で、定義は「日本のエロティックアートの一例で、ポルノ性のある絵画や版画」である。用例は3例。初出例は1964年の *New Society* からで "These paintings were *shunga*, 'Spring Pictures', which is the delicate Japanese euphemism for ... erotic art."【これらの絵は春画すなわち「Spring Pictures」であって、この語は、エロティックアートに対する日本語の微妙な婉曲表現である。】とある。

　第2例は1970年 *Oxf. Compan. Art* からだが、かなり詳しく "With the exception of Sharaku almost all the 600 to 700 artists in the movement produced pornographic prints, known as *shun-ga* or 'spring pictures'."【写楽は例外として、この運動に携わった6、7百人の画家たちのほとんどすべてが、春画つまりスプリング・ピクチャーとして知られるポルノ版画を制作した。】とある。江戸時代の浮世絵師たちは、年に刷る版画の枚数を制限されていたので、御上に隠れて

この種の絵を制作して生計を立てたと言われている。最近写楽の研究も進んで来たが、まだ不明な部分が多く、この用例にもあるように、写楽の春画は知られていない。反面歌麿は、その芸術性の高さばかりではなく、その種の絵の作家としても内外に有名である。

(吉江正雄)

sika シカ

　sikaが*OED*に初めて登場したのは*OED 1*である。定義には"A species of deer (Cervus sika), native to Japan and Manchuria."【日本や満州原産のシカの一種（ニホンジカ）。】とある。初出は1891 in *Cent. Dict.*との記述はあるが、実際の用例は提示されていない。*SUP 2*、*OED 2*においても同様である。*The Century Dictionary*には、sikaの見出しで"A kind of deer found in Japan."【日本で発見されたシカの一種。】とある。第2例は1898年の*Westm. Gaz.*（2月25日）からの"The elk, the Virginian deer, and the Japanese and Manchurian sikas."【ヘラジカ、バージニアジカ、そして日本や満州のニホンジカ。】である。定義内に「満州」の記述があるのは、この第2例のせいかもしれない。第3例は1900年の*Q. Rev.*（7月）"The Japanese sika, Chinese swamp deer and hybrids live wild in the state forests."【ニホンジカや、中国産のバラシンガジカとその雑種が国立森林地で生息している。】である。*OED 1*では、sikaの用例はこの3例だけである。

　*SUP 2*では、まず*OED 1*の定義の差し替えが行なわれている。新しい定義は、"A small red deer, *Sika nippon,* native to Japan and eastern China and widely naturalized elsewhere."【小型の赤いシカ、特に日本や東中国に生息し、その他に広く分布するニホンジカを指す。】である。ニホンジカの学名としては*SUP 2*のようにSika nipponと記述する場合もあるが、Cervus nipponのほうが普通である。また、*SUP 2*では、*OED 1*であげたものよりも新しい用例（5例）が、用例の追加という形で記載されている。

　*OED 2*になると、定義は*SUP 2*のままだが、用例は*OED 1*の3例に*SUP 2*の5例を新たに加えて合計8例になっている。第4例は1909年 E. Protheroe

Handy Nat. Hist. : Mammals からの"The Sika ... is a beautiful brilliant chestnut, thickly spotted with white."【ニホンジカは美しい見事なくり毛で、白い斑点が密集している。】である。第5例は1957年 O. Breland *Animal Friends & Foes* からの"Important deer ... include ... the sika deer of eastern Asia."【重要なシカの中には東アジアのニホンジカも含まれる。】である。

第6例として1966年 *Punch*（10月19日）からの"The sika-deer of Brownsea Island left its restricted space some years ago for the Dorset mainland."【ブラウンシー島のシカは数年前にその限られた場所を抜けだし本土のドーセット州に移った。】がある。この引用部に続く「プール湾（ドーセット州南東岸にあるイギリス海峡の小湾）を泳いだ」という記述からシカが海を泳いで渡る場合があることがわかる。第7例は1978年 *Lancashire Life*（11月）からの"The last Lord Ribblesdale ... also introduced the Sika deer which roam the district to this day."【先代のリブルスデイル卿もシカを持ち込み、今日この地域を徘徊している。】である。この2用例中のsika-deerは偶蹄目シカ科シカ属シカ亜属Sika（英名sika deer）に属する中〜小型のシカを指していると思われる。

最後の第8例は1981〜1982年 *Deer Farmer*（N. Z.）Summer 3からの"But we have farmed other breeds, such as fallow and sika."【しかし我々はダマジカとニホンジカのような他の種類も飼育した。】である。　　　　　　　（糸山昌己）

skimmia　深山樒

*OED 1*から出現。用例は2例（1866年と1882年）だったが、*SUP 2*で新たに5例が補充された*OED 2*の語源説明・定義・用例は*OED 1*と*SUP 2*を合わせた形になっている。*OED 2*の語源欄では「現代ラテン語で、C. P. Thunbergの*Nova Genera Plantarum*（1783）より。日本語でこの植物の名称である深山樒から」と説明されている。また定義では「シキミ属の常緑灌木で、*Rutaceae*科に属する。日本、中国あるいはヒマラヤ山脈原産。小さな白い円錐花序を咲かせ、赤い実がなる。Shikimi 樒と比較せよ」とある。

初出例は1853年 *Curtis's Bot. Mag.*の項目として"Japan Skimmia."【日本深山

樒。】である。第2例は1866年 *Treas. Bot.* から。"*Skimmia*, the name of a genus of evergreen shrubs, with oblong entire stalked leathery dotted leaves, and flowers in terminal panicles."【深山樒は常緑灌木の一科の名称で、楕円形で刻みがなく、鬼点のある皮状の葉で、柄があり、頂生の円錐花序を持つ。】とある。

第3例は1882年 *Garden*（4月1日付）"These Skimmias are excellent ever greens."【これらの深山樒は卓越した常緑樹である。】

第4例は1908年 G. Jekyll *Colour in Flower Garden* より。"Here are green Aucubas and Skimmias."【緑のアオキと深山樒。】

第5例は1925年 A. J. Macself *Flowering Trees & Shrubs* から。"Cuttings of Skimmias root very well in sandy peat under bell-glasses."【深山樒の切り枝に鐘形ガラスをかぶせ、砂を含む泥炭土に挿し木すると良く根付く。】

第6例は1960年 *Times*（9月3日付）から。"There are ... the skimmias, but here we have to be ... more careful, because some of them are monosexual."【深山樒があるが、ここで注意する必要があるのは、それらの内のあるものは雌株（あるいは雄株）だけだということである。】

最終例は1980年 *Plantsman* から。"Skimmias prefer deep heavy fertile acid moist soils."【深山樒は深く重たい肥沃で酸性の湿った土壌を好む。】

shikimi【樒】と skimmia【深山樒】は語形が良く似ているが、まったく別種の植物である。樒がシキミ科の常緑高木であるのに対し、深山樒はミカン科の常緑小低木である。初出例で言及された *Curtis's Bot. Mag.* で「日本原産で長崎の山の辺で見かけたケンペルが、誤って高木として記述している」とあるのが興味深い。

（野呂有子）

soba 蕎麦

「お米の国」日本に住む我々日本人は、米が凶作で足りなくなると急にいつもとは違って御飯が必要以上に食べたくなり、普段は見向きもしない外国米さえも買い求めるのだが、実はうどん・そば・ラーメンなどの麺類にもめがないのである。*OED 2* のなかには、この麺類に関する日本語語源の soba

とudonの2語が収録されている。sobaとudonが*OED*に初めて登場したのはともに*SUP 2*であり、*OED 2*にも何の変更もなくそのまま記載されている。ところで、ラーメン好きな人にとっては、ラーメンの行方が非常に気になるであろうが、ramenは*OED 2*には収録されていない。しかし、1993年に出版された*OEDAS*（*Oxford English Dictionary Additions Series* Vol. 1）には、1972年の初出例を含めた6例とともに登場しているので、ご安心あれ。おそらく、*OED 2*の改訂には3つそろって収録されることだと思われる。ところで、*OED 2*とは逆に*RHD*（*Random House Dictionary*）には、sobaやudonは収録されていないがramenは収録されている。そうめん等の他の麺類は残念ながら（？）、*RHD*や*OEDAS*にも収録されていない。

　*OED 2*はsobaを簡潔に、"A type of noodle that is made from buckwheat and is a popular Japanese food."【そば粉から作る麺類の一種で、大衆的な（人気のある）日本の食べ物。】のように定義している。もう1つのudonの方はさらに簡潔に、もっと言えば、実に素っ気なく、"A kind of noodle made from wheat flour."【小麦粉から作った麺類の一種。】のように定義している。すぐに気づくことだが、sobaとudonの定義の仕方に違いが見られる。つまり、sobaの定義の後半部分には日本人に人気のある食べ物であるとの記述があるのに対して、udonの方にはそのような記述がないのである。

　ところで、『大辞林』のそばの定義は次のようになっている。

　『大辞林』「そば（蕎麦）①タデ科の一年生作物。中央アジア原産で、日本へは古く渡来。茎は赤みを帯び、高さ約60センチメートルで、三角心形の葉を互生する。花は白色小形で、初秋、葉腋・茎頂に多数総状につく。果実は三角卵形で黒熟し、種子をひいて蕎麦粉とする。古名ソバムギ。［季］秋。②蕎麦粉を水でこねて薄くのばし、細長く切った食品。ゆでてつけ汁につけたり、または汁をかけたりして食べる。そば切り。」

　『大辞林』の第1の、作物としてのソバの定義は、*OED 2*の定義には当然のことながら含まれていない。作物としてのソバは何も日本だけにあるのではないし、また、実際に、英語の単語としてもbuckwheatがあるからであろ

う。第2の、食べ物としてのそばの定義には、そばの作り方と食べ方は記載されてはいるが、sobaの定義に見られた" ... is a popular Japanese food"に当たる記述はなされていない。では、『大辞林』にもないこのような記述は一体どこから来たのであろうか。

ここで、sobaの引用例を見ていくことにする。OED 2には、1896年の初出例を含めて5例が収録されている。

第1例　1896年 *Far East* 20 Dec. "A strange custom of eating *Soba* (a kind of vermicelli made of buckwheat) on the last day of December prevails among a large class of people."【大晦日にそば（そば粉から作ったバーミチェリ——スパゲティより細い麺食品——の一種）を食べるという変わった慣習が多くの人の間に広まっている。】

第2例　1928年 K. Yamato *Shoji* "We were presented with bowls of vermicelli, or *soba*."【どんぶりに入ったそばを出された。】

第3例　1936年 K. Tezuka *Jap. Food* "Sometimes *udon* ... or *soba*（buckwheat noodles）are used in place of boiled rice."【時々うどんやそばが御飯の代わりに使われる。】

第4例　1965年 W. Swaan *Jap. Lantern* "Bowls of steaming *soba*, a type of Chinese noodle dearly beloved by the Japanese."【どんぶりに入った茹でたそば、すなわち、日本人が非常に好む中華麺の一種。】

第5例　1971年 Ashmolean *Mus. Rep. of Visitors 1970* "Soba cup, blue and white decoration of bamboos, probably Arita ware."【青や白の竹模様の、おそらく有田焼の瀬戸物だと思われるそば猪口。】

これらの引用例の中で、第1例の中の" ... prevails among a large class of people"や、第4例の中の" ... dearly beloved by the Japanese"のあたりからsobaの定義内に見られる" ... is a popular Japanese food"【日本人に人気のある食べ物である。】の記述がなされたものだと思われる。

またsobaの項目の中の派生語【Hence】として、sobayaが "in Japan, a shop or restaurant which serves soba."【日本におけるそばを出す店。】のような定義で

次の2用例とともに収録されている。

　第1例　1958年 *Japan*（Unesco）（1964）"The term *sobaya* is used in eastern Japan for vendors and shops that sell *udon* and *soba*."【蕎麦屋という言葉はうどんやそばを売る屋台や店に対して東日本で使われている。】

　第2例　1960年 B. Leach *Potter in Japan* vi. "We made our way to a Sobaya (buckwheat macaroni restaurant) and ate 'Zaru Soba'."【我々は蕎麦屋（そば粉から作ったマカロニを出す店）に辿り着き、ざるそばを食べた。】

　『大辞林』では蕎麦屋を「蕎麦などの麺類を食べさせる店。また、その人」のように定義している。蕎麦屋は実際にはそば以外の麺類、たとえば、うどんも食べさせる店である場合もあるからであろう。事実、第1例にはこの記述が見られる。定義としてもそのまま使えると思われる第1例の記述をsobayaの定義の参考にもせずに、そばしか麺類は出さないように定義した理由は一体なんであったのだろうか。用例と同じ定義では OED の沽券にかかわるとでも思ったのであろうか。まったく、見当がつかない。また、『大辞林』では蕎麦屋には「そばなどの麺類を食べさせる人」という意味もあると定義しているのに対して、OED 2 ではそのような記述はなされていない。もっとも、この点に関しては、第1例においても触れられていないので、OED 2 になくても無理はないであろう。　　　　　　　　　　　　　　（糸山昌己）

sodoku　鼠毒

　sodoku は *SUP 2* から採択され、定義その他に変更なく OED 2 に至っている。病名とあり、定義は「最小螺旋菌によって発病する鼠咬熱の状態」である。用例は3例。初出は1926年 *Trans. Soc. Tropical Med. & Hygiene* "Apert and his colleagues suggested the use of stovarsol or tréparsol by the mouth in the case of persons who had been exposed to the infection of sodoku."【アパートとそのチームは、鼠毒に発病した患者の場合には、ストバソールかトレパソールの経口薬の使用を提案した。】というもの。続く第2例は1955年 W. L. Jellison in T. G. Hull *Dis. transmitted from Animals to Man* からだが、かなり長い英文なので省略する。

鼠毒という言葉は、鼠咬熱という言葉を正しく適用する際に、論争や混乱を避けるために、アメリカの労働者たちが一般的に使っていること、溝鼠、二十日鼠、その他の齧歯類から感染することなど、詳しく言及されている。

最終例は1970年 *Scand. Jrnl. Infectious Dis.* "Two aetiologically different but clinically similar diseases may occur as results of rat-bites: the Japanese Sodoku caused by Spirillum minus, and the bacillary form."【病因学的には異なるものの、臨床的に類似するこの2つの疾病は鼠咬によって発病する。すなわち、最小螺旋菌による日本の鼠毒とバチルス菌によるものである。】ペニシリン・ストレプトマイシンなどが登場して死亡率は激減した。　　　　　　　　　　（渡辺佳余子）

Soka Gakkai　創価学会

「公明」の名で政治活動をしている宗教団体創価学会は、*SUP 2*に初出し、5用例も変更なく、*OED 2*に引き継がれている。異形としてSōkagakkai, Sokagakkiがある。

語源は[so 創り出す＋ka 価値＋Gakkai（学問的な）会]。定義は「その教えが仏教に基づく、日本の俗人の宗教集団」とあるが、『大辞林』は、「日蓮正宗の講社。本山は大石寺。1930年、牧口常三郎の創立した教育研究団体「創価教育学会」が母体。1951年戸田城聖が会長になって以降、組織的な折伏（しゃくぶく）活動を行って発展した」と記している。いずれも宗教団体の政治活動という特異点には触れていない。*OED*の定義も外国語辞書の限界であろう。

初出例　1958年 *Jap. Christian Quarterly* "(title) Sōka Gakkai, strange Buddhist sect."【(標題) 創価学会、変わった仏教宗派。】

第2例　1964年 *Asia Mag.* "Let us propagate Buddhism with high and bright spirit to save the world! The dynamic society with such a transcendental goal is Sokagakkai—the startling new Japanese society."【世界救済のために高く明朗な心をもって仏教を広めよう！　そのような立派な目標をもった活動的な団体が、日本の斬新な団体創価学会である。】

第3例　1964年 *Listener* "The Soka Gakkai—a kind of mixture of Moral

Rearmament and Goldwater republicanism."【道徳的再武装とゴールドウォーター流の共和主義との一種の融合物である―創価学会。】

第4例　1968年 P. S. Buck *People of Japan* "The Soka Gakkai philosophy is an ancient one based on the only Buddhist sect which was, like Christianity, intolerant of all other religions."【創価学会の根本原理は、キリスト教のように、他の一切の宗教を認めなかった唯一の仏教宗派に基礎をおく古い原理である。】

第5例　1974年 *Encycl. Brit. Micropædia* "The Sōka-gakkai follows an intensive policy of conversion ... which increased its membership within a seven-year period (1951-57) from 3,000 families to 765,000 families."【創価学会は7年間（1951-57）に会員を3,000家族から765,000家族に拡大した…徹底的な改宗政策をとっている。】

戦前からの宗教団体にしては、戦前の用例はなく、戦後の用例にしても初出が1958年と極めて遅く、またこの宗教団体の特異性ともいえる政界進出関係の用例が皆無なのも淋しい限りである。　　　　　　　　（太田隆雄）

soroban　算盤

日本のソロバンは中国から15世紀頃に入ってきたものと言われているが、西洋にもアバカスと呼ばれる珠を使った計算盤も古くからあり、それらの関係には諸説あるらしい。だが、日本式ソロバンは現在世界各国に輸出され、それも *OED* が *SUP 2* から採択した要因の1つであるかもしれない。しかしながら、後述の第4例にもあるとおり、安価な小型電卓の出現により、実際的な場でその姿を見る機会は極めて減っている。

初出は1891年 A. M. Baker *Japanese Girls & Women* とあるが、これは *OED* にも度々登場する A. M. Bacon の間違い。「都市生活【Life in the Cities】」の章からの引用で、東京の絹問屋「三井」（越後屋・後の三越）の様子を述べたものである。"Crowds of clerks sitting upon the matted floors, each with his *soroban*, or adding machine, by his side."【多くの店員が、それぞれ脇にソロバンを持って、畳の上に座っている。】第2例（1903年）、第3例（1958年）はそれぞれ、ソロバンの便利さ、その使用と導入について簡単に触れたものである。

第4例は1965年 *Australian* (11月23日) "The appearance of a low-cost, small-type, locally-made electronic computer ... has driven a wedge under the four-century reign of the soroban."【安価で小型の電子計算機が出現したために、4世紀にわたるソロバン支配が崩れかけてきている。】 (大和田栄)

soshi 壮士

単複同形であることをまず断った上で、日本語の字義どおりには「強健なる男」だとする。そしてシナ語として解析すればsuoshi「suo (がっしりした、雄々しい) ＋shi (戦士)」だと言うが、「壮」は北京官話ではzhuangだから、漢音suo (盛んな、大きい) が問題にされているのだと認識しておこう。定義としては、雇われ政治煽動家、恐喝者、テロリスト、ボディ・ガード (用心棒) とある。

日本史の一般的な定義として壮士とは自由民権運動に伴って発生した職業的政治活動家にほかならぬが、この運動の起こりは、周知のように、征韓論に敗れて下野した板垣退助らに始まる。だが、不平没落士族を中心に国会開設・憲法制定など民主主義的政策への要求は、西南役後、民衆のなかにも基盤を広げて、福島事件 (1882) から三大事件建白運動 (1887) へと激化した。結局弾圧され、他方曲がりなりに議会は1890年開設の運びとなるが、日清戦争 (1894-95) を迎える難局とともに運動は尻すぼまりとなる。乱れ髪の書生姿で演歌などを放吟し、他党の演説会妨害をはじめ激化する自由民権運動で騒乱の中心となるばかりか、金銭を強要する無頼な分子すら出て、壮士芝居といった社会風俗ともなる壮士たちの行状は、運動そのものがかくて挫折し停滞してゆく末期的様相の添景をなす。

*SUP 2*からの登場だが、6用例のうち最初3例は正にこの時期のもの。1891年 B. H. Chamberlain *Things Japanese* "Since 1888, there has sprung up a class of rowdy youths, called *soshi* in Japanese —— juvenile agitators who have taken all politics to be their province."【1888年このかた日本語で壮士と呼ばれる喧嘩っ早い若者たちが飛び出してきた。——あらゆる政治運動を己が職分とした年少の煽動

家どもである。】1894年 G. N. Curzon *Probl. Far East* "The *soshi* or professional rowdies, who are ready, for a consideration, to let out their services to either party in Japan."【壮士または職業的暴れ者で、日本のいずれの政党にも報酬とひきかえで尽くすつもりでいる者たち。】1896年 L. Hearn *Kokoro* "Soshi form one of the modern curses of Japan. They are mostly ex-students who earn a living by hiring themselves out as rowdy terrorists."【壮士らは現代日本の災厄の1つとなっている。彼らは大抵書生上がりで、無頼のテロリストとして傭われることで糊口を凌いでいる。】

世紀が変わって、1910年 Lady Lawson *Highways & Homes of Japan* "At one time this extraordinary man was a *soshi* or political bully, one of the turbulent class who suffer from too much education and too little to eat."【かつてこの風変わりな男は壮士または政治ゴロであった。教養の過剰と生計の資の過少に悩む不穏な連中の一人ではある。】1930年 M. D. Kennedy *Changing Fabric of Japan* "In 1923, meetings in favour of Manhood Suffrage were broken up by gangs of *soshi*."【1923年成年男子選挙権に賛成する集会は壮士の一味により中断された。】最後に戦後のものが1例。1977年 G. M. Berger *Parties out of Power in Japan* 1931-1941 "Nakamizo Tamakichi, a former seiyūkai bodyguard (*sōshi*), organized a group of several hundred toughs."【政友会のかつての用心棒（壮士）中溝玉吉が組織したのは数百人のよた者の集団であった。】議会開設後、壮士たちが院外団に発展した姿を伝えている。

(西澤龍生)

Soto　曹洞宗

宋に留学し南宋禅を修め、1227年帰朝した道元を開祖とし、現在全国に1万4700以上の寺院をもち、日本最大の宗派である曹洞宗も、*OED*による定義は「禅宗の三宗派の1つ」、注として「しばしば限定詞として」とあるのみ。

これを『大辞林』の記述「禅宗の一派。9世紀頃の唐の洞山良价とその弟子曹山本寂の門流という。1227年道元によって日本にもたらされ、永平寺四

世の蛍山紹瑾のときに地方の武士・農民に教勢を伸ばした。臨済と並ぶ禅宗の2大宗派。永平寺と総持寺が本山。只管打坐をもっぱら重視」と比較すると、間違いとは言えないが、簡単でまったく素気ない。ちなみに欧米でも禅への関心が高まり、関連語が10語 *OED* に選択されているが、Rinzai も Obaku も採択されていない。

この定義をはじめ、以下の5用例も、*SUP 2* に初出し、まったく同じ形で *OED 2* に引き継がれている。

第1例　1893年 S. Kuroda *Outlines Mahâyâna* "Dōgen introduced the Sôtô sect, 2176 after Buddha, or 1227 A. D."【道元は仏陀入寂後の2176年、つまり西暦1227年に曹洞宗を日本にもたらした。】

第2例　1894年 *Trans. Asiatic Soc. Japan* "The Zen sects ... are divided ... into three divisions. The *Rinzai* ... from 1168 A. D., the Sōtō from 1223 A. D. and the *Obaku* from 1650 A. D."【禅宗は…3派に…分かれている。臨済宗は1168年から、曹洞宗は1223年から、黄檗宗は1650年から始まった。】この記述のうち、曹洞宗の1223年は、*OED* ではなく引用原文の誤りかも知れないが、その年には道元はまだ帰国しておらず、1227年の誤りである。

第3例　1917年 A. K. Reischauer *Stud, in Japanese Buddhism* "The chief difference between the Soto and the Rinzai branches of the Zen Sect is that the former puts more weight upon book learning as a subsidiary aid to silent meditation."【禅宗の曹洞派と臨済派の主な相違点は、前者が冥想への補助手段として経典研究に重点を置いていることである。】

第4例　1949年 C. Humphreys *Zen Buddhism* "It is in Japan that Zen can best be studied, and although there are three sects of Zen, the Rinzai, Soto and Obaku, there is little difference between them."【禅が最もよく研究できるのは日本であり、臨済、曹洞と黄檗という禅の3派があるが、それらの間にはほとんど違いはない。】

第5例　1977年 E. V. Cunningham *Case of One-Penny Orange* "I am Zen. The Soto School."【私は曹洞派の禅信徒です。】

上記5用例のうち、Soto が限定的に使われているのは過半数の3例で、第1

例のSoto sect、第3例のSoto branch、第5例のSoto Schoolである。

　さらに開祖道元に言及のあるのは第1例、また禅宗の他の2派は第2例と第4例、第3例にはRinzaiのみが言及されていて、「禅宗の3宗派の1つ」という簡単な定義を若干補完してくれている。　　　　　　（太田隆雄）

soy　醤油→shoyu　醤油

soya　醤油

　醤油を意味するとされるsoyaは*OED 1*から見出し語として収録されているが、定義はなく、4用例があるだけである。しかし、初出例は1679年のもの。これは同類の語で、やはり*OED 1*の見出し語となっているsoyの初出が1696年、*SUP 2*から登場するshoyuの初出が1727年であるのと比較しても、最古の用例である。

　*SUP 2*では、1905年と1970年の2用例を追加している。さらに、限定的用法としての項目を新たに設け、1917年から1982年までの10用例を採択している。

　次にsoyaの語形について考察してみよう。soyaの項では、異形としてsaio, sooja, sojaをあげ、さらに語源をオランダ語soya, sojaとしている。shoyuの異形としてはsho-ju, soeja、語源としては「日本語＝SOY[1]（醤油）」となっている。また同一とされているsoyの語源にはマレー語のsoiとしての項もあげられているが、この辺の語源情報については、不確かなようである。

　まず単独で用いられるsoyaの用例から見てみよう。もっとも古いのは、1679年 J. Locke *Jrnl.* in Ld. King *Life*（1830）"Mango and saio are two sorts of sauces brought from the East Indies."【マンゴー（瓜科ピクルス）とショウユは東印度諸島からもたらされた2種類のソースである。】そして1771年 J. R. Forster tr. *Osbeck's Voy.* "The Japan Soya is better and dearer than the Chinese."【日本産のショウユは中国産より優れていて高価である。】1842年 *Penny Cycl.* "The Japanese ... likewise prepare with them（seeds of *Soja hispida*）the sauce termed *Sooja*, which has been corrupted into *Soy*."【日本人も同様にそれ（大豆の種）を使ってソーヤと呼ばれるソースを作る、そしてソーヤは現在ではソイに転化している。】1866年 *Treas. Bot.* "The Sooja of the Japanese, *G [lycine] Soja*, the only erect species of the genus, a dwarf annual hairy plant."【日本の大豆は蛋白大豆で、この属唯一の直立種で、小さな一年生の毛の生えた植物である。】1905年は［see MISO］とあるのでこの項をみると "*Chambers's Jrnl.* "Soya beans ... from which miso, soya and tofu are made."【大豆…これから味噌、醤油と豆腐がつくられる。】とある。最後に1970年 *Times*（4月20日付）"Liveweight gains in turkeys and pigs ... were as good as those with fishmeal or soya."【七面鳥と豚の生体重の増加は…魚粉か大豆を使ったものと同じくらい良好であった。】と続く。

　SUP 2から収載された限定用法としては、soya flour, soya meal, soya milk, soya oilなどの例がある。またsoyaburger, soya link, soya sausageという語が特記されている。

　これら限定用法の例としては以下のようなものがある。1953年Pohl & Kornbluth *Space Merchants* "When real meat got scarce, we had soyaburgers ready."【本物の肉が不足してきたとき、私たちは大豆バーガーで間に合わせた。】1974年 *Globe & Mail*（Toronto）（10月29日付）"The federal government decided to allow soyaburger products to be marketed."【連邦政府は大豆バーガー製品の市場販売化を許可することに決めた。】1930年 *Times Lit. Suppl.*（2月27日付）"Soya flour prepared by the ordinary methods soon turns rancid."【普通の方法で作られる大豆粉はすぐに腐臭を放つようになる。】1965年B. Sweet-Escott *Baker Street Irregular* "That unspeakable dish, the soya link, the staple diet of the British in the Mediterranean campaign."【地中海キャンペーンでイギリス人の主食となったあの言いようのないほどひどい料理、大豆のソーセージ。】1968年J. W. Purseglove *Trop. Crops: Dicotyledons* "Soya meal, the residue after the extraction of the oil, is a very rich protein feeding stuff for livestock."【油を絞ったあとの残りかすである大豆のあら粉は、家畜のためのとても豊富な蛋白を含んだ飼料である。】1977年C. McFadden *Serial* "Harvey ... drank his soya milk without complaint."【ハービイは

不平も言わずに豆乳を飲んだ。】1982年 *Times*（4月14日付）"Sunoil、linoil and soyaoil prices appeared to be rising."【ヒマワリ油、亜麻油と大豆油の価格が上昇しているようだった。】1971年 D. Meiring *Wall of Glass* "They went to the counter. It was soya sausages, potatoes, cabbage."【彼らはカウンターへ行った。注文したのは大豆のソーセージ、ポテトとキャベツだった。】

これらの記述すべてを見ても、shoyuの口語体といわれるsoyと、日本語からオランダ語を経て英語に入ったとされるsoyaの2語は本当に日本語なのだろうかという疑問が残る。一般の日本人には、soy, soyaが日本語からきた語彙であるとは想像しにくい。しかし、鎖国時代に長崎の出島を通して唯一交易を許されていたオランダ人が借用し、彼らによって彼らが当時進出していたマレーなどの東南アジアに伝播していったことは想像できる。この過程で、音の省略や結合などの作用を受けて変形してできた語であろう。

（太田隆雄）

soya bean　大豆

法隆寺を英語でHoryuji Templeと書くように、大豆を表すsoyaに豆を表すbeanを添えたこの語は、*SUP 2*から10用例をもって登場し、そのまま *OED 2* に引き継がれている。定義はこの後の「soybeanと同じ」としてある。

初出例は1897年で *Publ. Grorgia Dept. Agric. 1896* "A display of soja beans ... a legume of exceptionally fine quality for stock feed."【家畜飼料として特に良質のマメ科の植物…大豆の展示会。】である。

第2例は1905年 *Chambers's Jrnl.*（3月号）"Soya beans ... are grown all over Japan and in Manchuria."【大豆は日本全土と満州で栽培されている。】とかつての栽培地域が限られていたことが語られている。

第3例は1930年 *Times Lit. Suppl.*（2月27日付）"The high nutritive value of the soya bean has long been recognized."【大豆の高い栄養価は古くから認められている。】

第4例は1958年 *Times Rev. Industry*（4月）"The 1957 increase was well spread; there were ... good crops of soyabeans in the United States."【1957年の増収は広範に及んだ。アメリカでは大豆が大豊作であった。】

　第5例は1968年J. W. Purseglove *Trop. Crops: Dicotryledons* "Soya beans are one of the world's most important sources of oil and protein."【大豆は植物油と蛋白質の世界で最重要な供給源の1つである。】

　第6例は「大豆」の意味の最終例で、1973年 *Saint Croix Courier*（St. Stephen, New Brunswick）（7月26日付）"Canada is not a big user of soya beans."【カナダは大豆の大量消費国ではない。】

　第7例以下、限定的に使われる用例が続く。まず、1911年 *Daily Colonist*（Victoria, B. C.）（4月6日付）では、"In the cargo for Victoria was a shipment of 500 tubs of soya bean oil."【ビクトリア向けの積荷の中に、500樽の大豆油が船積みされていた。】

　第8例は1944年 V. Hodgson *Diary*（C. Driver *British at Table*（1983）の5月7日の項）"I have an order with the Dairy for a pound of sausage ... of soya bean flour."【私はその酪農業者に大豆粉で作ったソーセージ1ポンドを発注してある。】

　第9例は1966年 Gettens & Stout *Painting Materials* "Soya Bean Oil ... A typical analysis of soya bean oil gives 14 per cent of palmitic acid."【大豆油の型分析結果から、パルミチック酸14％が含まれていることがわかっている。】

　最後の第10例は1977年 G. Scott *Hot Pursuit* "Drinking glass after glass of ... soya bean milk bought from little carts at every corner."【どこの街角にもある小さな手押車から買った豆乳をコップで何杯も飲んで。】　　　　　（太田隆雄）

soybean　大豆

　前出のsoya beanに続いて1字綴りのsoybeanは、初出例がsoya beanの1897年より100年ほど古く1795年である。またこの語は、*SUP 2*に採録されたときの用例は10例であったが、*OED 2*では、第2例（1802）と第3例（1882）が追加され、12例になっている。異形はsoy-beanとsoy beanで、「soy＋bean」の合成語である。

まず、「食用に栽培される最も大量のアミノ酢酸を含有する豆」という定義。初出例は1795年 *C. P. Thunberg's Trav.* "Soy-sauce, which is every where and every day used throughout the whole empire, ... is prepared from Soy Beans ... and salt, mixed with barley or wheat."【醤油は、国中どこでも毎日使われ、…大豆…に塩と、大麦か小麦を混ぜて作られる。】1802年 Pinkerton *Mod. Geogr.* "The ginger, the soy bean, ... are cultivated here [*sc.* in Japan]."【生姜、大豆、…がここ（日本）で栽培されている。】1882年 *Garden*（7月29日）"Soy Beans ... vary considerably in size, shape, and colour."【大豆は…大きさ、形、色の点で様々である。】1970年 *N. Y. Times Encycl. Almanac* "(Iowa) ranks first in popcorn and oats, and is second in soybeans."【（アイオア州は）ポップコーンとオート麦が生産量第1位で、大豆が第2位である。】1975年 *New Yorker*（5月26日）"He said that in the nineteen-sixties the United States 'had excess capacity in corn and soybeans'."【1960年代にアメリカは「トウモロコシと大豆では過剰な生産能力があった」と彼は言った。】

次に限定用法として以下のような用例があげられている。1935年 *Cereal Chemistry* "It is only within the last decade that the use of soybean flour for food purposes in this country has been seriously considered."【この国で大豆粉の食用としての用途が真剣に考えられるようになってまだほんの10年である。】1938年 A. A. Horvath *Soybean Industry* "Quantities of soybean oil have been used in the manufacture of foundry cores."【鋳物の中子(なかご)の製造に大量の大豆油が使われてきた。】1956年 B. Y. Chao *How to cook & eat in Chinese* "The most important flavourer of Chinese food is *soy-bean sauce* or soy sauce for short."【中華料理の最も重要な香味料は醤油である。】1979年 C. MacLeod *Luck runs Out* "Her successful campaign to have soybean cutlets put on the menu."【メニューに大豆カツレツを載せてもらうという彼女のキャンペーンの成功。】で終わっている。

最後に日本語起源とされるが日常の日本語に見当たらないsoyという言葉について。*OED 2*では、中国語shi-yu, shi-youが日本語に入りshū-yu, siyou-youとなり、その口語体がsoy, shoyであり、これがマレー語soi、オランダ語soya, sojaの語源になったという。オランダ語辞典には、確かにsoja醤油と

sojaboon 大豆とある。また*OED*の初出年代がsoy（1696）、soya（1679）、soybean（1795）と17、18世紀に採録されたことを考えると、当時鎖国していた日本が長崎の出島を通じて唯一交易していたオランダ人がshō-（yu）、siyau-（you）をsoyまたはshoyと聞きとり、当時オランダの植民地であったインドネシアに醤油と一緒に伝え、それがマレー語にsoiの形で継承されたものと推測される。　　　　　　　　　　　　　　　　　　　（太田隆雄）

sudoite　須藤石

日本人の苗字に由来する鉱石である。「ドイツ語sudoit（G. Müllerが1962年Naturwissenschaftenで使用）からの適用。日本の鉱物学者、結晶学者、須藤俊男（1911年生まれ）の名から」という語源解説があり、「1963年の用例を見よ」として定義はこれに託している。用例はこのほかに1例。

まず上記Müllerに言及している1963年 *Amer. Mineralogist* の"G. Müller (1962) proposes 'sudoite' as a name for this dioctahedral series of phyllosilicates, as chlorite is the name of the analogous trioctahedral series."【G. Müller (1962) はこのディオクタヘドラル型のフィロ珪酸塩の名としてスドアイト（須藤石）を提唱している。同類のトリオクタヘドラル型の名がクロライト（緑泥石）だからである。】

もう1例は1977年 *Mineral. Abstr.* から"An essentially regular interstratification of mica (sericite) and chlorite (sudoite) was found in an alteration area of the Matsumine Kuroko deposit of the Hanaoka mine."【雲母（セリサイト）と緑泥石（スドアイト、須藤石）が基本的に規則正しく地層間に介在しているのが、花岡鉱山の松峰黒鉱鉱床の変質地帯でみられた。】鉱物学上の記述だが、これは太平洋戦争末期のあの花岡事件のあった秋田県の花岡鉱山である。　　（橋本禮子）

sugi　杉

木材用として日本におけるもっとも一般的な樹木だが、近年では花粉症の災いをもたらすやっかいな存在としてとりざたされるようになった、気の毒な木でもある。しかし古来から日本人が信仰の対象としてきた深山にそびえ

る杉の木は、美しく神秘的だ。その風格は日本を訪れた外国人の心を打ったようだ。OEDにはSUP 2から収められ、用例は6例。定義に代えて、"=CRYPTOMERIA"とされている。よく日本の杉を表すのにcedarという英語を用いるが、専門的にはこれが正式な名称らしい。

　もっとも古い用例はケンペルからである。ただし［See HINOKI］となっているので、「檜」の項を参照していただきたい。第2例は1795年の訳本 *C. P. Thunberg's Trav.*（ed. 2）の "Ssugi signifies Cedar wood."【スギはシーダー材を意味する。】で、ここから以降cedarという語が用いられている。だがcedarはヒマラヤスギを指し、マツ科の樹木だそうで、スギ科の杉を表すには不適当である。

　第3例は建築用材としての杉に言及したものである。1876年 *Trans. Asiatic Soc. Japan* "One piece of sugi of 6 by 3 by 0.4 ft."【6×3×0.4フィートのスギの一枚板。】"On some Japanese woods"と題したJ. A. Lindoという人の講演を収録したものである。ある日本家屋では、床の間のみならず、間仕切りの引き戸にも天井板にも大きな一枚板が用いられていた、と報告したのち、ただしすべてよく吟味し乾燥させたものを使っていることに注目すべきである、と指摘している。明治維新から10年と経たない頃の報告である。

　Cryptomeriaという正式名が用いられているのが第4例で、1916年 E. H. Wilson *Conifers & Taxads of Japan*【日本の針葉樹とイチイ科植物】と題した書物から、"The Cryptomeria, or Sugi as it is called in Japan, is the noblest of the Japanese conifers."【クリプトメリアすなわち日本名スギは、日本の針葉樹のなかでももっとも崇高なものである。】

　つぎに1954年［see *Japanese cedar* s. v. JAPANESE］とあるのでこの欄をみると、Japanese cedar = CRYPTOMERIAとあり、さらに先にいって、このような文が紹介されている。*New Biol.* XVI "The Japanese cedar or Sugi, a tree found in China and Japan and, in the latter country, an important and abundant timber tree."【ジャパニーズ・シーダーないしスギは、中国ならびに日本に見られ、特に後者においては重要かつ豊富な木材である。】

最後の用例は1970年J. Kirkupの*Japan behind Fan*から、"A bus took me on the long winding road, through groves of immense sugi or Japanese cedar."【バスは巨大なスギすなわちジャパニーズ・シーダーの林をくぐって、長く曲がりくねった道を運んでいってくれた。】原文ではさらにこのあと、"to the temple where I was to stay and where I was the only guest"【私が泊まることになっており、しかも唯一の客であった寺まで…】と続く。カーカップが高野山を訪れたときの描写である。なおカーカップはここでsugi or Japanese cedarのあとに、cryptomeriaと正式名を括弧にくくって書き入れている。正確である。

(橋本禮子)

suiboku　水墨画

水墨が*OED*に初登場するのは*SUP 2*である。語義は「水溶インク、sui＝水＋boku＝墨」、定義は「大胆な筆遣いと濃淡法を特徴とし、白地の上に黒いインクで描く日本の画法」とされている。

初出例は1912年E. F. Fenollosaによる*Epochs Chinese & Jap. Art* IIからで"Kakei ... made a decided change ink Chinese landscape style: the 'In' style ... in that he introduced the utmost decorative splendour of *notan*, or dark and light beauty. He made the strong shapes of his touches of glowing ink 'look as if they were falling in drops'. This is '*suiboku*', or wet ink."【夏珪は…中国の風景画の様式、つまり「院」体画において、「濃淡」すなわち明暗による美という究極の装飾美を導入し、決定的な変革を成した。彼は鮮やかなインクの筆さばきによる力強い形状を「まるで滴となって落ちるかのようにみ」せた。これが「水墨」つまり湿性インクである。】とある。

全部で4例のうちの最後の用例は、1970年*Oxf. Compan. Art*からで"The essentials of *suiboku* were bold composition in the Chinese style, strength of brushwork, and nuance in the tone of the ink."【水墨の本質は中国様式に見られる大胆な構図、力強い筆さばき、墨の微妙な色合いにあった。】となっている。

(吉江正雄)

suiseki 水石

　この語は *SUP 2* において初めて登場する。語義には「*sui* は水＋*seki* は石」とあって、続いて「盆の上に幾つか石を並べる日本の芸術、浅く水を張ることもある」とある。

　用例は3例。初出例は1929年 *Encycl. Brit.* からで "Some stones are placed on a tray with low-growing grass or bamboo .... Another way of enjoying them, which has been for centuries and is still popular among the Japanese, is known as *sui-seki* .... A natural stone of desirable shape is placed in a porcelain or bronze tray or dish with sand and water."【幾つかの石が、低く生えている草とか竹と一緒に盆の上に置かれる…。それらを楽しむ今一つの方法、それは日本人の間で、昔も今も人気があり、水石として知られている…。魅力的な形をした自然石が、磁器とか青銅の盆ないしは皿に砂や水と共に置かれる。】とある。

　第2例には1972年 *Islander* "Very short sections [of a yew log], an inch or two in thickness, could be used as beses for viewing stones after the Japanese suisei fashion .... The art of suiseki is popular in Japan."【1～2インチのとても薄いイチイ材が、日本の水石の仕様にならって、石を眺めるための台座に使われることもある……。水石という芸術は日本で人気がある。】と記されており、徒に日本のどこの家にも水石が飾られているやに誤解されては困る。水石は室町時代頃から茶事に伴って起こってきたのであろうが、やはり本格的に行われるようになったのは江戸時代後期から明治に掛けてらしい。伝統あるこの水石という芸術も、現在そう多くの家で楽しまれているとは思えないからである。

　最後の用例に、1976年 *N. Y. Times* 8月8日号から "As with all suiseki, the stones must be as found in nature, though they may be cleaned with a soft cloth or brush. However, they are never polished or sculpted."【水石は全部そうなのであるが、石は、柔らかな布とかブラシで綺麗にされることはあっても、自然のなかに見られるが如くに存在しなければならない。決して磨かれたり、彫刻が施されたりすることはない。】とある。この用例は実に良い。水石用の石は決して磨かれたり、加工されたりしてはならない。自然の中にあったそのままの姿でな

くてはならないのである。日本人の心の中には、自然の一部を小さく切り取って、それを小宇宙に作り替えて、家の中に再構築しようという願望があるように思う。フラワーアレンジメントが自然の中の「花園」の再構築であるとすれば、盆栽は自然の中の「林」の小宇宙であったり、家の中にさえ再構築出来る「大木」であったりもする。その意味からすると、水石は家の中に再現される「庭園」としての小宇宙である。したがって、そこに置かれる石は出来るだけ自然のままであることが望ましい。「砂や水を伴う」と先の用例にもあったが、それは、水は「川」の表現であり、砂は「大地」を現していると考えられる。

(吉江正雄)

sukiyaki　すきやき

sukiyakiが*OED*に登場したのは*SUP 2*で、*OED 2*にもそのまま記載されている。定義には、"A Japanese dish, consisting of very thin slices of beef fried with vegetables in sugar and soy sauce, and often served with rice."【非常に薄くスライスした牛肉と野菜を砂糖と醬油で焼く日本料理で、よく御飯と一緒に出される。】とある。『大辞林』の定義の「〔鋤の金属部分の上で肉を焼いて食べたところからという〕牛肉をネギ・白滝・豆腐などとともに、醬油・砂糖などで調合したたれで煮焼きしながら食べる鍋料理。もと、関東で『牛鍋（ギユウナベ）』ともいった」とほぼ同じ記述である。

初出例は1920年で、『大辞林』の定義に対応する記述があり、*OED*の定義を補完する働きをしている。

第1例　1920年 *Japan Advertiser* 22 "Another name by which this dish (sc. nabe) is usually known outside of Tokyo, is suki-yaki. This is derived from suki, which means a spade, and yaki, to cook."【この料理（即ち、なべ）が普通東京以外で知られている別の名前はすきやきである。これは、鋤という意味の「すき」と、調理するという意味の「やき」からできたものである。】

他に7用例（1932、1935、1943、1952、1964、1970、1977）あるが、定義での"very thin slices of beef"や"often served with rice"に対応する記述は、どの用

例においても見あたらない。このような記述は実際にsukiyakiを食べたことがなければ無理であるだろう。

　第2例　1935年B. Woon *San Francisco & Golden Empire* "The best *suki-yaki* restaurant is not in the Japanese quarter but in a Japanese hotel near the corner of California Street and Grant Avenue. Here tasteful *suki-yaki* dishes are cooked in chafing-dishes, Japanese style."【最高のすきやき料理店は日本人街にはなく、カリフォルニア通りとグラント通りの交差点の近くの日本のホテルの中にある。そこでは美味のすきやきが日本式にコンロ付き卓上鍋で調理される。】

　第3例　1943年H. Mears *Year of Wild Boar* "The Japanese who patronized this place ... did so only to sample American culture, as in New York the American might dine in a Japanese *sukiyaki* restaurant."【日本人がここをひいきにしているのはただアメリカの文化を体験してみるだけのためだった。それはちょうどニューヨークでアメリカ人が日本のすきやきレストランで食事をするのと同じことであろう。】

　第4例　1952年R. Cutforth *Korean Reporter* "There are other famous meals—*Sukiyaki*—a fry of chicken or beef with vegetables and soya."【鶏肉または牛肉を野菜と醬油で焼いたすきやきというまた別の有名な料理がある。】

　第5例　1970年P. & J. Martin *Jap. Cooking* "Put a sukiyaki pan or a large, heavy frying pan over a portable cooking stove."【すきやき鍋あるいは大きな重いフライパンを携帯調理コンロの上に置きなさい。】

　　　　　　　　　　　　　　　　　　　　　　　　　　　　　　（糸山昌己）

sumi　墨

　墨が*OED*に初登場するのは*SUP 2*である。語義は「インク、ブラッキング」とあり、さらに［=Indian ink］とある。しかしここでは定義には触れられず、2番目の用例の中でそれを語らせるという変則を成している。

　用例は3例あって、初出は1911年なのだが、記述は"see *Dry brush* s. v. DRY *a.* C. 3"とあるのみである。そこでdry brushの項に当たると、M. L. Wolf *Dict. Painting*から次の用例が引かれている。"In Chinese art, a painting technique in which the ink is used sparingly with a minimum of moisture in the brush; known natively as *kan pi*."【中国芸術において、筆に最小限の水分を含ませ、インクを控えめに使う絵画法で、現地では「カンピ」として知られる。】とある。

　第2例は1958年も M. L. Wolf *Dict. Painting* からで "*Sumi*, Japanese ink or blacking, composed of a mixture of carbon and glue molded into sticks or cakes. When rubbed into water on an inkstone, it becomes the common medium of the painter and writer."【墨、日本のインクつまりブラッキングは、炭に膠を混ぜたものからできていて、棒状または平たい固形をしている。硯に張った水の中で磨ると画家と書家共通の媒材となる。】とある。この用例で墨の製造法・使用法が端的に分かる。　　　　　　　　　　　　　　　　　　　　（吉江正雄）

sumi-e　墨絵

　墨絵は *SUP 2* に初めて登場する。定義は「日本のインクペインティング、墨ピクチャー」となっている。用例は全部で5例あり、初出は1938年鈴木大拙の *Zen Buddhism & its Influence on Jap. Culture* である。"Calligraphy in the Far East is an art just as much as *sumiye* painting."【書は極東においては墨絵とまったく同じように、1つの芸術である。】となっている。

　また1977年の *Time* には次のような面白い用例がある。"Every cut of the chisel seems to possess the final, unlaboured rightness of a brush stroke by a master of *sumi-e* (ink painting)."【ノミの一振り一振りには、墨絵の大家の決定的で無理のない筆遣いの正確さがあるように思える。】である。恐らく、ノミの一振り一振りが的確な美しさを醸し出しているある彫刻を讃えるのに、墨絵の大家の筆の正確かつ美しいタッチを引き合いに出したものと思われる。

　最後の用例は1981年G. MacBeth *Kind of Treason* からである。それによると "On the wall he'd hung the *kakemono* ..., a thin scroll in *sumi-ee* with a house under a mountain."【壁には…山麓に家を描いた墨絵の薄いスクロール、すなわち掛け物がかけてあった。】とある。　　　　　　　　　　　　　　　　（吉江正雄）

sumo 相撲／sumotori 相撲取り

まずsumoには次のような定義がある。「日本において、レスリングの一形式であり、レスラーが相手を円の外へ突き出すか、足裏以外の体のどの部分ででも地面へつけることで勝負に勝つ」。しばしばsumo wrestler, wrestlingというふうに形容詞的にも使う。

初例は1880年 W. E. L. Keeling *Tourists' Guide Yokohama*の中に"The wrestlers (*sumō*) ... will not fail to interest him."【(相撲) レスラーたちは、きっと彼に興味をもたせるだろう。】

第2例は1893年 *Jap. Soc. Trans. & Proc.* 中の文"I have seen English wrestling, and found it similar to Japanese wrestling (*Sumō*, not *Ju-jitsu*)."【私はイギリスのレスリングを見たが、それは日本のレスリング（柔術ではなく相撲）に似ていた。】

第3例は1923年 J. Street *Mysterious Japan*の中の次の文章。"The kind of wrestling known as *sumo* still maintains its ancient prestige as the national sport."【「相撲」として知られる一種のレスリングは国技として今でもその昔の威信を保っている。】1934年の第4例は別項all-inの見出しの中のJ. Harrison *Wrestling*に顔を出すだけである。

ここまでは、相撲をレスリングのようなものとしか考えていないが、その特徴に初めて触れたのは次の諸例である。1936年の第5例 K. Nohara *True Face of Japan*中の"Our taste for prodigies ... is gratified by the corpulence of the *Sumo*."【私たちの驚異への嗜好は、相撲のもつ肥満によって満足させられる。】第6例 1938年 Bush & Kagami *Japanalia*にも"*Sumō* wrestlers are huge fellows."【相撲取りは巨漢ぞろいだ。】とある。

もう少し立ち入った儀式的な面については、第7例 1958年 *Times* 12月27日号"Such are the advance preliminaries of a bout of *sumo*, the national sport of Japan."【こういうのが日本の国技である相撲の試合の前段階である。】

邦訳『007号は二度死ぬ』という題で知られる I. Fleming *You Only Live Twice*の1964年の例文は第8例で"It is only the *sumo* wrestlers who drink saké in these quantities without showing it."【こんなに多量の「酒」を飲んで顔に出さな

いのは、「相撲」レスラーだけだ。】はちょっと変わった視点をもつ。ちなみに007シリーズの生原稿は、私が昔勤めていたインディアナ大学の稀覯本の図書館Lily Libraryのコレクションになっている。

第9例は1966年の *New Scientist* 7月28日号からのもの。"Sumo wrestling, in which two monstrous men charge one another, clinch briefly and separate, with one the winner, usually in the space of a few seconds."【相撲レスリング、それは2人の怪物男が攻め合い、ちょっとクリンチし、離れ、通例数秒間で1人が勝者となる。】これは力士の動作を細かに述べた点で珍しい。

第10例は1974年 *Daily Telegraph*（カラー付録）2月22日号 "If one is to understand Japan in any depth, a realisation of the significance and the enjoyment of Sumo is as important as it is to appreciate the influence of soccer if one is to understand Britain."【少しでも深く日本を理解しようとするなら、相撲の意義と楽しみを悟ることが重要である。イギリスを理解しようとする場合、サッカーの影響を認識することが重要なのと同じである。】

次の第11例は、広い読者をもつ *Time* の1777年7月4日号の文 "Surpassing even such traditional Japanese sports as sumo wrestling, bēsubōru has become Japan's favorite sport."【相撲のような日本の伝統的スポーツさえ越えて、「ベースボール」は日本の好みのスポーツとなった。】ここでは「ベースボール」を日本式に発音して長音符をつけているのは芸がこまかい。

最後の第12例は1978年の M. Kenyon *Deep Pocket* 中の "This character was a sumo-wrestler, hewn from a cliff-face."【この人物は崖の表面を荒削りした相撲レスラーの姿であった。】

これまで sumo-wrestler と呼ばれてきたものが独立の見出しになったのが、次の項目 sumotori である。*SUP 2*に2例をもって登場する。

1つは1973年の *Newsweek* 8月13日号 "Anyone who 〔tries〕 socking a sumotori in the stomach will gladly go back to brick walls."【相撲取りの腹を強打しようとする人は煉瓦の壁にもどった方がいいと思うだろう。】

第2例は、1974年 *Daily Telegraph*（カラー付録）2月22日号の文 "The

mature *sumotori*（as Sumo wrestlers are called）is about six feet tall and will weigh anything from 16 to 24 stone."【一人前の「スモートリ」（スモー・レスラーの呼称）は、身長約6フィートで、体重は16から24ストーン［1ストーンは14ポンド］の幅がある。】

相撲取りの巨体や勝負の早さ、それに相撲の歴史の古さも知られ、相撲取りの海外巡業などもあって、ますます広くファンを集めていることで、日本の国技としての認識を国際的にも定着させつつあることがわかる。

（福田陸太郎）

sumotori　相撲取り→sumo　相撲

sun　寸

尺は *SUP 1* からだが、その10分の1の寸は *SUP 2* にはじめて現れる。「日本の長さの単位、約1.19インチ（3.03センチメートル）に等しい」とされている。現在では日常使われることはあまりないから、子供たちに一寸法師といっても、かつてほど具体性をもって想像されないかもしれない。

3つの用例のうち一番古いのは1727年ケンペル『日本誌』だが、「shaku 1 を見よ」とあるので、この項を参照されたい。

第2例は1888年ブリタニカ百科事典から、"Japan .... Sun, 10 = shaku（11.948 inches = 10/33 metre), 6 = ken, 60 = cho."【日本…寸が10で尺（11.948インチ、すなわち10／33メートル）、尺が6つで間、間が60で町。】という記述である。

最後は1956年 K. Tomiki *Judo* "Regulations require that the surrounding mats be all 5 *sun*（about 6 inches）lower than the contest area."【周囲の畳はすべて競技区域よりも5寸（約6インチ）低くなくてはならないと規定されている。】交通公社版のこの著者による *JUDO Appendix: AIKIDO* という題の書物からである。競技区域は5間四方、すなわち畳50枚の広さだが、競技者の負傷を防ぐためにさらに余分のマットで囲む、としたあとにこの引用が続く。寸、尺、間は、柔道など伝統競技や日本建築の世界では今もなお生きている。　　（橋本禮子）

Suntory　サントリー

　Suntoryは*OED 2*において、「日本のウィスキーの商標登録名」と定義されている。*SUP 2*からの登場である。用例は、1959年、1960年、1967年、1975年の4例である。1959年の用例はR. Kirkbride *Tamiko*からであり、"Here he was ... without even a drink in his hand. 'A double Suntory', he said to the baaten."【ここで彼に出会えた。彼は手に飲み物も持たずにいた。バーテンに「サントリーをダブルで」と注文した。】となっている。1967年の用例はJ. H. Roberts *February Plan*からで、"He – remembered enough of his long unused Japanese to order a bottle of Suntori."【彼は日本語を久しく使っていなかったが、サントリーのボトルを注文するのに事足りる程度には思い出せた。】というものである。1975年の用例はR. L. Duncan *Dragons at Gate* (1976) からで"I have ordered Kobe steaks .... I have also requested a bottle of Suntory."【私は神戸牛のステーキを注文した。さらにサントリーのボトル1本も頼んだ。】となっている。

　サントリーは洋酒メーカーとして知られるが、この名は、1929年4月創業者鳥井信治郎が最初のウィスキーに付けたのが始まりである。サントリーの前身である寿屋（ことぶきや）の土台を築いた赤玉ポートワインの「赤玉」すなわち「太陽」（サン）の下に自分の名前鳥井を結び付けて、「サントリー」と命名したという。1963年、サントリービール発売の年に社名は現在のサントリーに改められた。

（馬場哲生）

surimono　刷物

　刷物と一口で言った場合に、その意味は大変に広い。この言葉が*OED*に最初に登場するのは*SUP 2*である。その定義は「挨拶状を送ったり、特別な行事を特徴付けるのに使われる日本の小型のカラープリント」と記されている。これだけから判断すると、何か年賀状や、行事のポスターを刷るのに用いられる版画のようなものを連想してしまう。しかし用例に当たって見るとまったく違うことが分かる。初出例は1899年のC. Holmes *Hokusai*からである。"He ... designed many surimono – the dainty cards used for festive occasions."【彼は

多くの刷物、つまり祝祭の行事に使われる可愛らしいカードをデザインした。】とあって、葛飾北斎に関する引用である。第2例も同書から"The celebrated designer of *surimonos*."【刷物の有名なデザイナー。】とある。妙なのは、同じ本の中からの引用にもかかわらずmany surimono と surimonosの単複の関係がどうなっているかである。第3例は1910年の *Daily News* からである。"It is worth while knowing what a surimono is."【刷物とは何ぞやを知る価値がある。】となっている。次は1961年の *Times* からで、"Two fine surimono by Kunisada."【国定による2枚の美しい刷物。】である。ここに来て初めて浮世絵らしい版画としての刷物が登場する。最終用例も *Times* で、1977年の7月号に、"The Japanese *surimono* was a wood-block print."【日本の刷物は木版画であった。】とあって、最後に我々の期待するイメージとなった。

（吉江正雄）

sushi　寿司・鮨

　近江のフナずしという名産がある。一般の握り鮨とは違って、魚貝類に塩と飯米を混ぜて漬けこみ、乳酸発酵させたもので「馴ずし（熟れずし）」と一般に呼ばれている。これが今日の鮨のルーツで、紀元前の中国では「鮓」は「サ」と読まれて魚の貯蔵品、つまり魚の保存食品を意味していた。一方「鮨」の字は「シ」と読み魚の塩辛を意味した。その後両者同一視の混同が起こり、そのまま日本に受容され、どちらも「スシ」と訓してきた。この馴ずしの伝統は現在でもヒマラヤ山麓・タイ・ラオス・カンボジア・ボルネオ等に残り、そこでは山地民族が川魚の貯蔵法として一般に利用している。

　日本では、その後室町時代に魚だけでなく飯米も食べる生成（なまなり）が発明され、江戸時代の元禄年間には酢を用いて鮨の熟成を早める工夫がされて、箱ずし（押しずし）が考案され、今日の握りずしはこの箱ずしの一切れを下敷にして、18世紀初めの文政年間に江戸に初めて登場したという。

　『大辞林』ではこれらの事情を含めて次のように記述している。

　「すし　［鮨・鮓］〔形容詞「酸し」から〕①酢で味付けをした飯に刺身や卵焼き・海苔などをあしらった食べ物。握り鮨・巻き鮨・五目鮨など。②古

くは、魚介類に塩を加えて漬け込み、自然発酵させた食品。のちには発酵を早めるため、飯とともに漬けるようになった。なれずし。〔「寿司」は当て字〕」

一方sushiは、SUP 2に採択され、その7用例とともにそっくりOED 2に引き継がれた語であり、定義には「酢で風味をつけた冷たい飯米の小さなにぎりに、普通魚か玉子焼を添えた日本料理」とあり、現在の握り鮨だけの説明で、巻き鮨・五目鮨などはもちろん、馴鮨への言及は一切ない。これで7用例のsushiの説明が可能だろうかという疑問が残るので、用例の検討をしよう。

第1例　1893年 A. M. Bacon *Jap. Interior* "Domestics served us with tea and sushi or rice sandwiches."【召使いが私たちにお茶とご飯のサンドウィッチともいえる鮨を出してくれた。】

第2例　1910年 J. Inouye *Home Life in Tokyo* "The most common food taken on such an occasion is sushi, which is a lump of rice which has been pressed with the hand into a roundish form with a slight mixture of vinegar and covered on the top with a slice of fish or lobster, or a strip of fried egg, or rolled in a piece of laver."【このような場合に食べる最も一般的な食物は鮨で、それは酢を少し混ぜて手で丸く握ったご飯の上に、魚かエビの切身か、玉子焼の薄い小片をのせるか、海苔で巻いたものである。】

第3例　1928年 K. Yamato *Shoji* "His *sushi*, to afford the acme of succulence, had to be eaten at the stall."【彼の握る鮨は、しっとりとした味わいを賞味するためには、カウンターで食べなければならなかった。】

第4例　1936年 K. Tezuka *Jap. Food* "*Sushi* has been made in many ways since olden times and is prized by rich and poor alike."【鮨は昔から色々と作られてきており、現在も金持ちからも貧乏人からも同じように高く評価されている。】

第5例　1967年 D. & E. T. Riesman *Conversation in Japan* "We were standing at the sushi buffet of the train."【私たちは列車の鮨カウンターの前に立っていた。】

第6例　1968年 P. S. Buck *People of Japan* "Since sushi is nothing more than the equivalent of sandwich, or fishy snack, the sushi bar can hardly be described as a den of iniquity."【鮨はサンドウィッチや魚を使ったスナックのようなものだから、鮨屋を不正のたまり場とは言えそうもない。】

　第7例は、派生語としてのsushiyaを扱っている唯一の例文である。1970年P. & J. Martin *Jap. Cooking* "The *sushiya*, or sushi shop, plays in Japan a role curiously similar to that of the pub in England."【日本においては、鮨屋がイギリスのパブと奇妙に似た役割を果している。】

　結論として、握り鮨だけに絞った*OED*の定義は、用例の初出が1893年と比較的新しいので一応の妥当性はあるが、第2例に出てくる巻き鮨や第4例の「鮨は昔から色々な方法で作られてきた」の部分は説明が少し苦しいように思われる。
　　　　　　　　　　　　　　　　　　　　　　　　　　　（太田隆雄）

suzuribako　硯箱

　suzuribakoは*SUP 2*から採択され*OED 2*にそのまま踏襲されている。定義は「日本で、硯、墨、数本の筆、小さな水滴（水つぎ）を入れる箱（しばしば、精巧な出来栄えの漆工芸品）で、インクスタンドに相当する」とある。用例は3例ある。

　初出は1967年*Times*（3月7日付）"A suzuribako by Shiomi Masanari."【塩見政誠作の硯箱。】塩見政誠は、江戸前期・中期に京で活躍した蒔絵師で、代表作に「比良山蒔絵硯箱」（東京国立博物館蔵）があり、他に印籠なども遺している。第2例は1974年*Country Life*（6月6日付）"Detail of a suzuribako decorated with a figure of Kajiwara Kagesuye ... Japanese 19th century."【梶原景季の像で装飾された硯箱の細部…日本の19世紀。】この景季（1162-1200）像は、佐々木高綱との宇治川の先陣争いの時のものであろうか。景季は一の谷・生田の森の合戦に梅花の枝をさして奮戦したことから「箙の梅」として能や人形浄瑠璃に作られ、画題にもされているから、こちらの方かもしれない。硯箱は19世紀のもののようだ。

　最終例は1981年*Jrnl. R. Asiatic Soc.* "Eight suzuribako appear, one (No. 18) with a concealed *waka* poem."【8つの硯箱が出ており、うち1つ（18番）には和歌

が埋め込まれている。】

　3つしかない硯箱の用例であるが、享保年間の蒔絵師、鎌倉初期の武将、和歌が登場する。

（渡辺佳余子）

T

tabi　足袋

　tabiは*OED 1*から登場する45の日本語のうちの1つである。定義は"Cotton stockings having the toes separate, worn by Japanese women."【日本の女性が履く、指がはいる所が分かれている木綿のストッキング。】となっていて、少なからず驚かされる。極論すれば、全面的な誤りとも言える定義である。まず、足袋の素材は木綿だけではないから、Cottonは問題である。でも木綿が主流であることは確かであるから容認できるとしても、次のstockingsはsocksとすべきところ。having the toes separateは、手袋のように指が1本1本分かれているような誤解を与えるし、また足袋が女性専用ではないことも言うまでもない。

　一体どうしてこのような誤りが生じたのであろうか。しかし、この疑問も2つの用例を検討してみれば、大体のところは解消する。実は、用例そのものが誤りを含んでおり、その誤りに基づいて下された定義だったのである。もっとも、編者による用例の誤解が関与していると考えられる点もないわけではない。

　第1例　1895年 Holland *Jap. Wife* "The curious *tabi* of white cotton, shoes and stockings all in one, with separated toes."【指がはいる所が分かれている、靴とストッキングを1つに兼ねた白い木綿地の奇妙な足袋。】

　第2例　1902年 *Daily Chron.* "When the whole people celebrate the rites of Shintoism ... men and boys exchange their customary black foot-gear for the white *tabi* of women."【皆で神事を祝う際には、男たちは、いつもの黒い履き物を、女用

の白い足袋に履き換える。】

　第1例の文中に定義の誤りの種がほとんどすべて含まれているように思う。shoes and stockings all in oneは、布地が黒や紺ならば、職人などの法被(はっぴ)に股引(ももひき)で足袋はだしの姿を見て、足袋と股引を一連のものであると見誤った結果ではないかといった推測が成り立つであろうが、白の木綿地ということになると、誤認の元として、どのような状況が考えられるであろうか。いずれにせよ、stockingsという語が「女性用」という誤解を生み、文尾のwith separated toesは定義のhaving the toes separateに通じている。第2例にあるblack foot-gearは、文脈からblack tabiの言い換えと解するしかないもので、もしそのように普通に受け取っていたなら、男は平常は黒足袋を履き、女性は白足袋であることが理解され、足袋が女性専用という誤解は正されていたはずである。ところが編者は、これを足袋とは別の何等かの「黒色の履き物」と解したために「女性専用」という誤解を補強する結果になってしまったものと考えられる。あるいは話が逆で、stockingsから生じた先入主に災いされて、このような取り違えを起こしたのかも知れない。

　tabiが次に*OED*に登場するのは*SUP 2*（Vol. 4）で、ここでは*OED 1*の定義が全面的に修正され、新しく7用例が採択されている。新定義は"Thick-soled Japanese ankle-socks with a separate stall for the large toe, worn by both sexes."【親指のはいる所が（他の指のはいる所から）分かれている、厚地の底のついた足首までの短い日本のソックスで、男女両性が履く。】となっている。旧版の誤りがすべて訂正されただけでなく、「厚地の底のついた」も加わって補強され、面目を一新している。ただ欲を言えば、親指が分かれて指股が生じた理由の説明（例『大辞林』「…鼻緒をすげた履物をはけるように…」）が欲しかったと惜しまれる。これは日本の辞書より、むしろ外国の辞書にこそ織り込まるべき情報だと思うのである。さらに今1つ、末尾のworn by both sexesは、言うなれば「過剰訂正」であり、十全な訂正へ向けて逸る心が生んだ勇み足であろうが、やはり定義としては奇異で、削除すべきものと思う。shoesやsocksの定義に「男女両性が履く」などという説明を加える辞書はない筈だからであ

る。

　初出は江戸初期1616年（ただし、出版されて世に出たのは1883年）(1)、平戸のイギリス商館長R. CocksのDiaryからの"2 peare tabis for Jeffrey."(2)【ジェフリー用の足袋2足】である。Cocksが調達し、代金清算をした物品のリストの1項目である。「郷に入りては郷に従え」で、イギリス人の商館員も足袋を履く生活をしていたのか、と最初は驚かされたが、調べてみると、Jeffreyは商館の日本人使用人のニック・ネームであると判明。明治にはいった1880年のものは英女流作家・旅行家I. L. Birdの日本旅行記 Unbeaten Tracks in Japan からの引用"On her little feet she wears white tabi, socks of cotton cloth, with a separate place for the great toe."【その小さな足に彼女は白い足袋、即ち親指のはいる所が分かれている木綿地のソックス、を履いている。】である。この英語は新定義の言いまわしの下敷きになったものと思われる。昭和半ば、1963年の用例は英女流小説家、R. GoddenのLittle Plumからのものである。"'Why, you have made them tanzen ― proper Japanese coats ― and tabi,' he said, touching the socks."【「まあ、あなたは彼等に、丹前（独特の日本のコート）と足袋を作ってあげたのですね。」と彼は言った、そのソックス（＝足袋）に手を触れながら。】この用例が示唆しているように、日常用の足袋は手作りが多かったのである。なお付言すれば、日常用は女性用も必ずしも白足袋ではなく、色物も少なくなかったと記憶している。最新の用例は1975年の米国作家J. Clavellのベストセラー小説Shōgun（関ヶ原の決戦前夜の日本を舞台にした、徳川幕府誕生をめぐる物語）からである。"He wore a belted kimono of the Browns and tabi socks and military thongs."(3)【彼は茶色軍団の着物に帯をしめ、足袋を履き、わらじ掛けであった。】William Adams（和名、三浦按針）をモデルにした主人公のある場面でのいでたちである。足袋の指股が機能している内容の用例である。西洋の読者にそれが読み取れるものか、甚だ疑問ではあるが。

　OED 2 の定義は SUP 2 から変更はなく、問題の worn by both sexes もそのまま引き継がれている。用例は OED 1 の2例と、SUP 2 の7例を合わせて9例が収録されている。問題は、例の shoes and stockings all in one などの誤りを含

んでいるので当然削除さるべきであったOED 1の第1例（1895）がそのまま引き継がれ、その結果、定義との間に自己矛盾が生じていることである。編者はこれに気付いていないのであろうか。それとも、曲折を辿った「西洋のtabi発見の歴史」の一里塚の記念として、敢えてこの用例を残したのであろうか。

(尾造保高)

(1) Shogun（将軍）の項での担当筆者による*Cock's Diary*の解説参照。
(2) 現代英語に直せば、2 pairs of tabis for Jeffreyとなる。
(3) この小説では、両軍の着衣が色分けされている。東軍が茶、西軍がグレー。

tai 鯛

はじめて載った*SUP 1*での定義は「日本の海産ブリーム *Chrysophrys (Pagrus) cardinalis*で、日本や北方支那の河口にみられる」であった。*SUP 2*、*OED 2*では改められ、「太平洋の海産ブリーム、タイ科で学名は*Pagrus major*、日本で珍重される」となった。当初6例あった用例は、3例までが置き替えられた。イギリスと日本では捕れる魚の種類が違うし、食生活に占める魚の重要度にも差がある。おまけに日本人は祝い魚として鯛には格別な思いを寄せてきた。誤解や訂正の裏にはこういったことがかかわっていそうだ。

もっとも古い用例はコックスが東インド会社に宛てた手紙である。1620年（*SUP 1*ではa. 1623）R. Cocks *Let.* 10 Mar. in *Diary*（1883）"Dried fish lyke a breame, called heare tay, in aboundance."【当地でタイと呼ぶブリームのような干し魚が大量に。】商品を中国にもっていって売るのでなければ日本との交易はあまり商売にならない。ただしマラッカに進出するつもりなら、ここは格好の商品庫だ。鉄、穀物…そしてここに記された鯛の干物などが豊富だから、などと書いている。

次はケンペル『日本誌』（1727年）で、"*Tai*, is what the Dutch in the Indies call *Steenbrassem*. This is very much esteem'd by the Japanese as the King of Fish."【タイは東インド会社のオランダ人が Steenbrassem と呼んでいるものである。魚の王者として日本人には非常に珍重されている。】さらに先を読むと、なぜこの魚が日本人に特別扱いされているかという解説がある。ネプチューンすなわち

エビス神の聖なるものだし、「水中で体表に見せる美しい色合いの変化」のためでもある、という。たしかに鯛が祝い膳に欠かせないのは、その色のためでもある。

　*SUP 1*の3番目の用例は1880年ブリタニカ百科事典の"The *tai*, a large fish of the carp species, is esteemed a special delicacy: of this there are two varieties, — the red *tai*, caught in rivers with sandy beds, and the black *tai*, found at the mouths of streams."【タイは鯉類の大ぶりの魚で、格別な美味としてめでられる。二種あり、砂床の河川でとれる赤いタイと、河口にみられる黒いタイである。】上記*SUP 1*の定義は大方この記述によっているようだが、*OED 2*はこれをツンベルグの旅行記の英訳（1795）の一節で差し替えている。"Among their valuable fishes is what they call the *tay*."【彼らが珍重する魚のなかに、タイと呼ぶものがある。】このあと*SUP 1*、*OED 2*ともにラインの英訳版 *Japan*（1884）の鯛の色に言及した部分から引用している。

　このほかにも*SUP 1*の2つの用例が的確でないと判断されたらしく削られ、あらたに本書「刺身」の項の1920年の例と、1965年 W. Swaan *Jap. Lantern* "The deep red and rather bloody-looking *tai*（a type of sea bream）."【深紅でなんとなく血のような色合いのタイ（海産ブリームの一種）。】が採択された。後者は温泉宿について述べた部分で、刺身は鮮度が肝腎だが、とくにタイの刺身はおいしいし、生魚にたいするヨーロッパ人の拒否反応は概して心理的なものである、などといっている。　　　　　　　　　　　　　　　（橋本禮子）

tai-otoshi　体落とし

　体落としは*SUP 2*に登場し、「身体を引き落とす投げ技」と定義され、*OED 2*にそのまま踏襲されている。

　初出は1950年 E. J. Harrison *Judo* からのものがあげられている。"The most suitable moment for attempting the Taiotoshi is when your opponent with unbent legs, his body somewhat stiff, has leaned forward a little with his weight resting on his right leg."【体落としをかけるのに一番いい時は、相手の両足がまっすぐ伸びて

いて身体が幾分固くなり、重心が右足に来ていて少し前のめりになった時である。】OEDに扱われている数々の柔道用語の用例のなかでも、これほどこの技の要点を的確に表現したものはない。この語に限らず、柔道用語に関して言えば、具体的な説明に欠けているために、定義よりも寧ろとりあげられたいくつかの用例を読んだ方が語の意味がよくわかるというのは、外来語とはいえ、辞書作りとしてはやや安きに流れている面もあることは否めない。

　第2例は1957年 Takagaki & Sharp *Techniques Judo* "If *tai-otoshi* fails and the opponent pulls back."【もし体落としがうまくかからず、相手が身を後ろへ引いたら。】である。この引用文から体落としをかわすために相手は身を引くことがわかる。これと関連して第3例を見てみる。1964年 Leggett & Watanabe (*title*) "Championship Judo: tai-otosi and o-uchi-gan (*sic*) attacks."【勝つための柔道：体落としと大内刈り攻撃。】体落としと大内刈りのふたつの技が並べられていることは、体落としをするふりをしながら大内刈りに移るとか、あるいは大内刈りを装いながら体落としで攻める連絡技を暗示するものである。体落としをかけようとすると相手が身を引くから、その動きをすかさず利用して大内刈りへと転ずるのである。

　最後の第4例は体落としの利点をよく捉えている一文である。1978年 D. Starbrook *Judo* "The tai-o-toshi is a hand throw, and its great advantage over so many other throws is that it can be performed against opponents who are either stationary or moving."【体落としは手技であるが、他の多くの投げ技よりも非常に有利な点は、動かない相手でも動いている相手でもかけられることだ。】

　嘉納治五郎が外国人への柔道の宣伝を始めたのは、彼が20歳の明治12年（1879）とされ、嘉納の柔道の海外普及の努力によって、ヨーロッパではイギリスとドイツが一番柔道の盛んな国となった。それにしてはよく使われる体落としの初出が昭和25年というのは意外である。しかしこれらの用例がこの技に関して正鵠を射た表現であることからすると、イギリスでの柔道の理解がかなり深まったことの表れであるようにも見える。講道館柔道の本格的な海外普及は、明治20年（1887）頃からで、この語の初出である昭和25

年にはすでに63年の時を閲していることを思えば、理解の深化もうべなるかなの感を深くする。オランダ人ではあるが、ヨーロッパを代表するアントン・ヘーシンクが、東京オリンピックに3年先立つ昭和36年（1961）にパリでの第3回世界柔道選手権大会で神永昭夫らの日本勢を抑えて優勝するまでには、もはや指呼の間の道程しかない。柔道理解の深度と辞書の定義とはなかなか比例し難いようである。

（伊藤勲）

Taka-diastase　タカジアスターゼ

語源欄で「日本生まれの生化学者・製造業者である J. Jokichi *Taka*(*mine*) (1854-1922) の名＋ジアスターゼ」と説明されている。「アスペルギルス・オリザエ菌による米やフスマの処理後に得られ、様々な種類の酵素を含有する調剤。現在は商標名」と定義されている。SUP 1から出現し、SUP 2でも記載事項に変更はない。『日本国語大辞典』では「高峰譲吉の創製した澱粉消化酵素剤の商標名」と説明されている。

高峰譲吉は金沢藩医高峰精一の長男に生まれ、英国グラスゴー大学に留学、帰国後、農商務省に入り和紙・清酒醸造を研究。1980年渡米し、パークデヴィス社顧問となり高峰研究所を設立。後にアメリカに帰化した人物である。

初出例は1896年 *Jrnl. Amer. Med. Assoc.* から"Notes on taka-diastase."【タカジアスターゼに関する注記】である。

第2例は1928年 pyrophosphatase を見よとある。そこでは H. D. Kay in *Biochem. Jrnl.* "Both kidney extract and takadiastase ... contain, therefore, a pyrophosphatase."【それゆえ、腎臓からの抽出物もタカジアスターゼも共にピロホスファターゼを含有する。】とある。

第3例は同年 *Official Gaz.*（U. S. Patent Office）（11月6日）から"Takamine Ferment Company, New York. ... *Taka-diastase*. ... For koji, moyashi, diastase, ferments, and converting agents. Claims use since 1895."【ニューヨークの高峰醗酵会社…（タカジアスターゼ）…麹、モヤシ、ジアスターゼ、醗酵及び転換剤に。1895年より特許認定。】とあり、タカジアスターゼが商標名として使用されて

いる明らかな例である。

第4例は1955年 *Trade Marks Jrnl.*（3月9日付）"*Taka-diastase.* ... Diastase for pharmaceutical purposes."【タカジアスターゼ…薬学的用途のジアスターゼ。】

第5例は1960年、kojiを見よとある。「麹」の項を参照されたい。

第6例は、1969年 G. Smith *Introd. Industr. Mycology* "Takamine introduced into commerce ... products of high enzymic activity, particularly suitable for the dextrination of starch and the desizing of textiles. These products have been sold under the names 'Taka～diastase' ... and 'Oryzyme'."【高峰は…高い酵素活性をもつ製品、特に澱粉の糊精化の際に、また織物からどうさ（にかわ液にみょうばんを加えたもの）を除去する際の最適な製品を商品化した。これらの製品は「タカ～ジアスターゼ」…および「オリザイム」の名称で販売されてきた。】とあり、高峰博士の業績を説明するものとなっている。

最終例は1976年 *Ann. Rev. Microbiol.* から"During our studies of adenylate deaminase, we observed that the enzyme from Takadiastase ... would deaminate approximately 50 % of the adenylate added to the reaction vessel."【アデニル酸デアミナーゼの研究作業の中で、我々はタカジアスターゼから得られた酵素が、反応容器に加えられたアデニル酸のほぼ50％を脱アミノ化するものであったことを観察した。】とある。

（野呂有子）

Takayasu　高安病

いわゆる高安動脈炎のことで、正式には大動脈炎症候群と言い、定義に「特に大動脈の分岐動脈において血行障害にいたる慢性関節炎（痛風）；脈なし病」とあるのは、そのとおりであろう。眼底変化や撓骨動脈拍動の触知不能に陥る症状らしいが、主にアジア諸国で、殊に若い女性を冒す謎の病気の由である。ただ困ったのは定義に先立ち、「1908年にその疾患の記述をした日本の眼科医Michishige Takayasuの名」とあることで、これは明白に誤りである。ここでの眼科医とは高安右人（1860-1938）であって、大阪で高名な国手となるやや若い高安道成とは別人だからだ。

用例の初出は1952年 *Amer. Heart Jrnl.* "Pulseless or Takayasu's disease is considered by Japanese ophthalmologists to be a rare but definite clinical entity."【脈なし病、ないし高安病は、日本の眼科医界では、まれながらも確たる臨床的実態であると看做されている。】あと1969年 Edington & Gilles *Path. in Tropics* と1978 *Central African Jrnl. Med.* の用例があるが、ほぼ上の病状処見の同語反復に近いので、いずれも省く。それよりもむしろ、この項目の登場自体が *SUP 2* からであることに注目しておこう。何故なら、これが学問的研究の裏づけを以て医学界に発表されたのは、ようやく1948年、その折りの波紋が、高安病にあらためて脚光を浴びさせることになったからである。*SUP 1*（1933）の段階ではまだない話だ。項目の選択にもこんなニュース性が影響したのであろうか。　　　　　　　　　　　　　　　　　（西澤龍生）

tamari　溜り

溜り醤油の略である。名古屋地方で発達し、主に関西で刺身の付け醤油などとして使われ、黒くどろりとして甘く濃厚な味のする濃い醤油だが、現在では需要が減り生産も少ないという。

SUP 2 に初めて採録され、そのまま *OED 2* に引き継がれた。定義は「日本風の味の良い醤油」とだけあり、さらに *tamari* (*soy*) *sauce* のように、しばしば限定的に使われると注記があるが、3つの用例はすべて最近のものである。

初出例は1977年 *Spare Rib*（1月号）"For protein use soya bean paste (miso) or tamari soy sauce."【蛋白質には、大豆のペースト（味噌）とか溜り醤油を使いなさい。】

第2例は1978年 G. Duff, *Vegetarian Cookbk.* "Tamari is the genuine traditional Japanese soy sauce made only by natural methods from a mixture of wheat and whole soya beans."【溜りは小麦と丸大豆を混合したものから天然製法だけで作られる日本の伝統的な醤油である。】

最後の用例は1981年 *Times*（1月22日）"Root vegetables can be stir-fried ... and flavoured with ... soy or tamari sauce."【根菜は炒めて…醤油つまり溜りで味つけさ

れる。】　　　　　　　　　　　　　　　　　　　　　　　　（太田隆雄）

tan 反[1]

　tanは *SUP 2* に初出し、その定義と5用例がそのまま *OED 2* に収録された語である。中国にはない日本固有の地積の単位で、古代・中世においては360歩であったが、現在では300歩（＝300坪＝9.91736アール）に変わっている。もとは段と書かれた。

　定義は「300歩に当る耕地や森林の日本の単位；現代の用法では約0.245エーカー（9.92アール）になる」。「現代の用法」とことわり書きがあるのは、歴史の途中で変更があったことを示唆している。

　初出例は1871年 A. B. Mitford *Tales of Old Japan* "Rice land is divided into three classes; and, ... it is computed that one tan (1,800 square feet) ... should yield to the owner ... five bags of rice per annum."【水田は3等級に分けられている；そして、…1反歩（1,800平方フィート）が地主に年収5俵の米をもたらすと見積もられている。】第2例は1914年 F. Brinkley *His. Jap. People* "In Hideyoshi's system, ... the rule of 360 *tsubo* to the *tan* (a quarter of an acre) was changed to 300 *tsubo*."【秀吉の制度で、…1反歩360坪（1／4エーカー）の規定が300坪に変更された。】このことは従来一反＝360坪であった土地制度が太閤検地（1591）で300坪になった史実を述べたものである。第3例は1931年 G. B. Sansom *Japan* "The area was two *tan*. (1 *tan* is 1,000 square yards.)"【その土地は2反歩ある。(1反歩は1,000平方ヤードである。)】この例は、著名な歴史家サンソムの『日本史』からの引用であるが、ただtanが2度出てくるだけで、前文の太閤検地の用例と比較すれば何の変哲もない文を引用したと言えよう。次の用例は、1964年 *Japan* (UNESCO) (rev. ed.) "The Imperial Proclamation of the Taika Reformation was announced at the end of the year 646 ... Taxes shall comprise two large bundles and two small bundles of rice crop on one *tan* (about 0.245 acre)."【大化の改新の詔勅が646年の末に発せられた。…租税は1反（約0.245エーカー）当り収穫米の大束2と小束2から成る。】これは646年の大化の改新で、1反は360歩の土地の地積制

度が創設され、1591年の太閤検地で1反が300歩に改訂されるまで、約950年続いたことと、水田から収穫した米による年納米の税制が確立した史実を述べた有意義な引用文である。最後の用例も比較的新しく、1970年 J. W. Hall *Japan* "Strips of one *tan* each (at that time approximately 0.3 acres)."【それぞれ1反(当時はおよそ0.3エーカー)からなる細長い土地。】

　以上5用例のうち、初出例では当時の水田の反当り収量は5俵位で、水田が反当収量によって3ランクに分類されていたことがわかり、第4例では大化改新で、土地と税の制度が確立し、第2例では太閤検地で土地の制度が変更されたことが述べられている。本来定義に加えてもよい内容で定義を立派に補足している。　　　　　　　　　　　　　　　　　　　　(太田隆雄)

tan　反[2]

　この語は *SUP 2* に採録され、そのまま *OED 2* に収められている。定義は「長さおおよそ10ヤード幅1フィート強に当たり、布地をはかるために使われる日本の単位。またこの大きさの布地」とある。長さと幅は材質・時代によって異なっており、7世紀初頭の養老令では5丈2尺×2尺4寸、後に一人分の料として2丈6尺か8尺×9寸(鯨尺:1尺=金尺1尺1寸5分=37.8cm)が一般的になった歴史がある。

　初出例は1876年 W. E. Griffis *Mikado's Empire* "A *tan*, or piece of cloth, varies in length from 25 to 30 or more feet."【1反の生地は長さが25から30フィートまたはそれ以上までいろいろである。】第2例は1909年 *Westm. Gaz.* 10月23日付"I sentence each one to bring within three days one tan (about twenty-five yards) of cotton cloth."【各人に3日以内に綿布1反(約25ヤード)を持ってくるよう宣告する。】第3例は1931年 G. B. Sansom *Japan* "Princes of the blood and ministers of the first rank were restricted to 500 *tan* of cloth."【親王や高位の大臣は生地500反に制限されていた。】最後の例は同書から"One *tan* is about ten yards."【1反は約10ヤードである。】

　日本語では、生地の場合はヤードではなく、「ヤール幅」というようにヤ

ールを使っている。また用例中の1反は、それぞれ7.62m、9.144m、9mとなるので、すべて鯨尺を基準にしている。　　　　　　　　　　　（太田隆雄）

tanka　短歌／waka　和歌／uta　歌

　tanka、waka、uta はいずれも、*OED 1* にも、*SUP 1* にも収録されていない。次に出された *SUP 2* にそろって収録されている。

　Tanka は"A form of Japanese verse which consists of thirty-one syllables, the first and third lines containing five and the other three lines seven syllables"【日本の詩の一形態。31音節からなり、第1行と第3行は5音節、他の3行（第2、第4、第5行はそれぞれ）7音節よりなる】と定義されている。用例は6例。初出例は1887年、日本学の権威 W. G. Aston *Gram. Jap. Written Lang*（第2版）から"Tanka ... or *mijika-uta*, i.e.'short poetry', so-called to distinguish it from *naga-uta* or 'long poetry' is by far the commonest Japanese metre."【「短詩」…または「みじかうた」すなわち「短詩」は──いわば「ながうた」もしくは「長詩」と区別してこのように呼ばれるのであるが──この上なく、ずばぬけて人口に膾炙した日本の詩形式である。】とある。Aston は *Japanese Literature*（1899）においても短歌について同様の記述をしている。1923年の用例は Jun Fujita "Tanka; poems in exile"【短歌──流浪の詩】とある。英国の詩人・小説家の W. De La Mare は、1940年の評論 *Pleasures & Speculations* において"A Japanese tanka ... on the prolification on the exquisite little cups of the lichen"【小ぶりの鉢に見事に生い繁った繊細な石苔について歌った一首の短歌。】に注目している。繊細な筆致と美しい韻律で独自の地位を築きあげた De La Mare の審美眼は、短歌に込められた日本人の美意識を、k音と l 音を重ね、prolification と little cups を対比させ、凝縮された詩的表現を用いて的確にとらえている。1968年 *Encycl. Brit.* XII. 886/1 と1982年 *PN Rev.* No. 26. 60/1 の用例では、haiku and tanka、tanka and haiku のように俳句と併記されている。欧米人が短歌と俳句をワン・セットで日本に独自の詩形式として認識するようになったことを示している。ちなみに、最新例の1982年 *PN Rev.* No. 26. には"I do not think that tanka and haiku are translatable. ... Fortunately, there is a great deal more to Japanese poetry than tanka and haiku."【短歌と俳句は翻訳不可能と思われる…幸運なことに、短歌と俳句以外にも日本の詩歌に対してはなすべきかなり多くのことがある。】という。ふだん、英詩を翻訳するのに四苦八苦する日本人としては溜飲の下がる思いのする一文である。

　wakaには定義が2項ある。定義1は"A form of classic Japanese poetry, lyrical in nature and developed from the ancient traditional ballads"【古典的日本詩の一形態。本来、叙情的で、古代の伝統的民謡から発達したもの。】と定義されている。用例は4例。初出例は1880年、Astonと並ぶ英国の日本学者B.H.Chamberlain *Classical Poetry of Japanese* p.iv, "*Kokiñ Wa-Ka Shiu Uchi-Giki* ('Memoranda Concerning the Collection of Japanese Odes Ancient and Modern') by Kamo-no-Mabuchi"【賀茂真淵『古今和歌集』打聞──上代及び近世の日本の詩に関する覚書。】とある。1932年B. L. Suzuki（鈴木大拙の妻）の*Nōgaku*には"The forms sung in the Nō are the *shidai ... rongi, waka,* and *kiri.*"【能の詩歌［謡］の形式には、「次第」…「論議」「和歌」「キリ」がある。】と説明されている。1948年 *Introd. Class Jap. Lit* から"In the sphere of *waka* poetry also, the *Kokinshû* anthology...shows the transition from 'sincerity' to 'sentimentality'"【和歌の領域においても、『古今［和歌］集』には「率直さ」から「感傷主義」への移行が見られる。】と引用されている。1968年の*Encycl. Brit.* XII.には、"The poetic form used ── the *waka* deriving from the earlier folk songs ── consists of an alternation of five- and seven-syllable lines, without rhyme, stress, metrical pattern or other technical device"【使用される詩形──ごく初期の民謡から派生した「和歌」──は5音節と7音節の詩行を交互に繰り返す。脚韻、強勢、韻律の型やその他の詩的技巧は用いられない。】と、英詩との比較で説明されている。

　以上、定義1では広義の日本の定型詩の意が示されたが、定義2では"A Japanese poem of thirty-one syllables, a *tanka*"と、狭義の意。すなわち「短歌」の意が示されている。用例は3例。初出例は1938年、D. T. Suzuki（鈴木大拙）著の*Zen Buddhism [& its Influence on Japanese Culture]*『禅仏教と日本文化への影響』

から、"The secret documents also contain a number of *waka*, versified epigrams, in regard to the mastery of swordsmanship."【秘伝の文書にはまた、多くの「和歌」が含まれているが、それは武士道の心得に関する詩形式の警句である。】という引用がある。1956年のD. Keene *Anthol. Jap. Lit.*には、"His *waka* —— thirty-one syllabled poems —— are among the most beautiful and melancholy in the language."【彼の和歌——31音節の詩——は日本語で表現されたものとしては最も美しく、哀愁をおびたものの1つに数えられる。】とある。1977年の*Times Lit. Suppl.* 15 Apr.では、"The most striking qualities of the haiku and the waka"と、「短歌」の例文でも見たように、俳句と併記されている。

uta は［A Japanese poem; *spec.* = Tanka²］（日本の詩、特に短歌）とある。用例は3例。初出例の1855年 R. Hildreth *Japan* は、tanka, wakaと見てきたうちでも最も古い引用例である。"He found out certain words which he brought together into a *Uta* or verse."【彼は一定のことばを選び出し、それを結び合わせて一首の歌、もしくは詩を詠んだ。】とある。1897年の*Japan Times* 23 Mar.からは "The collection of the *uta* of the old school being a riddle to the ordinary reading public"【古流の歌集は一般の読者にとっては謎である。】という文が引用されている。先に引用した日本文学の研究者たちの説明と比較すると、内容に大きな差があることに気づかされる。最終例は1911年版 *Encycl. Brit.* XV.から "Such couplets [which admitted Chinese words] were called *shi* to distinguish them from the pure Japanese *uta* or *tanka*."【［漢語の使用を認める］このような対句は「［漢］詩」と呼ばれ、本来の日本の「歌」もしくは「短歌」と区別される。】とあり、日本人の認識とほぼ一致した説明がなされている。

上記で述べたようにtanka, waka, utaはすべて*SUP 2*から*OED*に掲載された語である。それでは、*OED 1*には「短歌」「和歌」「歌」に関する情報はまったくなかったかというと、実はこれが存在した。すでに*OED 1*には和歌・短歌の技巧のうち「枕詞」「掛詞」に関する説明と「序詞」への言及が見える。ただし、これらの語はみな、英語に置き換えられている。

*OED 1*のpillowの項、定義6は形容詞的・複合的用法を扱っているがここ

に"pillow-word（in Japanese verse）"の記述が見える。引用は3例。最初の2例はChamberlainの著作からである。1つは1877年 *Trans. Asiat. Soc. Japan* の項目名"A 'Pillow-Word'"。他は1880年 *Classic. Poetry Japanese* から。"There are ...some additions to the means at the Japanese versifier's command. They are three in number, and altogether original, viz., what are styled 'Pillow words', 'Prefaces', and 'Pivots'. The 'Pillow words' are meaningless expressions which are prefixed to other words merely for the sake of euphomy. Almost every word of note has some 'Pillow words' on which it may, so to speak, rest its head."【日本の作詩の技巧に付け加えるべきものが…いくつかある。数は3つで、すべて「和歌・短歌に」独自の技法である。すなわち、「枕詞」「序詞」「旋回軸（掛詞）」である。「枕詞」はただ単に語調を整えるために他の語の前に置かれる「それ自体は」意味を持たない言い回しである。著名な語のほとんどすべてには、いわば、その頭を落ち着けるための、何かしらの「枕詞」がある。】と詳説されている。1899年 *Eng. Hist. Rev. Apr.* には、"The rhymeless metre.. is eked out by pillow-words"【脚韻を持たない韻律の不足部分は枕詞により補われている。】とある（pillow-wordsの記載事項は、*OED 1* と *OED 2* はほぼ同じ。）

　一方、*OED 1* のpivotの項、定義3のbには［spec. A device in Japanese Poetry］（特に日本詩の一技法）と定義して、2つの引用がある。出典はどちらも、先のpillow-wordと同じChamberlainからである。1877年の *Trans. Asiat. Soc. Japan* から、"A more complicated species of pun, occurring when a word with two meanings is used only once, as a sort of pivot on which two wheels turn. In this case, the first part of the poetical phrase has no logical end, and the latter part no logical beginning .... An example of what might be termed pivot-puns."【ひときわ複雑な種類のしゃれが、同音異義語が一度だけ使用されるときに発生するのであるが、それは2つの輪がその上で回転する一種の旋回軸のごときものである。詩句の最初の部分には理論的帰結がなく、後半部は論理的発端がない…旋回軸的なしゃれとでも名付けられるべきものの一例である。】と引用されている。また、1880年 *Classical Poetry of Japanese* では、"The 'Pivot' is a more complicated device, and one which, in any European language, would be not only insupportable but impossible, resting, as it does, on a most peculiar kind of *jeu de mots*."【「掛詞」はひときわ複雑な技法である。ヨーロッパのいかなる言語においても、これに耐えうることができないばかりか、不可能でもある。というのも、きわめて特殊な「言葉遊び」の上に成り立っているのであるから。】と説明がある（pivotの記載内容は *OED 1* と *OED 2* で変更なし）。

　以上、pillow-wordとpivotから明らかなように、*OED 1* の編者が日本の和歌・短歌の極めて特徴的な側面に注目して、これを記述したことがわかる。しかし、それは「日本の古典的詩」の特異な部分だけを抽出し、「あくまでも英語と英詩の認識の枠内」で説明するという姿勢だったのではないか。それが *SUP 2* では、tanka, waka, utaという「日本語そのもの」を項目として掲載するにいたるが、これは短歌なら短歌をそのまま受容するという姿勢である。編集方針の大転換と見なしてさしつかえないだろう。

　ちなみにChamberlainの著作 *Classical Poetry of Japanese*（1880）は *OED 1* のpillow-wordとpivotの典拠となっているが、*SUP 2* のwakaの項でも引用されている。これは、同じ文献でも版によって――すなわち編集方針によって――異なった部分が抽出されることを示す好例となっている。

　tanka, waka, uta以外で、*SUP 2* から採用された、文学関係の日本語には、haiku, senryu, renga, noh, nogaku, kyogen, katsuramono, wabi, sabi, yugen, makimono【俳句、川柳、連歌、能、能楽、狂言、鬘物、侘、寂、幽玄、巻物】等がある。これらの日本語が *OED* に認定されるようになった背景には、明治維新前後に日本にやってきたイギリス公使館関係の人々の精力的な日本語や日本文学、日本文化の研究とその紹介（先にもあげたAston *Grammar of Japanese Written Language, A History of Japanese Literature*（1899）, *Nihongi: Chronicles of Japan from the Earliest Times to A. D. 697*（1896）等）や、彼らに続いた人々の研究と紹介、Chamberlain *Classical Poetry of Japanese, Colloquial Japanese*（1888）, *Things Japanese*（1890）他、G. B. Sansom *Japan: A Short Cultural History,*（1931）, *The Western World and Japan: A Study in the Interaction of*

European and Asiatic Culture（1950）, A. Waley *The Tale of Genji*（1923-33）, *The No Plays of Japan*（1953）, D. Keene *Japanese Literature*（1955）, *Anthology of Japanese Literature*（1956）等――そして、鈴木大拙*Zen Buddhism and its Influence on Japanese Culture* 他、新渡戸稲造*Lectures on Japan*等、英語で積極的に日本について紹介した思想家たち、さらにL. Hearn（小泉八雲）やE. Fenollosa（法名は諦信）等、日本を深く愛し、理解した文人・美学者たち、Fenollosaの遺志を継いで*'Noh' or Accomplishment: A Study of the Classical Stage of Japan*（1916）を出版したイマジズムの旗手Ezra Poundや彼の影響を受けたW. B. Yeats, T. S. Eliot等の存在があったことを忘れてはならない。

（野呂有子）

tansu 箪笥

　*SUP 2*より登場し、1886年から1977年まで5用例が掲載されている。まだ英語に浸透していないという印‖が付されているがそのとおりで、ほとんどの用例は日本に関連した文脈で登場し、英語の説明語句がつけられている。定義としては、「日本の引き出し衣装箱」【A Japanese chest of drawers】と書かれているだけである。当然日本以外にも、タンスと同じ機能を果たすものは存在するが、骨董品としての存在のためか、あるいは形が独特であるためか、日本に特有なものとして、*OED*が採択したものと考えて良いだろう。

　初出例は明治維新後の1886年 E. S. Morse *Japanese Homes & their Surroundings*より、"The *tansu*―a chest of drawers not unlike our bureau―is often placed within the closet."【タンス――我々の机と似ていなくもない引き出し付き衣装箱――はよく納戸に置かれる。】第2例は1936年 K. Nohara *True Face of Japan*より、"The *tansu*, or chest, consists of two, three, or at the most four drawers above each other, which fit exactly into the wall recesses."【タンスには、2つ3つ、多くても4つの引き出しが重なっており、壁の窪みにきっちりとおさまる。】この例からは、引き出しについてのタンスの形状を知ることができる。第3例は1958年 M. Joya *Things Japanese* "There are unpainted *tansu* or chests, tables, trays and boxes."【白木の箪笥、盆、テーブル、箱がある。】

　また、日本のタンスが、ものを片づけておくという機能的な役割だけではない、美術工芸品的なものとして受け入れられていたと考えられる引用例も、最近のものから見受けられる。第4例の1970年 P. Zelver *Honey Bunch*（1971）"There was a good modern couch, a Japanese tansu, the art nouveau desk."【良質のモダンなソファ、日本のタンス、アールヌーボーの机があった。】では、アールヌーボーの机と並んで登場していることから、単なる機能的なタンスではなく、装飾品・美術工芸品であろう。タンスといえば、われわれは桐のタンスを思い浮かべるが、ここにでてくるのは、アールヌーボー調のものとよく合う、塗りのタンスだろうか。

　最終例には1977年 *South China Morning Post*（Hong Kong）（4月15日付）のFor Sale欄より"Happy Joss（原文ではHAPPY JOSS）has just received a new shipment of tansu, Imari, hibachi and fabrics from Japan."【ハッピージョス（店名）は、タンス、伊万里、火鉢、織物などの日本からの新しい船荷を受け取りました。】とあり、タンスが、伊万里などの骨董品的な位置を占めるものと同列に扱われうることを示している。古い日本の家具・道具などは意外に西洋風にしつらえた室内に似合うものである。　　　　　　　　　　　　（大和田栄）

tatami　畳

　*SUP 1*に21例という多数の用例をもって登場する。そのうち7例は形容詞的または複合語として使われている。tatameeやtattamiとも綴るとあり、定義は「いぐさでおおわれた藁のマットで、日本では普通の床の外被であり、その寸法（縦6フィート、横3フィート位）は、部屋を測るのに標準的な単位として使われる」。

　初出例は1614年 R. Wickham *Trans. Asiatic Soc. Japan*（1898）中の2つの文章がとられているが省略する。要するにtatameeを「作った」とか「売った」とか書いてあるだけである。第3例は1616年 R. Cocks *Diary* "20 *tattamis* for Matingas howse"とあるのみ。

第4例は1625年 Purchas *Pilgrimes* "Hee caused at Ozaca a Hall to bee erected, with a thousand Tatami（very elegant mats）."【彼は大阪で千もの畳（非常に品格のあるマット）をもつホールを建てさせた。】サミュエル・パーチャス（1575-1626）はロンドンの牧師。有名な航海記編集者R. Hakluytの遺稿を元にした *Purchas his Pilgrimes*（1625）を出し、その中にWilliam Adams（三浦按針）の日本紀行を収めた。彼のこの本はS. T. コールリッジの詩の資料になったと考えられているが、上掲の例文は私に"Kubla Khan"の詩の冒頭の2行を連想させる——"In Xanadu did Kubla Khan／A stately pleasure-dome decree."

第5例は1880年 I. L. Bird *Unbeaten Tracks in Japan* "Japanese house-mats, *tatami*, are as neat, refined, and soft a covering for the floor as the finest Axminster carpet."【日本の家屋のマット、つまり畳は、最上のアクスミンスターのカーペットのように清潔で、洗練されていて、軟らかい床の被い物である。】アクスミンスターはイギリスのカーペットの名産地。

第6例は1886年 A. C. Maclay *Budget of Lett. from Japan* "Tatamis are heavy padded mats about seven feet long, three feet wide, and about two inches thick. They are the only covering that the Japanese ever use for their floors .... They are manufactured of soft rushes, and are bordered with silken edges."【畳はずっしり詰め物をしたマットで、長さ7フィート、幅3フィート、厚さ約2インチある。それは日本人が床のために用いる唯一の外被である…。それは軟らかいいぐさで作られ、絹の縁布をつけてある。】この縁布というのは、実は、絹に限ったことではなく、その家の社会的地位によって変わったようである。

第7例は1909年 *Cent. Dict. Suppl.* "*Tatami* A Japanese measure of surface, that of a mat 6 shaku in length by 3 shaku in width, or nearly 6 feet by 3 feet."【畳…表面を計る日本の寸法、すなわち長さ6尺、幅3尺、つまり縦横約6フィートと3フィートのマットの表面。】

第8例は1924年 *Public Opinion*（11月28日）"It is a strict rule that tatamis must be kept clean."【畳は清潔にしておかねばならぬというのは、厳しい規則である。】

第9例は1933年 R. V. C. Bodley *Japanese Omelette* "The dining room floor, instead of being matted with *tatami* as in Japan, was made of some kind of oilcloth."【食堂の床は、日本でのように畳が敷いてなくて、ある種の油布でできていた。】

　第10例は1957年 *New Yorker*（11月23日）"*Tatami* cover the floors of nearly all Japanese houses."【畳はほとんどすべての日本の家の床をおおっている。】

　第11例は1960年 B. Leach *Potter in Japan* "In twenty years' time, won't the Japanese room with 'tatami' ... become a luxury as the foreign style is today?"【20年もたてば、「畳」敷きの日本の部屋は、今日外国風が贅沢であるように、贅沢なものになるのではないか。】いかにも日本好きな陶芸家の言いそうなことである。

　第12例は1974年 *Encycl. Brit. Micropaedia* "The standardized size of the mat has created an important modular unit in the development of Japanese architecture; for example the *shoji* ... are approximately as high as the tatami are long."【マットの標準化した寸法は日本の建築の発展に重要なモジュール単位を創った。例えば障子の高さは…ほぼ畳の長さに等しい。】

　第13例は1976年 *Marble Foot* で Peter Quennell が畳の賛美をしている。クエネルはイギリスの詩人・批評家で、1930年東京文理大で教えた。第14例は1981年 G. MacBeth *Kind of Treason* "He relaxed on the *tatami* ...."【彼は畳の上にくつろいだ…。】

　最初に述べたように、tatamiが形容詞的あるいは複合語として使われているのが、1947年から1982年にわたって第15〜21例となっている。*tatami* mat(s), *tatami* matting, tatami room, tatami-matted, tatami-flooredなどが出てくるが、いちいち用例はあげない。総じて畳の構造的説明から次第に広がって、その日本的特性、精神的雰囲気にまで解釈が及んでいるのがわかる。

（福田陸太郎）

teineite　手稲石

　teineiteは *SUP 2* より採択されている鉱物で、定義その他に変更なく *OED 2* にいたっている。定義は「含水硫酸塩と銅の酸化テルル鉱 $Cu(Te)O_3 2H_2O$。青色で、斜方柱状の結晶、皮殻状」。用例は2例。第1例は、1939年 *Jrnl.*

Faculty Sci. Hokkaido Univ.: Ser. 4 という北大の紀要のT. ヨシムラの論文から "Professor ... Harada collected some ... crystals of a blue mineral ... The author proposes the name 'Teineite' from the Teine mine where this new mineral has first been found."【ハラダ教授は、ある青い鉱石の結晶を採取した。この新しい鉱石が最初に発見された手稲鉱山にちなんで、「手稲石」という名前を提案したい。】

第2例は1977年 *Mineral. Abstr.* から "A copper-bearing quartz vein cutting phyllites shows ... rare azure-blue teineite as single crystals（≦1 mm）or crystalline patches（≦2.5 mm)."【銅を含む石英鉱脈断面フィライトは、1ミリ以下の単一結晶か2.5ミリ以下の結晶破片の、まれに見る紺碧の手稲石である。】フィライトは、千枚岩。細粒で片理がよく発達しているので薄板状に割れやすいことからこの名がある。片理面上には緑泥石や白雲母の細粒が並んで光沢を呈している。手稲鉱山は、札幌市西区手稲金山にあった浅熱水性多金属鉱脈鉱床。中新世の変質安山岩および同質凝灰岩類・集塊岩類からなる。1893年発見。1935～71年（閉山）の産出粗鉱量は、331万トン。　　　　　　　　（渡辺佳余子）

temmoku　天目

日本語の天目がtemmokuとして *OED* に初めて登場するのは、*SUP 2* である。*OED* に採択された日本語378語のうち、約70パーセントの語が *SUP 2* から出現しており、temmokuもその1つである。用例数は10例（1880、1915-2例、1923、1924、1934、1940、1958、1971、1976）と比較的多い。

temmokuは *SUP 2* と *OED 2* において、定義及び用例に加筆、修正はされていない。定義は、「光沢のある黒または茶のつやのある中国磁器に対する日本名、また使われる上薬」とあり、茶道具と限定はしていない。『広辞苑』では、「茶の湯に用いる抹茶茶碗の一種。浅くて開いた摺り鉢形のもの。中国浙江省天目山の仏寺から伝来。福建省建窯のものが代表的…」とあり、『カラー版日本語大辞典』では、「中国、浙江省の天目山の仏寺で常用したのに由来。黒または柿色の鉄質のかかった茶碗の総称。とくに南宋時代に建窯・吉州窯で作られたものは名高い。喫茶用ですり鉢形」とある。すなわち、

両大辞典ともに天目を喫茶用の茶碗と限定し、『広辞苑』では*OED*にあった上薬の説明が欠損している。

　初出は1880年 A. W. Franks *Jap. Pottery* "A tea bowl of porcelain or earthenware (*cha-wan*, or, when of large size, *temmoku*), simple in form, but remarkable for its antiquity or historical associations."【磁器や陶器製の抹茶茶碗（チャワン、大きなサイズのとき、テンモク）かたちは凝っていないが、古器であること、すなわち歴史的な関連性が注目に値する。】抹茶茶碗と限定し、定義にあるつやについては触れられていない。大きなサイズのときに天目というのは、神社などで行なわれる献茶や天目台という台に載せて抹茶をたてるときには小さめの茶碗を使うこともあるので、正確な説明ではない。

　1923年の用例＆Hetherington *Art of Chinese Potter*では、"The name *temmoku* (t'ien mu or Eye of Heaven) was first given to a bowl ... brought to Japan during the Sung period by a Zen priest from the Zen temple of the ... (Eye of Heaven mountain) ... In later times the generic name of *temmoku* came to be applied to the whole category of wares of this type."【中国の天目山中の禅寺から禅僧が宋時代に日本に運んできた茶碗に与えられた名前がtemmokuであり、以後、この種の陶器を総称するようになる。】と歴史的背景についても述べられている。『茶道大辞典』(2)によれば、「中世から使用した抹茶喫茶用の容器。台（天目台）を下部に添えて使用する。天目の名称は室町初期から文献に登場する和名で容器の形態を意味する。すなわち低い高台、漏斗状に開いた腰部、口縁部は内側にややすぼまったのちに外反する『すっぽんくち』を呈する、という三条件を備える。現在は『茶碗』の一種とみなされ、『天目茶碗』とよぶが、これは明治末期から大正初期に一般化した呼称。…『天目』は黒い釉薬を施した陶器の総称という説があるが、これは戦後の解釈…茶入の種類分けである『天目釉』を広義に解したもの」と説明をしており、「天目茶碗」は、比較的新しい呼び名であるとされている。したがって、*OED*の定義が、天目を抹茶茶碗に限定していないことは、国語の大辞典よりも、正確な解釈をしていたと言える。

1940年のBernard Leachの陶工の書 *Potter's Book* (1949) には"Into the tenmoku I dipped several large jars and bowls."【天目に幾つかの大きな壺やどんぶりを入れた。】とあるが、この場合のtemmokuは茶道の茶碗ではない大きな陶器をさしている。『陶磁大系』の第38巻『天目』には、壺・花瓶・蓋物などの天目が載っているので、リーチの天目の用例も誤りではない。1971年のS. Jenyns *Jap. Pottery* では、"... coloured often to opacity by the presence of iron oxide."【酸化鉄によって不透明な色合を帯びる。】と、上薬についての解明がなされている。このように、古くから西洋人の関心を集めてきたtemmokuであるが、日本では、抹茶喫茶用の天目茶碗のすぐれたものは、名物・大名物として昔から尊ばれている。国宝・重要文化財に指定されているものには、曜変・油滴・玳皮・木葉などの天目茶碗がある。今日、曜変随一の名椀とされているのは、世田谷区岡本にある静嘉堂文庫の美術館が所蔵している国宝の曜変天目茶碗（南宋時代、建窯）である。カタログには、曜変（窯変の意味）天目茶碗について「内面は、漆黒の上にまるい斑文がいちめんにあらわれており、その周囲が藍色から黄色までさまざまに輝き、…まことに玄妙な、華麗な趣きである…釉に現われた窯変現象は再現不可能な偶然の所産で、陶芸の極致といえる」としている。静嘉堂文庫は重要文化財の油滴天目茶碗（南宋時代、建窯）も所蔵しており、定期的に一般公開されているので、鑑賞に訪れることをお薦めしたい。

（渡辺佳余子）

(1)『カラー版日本語大辞典』講談社、1990年
(2)『茶道大辞典』角川書店、1990年
(3)『中国陶磁展』静嘉堂文庫美術館、1992年

tempura 天ぷら

現在天ぷらは国内だけでなく、世界的にも代表的日本料理として通っているが、その歴史は比較的浅く、わが国が16世紀にヨーロッパ諸国と交流を始めてから伝えられ、それに従来からあった和風と中国風の調理法が加えられ、江戸時代中期以降一般に普及した料理だというと、意外な感じがするだろう。

語源については諸説があるが、*SUP 2*、*OED 2*ともに「多分ポルトガル語 *tempêro* seasoning」としている。この他の有力な説としてスペイン語 *tempolo*（寺）からという説があり、従来東洋の寺では精進料理が通念だったのに対して、南蛮寺の宣教師たちが動物性油脂を伝えたので、洋風の寺料理の意味で使われたという。

次に「クルマエビ、小エビ、白身魚と多くの場合野菜に、衣をつけて油で揚げた日本料理」。注として「特に〜 bar, restaurantの形で限定詞的にも使う」。という*OED*の定義を『大辞林』のそれと比較してみよう。

「テンプラ［天麩羅］〔ポ語 *tempero*〕①魚・貝・肉・野菜などに、小麦粉を水で溶いたころもをつけて油で揚げた料理。江戸中期以降に普及し屋台などで売られた。②上方で、薩摩揚げのこと。③見掛けと中身が異なるもの。めっきしたものやにせものなど。『一学生』」

一部地方の特殊用法の②と比喩的に使われる③が*OED*にないのは当然と考えられるので、定義としては合格と考えてよいだろう。

初出例も新しく、1920年 *Japan Advertizer* 22 Aug. "Tempura means a certain way of cooking, —— namely, dipping in thin wheat-flour batter and frying in deep oil ... The food which forms the base is some kind of fish."【天ぷらはある種の料理法を意味する——つまり、小麦粉を薄く溶いたものの中につけ、油で揚げる…。基本的材料は魚の類である。】1936年 K. Tezuka *Jap. Food* "Tempura is a characteristic dish of Japan made by dipping fish or shrimps or shell-fish in batter and frying in deep gingelly oil or torreya oil."【天ぷらは魚、エビとか貝を小麦粉を溶いたものにつけ、ゴマ油かカヤ油で揚げて作る日本独特の料理である。】1958年 *Japan*（Unesco）(1964) "*Tempura* was adopted from a recipe in Spain and Portugal."【天ぷらはスペインとポルトガルの調理法からとられた。】1967年 D. & E. T. Riesman *Conversations in Japan*, "Donald joined us for lunch at a *tempura* restaurant nearby."【ドナルドが近くの天ぷら屋での昼食に加わった。】1969年 *Sat. Rev.*（U. S.）9月13日 "Some of the most popular eateries are *tempura* bars."【最も人気のある軽食堂に天ぷら屋がある。】1979年 *United States 1980／81*

（Penguin Travel Guide）"This thoughtfully designed Japanese restaurant has separate dining rooms for teppan-yaki, sukiyaki, and tempura."【このよく考えて設計された日本料理屋には、鉄板焼、すきやきと天ぷら用の個室がある。】

最後に*OED*の語源欄のポルトガル語*tempêro*の英訳語は、seasoning【調味料】よりもrecipe【調理法】がよいと思うが如何であろうか。　　（太田隆雄）

Tendai　天台宗

平安末期以降勢力をふるった比叡山の僧兵で名高い天台宗は*SUP 2*から採択され、6用例とともにそのまま*OED 2*に引き継がれた語であり、語源は「中国語のティエンタイ・シャン（天台山）。教義が組織的にまとめられた中国南西部（浙江省）の山の名から」とある。

定義は「智顗(515-97)によって創立され、手のこんだ儀式、道徳的理想主義と哲学的折衷主義によって特徴づけられる仏教の一宗派で、最澄(767-822)によって中国から日本にもたらされた」とあり、かなり詳細である。

これを『大辞林』の「てんだい『天台』①『天台宗』の略。②『天台山』の略。てんだいしゅう『天台宗』日本八宗・中国十三宗の一。インドの竜樹に始まり、北斉の慧文・慧思を経て隋の智顗により大成された大乗仏教の一宗派。法華経を所依とし、止観の実践に基づき、中道・実相の世界を説く。日本へは奈良時代に唐の僧鑑真が初めて伝えたが定着せず、平安初期に入唐した最澄が比叡山に寺院を建て宣教して以後、大いに広まり、次第に密教色を深めていった。のち山門派と寺門派に分裂し、さらに下って真盛派も生まれた。天台法華宗。法華宗。止観宗。天台円宗。台密」の記述と比較しても、色々な要素を複雑にもつ天台宗の説明としては、簡にして要を得たものと言える。

初出例　1727年 J. G. Scheuchzer tr. *Kæmpfer's Hist. Japan* "Not far from this hot Bath is a Monastery of the Sect of *Tendai*."【この温泉からあまり遠くないところに天台宗の僧院がある。】

第2例　1833年 *Chinese Repository* "There are now in Japan the following sects which are tolerated by government. 1. Zen ... 2. Zyoodo ... 4. Tendai."【現在日本には幕府に公認された次の宗派 1.禅宗… 2.浄土宗… 4.天台宗がある。】

第3例 1880年 E. J. Reed *Japan* "The Tendai, founded by the priest Saicho, under Kuwammu."【桓武天皇の時代に、僧最澄によって創設された天台宗。】

第4例 1894年 *Trans. Asiatic Soc. Japan* "This comprehensiveness ensured the success of the Tendai Sect."【この包容力の広さのために天台宗は成功を確実なものとした。】

第5例 1938年 D. T. Suzuki *Zen Buddhism & its Influence on Japanese Culture* "The philosophy of Tendai is too abstract and abstruse to be understood by the masses."【天台宗の哲理はあまりに抽象的で難解なので大衆には理解できない。】

第6例 1973年 *Times Lit. Suppl.* "Something of the awe Tendai ritual inspired can still be felt by the visitor to the Komponchudo on Hiei-san."【天台宗の儀式的行事のかもしだす畏敬の念の幾分かが今日でも比叡山の根本中堂を訪ねる人によって感じられる。】

なお、第2例の *Chinese Repository* からの引用文は、Shingonの項の第2例とまったく同一である。

(太田隆雄)

tenko 点呼

この語は *SUP 2* から登場し、用例は2例、その後の変更はない。定義は「1939〜1945年の戦争中における日本の捕虜収容所での、人員確認のための召集整列、または呼名」である。初出例は1947年 J. Bertram *Shadow of a War* "They drilled us by the hour ... and firmly broke us in to the sacred mysteries of *'tenko'*—the morning and evening muster parade ... that was routine in all prison camps in Japan ... In time even *tenko* lost its terrors."【彼らは時間を決めて我々を訓練した。朝夕召集をかけ、「点呼」という秘儀を行なうべく…我々をしごいた。これは日本のすべての捕虜収容所の日課であった。やがて点呼さえその怖さはなくなった。】とある。捕虜収容所内で行なわれた「点呼」は、怖いだけで、訳の分からない儀式のように思えたらしい。

2例のうちのもう一方の用例は、1961年 R. Braddon *Naked Island* in *Plays of Year, 1960* "I got him a bashing on tenko tonight."【私は今夜点呼の時、彼に一発食らわせてやった。】とある。点呼がかなり荒々しいものであったことがうかがえる。ここで言う「点呼」は、戦時中といういわば異常事態の中で起こったことであり、現在使われる点呼とはまったく異質のもの。現在のそれはいわゆる「出席点呼」である。　　　　　　　　　　　　　　　　（吉江正雄）

teppan-yaki　鉄板焼き

teppan-yakiという語が*OED*に登場したのは*SUP 2*で、*OED 2*にもそのまま記載されている。定義には"A Japanese dish consisting of meat, fish, (or both) fried with vegetables on a hot steel plate which forms the centre of the table at which the diners are seated."【食事をする人たちが座るテーブルの中央に置かれた熱した鉄板の上で肉や魚（あるいは、両方）を野菜と一緒に焼く日本の料理。】とあり、『大辞林』の定義の「熱した鉄板の上に油をひき、肉や野菜などを焼きながら食べる料理」よりも詳しいものとなっている。初出例は1970年で、同一の著書から3用例を出している。

　第1例　　1970年 P. & J. Martin *Japanese Cooking* "Teppan-yaki steak"【鉄板焼きステーキ】

　第2例　　*Ibid.* "Teppan-yaki means literally 'iron plate grilling'. This type of cooking, too, is usually done in front of guests on a large, rectangular griddle."【鉄板焼きは文字どおりに「鉄板で焼くこと」を意味する。この料理法も普通にはお客の目の前で大きな長方形の鉄板の上で調理される。】

　第3例　　*Ibid.* "Teppan-yaki duck"【鉄板焼きのダック】

　他に、2つ用例（1972、1979）がある。

　第4例　　1972年 *Mainichi Daily News* (Japan) 6 Nov. "A variety of foods including Teppan-yaki (meats roasted before your eyes on hot steel plates)."【鉄板焼き（熱した鉄板の上で目の前で焼いた肉）を含んだ様々な料理。】　　（糸山昌己）

terakoya　寺子屋

　寺子屋のシーンで有名な『菅原伝授手習鑑』、通称『寺子屋』は1746年（吉宗隠退の翌年）大阪で初演、大好評を得、翌年江戸でも上演され、多数の手習師匠が見に行ったとある。したがって寺子屋は当時すでにかなり普及していたのではないだろうか。OEDにterakoyaがはじめて登場するのはSUP 2であるが、初出例が1909年（明治42年）となっているのでOEDとしての認知は比較的新しいということになる。

　OEDと『大辞林』の定義を調べてみる。なお、SUP 2とOED 2の定義は変わっていない。

　OED 2　"[Jap., = temple school, f. *tera* temple + *ko* child（ren）+ *ya* place] In the Japanese feudal period a private elementary school of a kind established orig. in the Buddhist temples."【封建時代の日本で、仏教寺院に最初設けられ、一応初等教育らしいことを教えた私塾。】

　『大辞林』「①江戸時代の庶民のための初等教育機関。武士・僧侶・医者・神職などが師となり、手習い・読み方・そろばんなどを教えた。寺。寺屋。　②浄瑠璃「菅原伝授手習鑑」の四段目の通称。以下省略。【参考】　寺子　寺子屋で学んでいる子ども。」

　寺子という名は、はじめ主として僧侶が寺で子どもたちに勉強を教えていたところから付いたといわれている。OEDも『大辞林』も定義は概ね同じことを述べているので、定義上特に問題はないと思われる。なお、寺子屋は寺小屋と書くこともあるが、OED、『大辞林』の定義を見てのとおり、「寺＋小屋」ではなく「寺子＋屋」と解釈するのが妥当のようである。

　『大日本百科事典』、『藩校と寺子屋』は寺子屋について概略次のように述べている。

　「寺子屋の起源については室町時代（1336〜1573）の後期までさかのぼる説もあるが、一般に寺子屋の普及は江戸時代（1603〜1867）の中期以降といわれている。泰平の世で経済力をつけた町人階級の台頭、社会全般の著しい進歩により、庶民のあいだにも文字や計数に関する知識の必要性が増大し、お

上の保護施策もあって寺子屋は都市から農漁村にまで急増していった。

　寺子屋は普通、師匠一人の小規模なものが多く、学習内容は地域により違いがあったが、主として習字、算術、漢学の素読、裁縫などが教えられていた。もちろん、寺子屋には藩校のようなきちんとした教育課程などなかったが、習字、漢学の素読などを通して修身、道徳的な躾なども教えられていた」。

　今日の学校教育に欠けているといわれる道徳、躾などの教育が、寺子屋で間接的に行なわれていたというのは興味をひかれる。

　引用文は全部で5例（1909、1911、1938、1965、1974）になる。用例は *SUP 2* も *OED 2* も変わりはない。

　第1例　1909年 D. Kikuchi *Japanese Education* "The name *Terakoya*, or 'House for the Children of the Temple', given to elementary schools up to the beginning of the present era."【寺子屋、つまり「寺子のための塾」という名称は近代のはじめまで初等教育を行なっていた塾の呼び名。】

　第5例　1974年 *Encycl. Brit. Macropædia* "As time passed, some *terakoya* used parts of the houses of commoners as classrooms."【時が経つにつれ、寺子屋の中には庶民の住宅の一部を教室に当てているものもあった。】

　用例は学者の論文やブリタニカからの引用のせいもあって、いずれもその内容は辞書的な説明になっているのが特徴といえる。

　明治5年（1872）の学制公布により、江戸中期からはじまった庶民のための寺子屋もその使命を終わることになったが、明治以降の日本の近代化にあたって武士を対象にした藩校、私塾などと同様に寺子屋も大きな貢献をしていることはだれもが認めるところである。

　素朴な手習所からスタートし、やがて日常のさまざまな躾まで教えるようになった terakoya を *OED* がどのような関心を持って収録したのか定かではないが、寺子屋の対極にあったともいえるエリートのための藩校、塾についてまったく触れていないのはなぜなのであろうか。上流階級の子弟の教育が洋の東西で同じように展開されていたため興味を持つことが少なかったため

なのであろうか。

なお、浄瑠璃、歌舞伎で有名な演目である通称「寺子屋」について*OED*はまったく触れていないが、これは無理な注文なのかもしれない。

(西村幸三)

teriyaki　照り焼き

　teriyakiという語が*OED*に登場したのは*SUP 2*で、*OED 2*にもそのまま記載されている。定義には"A Japanese dish consisting of fish or meat marinated in soy sauce and broiled."【魚や肉を醤油に漬けて下味をつけ直火で焼いた日本料理。】とあり『広辞苑』の定義の「魚の切り身などを、味醂と醤油とをまぜた汁をつけて、つやよく焼いた料理」とほぼ同じ記述である。ただ、*OED 2*の定義には照り焼きのたれとして必要な「味醂」が含まれていないことが少し気になる。味醂なしでは「照り」は出てこないはずである。もっとも、1962年初出例を始め、合計4つの用例にもこの点に関しての記述がないので仕方がないことかもしれない。

　第1例　1962年 M. Doi *Art of Japanese Cookery* "In *Teri-yaki*, rich sauce which gives a sheen to ingredients is used as seasoning."【照り焼きでは、料理の材料につやを与えるこくのあるソースが調味料として使われる。】

　第2例　1963年 H. Tanaka *Pleasures of Japanese Cooking* "Almost as popular as *yakitori* is *teriyaki*, usually fish marinated in a *shoyu* sauce, arranged on long skewers, and then broiled over charcoal. *Teriyaki* means 'glaze broiled'."【焼き鳥とほぼ同じくらい人気のあるものとして照り焼きがある。普通醤油に漬けて下味を付けた魚を長い串に刺して炭で焼く。てりやきとは「照り焼き」という意味である。】

(糸山昌己)

to　斗

　大宝律令 (702) によって唐の度量衡制度が採用されたことが『続日本記』に記載されており、勺・合・升・斗（石は宋代から）の単位がそのままわが

国でも使用されるようになった。

10升に当たる斗 (to) は、*SUP 2*に初出し、そのままの形で*OED 2*に引き継がれた語であるが、合・升・石は採択されていない。定義として「10升に当たる日本の量の単位で、約3.9ガロン（18ℓ）即ち0.496ブッシェル」とある。現在の使用は稀れである。

初出例は1871年 A. B. Mitford *Tales of Old Japan* "Each of these bags holds four tô (a tô is rather less than half an imperial bushel)."【これらの袋のそれぞれには4斗（斗は1英ブッシェルの1／2弱）入る。】第2例は1884年 *Murray's Handbk. Japan* (ed 2) "10 *shô* = *1tô*."【10升＝1斗】と極めてそっけない。第3例は1901年 F. Brinkley *Japan* "At the close of the sixteenth century, ... the measure of capacity was exactly fixed, and its volume was called *tō*, ten *tō* (i. e. a sheaf of grain) being called a *koku*."【16世紀末には容積の測り方は正確に決められており、その容積は斗；10斗は1石と呼ばれた。】

第4例は1956年 R. J. Smith in Cornell & Smith *Two Japanese Villages* "The most expensive *hōji* ... costs a minimum of 4,000 *yen* (one *koku* of rice). The least expensive costs 1,000 *yen* (1 *tō* of rice)."【最も高価な法事は最低4,000円（米1石）かかる。最低でも1,000円（米1斗）かかる。】　　　　　　（太田隆雄）

todorokite　轟石

この語は*SUP 2*に採録され、その後の変更はない。まず、鉱物学上の語彙である旨の記載があり、続く語源には「日本の北海道の轟鉱山の名＋-ITE」とある。-ITEは岩石や鉱物の接尾辞。定義は「マンガン、カルシウム、その他の元素の含水酸化鉱物。金属の光沢を持つ、微細で、恐らくは柔らかくて黒色の単斜晶から成る繊維質の集合体の形をとる。また、構造的にこれに類する鉱物群のどれをも指す」とある。

用例は2例で、初出例は1934年 T. Yoshimura in *Jrnl. Faculty Sci. Hokkaidô Univ.* "The new mineral belonged to the purest species of crystalline manganomelane. As such a mineral had not yet been reported, this mineral was named 'todorokite' after the name of the mine where it had been first noticed."【新しい鉱物は、マンガンを含む結晶体から成るもののうち最も純粋な種に属する。この種の鉱物はまだ報告されたことがなかったので、最初に発見された鉱山の名前に因んで「トドロカイト（轟石）」と命名された。】命名したのは、轟鉱山で初めてこの鉱物を発見した吉村豊文である。

　第2例は1981年 *Science*（5月29日付）からで、轟石がマンガン鉱床やマンガン団塊から産出される、カルシウムを含むマンガン酸化物であると述べている。
　　　　　　　　　　　　　　　　　　　　　　　　　　　　（吉江正雄）

tofu　豆腐

　tofuは *SUP 1* から登場し、その後 *SUP 2* で改訂され、そのまま *OED 2* に載せられている。定義を見ると、*SUP 1* では "The bean-curd or bean-cheese of China and Japan, made from soya beans."【大豆を原料とした中国や日本の豆乳の凝固食品、即ち豆チーズ。】とあり、*SUP 2* では "A curd made in Japan and China from mashed soya beans; bean curd."【すり潰した大豆を原料として日本や中国で作られる凝乳；豆乳の凝固食品。】となっている。主な違いは、単なる大豆【soya beans】からすり潰した大豆【mashed soya beans】と、mashedがつけ加えられた点と、中国と日本の語順が変わったぐらいである。また下記の国語辞典の定義と比べると、製法に関しての記述がどちらも簡略的であるが、それを補う用例が新たに *SUP 2* では取り入れられている。

　「水に浸して柔らかくした大豆をすり砕いて製した豆汁（ゴ）を熱し、布漉しして豆乳とおからに分け、豆乳に苦汁（ニガリ）または硫酸カルシウムを加えて凝固させた食品。白くて軟らかく、蛋白質に富む。わが国には奈良時代に中国から伝えられたといわれる。」（『広辞苑』）

　語源に関しては、*SUP 1* では単に［Jap.］とあったのが、*SUP 2* では［a. Jap. *tōfu*, ad. Chinese *dòufu*, f. *dòu* beans ＋ *fŭ* rotten.］となり、より詳しい記述となっている。しかし豆腐の「腐」はくさるの意味ではなく、中国でヨーグルトを乳腐というように固体であって柔らかく弾力のあるものをいうので、

'*fu* rotten'（腐った）の部分はたとえば'curdled'（凝固した）のように改訂すべきだと思われる(1)。用例に関しては、*SUP 1*、*SUP 2*ともに下の1880年の初出の用例が載っている。

第1例　1880年 *Trans. Asiatic Soc. Japan* "Tôfu is made by pounding the soy beans after soaking in water."【豆腐は水に漬けておいた大豆を潰して作る。】

*SUP 1*では他に、下の用例を含めて3用例（1892、1893、1923）が記載されている。

第2例　1923年 J. Street *Mysterious Japan* "I saw a bean-curd man jogging along the street with a long rod over his shoulder, at each end of which was suspended a box of *tofu*."【豆腐売りが両端に豆腐の入った箱を吊した長い棒を肩に掛け、ひょいひょいと通りを行くのが見えた。】

しかし、*SUP 2*では、初出（1880）の用例以外はすべて削除され、新たに5用例が記載されている。

第3例　1905年 *Bull. U. S. Dept. Agric.* "The larger part of the leguminous food in the Japanese diet consists of the preparations of soy beans, such as miso, shoyu and tofu."【日本人の食物における豆食品の大部分は、味噌、醤油、豆腐のような大豆の加工品である。】

第4例　1934年 Blunden *Mind's Eye* "Two hawks have raided the *tofu*."【タカが二羽その豆腐を襲撃した。】

第5例　1936年 K. Tezuka *Jap. Food* "Tōfu (bean-curd) is made by soaking soy beans in water, mashing them, straining the mass through cloth and solidifying with the addition of magnesium chloride."【豆腐は大豆を水に漬けたものを潰し、布で漉し、マグネシューム塩化物を加えて凝固させて作る。】

第3例には、tofu以外の大豆の加工食品であるmiso、shoyuが見られる。これらもtofu同様*SUP 2*から*OED*に登場した語である。第5例は豆腐の製法に関する記述が簡略的な定義を補完する働きをしている。

第6例　1979年 *Sunset* Apr. "Arrange all tofu strips in the casserole and cover with 1/2 of the cheese."【細長く切った豆腐をすべてキャセロールに並べ入れ、2分

の1のチーズをのせる。】

　第7例　1981年 *Guardian* 14 Aug. "In the United States, ... tofu has become an 'in' food."【アメリカでは豆腐が流行の食べ物になっている。】

　1936年の第5例までは、豆腐は単に日本や中国という外国のエキゾチックな食べ物でしかなく、実際に食べる対象にはなっていなかった。しかし1979年の第6例以降になると、キャセロール料理の材料として実際に調理して食べる対象になっている。健康志向の高いアメリカでは1970年代の中頃から、tofuがダイエット食品として流行しはじめたようである。　　　（糸山昌己）

(1) CD-ROM版『世界大百科事典』平凡社、1992年

togidashi　研出し蒔絵

　togidashiは *SUP 2* から採択され、そのまま *OED 2* に踏襲されている。[... togu to whet, grind + dasu to produce, let appear] と説明されて、定義は「下絵が漆の表面下に浮かび上がって見えるように、金銀の装飾の上に塗った数層の漆を、こすったり研ぎ減らしたりする日本の漆工芸の手法の1つ」とある。用例は4例。初出は1881年 *Trans. Asiatic Soc. Japan* "For making *Togi-dashi*, gold dust of a slightly coarser quality is used than for ordinary *Hira-makiye*."【研出し蒔絵を描くには、通常の平蒔絵よりも多少目の粗い金粉が使われる。】第2例は、1911年 *Encycl. Brit.* "The togi-dashi design, when finely executed, seems to hang suspended in the velvety lacquer."【研出し蒔絵は、精巧に施された場合、滑らかな漆に浮いているように見える。】蒔絵という言葉自体は、*OED* には採択されていない。にもかかわらず、その手法の「研出し」とか地の「梨地」、さらに「漆」や「ウルシオール」という語が *OED* に載っている。単なる蒔絵については、lacquerという英語をあてるためだろうか。

　最終例は1972年 *Times*（6月15日付）"A two-case togidashi inro by Moei at £1,000."【モエイ作のふた重ねの研出し蒔絵印籠は、1,000ポンド。】この用例は、"Set of 12 fine Japanese inro sold for £14,000"と題された、サザビーの骨董品の競りについての詳しい報告の一部。印籠蒔絵師には、古満家と梶川家が名高

いが、モエイという名については不明。　　　　　　　　　　（渡辺佳余子）

tokonoma　床の間

　この語が登場するのは*SUP 2*からで、用例は6例である。定義は「日本の家の中にある、床より通常数インチ高くなっているくぼみ、すなわちアルコーブ（a recess or alcove）。絵画や装飾品等を飾る」とある。初出例は1727年 J. G. Scheuchzer tr. *Kæmpfer's Hist. Japan* "In the solid wall of the room there is allways a *Tokko* ... or a sort of a cupboard, raised about a foot ... above the floor, and very near two feet deep."【部屋のしっかりした壁には常にトコ、つまり一種の戸棚がある。それは床より1フィート程高くなっていて、奥行きが2フィート近くもある。】とある。まったく違った背景を持った日本建築の用語を西洋建築の用語で表現しようとするのは難しい。定義文のalcoveも、この用例のa sort of a cupboardもその苦心のあらわれである。

　しかし次に続く2用例は床の間が日本の部屋の特殊な部分であることを伝えている。1822年 F. Shoberl tr. *Titsingh's Illustrations of Japan* "Two cakes ... which are placed as an ornament within the *toko*."【トコに2つの餅が飾りとして置かれている。】と、1871年 A. B. Mitford *Tales of Old Japan* "The *tokonoma* — that portion of the Japanese room which is raised a few inches above the rest of the floor, and which is regarded as the place of honour."【トコノマ…床よりも数インチ高くなっていて上座と見なされている日本の部屋のあの部分。】とある。日本人は床の間に対して、一種独特な聖域といった感覚を抱く。掛け軸を取り替えようとして床の間に上がることがある。必要に迫られてするにもかかわらず、後ろめたさを感じる。

　1929年の*Periodical*（2月号）から次のような用例が引かれている。"The whole set [of the *O. E. D.*] of mine is now sitting stately on the 'tokonoma' of my study in my residence by the side of a Japanese 'Oxford Dictionary'."【わが家の書斎の「床の間」には、わがOED全巻が、オックスフォードの日本語辞典と並んで鎮座ましましている。】「床の間」という日本語の用例のなかに、オックスフォード

辞典が2種類も登場する。

最後の用例は、1980年 J. Melville *Chrysanthemum Chain* "In the *tokonoma* alcove a modest flower arrangement stood in a simple bowl."【「床の間」には、質素な水盤につつましげな生け花が飾ってあった。】である。これぞ現代日本における最もポピュラーな床の間の利用法の1つだ。

床の間と掛け軸の関係にこそ触れていないが、年代が新しくなるにつれて、次第に適切な用例が引かれている感じを受ける。餅が供えられたり、生け花が添えられたりする、日本の家屋の一部を構成する一種神聖な一区画であることは確実に伝わる。

そもそも茶室の床の間は書画や生け花を飾る場所である以前に、貴人の座す場所でもあった。その名残が今もなお座敷の床の間に引き継がれている。床の間を背に座る、つまり上座に座る人は貴人としてもてなされる人なのである。

(吉江正雄)

tonari gumi　隣組

戦時中「とんとんとんからりと隣組、…」と歌にまでなった隣組は国語辞典によると1940年内務省の訓令で誕生、自治組織として様々な役割を果たしたが、GHQの命令で1947年に廃止と記されている。tonari gumiは8年足らずの短命であるが、*OED*には*SUP 2*で採択されている。定義は*SUP 2*も*OED 2*も同じである。見出し語のあとに表記上の異形tonari-gumi, tonarigumi、次に語源の説明と定義が続いている。[Jap.] "A neighbourhood association in Japan, formed of groups of families who assume responsibility for their own community affairs."【日本における近隣の組織、地域の諸問題に対し責任を負う数戸の世帯で構成されている。】

*SUP 2*の用例は3例 (1947、1958、1980)。*OED 2*の引用文は*SUP 2*のままである。最初の用例は1947年 R. Benedict *Chrysanthemum & Sword* "Japan had, like China, tiny units of five to ten families, called in recent times the *tonari gumi*, which were the smallest responsible units of the population."【日本には中国と同じ

ように5〜10世帯で構成する小さな集団があり、近年は隣組と称し、地域住民の最も小さな自治的な責任ある組織であった。】ベネディクトが言及しようとしているのが五人組かどうかはっきりしないが、江戸時代に幕府が制度化した近隣五戸を一組とする五人組という自治組織（武士階級を除く）があり、戦時中この組織の機能を参考に隣組の復活がはかられたという。なお、他の用例は定義の前段とほぼ同意のことを述べている。　　　　（西村幸三）

torii　鳥居

　日本では鳥居は奈良時代末期から平安初期に表れていると記録にあるが、*OED*でのtoriiの初出は*SUP 1*。定義は"[Jap.] A gateway in the enclosure of a Japanese temple consisting of two uprights and two cross-pieces, the lower straight and the upper curved and projecting."【日本の寺院の境内の入り口に立つアーチ型の門、2本の支柱と2本の横木からなり、下の方の横木は真っ直ぐであるが、上の方の横木は（両端が）そり上がり、支柱より（左右に）突き出ている。】国語辞典の定義と比べると、templeという語にやや抵抗を感じるが、他には問題はないようである。

　*SUP 2*では見出し語のあとに、新たに表記上の異形tori, torijと語源の説明[Jap., f. *tori* bird + *i* to sit, perch.]があり、そのあと新しい定義（修正箇所はゴシック体で示した）が続いている。"A **ceremonial** gateway in **front** of a Japanese Shintō shrine, consisting of two uprights and two crosspieces **of which** the lower is straight and the upper usu. curved and projecting. Also *attrib*."【日本の神社の正面に立つアーチ型の聖域を示す門、2本の支柱と2本の横木からなり、下の方の横木は真っ直ぐであるが、上の方の横木は普通そり上がり、支柱より左右に突き出ている。また、限定用法もある。】新定義は*OED 2*にそのまま引き継がれている。一般に辞典類の定義では鳥居は神社にあるとしているが、実際は必ずしも神社だけではなく、四天王寺（大阪）などの寺院、山、川、陵墓など聖域とされる所の入り口にも立っている。

　用例は*SUP 1*では5例（1727、1874、1877、1904、1910）。*SUP 2*では*SUP 1*

の2例（1877、1910）が消え、新たに4例（1874、1911、1960、1977）が加えられ、計7例になる。*OED 2*の用例は*SUP 2*と変わっていない。

　最初の用例は1727年 Scheuchzer tr. *Kæmpfer's Hist. Japan* "At the entry of the walk, which leads to the temple, stands, ... a particular fashioned gate, called *Torij*, and built either of stone or wood."【神殿にいたる参道の入り口のところに鳥居と呼ばれる木造もしくは石造の独特の形の門が立っている。】用例中に temple という語があるのはこの用例と *SUP 2* では消えてしまった1877年の2例だけである。

　第3例は1874年 *Trans. Asiatic Soc. Japan* "The *torii* gradually assumed the character of a general symbol of *Shintô*."【鳥居は次第に日本固有の神道の世間一般に認められたシンボルという性格を帯びるようになった。】ちなみに日本の地図では鳥居のマークが神社を示す記号、標識として用いられている。

　第5例は1911年 *Encycl. Brit.* "Originally designed as a perch for fowls which sang to the deities at daybreak, this torii subsequently came to be erroneously regarded as a gateway characteristic of the Shintô shrine."【もともとは神々に夜明けの時を告げる鶏の止まり木としてこの鳥居は意図されたものであったが、後に神社特有の門として誤って考えられるようになった。】鳥居の語源や起源についてはいろいろな解釈があり、この用例のような解釈もその1つである。また、構造上、鳥居に似たものがインド、中国、韓国などにもあることから鳥居のルーツを外国に求める説もあるが、これも定説とはいえないようである。

（西村幸三）

Tosa　土佐派

　「土佐」は*OED*では2つの用語として登録されている。つまり「土佐犬」と、大和絵の「土佐派」である。ここでは後者について述べる。「土佐」が初めて載るのは*SUP 2*である。そして、その定義には「日本の宮廷画家の貴族的一門の名で、伝統的な画題と画風を用いることで特徴のある画派（の作品）を指すのに用いられ、15世紀中葉から18世紀の終わりまで栄えた」とある。

初出例は1879年の*Trans. Asiatic Soc. Japan*からで"The reputation of the Tosa school was maintained during the progress of the Kanoriu."【土佐派の名声は狩野流の新興期にも保たれた。】とある。狩野派のお抱え絵師たちが宮廷に地歩を固め、栄華を誇っていたであろうが、狩野派（用例では「流」と述べている）が台頭し、それと覇を競わねばならなかった、その事実が見事に短い用例のなかに込められているのは見逃せない。

用例として全部で4例あるうちの2番目は、1909年L. Binyonの*Jap. Art*からで"The typical Tosa picture was a long scroll（makimono）portraying scenes of battle, adventure, scenes of court life, or the lives of saints."【典型的な土佐絵は、戦や冒険の場面、宮廷生活とか聖人たちの生活を描写している長い巻物（マキモノ）であった。】とある。これまた適切な用例であると言わざるを得ない。土佐派の大和絵の真骨頂の1つは巻物であろう。人気を博し次々に世に出た「洛中洛外図」も土佐派の創出であると聞けば、何人も首肯せざるを得なかろう。

〔吉江正雄〕

Tosa 土佐犬

AkitaとともにOEDに採択されているTosaは、別名をジャパニーズ・マスティフといい、明治初期に四国犬にマスティフやブルドッグなどの血を混ぜて闘犬用に作出された、垂れ耳、垂れ尾、箱口の体高70cm、体重60kgほどにもなる堂々とした大型犬種である。

この犬種名は*SUP 2*から採択され、語源には「土佐とは日本の四国にある県の前名」とあり、定義としては「黒、褐色、あるいは斑のマスティフ系の犬種の名前。日本でもともとは闘犬として開発された」とあり問題はない。用例は4例。初出は1945年C. L. B. Hubbard *Observer's Bk. Dogs*で、"The Tosa ... has been known for at least six centuries."【土佐犬は、少なくともここ6世紀にわたって知られてきた。】とあるが、これは明らかな誤解である。確かに闘犬は犬合、犬食と呼ばれて古くから行なわれ、12世紀ごろの『鳥獣戯画』に描かれ、14世紀の『太平記』には北条高時が闘犬を好んだことが記されて

いるが、これに使われたのは今は四国犬と呼ばれている土佐の地犬で、これとの混同であろう。第3と第4の用例は1971年 Dangerfield & Howell の *Internat. Encycl. Dogs* からのもので、最近まで土佐を純粋種に保とうという努力がほとんどされていなかったことおよび、土佐犬の標準体高・体重を紹介している。1994年の犬種登録件数は、日本が6、英・米ともに0となっているが、英国で登録がないのは、1991年に危険であるという理由から土佐やピットブル等の輸入・飼育を制限する法令が出された結果である。

(坂上祐美子)

tsuba 鍔

鍔は *SUP 2* から掲載され、その後の変更はない。語源の「(つみは) とか (つみば) の短縮形。tsumi 止めること＋ha (敵の) 刃とか刀」に続いて、定義に「日本刀の刃止め (A Japanese sword-guard)」とある。用例は4例で、初出例は1889年 J. J. Rein *Industries Japan* "The sword-shell, or guard, Tsuba, is as old as the sword. It is an oval metal plate ... with an opening in the middle to admit the blade of the sword."【この鍔は刀と同様古いものである。楕円形の金属板で、中央には穴が空いていて刀の身を通すようになっている。】である。西欧のフェンシングの剣にも sword-guard があるので「鍔」がどの様な物かは容易に理解されよう。

最後の用例は鍔蒐集の意義を明確にしてくれる。1976年 *Times Lit. Suppl.* "Examples of the *tsuba*, or hand-guard, of Japanese swords. 'On them ... may be found illustrated the whole of the mythology, customs, legends, folklore, famous scenes, characteristics and celebrated personages and events of the history of Japan.'"【日本の刀の鍔、つまりハンドガードの実例。「それらには神話、習慣、伝説、民話、有名な場面、歴史上の著名人や出来事など、あらゆることが描かれている。」】太平の世が続いた江戸時代には、装飾に凝った目貫とか鍔が多く生み出された。欧米にも日本の鍔の蒐集家がいる。武器の一部品と言ってしまえばそれまでだが、芸術性の高いものが多いからだ。

(吉江正雄)

tsubo 坪

度量衡を表わす tsubo は *SUP 2* に初採択され、定義と3用例がそのまま *OED 2* に引き継がれた語である。

複数形は tsubo と tsubos の2形。定義は「日本の地積の単位でおよそ3.95平方ヤード（3.31m^2）」起源的には中国古代の六尺平方を1坪としたことからわが国に入り、坪は歩の別名として日本で発達し、1間平方＝6尺平方＝3.306m^{2}をいい、土地だけでなく建物の面積にも使うほか、砂の体積に立坪、錦織り・印刷製版では寸坪が使われている。また壺とも書き、建物・堀などで囲まれた狭い庭を坪庭ともいう。

初出例は1727年 J. G. Scheuchzer tr. *Kæmpfer's Hist. Japan* "Woods and forests pay a ... Ground-rent, which differs according to the number of *Tsubo's*, and the goodness and fruitfulness of the soil."【森林に対して払う地代は…坪数や土地の良さ、肥沃さによって異なる。】第2例は1902年 *Encycl. Brit.* "Tsubo ... Japan ... 3.0306 (? *an error for* 3.306) sq. metres."【坪…日本…3.0306（3.306の誤りか？）m^2。】最後の例は1972年 P. M. Bartz *South Korea* "In crowded Korea, urban land is sold by the *pyong* (35.6 square feet), the equivalent of the Japanese *tsubo* (3.3 square metres)."【人口密度の高い韓国では、都市の土地は日本の坪（3.3m^2）に相当するピョン（35.6平方フィート）単位で売買されている。】　　　　　（太田隆雄）

tsukemono 漬物

漬物は世界各地にあり、材料や気候風土の違いから地域によって特有のものがある。日本の漬物が *OED* に登場したのは *SUP 2* からである。[to pickle【漬ける】＋something【もの】]と、語の説明があるのみで定義はない。最初の用例は1885年の *Trans. Asiatic Soc. Japan* からである。"*Tsukemono*, the preserved roots or leaves of certain vegetables."【漬物、特定の野菜の根や葉を漬けこんだもの。】漬物は本来、塩、糠、酒粕、しょうゆ、酢、味噌などで野菜、果物、魚介、肉、卵などを漬け込み、発酵させたり味をなじませたりする、貯蔵を目的としたものであった。しかし寺院の僧侶の重要な食物でもあった

ため、仏教伝来以来、肉や魚が敬遠され、今日では野菜が主となっている。次は1920年8月号の*Japan Advertiser*から。"Most Japanese meals ... are accompanied by vegetable dishes ... Tsuki-mono stands for the pickle that accompanies the rice at the end of the meal and is made from vegetables in season, such as cucumbers, eggplant, melon, etc."【ほとんどの日本の食事には野菜料理がつく。ツキモノとは食事の最後にご飯についてでるピクルスのことで、キュウリ、ナス、瓜のような季節の野菜で作る。】ここでツキモノとなっているため、tsukimonoが異形としてあげられている。最後の用例は1968年 P. S. Buck *People of Japan*から、"*Tsukemono*, the pickled vegetables served with any meal."【ツケモノ、食事のたびにだされる漬けた野菜。】

(伊藤香代子)

tsukuri　つくり

　柔道とは無縁に思えるようなこの語は、SUP 2で最初にとりあげられ、「柔道で相手の身体の平衡を崩すのを容易にするために取られる予備的な措置」と定義され、OED 2にそのまま踏襲されている。

　用例は2例あるが、ひとつはKUZUSHIを見よとあり、この語の項目で実際に示されているのは、次の用例だけである。1941年 M. Feldenkrais *Judo* "Thus you have performed the 'fitting movement' (*Tsukuri*)."【かくして「相手を自分に引きつける動き」（つくり）ができたのである。】

　*OED*にとりあげられている投げ技や固め技の用語の定義は具体性を欠くきらいがあるが、この体さばきを表す語に関しては、比較的わかりやすい定義となっている。しかしもっと正確に言えば、「つくり」はふたつの意味を含んでいる。自分をつくることと相手をつくることである。自分をつくるというのは、技をかけやすいように自分の身体を安定した状態にすることであり、それに対して相手をつくるとは、相手の身体の平衡を失わせて体を崩すことである。

　「柔よく剛を制す」という人口に膾炙した柔道の醍醐味を表すこの言葉は、確かに柔道の神髄を物語るものであるが、これは崩し・つくり・かけの順序

を厳密に守ることによって初めてなしうる妙技である。柔道の一番の基本として、柔道の形(かた)もこの3段階を忠実に踏んで行なわれる。乱取り稽古をする前に行なう打ち込みも、この秩序の身体による確認である。　　　（伊藤勲）

tsunami　津波

「津波」は本来、平常は波静かな「津」（港）に突然おそろしい災害をもたらす「波」という意味で、古くは海嘯(かいしょう)という言葉も使われた。現在では国際語にもなっているtsunamiが*OED*に登場したのは*SUP 2*で、*OED 2*にもそのまま記載されている。定義には"A brief series of long, high undulations on the surface of the sea caused by an earthquake or similar underwater disturbance. These travel at great speed and often with sufficient force to inundate the land; freq. misnamed a *tidal wave*."【地震等の海底の地殻変動によって海面に引き起こされる、長くて波高の高い短期間の波動。これは非常な速さで移動し、しばしば陸地に浸水するほど強いこともある。よく高潮と呼び違えられる。】とある。『広辞苑』には、「地震による海底陥没、海中への土砂くずれ、海底火山などが原因で生ずる水面の波動。海岸付近で波高が高くなり、湾内などで大きな災害をひき起す。高潮を暴風津波ということもある」とある。どちらの記述もほぼ同じであるが、*OED*の定義内のThese travel at great speedという記述は『広辞苑』にはないが、津波の脅威として常に認識されなければならない事実である。

初出例は1897年のL. Hearn *Gleanings in Buddha-Fields*からの"'*Tsunami!*' shrieked the people; and then all shrieks and all sounds and all power to hear sounds were annihilated by a nameless shock ... as the colossal swell smote the shore with a weight that sent a shudder through the hills."【「津波だ」と人々は叫んだ。すると、山々を震動させるほどの衝撃をともなって巨大な大波が海岸にぶち当たった。と同時に、人々の悲鳴などすべての音も音を聞き取る力も、すべてが、名状しがたい衝撃に消滅してしまった。】である。津波の脅威をまざまざと伝える効果的な用例である。

1938年 *Nature* 12 Nov. "The authenticity of the reports of earthquakes mentioned in these catalogues is weighed ... with records of tunamis."【これら一覧表の中で述べられている地震に関する報告の信憑性は、津波の記録を参考に検討される。】1956年 *Jrnl. Earth Sci. Nagoya Univ.* "The tunamis associated with strong earthquakes are frequent in Japan."【強い地震にともなう津波は日本では頻繁にある。】1970年 *Daily Tel.* 27 Nov. "A *tsunami* generated off Chile by the 1960 earthquake crashed into Japan on the other side at 400 m.p.h."【1960年のチリ沖の地震によって発生した津波は、時速400マイルの速さで太平洋の反対側の日本を襲った。】等、合わせて5つの用例内で、tsunamiに可算名詞の複数接尾辞-sや不定冠詞aがつき、英語への同化の度合いが強いことがうかがえる。さらには、1972年 *Science* 11 Aug. からの用例には"The Food and Drug Administration ... is currently swimming through a tsunami of comments generated by its announced intention to alter the regulations concerning the dispensation of methadone."【食品医薬品局は目下メタドンの調剤に関する規定を改める意向を宣言したことによって生じた批評の津波の中をもがいている。】という比喩的表現さえある。

(糸山昌己)

tsutsugamushi　恙虫病

[*tsutsuga*【やっかい事、病気】＋ *mushi*【虫】]と語源欄にある。低木地チフス（scrub typhus）に同じ。通常、「恙虫病　*tsutsugamushi disease*」の形で限定的に使われる。*SUP 2* より出現。

初出例は1906年 *Index Medicus* より。"Tsutsugamushi disease."【恙虫病。】

第2例は1908年 *Philippine Jrnl. Sci.* 見出し項目として"A comparative study of *tsutsugamushi* disease and spotted or tick fever of Montana."【恙虫病と、モンタナ紅斑熱またはダニ熱の比較研究。】である。

第3例は「1929年他 (*scrub typhus* 名詞scrubの定義1の6を参照のこと)」であるが、これについては後述する。第4例は1937年 *Med. Jrnl. Australia*（8月21日号）から。"The absence of a local intradermal lesion speaks against the virus being of the spotted fever or *tsutsugamushi* types of Rickettsia."【局部的皮膚内障害

がないことから、そのウィルスが、紅斑熱あるいは恙虫病型のリケッチア（シラミ・ダニ等に寄生する一般細菌より小さいリケッチア属微生物の総称）でないことが判明する。】

最終例は1978年 *Jrnl. R. Soc. Med.* から。"The Japanese synonym, tsutsugamushi disease, clearly had precedence, but the name, scrub typhus, became fully established through widespread use in World War II."【日本語の同意語である恙虫病という名称の方が、早くから使用されていたことは明らかであるが、スクラップ・チフスの名称は第二次世界大戦中に広汎に用いられ、（病名として）確立されるに到った。】

さてscrub typhus は、*OED* の定義によると、"an acute rickettsial fever transmitted to man by mites normally parasitic upon small rodents"【リケッチアによる急性の熱病で、通常、薔歯目小動物（ネズミ等）に寄生するダニを媒介として人間にうつる。】1929年の例では、雑草地や藪【scrub】のような場所に病原菌が生息することから、この病気をスクラップ・チフスと呼ぶようになった経緯が説明されているが、用例文が長いため割愛する。さらに、1961年 R. D. Baker *Essent. Path.* から。"During World War II tsutsugamushi disease, scrub typhus, was prevalent among our troops in the Far East, and many fatalities occurred."【第二次世界大戦中、極東地域のわが軍では恙虫病あるいはスクラップ・チフスが猛威を振るい多くの死者を出した。】の記述では、英国軍が実際に敵軍と戦闘を繰り広げる一方で、「日本の」熱病という強敵とも戦わねばならなかった様子が明らかである。

ちなみに『大辞林』の「恙虫」の項では「ツツガムシに媒介されて起こるリケッチア疾患。刺し口と局所リンパ節の腫脹が診断の手がかりになる…」と説明されている。また『故事成語名言大辞典』（大修舘）では「恙無しとは…病気もせず元気なこと」で「恙は…つつが虫病の原因となる虫で、さされると高熱を発し、時に死に至る。恐ろしい病気であるところから、相手の安否を問う語として用いられるようになった」という。　　　　（野呂有子）

tsutsumu　日本式包み方

　語源は「包むこと」と説明されているが、tsutsumuは「包む」という動作を意味するのではなく、定義が示すように、包む対象によって異なる多様で芸術的な日本風の包み方のことである。「魅力的かつ適切な方法で、物を包んだり包装する日本の技術」というのがその定義である。

　用例は*SUP 2*から採録され、1975年*N. Y. Time Mag.*（2月9日付）の用例が1例だけ収められている。*OED 2*でも用例の追加はなされていない。"Each of the 300 packages in the show (called 'Tsutsumu, The Art of the Japanese Package') was purchased in 1974 in Japan, where an object's wrapping can be as important as the object itself."【「ツツム、日本の包装様式」という展示会の300個の包みは、いずれも1974年に日本で購入されたものである。日本では、包み方が中身に劣らず重要なこともある。】これはThe way of tsutsumuと題する記事から引用されたもので、各地に残された藁や竹など、身近なものを利用した伝統的な包装方法を紹介し、古くからの歴史に根ざすものであると解説している。

　過剰包装は環境破壊の源だと知りつつも、贈り物をするときは、中身は同じでもつい凝った包装のほうを選んでしまうのが日本人である。

（海老名洸子）

tycoon　大君

　アメリカ人のなかにもtycoonの語源が日本語にあることを知らない人が多いという。日本人にとっても原語の「大君」は通り一遍の日本史の知識では思い浮かばないし、その意味に精通している人も多くはないと思う。内外の辞書のなかにはtycoonの本来の意味として、「徳川時代外国人が日本の将軍を呼んだ名称」としているものもあるが、厳密には正確ではない[1]。実際には徳川幕府が折にふれ外国向けに用いた将軍の呼称であって、外国側から献上された尊称ではないからである。この点では*OED*は正確で、「日本の将軍を外国人に向けて述べた名称」とし、これを用いたのが日本側であったことを明らかにしている。初版から「将軍」と「大君」の両方を掲載しているから、

違いを明記することに留意したのかもしれない。「大君」という語の歴史的由来や、*OED* をはじめとするさまざまな辞書におけるこの語の記述については、松田裕氏のくわしい論述があるのでご参照いただきたい。[(2)]

　OED の tycoon は最新の版では用例が27例にものぼり、日本語源のものでは最多である。定義ももとの意味（大君）と派生した意味（タイクーン）に分けて記されている。初版においては上記の原義のみであるが、*SUP 2* になると、'An important or dominant person, esp. in business or politics; a magnate. Also *attrib*. orig. U. S. (as a nickname of Abraham Lincoln).'【とくにビジネスや政治における重要ないし有力な人物、大立者。（エイブラハム・リンカーンのあだ名として）合衆国に由来した属性を表す用法も。】という記述が加えられる。あだ名から発展したものであるから、もとの言葉との関係は意味上比較的薄くて当然である。黒船でやってきて交渉にあたっていたアメリカ人が絶対権力を誇る手強い（と見えた）相手方の頭領の尊称として示されたものを持ち帰ると、国もとではすぐにそれを大統領のあだ名として献上したようだ。人種差別廃止に功績があったとして知られる人物に将軍という封建制度を象徴する名称が与えられたのは奇異な感じもするが、なんとなく愉快でもある。この思いも寄らぬ屈折から生じた第2の意味が、現在英語国民が一般に「タイクーン」と言うときの概念である。しかし移入してからのこの語の繁栄は、typhoon にも似たその表記に負うところが大きいようだ。

　2つの意味それぞれに掲げられた用例の数は、いわゆる「大君」が9例（うち派生語2例）にたいし、「タイクーン」は18例（うち派生語10例）と2倍である。新たな意味を派生させることによって、この語は強い生命力を発揮しはじめたのである。また第2の意味については、派生語の用例が大きな割合を占めていることも注目される。言葉の生命力はその寿命の長さだけでなく、変形を生んでいく繁殖力の旺盛さによっても計られる。

　次に個々の用例を検討し、この語の歴史とそれが物語るものを考えてみたい。*OED* 編纂に協力したいわゆる readers の作業はかなり恣意的なものであったと指摘されているから、確実性については問題の余地があるが、いくつ

かのことが読み取れる(3)。

　まず第1の定義すなわち「大君」について。この分野では *The Capital of Tycoon—A narrative of a three year's residence in Japan*（1863）の著者オルコックが大の功労者である。たった3年の滞在でこの名著を世に出し、「大君」の存在を英語国民に印象づけた上に、『ブリタニカ百科事典』にも寄稿してここに引用され、全部で4回も登場している。まずタイトルそのもので1例、そして同書の巻末に付された『ジャパン・ヘラルド』紙への寄稿から、"The name by which this officer is commonly known is 'the Tycoon of Japan'."【この地位にある者が一般に知られている名は「日本国の大君」である。】という引用。オルコックは一貫して日本国の元首は将軍ではなく京都のミカドであるという理念を貫いた人であるから、ここでも将軍に「大君」などというミカドに紛うような肩書が授けられるのはおかしいと述べている。そして帰国後20年近く、1981年版『ブリタニカ』の執筆者の一人として、"The title of *taikun* (often misspelt *tycoon*) was then for the first time used; it ... was employed for the occasion by the Tokugawa officials to convey the impression that their chief was in reality the lord paramount."【taikunの称号（しばしば誤ってtycoonと綴られる）はそのとき初めて用いられた…この機に臨んで徳川の役人たちが、自分たちの首長こそ事実上の至上君主であるという印象を与えるために用いたのだ。】と述べている。しかし「大君の職務ないし位」と定義された派生語 tycoonate の用例として引かれている *The Capital of Tycoon* の一節、"'The Tycoonat', created by the strong arm and determined will of Taikosama"【太閤様の強力な軍事力と決意によって創設された「大君職」。】では、さすがのオルコックにも太閤と大君の間に混乱があったのではないかと疑われる。だが太閤秀吉が自ら築き上げた職権を血筋の者に世襲させることを切望したのは事実だから、あながち誤りでもないかもしれないが…。

　tycoonateはshogunにたいするshogunateに相当する。だが現在幕府を表すには通例shogunateが用いられる。この方面での歴史的用語としては、tycoonはいさぎよくshogunに場を譲り、別の分野に活路を開いたと言える。

*OED*は*SUP 2*の段階で、定義1についてはさらにさかのぼって用例を2例追加した。まず1857年タウンゼント・ハリスの日記から、"Today, I am told *Ziogoon* is not the proper appellation of their ruler, but that it is *Tykoon*. *Ziogoon* is literally 'Generalissimo' while *Tykoon* means 'Great Ruler'."【きょう彼らの支配者の正式な呼称は将軍ではなく、大君だと告げられる。将軍は文字通り「総司令官」だが、大君は「大なる統治者」の意味だ。】通商条約締結のための交渉のさなか、突然この名を告げられたときの衝撃がうかがわれる。松田氏は、『大君の都』にさかのぼってこの用例が追加されたのは、氏が編者Burchfieldに指摘したためではないかと述べていられる。追加はもう1つあり、1858年『タイム』誌から、"This treaty, in the first place, engages that there shall be perpetual peace and friendship between Her British Majesty and the Tycoon of Japan."【この条約はまずもって英国女王と日本国大君との間に永遠の和平と友好が存することを約するものである。】日米修好通商条約に遅れること数か月にして大英帝国ヴィクトリア女王と徳川将軍との間に交わされた同種の条約を語るものである。*OED 1*は派生語としてtycoonateのほかにもう1つtycoonismをあげている。用例は1871年に来日し、静岡学校や開成学校で化学を教え、勝海舟の伝記を記したE. W. Clarkの*The Life and Adventure in Japan*（1876）から、"Shidz-u-o-ka ... became the St. Helena of Tycoonism."【静岡は大君体制のセント・ヘレナとなった。】大政奉還に続く徳川将軍の進退とその権力の行方を西洋人にこれほど明確に語る表現はないだろう。「大君」に関する引用は1887年をもって終わっているから、*OED 2*の段階でshogunについてなされたように、「歴史用語」の注がつけられてよいはずである。

　他方定義2については、はじめの3例は1861、1886、1926年と間をおいて採録されているが、1947年W. H. Audenの*The Age of Anxiety*を境に、1983年までの30年ばかりの間に16もの例が拾われている。しかも1950年代、60年代にとくに集中している。tycoonという語はこの隆盛期のアメリカの経済や社会情勢と密接に関連して育っていった言葉なのである。

　最も古い例は1861年4月25日付のJohn M. Hay（アメリカの外交官）の日

記で *Lincoln and Civil War*（1939）に収められた一節、"Gen. Butler has sent an imploring request to the President to be allowed to bag the whole nest of traitorous Maryland Legislators. This the Tycoon ... forbade."【バトラー将軍は叛徒メアリーランド州議員らを巣窟もろとも捕獲させてほしいと大統領に請願を送った。これをタイクーンは…禁じた。】である。the Tycoon はむろん 16 代大統領リンカーンその人である。この段階では大文字の固有名詞であるが、つぎの用例、1886 年 *Outing* "The tycoon of the baggage car objected to handling the boat."【貨物列車のタイクーンは船を扱うことに反対した。】では、すでに普通名詞に転じている。以降 hairtonic tycoon（1926 *Time*）, oil and aviation tycoons（1952 *Manch. Guardian Weekly*）, stores tycoon（1982 M. Russell *Rainblast*）など、さまざまな産業界での実力者がタイクーンの名で呼ばれて連ねられている。

だが W. H. Auden *The Age of Anxiety*（1947）からの引用ほど、この語の陰影を語るものはない。"With diamonds to offer, A cleaned tycoon in a cooled office, I smiled at a siren."【冷やしたオフィスのさっぱりとしたタイクーン、私はダイヤモンドを差し出そうと、魅惑の美女にほほえんだ。】ひんやりとした立派なオフィス、さっぱりとした身なり、ダイヤモンド、美女、などが的確にタイクーンのイメージを描き出している。あるアメリカ人は、「タイクーンには flambouyant な連想がある」とさえ語っていた。大立者、実力者であることはもちろんのこと、なにより金銭的な成功者であり、アメリカン・ドリームの体現者なのだ。そこには夢を遂げた人物の自負と不安ときらびやかさがただよう。ところで昨今のコンピューターソフト業界などが輩出している若い億万長者たちは、そろって無造作に庶民的で、たとえば『タイム』誌が彼らを特集した記事をみても、この語はあまり見当たらない。時代の、そしてアメリカ社会の質的変化とともに、この語もなんらかの形で運命をともにしてゆくのではないかという気がする。

だがともかく *SUP 2* 以降は派生語もさらに 4 つ追加された。tycoonery は「タイクーンないしタイクーンたちの態度、様子。企業家たちの集団」で、用例として 1956 年『タイム』誌から、"Instead of making a budget, Falk decided to indulge in a bit of extracurricular tycoonery."【予算を立てるかわりに、フォークはちょっとばかり職務外のタイクーンぶりにふけることにした。】そして1959年『タイムズ』紙から、"This immensely long ... novel gives us a new Tom Sawyer and takes him up to tycoonery."【この膨大な…小説は新しいトム・ソーヤを描いてみせ、彼をタイクーンの地位に引き上げている。】をあげている。後者は新作の小説を紹介する欄でRobert RuarkのPoor No Moreという作品を述べたものである。トム・ソーヤとタイクーン、いずれも実にアメリカ的な存在である。1970年の用例は、"Janey's father ... had ... several irritating habits of tycoonery."【ジェイニィの父親は…タイクーン一流の気難しい習癖をいろいろともっていた…。】タイクーン風な気難しさは、ひょっとしてあのリンカーンまでたどることができるのかもしれない。あるいは実力者、大物というものは本来周囲をびくびくさせる存在なのか。タイクーン風とかタイクーンらしさを表す語 tycoonish や tycoonship についても多くの例があげられている。所詮「タイクーン」にはかなりのミラージュがつきまとうようだ。事業その他で成功して権力を握った女性を表すtycoonessという言葉もある。用例は1960年『ガーディアン』紙から"A high-powered tycooness must have sharp claws within the velvet paw."【高権力の女性タイクーンはびろうどの前足にするどい爪をかくしているに違いない。】今後 PC 旋風はこのような表現も問題にしていくのだろうか。OEDのtycoonは言葉の世界の有為転変をさまざまに考えさせてくれる。

（橋本禮子）

(1) たとえば『新英和大辞典第5版』研究社、1980年 The Concise Oxford Dictionary, 7th Ed., 1982.
(2) 松田裕『日英語の交流』研究社、1991年
(3) Charlotte Brewer 'The Second Edition of The Oxford English Dictionary', RES Vol. XLIV (1993) 参照。
(4) 松田裕、前掲書
(5) 本書shogunの項参照。

U

uchiwa 団扇

　日本の夏の風物詩ともいうべき団扇は *SUP 2* から採択されている。語源は [*utsu* to strike, shake【打つ、振る】＋ *ha* feather【羽】] とあるが、『日本国語大辞典』（小学館）にも、元々は「打ち羽の意」とある。また、*OED* の定義は、「折り畳まない日本の平らな扇」である。

　用例は3例。初出例は1877年 W. E. Griffis *Mikado's Empire* で "Fukiu has a few shops where *ogi* (folding fans) and *uchiwa* (flat fans) are made."【フキウには折り畳み式の扇と平らな団扇を作る店が2、3軒ある。】とあるが、Fukiu は Fukui の誤りと見うけられる。アメリカ人のグリフィスは、1870年宣教師として来日、翌71年から約1年間福井藩の藩校に理化学教師として赴任したが、その時のことを書いたものであろう。

　第2例は1898年 A. Diósy *New Far East* からのもの。"The Japanese *uchi-wa*, or non-folding fan ... is often decorated with a highly coloured print."【日本の団扇、すなわち畳まない扇は、しばしばとても色彩豊かな版図で飾られている。】と、団扇の美しさに言及している。

　第3例は英国の詩人 J. Kirkup *Japan behind Fan*（1970）からの一節。"One should ... carry in one's left hand an *uchiwa*, that broad, flat paper fan printed with cool summer subjects."【涼しげな夏の風物を刷った大きくて平らな紙の扇、すなわち団扇を左手に持つべきだ。】夏らしい図柄を刷った団扇はいかにも日本的に、かつ涼しげに映ったのであろう。　　　　　　　　　　　（坂上祐美子）

udon うどん

　soba の項目でも述べたが、*OED 2* には麺類に関する日本語語源の言葉が2つ収録されている。1つが soba であり、もう1つが udon である。udon が

*OED*に初めて登場したのはsobaと同様に*SUP 2*であり、*OED 2*にも何の変更もなくそのまま記載されている。

　*OED 2*はudonを簡潔に、もっと言えば、実に素っ気なく、"A kind of noodle made from wheat flour."【小麦粉から作った麺類の一種。】のように定義している。もう1つのsobaの方はudonほど素っ気なくはないが、簡潔に、"A type of noodle that is made from buckwheat and is a popular Japanese food."【蕎麦粉から作る麺類の一種で、大衆的な日本の食べ物。】のように定義している。sobaの定義の後半部分には"... is a popular Japanese food."のような記述があるのに対して、udonの方にはそのような記述はない。

　ところで、『広辞苑』のうどんの定義は次のようになっている。

　「（ウンドンの音略）麺類（メンルイ）の一。腰の強い小麦粉に少量の塩を加え、水でこねて薄くのばし、細く切ったもの。ゆでて汁にひたして食べる。また、煮込饂飩は汁に入れて煮る。うんどん。」

　『広辞苑』では、うどんの作り方と食べ方は記述されているが、うどんが愛好されているなどの記述はない。この点は、*OED 2*での定義に近いとも言える。

　次にudonの引用例を見ていくことにする。*OED 2*には、1920年の初出例を含めて3例が収録されている。第1例はsobaとudonとを比較してudonの定義を補足する働きをしている。

　第1例　1920年 *Japan Advertiser* 22 Aug. "Udon is an alternative for soba ... but is made of wheat flour instead of buckwheat and is cut in thicker strings."【うどんは蕎麦の代わりになるもので…しかし、蕎麦粉ではなく小麦粉で作られ、蕎麦よりも太く切られている。】

　第2例　1959年 *Encounter* Jan. "Bowls of *udon*, a kind of noodle-soup."【どんぶりに入ったうどん、一種の麺スープ。】

　第3例　1978年 *Chicago* June "There's also terrific chicken teriyaki, and reliable sukiyaki and udons ($1.75-2.25)".【ものすごくおいしい鶏肉の照り焼きと確実においしいすきやきとうどんも（1.75〜2.25ドルで）ある。】

ところで、sobaの項目の派生語として、sobayaが2つの用例とともに"in Japan, a shop or restaurant which serves soba."【日本における蕎麦を出す店。】と定義され収録されている。udonの項目においても同様にudonyaという派生語が収録されていてもよさそうだが*OED 2*にはなんの記述もない。実は、蕎麦屋とうどん屋の扱いの違いは日本の国語辞典においても見られる。例えば、蕎麦屋は『大辞林』と『広辞苑』のどちらにも1項目としてとりあげられ同じような定義の仕方をされている。しかし、うどん屋の方は『大辞林』で「うどんを食べさせる店」と定義されているが、『広辞苑』にはまったく記載されていないのである。うどん・うどん屋は関西で、蕎麦・蕎麦屋は関東、というようなことが国語辞典の世界でもあるのだろうか。また、udonやsobaは*OED 2*には収録されているがramenはまだ収録されていない。1993年に出版された*OEDAS*（*Oxford English Dictionary Additions Series* Vol. 1）には、1972年の初出例を含めた6例とともに登場している。これに対して、*RHD*にはudonやsobaは収録されていないがramenは収録されているのである。イギリス（*OED 2*）とアメリカ（*RHD*）の辞書編纂方針の違いが反映されているのか、それとも、単なる、麺類に対するイギリス人とアメリカ人の（編者の）好みの違いが反映されているのかはわからない。　　　　　（糸山昌己）

uguisu 鶯

　ホーホケキョの美声で名高い鶯は、古来より日本人に愛されて詩歌や絵の題材になっている。春告鳥、花見鳥、歌よみ鳥などの別名をもつ。*OED*には*SUP 2*から登場し、定義は「日本産で学名はCettia diphone、柔らかいオリーブ・グリーン色の羽を持ち、やぶでさえずる鳥」とある。『平凡社大百科事典』によると、東アジアに分布し日本では全土に多くいる。漂鳥で夏は山地の低木林や草原に住み、冬は平地におりる。ホーホケキョとさえずるのは3月〜8月上旬までで、秋冬期はチャチャとかジャッと地鳴きする、とある。

　最初の用例は1871年A. B. Mitfordによる*Tales of Old Japan*からである。"The *uguisu*, by some enthusiasts called the Japanese nightingale."【一部の愛好家

に日本のナイチンゲールと呼ばれるウグイス。】ナイチンゲールはヨーロッパの鳥で鶯と習性が似て低木林に多く、早朝や月明かりの夜に鳴く。薄暮や月夜に美しい声でさえずるナイチンゲールはロマンティックな詩やドラマに登場し、日本の鶯となぞられることもあるが、本当はツグミに近い鳥である。次は1941年 N. Takatukasa の *Jap. Birds* から"Pride of place among the native songbirds is therefore given to the *uguisu*."【野生の鳴鳥たちの誉れの座は、したがってウグイスに与えられる。】最後はアメリカの詩人で画家でもあったK. Rexroth による1974年の *New Poems* からで"Maple leaves, an uguisu Sings as if in spring."【楓の葉に春のごとくウグイスが歌う。】俳句だろうか。　　　（伊藤香代子）

uji 氏

　OED での氏の初見は *SUP 2* で、「封建時代の日本で先祖代々どの有力家族に属するかを示す名。同じ氏を持つ人々すべてを含む父系の血縁集団」と定義されている。氏は原始社会に見られるような氏族とは異なる。氏の名が成立したのは5世紀の中頃から後半にかけてといわれているが、古代における氏の組織は単なる自然発生的に生じた血縁的同族集団ではなく、大王(おおきみ)に服属し奉仕することを義務づけられた血縁的集団である。たとえば中臣氏は宮廷の祭祀にあたり、膳(かしわで)・阿曇(あずみ)氏が大王の御膳に奉仕し、大伴・物部氏が軍事をもって朝廷に仕えるというように、彼らの氏の名はそれぞれの職業を表し代々その職業を世襲した(1)。

　OED であげられている氏の用例は5例。そのうち新しいほうの3例が古代の氏に言及している。

　1931年のG. B. Sansom の日本文化史に関する著書 *Japan* からの引用には"The society consisted of patriarchal units called *uji*, which were communities formed of a number of households of the same ancestry."【この社会はウジという父系の単位からなっていたが、これは同じ系統の多くの家族から成る共同体であった。】とある。ここでの the society（原文では this society）は6世紀以前の社会について述べたもの。

1970年のJ. W. Hallの歴史書*Japan*からの用例は"Being of the upper class the members of the *uji* possessed surnames and bore titles of respect."【上層階級の出であるから、ウジの構成員は氏の名と尊称を有していた。】である。"the members of"の部分は*OED*では欠落している。これは「日本の古代国家の成立」の章から引用したものであるから、このウジも古代の氏を指す。なお"titles of respect"は「姓(かばね)」のことであろう。

　氏の最も新しい例は1974年*Encycl. Brit. Micropædia* Xのujiの項目からで、"The *uji* members ... were supported by the labour of common workers, who were organized into subunits of the *uji* .... Imperial rule over the various autonomous *uji* remained weak until the adoption of centralized government in the early 8th century."【ウジの構成員は…一般の労働者の労役に支えられていた。彼ら労働者はウジの下部組織に組み込まれていた。…8世紀の初頭に中央集権の政治体制がとられるまでは、さまざまな自治的ウジを支配する天皇の力は弱いままであった。】とある。ウジの下部組織とは「部(べ)」である。氏の長つまり氏上(うじのかみ)は氏人(うじびと)を率い、部民・奴婢を領有管理することが認められていた。

　古代の氏の名は律令制の解体とともに次第に消え、源・平・藤・橘など小数のもののみが残った。また諸豪族のなかには勝手にこれらの氏を名乗る者もでてきた。そして平安末期から鎌倉時代になると、氏のほかに北条や足利のような居住地や所領の在所を称する苗字が現れてくる。さらに以下に示す明治期の2つの例に見られるように氏が苗字の意で用いられるようになると、氏イコール父系の血縁集団の意味はまったく失われてしまった。定義に「封建時代の日本で…」とあるのは、北条時政が「平時政」、足利尊氏が「源尊氏」であったことを示すかもしれないが、いずれにせよ*OED*には日本の歴史のなかで封建時代といわれる鎌倉時代以降の用例は1つもあげられていない。

　初出例となる1876年のW. E. Griffis *Mikado's Empire*からの用例は"The family name (*uji*) precedes the personal ... name."【苗字(ウジ)が個人の…名前の前に来る。】である。これは本文から離れて脚注で日本の苗字・名前について詳述

した個所からの引用である。もう1つ苗字を意味する氏の例は1896年のF. Brinkley *Japanese-Eng. Dict.* のUjiの項目の解説からの引用。"Although the offshoots from these noble families took various names ..., yet these were not, strictly speaking, the family names or *uji* in the now-accepted sense."【これらの貴族の家系からでた分家はさまざまな名前を取るようになったが、…これらは厳密に言って、苗字または現在受け入れられている意味でのウジではなかった。】とある。ここでの貴族の家系は源、平、藤原、橘を指している。

OEDの氏の定義は古代の氏の一面を示すものであって、明治期に書かれた用例が述べている苗字・姓の意味の氏にはまったく触れていない。現在も氏は完全に歴史上の用語となったわけではなく、氏の定義の1つに「姓・苗字の現行法上の呼称」(『広辞苑』『大辞林』)とあり、一般には氏名という熟語で使われている。

なお*SUP 2*の定義・用例とも変更はなく、そのまま*OED 2*に受け継がれている。

（海老名洸子）

(1) 大林太郎編『日本の古代11　ウジとイエ』中央公論社、1987年
(2) 国史大辞典編集委員会編『国史大辞典』吉川弘文館、1983年

ujigami 氏神

氏と同様に氏神も*SUP 2*から収録され、3例のうち2例が「氏」の項目と同じ資料より引用されている。定義・用例の追加・変更もなく、*OED 2*に受け継がれている。語源も示されているが、*SUP 2*で［uji＋good］となっていたものが、*OED 2*ではgoodはgodに訂正された。定義は「封建時代の日本におけるウジの祖先神。後に、特定の村や地域の守護神」となっている。日本人が祖先神を祭るようになったのは封建時代よりはるか前のことであるが、これは「氏」の定義の誤りと連動したものであろう。ちなみに『古事記』に綿津見神が阿曇連の奉斎する「祖神」と記されているという。

*OED*の初出は1897年L. Hearn *Gleanings in Buddha-Fields*の例"The peasants were going to celebrate their harvest by a dance in the court of the *ujigami*."【農民

たちは収穫をウジガミの境内の踊りで祝うつもりであった。】で、著者自身が ujigami に Shintō parish temple と注を付しているが、本例の場合は定義の後半部分に相当し、しかも神そのものではなく社を指している。

次例の 1931 年 G. B. Sansom *Japan* からの引用には "The members of a clan all worshipped a guardian god, the *uji-gami*, or clan god." 【クラン「氏族」の構成員は皆、守護神のウジガミ、つまりクランの神を崇拝した。】とある。氏はクランとは同一ではないが、著者は「便宜上、ウジのことをクランと言ってもいいでしょう」と事前にことわっている。

最後は 1970 年の J. W. Hall *Japan* の例で、"The *uji-gami* venerated by members of certain *uji* were human or totemistic progenitors."【あるウジの構成員が崇拝するウジガミは人間あるいはトーテム的な祖先であった。】とある。

古くは氏神は祖先神の傾向が強いが、やがて機縁ないし地縁性の強い守護神を氏神とするようになった。源氏が八幡神を氏神としたり、平家が厳島神を氏神とするのがその代表的な例である。さらに定義にもあるように、血縁的祖先神でもなくまた同族団の祭る守護神でもなく、主として地縁により村の守護神として祭られる神（鎮守神、産土神）も氏神と称するようになった。

(海老名洸子)

(1)「氏」の項目参照。
(2) 下中弘編『日本史大辞典』平凡社、1992 年

uke　受け

「取り」と対をなすこの語は *SUP 2* で採用された。「柔道で技を仕掛けられる受け身の側にある相手の人」と定義され、これはそのまま *OED 2* に受け継がれている。

用例は 4 例であるが、「取り」は *OED 2* にも採録されていないように、この語もあまり使われる言葉ではなかったらしく、用例はすべて戦後のものばかりである。初出例は reap を見よとある。そこには大内刈りを説明したと思われる次のような用例が示されている。1956 年 K. Tomiki *Judo* "Making a sickle of your leg, apply the back of your right knee to that of *uke's* left knee, crosswise. Sharply reap his left leg toward your right oblique back corner."【脚を鎌にしながら、自分の膕(ひかがみ)を受けの膕に交差するようにして当てよ。相手の左脚を左後ろ隅へ素早く刈れ。】

次は1961年9月22日付 *New Statesman* からのもの。"The thrower's body is turned facing the same way as the Uke's .... He gets both feet inside the Uke's."【投げる人の体は受けと同じ方向を向く…。投げる人の両足は受けの両足の内側に来る。】最新の用例は1984年 *Coaching Award Scheme* からである。"If nage-no-Kata is mastered it vastly widens tori's repertoire, but just as vital, it will eliminate uke's fears of falling —— right or left side."【投げの形(かた)を覚えてしまうと、取りの技の範囲が大きく広がるが——左右どちらの側であれ——投げられる受けの怖さがなくなることもまた同様に重要なことである。】

(伊藤勲)

ukemi 受け身

この語の初出は *SUP 2* で、「安全に倒れる柔道の技」と定義され、そのまま *OED 2* に受け継がれている。

用例は4例ある。最初の用例は1942年 C. Yerkow *Mod. Judo* からのものである。"*Ukemi* is the Japanese word and means 'to fall away'. The aim is to break the fall *before* the body reaches the mat or ground, so that no jar or shock is felt. Thus the equivalent for 'ukemi' might be *break*-falling."【ウケミとは「離れて倒れること」を意味する日本語である。その目的は体が畳あるいは地面に着く前に、転倒の勢いを弱めることにある。そうすれば震蕩や衝撃を感じない。したがってukemi「受け身」と同義の語は、break-falling「転倒衝撃緩和」と言っていい。】

第2例は戦後のものとなり、1956年 K. Tomiki *Judo* "It is essential to learn the art of falling. This is called *ukemi* (breakfall)."【転倒の技を覚えることは肝心なことである。これを受け身「転倒衝撃緩和」という。】があげられている。

さすが時代が下るにしたがって、受け身とはどういうものかを物珍しげに説明するような用例は出て来なくなる。1969年 G. R. Gleeson *Anatomy of Judo*

"In spite of the much vaunted effectiveness of traditional ukemi ... very few indeed considered they were capable of taking the falls in the last two sets of nage-no-kata."【伝統的な受け身のもつ効果が得々と説かれてきたにもかかわらず、投げの形の最後の二組において、投げられても大丈夫と考えている者は、実際、極めて少ない。】

　最後の用例では、受け身というものが、柔道に必然的に伴う従属的な技として扱われている。柔道が世界に広く浸透していっている事実をうかがわせる用例である。1984年 *Coaching Award Scheme*（Brit. Judo Assoc.）"No ukemi is asked as such, but in the first section, the candidate is required to act as Uke and Tori."【受け身だけをするように求められることはないが、最初の部門では、志願者は受けと取りをやらなければならない。】おそらくこれは昇段審査の時の柔道の形の演技のことを述べたものと思われるが、形を演じれば当然受け身もせねばならず、この文のなかでは、すでに受け身というものが刮目すべき主体的な技としては捉えられてはいない。

　「受け身」の初出例が比較的新しく、また用例数が少ないことは何を意味するのであろうか。裸体格闘技であるレスリングは古代ギリシア・ローマの時代からあったが、受け身を基本とする柔道とは、本質的に異なるところがある。古代レスリングは殴ったり、蹴ったりもする激しいものであったと言われるが、レスリングは本質的にそういう攻撃性をもっぱらとする格闘技である。柔道には捨て身技もあるように、自ら受け身になることによって相手を倒したり、受け身によって転倒衝撃を和らげて、即座に反撃に転じられるようにする。極めて日本的な文化に深く根差している受け身というものの本質は、文化交流の浅い第2次大戦以前には西洋の人にはまだ馴染み難く、理解しにくいものであったのではないかと推測される。それが物珍しくなくなってきたのは、比較的新しいことのようである。

(伊藤勲)

ukiyo-e　浮世絵

　この語は *SUP 2* から収載され、その後の変更はない。語源には「ukiyo 儚い世界（uku 浮くこと、儚く過ぎること＋yo 世）＋e 絵画」とある。それに続

く定義は「木版画や絵画から成る日本の美術形態の1つで、日常生活の光景が単純化されて表現されている。またこの美術形態の絵画を指す」となっている。用例は全部で7例、初出例は1879年 *Trans. Asiatic. Soc. Japan* からで、"Its founder is still celebrated as the author of the *Ukiyo-we* or popular style."【創始者は、浮世絵つまり庶民的様式の作者として、今でも讃えられている。】とある。『広辞苑』には、もともと風俗画や美人画として人気の高かった肉筆の絵画に菱川師宣が工夫を加え、版本挿絵の様式の基礎を作った、と言われているから、この 'founder' とは菱川師宣を指していると考えられる。

ラフカディオ・ハーンからの用例もあり、1898年 *Gleanings in Buddha-Fields* から、"The Ukiyo-yé artist drew actualities, but not repellent or meaningless actualities .... He looked for dominant laws ... for the order of the beautiful as it was and is."【この浮世絵師は現実を描いた。現実と言っても不快なものや味気ないものではなかった。彼は普遍的な法則を求めた…美しきものが過去にも現在にもあるがままの姿を。】となっている。ハーンが浮世絵という日本の伝統芸術を、深く見つめていたことがうかがえる一節である。

次に示す用例は、浮世絵が広範囲に、しかも急激に広まった経緯を明らかにしてくれる。1915年 *Dial* "In the forty years or thereabout since the color prints by the Ukiyoe masters first came to the attention of art lovers ... the circle of their ardent admirers has steadily widened."【浮世絵の師匠たちによる彩色版画が初めて美術愛好家たちの目に留まって以来40年かそこらで、熱心な浮世絵ファンたちの輪は着実に広まってきた。】とあり、国外での浮世絵に対する人気の高まりがうかがえる。次の短い用例にも触れておく必要がある。1955年 *N. Y. Times* (4月24日付) "Japanese tend to see things flatly. This is ... most noticeable in the ukiyoe prints."【日本人は物事を平面として見る傾向がある。このことは浮世絵版画に最も顕著である。】とされているからである。このような陰影のない浮世絵的表現は、近代の西洋美術に大きな影響を与えた。

日本人にとって、最後の用例の内容は気になるところである。1983年 *Sunday Tel.* (6月26日付) "The tradition of the *Ukiyo-E* print, which had been bought by a Japanese public uninfluenced by Western work, was effectively dead by the 1880s."【西洋人の商売に影響されることなく、日本の大衆が買い集めてきた浮世絵の伝統は、1880年代までに事実上消滅してしまった。】とある。幕末の頃国貞、国芳、広重など巨匠の弟子たちが、辛くも伝統的浮世絵版画の最後の部分を飾ったが、明治になると、やがて生きた伝統としては存在しなくなってしまったのである。

(吉江正雄)

urushi 漆

urushi（urusi）は *SUP 2* から採択され、定義その他に変更なく *OED 2* にいたっている。定義は「日本のラッカーの木、Rhus verni-ciflua、ジャパンラッカーともいい、漆器に塗るために使われる」である。用例は5例。初出は1727年で［see Japan varnish（tree）］とある。ケンペルの『日本誌』からの引用で "The Urusi or Varnish-Tree is another of the noblest and most useful Trees of this country."【ウルシすなわちワニスの木は、日本で最も立派で有用なもう1つの木である。】この引用は第9章 "Of the Fertility of the Country, as to Plants" という箇所からで、「広く知られている植物だけを論じるから、珍しい植物については、Amoenitates Exotica『廻国奇観』を参照されよ」と自身の著書に触れてから、桑の木と椿を論じ、「もう1つの」として漆を論じている。この他に月桂樹・茶の木・山椒・無花果・栗・林檎・梨・球果類・葡萄・松・杉を論じた後、花、穀物、野生植物、海草類にわたっている。

次の用例は1881年 *Encycl. Brit.* "The varnish tree is of several kinds, and the *Urushi* tree growing in Japan ... supplies, it is said, a finer gum than any other of the same species."【ワニスの木は、いく種類もあって、日本の漆の木は最も良質の粘着液を産出すると言われている。】と日本産の漆の質を称賛している。この用例は、約1世紀も昔のブリタニカからのもので、Japanという項目には、色刷りの大きな日本地図から始まって、「港、地震、食品、特産物、歴史」の解説があり、次に「美術」について述べられ、陶磁器に続く漆器の紹介に漆の木が説明される。西洋ではチャイナが陶磁器を指すように、17世紀に日

本が発見されて以来、その美しさが知られるようになった漆器を指してジャパンといわれるようになったと紹介したあとで、この引用文になる。japanは、小さな英語辞典を引いても、名詞で「漆・漆器」、動詞で「漆を塗る」とあり、ごく一般的に使用されている。

第3例は1909年 *Cent. Dict. Suppl.* "*Urushi* ,... Japanese lacquer; varnish."【ウルシは日本のラッカー、ワニス。】第4例は1965年 W. Swaan *Jap. Lantern* "Lacquer is made from the sap of the *urshi* or lac tree."【ラッカーはウルシ、すなわちラックの木の樹液から作られる。】とあり、最終例は1983年 *New Scientist*（4月21日）"Far Eastern lacquer, or *urushi*, is a poisonous exudate from the stems of the lacquer tree, or varnish sumach ..., which can be tapped like those of rubber trees."【ウルシは東アジアのラッカーで、ラッカーの木、すなわちワニススマックの幹から採取される有毒の滲出物で、ゴムの木と同様に刻み目をつけて液汁をとる。】スマックとは、はぜ・うるし・ぬるでなど、ウルシ属の樹木である。

　漆は、英語では varnish tree あるいは lacquer tree だが、Japanese lacquer と呼ばれているように、東アジア地域にその利用は限られている。漆液は空気にさらされ酸化されると黒変し硬化するので、塗料や接着剤として用いられる。漆の硬化には一定の湿度が必要なため、湿度の高い日本で最も多様な利用技術が発達した。縄文前期の鳥浜貝塚から漆塗櫛・容器が出土し、日本での漆の利用は古い。　　　　　　　　　　　　　　　　　　（渡辺佳余子）

urushiol　ウルシオール

　化学製品とされている urushiol は、*SUP 2* から採択され、定義その他に変更なく *OED 2* にいたっている。語源は、「urushi 漆（前項参照）＋-OL. フェノール」で、「油性のフェノールを含む液で、皮膚に炎症を起こす。様々な草木にあり、日本のラッカーの木から採取される漆（ラッカー）の主要な成分である」と定義される。

　用例は3例あり、初出は1908年 *Chem. Abstr.* "According to the author [sc. K. Miyama] the main constituent of the lac is a polyhydrophenol with unsaturated radicles in the side chains, the name Urushiol is proposed for it."【著者［K. ミヤマ］によれば、ラックの主要成分は、側鎖に不飽和基をもつハイドロフェノールで、ウルシオールという名が提唱されている。】次の用例は1945年 *Jrnl. Amer. Med. Assoc.*（4月7日）"It is highly probable that urushiol is the irritant common to ivy, sumac and the lac trees."【ウルシオールが、蔦、スマック、ラックの木と同じような炎症を生じさせることは大いにあり得る。】

最終例は1974年 J. E. Underhill *Wild Berries Pacific Northwest* "Sumach is closely related to Poison Ivy ... and Poison Sumach ... It lacks the poisonous oil, urushiol, that makes them such a hazard."【スマックは毒アイビイや…毒スマックに近親の植物である。しかしそれは毒アイビイや毒スマックを非常に有害なものにしているウルシオールという毒オイルは含んでいない。】　　　　（渡辺佳余子）

uta　歌→tanka　短歌

W

wabi　佗び

*SUP 2*から出現、用例は4例。定義は「禅仏教の哲学において、やや陰鬱な種類の、簡素、静諡、静寂を旨とする美的特質（さらに1962年の用例を見よ）」とある。「寂と比較せよ」との指示もある。

初出例は1934年、鈴木大拙著 *Essays in Zen.* から。"This spirit of 'Eternal Loneliness' is something known pre-eminently in Japan. By this spirit ... I mean what is popularly known in Japan as 'Sabi' or 'Wabi'"【この「永遠の寂蓼感」という境地は、日本で極めて良く知られているものである。この境地の意味するところは日本語で「寂」とか「佗び」として人口に膾炙しているものである。】という説明で、「佗び」と「寂」が併置されている。

第2例は1962年 J. Petrie tr. *Hasumi's Zen in Japanese Art* から。"The essential features of Higashiyama art, extending into all fields, can be summarized in ... the idea of 'Wabi', which is supposed to express the highest beauty and can also be carried over into other fields of art. Fundamentally it means poverty, and at the same time simplicity and calm, but it also implies an inexpressible inner joy hidden in deep modesty. Out of 'Wabi' developed harmony, respect, purity, poverty. ... That is what the special designation of 'Wabi' amounts to: it was the favourite expression of the Haiku masters."【東山芸術の基本的特質は、あらゆる分野に広がっているが、一言でいえばそれは…「侘び」の理念である。「侘び」は至高の美を表現すると想定され、他の芸術分野にも敷衍され得るものである。根本的には、それは質素を意味すると同時に単純さと平穏をも意味するが、さらに慎み深さのうちに隠された名状しがたい内なる歓びをも含蓄する。「侘び」の境地からは、調和と崇敬、純粋さと質素の発展を見た…それこそ「侘び」が究極的に到達するところなのである。「侘び」は俳諧師たちが好んで用いた表現であった。】という極めて長い引用が掲載されている。定義で示されたように、この用例が定義を補足するかたちになっている。第3例は1965年「Sabiを見よ」とあり、そこでは「寂または侘び」とまたも「侘び」は「寂」と併置されている。

最終例は1979年 S. Coe in I. Webb *Compl. Guide to Flower & Foliage Arrangement* から。"Then comes *wabi*, a recognition of ordinary things but seen in a very clear, almost transparent light."【次に来るのが「侘び」の境地である。それはありきたりの事物を認識することではあるが、ただし、それは極めて鮮明な、ほとんど透明な光の中での認識を意味するのである。】

『古語大辞典』では〈わび〉は、本来、何事においても、思うことがかなわず、悲しみ思いわずらうことの意。それが室町時代になると、失意・窮乏などの不如意な状態に積極的に安住しようとする肯定的な意味内容を持つようになる。その究極に紹鷗・利休らの茶道の理念としての〈わび〉がある」と説明されている。また、『大漢語林』では「茶道や俳句の道などで、その極致として求められた美意識・理念。さび」とあるが、*OED*の定義と用例からは侘びと茶道の関わりが見えにくく、一抹のわびしさを感じる。

(野呂有子)

wacadash　脇差し

　「大小」の項でも述べられているように、大刀が刀を意味し、小刀は脇差しを意味する。それ故、脇差しとは侍の2本差しのうちの短い方のことを言う。日本の刀剣類の範疇としては、*OED* にはこの他には「大小」と「刀」しか掲載されていない。「脇差し」はその中では最も早く、すでに *OED 1* に掲載された。語源には、「日本語のwakizashi【脇差し】」とあって、次いで「日本の短い刀」と記されている。

　wakizashiの発音が、外国人にとって如何に難しいかがこの見出しの表記から分かる。wacadashと表記された理由が、最初の用例にあることは明らかである。全部で5つある用例の初出は1613年のW. Eaton in W. Foster *Lett. recd. E. Ind. co.* からで、"He had given her his wacadash or little cattan."【彼は彼女に自分の脇差し、つまり小刀を与えてあった。】とある。初出例からこのように妙なスペリングになってしまったのであろう。ちなみにcattan【刀】のスペリングも妙である。特筆すべき用例はないが、5つの用例に記載されているスペリングがことごとく異なっている。第2例にはWaggadashesとあり、第3例はwaccadashes、第4例はwakedasshes、そして第5例はwagadashesである。これだけ用例ごとにスペルが異なるのも珍しいが、先にも述べたように、それは一重にこの語の日本語の発音の難しさにある。語源に「日本語のwakizashi（脇差し）」との表記があるのだから、見出しの表記は、発音に近いものに変更されるのが望ましい。

(吉江正雄)

waka　和歌 → tanka　短歌

wasabi　山葵

　日本人はかなり昔からワサビを食べていたらしいが、すりおろして食べ始めたのは室町末期頃からである。刺身、寿司に欠かすことができないし、蕎

麦やお茶漬けにも添えられる。和菓子の材料に加えたり、酒粕に漬けたワサビ漬もある。*OED*には4例をもって*SUP 2*から登場する。定義は「日本の香辛料で学名はEutrema wasabi、その太い根茎は日本料理に使われる」とある。初出例は1903年 *Bull. Bureau of Plant Industry*（U. S. Dept. Agric.）42号から "There is a fresh sharpness about Japanese wasabi that not even the finest Austrian sorts of horse-radish possess."【日本のワサビには最上級のオーストリア種の西洋ワサビにさえない、すがすがしい辛さがある。】次にも同書の用例が続く。"For two years, the young wasabi plants are cared for in the field."【2年間、若いワサビの苗は畑で育てられる。】最後の用例は1981年 J. Melville *Sort of Samurai* からである。"Otani ... watched the *sushi* master deftly season the rice-cakes with a dab of tear-jerking *wasabi* paste."【大谷は…寿司屋の主人が、握った飯に器用に涙がでるようなおろしワサビをぬるのを見ていた。】

呉善花著『ワサビと唐辛子』（祥伝社）に「ワサビの辛さに耐えているスタイルは下を向いてきつく目をつむり、目頭を親指と人指し指で押さえて」と受け身の姿勢で、「物静かで、鎮静を好む」日本人の国民性を象徴しているとある。外国人の観た日本人像である。

（伊藤香代子）

Y

Yagi　八木アンテナ

　*SUP 2*から出現。定義は「日本人の学者・電気技師であるHidetsugu *Yagi*（1886年生）の名前に由来し、限定形容詞としても独立したかたちでも使用される。変調波源に向けて設置された絶縁支柱上に、交差配置した一群のロッドからなる小幅の周波帯・VHF・UHF波を受信・送信するために彼が考案した（*Poc. IRE*〈1928〉XVI. 715）高度指向性アンテナを指す」である。用例は1943、1950、1951、1960、1975年の5例。

　八木秀次（1976年没）は、1926年、宇田新太郎とともに電波指向方式の八

木アンテナを発明、その優れた性能のために広くテレビ受信用・各種無線用に利用され世界的に知られた。

初出例は1943年 *Gloss. Terms Telecomm.*（*B. S. I.*）から。"The term *Yagi aerial,* which relates to a particular form of end-fire array, should not be used as a generic term for all end-fire arrays."【八木アンテナという用語は特殊なエンドファイア・アレーアンテナに関連づけられるものであって、あらゆる種類のエンドファイア・アレーアンテナの総称として使用されるべきではない。】

第3例は1951年 A. C. Clarke *Sands of Mars* から。"He produced a rough sketch of a simple Yagi aerial."【彼は簡単な八木アンテナの図をさっと描いた。】最終例は1975年 L. Deighton *Yesterday's Spy* から。"Did he think we needed the eight Yagi aerials for TV?"【彼は我々がテレビ用に八木アンテナ8本が必要だと考えたのだろうか。】である。

(野呂有子)

yakitori 焼鳥

yakitori が *OED* に登場したのは *SUP 2* で、*OED 2* にもそのまま記載されている。定義には「鶏肉を串に刺して直火で焼いた日本料理」とある。『大辞林』の定義の「鳥肉を串に刺して、たれや塩をつけてあぶり焼いた料理。鳥のほか、豚や牛の臓物を焼いたものにもいう」とほぼ同じ記述である。

用例の初出は1962年で、この用例によって焼鳥の調理方法がわかり、定義を補完する働きをしている。他に2例がある。

第1例 1962年 M. Doi *Art of Jap. Cookery* "Yaki-tori ... Chicken Meat ... cut into mouthfuls ... and soak ten minutes in *tare* ... Place skewered chicken directly over fire and broil."【焼鳥は鶏肉を一口分に切って、たれの中に10分間漬け、串に刺し直火で焼く。】

第2例 1970年 J. Kirkup *Japan behind Fan* "*Yakitori* stands selling bamboo skewers of roasted bits of chicken and liver."【鶏肉とレバーを竹串に刺して焼いたものを売っている焼鳥の屋台。】

第3例 1983年 *Daily Tel.* 10 Nov. "We have planned a modest meal ... making the main course one of two Japanese skewered specialities: one called Yakitori."【我々はつつましやかな食事をしようと思った…日本の二大名物串焼き料理の1つである焼鳥と言われているものをメインにして…。】

（糸山昌己）

yakuza　やくざ

　Yakuzaは、OEDにおいてSUP 2から採録され、「日本のギャングの一員（gangster）または闇商人（racketeer）。通常複数を意味し、そのような人々の総称」と定義されている。語源欄には、「日本語の8（ヤ）、9（ク）、3（ザ）に由来する」との表記があり、定義のあとの解説欄に「8、9、3は賭博において最も悪い組み合わせの手持ちの札である」と書かれている。ここでいう賭博とは「3枚カルタ」のことであり、8・9・3の札がくると負けになることから「やくざ」という言葉が生まれた。

　用例は1964、1971、1975、1977、1979年の5例である。初出はNewsweek 1964年9月14日号によるもので、"The youngsters had to listen to boss Sakamoto expound on the noble traditions of the *yakuza*, as gangsters are called in Japan."【若者たちは、坂本親分が「やくざ」［日本でギャングのメンバーはこう呼ばれる］の高貴な伝統について説明するのに耳を傾けなければならなかった。】というものである。第3例は、New Yorker 1975年3月24日号によるもので、"The yakuza are the Japanese gangsters who in recent years have moved from gambling, drugs and prostitution into shakedown rackets."【やくざとは日本のギャングのメンバーのことであり、近年、賭博、麻薬、売春などから恐喝による金品取得へと移行してきている。】というものである。この用例は、OEDにおける定義を補う内容となっている。

　yakuzaはRandom House Unabridged Dictionary（2nd edition）にも収録されていて、「①強固な団結を持つ様々な日本の犯罪組織を指し、儀式的で厳格な仁義規定を持つ、②そのような組織の総称、③そのような組織のメンバー；ギャングの一員」という3つの定義が与えられている。

　なお、OEDにおける用例は1964年から1979年にわたっているが、これは

日本が飛躍的な経済成長を遂げ、渡航者も増加していった時期である。この頃は日本でやくざ映画が盛んに制作されていた。1965年から1972年までに、勝新太郎主演によるやくざ映画『兵隊やくざ』シリーズが合計9本も制作されている。その後も、菅原文太主演による『仁義なき戦い』シリーズ（5本）、『新・仁義なき戦い』シリーズ（4本）と続く。これらの映画は今でも衛星放送などで繰り返し放送されている。絶え間ない暴力や違法な経済活動を描く殺伐とした世界でありながら、根強い人気を保ち続けているのは何故だろうか。単に、視聴者の怖いもの見たさの好奇心を満足させる安全で手軽な手段であるということかもしれないが、「義理人情」「仁義」「武士道」などの倫理規範の衣を纏った不法行為がある種の郷愁を誘うのかもしれない。また、自由主義社会が成熟し、組織の厳しい規則や上下関係が敬遠される風潮の強まる中で、こうした流れに乗れずに、一定の拘束を求める気持ちを捨てきれない人たちに心情的に訴えるものがあるのかもしれない。yakuzaは世界の犯罪組織に共通する「掟社会」としての性質と、儒教的伝統を継ぐ日本的特殊性とを合わせ持った組織を表す言葉として英語に定着したようだ。

(馬場哲生)

Yamato　大和絵・大和魂

　Yamatoという1つの見出しの中に、「大和絵（流）」と「大和魂」の2つの用語が掲載されている。これらは SUP 2 から登場し、変更はない。

　「大和絵（流）」に先だって、まず「大和」の語源が「日本」であるとの記述があり、定義には「12～13世紀に全盛期を迎えた、明らかに（中国様式ではなく）日本の様式で、日本の主題を扱った日本美術の流派。普通、『大和絵』とか『大和流』と言う」とある。この定義は、大和絵が奈良時代に移入された唐絵とは一線を画する、極めて日本的な題材を画く流派であることを明確にしている。

　用例は7例。初出例は1879年 *Trans. Asiatic Soc. Japan* "Motomitsu is spoken of as the originator of the *Yamato-we*."【基光が大和絵の創始者と言われる。】大和

絵の代表的な流派である土佐派と狩野派の創始者は、それぞれ行広と正信である。しかし、ここで言う「大和絵の創始者」とは、もっと古く平安時代にさかのぼる。1976年 *A Dictionary of Japanese Artists* という本のMotomitsuの項目にはFujiwara no Motomitu（藤原基光）のことで、"pupil of Kose no Kimmochi. Traditionally considered as founder of the Tosa"とある。ここにもあるように彼が師と仰いだ巨勢公望や巨勢弘高といったいわゆる巨勢派の画人は後世に名を遺している。だがほぼ同時代に活躍し、「大和絵の創始者」とまで言われる基光の名を探し出すのに苦労するのは不思議な感がある。

次の用例は土佐派に触れる。1911年 *Encycl. Brit.* "It did not take shape as a school until the beginning of the 11th century ... ; it then became known as *Yamato-ryū*, a title which two centuries later was changed to that of *Tosa*, on the occasion of one of its masters ... assuming that appellation as a family name."【それは11世紀初頭まではっきりとした流派の形にはなっていなかったが、その後大和流として知られるようになった。そして、その名称は、2世紀後に、その師匠たちの一人が土佐という呼称を取って姓として名乗ったのを機に土佐流へと替わった。】この「土佐派の師匠の一人」が先に述べた土佐行広であることに間違いはないが、彼が活躍したのは1400年代なので「2世紀後」というのが気に掛かる。

注目すべき用例は1970年のもの。*Oxf. Compan. Art* "The demand for a more refined art from the aristocratic society of Kyoto, combined with the decline of the T'ang dynasty in China, encouraged the Japanese to incorporate more native elements in their art, especially in the picture scrolls ... of the *yamato-e* style."【京都の貴族階級から、一層洗練された芸術を望む声が起こり、中国は唐朝の衰退と相俟って、日本人がより日本的な題材を自分たちの芸術、特に大和絵風の絵巻物にとりいれることを促した。】とある。奈良時代に中国から移入されたいわゆる唐絵とは一線を画す、極めて日本的な主題を画く独特の画風の誕生を良く伝えている。またここで触れている「絵巻物」は、「大和障屏画」と並んで大和絵の本領を発揮するものである。有名な「源氏物語絵巻」はその最たる物と言える。

最後になる1980年の用例は、1720年代に活躍した浮世絵師奥村政信等に触れ、古い「大和絵」の手法で風景版画を制作したとしている。「近江八景」をものしたとも書かれている。

　「大和魂」の定義はThe Japanese Spiritとだけある。用例は3例。初出例は1942年 *R. A. F. Jrnl.*（6月13日付）"He will be filled with what is called *yamato damashi* [sic] or the pure spirit of Japan."【彼の胸は、いわゆる大和魂、つまり純粋な日本精神で満たされるだろう。】

　大和魂がイデオロギーという言葉と結び付いた用例がある。1957年 *Encycl. Brit.* "The Japanese ... have been profoundly influenced by a specific type of ideology—sometimes known as *Yamato Damashii*（the soul of Japan), which was partly embodied in ... the code of the warrior knight."【日本人は特殊な観念に深く影響されていた。それは時に大和魂（日本の精神）として知られる武士道の中に一部具現されているものである。】この用例は大和魂を武士道と結びつけている。そしてその武士道という言葉が最後の用例のなかに入っている。1974年 in A. Murakami *Romanized Japanese*（1979）"And there was no doubt then that the warrior code ... *Bushido* ... and the Japanese spirit ... *Yamato-damashii* ... steeled the Japanese soldier."【したがって確かに武士道と日本人の精神である大和魂が日本兵を冷徹にしたということがあった。】この用例のように「日本兵」と「武士道」や「大和魂」が結び付くと、「生き恥をさらすくらいなら死せ」という戦時中の教えが頭をよぎる。また「人間魚雷」や「特攻隊」は、自らの命を懸けて敵艦や敵機を破壊した。その堅固な意志の拠りどころが、「武士道」とか「大和魂」といった、いたずらに兵士たちの士気を鼓舞するために利用された美名にあったとすれば、それは哀しいことである。　　　　　（吉江正雄）

yashiki　屋敷

　屋敷が文書にはじめて現れるのは平安時代の後期、およそ11世紀と言われているが、*OED*に登場するのは*SUP 2*がはじめてで、初出例は江戸時代である。*OED 2*の定義は*SUP 2*と変わっていない。

OED 2 "[Jap., f. *ya* house + *shiki* a space, site] The residence of a Japanese feudal nobleman, including the palace or mansion and grounds, and the quarters for his retainers."【日本の封建時代の身分の高い人の大邸宅、屋敷内には御殿、つまり豪壮な邸宅と広い庭、そして家臣の住居がある。】

ちなみに『大辞林』には「①家の建っている土地の一区画。また、その中の家。特に大きな家。②家を建てるべき敷地。③本宅以外に設けた敷地や家屋。また、諸藩が本拠地以外に設けた藩邸。④以下省略。」とある。

*OED*の定義は、屋敷という語に対し日本人が持っている一般的な概念と異なり、封建時代の大名屋敷だけに焦点をしぼっている。したがってその点からすれば、*OED*の見出語はdaimyo yashikiとすべきだったのかもしれない。ちなみに日本語の辞書、事典は屋敷と大名屋敷は別項目で、後者にはかなりのスペースを割いている。

『大日本百科事典』『江戸学事典』『ヴィジュアル百科江戸事情 第5巻建築編』は大名屋敷について概略次のように述べている。

「江戸幕府は幕藩体制維持を考え、諸大名に順次、江戸市中に屋敷地を与え、屋敷を構えさせた。大名屋敷には上屋敷、中屋敷、下屋敷の3つの区分けがあり、上屋敷は大名屋敷のなかでも本邸にあたり、江戸城に近いところに建ち並んでいた。屋敷内には在府中の大名の住居、妻子が常住する御殿をはじめ、広大な庭園、用人や家老などの屋敷、奥女中たちの住む局などがあり、外回りは参勤交代の際に江戸へ出た勤番の侍たちが住む2階建ての長屋が囲んでいた。

大名屋敷の広さは格式によって決められていた。明暦3年（1657）の大火の後、中屋敷が上屋敷に変わっているものもあるが、上屋敷の広さは広大なものが多かった。赤門で有名な本郷の加賀藩前田家の上屋敷（現東京大学）は約10万3000坪、赤坂の紀伊藩徳川家の上屋敷（現赤坂離宮）は約13万坪あったといわれている。

下屋敷の多くは江戸の郊外にあり、庭園が主体で休息用の別邸として利用されていた。今日名園といわれるものの大部分はこのような下屋敷が多く、

有名なものには柳沢吉保の六義園、紀伊藩徳川家の迎賓館庭園、信濃高遠藩内藤家の新宿御苑などがある。」

　豪華な表門、延々と続く美しい白壁と海鼠壁に囲まれた広大な大名屋敷は江戸庶民の住居とは比べものにならず、これが建ち並ぶ様は欧米人にとって大きな驚きであったと思われる。彼らがdaimyo yashikiに強い関心を持ち、それを旅行記などに書きしるしたのはごく自然なことと思われる。

　用例は6例（1727、1863、1871、1906、1959、1979）で改訂はない。

　第1例　1727年 J. G. Scheuchzer tr. *Kæmpfer's Hist. Japan* "*Sokkokf Dai Mio Jassiki*, that is, Palaces and houses of the princes and Lords of the Empire."【諸国大名屋敷、つまり諸大名の御殿および住居】Kæmpferは「江戸で豪壮な邸宅を少なからず見かけるのは、将軍や諸大名の広大な屋敷があることで容易に推測されよう」とも言っているが、明暦の大火（1657）以前の大名屋敷は絢爛豪華でこれが並び建つさまは圧巻であったと言われているが、Kæmpferは江戸へ1691年に来ているので実際には大火後、新たに普請された屋敷を見て記していることになる。

　第2例　1863年 R. Alcock *Capital of Tycoon* "The Daimios' *Yaskis* are merely a low line of barracks of the same construction, rather higher in the roofs."【大名屋敷というのは、屋根はやや高くなっているが、低層の同じ様な造りの（侍の）住居がただ続いているにほかならない。】第2例の大名屋敷は上屋敷の外回りを囲む長屋のことを述べていると考えられるが、この藩邸内で生活する人の数は一般に大藩で5～6千人にも達したというから驚きである。

　Alcockは1860年から3年間日本に滞在しているが、この時期は幕末にあたり、大名の中には一時江戸から国元に引き上げてしまったものもいたので、藩邸にはかつての活気はなかったと思われる。明治2年（1869）の版籍奉還により、封建時代の象徴ともいうべき大名の使命はおわり、大名屋敷のなかには先に述べたような公的施設として生まれかわっていったものもある。

（西村幸三）

Yayoi 弥生→「時代」の項目

Yeddo 江戸→「時代」の項目

yen 円

　yenは*OED 1*から採録されている。*OED 2*においては、「金や銀で作られた日本の硬貨であり、1871年以来日本の通貨単位。かつてはほぼ米ドルに相当するものであった」と定義されている。歴史的記述ならいざ知らず、今となってはこの定義には首をかしげてしまう。4つの用例も古いものばかりだ。

　1875年の用例はJevonsの*Money*第12巻からで、"Even Japan has imitated European nations, and introduced a gold coinage of twenty, ten, five, two, and one-yen pieces, the yen being only three per mille less in value than the American gold dollar."【日本さえもヨーロッパの国々を真似て20円、10円、5円、1円からなる金の鋳造硬貨を導入した。円は米ドルに比べ、価値は1000分の3低いだけだった。】というものである。定義にあるように、導入当初の円は米ドルとほぼ等価値であったことがこの用例からわかる。1875年の用例はBedfordの*Sailor's Pocket Bk.*第9巻からであり、"The yen is divided into 100 Sen, and the Sen into 10 Rin."【円は100銭、銭は10厘に分けられる。】とある。1883年の用例はSimmondsの*Dict. Trade*からであり、"Yen, a name for the dollar in Japan, in former years worth 3*s*. 9*d*., but now only about 3*s*. 2*d*."【日本でドルに相当する円は、かつて3シリング9ペンスの価値があったが、今は約3シリング2ペンスの価値しかない。】と書かれている。

　Yenの今を伝える新しい用例が欲しいところだ。　　　　　　　（馬場哲生）

Yokohama　縮緬・尾長鶏

　Yokohamaは*OED 1*から採択されながら、*SUP 1*、*SUP 2*で書き替えられることなく、そのまま*OED 2*に引き継がれた24語の1つである。定義は「日本の都市の名、特殊な形容語として使われる（用例参照）、名詞としても」と

ある。用例は3例（1882、1885、1910）。初出は、唯一布に関するもので、1882年 Caulfeild & Saward *Dict. Needlwork* "*Yokohama Crape,* this is a very fine, close make of Crape, otherwise known as Canton Crape .... The Yokohama is the costliest of all descriptions of Crape, and the most durable in wear."【横浜縮緬は、非常に良質の目のつんだ作りの縮緬で、別名広東縮緬としても知られている…横浜縮緬はあらゆる種類の縮緬の中でも最も高価で、長い着用に耐える。】

　横浜と聞いて、「縮緬」を連想する日本人はいないだろう。横浜は1859年（安政6年）の開港以来生糸の輸出港として急激に発展したといわれる。また「横浜絵」というものがあり、これは幕末・明治初期の横浜を主題とした錦絵の総称で、横浜の開港風俗、西洋人の風俗などを描いているとあるから、横浜から輸出された縮緬の総称が横浜縮緬と西洋で呼ばれたのかもしれない。定義に「広東縮緬とも呼ばれていた」とあるが、小さな英和辞典にも"Canton crepe［crapeに同じ］"【広東縮緬、やや厚地の絹織物】、"Canton flannel"【広東フランネル、片面だけがけば立っている綿綾織り】と記載されている。1863年、洋服を作って売るという洋裁業を始めたのは、Louise Henrietta Pierson（アメリカの婦人宣教師　1832-1899）が中国上海の会社の横浜支店支配人になって以来であるから、このへんの事情から、広東の縮緬を横浜縮緬と混同してしまったのかもしれない。

　残り2つは尾長鶏についての用例。1885年 *Encycl. Brit.* から"Long-tailed fowls, under the ... names of Yokohama or Phoenix fowls, or Shinotawaro fowls, are ... varieties recently introduced from Japan."【尾長鶏は横浜鶏ないし不死鳥、あるいはシノタワロ鶏という…名を持つが…日本から最近輸入された珍種である。】さらに、1919年版の同書から"A domesticated breed of jungle-fowl known as the 'Japanese long-tailed fowls' or as 'Yokohamas.'"【「日本の尾長鶏」あるいは「ヨコハマ」として知られる、野鶏が飼い馴らさされた品種。】とある。尾長鶏は『広辞苑』では、「雄の尾羽は脱けかわらず長く伸び8メートルに達するものがある。止箱という箱に入れて飼育し、尾羽の切れるのを防ぐ」とある。現在は高知県産で特別天然紀念物となっている。

日本語の辞書や百科辞典にはヨコハマという布や鶏の記述はない。他の英語辞典は、ヨコハマの項目で「尾長鶏」「縮緬」のいずれか、あるいは両方の説明をしていたり、1923年の関東大震災で横浜が打撃を受けたことを指摘しているものもある。Webster's 3rd 辞典には尾長鶏の他に Yokohama bean という項目があり、『ランダムハウス英和辞典』にも「八升豆、日本産の豆科の蔓草」とある。『広辞苑』『大辞林』にはこの豆への言及はない。縮緬については、「シルク博物館」（開港100年記念に設立）、横浜については「横浜開港資料館」（1981年6月2日の開港記念日に開設）にて、多くの資料が閲覧できる。

（渡辺佳余子）

yokozuna　横綱

定義は「グランド・チャンピオン・スモー・レスラー」とあり、語源として「*yoko* は across、*zuna* は rope、festoon（花綱）の意で、元来チャンピオン・レスラーに贈られた神聖な花飾り」とある。*SUP 2* に3例で登場。

初出1966年の *Manchester Guardian Weekly* 6月9日号の文章は "The last six bouts were the most important with two yokozuna〔grand champions〕and several ozeki〔champions〕fighting."【最後の6番勝負は最も重要だった。二人の横綱と数人の大関の取組みで。】

第2例は1972年 *Times* の7月19日付の "The only *Yokozuna* or grand champion at present active, Kitanofuji, was unable to take part in the Nagoya tournament because of injury."【現役ただ一人の横綱、すなわちグランド・チャンピオン北の富士は、怪我のため名古屋場所に出場できなかった。】

第3例は *Daily Telegraph*（カラー付録）1974年2月22日の "The *yokozuna* is the embodiment of all the highest virtues of Sumo and no slightly less than brilliant *sumotori* will ever be allowed to degrade the status of the Grand Champion."【横綱は相撲の最高の美点を体現したものであり、完璧な相撲取りより少しでも劣る者がグランド・チャンピオンの地位を汚すことは許されないであろう。】横綱の品格にまで言及しているのは、この日本の国技をよく理解しているものと言え

よう。　　　　　　　　　　　　　　　　　　　　　　（福田陸太郎）

Yoshiwara　吉原

　喧嘩、いざこざなどが絶えなかった遊女と売春宿を一個所に集め、これを遊郭として許可して街の発展と治安維持を計ることを考え、最初に実行したのは秀吉で、2番目が家康と言われている。芝居や読み物にたびたび登場する大阪の新町、京都の島原、江戸の吉原などはこのような経緯で公認の遊郭として誕生している。

　YoshiharaがOEDにはじめて登場するのはSUP 2であるが、OEDと『大辞林』の定義を比べてみると次のようになっている。（SUP 2とOED 2の定義は同じである。）

　OED 2　"In Japan, an area (esp. one in Tokyo) where brothels were officially recognized. Freq. *attrib*. Official recognition was withdrawn in May 1958."【日本で、売春宿が公に許可されていた区域（特に東京の区域）。しばしば限定詞として用いられる。売春宿の公的許可は1958年5月に廃止されている。】

　『大辞林』「東京都台東区浅草北部。もとの遊郭地。現在は千束の一地区。1617年、江戸市中に散在した遊女屋を日本橋葺屋町に集めて公許。1657年（明暦3年）、大火で日本堤山谷付近に移転。その以前を元吉原、以後を新吉原という。中略…。遊郭は1958年（昭和33年）売春防止法の成立とともに廃止。」

　OEDの定義が『大辞林』と異なる点が2つある。1つはYoshiwaraの普通名詞的解釈、1つは"Freq. *attrib*."の記述であるが、『大日本百科事典』『時代風俗考証事典』『江戸学事典』などは吉原について次のように述べている。（以下大要）

　「幕府は江戸城修築にともない、街の中心部から遊女屋の移転を計り、遊女屋に対して日本橋葺屋町東側に土地を与えた。幕府から支給されたこの土地はよしの繁茂する湿地帯であったので、俗に『よしはら』と呼ばれ、遊郭の名はここから生まれたと言われる。

吉原は江戸における唯一の幕府公認の遊郭で、周囲は堀で囲まれ、いわゆる『くるわ』になっていた。家康が江戸に幕府を開いたのは1603年、それから15年後の1618年に遊郭の営業は始まっている。吉原には高級遊女を抱える大妓楼から下級遊女を抱える局店までさまざまあり、遊客の種類も遊び方もいろいろであった。上客としては時代により変化があるが、大名、豪商、文人墨客など遊びを心得た人が集まり、吉原を中心とした独自の文化も生まれている。

　しかし、近世後期には岡場所（吉原以外の私娼街）が次第に発達、明治以降公認の遊郭が増えるにつれてわが国最大の遊郭であった吉原も唯一公認の特権を失い、衰退の一途をたどっていった。

　終戦直後の1946年、GHQの公娼廃止令により遊郭に娼妓をしばりつける制度は禁止され、吉原などかつての遊廓は暫定的に特殊飲食店の集まる『赤線区域』として営業が認められた。しかし1958年売春防止法の施行とともに吉原の明かりも遂に消えてしまった。」

　引用文は全部で7例（1870、1877、1896、1911、1944、1966、1978）になるが、*SUP 2* と *OED 2* の用例はまったく同じである。

　第1例　1870年 *Fortn. Rev.* Aug. 154 "At Yokohama, indeed, and at the other open ports, the women of the *Yoshiwara* are loud in their invitations to visitors."【本当に、横浜やその他の開港した港町では、遊郭の女達はしきりに声をあげて客を呼び込んでいる。】用例中のthe Yoshiwaraは普通名詞化して「公認の遊郭」の意味になっているが、幕末開港後は、横浜、函館などに外人を対象にした遊郭が開設されていることに注意したい。

　第2例　1877年 A. C. Maclay *Let.* 25 Nov. in *Budget of Lett. from Japan*（1886）"That strange institution of the feudal government of Japan known as the *Yoshiwara* system ... This was a system of legalized prostitution ... under government patronage."【吉原制度として知られている日本の封建政治が考え出したあの不思議な制度…。この制度は幕府が売春を公的に認める制度であった。】用例中のThat strange institutionは単に幕府による売春の公認制度だけでなく、公娼を

政策的に集団定住させておくわが国独特の制度も意味していると思われる。遊女たちがこの集団定住制度に縛られ、苦しんだことは「足抜き」などでもよく知られている。次に the *Yoshiwara* system の *Yoshiwara* は、Freq. *attrib.*【限定用法】の例にあたるが、日本語でも「吉原」は限定詞として多用されている。たとえば「吉原言葉（ありんすことば）、吉原騒、吉原雀、吉原唐人」など「吉原」のついた言葉が結構辞書に載っている。このことは吉原に1つの文化が発達し、江戸文化にも強い影響を与えていたことを物語る証と言える。

　OED 1（1933）の芸者からはじまって*SUP 2*（1986）の吉原まで、*OED*は花街に関連する語を全部で5つとりあげている。5つ集まったのは偶然かもしれないが、それぞれ花街文化を理解するにはなくてはならぬ語であろう。

（西村幸三）

yugawaralite　湯河原沸石

　「発見現場近くの日本の町名＋-*l*-＋ITE」と語源解説があり、語義は「含水アルミノ珪酸カルシウム、すなわち沸石の一種で、ガラス光沢をもつ無色ないし白色の単斜晶系結晶としてみられる」。

　用例は3例。最初のものは、この鉱石が神奈川県湯河原付近で横浜国立大学の桜井欽一教授らによって発見されたことを語っている。1952年 Sakurai & Hayashi in *Sci. Rep. Yokohama Nat. Univ.* "We can not identify this mineral with the other zeolites, and we may consider this to be a new zeolite. We wish to [call] it 'Yugawaralite' after its locality."【この鉱石を他の沸石と同一とすることはできず、新種の沸石とみなしてよいのではないかと考える。その所在地からこれを湯河原沸石と名づけたい。】1969年 *Acta Cryst.* "It is difficult to place yugawaralite in any of the seven recognized groups of zeolites, although it shows certain similarities to both mordenite and heulandite."【湯河原沸石は、モルデン沸石や輝沸石のいずれにもある程度の類似性をもつが、現在認知されている7つの沸石群のいずれにも分類しがたい。】1978年 *Mineral. Rec.* "Yugawaralite, a relatively rare calcium zeolite, ... has been found in specimens mined from the Khandivali quarry near Bombay,

India."【湯河原沸石は比較的まれなカルシウム沸石で、インドのボンベイ付近のカンディヴァリ採石場から出た標本に確認されている。】　　　　　　（橋本禮子）

yugen　幽玄

「幽玄」の語形については「yūgenまたはYugen, Yūgenもある」とされている。語源欄では「*yu* dark【暗い】と *gen* the unfathomable【深遠にして推し量り難い】が結合したもの」と説明されている。定義は「日本の伝統的宮廷文化、特に詩歌、後には能劇において、物事の奥にひそむ雅あるいは神秘的な性質をさす。深奥なる美的理念」となっている。*OED*の引用4例のうち3例までがまさに能・能楽関連の文脈で使用されていることは注目に値する。

ちなみに小学館『国語大辞典』では定義が5つに分かれ、「日本の文学論・歌論の理念の一つ。深遠ではかりしれない意を転用したもので、特に、中古から中世にかけて、詩歌や連歌などの表現に求められた美的理念を表す語。『もののあわれ』の理念を発展させたもので、はじめは、詩歌の余情の有り方の1つとして考えられ、神秘的な奥深さを言外に感じさせる静寂な美しさをさしたもの。その後、1つの芸術理念として、また和歌の批評用語として種々の解釈を生み――艶や優美、あわれ――また艶を消し去った静寂で枯淡な美しさをさすとする考えもあり、能楽などを経て、芭蕉の理念であるさびへと展開した。」と説明されている。

*OED*の定義は一部上記と重なるが、引用における能楽への思い入れの深さは、「能」の項目で説明があるようにE. Fenollosa, E. Pound, W. B. Yeatsらの働きによる西洋における能の受容の重要性と、そして「幽玄」の語が能楽理念の鍵語(キーワード)として理解されていることの証左となる。

初出例は1921年 A. Waley *Nō Plays of Japan* から "The difficult term yūgen which occurs constantly ... is derived from Zen literature. It means 'what lies beneath the surface'; the subtle, as opposed to the obvious; the hint as opposed to the statement."【幽玄という難解な用語が常に現出するが、この語は禅の文献から派生している。その意は「表の陰にひそむもの」である。露の反意語としての捉

え難さ、表明の反意語としての仄めかしである。】という一文が引用されている。

　ウェーリーは大英博物館版画絵画部副部長を勤めた日本・中国文学の権威である。ちなみにパウンドは'*Noh' or Accomplishment* のまえがきでウェーリーが固有名詞の綴りその他、様々な点において助言を与えてくれたことに深い感謝の意を表している。

　第2例は1932年 *Times Lit. Suppl.* 6 Oct. "Such a couplet ... can hardly be said to capture the spirit of *yugen*."【そのような対句を使ったところで…幽玄の奥義を極めたとは到底言い難い。】と美的理念追求の厳しさをうかがわせる一文を引用している。第3例はやはり *Times Lit. Suppl.* 1959年5月15日から。"This brief basking in the Shōgun's favour led Zeami to stress the importance in performance of Yūgen, or elegant beauty and gentleness."【将軍（足利義満）の寵愛は束の間であったが、この間に世阿弥は幽玄、もしくは優美さ、たおやかさを表現することの重要性を強調するにいたった。】とあり、世阿弥の美学の構築過程に触れている。ちなみに「世阿弥」の名が現出するのは *OED* ではこの箇所のみである。

　最終例は1970年 *Daily Tel.* 16 May から "His smooth curving movements of a fan, together with circling movements across the stage ... gave a poetic suggestion of flight, illustrating the *Yugen*-indirection, allusiveness, mystery — which lies at the heart of No."【なめらかな曲線を描く扇使いは、舞台上を輪を描くように進む役者の身のこなしと相まって——飛翔の様を詩的に象徴し、能の核心をなす幽玄…婉曲、仄めかし、神秘——の何たるかを示唆するのであった。】という。ウェーリーが30年前に「言葉」で説明しようとした能の美的理念たる「難解な」「幽玄」を *Daily Telegram* の記者は眼前で繰り広げられる実際の能の舞のなかに見出したのであった。まさに「言葉で表せないことを演技で表す」という演劇の鉄則に適った記述であり、記者の感動がこちらにまで伝わってくるようである。

　ところで、手元にあるイェイツと能関連の批評書を数冊繙くと、たとえば M. Sekine & C. Murray "*Yugen* which Yeats was to discover as central to Noh Drama"【イェイツが能演劇の核として発見することになった幽玄】という表現

が目に止まる。さらに同書は "the major Noh features"【主たる能の要素】として①mask ②*yugen* ③physical restraint ④travel song ⑤rhythmic incantation" をあげ「フェノロサも同様の要素すべてが統合されて明確な印象を生成するという」と述べて、その詳細な説明に入るのである。どうやら「幽玄」を能の中心的概念として特に重要視するのは*OED*に限った姿勢ではないらしい。少なくとも西洋のイェイツ批評家たちの数人は同様の意識を持っているのである。

(野呂有子)

(1) *Yeats and the Noh: A Comparative Study* Gerrards 1990 また、B. L. Suzuki, *Nogaku* のまえがきにおいて金剛巌は開口一番「能の基本的原理は――幽玄である」と述べ、著者 (鈴木大拙夫人) もまた、序文で「能は幽玄に満ちていなければならない」としている。

yukata 浴衣

発音表記のほかは*SUP 2*をそのまま引き継いだ記述である。語源は「日本語 yu 湯・風呂＋katabira 帷子（薄手の着物）の略」とくわしく、さらに「薄手の木綿の着物で、しばしばステンシル染めの模様があり、もとは入浴後のものであったが、今日では家着として用いられる」という定義が続く。『広辞苑』によれば、浴衣は「ゆかたびら」の略で、『日葡辞典』に「ユカタビラ、ユカタ」と記載されているそうである。*OED*の定義には入浴後のものであったとあるが、正確には「入浴時または入浴後」であるようだ。「ゆかたびら」は入浴のときまたは入浴後に着る単衣と『広辞苑』は定義しているし、筆者も幼いころ年寄りに、「高貴な方は浴衣をお召しになってお風呂におはいりになる」と教わった。

もっとも古い用例は1822年 F. Shoberl tr. *Titsingh's Illustr. Japan* からで、"The ukata, a robe of fine linen; it is put on in coming out of the bath to dry the body."【ユカタすなわち薄手の麻の長着。風呂からあがってからだを拭うために羽織る。】である。続く2例は浴衣のくつろいで日常的な服装であることを語るものである。1881年 Satow and Hawes *Handbk. Japan* "Japanese loose cotton gowns (*yukata*)."【日本のゆったりした本綿のガウン、ゆかた。】1886年 J. La Farge *Let.* "A — ... rode along with only a partial covering of *yukatta*, and attracted no attention."【A—は浴衣をちょっと羽織っただけで乗っていったが、いっこうに人目を引かなかった。】日本語の言い回しに「浴衣がけで」というのがあるが、これにはくつろいだ姿を思い起こさせても、かならずしもlooseの一言では言い表せないものがある。湯上がりの清潔感と糊のきいた着心地が浴衣の身上だからである。襟元も若い娘は高くぴっちりと合わせるものだと教わった。着物にせよ浴衣にせよ、日本の風土に合わせて発達した衣服であるから、英語の形容詞1つで描写するのはむずかしいのかもしれない。

後半の5例は、どうやらことごとく旅館で出される浴衣への言及らしい。1936年 K. Nohara *True Face of Japan* "Dons the yukata, the light, informal, Japanese house-jacket of coloured cotton."【ユカタ、すなわち日本の軽くインフォーマルな、綿染めの家着を着け】と、1960年 B. Leach *Potter in Japan* "My Yukata (provided cotton kimono) reached to my knees."【わがユカタ、すなわち出された木綿のキモノは、膝丈だった。】と、もう1つ同書から"Visitors were strolling the streets in 'yukatta' (cotton kimono provided by hotels)."【訪れた人々はユカタすなわちホテルがだした綿のキモノを着て、通りを散策していた。】である。そして次の引用には、浴衣とともにスリッパも登場する。1970年 *Guardian* "The donning of the cool cotton yukata robe and slippers is the first sloughing of Western identity."【涼しい木綿のユカタとスリッパを着けるのが、西洋人のアイデンティティを脱ぎ捨てる第一歩だ。】

旅館でだされる浴衣やスリッパは西洋人に強い印象を与えるらしい。数年前横浜港に停泊していたクイーン・エリザベス2世号に一泊する機会を得たとき、浴衣風のものが用意されていた。同じ頃就航まもない日本の豪華客船はまったく西洋風で、そのようなものはなかった。面白い文化の交換図である。

(橋本禮子)

Yukawa 湯川

Yukawaはむろんノーベル物理学賞を受賞した理論物理学者・湯川秀樹(1907-1981)の名に由来し、*OED*には*SUP 2*から登場し、1938年から1977年

にいたる7例が引用されている。湯川秀樹は、1935年に核力とβ崩壊を媒介する場の量子として、新粒子（中間子）の存在を予言し、素粒子論として典型的に使われる考え方を導入し、物理学に1つの大きな流れを生んだ。これを契機として、素粒子論とよばれる大きな領域が発展したのである。この研究により、1940年に学士院恩賜賞、1943年に文化勲章、そして1949年に日本最初のノーベル賞（物理学賞）を受けた。1929年京都帝国大学理学部を卒業、33年大阪帝国大学助教授、40年京都帝国大学教授。東京帝国大学、プリンストン高級研究所（米国）、コロンビア大学（米国）などの教授を兼任し、53年以降定年退官まで京都大学基礎物理学研究所所長の任についた。

　*OED*は語義を「湯川によって提唱された、核子間の強い相互作用の理論に言及する際に、限定用法として使用される」とし、Yukawa particle（湯川粒子・素粒子）、Yukawa potential（湯川電位）、Yukawa mesons（湯川中間子）、Yukawa force（湯川力）などが用例中に見られる。用例の多くは、湯川秀樹の核物理学における功績を示してその名を冠した専門用語に関わるもので、専門書からの引用である。うちいくつかの用例をあげてみる。

　初出例はノーベル賞受賞以前のもので、1938年 *Nature*（10月1日付）より、"The discovery of a new particle, the Yukawa particle or 'heavy electron', has given a new orientation to many of our ideas."【新しい分子である湯川素粒子あるいは「重電子」の発見は、我々の多くの理念に新しい方向を与えてくれた。】

　1964年 *Listener*（10月29日付）"Immediately after the war, many physicists … became deeply involved in these problems, especially the nature of protons, neutrons, and the Yukawa mesons."【戦争直後、これらの問題に深く関わり合いを持つようになった物理学者が大勢いた。特に、陽子、中性子、ユカワ中間子の性質の問題などである。】

　1973年は5番目の用例で R. J. Blin-Stoyle *Fund. Interactions & Nucleus* "The earlier Lagrangian formulation of strong interactions based on Yukawa type interactions has continued to play an important role."【ユカワ型相互作用に基づいた強い相互作用に関する初期のラグランジュ関数の公式は、重要な役割を持ち続

けている。】

　湯川秀樹は、*OED*に7つもの用例とともにその名をとどめているのみならず、英国の論理学者、哲学者のラッセル（1872-1970）と米国の理論物理学者アインシュタイン（1879-1955）が核兵器反対の宣言をしたとき、他のノーベル賞受賞者とともに宣言に連署し、その後も世界の科学者の平和運動の中心人物として、世界平和の達成、核兵器の廃絶に力を注いだ。　　（大和田栄）

yusho　油症

　*OED*においてyushoは*SUP 2*から採録され、「肌における褐色の染みの発症と浮腫を特徴とする病気で、ポリ塩化ビフェニルの摂取によって起こる」と定義されている。ここで言うyushoとはカネミ油症のことであり、1968年ポリ塩化ビフェニル（略称PCB）によって汚染された調理用油を摂取した人達に発症した。

　用例は1969年の2例と1973年、1977年の計4例である。初出例は、日本の医学誌*Fukuoka Acta Med.*からとられ、"The symptomatology of yusho (chlorobiphenyls poisoning) in dermatology."【皮膚病学における油症［塩化ビフェニル毒症］の症候。】となっている。もう1例も同誌からで、"We thought its cause might be rice oil … . The case has been called Yusho."【我々はその原因は米糠油かもしれないと考えた…この症例は油症と呼ばれてきた。】となっている。

　カネミ油症の原因となったPCBは、絶縁性・耐熱性に優れる合成化合物であるが、生体に蓄積されやすい公害源として認識され、現在ではその使用が厳しく制限されている。カネミ油症の最初の症例は1968年であり、これは「公害対策基本法」制定の翌年に当たる。カネミ油症事件では、汚染された食用油を製造したメーカーとPCBを製造したメーカーを相手取っていくつかの訴訟が起こされた。その最終的な解決は1989年であった。　（馬場哲生）

yūzen　友禅染

　さまざまな日本の染めの技法の中で、*OED*にとりあげられているのは唯

一友禅染である。SUP 2 より 7 例をもって登場し、最終の版でも定義・用例の変更は加えられていない。「染めてはならない部分に米糊を塗るという絹織物の染法の日本人創始者、ミヤザキ・ユウゼンサイ（18世紀中頃に活躍）の名前。友禅染の加工工程や模様に関連して、修飾語としても単独でも用いられる。またyūzen-zome（1983年の用例を見よ）ともいう」と定義されている。この定義は十余の工程を経て完成される友禅染のほんの一部を示しているに過ぎないが、以下に示す6つの用例が友禅染の工程や特徴を補足説明する役割を担っている。

初出例は1902年「HABUTAIを見よ」とあるので、habutaiの項目をご覧いただきたい。第2例の1911年 *Encycl. Brit.* "The difference between the results of the ordinary and the yūzen process of dyeing is, in fact, the difference between a stencilled sketch and a finished picture."【普通の染色工程とユーゼン染の工程との結果の違いは、要は、型紙で刷りだしたスケッチと完成した絵の違いである。】では、友禅模様の絵画的要素が強調されている。第3例、第4例も友禅模様の特徴を示したもの。前者は1958年 K. Nomachi *Jap. Textiles* の "Yuzen pattern is the design printed by the Yuzen process, with beautiful and graceful flowers and birds ... as the motifs. The Yuzen process is of three kinds: Yuzen proper, hand painting, and stencil printing."【ユーゼン模様はユーゼンの工程で染めた図柄で、モチーフとして美しく優美な花や鳥が描かれている。ユーゼンの工程には3種ある。つまり本ユーゼン、手描き、型紙によるプリントである。】普通、手描き友禅を本友禅というので、友禅の工程は手描き友禅と型紙を使用して染める型友禅の2種である。第4例は1964年 Newman & Ryerson *Jap. Art* "*Yūzen zome*, a method of producing elaborate multi-colour designs by starch dyeing. Came into vogue in the Edo period."【糊染によって手の込んだ多色の図柄を描く方法のユーゼン・ゾメ。江戸時代に流行した。】

第5例は1968年 G. T. Webb *Seiroku's Arts Japan* からである。Seirokuは野間清六。この用例は18世紀初期の絢爛豪華な振袖の写真に付けられた解説文から引いたもので、友禅染の技法に触れている。"The design of this *furisode*

... a garment traditionally worn only by young girls, is executed in a variety of techniques, including *yūzen* and *shibori* dyeing and gold appliqué. In *yūzen-zome*, a hand-painted dyeing method, the patterns are first outlined with a color-resist of rice paste applied with a paper funnel or a chopstick-like wooden implement, and later filled in with dyes of any color desired."【フリソデというのは伝統的にもっぱら若い娘たちが着る衣装であるが、このフリソデ…の図柄は、ユーゼン染、シボリ染、金の箔押しを含むさまざまな技法で仕上げられている。ユーゼン染という手描き染の方法では、まず紙筒や箸のような木の道具を使って防染糊で模様の輪郭を描き、それから好みの染料を加えて完成する。】これは「糸目糊置」と「色挿し」という友禅染の中心をなす工程を説明したもの。

第6例は1980年 *Textile Designs Japan* の "The invention of a new starch-resist dyeing technique, known as *yūzen*, during this period ... led to undreamed of achievements in the dyeing of free-style graphic designs."【…この時期に、ユーゼンとして知られる新しい糊防染法が考案されたため、自由なスタイルの写実的図柄を染めるのに思いもよらないほどの完成を見るに到った。】

最終例となる1983年の用例はY. Tazawa *Biogr. Dict. Jap. Art* のMiyazaki Yūzenの項目から引用されている。"During and after the Genroku era ... stencil dyeing was developed and became popular, for a large number of *yūzen* designs are mentioned ... . From amongst these dyes, the term *yūzen-zome* came to be used thereafter to refer to *all* such pattern dyeing and it is still used thus to the present day."【元禄時代…およびそれ以降に型染めが発達し一般的となった。というのは非常に多くのユーゼンの図柄が…載っている。これらの図柄から、それ以降、このような模様染めを総称して、ユーゼン・ゾメの語が使われるようになり、今日に到るまでなお使われている。】本例でthese dyesとなっているが、dyeは一般に染料を意味するから、designsの誤りではないだろうか。

宮崎友禅斎については詳しく伝えられていないが、知恩院前に店を構え、一世を風靡した扇絵師といわれている。友禅扇の流行が小袖意匠制作へ導くきっかけとなったようである。

(海老名洸子)

(1)(2) 丸山伸彦 *"Yuzen Dyeing"* 京都書院、1993年

Z

zabuton 座布団

　zabutonは「平たいフロアクッションで、上に座ったり、ひざまずいたりする」と定義され、*SUP 2*より登場する。語源は「za 座ること、座席、butonはfutonつまりクッション、詰め物をしたマットレスから」とある。用例は5例。*OED 2*でも定義・語源の変更、用例の追加はない。

　初出例はおよそ100年前の1889年M. B. Huish *Japan & its Art*から。"The Japanese ... is only comfortable when resting on his knees and heels on a cushion (*zabuton*)."【日本人は…クッション（ザブトン）の上で膝と踵の上にからだをのせてはじめて落ち着くのです。】

　第2例は、1928年J. I. Bryanの*Jap. All*から引いたもの。Bryanは16年間日本で大学教師をし、日本のさまざまな生活習慣について同書に書き記している。"In a Japanese house the guest does not sit, but kneels down and rests on the heels with toes out behind. A cushion, called *zabuton*, is given to rest the knees on."【日本の家屋では、客は腰をかけるのではなく、ひざまずいて踵の上にのり、つま先を後ろの方に出す。ザブトンというクッションが、膝をのせるために出される。】正座の仕方が具体的に説明されている。椅子にかけずに、床に直接座る習慣は世界のいたる所で見られるが、正座はあまりないので、詳述するだけの価値があるのかもしれない。

　第3例は、*Sunset* 1960年3月号「自分用のザブトンの作り方」という記事から引用されている。"The word *zabuton* applies to a Japanese floor cushion designed for sitting. It comes from the Japanese words *za* meaning to sit, and *futon* meaning bedding."【ザブトンという語は上に座ることを考えて作られた日本式の

フロアクッションにあてた言葉である。日本語の座るという意味のzaと寝具を意味するfutonからきている。】この記事によると、アメリカ製のフロアクッションがしばしばザブトンとして家具店や輸入品店で売られているという。ただし、なかに入れるのは綿ではなく、パンヤ、フォームラバー、フェザーなどを代用することもあるとのこと。そういう背景があるからこそ、「自分用のザブトンの作り方」という記事も生まれたのであろう。ここでは、綿を入れ、十文字の飾りとじをし、四隅に房飾りをするという本格的な座布団の作り方が紹介されている。

　1973年のA. Broinowski *Take One Ambassador*からは2例が引用されている。1つは"There were *shoji* screens and *zabuton* cushions on the *tatami* round the table."【ショウジと、テーブルの回りのタタミにはザブトンがあった。】もう1つはzabutonの最後の用例だが、"She brought a *zabuton* and sat on the floor on that."【彼女はザブトンを持ってきて、床の上にそれを置いて座った。】である。

　現在英米人の中には、futon, zabutonという言葉を、日本の布団や座布団を指すだけではなく、自国製の日常品を指すものとして使っている人もいるようである。

（海老名洸子）

zaibatsu　財閥

　定義は「日本において、資本家の大きな組織であり、通例さまざまな会社の有力な株主としての一家族を土台としている。それは1939～45年の戦争前に存在した。1947年以来、1つの企業連合（カルテル）あるいは複合企業（コングロマリット）を意味する。またそういう企業のメンバーを指す」。*SUP 2*に9例をもって登場する。

　ここに1947年以来という時期が出てくるのは、GHQの指令のもとに、1946年持ち株会社整理委員会を執行機関として1947年9月までに財閥解体が実施されたことと関連する。しかし講和条約の発効前後から、旧財閥系企業の再建が始まり、企業グループが形成されるようになり、同系企業相互の助け合いによって、戦後日本経済の高度成長をうながすことになった。以下い

くつかの例によってそれがうかがわれる。

初出例は1937年6月の*Econ. Jrnl.* "These concerns are popularly known in Japan as the *Zaibatsu* or money-cliques."【これらの会社は日本では一般に「財閥」、すなわち金融閥として知られている。】

第2例は1947年、文化人類学者R. Benedict *Chrysanthemum & Sword* "A chosen financial oligarchy, the famous Zaibatsu."【選ばれた少数の財政独裁組織、すなわち有名な財閥。】

第3例は1957年 *Pacific Affairs* "The *zaibatsu* and the landlords."【財閥と地主。】

第4例は1959年、英作家R. Kirkbride *Tamiko*（1960）"By getting the right people to sit for you. The zaibatsu. The Royal Famliy."【あなたの側に味方してくれる適当な人々を得ることによって。財閥。皇族。】

第5例は1964年7月の*Asia Mag.* "While the companies being merged presently are old Zaibatsu connected firms, and the groups are sponsoring the moves, the economics of the mergers themselves have little to do with such connections."【現在合併しかけている諸会社は古い財閥関連の会社であり、グループがその動きを後援しているのだが、合併する各団体の経済はこういう関連とあまり関係はない。】

第6例は1965年12月の*Economist* "The *Zaibatsu* are becoming concerned about the problems of seniority and management."【財閥は昇進と管理の問題に関心をもち始めている。】

第7例は、conglomerate *n*. 3を見よ、とあるので、そこを参照すると「大きなビジネスのグループあるいは産業の会社であり、元来別のいろいろな産業企業が合併して出来たもの」という。例として1970年3月の*Sci. Amer.* "A *zaibatsu* is similar to a U. S. conglomerate, which is also a group of unrelated companies under sophisticated financial management."【財閥はアメリカの複合企業に似ている。後者も手の込んだ財政的管理のもとにある無関係な会社の一グループである。】

第8例は1974年 P. Gore-Booth *With Great Truth & Respect* "When a community, historically prone to become the victim of unreason, finds itself in a position of success amid failure, its only recourse is probably to go to ground. The Japanese *Zaibatsu* understood this; a really successful Japanese business man was and is rarely obtrusive."【歴史的に不条理の犠牲になりがちなコミュニティーが、失敗の内に成功の位置を占めた身になってみると、その唯一の拠り所はたぶん地下に潜むことだろう。日本の財閥はこのことを理解した。本当に成功した日本のビジネスマンは、過去でも現在でも、めったに出しゃばることをしない。】

　最後の第9例は、1982年 K. Ohmae *Mind of Strategist*（1983）"Japan's prewar *zaibatsu* holding companies."【会社をもっている日本の戦前の財閥。】大前研一（1943～）は評論家。平成政策研究所所長。

　ついでながら、財閥には、古いものとして明治期の三井、三菱、住友、安田、古河、浅野、川崎、藤田などがあげられるが、その後第一次大戦中急膨張した大正財閥があり、日中戦争期の新興財閥がある。その多くは第二次大戦直後解体の対象となった。筆者の友人で戦時中三井の社員であった人が、会社の解散とともに、銀座の木挽町あたりのビルの1階でほそぼそと玩具の輸出を手がけていたその店を訪ねたことがある。日本製品が「安かろう、悪かろう」と言われた時代であった。やがて彼はもとの三井に復帰して、生気を取り戻したのであった。筆者は1962年夏アメリカのニューメキシコのタオスを訪れた際、インディアンたちが筵（むしろ）の上に並べて売っていた土産物の玩具をとりあげて箱の中をのぞいて見たら、底に日本の新聞紙が敷いてあったのを見て、わが友人の苦闘の時代を偲んだ思い出がある。　　　（福田陸太郎）

zaikai　財界

　戦後GHQの命令により財閥は解体されたが、冷戦、朝鮮戦争を契機とする占領政策の転換により復活という数奇な運命をたどった。この間、産業界の構造は、自動車に代表される輸出産業の躍進台頭、融資系列の複雑化など大きく変わり、新たに金融界を含む大企業の経営者で構成する財界が誕生、内外に大きな影響力をもつにいたった。

　戦後生まれのzaikaiはzaibatuと同様 *SUP 2* が初出。見出し語のあとに語源

の説明と定義が続く。[Jap., f, *zai* wealth（財、富）+ *kai* community（界、社会）]"In Japan: financial circles; the business world or power élite who control it."【日本の財界；実業界または実業界をリードしている有力者。】定義は *OED 2* でも変わることなく、国語辞典の定義もおおむね *OED* と同じである。

SUP 2 の用例は4例（1968、1970、1975、1981）。*OED 2* の用例は *SUP 2* と同じ。最初の用例は1968年 C. Yanaga *Big Business in Jap. Politics* "A new postwar term, zaikai, ... practically supersedes zaibatsu ... It is frequently interpreted ... as a synonym for 'business circles', 'financial circles', and even 'business community'. More inclusive than zaibatu, it is nevertheless restricted to big business ... Zaikai also denotes the place where the craving for political power is openly expressed and gratified."【戦後生まれの新語、財界という語は…かつての財閥という語の座をほとんど奪ってしまっている。財界という語は business circles（実業界）、financial circles（金融界）、さらに business community（実業界）と同意の語として…しばしば解されている。財界は財閥より包括的であるが、それでも財界という語は大企業に限られている…。また財界は政治権力に対する欲求を公言し、満たされる場でもある。】

第2例は1970年 *Times*（8月19日）"A Japanese economic magazine recently conducted a survey of opinion among leading representatives of the *zaikai*, the world of business and high finance."【最近、日本の経済誌は財界、つまり実業界、および企融界の有力なメンバーに意見を求める調査を行なった。】

第3例は1975年 G. L. Curtis in E. F. Vogel *Mod. Jap. Organization & Decision-Making* "The men who make up this elite in Japan spend an extraordinary amount of time in so-called *zaikai* activities ... that are not directly related to their own companies, but which seek to represent the interests of the business community as a whole."【日本では財界の中枢にいる人々は自分の会社と直接関係ないが、結果的に実業界全体の利益となるようないわゆる財界活動に非常に多くの時間を費やす。】

最後の用例は1981年 J. B. Kidd in P. G. O'Neill *Tradition & Mod. Japan* "The process of *nemawashi* operating in the senior levels of the *zaikai* world enable the companies to secure long-term goals.【財界有力者たちのいわゆる根回しのお陰で会社は長期的な目標を確保することができる。】*OED*は政界、官界、財界のうちzaikaiだけをとりあげているが、ランダムハウス英和大辞典はzaikaiのほかにnemawashiも日本語からの借用語としてあげている。*OED*もやがてそうなるのであろうか。 　　　　　　　　　　　　　　　　　　　　　　　(西村幸三)

zazen　座禅→Zen　禅

Zen　禅／Roshi　老師／satori　覚(さとり)／zazen　座禅／zendo　禅堂

　*OED*は*SUP 2*から禅に対して高い関心を示す。見出し語Zenの用例は20例、日本語としては用例数上位6位である。定義中にZen, Zen Buddhism, Zen Buddhistの語句を含む日本語は、公案【koan】、問答【mondo】、老師、寂【sabi】、曹洞【Soto】、侘び【wabi】、座禅、禅、禅堂、これに覚(さとり)を加えて10項目である(すべて*SUP 2*から採択)。日本語以外では、macrobiotic, no, no-mind, no-thought, tea, tea ceremonyがある。また、禅関係の書物から引用がある語(e.g. 和歌、狂言)、用例中で禅との関連が指摘される語(e.g. 能楽、俳句)等、日本語及び日本文化はしばしば禅との関連において説明される。欧米における禅の受容は鈴木大拙を抜きにしては語れない(本書「短歌・和歌・歌」の項参照)。大拙からの用例は27例、うち日本語関係は16例である。禅に言及する欧米人では、C. Humphreys, Koestlerらに混じってA. Huxleyの名があげられ、英米文学研究者として胸のときめきを覚える。禅・仏教に対するハクスリーの造詣の深さには定評があるが、「禅」と「問答」、no-mind, no- thought (空)、Hinayana (小乗仏教)、yoga, yogi, yogic, yoginにも引用が見える(付表参照のこと)。彼は大拙やR. H. Blythらの著述を精読、大拙には2度会っている (*OED*にはBlythからの引用はない)。親交のあったG. Orwell (yogaの用例に出現)やD. H. Lawrence (Buddhisticallyの用例に出現)、さらにE. M. Forster (Yogified) からも引用があり、T. S. Eliotへの言及も見える

(L. MacNeice, Yogi-man)。彼らは、H. G. Wells 流の、科学の発達に人類の未来をかけるという考え方に危機感を抱いた。このことと、彼らの禅・仏教への言及は無関係ではない。彼らには禅・仏教的な精神鍛練のうちに人類の未来を模索した時期があり、それが多かれ少なかれ作品にも投影されていると見られる。

付表から明らかなのは、Buddhism、Buddhist を収録した OED 1 に対し、SUP 2 は折からの禅ブームを受けて Zen, Zen Buddhism, Zen Buddhist を収録したわけであるが、その際、旧来から OED に存在した Buddhism、Buddhist の項目にはまったく加筆・訂正がなされていないという事実である（Buddhistically は SUP 2 で新項目として出現する）。時代も、"Buddhism ..." がカバーするのは1801年から1871年までであるのに対し、"Zen ..." は1727年、1834年以外の用例はすべて1881年以降1979年までをカバーする。この点で OED 1（Buddhism ...）と SUP 2（Zen）は相互補完的である。これとは対照的に"yoga"関連の項目では、禅ブームの洗礼を受けた後、様々な形で加筆・訂正がなされ編者の苦労がうかがえる。また OED 1 と SUP 2 の境界上に Fenollosa と Pound の 'Noh' or Accomplishment: A Study of the Classical Stage of Japan（1916）が位置するのもジャポニスムとの関連で象徴的である。

さて、Zen は "A School of Mahayana Buddhism that emphasizes meditation and personal awareness and became influential in Japanese life from the 13th century after being introduced from China"【大乗仏教の一宗派、瞑想と覚を強調する。中国より伝来、13世紀から日本人の精神生活に影響を与えるようになった。】と定義されている。語源欄にサンスクリット語 dhyāna（瞑想）と中国語 Chan（静寂）への言及があるが、「禅」の原義が「（天子が）神を祀る、位を譲ること」で、これを仏教が借用したという経緯については触れていない。初出は1727年 Kæmpfer History of Japan から "In the 1850 streets of this city, there were 1050 [families] of the Ten Dai's Religion,..11016 of Sen."【この都の1850の通りには天台宗の檀家が1050軒、…禅宗の檀家が11016軒あった。】とある。1834年 Chinese Repository からは、"There are now in Japan the following sects which are tolerated by government. 1. Zen ... 5. Shingon ... ."【現在日本で、お上に認められた宗派には以下のものがある。1. 禅宗…5. 真言宗…。】と説明されている。1911年 *Encycl. Relig. & Ethics* では"Meditation came to have more weight than the other two factors, until in China and in Japan there arose a sect, the Zen...in which it is the most essential part of the entire teaching."【瞑想は他の2つの要素よりも重要視されるようになり、ついに中国と日本において禅宗が起こり…瞑想は教え全体の中でも最も基本的な部分となり現在にいたる。】という。1921年 *Eastern Buddhist* 6月号の "Zen in its essence is the art of seeing into the nature of one's own being."【禅の奥義は自己存在の神髄を見極めることにある。】の一文に代表される禅の精神は、第一次大戦直後、アイデンティティ崩壊の危機に直面した西欧文化人たちの心の琴線に触れたことであろう。

　それから、第二次世界大戦を挟んで約40年の空白の後、1960年 *Spectator* は"What do they know about Zen— the programme-writer, the film-makers, the beatniks, the lot?"【彼らは禅について何を知っているというのだろうか、テレビ番組の脚本家、映画製作者、ビート族といった連中は？】と、禅ブームの立役者たちに疑問を呈している。1967年 D. & E. T. Riesman *Conversation in Japan* では、"Another boy, who...was their top judo athlete, said that he got his values from Zen."【別の少年は、全国制覇を果たした柔道の選手であるが、自分の価値観は禅道から学んだと述べた。】とあり、禅の教えが日本の文化・文芸だけでなく、武芸にも深い影響を与えていることを明らかにしている。ブームの定着は1976年 A. Davis *Television* で"By the sixties, religious programmes were beginning to reflect the interest of young people in Eastern Religions such as Buddhism, Hinduism, Zen and the cult of the Maharishi."【1960年代までにはテレビの宗教番組は、仏教、ヒンズー教、禅、そしてマハリシ教団(2)といった東洋宗教に対する若者の関心を反映するようになった。】にうかがえる。名詞の部の最終例である1977年 J. F. Fixx *Compl. Bk. Running* は"Our society puts considerable emphasis on personal development and the maximizing of one's potential. Zen, transcendental meditation, assertiveness training...and similar movements are all directed at making us fulfilled human beings."【我々の社会は個人の発達とその能力を最大限まで開花させることにかなりの重点を置いている。禅、超越的瞑想、確信に到る修行…そして、類似の動向はすべて我々が完成された人間となることを目指しているのである。】と総括している。

禅の定義2は［*attrib. and Comb.*, in Zen Buddhism, Buddhist］【禅仏教、禅仏教徒における形容詞の限定的用法と複合語】とある。初出は1881年 *Trans, Asiatic Soc. Japan* の見出し語でZen sect【禅の宗派】である。1894年も同書から、"The Zen sects ... are divided ... into three divisions. The *Rinzai* ... from 1168A.D., the *Sōtō* from 1223A.D. and the *Obaku* from 1650A.D."【禅の宗派は3つに別れ、臨済宗は西暦1168年、曹洞宗は1223年、黄檗宗は1650年開基】と簡潔に説明されている。1902年 *Encycl. Brit.* は"The Zen doctrines of Buddhism, which contributed so much to the development of the heroic and the sentimental ,... were therefore favourable to the stability of military feudalism."【禅仏教の教義は英雄的気風と感傷主義の助長に大いに寄与したわけであるが、それゆえ、封建的武家社会の秩序安定には好都合であった。】と、歴史的に支配者層が禅仏教を利用した点を鋭く突いている。1921年 *Eastern Buddhist* の見出しは"Zen Buddhism as purifier and liberator of life"【人生を純化し解放する禅仏教】とあり、キリスト教の慣例的言い回しではChristが入ると想定される部分にZen Buddhismを入れ換えてキリスト教の言語に慣れた読者層にアピールしようとしているかのようである。1923年同書から"Whether an enlightened Zen master or an ignoramus of the first degree, neigher can escape the so-called laws of nature."【覚をひらいた禅師であれ、入門したての無知蒙昧の者であれ、いずれもいわゆる自然の法を逃れる術はない。】とはいかにも禅的諦観に裏打ちされた言辞ではある。1923年やはり *Eastern Buddhist* から"It remained for the Chinese Zen Buddhists to invent their own methods according to their own needs and insight"【中国の禅僧には自分たち自身の欲求と洞察に基づいた独自の方法を開発することが課題として残された。】と、禅仏教が中国で独自の発展を遂げたことが示唆されている。20年の開きはあるものの、1947年 *Archit. Rev.* からの用例は上記

を受けた形で以下のように述べる。"Taoism and nature mysticism, transmitted through the vehicle of Zen Buddhism."【道教と自然密教は禅仏教を媒体として継承された。】1950年は英文学研究者待望の A. Huxley *Themes & Variations* から "As the Zen Masters like paradoxically to put it 'Buddha never taught the saving truth.'"【禅師たちが好んで逆説的に述べているように「仏陀は救済に到る真理を教えはしなかった」のである。】と、まさに禅問答ばりの一文が引用されている。1960年 Koestler は *Lotus & Robot*（『蓮とロボット』とはまさに現代の直面する問題を的確に捉えた題名ではある）で "The monk's rudeness ... was in the right tradition of Zen-teasing."【僧の荒々しさは、禅宗的いたぶりの正統な系譜に位置づけられる。】と、公案において蒙を啓く際の修業が西洋の眼からは、「いじめ」にも似たものに映る様を捉えている。1965年 W. Swaan は *Japanese Lantern* において、"The canons of Japanese aesthetic appreciations were formulated to a very large degree under the influence of Zen Buddhist philosophy."【日本人の美意識の基準はかなりの度合いまで、禅仏教の影響のもとに形成された。】と的確に指摘する。1971年 G. Black *Time for Pirates* では "Mr Akamoro ... contrived...to leak the thought ... that it is time for Japanese initiative to take over with Zen Buddhism for the moral trimmings."【アカモロ氏は苦慮のすえ、日本人がいまこそ禅仏教の精神に立ち戻り、道徳的基盤を整備する必要があるという考えをもらした。】とある。Mr. アカモロの憂国の志も物かは、この後、日本は公害撒き散らしとバブル崩壊への道をまっしぐらに突き進んで行くことになる。最終例は1979年 B. Malamud *Dublin's Lives* から、"She said she had been talking to a Zen Master in south San Francisco .... 'I'm thinking of entering a Zen commune .... I expect to become a Zen disciple.'"【彼女はサン・フランシスコ南部で禅師と話をしていたのだと言った。…「わたし、禅の教団に入ろうかと思っているの。…禅の修行をしようと思うのよ」。】禅においては「西洋の日本発見」は、恐らくは西洋人の「彼女」が禅コミューンに入ろうと決意するところで終わっている。「彼女」は禅を通して自己実現できた「覚をひらいた」のだろうか。

　マラマッドの小説の登場人物が憧れたsatori（覚）は用例が9例。初出は

Zen, Roshi, satori, zazen, zendo

Zen — SUP 2	esp. in Zen Buddhist, Zen Buddhism	Buddhism — OED 1	Buddhist — OED 1	adj.	satori — SUP 2	Zendo — SUP 2	Roshi — SUP 2
1727 Kæmpfer					1727 Kæmpfer		
		1801 Joinville 1816	1801 Joinville 1803 1807 1810 1841 1871	1816 1835 1871			
1834 [see Shingon]		1870					
	1881 1894 1902						
1911							
1921 Eastern Buddhist	1921 EB 1923 EB 1923 EB 1947	Buddhistically SUP 2 1920 1921 * D. H. Lawrence * 2例			1921 A Waley Noh 1921 Suzuki EB 1933 ZenBuddhism 1949 Humphreys		1934 Suzuki Training. 1949
1960	1950 *Huxly*				1957		Humphreys
1967 judo	1960 Koestler					1959	1959
1976	1965 Swaan				1968	1968	1972 haiku
1977	1971				1970 satoric	1974	1974
	1979 B. Malamad				1974	1981	1978
8例	12例		6例	3例		Roshi	Humphreys
20例		3例	9例		9例	4例	6例

cf koan 1946 Benedict, 1957, 1958 * Huxley * 1960 Koestler
  1960, 1972. 6例
Soto 1893, 1894, 1917, 1949, 1977 5例
mondo 1927 Suzuki, 1960 Koestler, 1961. 3例
sabi 1932 Mrs. Suzuki, 1938 Suzuki, 1965 Swaan, 1979 Coe.
  4例
wabi 1934 Suzuki, 1962, 1979 Coe. 3例

cf Buddhistic 1841, 1960, 1884. 3例
  Buddhistical 1837, 1860. 2例
  Buddha 1681, 1784, 1803, 1844, 1853,
    attrib. 1858, 1784, 1801. 8例
    (OED 1)
  buddha 1890, 1991, 1923, 1968. (SUP 2)
  4例

注：下線は引用文中に該当語句が含まれていることを示す。

＋Buddhism, yoga 他

Zazen	yoga (Yoga)	Yogacara	Yogacarin	yogi (Yogi)		
―SUP 2―	―OED 1―	―SUP 2―		―OED 1―	―OED 2―	―SUP 2―
				1.1619 Purchas	1 (b)	2 = yoga
				1625 Purchas		
				1727 Hamilton		
1727 Kæmpfer				1734		
				1810, 1813		
				1824		
				(1841)══1841		
				1854		
	1820					
	1832					
	1843	a.	b.	1864 (OED 2)		
1897	1881	1889		1871 (OED 1)		* Fenollosa &
1907	1886		1915	---- OED 2 ----		Pound, *
	―SUP 2―					Noh (1916)
	1934 * A. Huxley *	1932	1922	1922		1925 * Huxley *
	1937 * G. Orwell *	1933				1943
	1967	1960	1951	1959		
	1977			1962 * Huxley *		1952
1960 Koestler	1977	1978	1974	1965		1960
Yoga	1979 origami			1973		
1973	1982 Ikebana			1979		
1983	1984			R. Cassilis		
		4例	3例	2例	11例	6例	4例
6例	13例		9例		21例	

Buddhaship　1837, 1878, 1882.　3例　　cf. Yogism　1881, Yogeeism 1881, Yogist 1893. (OED 1 Yogi の項) 3例
Buddhic　1816, 1817.　2例　　Yogified　1960 * E. M. Forster * Maurice (1971) (SUP 2 yogi の項) 1例
Buddhite　1803, 1816.　2例　　Yogiman　1938, 1938. [* T. S. Eliot * への言及] (SUP 2 yogi の項) 2例
　　　　　　　　　　　　　　yogic (Yogic)　1921, 1946 * Huxley * 1960, 1967, 1980. (SUP 2 見出し語) 5例
　　　　　　　　　　　　　　yogin　1959, 1962 * Huxley * 1973, 1979. (SUP 2 見出し語) 4例
　　　　　　　　　　　　　　yogini (female yogi)　1883, 1910, 1928, 1969, 1972, 1979
　　　　　　　　　　　　　　　　　(SUP 2 見出し語) 6例

(野呂有子)

1727年ケンペル『日本誌』である。"This profound Enthusiasm is by them call'd *Safen*, and the divine truths revealed to such persons *Satori*."【この深く熱烈な没頭を彼らは座禅と呼び、彼らに啓示される神聖な真理を覚(さとり)と呼ぶ。】とある。引用の第2例は一足飛びに200年後、1921年 A. Waley *Nō Plays of Japan* からである。"The only escape from this 'Wheel of Life and Death' lies in *satori*, 'Enlightenment', the realization that material phenomena are thoughts, not facts."【この「生と死の歯車」から逃れる術(すべ)はただ、覚(さとり)に求める他はない。覚とは蒙を啓(ひら)くことであり、すなわち、物質的現象はすべて想念であり、実体にはあらず、という認識である。】と能楽にあらわれた禅の観念を説明している。1921年、鈴木大拙は *Eastern Buddhist* において "The power to see into the nature of one's own being lies also hidden here [in the subconscious]. Zen awakens it. The awaking is known as *Satori*, or the opening of a third eye."【自己存在の本性を見抜く力はここ（無意識の中）にも潜んでいる。禅はこれを覚醒させるのである。この覚醒は覚(さとり)もしくは、第三の眼が開くこととして知られている。】と簡潔かつ詩的な名文をものしている。1933年は大拙の別の著書 *Ess. Zen Buddhism* から、"When you have satori you are able to reveal a palatial mansion made of precious stones on a single blade of grass; but when you have no satori, a palatial mansion itself is concealed behind a simple blade of grass."【覚をひらけば一葉の草の上に珠玉に飾られた壮大な宮殿を現出させることもできるし、覚がなければ壮大な宮殿すらも一葉の草の影に隠れてしまうのである。】と、まさに珠玉のごとき文章が採用されている。1949年 C. Humphreys *Zen Buddhism* の "*Satori*, the immediate experience of truth as distinct from understanding about it."【覚は真実の直覚的体験であり、真実について理解することとは区別される。】という説明は、キリスト教における啓示と論理的理解の関係を想起させるものである。1957年 *New Yorker* からは、"It takes at least ten years of meditation and *koans* to attain even one flash of *satori*."【一瞬の覚の閃きを獲得するにさえ、ゆうに10年間の瞑想と公案を要するのである。】というように、有限の時間と無限の時間が交錯する覚の瞬間を meditation と「公案」の語を使用して説明している。

saroricと覚の形容詞形が出現するのは、1970年 W. Burroughs *Speed*である。"His music was improvised to fit short declarations and imaginary rhyming words, prayers and questions to the audience that he fit together in a satoric sound that brought me back to and into the running water."【彼の音楽は、短い声明文や想像上の脚韻を踏む語、祈りの言葉と観客への質問に適するように即興でつくられた。彼はそれを覚の音で結び合わせ、その音は私を流水へ、流水の中へと連れ戻してくれたのであった。】という文である。それにしても「胎内回帰」を連想させる「覚の音」とはどのような音であろうか。心臓の鼓動にも似たビートの効いた音ででもあろうか。サリンジャーの例の一節をも想起させる概念である。「覚」の最終例は1974年 *Sci. Amer.*から、"Thought, like the kingdom of life, grows and evolves slowly; the book focuses on 'the inner work of synthesis' and not on the claimed *satori* of one chance page."【思考は、生命世界のように、ゆっくりと成長し開花する。その書物は「内なる統合作用」に焦点をあてており、偶然開いたページで要求される覚に焦点をあてているのではない。】という文が引用されている。欧米人の希求した「覚」もsatoricという形容詞までできた後では、再考され、落ち着くべきところへ落ち着いた感がある。

　禅の修行の場であるzendoも4例が引用され、禅ブームの凄さがうかがえる。"A place for Zen Buddhist meditation and study"【禅の修行者の瞑想と修練の場】という定義に続いて、初出は1959年 *Encounter*から"*Zendo* or meditation hall"【禅堂あるいは瞑想場】という見出しが引用されているが、禅がとくに坐禅を伴う瞑想を修行法の第一としていることを意識してのことであろうか。1968年 *Time* 18 Oct. では修行の厳しさが"Students must report to the *zendo* (meditation hall) by 5."【修行者たちは朝5時までに禅堂に集合しなければならない。】と報告されている。1974年 *Country Life* 14 Feb. では"I was taken to the Zendo, the special hall for contemplation, by a young monk."【若い僧に導かれ、私は特別な黙想の場である禅堂に行った。】という体験報告が掲載されている。最終例は1981年 E. V. Cunningham *Case of Sliding Pool*からで"I thought I would drive down to the Zendo...I feel a need to talk to the Roshi."【私は禅堂まで運転して

行ければと思った。老師に話す必要がある。】という。禅堂で「私」は老師と何を語るのであろうか。

さて、"Roshi" は6例引用があり、"The spiritual leader of a community of Zen Buddhist monks"【禅僧たちの共同体の精神的指導者】と定義されている。初出は1949年、やはり鈴木大拙の *Training of Zen Buddhist Monk* から "Yinji-ryō which attends on the master known as Rōshi."【隠侍寮は老師として知られる禅師に仕える。】と、老師の地位の高さ説明する。1949年 C. Humphreys *Zen Buddhism* から "Laymen, accepted for teaching by the Roshi, may come for a period .... The whole of the monastery is locked in full meditation with a queue of...monks waiting their turn for the Roshi to confirm, reject or make further suggestions for their inward labours."【平信徒は老師の教えを請うことが認められれば、一定期間の修行が許される。…寺全体が瞑想に包まれ、僧たちは長い列を作り、老師が自分たちの内省の結果を承認するか、退けるか、さらに示唆を与えてくれるかと順番を待つのである。】という詳細な説明がある。1972年 *Last Whole Earth Catalog*（Portola Inst.）では女性が老師の比喩で語られている点、老師が覚（さとり）の境地を俳句に託す点が興味深く語られる。"She's sort of like an elderly Zen priest, an old roshi who after years of work and study has distilled a large burden of 'knowledge' into a single gem of wisdom which he renders in a single haiku."【彼女は年配の禅僧・老師のようであった。彼は長い修行と研鑽を経た後、膨大な「知識」を珠玉のような叡智へと凝縮させ、それを一句の俳句にしたためるのである。】1974年、R. C. Zaehner は *Times Lit. Suppl.* 6 Dec. でユニークな老師について報告する。"Anglican priest turned Zen Rōshi, reconciled to his church shortly before his death, but belly-laughing, genial, infuriating Rōshi to the end."【禅に帰依し老師となったイギリス国教会の牧師は死の直前に教会と和解した。彼は最後まで抱腹絶倒、晴朗で、いまいましい（！）老師であった。】最終例は1978年、C. Humphreys *Both Sides Circle* から、"There is no likelihood of Zen roshis, in the full meaning of the term as used in the Rinzai School, arriving in Europe in sufficient numbers to give us expert training."【臨済宗で使用される意味での禅の老師たちが

十分な人数でヨーロッパにやって来て我々に本格的修行を施す可能性はまったくない。】と筆者が本格的な禅の修行に対して強い憧れを抱いている様子がうかがえる。

この円環的項目もいよいよ大詰めになるが、最後を飾るzazenはZen meditation【禅の瞑想】と定義されている。変形はSasenとZazenがあがっている。用例は6例。初出は1727年ケンペルである。"A posture, which is thought to engage one's mind in so profound a meditation, and to wrap it up so entirely within itself, that the body lies for a while as it were sens less.... This profound Enthusiasm is by them call'd *Safen* [sic: read *Sasen*]."【精神を集中させ、極めて深い瞑想に耽らせ、精神をそれ自体の内に完全に包みこんでしまうために、しばらく身体が無感覚になってしまったかのごとくになると考えられる姿勢。…この深く熱烈な没頭を彼らは座禅と呼ぶ［fはsの誤記］。】とあるが、この引用の後半部はすでに覚の項で引用されていたものである。第2例は1897年 *Princ., Pract. & Enlightenment Soto Sect* から "How can you think of not-thinking? That is thinking of nothing. This is the most important art of Zazen."【いかにして無我の境地に到達できるのか？　それは無について考えるということなのだ。これが座禅の奥義である。】という一節が引用されている。

1960年 Koestler *Lotus & Robot* から "Zazen meditation, unlike Yoga, holds no promise of supernatural rewards."【座禅による瞑想はヨーガとは異なり、超自然的な見返りを期待するものではない。】というように、ヨーガとの比較で説明がなされている。1973年 A. Broinowski *Take One Ambassador* "Three hours of daily *zazen* meditation."【毎日3時間の座禅。】という用例があげられ、(恐らくは禅僧ではない人物により) 座禅が実践されている様子が窺える。最終例となる、1983年 M. Furlong, *Cousins* にも "He had taken to practising what he hoped was *zazen* in the yard."【彼は庭での——望むらくは——座禅というものを実践するのが気に入っていた。】というように、実践への言及がある。座禅が西欧人の生活の中で市民権を得つつあるようすがうかがえる。もともとキリスト教にも修行の一環として「黙想」という考えはあったわけであるが、「座禅」

が欧米人の感性に訴えたのは、やはり瞑想する際の「座する」という姿勢の特殊性に負うているところ大といえよう。ケンペルが極東の最果ての国、日本において「発見」し観察した座禅は、250年後の今日、一部の欧米人の生活において「受容」され、キリスト教の黙想や祈りにも似た地位を占めるようになったといえよう。

(野呂有子)

(1) 新井明編著『オルダス・ハックスリー』英潮社新社、1983年
(2) マハリシ・マヘーシュ・ヨーギ（1911〜）が1958年マドラスで始めた超越瞑想による精神復興運動。ヴェーダーンタ哲学を継承し、ヨーガを前面に押し出す。社会変革を目ざす地上楽園都市「マハリシ・シティ」の造営に専心。ビートルズなどの支持も得て信者を増やしヒンドゥー教文化を西洋に宣布した。

zendo 禅堂→Zen 禅

Zengakuren 全学連

　全学連は「全日本学生自治会総連合」の略称である。*OED*では*SUP 2*から採録され、「日本における極左学生運動。国政に対する暴力的な介入で知られる」と定義されている。用例は、1952年から75年までのものが6例あげられている。なかでも、1952年の第1例と1975年の第6例が定義を補足する内容になっている。

　1952年の用例はE. S. Colbertの*Left Wing in Japanese Politics*によるもので"The Communist-dominated student organization, the *Zengakuren*."【共産党系の学生組織、全学連。】と書かれている。1975年の用例は*New Yorker* 8月18日号からで、次の文からなる。"Five student groups, including two main ones called Kakumaruha (the Revolutionary Marxists) and Chukakuha (the Middle Core), both composed of self-styled Trotskyites, are offshoots of the original Zengakuren, a radical association that led demonstrations against the security treaty and instigated campus riots that succeeded in closing down a number of universities over a period of months in 1969."【トロツキストを自称する革マル派と中核派という2つの主要グループを含む5つの学生団体は、全学連から分裂したものである。

全学連は過激派団体であり、安保条約反対のデモを率いるとともに、大学紛争を主導し、1969年には数ヶ月にわたって多くの大学を閉鎖させた。】

　全学連は、1948年に145大学の自治会によって組織され、1949年、プラハに本部を置く国際学生連盟に加盟した。佐々木隆爾編『昭和史の辞典』(東京堂、1995)によると、「当初は共産党の学生組織としての性格が強かった。このため55年のスターリン批判と、共産党の6全協(第6回全国協議会)における武装闘争撤回方針の決定で思想的に動揺し、共産主義者同盟(ブント)など反共産党系のセクトが分裂した。60年安保闘争ではブントが全学連の主導権を握ったが、闘争後は大衆的基盤を失って多数の組織が分立した。その後64年(昭和39)に共産党系全学連が再建され、反共産堂系も中核派・社学同・解放派の三派全学連を結成し、70年安保闘争や大学紛争の時代へ向かった」(p.230)とある。

　大学紛争時(1968-69年)には、「全学連は日共系全学連・三派全学連・革マル全学連・構造改革派の四派に分かれていたが、これら活動家が掌握する大学自治会や党派に所属しない、いわゆるノン・セクトの一般学生が全学共闘会議(通称全共闘)という運動組織をつくって運動をすすめ」(同書 p.280)ることになる。69年8月16日の大学運営臨時措置法施行の時点で「紛争大学は全国の国公私立で66校あり、うち18大学が半年以上にわたって紛争が続く"重症校"であった」(読売新聞世論調査部編『10大ニュースに見る前後50年』1996年、p.106)。こうした状況下、高度成長のゆがみと安保改訂への反発をテコに左翼運動は一時期盛り上がりを見せ、各地で革新自治体が誕生するなど政治の表舞台でも動きがあった。

　しかし、過激化した学生運動は国民の支持を得られず、学生も保守化し、運動は衰えていった。冷戦終結後の90年代以降はイデオロギーの対立が緩和され、左翼政党の存在意義もぼやけてしまった。全学連も歴史の一コマとして記憶されることになるだろう。*OED 2*において、Zengakurenが「学生組織」ではなく「学生運動」と定義されているのは、この言葉が歴史の文脈でしか用いられないということを示している。

(馬場哲生)

zori 草履

　わが国の草履のルーツは、平凡社の『世界大百科事典』等によれば、古代中国から伝えられた藁沓(わらぐつ)であるという。ただし、中国では、この藁沓は形状は「くつ」ながら、「藁や草で作られた履物」の意の「草履」という呼称であったことが古文書に記されている。即ち、私たちは、今も「ぞうり」をその遥かなルーツと同じ文字によって表記していることになる。興味深いことである。そして、その藁沓は次第にわが国の湿潤な気候に適するように改良されることになる。まず「わらじ」が生まれ、さらにそのやや複雑な結び方をする留め緒を、すでに使用されていた下駄に倣って簡略化して、我々の知るような鼻緒を持った草履が作られ、一般に用いられるようになったのが平安後期であるという。

　zoriがOEDに登場するのは、同じ履物であるgeta (SUP 1, 1933) に遅れること約半世紀、SUP 2 (Vol. 4, 1986) からである。そして、SUP 2の記述のすべてが、引用例も含めてそっくりそのままOED 2に引き継がれている。

　zoriには19世紀にsoriという異綴りもあったことが示された後、語源の説明は「日本語のsō (草、稲藁) とri (履物、底) から合成された」となっている。ほとんど、日本語の2文字（または2音）の意味を解説しただけに過ぎないけれども、冒頭で述べた草履のルーツを想い起こせば、我々日本人にとっても充分な語源説明となっていることが分かる。

　定義は"Japanese thonged sandals with straw (or leather, wood, etc.) soles."となっている。これを「藁（または革、木材などの）底で、鼻緒のついた日本のサンダル」と訳せば、たとえば『大辞林』の定義「鼻緒のついた平底の履物。藁(わら)・藺・竹皮などを編んだもの、ビニール・ゴム製などのものがある」と大差はなくあまり問題はないように思われるが、実はthonged sandalsが問題を含んでいるのである。thongedは「留め緒 (thong) がついている」の意を示すのみであって、thongがどんな工合についているのか、その形状については何等明確な情報を伝えるものではない。したがって、実物を知らなければ、thonged sandalsから、我々の知るような鼻緒のついたサンダルをイメ

ージする人はまずいないのではなかろうか。物によって様々な形状の留め緒がつき、そして踵に掛ける緒もついているサンダル式の女性用シューズのような履物を想像する人が多いのではなかろうか。

　鼻緒については、少くとも SUP 2 の geta（下駄）に準じた説明（geta の項参照）はできたはずなのにと、いささか満たされぬ思いを抱きながら、ふと *The New Shorter Oxford English Dictionary*（1993刊、*OED 2* の縮約版、ただし単なる縮約ではなく、新しい調査研究の成果も取り入れている）を開いてみて、次のような新定義になっているのを発見。"A Japanese sandal, having a simple thong between the toes and a flat sole originally of straw but now often of rubber, felt, etc." 鼻緒、平底の説明が加わり、素材的にも元祖の藁草履はすたれ、ゴム、フェルト製などが多くなったという歴史的な説明までもはいっている。そして、素材の例として不適当だと思われた「木材」は削除されている。まさに、飛躍的な改善というべきであろう。*OED3* へ向けて、zori の定義の改訂原案はすでにでき上がっていたのである。

　用例に目を転じよう。全部で6例あるが、重要なもの3例をとりあげる。初出例は1823年で、Frederic Shoberl 編の *Japan* が出典である。これは F. Shoberl が、自らの訳著 *Titsingh's Illustration of Japan*（OED 用例高頻度出典の1つ）に基づいて編集した江戸後期の日本紹介の袖珍本である。引用文は "The shoes of the Japanese consist of straw soles or slips of wood. Those in common use are called *sori*."【日本人の履物は藁底または細長い木片でできている。一般に用いられているものは「ぞうり」と呼ばれている。】である。藁底の履物には他に「わらじ」もあり、木片でできたものとは下駄のことだろうと我々には見当がつく。そして、その中で草履が最も一般的な履物だというわけである。当時の庶民の履物事情が簡潔に言い表されていると言えよう。（なお、原典に当ってみると、わらじは長旅用、下駄は悪天候用となっている。）

　時は移り、手編みの藁草履は農村からでさえほとんどその姿を消し、今日普通に見られる草履は手軽なゴム草履か、和装の女性の足元を飾る革や錦織張りなどの高級品である。でも、「ぞうり」の英語への進出に貢献したのは

豪華な高級草履ではなく、安手のゴム草履であったことが、次の米英1つずつの用例から分かる。

　1962年 *Amer. Speech*（アメリカ英語研究誌）"Japanese zori or the American adaptation, thong sandals."【日本の草履またはそれをアメリカ風に改作したソング・サンダル。】

　1984年 *Coaching Award Scheme*（イギリス柔道協会刊）"Zori (flip-flops) are compulsory wear at BJA events and should be worn off the mat in Clubs, Schools, etc."【イギリス柔道協会の催しにおいては、履物として草履（フリップ・フロップ）が義務づけられており、クラブ、学校等において、マットの上以外ではこれを履かねばならない。】

　アメリカのthong sandalはイギリスのflip-flopと同類で、いわゆるビーチ・サンダルの類の薄手のゴム草履である。アメリカでは単にthongとも言うが、またzoriとも呼ばれていて、主として家のなかでの履物として重宝がられているという。また、柔道が世界中に日本語を広めることに貢献しているのは周知の事実であるが、イギリス柔道協会がこんな形でこれに協力していることは、この用例によって初めて知る人が多いのではなかろうか。

　最後にzoriの英語化の現状と行方について考えてみると、すべてがgetaと対照的であるように思う。zoriには、*OED*が「まだ英語に根付いていない」と判定する記号‖が付されているが、実際には、もうすでに英語化がかなり進んでいると考えられるし、今後も進んで行くことが期待できると思うのである。上記2用例が示すように、zoriが英米の実生活のなかに入り込んでいるからである。少々出遅れているイギリスでも、国際スポーツとしての柔道が益々隆盛に向かう気運の中で、イギリス柔道協会も発展を続け、zoriの普及やzoriという言葉の使用を広める推進役を果してくれるのではなかろうか。しかも、本家本元の日本においても、草履はかつての下駄に代わって和装の履物として確固とした地歩を占めているので今以上にその使用がすたれることは考えられない。したがって、英語に進出したzoriはルーツを失ったひ弱な根無し草となる恐れはないのである。*OED*の見出し語zoriの頭から縦2本

線がとれてスッキリする日が必ず来ると期待するものである。　　（尾造保高）

(1) cf. 「またzoriとも呼ばれていて、…重宝がられているという」。(エバンズ・M・年恵『英語になった日本語』ジャパンタイムズ、1990年)

「時代」の項目

　Jomon【縄文】、Yayoi【弥生】、Nara【奈良】、Heian【平安】、Kamakura【鎌倉】、Yeddo【江戸】、Meiji【明治】の7項目が*OED*に採択されている日本の「時代」である。すべての項目が*SUP 2*で収録され、そのまま変化なく*OED 2*に引き継がれている。各項目の定義は下記のとおりである。

　Jomon：大昔の、手で作った、一種の日本の陶器を「縄文式土器」というように表すのに限定用法で使われる。したがって、この土器を特色とする、新石器時代初期または、新石器時代以前の文化を表わすのに用いられる。

　Yayoi：東京の一地区の名である。1884年にこの地で最初に発見され、大昔の、ろくろで作った初期の日本の陶器を指すのに、限定用法あるいは単独用法で使われる。したがって、この土器を特色とする主に新石器時代の文化を表わす。

　Nara：日本の本州中部にある町の名であり、710～784年、日本の首都であった。奈良に都があった日本のその時代の仏像などを指すのに限定用法で使われる。

　Heian：8世紀末から12世紀末までの日本の歴史における、その時代の、あるいはその時代に属すると形容詞で使われる。

　Kamakura：日本の中心部にある町の名で、鎌倉が政治の中心地であった時代（1192-1333年）の芸術を指すのに限定用法で用いられる。

　Yeddo：東京の以前の名で（名前が変わった1868年以前）その地に由来する物、等、例えば江戸ちぢみや江戸ポプリン（廃語）とか、江戸松（日本のとうひ、Picea Jezoensis）のような物を指すのに限定用法で用いられる。

　Meiji：［日本語で明【enlightened】治【government】の意味］日本の睦仁天皇朝（1868-1912年）の年号で、日本の近代化と西欧化を特色とする。しばし

ば限定用法である。

　以上の定義で明らかなように、日本の歴史上の年号として独立して存在するよりは、その時代の文化、美術（仏像、絵巻物、絵画）、工芸（土器、織物など）を表すのに、形容詞の限定的用法で使うものとして、より多く捉えられている。

　用例については、各項目の初出例をあげると以下のようになる。

Jomon : 1946年 G. B. Sansom *Japan*

Yayoi : 1906年 N. G. Munro (tr) *Asiatic Society of Japan*

Nara : 1902年 F. Brinkley *Oriental Series: Japan*

Heian : 1893年 F. Brinkley (tr) *History of the Empire of Japan*

Kamakura: 1890年 B. H. Chamberlain *Things Japanese*

Yeddo : 1866年 A. Adburgham *Shops & Shopping*

Meiji : 1873年 E. M. Satow (tr) *Kinse Shiraku: History of Japan*

　Jomonの項目のみが第二次大戦以降のものであり、他の項目と較べて新しいことが目立つ。「縄文」の由来である縄文土器が発掘されたのが1877年であり、縄文時代に関する研究や関心が現代になってから盛んになったことを考慮すると無理からぬことなのかもしれない。YeddoやMeijiの用例が非常に早い時期のものであるのは、近代の日本に対するヨーロッパでの関心の表れであろうか。

　次に各項目ごとに初出例とその他の用例を概観してみる。

Jomon 縄文

　初出例のG. B. Sansomによる*Japan*は*a short cultural history*と副題がつき1931年に初版が刊行され、Yayoiの項目には2番目の用例としてあげられている。Part I～VIIからなりEarly History, Nara, Heian, Kamakura, Muromachi, Sengoku, Yedoのタイトルがそれぞれについている。

　Part IのChapter 1 The Originsで"Two types of neolithic remains are distinguished in Japan, one of which is thought to represent the culture of the ancestors of the Ainu, the other that of ancestors of the Japanese, who are assumed to have arrived in Japan after the Ainu, and displaced or, in some cases absorbed them. This latter type is known as the Yayoi type."【新石器時代の遺物は日本では2種類に区分されている。1つはアイヌの祖先の文化を代表するものであり、もう1つは、日本人の祖先――アイヌ人よりも後に日本に来て、アイヌ人を追いやり、時にはアイヌ人と同化した――の文化である。後者のものが弥生式として知られている。】と述べられていて、Jomonに関する記述はない。E. S. Morseが大森貝塚を発掘したのは1877年であり、1879年には『大森介墟古物編』を刊行し、同時に英文報告も出版している。しかし、当初は貝塚土器と呼ばれ、その後明治から大正にかけては、石器時代土器、アイヌ式土器などという名称が広く用いられた。縄文土器の名称は、大正末期から昭和にかけて広まった。[(1)]

　イギリスの外交官であり、日本史家でもあったSansom (1883-1965) は1943年に改訂版を出し、「第一章　日本人の起源」についての初版での誤りを改め、次のように書き直している。"... two main types of neolithic culture are distinguished. One is known as the Jōmon ('rope-pattern') type, because the pottery which chracterises it was made by coiling or has a coil as conventional decoration. The other is known as the Yayoi type, ..."【新石器時代の文化は主に2種類が顕著である。1つは縄文式として知られている。というのはその文化の特徴をなす土器は、粘土の紐を巻きつけて作られているか、あるいは古くからの文様としての縄文があるからである。他は弥生式として知られている。】OEDに収録されているのは弥生式に関する最後の文を除いた、この部分である。

　次の用例は、1957年 Encycl. Brit. XII から2例である。「縄文は新石器時代に分類される」および「縄文文化には、粘土が乾かないうちに、縄を巻き付けた棒を転がしたり、押しつけてつけた文様のある、手で作った土器がある」の引用がある。

　B. Leach (1887-1979) は、1960年の A Potter in Japan で、「最も初期の縄文土器は、はるかアイヌ以前のものであり、6000年以上も昔のものと思われる」と記している。『日本史誕生[(2)]』によると、1960年に福井洞穴が発見され、縄

文時代の草創期（約1万2000年〜1万年前）が設定されるようになったが、それ以前は早期を1万年前から6000年位までとしている。Leachは、1909年に渡日し、鈴木大拙、岸田劉生、志賀直哉、武者小路実篤、高村光太郎、浜田庄司などと交友があり、11年もの長い日本滞在をし、その後も日本の文化人と深く交わってきた。*A Potter in Japan*は、1952〜54年にかけて書かれ、1955年に初版が出されている。1960年は再版である。棚橋隆が晩年のLeachをイギリスに訪ねて書いた『魂の壺』(3)には、「日本の氷河時代や縄文期の下限はいつか。アイヌは日本の原住民ではない…」などと呟くLeachが描かれている。

　一番新しい用例は、1970年 J. Kirkup (1922-) による*Japan behind Fan*である。Part 1〜5からなり、Winter, Spring, At home in Tokyo, Summer, Autumnと各々タイトルがつけられた日本紀行文である。筆者が冒頭で述べているように、日本、南米、アメリカ、ヨーロッパで放送されたものや、日本の雑誌や本、テキストに掲載されたものを編纂したものである。Part 1. WinterのなかのOkayama and Kurashikiにおける文中で、考古・民芸博物館を訪ね、「珍しい埴輪と縄文の土偶」の展示が素晴らしかった、と述べている部分が用例になっている。

Yayoi　弥生

　初出の1906年 N. G. Munro *Transactions of the Asiatic Society of Japan* XXXIVの用例は、*PRIMITIVE CULTURE IN JAPAN*が本のタイトルである。Munro (1864-1930) はRoyal Asiatic Societyのメンバーであり、スコットランドの作家ならびに評論家である。「土器は、…弥生式と呼ばれる。というのは、東京のよよい（原文のまま）町で、地面を掘り起こしていた時に初めて発掘されたので」とある。Munroは*Ainu Creed and Culture*や*Prehistoric Japan*の著書もあり、日本の古代史に造詣が深い。弥生町がYoyoiになったのは、単なるタイプミスによるものであろう。

　G. B. Sansomの*Japan*についてはJomonの項で述べた。「この後者のタイプ

は、弥生式として知られている。というのは、ある特徴をもった土器が、新石器時代の遺跡のその名の場所に初めて見出されたからである」との文が用例にあげられている。

1955年 *Far Eastern Q.* XIV の用例は、「極めて最近まで、ごくわずかな研究者しか弥生時代の考古学を、何故まじめに研究しなかったのか理由がまったくよくわからない」との記事である。

B. Leach の *A Potter in Japan* は、Jomon の項目にもある用例である。「紀元前3000年の縄文土器、紀元0年から弥生へ」という短い記述ながら、約紀元前1万年から3～2世紀頃までを縄文時代とし、紀元前3～2世紀頃から紀元2～3世紀頃までが弥生時代となっていて、Leach の日本史に関する知識は少々曖昧である。

1968年 *Encycl. Brit.* XVIII は、「日本の有史以前は、縄文と弥生という二大文化の特徴をもつ…弥生土器は紀元前3世紀にその始まりをみるようであり、ほとんどが、ろくろで作られている」と正確な内容の記述である。

1970年 J. W. Hall（1916-）の *Japan* iii は正しくは、*DELACORTE WORLD HISTORY VOLUME XX Japan* であり、*From Prehistory to Modern Times* という副題がついている著書である。1～19章からなり、用例となっているのは3章 Origins of the Japanese（People and Their Culture）の中から「弥生時代の人々は、馬や牛をつれていた。たくさんではなかったけれども」の文である。

Nara　奈良

1902年 F. Brinkley による *Oriental Series: Japan* が初出例であり、副題に *Its History, Art and Literature* とある。Volume VII PICTORIAL AND APPLIED ART の chapter I JAPANESE PICTORIAL ART に引用部分がある。「彫刻に関しては、すでに卓越の域に達していたことが、奈良の遺物のなかの数体の仏像をみれば自ずとわかる」。

2番目の用例は、1903年 Kakuzo Okakura の *The Ideals of the East* である。「Ellora の Tin Tal(4)の石仏は…美しく、超然とした壮大さがあり、均斉がとれ

ている。それらに、唐朝や奈良時代の彫像のインスピレーションの源をみることができる」という文章である。岡倉覚三（1862-1913、後に天心と改める）の英文3名著の最初のもので、ロンドンで出版された。1941年に日本で英文のまま出版されたが『東邦の理想』という日本語のタイトルもつけられた。この本は、日本美術の発達に関するもので、その淵源を中国やインドに求め、相互関係を巧みに描き出して、欧米の人々に東邦美術の概観を示した名著である。

他の2用例は比較的新しいもので、1955年Paine & Soperによる*Art & Archit. Japan*「奈良時代の初期の塑像は、711年にさかのぼる、法隆寺の塔の中の多くの影像である」。および、1970年*Oxf. Compan. Art*「平安時代には、趨勢は奈良時代のリアリズムとは、はるかかけ離れたものであった」である。

Heian　平安

前述の1893年F. Brinkleyによる*History Empire Japan*が初出例である。F. Brinkley（1841-1912）はイギリス人で1867年に来日し、ジャーナリズム（ジャパン・メイル刊行）、英語教育界で明治時代の日本に大きな貢献をした。[5] 1896年に南条文雄、岩崎行親らと『和英大辞典』を編纂したり、[6] 1914年*A History of the Japanese People: from the earliest times to the end of Meijiera*をニューヨークのEncyclopaedia Britannica Co. から刊行している。これより以前に、*History Empire Japan*が出されている。これは世界コロンビア博覧会の日本帝国委員会に依嘱され、さらに文部省の要請でBrinkleyが翻訳し、編集したものである。帝国大学の史料編纂委員である高津桑三郎、三上参次、磯田勝が編集し、重野安繹の監修した書物が元になっている。*History of the Empire of Japan*が英語のタイトルであり、並んで「にほんれきし」という日本語のタイトルがBrinkleyの墨跡らしきもので確認される。prefaceが16頁あり、National Policy-Emperor and Peopleが4頁、そして本文9章からなる。世界博覧会で日本のセクションを訪れた人たちに、日本を理解してもらう目的で刊行されたものである。

用例となっているのは、第3章からの引用で「人々は新しい都を『平安京』と呼んだ…794年から1186年までの間が『平安時代』として、歴史上知られている」という記述である。以下、1909年 *Westm. Gaz.* 30 Dec. で「平安時代の例で始めて、正確な歴史の順序にしたがって絵画を配列することに決まっていた」、1911年 *Encycl. Brit. XV.* には「奈良時代の娯楽はすべて、平安（京都）時代にはさらに熱心に、そして入念にとり行なわれた」、1959年 *Chambers's Encycl.* VIII より（タイトル）「平安時代」や「新しい都は現在の京都の地に建てられた。そして平安京（"平和と平穏の都"）というめでたい名がつけられた」、1960年 *Times I* Mar.「坂本教授は…平安時代の宮廷の衣装をつけて」、1967年 *Listener* 14 Dec.「日本では、かなり多くの、平安文学が保存されている」、1970年 *Oxf. Compan. Art*「平安時代後期、あるいは藤原時代には、もっと易しく、穏やかな仏教の宗派が広がった」、1973年 *Times Lit. Suppl.* 2 Mar.「おそらくは日本文化の最高峰であった、平安時代は本来平和そのものであった」とある。初出例以外は、百科事典を除き、すべて雑誌に掲載されたものである。雑誌の記事は一般的で多くの人の目にとまる可能性がある。扱っている内容も他の項目に較べて変化に富んでいる。優雅な東洋の貴族文化は欧米の人々の関心をもよぶのであろうか。

Kamakura　鎌倉

　1890年 B. H. Chamberlain の *Things Japanese* が用例の冒頭にあり、「青銅の鋳造物…の最も巨大な例が鎌倉にある大仏（文字どおり"大きな仏像"）である」とある。これは初出例であるが、項目の語源としても扱われている。B. H. Chamberlain（1850-1935）は、1873年に来日し（王堂と号す）、岡倉由三郎、上田万年、芳賀矢一、佐々木信綱などを教え、明治初期の日本における英語教育の先鞭をつけるという大役を果たしている。帝国大学の教授を務める傍ら、『古事記』の初めての英訳、外国人が書いた初めての日本語文法の著書などがある。*Things Japanese* は最初 *Japanese Things* として旅行者などが利用するように日本に関する種々の事柄を記した覚書であった。『日本百般』との日

本語のタイトルもついている。イギリス人が日本を知るための入門書のようであり、その後版を重ねている。

次にF. Brinkleyの*Oriental Series: Japan*が再び登場する。Naraの項目と同じVolume VIIにおける、Chapter III Japanese Applied Artからの引用である。「彫刻家の技量という観点から約400年が鎌倉時代とみなされるだろう。そしてまた、仏像彫刻における力強い創意の最後の時代…とみなされるであろう。」

B. H. Chamberlainより5年後の1878年にアメリカから来日したE. F. Fenollosaの1912年*Epochs Chinese & Jap. Art*が用例で続く。「鎌倉時代の美術の一部は、…世俗的な絵巻物を主流とする方向へと移行していった」。Volume Iのchapter IX Feudal Art in Japan KAMAKURA（日本における中世の美術、鎌倉）からの引用である。Fenollosaは、Chamberlainと同様、帝国大学に招かれ哲学を講じる傍ら、日本美術を研究し、弟子の岡倉天心とともに美術学校を創設し、日本画復興などに尽力した。後にボストン美術館の東洋部長となり、東洋美術に関する著書とともに、欧米での東洋美術の理解に大きな貢献をなした。

アメリカの東洋美術研究家であるL. Warner（1881-1955）の1952年*Enduring Art Japan*「鎌倉時代の絵巻物は他の様々な変化の縮図であるようにおもわれた」や1970年*Oxf. Compan. Art*「天平時代の仏像彫刻、あるいは鎌倉時代の肖像画のような作品は他に類をみない」が用例としてあげられている。

Yeddo 江戸

初出例は1866 in A. Adburgham *Shops & Shopping*（1964）となっている。Alison Adburghamが1964年に*Shops & Shopping*に書いた原稿の1866年の部分の引用ということである。"In 1866, Chas. Ammott had a sale and offered Several hundred Made Dresses and *Costumes at reduced prices in Yeddo Poplin,* Russian Silk Linseys, ..."イタリクスの部分（値下げした江戸ポプリンのスーツ）が引用部分である。したがって、内容は1866年であるけれども、文献は1964年である。

次の用例は1906年H. J. Elwes & A. Henryによる *The Trees of Great Britain & Ireland* である。Index 1冊と6巻があり、各巻は写真1冊と本文1冊からなっている。「マイヤーはYezo松は1891年以前にはヨーロッパにはなかった、と昨年私に教えてくれた」という1巻からの引用である。しかし、Yezo松は蝦夷松のことであり、引用部分と同じ87頁には、この木を見に北海道へ行った様子が述べられている。この用例はYeddoの語源としてもとられ、定義の"Yeddo spruce, the Japanese spruce, Picea jezoensis"に使われている。YezoがYeddoに変えられているが、音が類似しているためとはいえ、蝦夷と江戸では、大違いである。『原色牧野植物大図鑑』によると、picea jezoensis Carr. はエゾマツで「北海道、および南千島、南サハリンに分布」とある。

1932年W. Dallimore in F. J. Chitteadenの *Conifers in Cultivation,* 1952年A. G. L. Helleyer の *Sanders' Encycl. Gardening,* 1981年F. B. Horain *Oxf. Encycl. Trees of World* はすべてYeddo Spruceについての記述で、誤った"エドマツ"が定着した感がある。植物や園芸に関する専門にもわたる百科事典であるから、早急に訂正する必要があるように思われる。

C. W. Cunningtonおよびその他による1960年 *Dict. Eng. Costume* は、「麻のように厚いが、しかし柔かい綿織物である江戸ちぢみ（1880）…フレンチメリノに似た、純ラマウールの江戸ポプリン（1865）」と記している。巻末の用語集からの引用で、数字はその物がイギリスで使われるようになった年を表す。江戸時代に銚子ちぢみが隆盛をきわめ、利根川を高瀬舟に積まれて江戸へ運ばれた。そしてこれが江戸からイギリスへ渡り、江戸ちぢみとなったものと思われる。銚子ちぢみは、明治末期には衰兆が著しく、生産は中絶するにいたった。江戸ポプリンも、日本国内ではそのような名称の布地はみあたらない。ポプリンはローマ法王Popeの名に由来する織物で、当初は経糸は生糸を、緯糸は毛糸を使った高級織物であった。それに近い毛織物が江戸から輸出されたらしい。現代では、ブロードのような綿織物や綿と化学繊維との混紡のものを指してポプリンと称している。

このようにみると、鎖国という、極めて特殊な社会状況にあった江戸時代、

あるいは、浮世絵や歌舞伎という町人文化が栄えた典型的な江戸文化そのものを記述する用例は何もないことになる。

Meiji 明治

1873年 E. M. Satow (tr) による *Kinse Shiriaku: Hist. Japan* であるが *from the first visit of Commodore Perry in 1853 to tke capture or Hakodate by the Mikado's forces in 1869* と長い副題が続く。ペリーの最初の来航から、政府軍による函館の攻略までを、日本語で書いたものの翻訳である。「年号は明治 (Enlightened Government) と改められ、天皇一代に1つの年号とすべきことを以後きまりとするとの天皇の声明が出された」との引用がある。語源の英訳 "Enlightened Government"（明治）はここから出ているようである。E. M. Satow (1843-1923) はイギリスの外交官で F. Brinkley よりもさらに5年早い、1862年の来日である。*A Dipromat in Japan*（『一外交官の見た明治維新』）の他、多数の著書があり、外交官の目で江戸から明治への移行を見ている。さらに石橋政方と *An English-Japanese Dictionary of the Spoken Language*（1876）を出版している。

次の用例は約20年後の1894年 D. Murray *Japan* である。「1865年1月からのその年代は、慶応の名がすでにあったにもかかわらず、明治 "Enlightened Peace" と改められるが、1868年1月からということになっていた」。*The Story of the Nations* と副題がある。B. H. Chamberlain の *Things Japanese* から情報を得たり、E. M. Satow の書物からも教えられたと述べている。D. Murray (1830-1905) は、アメリカの教育家で1873年に文部省学監となって、明治時代の日本の教育の基盤を確立するのに貢献した。

1901年 *A. von Siebold's Japan's Accession to Comity of Nations* は、シーボルトが1990年にパリで刊行したドイツ語の『国際礼譲への日本の加入』を Charles Lowe が英語に翻訳し、introduction を付して出したものである。引用は「著者の序文」からである。曰く。「筆者は、明治時代の政治家や外交官の素晴らしい偉業を認める一助となるべきではないかと特に思う次第です。」

1931年Nitobe Inazo (1862-1933) の*Japan*は、本の扉の左頁に*The Modern World. A Survey of Historical Forces*、右頁には*Japan Some Phases of her Problems and Development*とある。引用はChapter IV Goverment and Politicsからで「日本史における二大改革は大化の改新と明治時代のものである」とみえる。

明治の政治や政治家に関する用例が続く。

1936年James A. E. Scherer *Three Meiji Leaders*の「伊藤博文は明治新政府の下で日本の最初の首相になった」。

Schererの同用例から「3人の明治の指導者は互いにひどく違っていたが、それぞれ古風で偉大な人物であった」。

1961年A. M. Craigの*Choshu in Meiji Restoration*に曰く。「長州と薩摩は、藩の武士たちが明治新政府の中枢となり、明治初期の維新を引き続き遂行していた」。

1972年M. Kochanの訳による*P. Akamatsu's Maiji*からは「明治初期の政府の答申で知るかぎり、950万円が1871年11月13日から1872年12月31日までの間に軍事費として当てられたという」。

1974年G. Jenkinsの*Bridge of Magpies*（かささぎの橋）には「祖父は…日本を近代国家にした明治維新の時に生きた」とある。

以上はすべて政治（家）に関するものであるが、Meijiの項目における10例中唯一、文化に関する用例がある。*Encycl. Brit.* XIIに「西洋の思想が新たに開国した日本にとりいれられた明治の初期に、ヨーロッパ式の絵画がもっとも広められていった」とある。

（伊藤香代子）

(1) 芹沢長介『日本陶磁体系①縄文』平凡社
(2) 佐々木高明『日本史誕生』集英社
(3) 棚橋隆『魂の壺』新潮社
(4) Elloraは石窟寺院で有名なインドの村
(5) Jack Ronald Brinkley (1887-1964) はF. Brinkleyの子で立正大学で英語・英文学を講じる傍ら、英文法に関する著書などを誌し、さらに英宝社を設立して、日本の英語教育界に功績を残している
(6) Dictionary of English Language Teaching, Sanseido.
(7) 『原色牧野植物大図鑑』北隆館

(8) 富田弘基、大野力『日本の伝統織物』徳間書店
(9) 服装文化協会編纂『服装大百科事典』文化出版局

日本語リスト

	項　目	日本語（訳語等）	初出年	例数	出現
A	adzuki	小豆	1727	9	OED2
	aikido	合気道	1956	5	OED2
	Akita	秋田犬	1928	3	SUP2
	ama	海女	1954	3	OED2
	amado	雨戸	1880	5	OED2
	Arita	有田焼	1876	8	OED2
	aucuba	アオキ・アオキモザイク病	1819	4	OED1
	awabi	鮑	1889	4	SUP2
B	bai-u	梅雨	1910	3	SUP2
	banzai	万歳	1893	7	SUP1
	baren	馬連	1895	3	SUP1
	bekko	鼈甲（べっこう）	1889	1	SUP2
	bonsai	盆栽	1950	4	SUP2
	bonze	坊主	1552	9	OED1
	bunraku	文楽	1920	5	SUP2
	bushido	武士道	1898	5	SUP1
D	daimio	大名	1839	5	OED1
	dairi	内裏	1662	2	OED1
	daisho	大小	1923	3	OED2
	dan	段	1941	6	SUP2
	dashi	だし・だし汁	1963	4	OED2
	dojo	道場	1942	5	SUP2

E	Eta, eta	エタ	1897	8	SUP2
F	fusuma	襖	1880	4	SUP1
	futon	蒲団	1876	4	SUP1
G	gagaku	雅楽	1893	3	SUP2
	geisha	芸者	1887	12	OED1
	Genro	元老	1876	3	SUP1
	geta	下駄	1884	5	SUP1
	ginkgo	いちょう	1727	10	OED1
	go	碁	1890	4	SUP2
	gobang	五目並べ	1886	2	OED1
H	habu	ハブ	1818	3	SUP2
	habutai	羽二重	1822	6	SUP1
	haiku	俳句	1899	6	SUP2
	hakama	袴	1859	4	SUP2
	hanami	花見	1891	3	SUP2
	hanashika	噺家	1891	2	SUP2
	haniwa	埴輪	1931	4	SUP2
	haori	羽織	1877	8	SUP1
	happi-coat	法被	1880	8	SUP1
	harai goshi	払い腰	1941	4	SUP2
	hara-kiri	腹切り	1856	6	OED1
	Hashimoto	橋本病	1935	8	SUP2
	hatamoto	旗本	1871	4	SUP2
	hechima	ヘチマ	1883	2	SUP1
	Heian	平安	1893	9	SUP2
	heimin	平民	1875	5	SUP1
	hibachi	火鉢	1863	5	SUP1
	hinin	非人	1884	4	SUP2

	hinoki	檜	1727	6	SUP1
	Hirado	平戸焼	1880	2	SUP1
	hiragana	ひらがな	1822	8	SUP1
	Hizen	肥前焼	1727	6	SUP1
	honcho	班長	1947	6	SUP2
	hoochie	うち	1952	11	SUP2
I	ikebana	いけばな	1901	6	SUP2
	ikunolite	生野鉱	1959	3	SUP2
	Imari	伊万里焼	1875	9	SUP2
	inkyo	隠居	1871	5	SUP2
	inro	印籠	1617	6	SUP1
	iroha	いろは	1845	6	SUP1
	Ishihara	石原式色盲検査法	1924	6	SUP2
	ishikawaite	石川石	1922	3	SUP2
	itai-itai	イタイイタイ病	1969	3	SUP2
	itzebu, -boo	一分金，一分銀	1616	4	OED1
J	janken	じゃんけん	1936	4	SUP2
	jigotai	自護体	1950	2	SUP2
	jinricksha, jinrikisha	人力車	1874	5	OED1
	jito	地頭	1845	3	SUP2
	Jōdo	浄土宗・浄土	1727	6	SUP2
	johachidolite	上八洞石	1942	2	SUP2
	Jomon	縄文	1946	5	SUP2
	joro	女郎	1884	4	SUP2
	Jōruri	浄瑠璃	1890	7	SUP2
	judo	柔道	1889	17	SUP1
	judoist	柔道家	1950	3	SUP2
	ju-jitsu	柔術	1875	17	SUP1

	junshi	殉死	1871	2	SUP2
K	kabane	姓	1890	4	SUP2
	Kabuki	歌舞伎	1899	8	SUP2
	kago	駕籠	1857	3	OED1
	kagura	神楽	1884	5	SUP2
	kakemono	掛け物	1890	3	OED1
	kaki	柿	1727	13	OED1
	Kakiemon	柿右衛門	1890	7	SUP2
	kakke	脚気	1874	5	SUP1
	Kamakura	鎌倉	1890	5	SUP2
	kami	上・神・守	1616	11	OED1
	kamikaze	神風・カミカゼ	1896	25	SUP2
	kana	かな	1727	9	SUP1
	kanji	漢字	1920	6	SUP2
	karate (*n.*)	空手	1955	12	SUP2
	karate (*v.*)	空手を使う	1966	3	SUP2
	kata	形	1954	5	SUP2
	katakana	かたかな	1727	8	SUP1
	katana	刀	1613	7	SUP2
	katsuo	鰹	1727	6	SUP2
	katsura	鬘	1894	3	SUP2
	katsuramono	鬘物	1916	5	SUP2
	kaya	榧	1727	6	SUP2
	Kempeitai	憲兵隊	1947	7	SUP2
	ken	間	1727	5	SUP2
	ken	県	1882	5	SUP2
	ken	拳	1890	3	SUP2
	kendo	剣道	1921	7	SUP2

kesa-gatame	袈裟固め	1932	3	SUP2
keyaki	欅	1904	4	SUP2
Kikuchi	菊池線	1934	5	SUP2
kikyo	桔梗	1884	4	SUP2
ki-mon	鬼門	1871	4	SUP2
kimono	きもの	1886	18	OED1
kiri	桐	1727	6	SUP1
kirin	麒麟	1727	6	SUP2
koan	公案	1946	6	SUP2
kobang	小判	1616	4	OED1
kobeite	河辺石	1950	3	SUP2
kogai	公害	1970	3	SUP2
koi	鯉	1727	6	SUP1
koi-cha	濃茶	1727	5	SUP2
koji	麹	1878	6	SUP2
kojic	麹酸	1912	4	SUP2
kokeshi	こけし	1959	3	SUP2
koku	石	1727	9	SUP2
kombu	昆布	1884	5	SUP1
koniak, koniaku	こんにゃく	1884	5	SUP2
Kōrin	光琳	1884	5	SUP2
koro	香炉	1822	6	SUP2
kotatsu	炬燵	1876	4	SUP2
koto	箏	1795	9	OED1
kudzu	葛	1893	6	SUP2
Kuge	公家	1577	7	SUP1
kura	倉	1880	4	SUP2
Kuroshiwo	黒潮	1885	4	OED1

kuruma	車	1727	10	SUP2
Kurume	久留米つつじ	1920	6	SUP2
Kutani	九谷焼	1875	5	SUP2
kuzushi	崩し	1950	3	SUP2
kyogen	狂言	1871	8	SUP2
kyu	級	1937	5	SUP2

M

maiko	舞妓	1904	5	SUP2
makimono	巻物	1882	8	SUP2
mama-san	ママさん	1949	5	SUP2
manyogana	万葉がな	1868	9	SUP2
matsu	松	1727	10	OED1
matsuri	祭	1727	5	SUP2
mebos	ミーボス（杏の干し菓子）	1793	7	SUP2
Meiji	明治	1873	10	SUP2
metake	雌竹	1896	4	SUP2
miai	見合い	1890	3	SUP2
Mikado	帝・ミカド	1727	12	OED1
mikan	みかん	1922	4	SUP2
Mikimoto	ミキモト	1956	3	SUP2
Minamata disease	水俣病	1957	4	SUP2
mingei	民芸	1960	3	SUP2
miso	味噌	1727	5	SUP2
mitsumata	三椏	1889	5	SUP2
mochi	餅	1616	7	SUP2
mokum	木目	1884	2	OED1
momme	匁	1727	7	OED1
mompei, mompe	もんぺ	1947	5	SUP2
mon	紋	1878	1	OED1

	mondo	問答	1927	3	SUP2
	moose	娘	1953	3	SUP2
	mousmee	娘	1680	2	OED1
	moxa	もぐさ	1677	12	OED1
	muraji	連	1901	6	SUP2
N	Nabeshima	鍋島焼	1886	6	SUP2
	nakodo	仲人	1890	4	SUP2
	Nanga	南画	1958	6	SUP2
	Nara	奈良	1902	4	SUP2
	narikin	成金	1920	4	SUP2
	Nashiji	梨地・梨子地	1881	8	SUP2
	netsuke	根付	1883	2	OED1
	ningyoite	人形石	1959	4	SUP2
	Nip	日本人	1942	6	SUP2
	Nippon	日本	1727	9	SUP2
	Nipponese	日本人・日本語	1859	9	SUP2
	Nipponian	日本の・日本人の	1909	2	SUP2
	nisei	二世	1943	6	SUP2
	nogaku	能楽	1916	5	SUP2
	Noh, No	能	1871	11	SUP2
	nori	海苔	1892	3	SUP2
	norimon	乗物	1616	5	OED1
	noshi	熨斗	1855	4	SUP2
	nunchaku	ヌンチャク	1970	3	SUP2
O	obang	大判	1662	3	OED1
	obi	帯	1878	2	OED1
	o-goshi, ogoshi	大腰	1954	3	SUP2
	oiran	花魁	1871	4	SUP2

ojime	緒締め	1889	4	SUP2
Okazaki	岡崎フラグメント	1969	3	SUP2
okimono	置物	1886	7	SUP2
Okinawan	沖縄人	1944	13	SUP2
omi	臣	1901	5	SUP2
on	恩	1946	3	SUP2
onnagata	女形	1901	4	SUP2
onsen	温泉	1933	3	SUP2
origami	折紙	1922	8	SUP2
orihon	折本	1907	5	SUP2
osaekomi waza	抑え込み技	1932	6	SUP2
oshibori	お絞り	1959	4	SUP2
O-soto-gari	大外刈り	1941	4	SUP2
oyama	女形	1963	2	SUP2
pachinko	パチンコ	1953	6	SUP2
raku	楽	1875	6	SUP2
ramanas	ハマナス	1876	3	SUP2
randori	乱取り	1913	4	SUP2
renga	連歌	1877	4	SUP2
ri	里	1845	11	SUP2
rickshaw, ricksha	（人）力車	1886	15	OED1
rikka	立花	1889	5	SUP2
rin	厘	1875	5	SUP2
Ritsu	律宗	1727	5	SUP2
Rōjū	老中	1874	6	SUP2
romaji	ローマ字	1888	8	SUP2
ronin	浪人	1871	8	SUP2
Roshi	老師	1934	6	SUP2

	rotenone	ロテノン	1924	6	SUP2
	rumaki	ルマーキ	1965	3	SUP2
	ryo	両	1871	8	SUP2
	ryokan	旅館	1963	5	SUP2
S	sabi	寂	1932	5	SUP2
	saké	酒	1687	17	OED1
	sakura	桜	1884	6	SUP2
	samisen	三味線	1616	12	OED1
	samurai	侍	1727	22	OED1
	san	さん	1878	7	SUP2
	sanpaku	三白眼	1963	4	SUP2
	sansei	三世	1945	4	SUP2
	sasanqua	山茶花	1866	4	SUP1
	sashimi	刺身	1880	9	SUP2
	satori	覚	1727	9	SUP2
	Satsuma	薩摩	1872	13	OED1
	sayonara	さようなら	1875	9	SUP2
	sen	銭	1727	6	OED1
	Sendai	仙台（ウィルス）	1953	4	SUP2
	sennin	仙人	1875	5	SUP2
	senryu	川柳	1938	3	SUP2
	sensei	先生	1884	5	SUP2
	sentoku	宣徳銅器	1902	4	SUP1
	seppuku	切腹	1871	5	SUP2
	Seto	瀬戸焼	1881	6	SUP2
	shabu-shabu	しゃぶしゃぶ	1970	3	SUP2
	shaku	尺・笏	1727	11	SUP1
	shakudo	赤銅	1860	4	OED1

shakuhachi	尺八	1893	4	SUP2
shiatsu	指圧	1967	6	SUP2
Shibayama	芝山細工	1928	4	SUP2
shibui	渋い	1947	5	SUP2
shibuichi	四分一	1880	4	SUP1
Shiga	志賀菌	1900	6	SUP2
shiitake	しいたけ	1877	6	SUP2
Shijō	四条派	1884	3	SUP2
shikimi	樒	1727	5	SUP1
shikimic	シキミ酸・シキミ酸の	1886	3	SUP2
shimada	島田	1910	3	SUP2
shime-waza	締め技	1954	4	SUP2
shimose	下瀬火薬	1904	3	SUP1
Shin	真	1877	4	SUP1
Shingon	真言宗	1727	8	SUP2
Shinshū	（浄土）真宗	1727	2	SUP2
Shinto	神道	1727	19	OED1
shishi	獅子	1970	2	SUP2
sho	升	1876	3	SUP2
shō	笙	1888	3	SUP2
shochu	焼酎	1938	4	SUP2
shogi	将棋	1858	6	SUP2
shogun	将軍	1615	13	OED1
shoji	障子	1880	9	SUP1
shokku	ショック	1971	3	SUP2
shosagoto	所作事	1911	4	SUP2
shoyu	醤油	1727	6	SUP2
shubunkin	朱文金	1917	4	SUP2

shugo	守護	1893	3	SUP2
shunga	春画	1964	3	SUP2
sika	シカ	1891	8	OED1
skimmia	深山樒	1853	7	OED1
soba	蕎麦	1896	7	SUP2
sodoku	鼠毒	1926	3	SUP2
Soka Gakkai	創価学会	1958	5	SUP2
soroban	算盤	1891	4	SUP2
soshi	壮士	1891	6	SUP2
Soto	曹洞宗	1893	5	SUP2
soy	醤油	1696	23	OED1
soya	醤油	1679	16	OED1
soya bean	大豆	1897	10	SUP2
soybean	大豆	1795	12	SUP2
sudoite	須藤石	1963	2	SUP2
sugi	杉	1727	6	SUP2
suiboku	水墨画	1912	4	SUP2
suiseki	水石	1929	3	SUP2
sukiyaki	すきやき	1920	8	SUP2
sumi	墨	1911	3	SUP2
sumi-e	墨絵	1938	5	SUP2
sumo	相撲	1880	12	SUP2
sumotori	相撲取り	1973	2	SUP2
sun	寸	1727	3	SUP2
Suntory	サントリー	1959	5	SUP2
surimono	刷物	1899	4	SUP2
sushi	寿司・鮨	1893	7	SUP2
suzuribako	硯箱	1967	3	SUP2

T	tabi	足袋	1616	9	OED1
	tai	鯛	1620	6	SUP1
	tai-otoshi	体落とし	1950	4	SUP2
	Taka-diastase	タカジアスターゼ	1896	7	SUP1
	Takayasu	高安病	1952	3	SUP2
	tamari	溜り	1977	3	SUP2
	tan	反¹	1871	5	SUP2
	tan	反²	1876	4	SUP2
	tanka	短歌	1877	6	SUP2
	tansu	箪笥	1886	5	SUP2
	tatami	畳	1614	21	SUP1
	teineite	手稲石	1939	2	SUP2
	temmoku	天目	1880	10	SUP2
	tempura	天ぷら	1920	6	SUP2
	Tendai	天台宗	1727	6	SUP2
	tenko	点呼	1947	2	SUP2
	teppan-yaki	鉄板焼き	1970	5	SUP2
	terakoya	寺子屋	1909	5	SUP2
	teriyaki	照り焼き	1962	4	SUP2
	to	斗	1871	5	SUP2
	todorokite	轟石	1934	2	SUP2
	tofu	豆腐	1880	6	SUP1
	togidashi	研出し蒔絵	1881	4	SUP2
	tokonoma	床の間	1727	6	SUP2
	tonari gumi	隣組	1947	3	SUP2
	torii	鳥居	1727	7	SUP1
	Tosa	土佐派	1879	4	SUP2
	Tosa	土佐犬	1945	4	SUP2

	tsuba	鍔	1889	4	SUP2
	tsubo	坪	1727	3	SUP2
	tsukemono	漬物	1885	3	SUP2
	tsukuri	つくり	1941	2	SUP2
	tsunami	津波	1897	9	SUP2
	tsutsugamushi	恙虫病	1906	5	SUP2
	tsutsumu	日本式包み方	1975	1	SUP2
	tycoon	大君	1857	27	OED1
U	uchiwa	団扇	1877	3	SUP2
	udon	うどん	1920	3	SUP2
	uguisu	鶯	1871	3	SUP2
	uji	氏	1876	5	SUP2
	ujigami	氏神	1897	3	SUP2
	uke	受け	1956	4	SUP2
	ukemi	受け身	1942	4	SUP2
	ukiyo-e	浮世絵	1879	7	SUP2
	urushi	漆	1727	5	SUP2
	urushiol	ウルシオール	1908	3	SUP2
	uta	歌	1855	3	SUP2
W	wabi	侘び	1934	4	SUP2
	wacadash	脇差し	1613	5	OED1
	waka	和歌	1880	7	SUP2
	wasabi	山葵	1903	4	SUP2
Y	Yagi	八木アンテナ	1943	5	SUP2
	yakitori	焼鳥	1962	3	SUP2
	yakuza	やくざ	1964	5	SUP2
	Yamato	大和絵・大和魂	1879	10	SUP2
	yashiki	屋敷	1727	6	SUP2

Yayoi	弥生	1906	6	SUP2
Yeddo	江戸	1866	6	SUP2
yen	円	1875	4	OED1
Yokohama	縮緬・尾長鶏	1882	3	OED1
yokozuna	横綱	1966	3	SUP2
Yoshiwara	吉原	1870	7	SUP2
yugawaralite	湯河原沸石	1952	3	SUP2
yugen	幽玄	1921	4	SUP2
yukata	浴衣	1822	8	SUP2
Yukawa	湯川	1938	7	SUP2
yusho	油症	1969	4	SUP2
yūzen	友禅染	1902	7	SUP2

Z

zabuton	座布団	1889	5	SUP2
zaibatsu	財閥	1937	9	SUP2
zaikai	財界	1968	4	SUP2
zazen	座禅	1727	6	SUP2
Zen	禅	1727	20	SUP2
zendo	禅堂	1959	4	SUP2
Zengakuren	全学連	1952	6	SUP2
zori	草履	1823	6	SUP2

(1998年6月現在)

略記表

※この略記表はOED第2版巻末に付されたBibliographyとNACSIS‐IR（現NACSIS Webcat）を参考にして作成しましたが、不明なものもあり、本書中の引用文献すべてを網羅しているわけではありません。

19th Cent.=The Nineteenth Century

A Dictionary of Japanese Artists=A dictionary of Japanese artists : painting, sculpture, ceramics, prints, lacquer

Acc. Voy. Discovery to Great Loo-Choo Island App.=Account of a voyage of discovery to the west coast of Corea and the great Loo-Choo Island

Acta Cryst.=Acta crystallographica

Amer. Cycl.=The new American cyclopaedia

Amer. Heart Jrnl.=American heart journal

Amer. in Japan=The Americans in Japan

Amer. Mineralogist=The American mineralogist

Amer. Poetry Rev. =American poetry review

Amer. Speech=American speech

Anatomy of Judo=Anatomy of judo : analysis of judo skills in dynamic situations

Animal Friends & Foes=Animal friends and foes

Ann. Rev. Microbiol.=Annual review of microbiology

Anthol. Jap. Lit.=Anthology of Japanese Literature

Arch. Surg. =Archives of surgery

Archit. Rev.=The architectural review: a magazine of architecture & decoration

Art & Archit. Japan=Art & Architecture Japan

Art Jap. Flower Arrangem.=The Art of Japanese Flower Arrangement

Art of Jap. Prints=Art of Japanese Prints

Art of Netsuke Carver=The art of the netsuke carver

Art of Origami=The art of origami : paper folding, traditional and modern

Artistic Japan=Artistic Japan : illustrations and essays / Collected by S. Bing

Asia Mag.=Asia magazine

Aspergilli =The aspergilli

Athenaeum=The Athenaeum: journal of literature, science, and the fine arts

Australian=The Australian

Aut. Breakf-t.=The autocrat of the breakfast-table

Baker St. Irregular=Baker Street irregular

Big Business in Jap. Politics=Big business in Japanese politics

Biochem. Jrnl.=Biochemical journal

Biogr. Dict. Jap. Art=Biographical dictionary of Japanese art

Blancard's Phys. Dict.=Blancard's (S.) Physical dictionary

Board & Table Games=Board and table games from many civilizations

Board and Table Games =Board and table games from many civilizations

Bomb that could Lip-Read =The bomb that could lip-read

Book=The book : its history and development

Boston Med. & Surg. Jrnl.=Boston medical and surgical journal

Bot. Mag.=Botanical magazine

Brit. G.I. in Vietnam=British G.I. in Vietnam

Brit. Med. Bull. =British medical bulletin

Britannica Bk. Of Year=Britannica book of the year

Budget of Lett. from Japan=A budget of letters from Japan : reminiscences of work and travel in Japan

Bull. Bureau of Plant Industry=Bulletin / Bureau of Plant Industry, U.S. Department of Agriculture

Bull. Central Meteor. Observ. Japan=Bulletin of the Central Meteorological Observatory of Japan

Bull. U.S. Dept. Agric.=United States. Department of Agriculture Bulletin

C. P. Thunberg's Trav.=Thunberg's (C. P.) Travels in Europe, Africa, and Asia

C. P. Thunberg's Trav. Europe, Afr. & Asia=Thunberg's (C. P.) Travels in Europe, Africa, and Asia

Cantos=The Cantos

Capital of Tycoon=The capital of the Tycoon: three years in Japan

Cent Dict. Suppl.=The Century dictionary Supplement

Cent. Dict.=The Century dictionary. An encyclopedic lexicon of the English language. Prepared under the superintendence of W. D. Whitney

Central African Jrnl. Med.=Central African journal of medicine

Century Dict.=The Century dictionary. An encyclopedic lexicon of the English language. Prepared under the superintendence of W. D. Whitney

Century Mag.=The Century Illustrated Monthly Magazine

Ceramic Art=The ceramic art

Chambers's Encycl.=Chambers's Encyclopaedia

Chambers's Jrnl.=Chambers's Journal of popular literature

Changing Fabric of Japan=The changing fabric of Japan

Chem. & Engin. News=Chemical and engineering news

Chem. Abstr.=Chemical abstracts

Chinese Lit. =Chinese literature

Chinese Pott. & Porc.=Chinese Pottery and Porcelain

Chiushingura=Chiushingura: The Loyal League

Chrysanthemum & Sword=The chrysanthemum and the sword : patterns of Japanese culture

Climates of Cont.=The climates of the continents
Coast to Coast=Coast to Coast : Australian stories
Coins=Coins : ancient, mediaeval & modern
Colburn's United Service Mag.=Colburn's United service magazine
Colour in Flower Garden=Colour in the flower garden
Conc. Hist. Bronzes=A concise history of bronzes
Concise Oxford=The Concise Oxford Dictionary
Contemp. Rev.=The Contemporary Review
Conversations in Japan=Conversations in Japan : modernization, politics, and culture
Corner of Playground=A corner of the playground
Curtis's Bot. Mag.=Curtis's Botanical magazine
Cycl.=The cyclopaedia or universal dictionary of arts etc.
Cycl. Amer. Hort.=Cyclopedia of American horticulture
Cycl. Pract. Med.=Cyclopaedia of practical medicine
Daily Chron.=Daily Chronicle
Daily Tel.=The Daily Telegraph
Dana's Syst. Min.=The system of mineralogy of James Dwight Dana & Edward Salisbury Dana
Diary [R. Cock]=Diary in Japan
Diary [R. Cocks]=Diary of Richard Cocks : cape-merchant in the English factory in Japan, 1615-1622, with correspondence
Dic Eng. Costume=Dictionary of English Costume
Dict. Dance=Dictionary of the dance
Dict. Gardening (Roy. Hort. Soc.)=Dictionary of gardening
Dict. Interior Design=Dictionary of Interior Design
Dict. Needlework=The dictionary of needlework
Dict. Nutrition=Dictionary of nutrition and food technology
Dict. Plants used by Man=A dictionary of plants used by man
Dict. Trade =A dictionary of trade products
Dict. World Pott. & Porc=The dictionary of world pottery and porcelain
Dis. Transmitted from Animals to Man=Diseases transmitted from animals to man / compiled and edited by William T. Hubbert, William F. McCulloch, Paul R. Schnurrenberger
Dragons at Gate=Dragons at the gate
Dxf. Encycle. Trees of World=Oxford Encyclopedia Trees of World
Econ. Jrnl.=Economic journal
Economist=The Economist
Eight Yrs. Japan=Eight years in Japan
Encycl. Brit.=Encyclopaedia Britannica

Encycl. Metrop.=Encyclopaedia Metropolitana

Encycl. Relig. & Ethics=Encyclopaedia of religion and ethics

Eng. Hist. Rev.=English Historical Review

Entomol.=Entomology for stuedents of medicine

Epis. in Adv.=Episodes in a life of adventure; or, moss from a rolling stone

Epochs Chinese & Jap. Art=Epochs Chinese & Japanese Art

Epochs Chinese & Jap. Art=Epochs of Chinese & Japanese art : an outline history of East Asiatic design

Ess. Zen Buddhism=The Essentials of Zen Buddhism

Essays in Zen=Essays in Zen Buddhism

Essent. Path.=Essential pathology

Faber Bk. Epigrams & Epitaphs=The Faber book of epigrams & epitaphs

February Plan=The February plan : a novel

Feudal & Modern Japan=Feudal and modern Japan

Fighting Spirit of Japan=The fighting spirit of Japan : the esoteric study of the martial arts and way of life in Japan

Flora Japan=Flora of Japan

Flowery Sword=The flowery sword : travels in Japan

Forester's Compan.=The forester's companion

Fund. Interactions & Nucleus=Fundamental interactions and the nucleus

Garden=The Garden, an illustrated weekly journal of gardening

Garden Mag.=Garden magazine

Gen. Biochem.=General biochemistry

Genus Aspergillus=The Genus Aspergillus

Geogr. Jrnl.=The Geographical journal

Geol. Hist. Plants=The geological history of plants

Globe & Mail=Globe and Mail

Gloss. Bk=Glossary of the book

Goh or Wei Chi=Goh or wei chi : a handbook of the game and full instructions for play

Good's Study Med. =The study of medicine

Govt. & Local Power in Japan, 500 to 1700 =Government and local power in Japan, 500 to 1700 : a study based on Bizen Province

Gram. Jap. Ornament=The Grammar of Japanese ornament

Gram. Jap. Written Lang.=Grammar of Japanese Written Language

Great Loochoo=The Great Loochoo : a study of Okinawa village life

Guardian=The Guardian

Handbk. Colloq. Japanese=A handbook of colloquial Japanese

Handbk. Coniferae=A handbook of coniferae, including ginkgoaceae

Handbk. for Travellers Cent. & N. Japan=A handbook for travellers in central & northern Japan; being a guide to Tokio, Kioto, Ozaka, Hakodate, Nagasaki, and other cities, the most interesting parts of the main island between Kobe and Awomori, with ascents of the principal mountains, descriptions of temples, and historical notes and legends

Handbk. Japan=A handbook for travellers in central & northern Japan; being a guide to Tokio, Kioto, Ozaka, Hakodate, Nagasaki, and other cities, the most interesting parts of the main island between Kobe and Awomori, with ascents of the principal mountaions, descriptions of temples, and historical notes and legends

Handbk. Travellers Japan=A handbook for travellers in central & northern Japan; being a guide to Tokio, Kioto, Ozaka, Hakodate, Nagasaki, and other cities, the most interesting parts of the main island between Kobe and Awomori, with ascents of the principal mountaions, descriptions of temples, and historical notes and legends

Harper's Mag.=Harper's New Monthly Magazine

Hasumi's Zen in Japanese Art=Zen in Japanese art : a way of spiritual experience / by Toshimitsu Hasumi ; translated from the German by John Petrie

Highways & Homes of Japan =Highways and homes of Japan

Hist. Empire Japan=History of the empire of Japan

Hist. Gram. Japanese=A historical grammar of Japanese

Hist. Jap. People=A history of the Japanese people, from the earliest times to the end of the Meiji era. With the collaboration of Baron Kikuchi

Hist. Japan=The history of Japan : from the earliest period to the present time

Hist. Japan to 1334=A history of Japan to 1334

Hubner's Ramble=Hubner's (J. A. von) Ramble round the world

Illustr. London News=The Illustrated London News

Illustr. Trav.=Illustrated travels : a record of discovery, geography, and adventure

Impressions Jap. Archit.=Impressions of Japanese architecture and the allied arts

Industries Japan=The industries of Japan: together with an account of its agriculture, forestry, arts and commerce: from travels and researches undertaken at the cost of the Prussian Government

Industries of Japan=The industries of Japan : together with an account of its agriculture, forestry, arts and commerce : from travels and researches undertaken at the cost of the Prussian Government

Internat. Encycl. Dogs=The International Encyclopaedia of Dogs

Intro. Classic Jap. Lit. =Introduction to classical Japanese literature

Introd. Classic Jap. Lit.=Introduction to classical Japanese literature

Introd. Classic Japanese Lit.=Introduction to classical Japanese literature

Introd. Industr. Mycology=An introduction to industrial mycology

Introd. Kendo=An introduction to kendo

Islander=The Islander

J. J. Rein's Japan=Japan: travels and researches

J. La Farge Let.=An artist's letters from Japan /by John La Farge

Jap. All=Japanese all

Jap. Art=Japanese art

Jap. Birds=Japanese birds

Jap. Buddhism=Japanese Buddhism

Jap. Christian Quarterly=The Japan Christian quarterly

Jap. Collection=A Japanese collection

Jap. Cooking=Japanese cooking

Jap. Empire=The Japanese Empire : its physical, political, and social condition and history: with details of the late American and British expeditions

Jap. Eng. Dict.=An unabridged Japanese-English dictionary

Jap. Flower Arrangem.=Japanese Flower Arrangement

Jap. Girls & Women=Japanese girls & women

Jap. Interior=A Japanese interior

Jap. Lantern=Japanese lantern

Jap. Muc.=Japanese Music

Jap. Music=Japanese music & musical instruments

Jap. Objets d' Art=Japanese objets d'art : (a breviary of the arts of Japan)

Jap. Poetry=Japanese poetry

Jap. Porcelain=Japanese porcelain

Jap. Pott.=Japanese pottery : being a native report with an introduction and catalogue

Jap. Pottery=Japanese pottery : being a native report with an introduction and catalogue

Jap. Soc. Trans. & Proc.=Transactions and proceedings of the Japan Society

Jap. Theatre=Japanese theatre

Jap. Wife=My Japanese Wife

Jap. Wood Engr.=Japanese wood engravings : their history, technique and characteristics

Jap. Written Lang.=Grammar of Japanese Written Language

Japan & its Art=Japan and its art

Japan (Unesco)=Japan : its land, people and culture / compiled by Japanese National Commission for Unesco

Japan [F. Brinkley]=Japan : its history, arts and literature

Japan [G. B. Samsom]=Japan : a short cultural history

Japan [I. L. Bird]=Unbeaten tracks in Japan : an account of travels on horseback in the interior, including visit to the aborigines of Yezo and the shrines of Nikko and Ise

Japan [J. W. Hall]=Japan from prehistory to modern times

Japan behind Fan=Japan behind the fan

Japan fr. Prehist. to Mod. Times=Japan from prehistory to modern times

Japan from Prehist. to Mod. Times=Japan from prehistory to modern times
Japan Past & Present=Japan : past and present
Japan Times=The Japan times
Japan: Attempt at Interpretation=Japan: an attempt at interpretation
Japan: its Land, People & Culture=Japan : its land, people and culture / compiled by Japanese National Commission for Unesco
Japanalia=Japanalia : reference book to things Japanese
Japanese Chess (Sho-ngi)=Japanese chess (Sho-ngi) : the science and art of war or struggle, philosophically treated. Chinese chess (Chong-kie) and i-go
Japanese Girls & Women=Japanese girls and women
Japanese Gram.=A Japanese grammar
Japanese Homes=Japanese homes and their surroundings
Japanese Lang.=The Japanese language
Japanese Music=Japanese music & musical instruments
Japanese Omelette=A Japanese omelette : a British writer's impressions on the Japanese Empire
Jrnl. Amer. Med. Assoc.=JAMA : the journal of the American Medical Association
Jrnl. Ameri. Oriental Soc. =Journal of the American Oriental Society
Jrnl. Chem. Soc.=Chemical Society of London Journal
Jrnl. Clin. Endocrinol.=Journal of clinical endocrinology and metabolism
Jrnl. Earth Sci. Nagoya Univ.=The Journal of earth sciences, Nagoya University
Jrnl. Faculty Sci. Hokkaido Univ.=Journal of the Faculty of Science, Hokkaido University
Jrnl. Herdity=Journal Heredity
Jrnl. in Ld. King Life (1830)=Life, with extracts from his correspondence, journals, and common-place books by Peter King
Jrnl. R. Asiatic Soc.=Royal Asiatic Society Journal
Jrnl. R. Hort. Soc. =Journal of Royal Horticultural Society
Jrnl. R. Soc. Med.=Journal of Royal Society of Medicine
Jrnl. Soc. Arts=Society of Arts Journal
Jrnl. Trop. Med. & Hygiene=Journal of tropical medicine and hygiene
Judo=Judo: the art of defence and attack
Kabuki Theatre of Japan=The Kabuki theatre of Japan
Kaempfer's Hist. Japan=Kaempfer's History of Japan
Kennel Encycl.=The Kennel Encyclopedia
Keramic Art Japan=The keramic art of Japan
Keramic Art of Japan=The keramic art of Japan
Kinse Shiriaku: His. Japan=Kinse Shiriaku: History of Japan
Kokoro =Kokoro: hints and echoes of Japanese inner life

Kotto=Kotto : being Japanese curios, with sundry cobwebs

Lange's Text-bk Colloquial Japanese=A text-book of colloquial Japanese: based on the Lehrbuch der japanischen Umgangssprache

Left Wing in Japanese Politics=The left wing in Japanese politics

Legend in Jap. Art=Legend in Japanese art : a description of historical episodes, legendary characters, folklore, myths, religious symbolism illustrated in the arts of old Japan

Let. 10 Mar. in Diary=Diary of Richard Cocks : cape-merchant in the English factory in Japan, 1615-1622, with correspondence

Lett. of Travel=Letters of travel

Listener=The Listener

Lotus & Robot=The lotus and the robot

Maclean's Mag.=Maclean's magazine

Malgaignes' Man. Oper. Surg. =Malgaignes' (J. F.) Manual of operative surgery

Man. Timbers of World =A manual of the timbers of the world

Man. Tropical & Subtropical Fruits=Manual of tropical and subtropical fruits

Manch. Guardian=Manchester Guardian

Manchurian Candidate=The Manchurian candidate

Mandelslo's Trav.=The voyages & travels of the Ambassadors sent by Frederick, Duke of Holstein, to the Great Duke of Muscovy, and the King of Persia : Begun in the year MDCXXXIII and finish'd in MDCXXXIX, containing a compleat history of Muscovy, Tartary, Persia...Whereto are added the travels of John Albert de Mandelslo ... from Persia, into the East-indies ... Faithfully rendered into Eng., by John Davies / Adam.

Mandelslo's Trav. E. Ind.=Olearius' (A.) Voyages and travels of the ambassadors sent..to the great Duke of Moscovy. Whereto are added the travels of (F. A. de) Mandelslo from Persia into the East-Indies

Manyoshu=The Manyoshu : the Nippon Gakujutsu Shinkokai translation of one thousand poems, with the texts in romaji

Marble Foot=The marble foot: an autobiography

Marks Pott. & Porc.=Marks and monograms on pottery and porcelain

Med. Dict.=A practical medical dictionary

Med. Jrnl. Australia=Medical journal of Australia

Mikado's Empire=The mikado's empire

Mineral. Abstr.=Mineralogical abstracts

Mineral. Jrnl.=The Mineralogical magazine and journal of the Mineralogical Society of Great Britain and Ireland

Mineral. Rec.=Mineralogical record

Mod. Jap. Organization & Decision-Making=Modern Japanese organization and decision-making

Mod. Judo=Modern judo : the complete ju-jutsu library

Mod. Techniques Metallogr.=Modern techniques in metallography
Montgomery Ward Catal. =Montgomery Ward & Co. Catalogue and buyers' guide No. 57, Spring & Summer 1895
Muc. Japan=Music of Japan
Murray's Handbk. Japan=A handbook for travellers in central & northern Japan
Mus. Anc. Nat.=The Music of the Most Ancient Nations
Music of Waters=The music of the waters: a collection of the sailors' chanties, or working songs of the sea, of all maritime nations
Myths & Legends of Japan=Myths and legends of Japan
N. Amer. Rev.=The North American Review
N. Y. Times=The New York Times
N. Y. Times Mag.=The New York Times magazine
N.Y. Herald Tribune=New York Herald Tribune
Nat. Geogr. Mag.=The National Geographic Magazine
Nat. Geographic=The National Geographic Magazine
National Geographic=The National Geographic Magazine
Nature=Nature: a weekly illustrated journal of science
New Acc. E. Ind.=A new account of the East Indies
New Biol.=New biology
New Far East=The new Far East
New Hist. China=A new history of China : containing a description of the most considerable particulars of that vast Empire
New Scientist=The new scientist
New Shorter Oxford=The New Shorter Oxford English Dictionary
New Yorker=The New Yorker
Notes Forest Flora Japan=Forest flora of Japan : notes on the forest flora of Japan
Observer=The Observer
Observer BK. Dogs=The Observer's Book of Dogs
Oceanogr. & Marine Biol.=Oceanography and marine biology: an annual review
OED1=The Oxford English Dictionary (1928)
OED2=The Oxford English Dictionary (Second Edition) (1989)
Official Gaz.=Official gazette
Official Guide to Japan=An official guide to Japan: with preparatory explanations of Japanese customs, language, history, religion, literature, fine art, architecture, music, drama, etc.,: a handbook for travellers
Osbeck's Voy.=Osbeck's (Pehr) Voyage to China and the East-Indies
Outing=Outing, an illustrated monthly magazine of recreation
Outl. Hist. Jap. Drama=An outline history of the Japanese drama

Outlines Mahayana=Outlines of the Mahayana : as taught by Buddha

Oxf. Compan. Art=The Oxford companion to art

Oxf. Mail=Oxford Mail

Oxford Compan. Theatre=Oxford Companion to the Theatre

Painting Materials=Painting materials : a short encyclopaedia

Pall Mall G.=The Pall Mall Gazette

Papermaking=Papermaking : the history and technique of an ancient craft

Path. in Tropics=Pathology in the tropics

Penny Cycl.=Penny cyclopaedia of the Society for the diffusion of useful knowledge

People of Japan=The people of Japan

Phil. Trans.=Philosophical transactions of the Royal Society

Philippine Jrnl. Sci.=The Philippine journal of science

Phoenix Cup=The phoenix cup : some notes on Japan in 1946

Phoneme=The phoneme : its nature and use

Phonetic System of Ancient Japanese=The phonetic system of ancient Japanese

Physic. Pulse-Watch=The physician's pulse-watch

Physical Rev.=Physical review

Pict. Arts Japan=The pictorial arts of Japan : with a brief historical sketch of the associated arts, and some remarks upon the pictorial art of the Chinese and Koreans

Pines & Firs Japan=The pines and firs of Japan

Playing the Game=Playing the game. Story of Japan. Sequel to 'A Japanese marriage'

Pleasures Jap. Cooking=The pleasures of Japanese cooking

PN Rev.=PN Review

Potter in Japan=A potter in Japan

Potter's BK.=Potter's Book

Practitioner=The Practitioner

Probl. Far East =Problems of the Far East : Japan, Korea, China

Proc. Nat. Acad. Sci.=Proceedings of National Academy of Sciences

Punch=Punch, or the London Charivari

Q. Rev.=The Quarterly review

R. A. F. Jrnl.=Royal Air Force journal

Relig. Japan=The religions of Japan

Repeat Instructions=Repeat the instructions

RHD=The Random House Unabridged Dictionary (2nd Edition)

Sailor's Pocket Bk.=The sailor's pocket-book

Saito's Hist. Japan=A history of Japan / by Hisho Saito

Sander's Encycl. Gardening=Sander's Encyclopedia Gardening

Sands of Mars=The sands of Mars
Sat. Rev.=Saturday review
Scand. Jrnl. Infectious Dis.=Scandinavian journal of infectious diseases
Sci. Amer.=The Scientific American
Sci. News Let.=Science news letter
Sci. Papers Inst. Physical & Chem. Res. (Tokyo)=Scientific papers of the Institute of Physical and Chemical Research
Sci. Rep. Yokohama Nat. Univ.=Science reports of the Yokohama National University
Science=Science, an illustrated journal
Sea Slang=Sea Slang : a dictionary of the old-timers' expressions and epithets
Secrets of Origami=Secrets of origami : the Japanese art of paper folding
Seiroku's Arts Japan=The arts of Japan / Seiroku Noma
Shadow of a War=The shadow of a war: a New Zealander in the Far East
Shadow of War=The shadow of a war: a New Zealander in the Far East
Short Hist. Twelve Jap. Buddhist Sects=A short history of the twelve Japanese Buddhist sects
Sort of Samurai=A sort of samurai
Spectator=The Spectator
Spook who sat by Door=The Spook who sat by the Door
Stud. Jap. Buddhism=Studies in Japanese Buddhism
Studies Eng. Lit.=Studies in English Literature
Sun (Baltimore)=The Sun (Baltimore, Maryland)
SUP1=The Oxford English Dictionary Supplement and Bibliography (1933)
SUP2=A Supplement to The Oxford English Dictionary (1972-86)
Symposium Surg. & Med. Managem. Congenital Anomalies Eye=Symposium on surgical and medical management of congenital anomalies of the eye
Tales Old Japan=Tales of Old Japan
Techniques Judo=The Techniques of Judo
Telegraph (Brisbane)=The Telegraph (Brisbane)
Text-bk. Colloq. Japanese=A text-book of colloquial Japanese : based on the Lehrbuch der japanischen Umgangssprache
Text-book Ju-Jutsu=The text-book of ju-jutsu as practised in Japan : being a simple treatise on the Japanese method of self-defence
Textile Designs Japan=Textile designs of Japan
Theory Jap. Flower=The Theory of Japanese Flower Arrangement
Three Jap. Plays=Three Japanese plays from the traditional theatre
Thyroid & its Dis=The thyroid and its diseases
Time=Time: the weekly news magazine

Times=The Times
Times Lit. Suppl.=The Times literary supplement
Times Rev. Industry=The Times review of industry
Titsingh's Illustr. Japan=Illustrations of Japan by M. Titsingh
Titsingh's Illustrations of Japan=Illustrations of Japan by M. Titsingh
Tourists' Guide Yokohama=Tourists' guide to Yokohama, Tokio, Hakone, Fujiyama, Kamakura,Yokoska, Kanozan, Narita, Nikko, Kioto, Osaka, Kobe, etc. : together with useful hints, money, measures, distances, roads, festivals, etc.
Trade Marks Jrnl.=Trade marks journal
Tradition & Mod. Japan=Tradition and modern Japan
Trans. Asiatic Soc. Japan=Transactions of the Asiatic Society of Japan
Trans. Soc. Tropical Med. & Hygiene=Transactions of the Society of Tropical Medicine and Hygiene
Trav. Europe, Afr.,& Asia=Thunberg's (C. P.) Travels in Europe, Afraica, and Asia
Treas. Bot.=The treasury of botany
Trop. Crops: Dicotyledons=Tropical crops: dicotyledons
True Face of Japan=The true face of Japan : a Japanese upon Japan
Two Japanese Villages=Two Japanese villages : Matsunagi, a Japanese mountain community / John B. Cornell ; Kurusu, a Japanese agricultural community [by] Robert J. Smith
Two Journeys to Japan=Two journeys to Japan, 1856-7
Unbeaten Tracks Japan=Unbeaten tracks in Japan : an account of travels on horseback in the interior, including visit to the aborigines of Yezo and the shrines of Nikko and Ise
Vind. Nat. Soc.=A vindication of natural society
von Ziemssen's Cycl. Med.=Ziemssen's (H. W. von) Cyclopaedia of the practice of medicine
Voy. Capt. Saris 97 note=The voyage of Captain John Saris to Japan, 1613
Voy. Sunbeam=A voyage in the 'Sunbeam'
W. L. Jellison in T. G. Hull Dis. transmitted from Animals to Man=Diseases transmitted from animals to man / compiled and edited by William T. Hubbert, William F. McCulloch, Paul R. Schnurrenberger
Way to Play=The way to play: the illustrated encyclopedia of the games of the world
Wayfarer in Unfamiliar Japan=A wayfarer in unfamiliar Japan
Webster=Webster's International dictionary of the English language
Webster Add.=Webster's universal dictionary of the English language : with a comprehensive addenda of newest words : being the unabridged dictionary by Noah Webster
Webster's 3rd=Webster's Third New International Dictionary of the English Language Unabridged
Westm. Gaz.=The Westminster gazette
Woman's Handiwork =Woman's handiwork in modern homes
World of Jap. Ceramics=The world of Japanese ceramics
World's Parl. Relig.=World's parliament of religions

Yedo & Peking=A narrative of a journey to the oapitals of Japan and China. (Yedo and Peking.)
Yesterday's Shopping=Yesterday's Shopping: the Army & Navy Stores catalogue 1907: a facsimile of the Army & Navy Co-operative Society's 1907 issue of 'Rules of the Society and price list of articles sold at the Stores' introduced by A. Adburgham
Yokohama Med. Bull. =Yokohama medical bulletin
Zen Buddhism=Zen Buddhism and its influence on Japanese culture
Zen Buddhism & its Influence on Jap. Culture=Zen Buddhism and its influence on Japanese culture

【編著者】

東京成徳英語研究会（Tokyo Seitoku English Society）
東京成徳短期大学（東京都北区十条台）英語担当教員および関係者による研究・教育活動の促進をはかることを目的として、平成7年に結成された。OEDに見られる日本語の研究のほか、コンピュータを利用した英語教育、児童英語教育、その他英語関連授業の方法について共同研究を行なってきた。

【執筆者】

福田陸太郎	東京教育大学名誉教授
橋本禮子	東京成徳短期大学教授
伊藤勲	愛知大学教授
伊藤香代子	東京成徳短期大学教授
糸山昌己	東京成徳短期大学助教授
海老名洸子	元東京成徳大学教授
太田隆雄	元東京成徳短期大学教授
大和田栄	東京成徳短期大学助教授
尾造保高	元東京成徳短期大学教授
坂上祐美子	東京成徳短期大学助教授
西澤龍生	筑波大学名誉教授
西村幸三	元東京成徳短期大学教授
野呂有子	日本大学教授
馬場哲生	東京学芸大学助教授
吉江正雄	東京成徳短期大学教授
渡辺佳余子	東京成徳短期大学教授

OEDの日本語378

2004年1月30日印刷
2004年2月10日発行

編著者……… 東京成徳英語研究会Ⓒ
　　　　　　　（編集代表／橋本禮子）
監修者……… 福田陸太郎

発行者……… 森下紀夫

発行所……… 論創社
　　　　　　東京都千代田区神田神保町2-23　北井ビル2F
　　　　　　郵便番号　101-0051
　　　　　　電話　　03-3264-5254
　　　　　　FAX　　03-3264-5232

印刷所……… 中央精版印刷

2004, Printed in Japan　ISBN4-8460-0500-3
乱丁・落丁本はお取り替えいたします

論創社

哲学・思想翻訳語事典◉石塚正英・柴田隆行監修
幕末から現代まで194の翻訳語を取り上げ，原語の意味を確認し，周辺諸科学を渉猟しながら，西欧語，漢語，翻訳語の流れを徹底解明した画期的な事典．研究者・翻訳家必携の1冊！　　　　　　　　　　本体9500円

新しい評価を求めて◉キャロライン・ギップス
テスト教育の終焉　教師が生徒を評価する際，基準となるものは何か——最新の学習理論研究の成果を説き明かし，パフォーマンス評価，クライテリオン準拠評価など時代に見合った様々な評価方法を提示する．本体3500円

教師と子供のポートフォリオ評価◉エスメ・グロワート
総合的学習・科学編　点数によって決定するのではなく，学習課程を記録・保存することによって，より総合的な評価を目指す「ポートフォリオ評価」の実践的解説書．科学の授業を例に取り上げ懇切丁寧に説明．本体2000円

LDラベルを貼らないで！◉玉永公子
学習困難児の可能性　LD（学習困難）は決して絶対的な障害ではない．アメリカのLDへの取り組み方を紹介し，具体例を示しながら，関わり方次第で克服できることを訴え，日本のLD認識の現状に警鐘をならす．本体1600円

わかってる先生のことば講義◉下村　昇
【下村式・国語教室1】「"聞"の"耳"は飛び出すの？飛び出さないの？」子供の素朴な質問に戸惑うお母さんのために，「わかってる先生」が懇切丁寧に答え，〈ことば〉のもつ面白さを発見する．　　　　本体2000円

わかってる先生の漢字講義◉下村　昇
【下村式・国語教室2】漢字はすばらしき「メルヘン」だとして，意味や成り立ち，使い方を説きながら，漢字の面白さ，奥深さを語る．つまずきがちな子供の漢字学習に悩むお母さんのための恰好の助っ人本．本体2000円

わかってる先生の読みとり講義◉下村　昇
【下村式・国語教室3】文章を理解する〈要約力〉を身につけて，読みとりの面白さに迫る．子供のあいまいな質問に自信をもって答えることによって"国語嫌い"を防ぎ，学ぶことの楽しさを体得させる．　本体2000円